D1678284

Dipl.-Kfm. Lars Hartke
Dipl.-Ök. Georg Hohnhorst
Dipl.-Ök. Gernot Sattler

SAP® Handbuch Sicherheit und Prüfung

Praxisorientierter Revisionsleitfaden für SAP®-Systeme

4., völlig überarbeitete und aktualisierte Auflage

Düsseldorf 2010

Bibliografische Information der Deutschen Bibliothek

Die Deutsche Bibliothek verzeichnet diese Publikation in der Deutschen Nationalbibliografie: detaillierte bibliografische Daten sind im Internet über http://dnb.ddb.de abrufbar.

ISBN 978-3-8021-1415-1

www.idw-verlag.de

Satz: Merlin Digital, Essen
Druck und Bindung: B.o.s.s Druck und Medien GmbH, Goch

Inhalt – alles auf einem Blick

Vorwort zur vierten Auflage

Internes Kontrollsystem, Risikomanagementsystem, Compliance, Revisionssicherheit, Ordnungsmäßigkeit, IT-Governance und IT-Systemsicherheit: Alle diese Begriffe haben im Hinblick auf die Zielsetzungen für das Unternehmen eins gemeinsam: Kontrollen sind von entscheidender Bedeutung für den Unternehmenserfolg am Markt.

Daher baut diese Auflage des SAP Handbuchs Sicherheit und Prüfung konsequent auf dem Vorgehen auf, Kontrollen hinsichtlich der Angemessenheit ihrer Ausgestaltung und Wirksamkeit zu beurteilen. Wir haben die Auflage vollständig überarbeitet und aktualisiert. Das Handbuch bezieht sich auf den SAP-Releasestand ERP 6.0. Der risiko- sowie kontrollbasierte Prüfungsansatz folgt den einschlägigen Verlautbarungen und Prüfungsstandards (PS) des Instituts der Wirtschaftsprüfer in Deutschland e.V. (IDW). Von besonderer Bedeutung ist hier der IDW PS 330, Abschlussprüfung bei Einsatz von Informationstechnologie.

SAP-Systeme bieten die Möglichkeit, maschinelle und damit automatisch ablaufende Kontrollen zu nutzen, welche die manuellen Kontrollen eines Geschäftsprozesses ergänzen. Effiziente IT-unterstützte Geschäftsprozesse erfordern die Wirksamkeit dieser Kontrollen. Nur durch eine regelmäßige Überwachung der Ausgestaltung und des Einsatzes der Kontrollen kann dies sichergestellt werden.

Das Handbuch zeigt auf, welche Kontrollen in SAP-Systemen genutzt werden können und sollten. Gleichzeitig werden die Prüfungshandlungen dargestellt, welche die Grundlage für die Beurteilung der Angemessenheit und Wirksamkeit der Kontrollen bilden.

Das Handbuch bietet in der vierten Auflage einen neuen Aufbau: Die Kapitel 1 und 2 stellen das SAP-System vor und führen in die grundlegende SAP-Prüfungstechnik ein. Im Kapitel 3 werden die generellen prozessübergreifenden SAP-Kontrollen behandelt. Im Kapitel 4 schließen sich Kontrollen bezüglich wesentlicher Posten der Bilanz- sowie Gewinn- und Verlustrechnung an.

Wir danken den aus dem Verfasserkreis ausgeschiedenen Autoren, den Herrn Jacek Kaluza, Thomas Glauch, Bernd Rediger, Reiner Stein und Jörg Sobania für die langjährige erfolgreiche und gute Zusammenarbeit.

Wir danken auch unseren Familien für die Rücksichtnahme, die das Entstehen dieses Buches erst ermöglicht hat.

Wir hoffen, dass wir mit dieser Auflage den Lesern des SAP Handbuchs einen zuverlässigen und praktikablen Ratgeber übergeben, der ihnen bei Fragestellungen zur Sicherheit und Prüfung von SAP-Systemen hilft.

Lars Hartke

Georg Hohnhorst

Gernot Sattler

Disclaimer

Inhaltsverzeichnis

Autoren

Lars Hartke

Diplom-Kaufmann

Autor der Kapitel:

3.3 Verarbeitungskontrollen

4.2 Vorräte und Materialaufwand

4.4 Verbindlichkeiten aus Lieferungen und Leistungen

Herr Lars Hartke studierte Betriebswirtschaftslehre an der Universität Bielefeld mit den Schwerpunkten Angewandte Informatik und Betriebliche Steuerlehre.

Er ist seit 1999 bei KPMG im Bereich Advisory im Geschäftsfeld Industrie und Handel tätig. Als Certified Information Systems Auditor (CISA) und Certified Information Security Manager (CISM) leitet er Prüfungs- und Beratungsprojekte in den Bereichen ERP- und Warenwirtschaftssysteme, Interne Kontrollsysteme, Berechtigungskonzepte und Compliance-Tools. Aufgrund seiner langjährigen Untersützung der Jahresabschlussprüfung blickt er auf weitreichende Erfahrungen mit der Durchführung von IT-Systemprüfungen und der Bewertung des IT-Kontrollumfelds zurück.

Lars Hartke beschäftigt sich schwerpunktmäßig mit warenwirtschaftlichen Prozessen sowie dem Einkauf und der Bestandsführung. Er berät ferner im Bereich maschineller Kontrollverfahren zur Überwachung interner Kontrollsysteme (Compliance Tools).

Georg Hohnhorst

Diplom-Ökonom

Autor der Kapitel:

3.1 Zugriffskontrollen

3.3 Verarbeitungskontrollen

4.5 Personalaufwand

Herr Georg Hohnhorst studierte Wirtschaftswissenschaften an der Ruhr-Universität Bochum und hat dabei die Schwerpunkte in den Bereichen Wirtschaftsinformatik, Finanzierung und Kreditwirtschaft gelegt. Nach der Tätigkeit als Assistent der Geschäftsführung in einem mittelständischen Unternehmen mit den Geschäftsfeldern Vermögensverwaltung und Immobilienmanagement wechselte er 1995 zu der KPMG AG Wirtschaftsprüfungsgesellschaft.

Dort ist er im Unternehmensbereich Advisory tätig. Von der Niederlassung in Düsseldorf leitet er Beratungs- und Prüfungsprojekte für Industrie- und Dienstleistungsunternehmen. Seine Schwerpunkte liegen im SAP-Umfeld mit der Erarbeitung und Umsetzung von IT-Sicherheitskonzepten, Pre- und Post-Implementation-Reviews sowie Projekten zum Beispiel in den Bereichen Compliance, Risikomanagement, Softwarezertifizierung und Datenschutz. Er unterstützt den Arbeitskreis Revision / Risikomanagement bei dem DSAG e.V. (Deutschsprachige SAP Anwendergruppe e.V.), der eine Plattform zu Themen wie Datenschutz und GRC (Governace Risk and Compliance) bietet.

Gernot Sattler

Diplom-Ökonom

Autor der Kapitel:

1 SAP-Systeme im Überblick

2 Einführung in grundlegende SAP-Prüfungstechniken

3.2 Kontrollen im Bereich Verfahrensänderungen

4.1 Anlagevermögen und Abschreibungen

4.3 Forderungen und Umsatzerlöse

Herr Gernot Sattler studierte Wirtschaftswissenschaften an der Ruhr-Universität Bochum mit den Schwerpunkten Internationale Unternehmensrechnung und Europäische Wirtschaft. Nach seinem Studium und ersten beruflichen Erfahrungen als Unternehmensberater im Bereich Corporate Finance arbeitet er seit 2004 bei der KPMG AG Wirtschaftsprüfungsgesellschaft in Düsseldorf.

Dort beschäftigt er sich im Unternehmensbereich Advisory mit den Themen „IT Risk Management" und „IT Governance and Compliance" bei Industrie- und Dienstleistungsunternehmen. Als Certified Information Systems Auditor (CISA) und Certified SAP Solution Consultant liegen seine Tätigkeitsschwerpunkte im Aufbau und in der Bewertung von IT-gestützten Geschäftsprozessen und Internen Kontrollsystemen. Neben der Planung und Durchführung von Implementierungs- und Sicherheitsprüfungen entwickelt er automatisierte, maschinelle Kontrollverfahren zur Optimierung der Qualität und Transparenz von Kontrollergebnissen. Als Referent führt er Seminare und Schulungen zu den Themen IT-Governance und Datenschutz durch.

„Mit einem Schritt zurück steigt der Überblick“
Chinesisches Sprichwort

1 SAP-Systeme im Überblick

1.1 SAP-Systeme und -Produkte

1.1.1 SAP AG – Das Unternehmen

Die SAP AG geht auf die Gründung einer GmbH im Jahr 1972 durch fünf ehemalige IBM-Mitarbeiter in Walldorf zurück. Die Gesellschaft hat sich zu einem der weltweit führenden Unternehmen der Softwarebranche entwickelt. Im Geschäftsjahr 2008 betrug der Umsatz über 10 Mrd. EURO. Die Abkürzung SAP stand zunächst für „Systemanalyse und Programmentwicklung“, ab 1988 dann bei Gründung der AG für „Systeme, Anwendungen und Produkte der Datenverarbeitung“ und verwandelte sich ab diesem Zeitpunkt zu einem eigenständigen Produktbegriff und Markenzeichen. Im Folgenden wird SAP als Abkürzung für das Unternehmen SAP AG verwendet.

1.1.2 Einordnung des SAP-Systems als Produkt

Die Produkte der SAP konzentrieren sich als ERP-Lösung[1] auf die Bedürfnisse von Unternehmen und Organisationen unterschiedlichster Größen und Branchen, um mittels angepasster Softwarekomponenten die Prozesse unter anderem in den Bereichen der Finanzbuchhaltung, Material-, Produktions- und Personalwirtschaft sowie im Vertrieb und Controlling zu unterstützen.

Im Laufe der Zeit hat SAP eine ganze Reihe von Produkten am Markt etabliert. Die heute in Unternehmen genutzten SAP-Versionen lassen sich alle auf die 1992 vorgestellte Neuentwicklung SAP R/3 zurückführen. R/3 steht hierbei für den Echtzeitverarbeitungscharakter und die drei Schichten – Datenbank, Applikation und Präsentation – des Client-Server-Systems.

SAP R/3 ist eine Anwendung, welche unternehmerische Aufgaben und Funktionen nach Modulen kategorisiert, technisch jedoch die Datenhaltung und Datenverarbeitung modulübergreifend integriert.

Die letzte SAP R/3-Version war die Version „R/3 Enterprise 4.70 Extension Set 2.00“. Sie wurde durch die heute aktuellen SAP ERP-Systeme abgelöst, die auf einer SAP-Technologie namens NetWeaver basieren. Die zentrale Neuerung hierbei ist die Integration von Java[2] und ABAP[3] in den sog. SAP NetWeaver Application Server, welcher von nun an die Grundlage der neuen ERP-Systeme darstellt. Diese Neuerung ermöglicht die nahtlose Integration der SAP ERP-Systeme in webbasierte Anwendungen und somit eine flexiblere und produktivitätssteigernde Gestaltung von Benutzeroberflächen und Bedienkonzep-

1 ERP steht für „Enterprise Resource Planning“.

2 Java ist eine objektorientierte Programmiersprache, die von der Firma Sun Microsystems entwickelt wurde.

3 ABAP steht für „Advanced Business Application Programming“ und ist eine proprietäre Programmiersprache der SAP.

ten. Weiterhin ermöglichen neue Schnittstellenkonzepte eine bessere Kommunikation des SAP-Systems mit anderen Systemen und damit eine bessere Integration der Systeme eines Unternehmens.

Das Datenmodell, die Schnittstellentechnologie und die auf dem ABAP-Kern des SAP-System basierenden Programme der einzelnen Module sind in den verschiedenen SAP-Versionen im Zeitablauf lediglich ergänzt bzw. erweitert worden. Obwohl in diesem Buch vornehmlich auf die SAP-System Version „ERP 6.0 mit ECC 6.0 und SAP Web Application Server 7.0" abgestellt wird, sind die meisten getroffenen Aussagen, Prüfungshandlungen und Empfehlungen auch für die Vorläuferversionen gültig.

Die Bestandteile der SAP-Produkte wurden in der Vergangenheit in regelmäßigen Abständen durch unabhängige Stellen, z.B. Wirtschaftsprüfer, in Bezug auf die grundsätzliche Möglichkeit der Einhaltung der Grundsätze ordnungsmäßiger Buchführung bei sachgerechter Anwendung geprüft. Entsprechende Softwarebescheinigungen wurden in Form von Zertifikaten ausgestellt und werden auf der Internetseite der SAP unter *www.service.sap/certificates* bereitgestellt.

1.1.3 Übersicht der Funktionsbereiche eines SAP-Systems

Die Zuordnung der einzelnen Funktionsbereiche variiert mit den verschiedenen Produkten und wird hier gemäß eines Standard SAP ERP-Systems dargestellt. Daneben existieren noch spezielle Branchenlösungen der SAP, die auch als „Industry Solution" (IS) bezeichnet werden und die einzelne Funktionsbereiche um Funktionen ergänzen und die nicht Bestandteil einer Standardinstallation von SAP ERP 6.0 sind.

Die wesentlichen rechnungslegungsrelevanten Funktionen sind in den folgenden Bereichen eines SAP-Systems zu finden:

1.1.3.1 Rechnungswesen

- Finanzwesen (FI) mit Funktionen der Hauptbuchhaltung, der Debitorenbuchhaltung, der Kreditorenbuchhaltung und der Anlagenbuchhaltung.
- Financial Supply Chain Management (FSCM) mit Funktionen des Forderungs- und Kreditmanagements, der elektronischen Rechnungsabwicklung und des Treasury.
- Controlling (CO) mit Funktionen der Kostenstellen-, Kostenarten-, Profitcenter-, Prozesskosten-, Produktkosten- sowie Ergebnis- und Marktsegmentrechnung.
- Unternehmenscontrolling (EC) mit Funktionen der Unternehmensplanung und Konsolidierung.
- Strategic Enterprise Management (SEM) mit Funktionen der strategischen Unternehmensplanung, Simulation und Performance Messung.
- Investitionsmanagement (IS) mit Funktionen des Investitionsprojektmanagements.
- Projektsystem (PS) mit Funktionen für die Planung, Steuerung und Kontrolle von Projekten.

- Public Sector Management (PSM) mit Funktionen für Körperschaften und andere Einrichtungen des öffentlichen Sektors zum Haushalts- und Fördermittelmanagement.
- Immobilienmanagement (RE) mit Funktionen der Vermietung und Mietenbuchhaltung. Hierbei handelt es sich um eine ehemalige Branchenlösung, die auch unter der Bezeichnung IS-RE bekannt ist.

1.1.3.2 Logistik

- Materialwirtschaft (MM) mit Funktionen in Bezug auf Einkauf, Bestandsführung, Inventur, Rechnungsprüfung, Bewertung und Materialstammdatenverwaltung.
- Produktion (PP) mit Funktionen zur Bedarfs-, Produktionsplanung und Fertigungssteuerung.
- Instandhaltung (PM) mit Funktionen der Instandhaltungsabwicklung.
- Vertrieb (SD) mit Funktionen der Angebots- und Auftragsabwicklung sowie der Fakturierung und des Kreditmanagements.
- Kundenservice (CS) mit Funktionen zur Servicevereinbarung und -abwicklung sowie für Front-Office-Aktivitäten.
- Qualitätsmanagement (QM) mit Funktionen zur Qualitätsplanung, Qualitätsprüfung und Prüfmittelverwaltung.
- Environment, Health and Safety (EHS) mit Funktionen zur Produktsicherheit, zum Gefahrstoffmanagement sowie der Gefahrgutabwicklung.

1.1.3.3 Personalwirtschaft

- Personalmanagement (PA) mit Funktionen der Personalbeschaffung und -entwicklung, des Vergütungsmangements und der Altersvorsorge.
- Personalzeitwirtschaft (PT) mit Funktionen der Arbeitszeiterfassung.
- Personalabrechnung (PY) mit Funktionen der Entgeltabrechnung.
- Veranstaltungsmanagement (PE) mit Funktionen der Planung, Durchführung, Verwaltung und Auswertung von Veranstaltungen wie z.B. Schulungen, Messen oder Kongresse.
- Reisemanagement (FI-TV) mit Funktionen der Reisebeantragung und -abrechnung sowie der Spesenauszahlung.
- Organisationsmanagement (PA-OS) mit Funktionen zur Planung, Steuerung und Kontrolle der Aufbauorganisation.

1.1.3.4 Werkzeuge

In diesem Bereich sind verschiedene Funktionen, welche im Rahmen der Administration des SAP-Systems die Voraussetzungen und Basis für die zuvor aufgeführten fachlichen Funktionen bilden, subsumiert. Unter anderem finden sich hier die Funktionen zur Anwendungsentwicklung unter ABAP Workbench, der kundeneigenen Systemparametrisierung unter Customizing, der Benutzerpflege und des Transportmanagements unter Administration, der Schnittstelleneinrichtung unter ALE[4] sowie der Workflow-Administration unter Workflow.

1.2 Aufbau der SAP-Systeme

1.2.1 Grundlagen SAP-Systemarchitektur

Bevor auf die Einzelaspekte eines SAP-System, die unter Revisions- und Datensicherheitsgesichtspunkten relevant sind, eingegangen wird, stellt dieser Abschnitt zunächst den grundlegenden Aufbau eines Systems dar.

Die dem SAP-System zu Grunde liegende Client-Server-Architektur kann auch im Zeitalter der Web Application Server in drei Ebenen gegliedert werden:

- Datenbankebene
- Anwendungsebene
- Präsentationsebene

Die Datenbankebene ist eine Datenbankanwendung und speichert alle auf der Anwendungsebene genutzten Daten und auszuführenden Programme eines SAP-Systems. Die Datenbankanwendung ist SQL-basiert und kann von verschiedenen Herstellern wie bspw. von Microsoft, Oracle oder SAP bzw. der Software AG stammen.

Die Anwendungsebene ist mit dem SAP NetWeaver Application Server der eigentliche Kern des SAP-Systems und beinhaltet die sog. Kernel bzw. Stacks zum Ausführen von ABAP- und JAVA-basierten Anwendungsprogrammen.

Die Präsentationsebene ist die Clientanwendung und stellt die Schnittstelle zu den Benutzerzugriffen im Rahmen einer Dialogverarbeitung her. Hier kommt zumeist eine Version des SAP-GUI[5] zum Einsatz, welche auf den Arbeitsplatzrechnern der Anwender installiert wird und über Netzwerk mit der Anwendungsebene kommuniziert. Zumeist werden die Bildschirm- oder Druckerausgabe sowie Benutzereingaben durch die Clientanwendung verarbeitet. Allerdings ermöglicht SAP seit der Version 6.20 in begrenztem Rahmen über SAP GUI Scripting auch Datenverarbeitung auf dieser Ebene mit dem Ziel der Simulation bzw. Automatisierung von Benutzereingaben.

Die Verteilung der drei Ebenen auf verschiedene Hardware-Plattformen kann nach Anforderung an die Leistungsfähigkeit des Systems unterschiedlich sein. Die meisten Installationen benötigen aus Leistungsgründen ein dediziertes Datenbanksystem und mehrere

4 Application Link Enabling.

5 Graphical User Interface.

dedizierte Anwendungsserver, auch Instanzen genannt, welche die Benutzerzugriffe im Rahmen einer Lastverteilung parallel abwickeln.

Da die Betrachtung der Vielzahl von verwendbaren Datenbanksystemen den Rahmen dieses Buches sprengen würde, wird auf diesen Bereich nur in dem Umfang eingegangen, wie er für das Verständnis einzelner Einstellungen und Prüfungshandlungen auf Anwendungsebene benötigt wird.

Neben den drei beschriebenen Ebenen existieren im Rahmen einer Prüfung bzw. sicherheitstechnischen Analyse weitere Ebenen des SAP-Systems, welche die Sicherheit und Funktionsfähigkeit des Systems beeinflussen und der Vollständigkeit halber genannt werden müssen. So sind auch die Hardwareebene und die jeweils zur Verwendung kommenden Betriebsysteme der verschieden am System beteiligten Rechnersysteme von entscheidender Bedeutung für die Daten- und Revisionssicherheit der Verarbeitung eines SAP-Systems. Ein Revisor bzw. Prüfer sollte stets im Rahmen einer Aufnahme sicherstellen, dass auch diese Bereiche den Ansprüchen einer ordnungsmäßigen Buchführung genügen. Da diese Themen jedoch nicht spezifisch für SAP-Systeme sind, werden diese Aspekte in diesem Buch nicht dargestellt.

Einen Überblick über die genutzte Systemlandschaft erhalten Sie, wenn Sie sich über das Menü des SAP-GUIs unter *Menüpfad: System – Status…* einen Statusbildschirm einblenden lassen (vgl. Abb. 1.2.1-10).

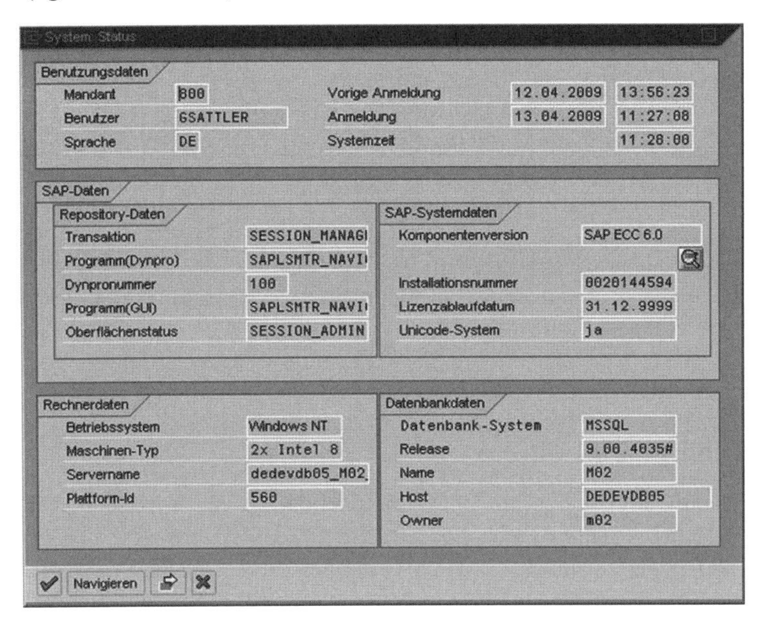

Abb. 1.2.1-10: Statusbildschirm im SAP-GUI *© SAP*

1.2.2 Schnittstellen des SAP-Systems

1.2.2.1 Datenein- und -ausgabe im Überblick

Das SAP-System verfügt über zahlreiche Ein- und Ausgabeschnittstellen. Sie arbeiten im Hintergrund für normale Anwender kaum erkennbar. Im Rahmen einer Prüfung ist die Vollständigkeit, Richtigkeit und Zeitnähe der über die Schnittstellen übertragenen Daten von entscheidender Bedeutung. Deshalb wird in dem folgenden Abschnitt ein Überblick über die wichtigsten Schnittstellen gegeben.

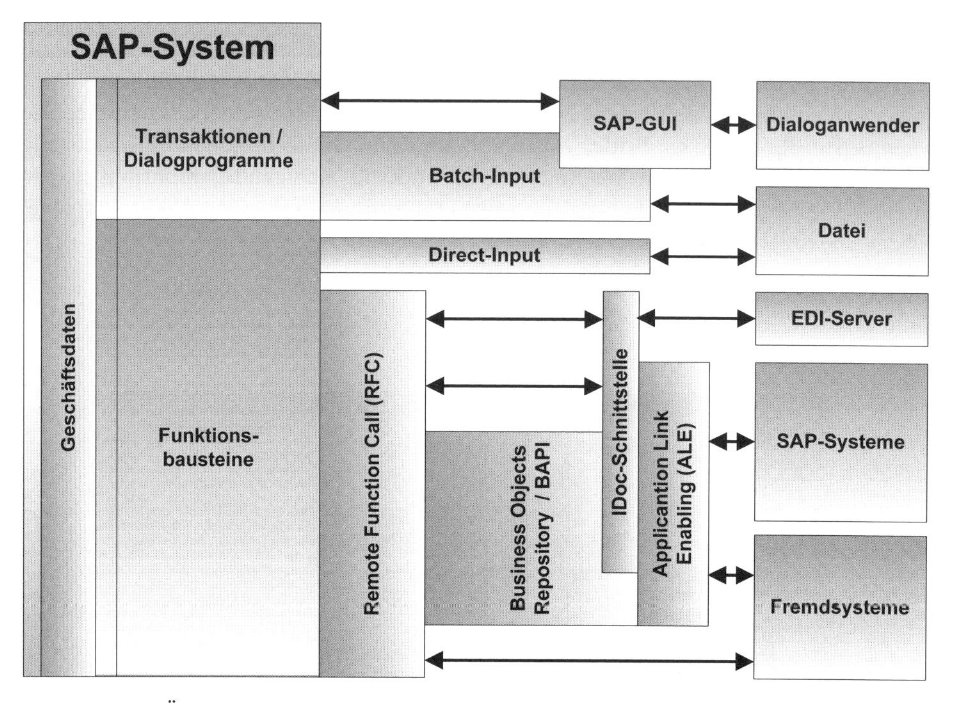

Abb. 1.2.2.1-10: Überblick über Schnittstellen des SAP-Systems

1.2.2.2 Dialogverarbeitung

Als Dialogverarbeitung bezeichnet man die Standard-Mensch-Maschine-Schnittstelle, welche der Datenein- und -ausgabe dient. In einem SAP-System wird dies grundsätzlich über die SAP Clientanwendung (SAP-GUI) durchgeführt. Über das SAP-GUI kann ein Anwender durch den Aufruf von sog. Transaktionen SAP-Anwendungsprogramme starten und das SAP-System steuern. Die Darstellung erfolgt über sog. Dynpros, welche programmintern die Benutzeroberfläche und den Bildschirmaufbau beschreiben.

1.2.2.3 Batch-Input-Mappenverarbeitung

Die Batch-Input- bzw. Stapelverarbeitung ist ein Verfahren, um Massendateneingaben im SAP-System vorzunehmen. Die Dateneingabe erfolgt hierbei in automatisierter Form über die Standardtransaktionen, welche auch für die Dialogverarbeitung genutzt werden. Zunächst werden sog. Batch-Input-Mappen erstellt, welche die Dateneingabe auf Feldebene der verschiedenen genutzten Transaktionen enthalten. Die Erstellung erfolgt zumeist über spezielle Schnittstellenprogramme, welche die Quelldaten aus externen Dateien entnehmen und die einzelnen automatisierten Benutzereingaben vorbereiten. Das Abspielen der Mappen kann manuell oder über eingeplante Systemjobs gestartet werden. Die in der Mappe gespeicherten Dateneingaben durchlaufen alle Berechtigungs- und Plausibilitätsprüfungen, die auch bei der Dialogverarbeitung gelten und unterstützen somit Kontrollen zur Datenkonsistenz. Die Mappen können interaktiv, d.h. Schritt für Schritt verfolgbar über die SAP-GUI, nicht interaktiv im Hintergrund und im Hintergrund mit interaktiver Verarbeitung bei auftretenden Fehlermeldungen verarbeitet werden. Die Berechtigungsprüfungen der in den Mappen gespeicherten Transaktionen wird bei interaktiver Verarbeitung gegen die Berechtigungen des abspielenden Benutzers durchgeführt. Bei der Hintergrundverarbeitung werden die Berechtigungsprüfungen gegen einen bei der Erstellung definierten Benutzerstamm durchgeführt.

In vielen produktiven SAP-Installationen wird die Batch-Input-Mappenverarbeitung als Schnittstellendaten-Verarbeitungsverfahren im Bereich der Datenübernahme aus vorgelagerten Systemen verwendet.

Das Batch-Input-Verfahren wird über die Transaktion SM35 (Batch-Input Monitoring) kontrolliert.

Sollten in Batch-Input-Mappen fehlerhafte Transaktionen enthalten sein, die nicht im Hintergrund von dem System verarbeitet werden können, bspw. da Datenpflichteingaben fehlen oder Dateninkonsistenzen existieren, so werden diese Transaktionen als fehlerhaft markiert und bleiben in den Mappen stehen. Diese Mappen werden nach ihrer Verarbeitung als fehlerhaft gekennzeichnet und bleiben so lange in dem System stehen, bis eine manuelle Korrektur oder manuelle Löschung der Mappen durchgeführt wird.

Um die Vollständigkeit, Richtigkeit und Zeitnähe der Verarbeitung sicherzustellen, ist somit geboten, fehlerhafte Mappen frühzeitig zu identifizieren und Korrekturmaßnahmen durchzuführen.

1.2.2.4 Direct-Input

Die Verarbeitung mittels Direct-Input bietet die Möglichkeit der Massendatenübernahme und ist ähnlich der automatischen Hintergrundverarbeitung des Batch-Input-Verfahrens. Abweichend hiervon werden jedoch spezielle für bestimmte Datentypen zur Verfügung stehende Importprogramme (Funktionsbausteine) genutzt. Somit ist eine Datenaufbereitung auf Feldebene der Dynpros genutzter Transaktionen nicht notwendig. Die Systemlast beim Datenimport sinkt entsprechend, da die Daten direkt in die Datenbanktabellen geschrieben werden.

Berechtigungen und die Plausibilität der Eingabedaten werden hierbei auf der Grundlage der für die verschiedenen Datentypen genutzten Funktionsbausteine kontrolliert und entsprechend weitgehend den Berechtigungsprüfungen der Standardtransaktionen.

Wird das Direct-Input-Verfahren im Hintergrund gestartet, protokolliert das SAP-System die Datenverarbeitung und kann die Korrektur der Dateneingabe im Fehlerfalle unterstützen. Bei einem direkten Aufruf der Importschnittstelle werden dagegen keine Protokolldaten aufgezeichnet, was bei Einsatz in einem Produktivsystem die Nachvollziehbarkeit bei der Verarbeitung rechnungslegungsrelevanter Daten gefährden kann. Weiterhin sind Fehler oder Importabbrüche bei direktem Aufruf nicht korrigierbar und können zu Dateninkonsistenzen führen. Daher ist der Einsatz des Direct-Input-Verfahrens aus Ordnungsmäßigkeitsgesichtspunkten an strenge organisatorische Vorgaben zu binden, um z.B. über nachgelagerte Kontrollen mittels Etablierung eines Vier-Augen-Prinzips die Nachvollziehbarkeit des Verfahrens sicherzustellen.

Das Direct-Inputverfahren wird über die Transaktion BMV0 (Datenübernahmen verwalten) gesteuert.

1.2.2.5 Remote Function Call (RFC)

Als standardisierte Schnittstelle ermöglicht RFC den Aufruf von Programmen in Form von Funktionsbausteinen und kann so für die Übermittlung von Informationen zwischen SAP-Systemen und den Austausch mit Fremdsystemen genutzt werden. RFC ist aus dem alten Common Programming Interface - Communication (CPI-C) hervorgegangen und vereinfacht die Kommunikation zwischen Systemen. Es dient als Grundlage vieler SAP-Schnittstellenkonzepte wie bspw. ALE und BAPI[6] und kann sowohl zur synchronen als auch zur asynchronen Schnittstellendatenverarbeitung genutzt werden. Im Rahmen des Transport Management Systems im Bereich des Change Management wird RFC standardmäßig für den Austausch von Objektinhalten zwischen Entwicklungs-, Test- und Produktivsystemen eingesetzt. Für die Nutzung der RFC-Schnittstelle ist in der Regel die Definition von RFC-Verbindungen als logischer Kommunikationsweg notwendig.

Die Pflege der RFC-Verbindungen kann über die Transaktion SM59 (RFC-Destinations – Anzeige u. Pflege) durchgeführt werden.

1.2.2.6 Intermediate Document (IDoc)

IDoc ist die Abkürzung für Intermediate Document und bezeichnet ein Datenaustauschformat, welches für einzelne Geschäftstransaktionen Informationen in definierten Datenstrukturen enthält. Über eine Schnittstellenfunktion werden diese Informationen zwischen SAP-Systemen und zwischen SAP- und Fremdsystemen ausgetauscht. So werden IDocs bspw. bei der Verteilung von Nachrichten im Rahmen eines Application Link Enabling (ALE) eingesetzt. In der Kommunikation mit Fremdsystemen kommen IDocs besonders in Verbindung mit Electronic Data Interchange (EDI), dem Standardformat für den elektronischen Geschäftsdatenaustausch zwischen Geschäftspartnern zum Einsatz.

Für die IDoc-Verarbeitungskontrolle können der Statusmonitor mit der Transaktion BD87 (Statusmonitor für ALE-Nachrichten) sowie die IDoc-Auflistung und -Statistik unter den Transaktionen WE05 (IDoc-Listen) und WE07 (IDoc-Statistik) genutzt werden.

6 Business Application Programming Interface.

1.2.2.7 Application Link Enabling (ALE)

Als weiteres SAP-Schnittstellenkonzept ermöglicht ALE den kontrollierten Austausch von Informationen zwischen SAP-Systemen in Form von IDocs unter Beachtung von betriebswirtschaftlichen Zusammenhängen auf Transaktions- und Prozessebene. Die IDocs sind hierbei definierte Datencontainer, welche die Informationen von Transaktionen in sich tragen. ALE dient zumeist der Kopplung von verteilten SAP-Systemen. Die Datenübertragung wird über den Austausch von Dateien oder direkt über RFC realisiert. Die Kopplung der Systeme kann durch Ziele einer gemeinsamen Stammdatennutzung, einer besseren Lastverteilung, der Datensicherheit oder durch die dezentrale Natur der unterstützen Prozessen begründet sein.
Das Verfahren unterstützt durch Standardisierung und systemseitig implementierte Kontrollen, dass alle an der jeweiligen Transaktion oder am jeweiligen Prozess beteiligten Daten und Objekte zeitnah und vollständig übertragen werden können und so der Datenfluss systemübergreifend konsistent gehalten wird.

Die ALE-Verbindung zwischen verschiedenen SAP-Systemen ist grundsätzlich unabhängig von dem genutzten Release und kann über SAP-Standardfunktionalität ohne die Notwendigkeit von kundenseitigen Modifikationen genutzt werden.

Transaktionen, die in einem System begonnen werden, können mittels ALE nahtlos und revisionssicher in anderen Systemen fortgesetzt werden. Die Berechtigungs- und Plausibilitätskontrollen greifen hier wie bei der Dialog-Verarbeitung. In neuen SAP-Systemen wird zum Austausch von IDocs meist die BAPI-Technik verwendet.

Die für ALE gültigen Systemeinstellungen können unter dem Einführungsleitfaden im Customizing unter Application Link Enabling eingesehen werden (siehe *2.6 Prüfung des Customizings*). Der Einstieg erfolgt über die Transaktion SPRO (Customizing – Projektbearbeitung) unter dem Menüpunkt *Anwendungsübergreifende Komponenten.*

1.2.2.8 Business Application Programming Interface (BAPI)

BAPIs dienen dem objektorientierten Zugriff auf abstrakte Datenelemente und Geschäftsprozesse (sog. Business Objects) mittels fest definierten Methoden, unabhängig von der eigentlichen programm- und datentechnischen Implementierung.

Der Zugriff erfolgt hierbei zumeist über den Aufruf von Funktionsbausteinen mittels RFC bspw. im Rahmen einer ALE-basierten Kommunikation. Die Datenkonsistenz und Datensicherheit wird durch implementierte Plausibilitätschecks und durch Berechtigungsprüfungen gefördert.

Für die Datenübertragung zwischen SAP-Systemen und Fremdsystemen dienen auch in diesem Fall IDocs.

Der BAPI-Explorer wird über die Transaktion BAPI (BAPI Explorer) aufgerufen und zeigt alle im System vorhandenen und im sog. Business Object Repository definierten Business Object-Typen an.

1.2.2.9 Legacy System Migration Workbench (LSMW)

Die LSMW ist ein Werkzeug, welches bei der einmaligen Übernahme von beliebigen Daten in ein SAP-System hilft. Es wird vor allem im Rahmen von Datenmigrationsprojekten eingesetzt. Die Altdaten werden hierbei aus Excel-Tabellen oder anderen Dateitypen gelesen und über bestimmt vordefinierte oder angepasste Verarbeitungsregeln mittels der Nutzung von Standardschnittstellen wie Batch-Input, Direct-Input oder IDoc in das importierende System übernommen. Hierbei gelten die gleichen Konsistenzchecks und Berechtigungsprüfungen wie in der Dialogverarbeitung. Sollte das Werkzeug dauerhaft im Rahmen der Schnittstellendatenverarbeitung eingesetzt werden, so ist sicherzustellen, dass sowohl die Altdaten- bzw. Quelldatenerstellung und die Erstellung bzw. Veränderung von Verarbeitungsregeln innerhalb der LSMW einem revisionssicheren Verfahren unterliegen.

Zum Aufruf der LSMW dient die Transaktion LSMW (Legacy System Migration Workbench).

1.2.3 Organisation der Daten in einem SAP-System

Die Daten eines SAP-Systems sind mittels sog. Organisationsstrukturen nach bestimmten aus den betriebswirtschaftlichen Prozessen abgeleiteten Kriterien kategorisiert und gespeichert. Diese Organisationsstrukturen bauen zumeist hierarchisch aufeinander auf. Sie sind in einem SAP-System organisationsspezifisch zu definieren. In Abbildung 1.2.3-10 wird dies beispielhaft anhand einiger links dargestellten betrieblichen Organisationsebenen und der rechts davon abgeleiteten Organisationsstrukturdefinitionen im SAP-System gezeigt.

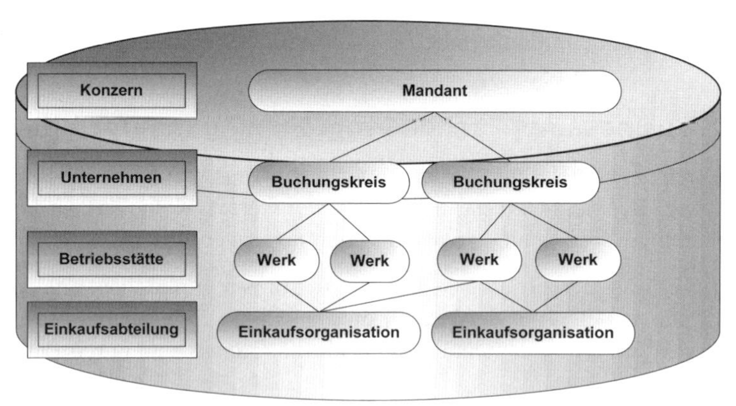

Abb. 1.2.3-10: Beispiele für Organisationsstrukturen in einem SAP-System

Die Zusammenhänge der einzelnen Strukturen und ihr Bezug zu den betriebwirtschaftlichen Prozessen eines Unternehmens sind wichtig für das Grundverständnis aller im System verarbeiteten Daten und Transaktionen. Zu Beginn einer jeden Prüfung muss diese Struktur deshalb durch den Revisor sorgfältig aufgenommen werden.

In den folgenden Abschnitten werden die wichtigsten Organisationsstrukturen vorgestellt.

1.2.3.1 Mandant

Der Mandant ist nach dem eigentlichen SAP-System die höchste hierarchische Stufe im Bereich der Organisationsstrukturen. Der Mandant stellt vor allem eine von technischer Seite veranlasste Struktur dar, um auf der Anwendungsebene Geschäftsdaten innerhalb eines SAP-Systems logisch voneinander zu trennen. Die Mandanten haben eine alphanumerische, dreistellige, eindeutige Kennung, welche bei der Anmeldung an einem SAP-System stets genannt werden muss, da auch die Daten des Benutzerstamms mandantenspezifisch sind. In der Praxis entspricht ein Mandant meistens einer organisatorischen Einheit, sei es auf administrativer oder auf betriebwirtschaftlicher Ebene. In jedem System existieren neben den produktiven Mandanten weitere installationstechnisch bedingte Mandanten. Hier sind die Mandanten „000“ und „066“ hervorzuheben. Der Auslieferungsmandant „000“ enthält alle von SAP ausgelieferten Daten in unveränderter Form und dient als Referenz für die anderen Mandanten sowie zum Einspielen bestimmter Systemupdates im Rahmen von Releasewechseln. Der Mandant „066“ wird auch Early-Watch-Mandant genannt und dient in vielen SAP-Systemen der Systemvermessung bezüglich der Kapazitäts- und Leistungsüberwachung. Weiterhin kommt er im Rahmen der Lizenzkostenermittlung zum Einsatz.

Einen Überblick über die Mandanten bekommt man, wenn man die Tabelle T000 (Mandanten) betrachtet oder die Transaktion der Mandantenverwaltung SCC4 (Mandantenverwaltung) aufruft.

1.2.3.2 Buchungskreis

Ein Mandant kann einen oder mehrere Buchungskreise enthalten. In einem SAP-System ist der Buchungskreis die kleinste organisatorische Struktur des externen Rechnungswesens, für die eine Bilanz und Gewinn- und Verlustrechnung erstellt werden kann. Er entspricht somit der Haupt- und Nebenbuchhaltung einer Unternehmung bzw. einer rechtlich selbständigen Einheit in einem Unternehmensverbund. Der Buchungskreis wird technisch durch einen vierstelligen, alphanumerischen Wert beschrieben.

Der Tabelle T001 (Buchungskreise) sind alle Buchungskreise und die wichtigsten buchungskreisspezifischen Zuordnungen und Einstellungen zu entnehmen.

1.2.3.3 Kontenplan

Jedem Buchungskreis ist mindestens ein Kontenplan zugeordnet. Ein Kontenplan wird technisch durch einen vierstelligen, alphanumerischen Wert beschrieben und definiert ein Verzeichnis aller Sachkonten die in einem Buchungskreis genutzt werden. Ein Kontenplan umfasst neben den Kontonummern und Kontenbezeichnungen der Sachkonten auch kontenspezifische Einstellungen bezüglich der Verwendung und Funktion eines Kontos. Neben diesem im Sinne der Finanzbuchhaltung und der Kostenrechnung operativ genutzten Kontenplan, können einem Buchungskreis weitere Kontenpläne zugeordnet werden. Hier sind der Konzernkontenplan aus Konsolidierungsgründen oder Kontenpläne mit landesspezifischen regulatorischen Anforderungen genügender Gliederung zu nennen.

Ein Kontenplan kann als Struktur stets mehreren Buchungskreisen zugeordnet werden. Die Zuordnung des operativen Kontenplans kann der Tabelle T001 (Buchungskreise) entnommen werden.

1.2.3.4 Kostenrechnungskreis

Der Kostenrechnungskreis dient als Struktur der Gliederung eines Unternehmens aus Sicht der Kostenrechnung. Hierbei können Buchungskreise und Kostenrechnungskreise in einer 1:1- oder n:1-Beziehung einander zugeordnet werden. Die Zuordnung mehrerer Buchungskreise erfolgt immer dann, wenn es zwischen dem externen und internen Rechnungswesen Unterschiede auf Konzernebene gibt und eine Abgrenzung konzerninterner Leistungsverrechnung automatisiert durch das SAP-System erfolgen soll. Ein Kostenrechnungskreis wird technisch durch einen vierstelligen, alphanumerischen Wert beschrieben.

Die Struktur des Kostenrechnungskreises wird in der Tabelle TKA01 (Kostenrechnungskreise) beschrieben. Die Zuordnung zu den Buchungskreisen kann man der Tabelle TKA02 (Kostenrechnungskreisfindung) entnehmen.

1.2.3.5 Geschäftsbereich

Geschäftbereiche sind Strukturen, die logisch unterhalb des Buchungskreises angesiedelt sind und die einen wirtschaftlich separaten Bereich widerspiegeln. Für einen Geschäftsbereich können Bilanzen sowie Gewinn- und Verlustrechnungen erstellt werden, die jedoch nicht den Anforderungen der externen Berichterstattung entsprechen. Neben diesen Auswertungsmöglichkeiten bieten sich Geschäftsbereiche für die buchungskreisübergreifende interne Berichterstattung in einem Konzern an. Sie können bspw. zum Zwecke einer Segmentberichterstattung oder zur Ermittlung spartenbezogener Konzernergebnisse genutzt werden. Ein Geschäftsbereich ist ein vierstelliger, alphanumerischer Wert, der im gesamten Mandanten genutzt werden kann und auf der Ebene des Kostenstellenstamms zugeordnet wird.

Die Geschäftsbereiche werden über die Tabelle TGSB (Geschäftsbereiche) definiert. Die Zuordnung einzelner Kostenstellen zu den Geschäftsbereichen können der Tabelle CSKS (Kostenstellenstammsatz) entnommen werden.

1.2.3.6 Werk

Die Organisationsstruktur des Werks ist eine Betriebsstätte eines Unternehmens, die u.a. im Rahmen der Materialbestandsführung und -bewertung von Bedeutung ist. Ein Werk ist genau einem Buchungskreis zugeordnet. Einem Werk wiederum können mehrere Lagerorte zugewiesen werden, in denen die eigentlichen Materialbestände geführt werden. Über Werke werden zumeist Produktionsstandorte oder Außenlager einer Gesellschaft abgebildet.

Die Definition der Werke und ihre Zuordnung zu den Buchungskreisen kann aus den Tabellen T001W (Werke/Niederlassungen) und T001K (Bewertungskreis) entnommen werden.

1.2.3.7 Einkaufsorganisation

Die Einkaufsorganisation ist eine Struktur der Materialwirtschaft, die eine Abteilung darstellt, welche die Beschaffung von Material und Dienstleistungen durchführt und somit für den Einkaufsprozess elementar ist. Diese Struktur wird sowohl einem oder mehreren Buchungskreisen als auch einem oder mehreren Werken zugeordnet. Sie kann somit der Abbildung einer zentralen oder dezentralen Einkaufsorganisation gerecht werden.

Die Definition der Einkaufsorganisationen und ihre Beziehung zu den Buchungskreisen ergeben sich aus dem Inhalt der Tabelle T024E (Einkaufsorganisationen).

1.2.3.8 Verkaufsorganisation

Die Verkaufsorganisation ist der Teil der Gesellschaft, der organisatorisch für den Verkauf und die Retourenabwicklung verantwortlich ist. Die Stammdaten im Prozess Vertrieb sind auf der Ebene der Verkaufsorganisationen getrennt. Als Struktur ergibt sie in Kombination mit den Organisationsstrukturen Sparte und Vertriebsweg den sogenannten Vertriebsbereich, der für die Organisation des eigentlichen Vertriebs genutzt wird. Einer Verkaufsorganisation können mehrere Werke zugeordnet werden.

Die Definition der Verkaufsorganisationen und Ihre Verbindung zu den Buchungskreisen kann aus der Tabelle TVKO (Org.-Einheit: Verkaufsorganisationen) entnommen werden.

„Technik ist die Anstrengung, Anstrengungen zu ersparen"
José Ortega y Gasset

2 Einführung in grundlegende SAP-Prüfungstechniken

2.1 Regulatorische Anforderungen an den Einsatz von SAP-Systemen

Die meisten Unternehmen setzen zur Unterstützung ihrer Geschäftstätigkeit IT-gestützte Verfahren ein. Dabei werden SAP-Systeme zumeist zur Unterstützung von bereits stark automatisierten Geschäftsprozessen verwendet. Die Datenverarbeitung erfolgt in einem hohen Maße integriert, so dass die Datenerfassung in vorgelagerten Prozessen und Systemen (bspw. der Bestands- und Qualitätsermittlung in der Produktion) unmittelbar Auswirkungen auf die im SAP-System geführten Datenbestände sowie auf die aus der Hauptbuchhaltung generierten Jahresabschlusszahlen haben. Daraus ergeben sich hohe Anforderungen an die IT-Sicherheit und die Wirksamkeit von Datenverarbeitungskontrollen, um eine konsistente Datenverarbeitung system- und prozessübergreifend zu gewährleisten. Hinzu kommen regulatorische Anforderungen an die datentechnische Verarbeitung rechnungslegungs- und steuerrelevanter sowie personenbezogener Daten, die im SAP-System durchgeführt werden. Die regulatorischen Anforderungen bestehen in Deutschland größtenteils aus den gesetzlichen Vorgaben im Rahmen des Handels- und Steuerrechts sowie aus der Datenschutzgesetzgebung des Bundes und der Länder, welche die Einhaltung bestimmter Regeln und Verfahren bei der Verarbeitung von elektronischen Daten bestimmen. Hervorzuheben sind die folgenden gesetzlichen Vorschriften und fachlichen Verlautbarungen:

- die handels- und steuerrechtlichen Bestimmungen, insbesondere §§ 238 bis 257 Handelsgesetzbuch (HGB) und §§ 145 bis 148 Abgabenordnung (AO),
- die Grundsätze ordnungsmäßiger Buchführung (GoB),
- die Stellungnahme zur Rechnungslegung des Fachausschusses für Informationstechnologie (FAIT) des Instituts der Wirtschaftsprüfer in Deutschland e.V. (IDW) „Grundsätze ordnungsmäßiger Buchführung bei Einsatz von Informationstechnologie" (IDW RS FAIT 1),
- die IDW-Stellungnahme zur Rechnungslegung „Grundsätze ordnungsmäßiger Buchführung bei Einsatz von Electronic Commerce" (IDW RS FAIT 2),
- die IDW-Stellungnahme zur Rechnungslegung „Grundsätze ordnungsmäßiger Buchführung beim Einsatz elektronischer Archivierungsverfahren" (IDW RS FAIT 3),
- der IDW-Prüfungsstandard „Abschlussprüfung beim Einsatz von Informationstechnologie" (IDW PS 330),
- das BMF-Schreiben betr. Grundsätze ordnungsmäßiger DV-gestützter Buchführungssysteme (GoBS) vom 7. November 1995,
- das BMF-Schreiben betr. „Grundsätze des Datenzugriffs und der Prüfbarkeit digitaler Unterlagen" (GDPdU) vom 16. Juli 2001,

- das Bundesdatenschutzgesetz (BDSG),
- die von der SAP AG, Walldorf, bezüglich der Installation ihrer Softwaresysteme ausgesprochenen Empfehlungen.

Die genannten gesetzlichen Vorgaben und fachlichen Veröffentlichung sind als minimal Anforderung einer jeden als ordnungsmäßig geführt und revisionssicher geltenden Installation eines SAP-Systems anzusehen, die von allen Kaufleuten und Unternehmen deutschen Rechts eingehalten werden müssen.

Vornehmlich werden hierbei im Rahmen der Handels- und Steuergesetzgebung Risiken für die Nachvollziehbarkeit des eingesetzten Verfahrens, die Vollständigkeit der Datenverarbeitung und damit für die Verlässlichkeit der Informationen adressiert.

Im Datenschutzgesetz geht es dagegen vor allem um die zweckbezogene Erhebung, Verwendung und die Vertraulichkeit von personenbezogenen Daten. Hierbei ist anzumerken, dass personenbezogene Daten im gesamten SAP-System und damit in allen Funktionsbereichen erhoben und verarbeitet werden und der Datenschutz sich nicht allein auf die Prozesse der Personalbuchhaltung erstreckt.

Im Rahmen der Jahresabschlussprüfung durch einen externen Wirtschaftsprüfer wird die Einhaltung der regulatorischen Vorgaben geprüft und beurteilt. Nichteinhaltung der Vorgaben in diesem Bereich kann zu einer Verzögerung in der Berichterstattung führen.

Daneben existieren weitere Geschäftsrisiken für die Unternehmen, welche aus der Abhängigkeit der Geschäftsprozesse von der elektronischen Datenverarbeitung resultieren. So sind die hohe Verfügbarkeit von Informationen und die Zuverlässigkeit der Datenverarbeitungsleistung sowie die Angemessenheit des Schutzes vertraulicher Geschäftsdaten von großer Bedeutung für den Erfolg eines Unternehmens. Die Risiken der elektronischen Datenverarbeitung werden zumeist durch interne Richtlinien und Vorgaben der Unternehmensleitung adressiert und bilden die Grundlage für interne Prüfungen.

Auch die Einbindung von SAP-Systemen in die Internen Kontrollsysteme von börsenorientierten Kapitalgesellschaften gewinnt durch die regulatorischen Anforderungen des US-amerikanischen Sarbanes-Oxley Act aus 2002 und des deutschen Bilanzrechtsmodernisierungsgesetz ab 2010 neue Bedeutung und erfordert eine Neubewertung vorhandener Prozesskontrollen, um durch einen höheren Grad an Automatisierung und Datenverarbeitungszuverlässigkeit Effektivitätsgewinne ausnutzen zu können.

2.2 Vorgehen des Abschlussprüfers

Im Zuge der Konzern- bzw. Jahresabschlussprüfung ist die Beurteilung des Abschlussprüfers, ob die Rechnungslegung des Unternehmens den Grundsätzen einer ordnungsmäßigen Buchführung genügt, von entscheidender Bedeutung. Bei IT-gestützter Buchführung mit Hilfe eines SAP-Systems ist deshalb die Beurteilung der Einstellungen und Inhalte des SAP-Systems ein wesentlicher Bestandteil der gesamten Prüfung.

Ein Unternehmen ist nach § 238 HGB Abs. 1 dazu verpflichtet, die Buchführung so auszugestalten, dass einem sachverständigen Dritten innerhalb angemessener Zeit ein Überblick über die Geschäftsvorfälle und über die Lage des Unternehmens vermittelt werden kann. Dies bedeutet, dass ein Abschlussprüfer jederzeit im Rahmen seiner Tätigkeit direkten oder mittelbaren Zugriff auf die im Rahmen der Rechnungslegung verarbeiteten Informationen beanspruchen kann. Da nicht nur die verarbeiteten Informationen, sondern auch das Verfahren an sich nachvollziehbar ausgestaltet sein muss, sind auch die Verfahrens- und Systemdokumentation bis hin zu verwendeten Parametern und Quelltexten der programmierten Verarbeitungslogik ein Bestandteil des eingesetzten Verfahrens und damit auch Gegenstand der Prüfung.

Im folgenden Abschnitt werden die wichtigsten Prüfungstechniken vorgestellt, welche für die Beurteilung der Systemeinstellungen und damit der Ordnungsmäßigkeit des SAP-Systems eingesetzt werden können Die beschriebenen Prüfungstechniken bilden die Grundlagen für die verschiedenen Kontrollen und Prüfungen, die im weiteren Verlauf dieses Buches vorgestellt werden.

Da die meisten Prüfungstechniken Auswertungen in einem produktiv genutzten SAP-System umfassen, ist es von essentieller Bedeutung eine Benutzer-ID zu verwenden, die nur über Leseberechtigung im System verfügt. Nur so kann wirksam verhindert werden, dass ungewollt Änderungen an Einstellungen und Daten vorgenommen werden. Weiterhin ist es für unerfahrene SAP-Nutzer zu empfehlen, zunächst in Testsystemen die Prüfungstechniken und Prüfungshandlungen zu erproben.

2.3 Prüfung anhand von Tabellen

2.3.1 Aufbau und Inhalt von Tabellen

In einem SAP-System kommt den Tabellen eine besondere Bedeutung zu. Nahezu alle Informationen, die auf Anwendungsebene im Rahmen der Datenverarbeitung verwendet werden, sind in Tabellen gespeichert. Das trifft sogar auf die Programme und damit die Verarbeitungslogik selbst zu, welche in der Tabelle REPOSRC (Report Sourcen) in Form von Quelltexten gespeichert sind.

Grundsätzlich unterscheidet man in einem SAP-System mandantenabhängige Tabellen von mandantenunabhängigen Tabellen. Mandantenabhängige Tabellen haben als erstes Feld auf Datenbankebene den Mandanten (Feldname MANDT) und haben somit eine eindeutige Zuordnung der Datensätze zu immer genau einem Mandanten. Mandantenunabhängige Tabellen haben keine Zuordnung zu einem Mandanten und enthalten in dem gesamten System geltende Datensätze wie bspw. die zuvor genannte Tabelle mit Programmquelltexten.

Die Eigenschaften von Tabellen und die enthaltenen Tabellenfelder lassen sich in dem über die Transaktion SE11 (ABAP Dictionary Pflege) aufzurufenden Data Dictionary einsehen.

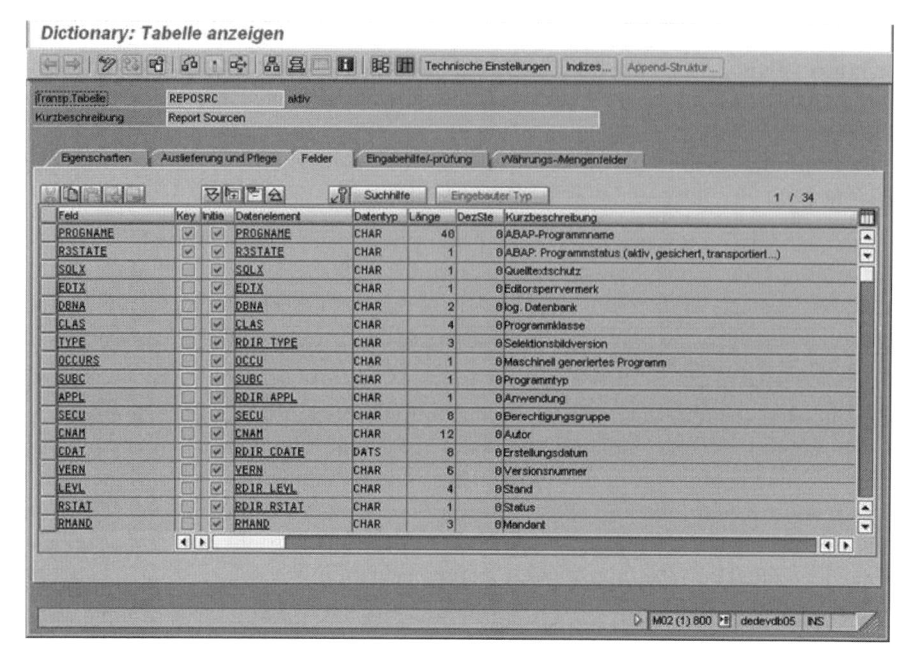

Abb. 2.3.1-10: Anzeige von Tabelleneigenschaften auf Feldebene über Transaktion SE11 *© SAP*

2.3.2 Tabellenanzeige

Für die Anzeige von Tabelleninhalten kann man den sog. Data Browser nutzen, der über die Transaktion SE16 (Data Browser) gestartet wird.

Abb. 2.3.2-10: Data Browser – Einstiegsbildschirm über Transaktion SE16 *© SAP*

Hier kann man die gewünschte Tabelle angeben (bspw. BKPF) und mit Auswahl des Befehls „Tabelleninhalt (F7)“ gelangt man auf den Auswahlbildschirm, der für die Eingrenzung der anzuzeigenden Datensätze genutzt werden kann.

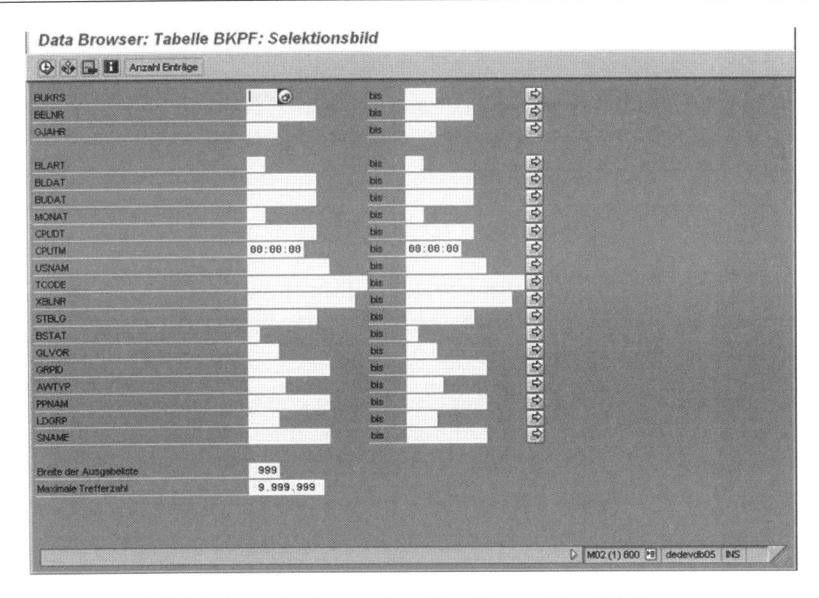

Abb. 2.3.2-20: Auswahlbildschirm der Datensätze über Transaktion SE16 © SAP

In Abb. 2.3.2-20 sieht man, dass manchmal die technischen Feldbezeichnungen aufgeführt werden. Diese sind nur schwer zu deuten und können über den Menüpfad *Einstellungen - Benutzerparameter* und das Schlüsselwort „Feldbezeichner" in sprechende Feldbezeichnungen aufgelöst werden (siehe Abb. 2.3.2-30).

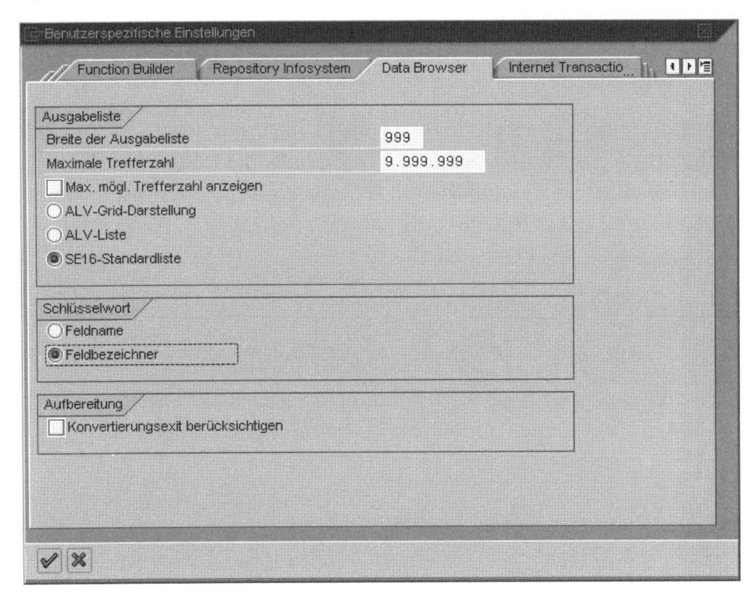

Abb. 2.3.2-30: Benutzerparameter der Transaktion SE16 © SAP

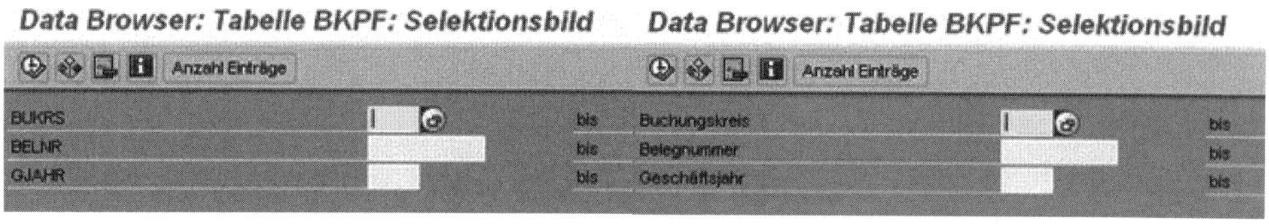

Data Browser: Tabelle BKPF: Selektionsbild
Anzahl Einträge
BUKRS bis
BELNR bis
GJAHR bis

Data Browser: Tabelle BKPF: Selektionsbild
Anzahl Einträge
Buchungskreis bis
Belegnummer bis
Geschäftsjahr bis

Abb. 2.3.2-40: Vergleich der Darstellung der Feldbezeichnungen über SE16 *© SAP*

Über die F1-Hilfe kann zu jedem Feld wie überall im SAP-System zusätzlich eine Online-Dokumentation eingesehen werden, die Informationen über die Bedeutung, Verwendung und der möglichen Feldinhalte gibt.

Die angezeigten Felder als Auswahlkriterium stellen lediglich einen im System für die Tabellenanzeige hinterlegten Vorschlag für die ausgewählte Tabelle dar. Sollte man andere Felder als Auswahlkriterium benutzen wollen, so kann man den angezeigten Auswahlbildschirm über den Menüpfad *Einstellungen – Felder für die Selektion* anpassen.

Vor dem Ausführen des Programms zur Anzeige der Tabelle sollte man bei großen Tabellen zuvor durch das System die Anzahl der Datensätze ermitteln lassen. Hierzu kann der Befehl „Anzahl Einträge" genutzt werden. Sehr große Tabellen sprengen den Rahmen der dem einzelnen Benutzer zugewiesenen Arbeitsspeicherkapazität oder führen durch lange Laufzeiten zu einem Programmabbruch. In einem solchen Fall sollten weitere Kriterien für die gezielte Auswahl der Datensätze spezifiziert werden.

Bei der Wahl der Auswahlkriterien ist es zumeist aus Laufzeitgründen sinnvoll, die auf Datenbankebene indizierten Felder einzubeziehen, da hierüber eine schnelle datenbanktechnische Auswahl der Datensätze möglich ist. So sind in der Tabelle BKPF (Belegkopf für Buchhaltung) bspw. neben dem obligatorischen Feld MANDT die Felder BUKRS, BELNR und GJAHR indiziert.

Welche Primärindices für eine Tabelle bestehen, erfährt man über die Anzeige der Tabelleneigenschaften mit Transaktion SE11 (ABAP Dictionary Pflege). Hierbei muss man den Menüpfad *Hilfsmittel – Datenbankobjekt – Anzeigen* wählen. Relevant sind alle am Ende der Feldauflistung unter Index 0 aufgeführten Felder (vgl. Abb. 2.3.2-50).

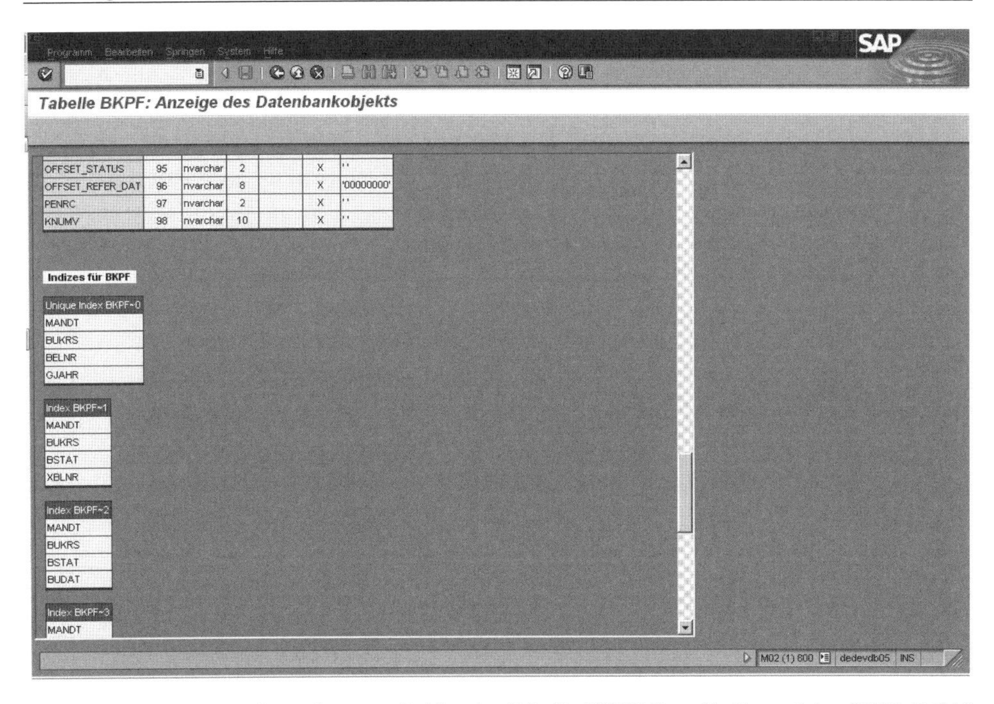

Abb. 2.3.2-50: Anzeige der indizierten Felder der Tabelle BKPF über die Transaktion SE11 © SAP

Weiterhin sollte man bei der Auswahl der Datensätze in der Transaktion SE16 darauf achten, die Anzahl der ausgegebenen Datensätze und die Breite der Ausgabenliste anzugeben. Dies kann über die Felder „Breite der Ausgabeliste“ und „Maximale Trefferzahl“ durchgeführt werden. Im Prüfungsalltag bewährt sich hier ein möglichst hoher Wert (vgl. Abb. 2.3.2-60), um die Gewissheit zu haben, alle den Auswahlkriterien entsprechenden Datensätze durch das System angezeigt zu bekommen.

Breite der Ausgabeliste	999
Maximale Trefferzahl	9.999.999

Abb. 2.3.2-60: Auswahl einer maximal großen Ausgabeliste in Transaktion SE16 © SAP

Nach Abschluss der Auswahl der Datensätze in der Transaktion SE16 kann über Befehl „Ausführen (F8)“ die eigentliche Tabellenanzeige gestartet werden.

Data Browser: Tabelle BKPF 4 Treffer

Prüftabelle...

Tabelle: BKPF
Angezeigte Felder: 94 von 98 Feststehende Führungsspalten: 4 Listbreite 0999

MANDT	BUKRS	BELNR	GJAHR	BLART	BLDAT	BUDAT	MONAT	CPUDT	CPUTM	AEDAT	U
800	0001	0100000000	1995	SA	06.06.1995	06.06.1995	06	06.06.1995	14:28:00	00.00.0000	0
800	0001	0100000001	1998	KN	05.05.1998	05.05.1998	05	05.03.1999	17:05:29	00.00.0000	0
800	0001	0100000569	2007	SA	10.10.2007	10.10.2007	10	10.10.2007	15:09:26	00.00.0000	0
800	0001	0100000570	2007	SA	10.10.2007	10.10.2007	10	10.10.2007	17:19:28	00.00.0000	0

Abb. 2.3.2-70: Anzeige einer Tabelle über Transaktion SE16 © SAP

Sollten in der Anzeige nicht alle benötigten Felder einer Tabelle auftauchen, so können über den Menüpfad *Einstellungen – Listaufbereitung – Feldauswahl* die für die Anzeige gewünschten Felder ausgewählt werden (vgl. Abb. 2.3.2-80).

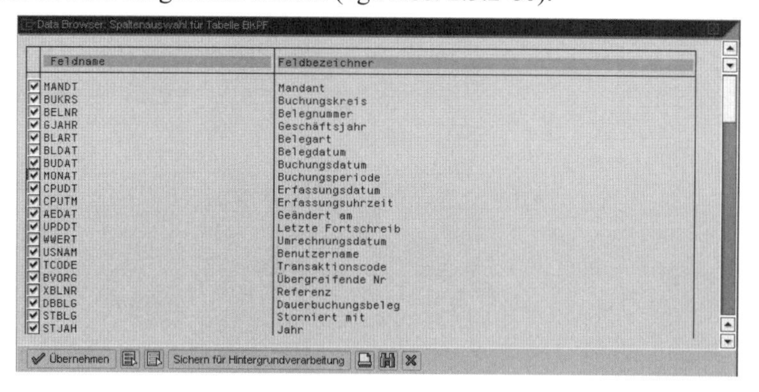

Abb. 2.3.2-80: Feldauswahl bei Anzeige von Tabelleninhalten über Transaktion SE16 *© SAP*

Für die Anzeige von Tabellen benötigt ein Prüfer die folgenden Berechtigungen[1]:

Berechtigungsobjekte	Felder	Feldausprägungen
S_TCODE	TCD	SE16
S_TABU_DIS	ACTVT	03
S_TABU_DIS	DICBERCLS	*

2.3.3 Speichern von Tabelleninhalten

Die Anzeige von Tabellen reicht für die Ergebnisermittlung bei vielen Prüfungshandlungen nicht aus. Um die angezeigten Inhalte besser auswerten zu können, muss der Prüfer diese in andere externe Anwendungen (bspw. Tabellenkalkulationsprogramme) importieren. Im Data Browser (Transaktion SE16) stehen dem Prüfer hierfür mehrer Wege zur Verfügung.

Das klassische Konzept des Kopierens & Einfügens ist in begrenztem Rahmen möglich. Hierzu können Sie die Tastenkombination *Strg-Y* verwenden und das erscheinende Fadenkreuz dazu nutzen, Texte in den Tabellen zu markieren. Die markierten Inhalte können Sie mittels der Tastenkombination *Strg-C* kopieren und in eine andere Anwendung einfügen.

Die am meisten verwendete Möglichkeit einen Export der Tabelle durchzuführen ist der Menüpfad *System – Liste – Sichern – Lokale Datei*. Hier können die Dateien in verschiedenen Ausgabeformaten ausgegeben werden. Im Prüfungsalltag bewährt sich hier das als „unkonvertiert" bezeichnete Format, da dies die wenigsten Transformationen der Tabellendaten enthält.

In einer Windows-Umgebung mit einer Office-Anwendungsinstallation ist auch im Bereich der ALV-Darstellung einer Tabelle im Data Browser eine direkte Übergabe der Daten über den Menüpfad *Tabelleneintrag – Liste – Exportieren – Tabellenkalkulation* mög-

1 Details zum Berechtigungskonzept sind im Kapitel *3.1.4* erläutert.

lich. Bei einer zu großen Anzahl von Datensätzen kann dies jedoch zu einer unvollständigen Datenübernahme führen.

Für die beschriebenen Funktionen des Exports von Tabelleninhalten benötigt der Prüfer neben den Berechtigungen der Tabellenanzeige die folgende Berechtigung:

Berechtigungsobjekte	Felder	Feldausprägungen
S_GUI	ACTVT	61

Weiterhin besteht die Möglichkeit, Tabelleninhalte über den Data Browser in eine Spool-Datei im Rahmen der Druckfunktionalität zu speichern und diese dann als Textdatei zu exportieren. Dies kann beispielsweise in den Fällen genutzt werden, in denen die gewählten Auswahlkriterien wegen zu langer Laufzeit oder Speicherbeschränkung zu Programmabbrüchen bei der Ergebnisanzeige führen. Im Auswahlbildschirm des Data Browsers benutzt man anstelle des Befehls „Ausführen (F8)“ den Befehl „Im Hintergrund ausf. (F9)“. Hierbei wählt man als Druckzeitpunktseinstellung „Zunächst nur in den SAP-Spool stellen“. Als Starttermin wählt man den sog. „Sofortstart“. Nach dem Befehl „sichern“ wird der Job im Hintergrund eingeplant und kann über den Jobmonitor mit der Transaktion SM37 (Übersicht über Jobauswahl) kontrolliert werden.

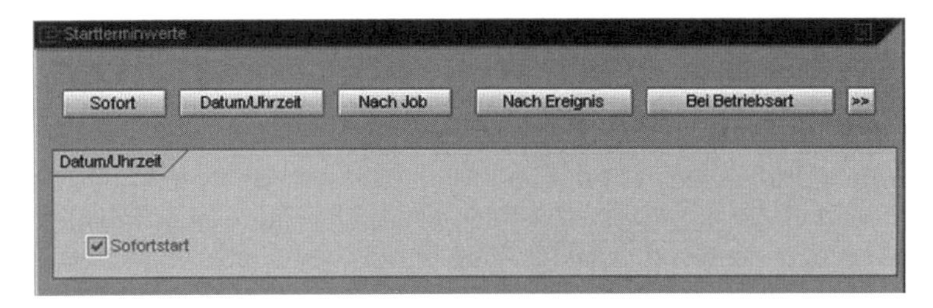

Abb. 2.3.3-10: Einplanung eines Hintergrundjobs über Transaktion SE16 © *SAP*

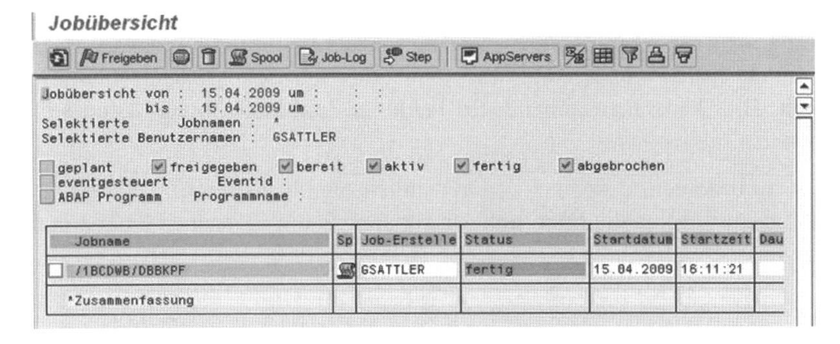

Abb. 2.3.3-20: Übersicht der Verarbeitung des Hintergrundjobs über Transaktion SM37 © *SAP*

Nach erfolgreicher Verarbeitung des Hintergrundjobs kann man in der Ausgabesteuerungstransaktion SP01 (Ausgabesteuerung) über den Menüpfad *Spool-Auftrag – Weiterleiten – Als Text exportieren* die Ausgabe als Datei lokal speichern. Die Ausgabedatei befindet sich als Textdatei in dem Arbeitsverzeichnis der SAP-GUI –Anwendung, welches über die Transaktion SO21 (PC-Arbeitsverzeichnis pflegen) festgelegt werden kann.

Abb. 2.3.3-30: Erfolgreiche Speicherung einer Druckausgabe in einer Textdatei © *SAP*

Für die beschriebenen Funktionen der Nutzung der Druckausgabe benötigt der Prüfer neben den Berechtigungen der Tabellenanzeige die folgende Berechtigung:

Berechtigungsobjekte	Felder	Feldausprägungen
S_TCODE	TCD	SP01
S_GUI	ACTVT	61
S_SPO_DEV	SPODEVICE	LOCL
S_BTCH_JOB	JOBGROUP	„“
S_BTCH_JOB	JOBACTION	RELE

2.3.4 Auffinden relevanter Tabellen

Im Rahmen einer Prüfung ist es oftmals notwendig, bestimmte Stamm- oder Bewegungsdaten auf Tabellenebene auszuwerten. Ist der technische Name einer Tabelle bekannt, so kann man mit dem in den vorangegangen Abschnitten beschriebenen Mittel der Tabellenanzeige Einsicht nehmen.
Meistens sind dem Prüfer die technischen Namen der zu analysierenden Tabellen jedoch zunächst unbekannt. Hier hilft die sich in einem SAP-System bietende Möglichkeit nach den Namen bzw. Beschreibungen der Tabellen zu suchen.

In dem Data Browser kann man über die Transaktion SE16 durch den Aufruf der Eingabehilfe oder die Taste *F4* in dem Feld Tabellenname in das sog „Reposit. Infosystem (F5)“ verzweigen. Hier kann man anhand des Feldes „Kurzbeschreibung“ nach technischen Tabellennamen suchen.

Hierbei ist zu beachten, dass man den gewählten Suchbegriffen ein „*“ als Platzhalten voran- und nachstellt, da die Suchfunktion sonst nach einer genauen Überstimmung des Feldtextes suchen würde.

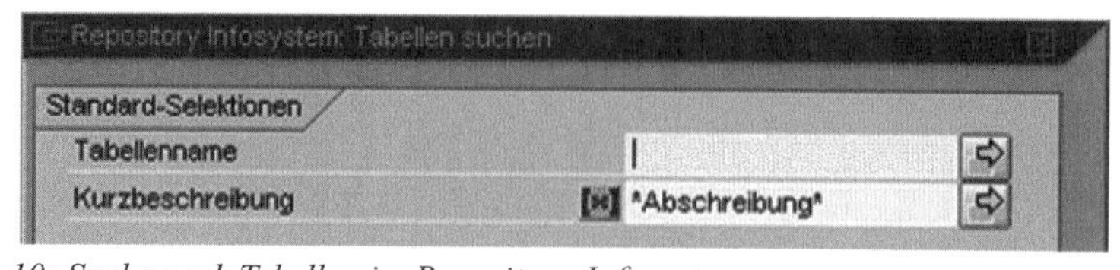

Abb. 2.3.4-10: Suche nach Tabellen im Repository-Infosystem © *SAP*

Das Repository-Infosystem kann auch über die Transaktion SE11 oder SE84 (Repository-Infosystem) erreicht werden. Alternativ hierzu sind die Tabellennamen auch über die Tabelle DD02T (R/3-DD: Texte zu SAP-Tabellen) abrufbar.

Die Suche nach Kurzbeschreibungen ist zielführend, wenn man nach ungewöhnlichen Begrifflichkeiten sucht. Allgemeine Begriffe enden meist in einer Ergebnisliste, die zu umfangreich ist, um ausgewertet zu werden.

Um dennoch in solchen Fällen an die technischen Namen der Tabellen zu gelangen, kann man die mit den Daten arbeitenden Transaktionen bzw. Programme analysieren. Einem ausgeführten Programm ist jedoch nicht in jedem Fall unmittelbar anzusehen, wo die benötigten Daten auf Tabellenebene gespeichert sind.

Hierzu muss man die F1-Hilfe nutzen, um die technischen Feldinformationen in dem jeweils betrachten Dynpro in Erfahrung zu bringen.

Als Beispiel soll hier die Transaktion SCC4 der Mandantenverwaltung dienen.

Sicht "Mandanten" anzeigen: Übersicht

Mandant	Bezeichnung	Ort	Währ.	geändert am
000	SAP AG	Walldorf	EUR	10.03.2009
001	Customizing Client	Walldorf	EUR	12.01.2007
066	early Watch	Walldorf	EUR	28.04.2004
100	Client for Copy	Berlin	EUR	01.03.2007
200	Training Client	Berlin	EUR	01.03.2007
300	Authority Concept Client	Berlin	EUR	12.03.2009
800	Customizing Client	Berlin	EUR	15.04.2009

Abb. 2.3.4-20: Transaktion SCC4 Mandantenverwaltung © *SAP*

Wenn man sich nun mit der Frage beschäftigt, aus welcher Tabelle die Feldinformation der Spalte „geändert am“ stammt, so muss man lediglich eine Zelle dieser Spalte auswählen (bspw. die Zelle mit dem Feldwert „12.01.2007“) und die F1-Taste drücken.

Es erscheint ein neues Fenster mit der F1-Hilfe (Performance Assistant), welches die Dokumentation zu dem ausgewählten Feld enthält.

Abb. 2.3.4-30: F1-Hilfe in Transaktion SCC4 © *SAP*

Hier drückt man das Icon mit dem Hammer-und-Schraubenschlüssel-Symbol, woraufhin ein neues Fenster mit den technischen Informationen erscheint.

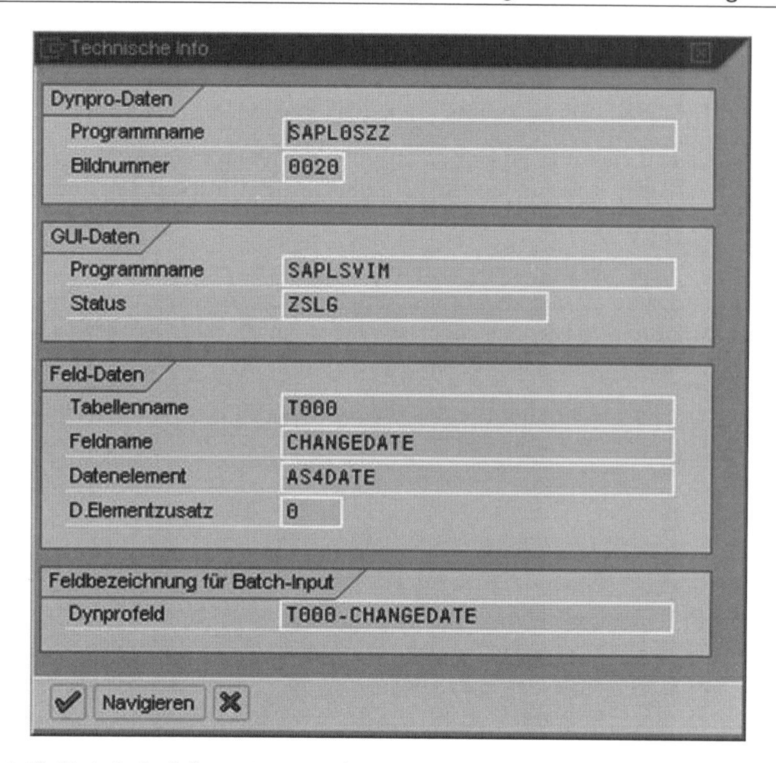

Abb. 2.3.4-40: Technische Informationen in der Transaktion SCC4 © *SAP*

Der gesuchte technische Name der Tabelle, welche die Informationen des betrachteten Feldes beinhaltet ist in dem Feld „Tabellenname“ abzulesen. In unserem Beispiel sind dies der technische Tabellenname T000 und der Name des Tabellenfelds CHANGEDATE.

Leider enthält nicht jedes Dynpro eines Programms Feldwerte, die einen direkten Bezug zu Datenbanktabellen haben. So werden während der Laufzeit eines Programms temporäre Datensätze und Tabellen im Hauptspeicher angelegt, die der programminternen Datenverarbeitung dienen und in SAP als Strukturen bezeichnet werden.

In diesen Fällen enthält die über die Taste F1 erreichbare technische Information im Feld „Tabellenname“ den technischen Namen der Struktur. Das Auffinden der zugrundeliegenden Datenbanktabelle ist über eine Durchsicht der SAP-Systemdokumentation, eine Analyse des Programmquelltextes oder die Nutzung des Verwendungsnachweises des Feldnamens im über die Transaktion SE84 zu erreichenden Repository-Infosystem möglich.

2.3.5 Tabellendokumentation

Zu jeder Tabelle existiert in einem SAP-System eine Dokumentation in Form eines Eintrags in dem sog. Tabellenhandbuch, welche die technischen Eigenschaften und in vielen Fällen auch die Verwendung der Tabelle beschreibt. Die Tabellendokumentation erreicht man über das Programm RSSDOCTB, welches über die Transaktion SA38 aufgerufen werden kann.

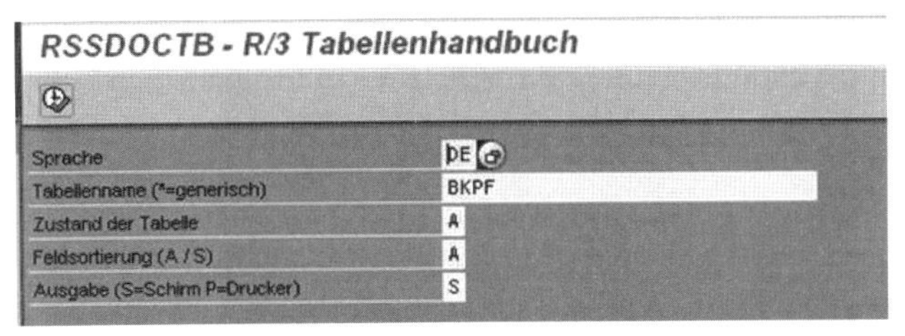

Abb. 2.3.5-10: Startparameter des Reports Tabellenhandbuch (RSSDOCTB) © *SAP*

Zu beachten ist hier, dass als Ausgabe die Einstellung des Feldwerts auf „S" gesetzt werden sollte, um eine Ausgabe auf dem Bildschirm zu erzeugen.

Je nach Bedarf können im Folgebildschirm noch die dargestellten Inhalte gewählt werden, bevor eine Anzeige der Dokumentation gestartet wird.

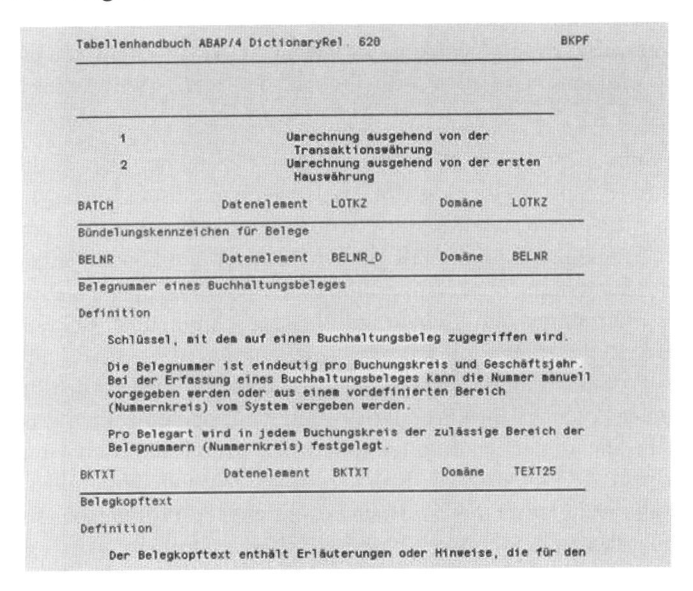

Abb. 2.3.5-20: Tabellenhandbuch für Tabelle BKPF © *SAP*

Die Dokumentation ist nicht in allen Fällen so umfangreich gepflegt, so dass sie dem Informationsbedürfnis des Prüfers gerecht wird. Um einen Überblick über eine unbekannte Tabelle zu bekommen und als Startpunkt weiterer Recherchen ist sie jedoch geeignet.

2.4 Prüfung anhand von Programmen

2.4.1 Grundlagen der Programme

Die Programmiersprache ABAP, als Abkürzung für „Advanced Business Application Programming", hat dank ihrer Flexibilität und Transparenz eine lange Tradition bei SAP-

Produkten und ist einer der Gründe der weiten Verbreitung von SAP-Systemen. Von den Anfängen einer reinen Auswertungs- und Berichtsbeschreibungssprache hat sich diese Sprache zu einer Sprache der vierten Generation entwickelt und integriert in den neusten SAP-Systemen Funktionen wie direkten SQL-Zugriff mittels Open SQL und WebDynpro zur Entwicklung webbasierter Anwendungen als Alternative zu Java. In einem SAP-System sind beinahe alle Programme auf Anwendungsebene in ABAP implementiert; dies schließt auch alle Systemprogramme ein, die für die Anwendungsverwaltung genutzt werden. Jede durch eine Benutzeraktion ausgelöste Datenverarbeitung wird von einem ABAP-Programm gesteuert. Damit sind ABAP-Programme sowohl als kundeneigene Erweiterung als auch in ihrer von SAP ausgelieferten Form als Verfahrensbestandteil des Verfahrens der Buchhaltung anzusehen und damit Gegenstand einer Systemprüfung. ABAP-Programme sind fest mit dem SAP-Datenmodell und den einzelnen Objekten verbunden.

Ein ABAP-Programm besteht zumeist aus weiteren Unterprogrammen wie beispielsweise die von SAP als Include-Programme bzw. Funktionsbausteine bezeichneten Objekte, welche der Modularisierung des Quelltextes dienen. Jedes SAP-System bringt alle notwendigen Entwicklungswerkzeuge mit, um ABAP-Programme zu entwickeln, diese zu debuggen und einzelne Zusammenhänge zwischen ABAP-Programmen und Datenbank-Objekten über einfache Drill-Down-Techniken der sog. „Vorwärtsnavigation“ aufzudecken.

Ein Programm, das in ABAP geschrieben wurden, bezeichnet man in der Sprache der SAP-Welt auch als Report. Beide Begriffe werden auch in diesem Buch synonym verwendet und dienen nicht der Kategorisierung von Programmklassen. Alle im SAP-System enthaltenen Programme sind prinzipiell gleichberechtigt und können jederzeit Daten auf Datenbankebene verändern. Im Prüfungsalltag ist es deshalb für den Prüfer wichtig zu wissen, welche Programme rein lesende und welche schreibende Funktionen umfassen. Kein Prüfer wird ein Programm mit schreibender Funktion in einer Art und Weise ausführen wollen, das Produktivdaten ändert. Aus diesem Grund ist es für den Prüfer unerlässlich, sich vor einer Prüfung eines Produktivsystems mit den einzelnen Programmen vertraut zu machen. Die folgenden Kapitel sollen den grundsätzlichen Umgang mit Programmen in einem SAP-System im Rahmen einer Prüfung beschreiben und sind als Grundlage für alle weiteren in diesem Buch beschriebenen Prüfungshandlungen, die zumeist das Ausführen von Programmen beschreiben, einzuordnen.

Neben den in ABAP geschriebenen Programmen existieren vor allem im Rahmen von webbasierten Anwendungsteilen Programme, welche in Java geschrieben sind. Sie haben im Laufe der zeitlichen Entwicklung an Einfluss gewonnen, sind aber in vielen SAP-Installationen unwesentlich gemessen an Umfang und Bedeutung im Vergleich zu den ABAP-Programmen. Auch für Java-Programme gilt, dass auswertende und schreibende Funktionen bis auf Datenbankebene durch sie ausgeführt werden können.

2.4.2 Zusammenhang von Programmen und Transaktionen

Ein normaler SAP-Anwender verwendet im Rahmen einer Dialogverarbeitung über das SAP-GUI selten Transaktionen oder Programme direkt. Zumeist bewegt er sich durch das Auswählen von Menüpunkten per Mausklick durch das SAP-System. Jeder Mausklick wird intern vom SAP-System als Aufruf einer Transaktion und damit eines sog. Transaktionscodes aufgefasst. Die Transaktionscodes der einzelnen Menüpunkte können über den Menüpfad *Zusätze – Einstellungen – Technische Namen Anzeigen* eingeblendet werden (vgl. Abb. 2.4.2-10).

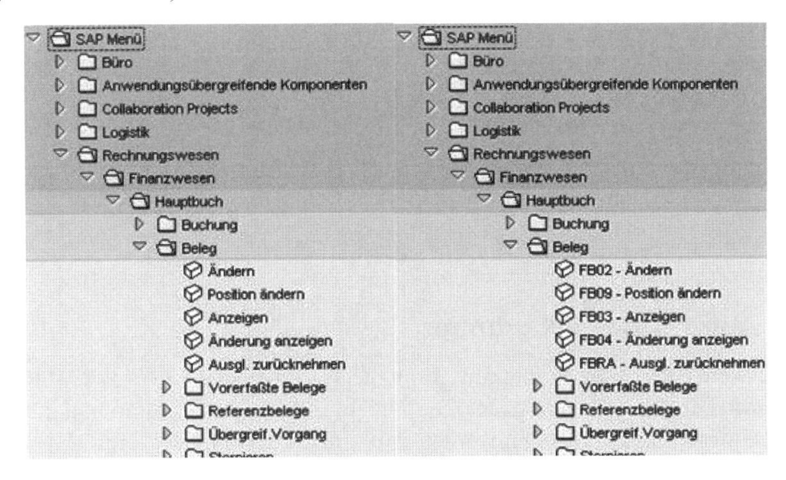

Abb. 2.4.2-10: Anzeige von Transaktionscodes zu Menüpunkte © *SAP*

Die Begriffe Transaktionscode und Transaktion werden in diesem Buch, wie in der SAP-Sprachwelt üblich, synonym verwendet. Die einzelnen Transaktionscodes können auch als Eingabe in das sog. Kommandofeld oben links in der SAP-GUI zum Aufruf der zugehörigen Transaktion genutzt werden (vgl. Abb. 2.4.2-20.).

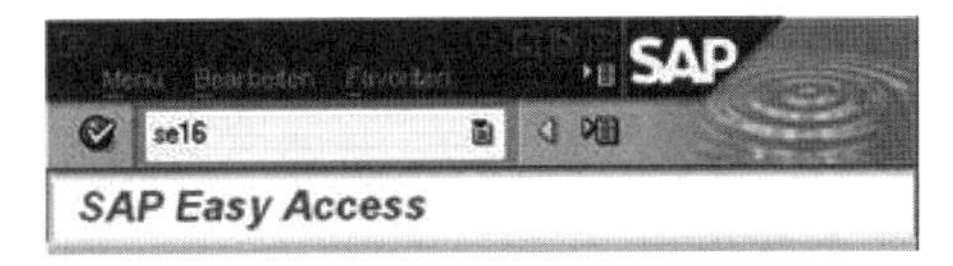

Abb. 2.4.2-20: Eingabe des Transaktionscodes SE16 © *SAP*

Menüpunkte ihrerseits können anhand ihres Transaktionscodes gefunden werden, indem man die Transaktion SEARCH_SAP_MENU (Suche im SAP Menü) in das Kommandofeld eingibt.

Jeder Aufruf einer Transaktion auf der Benutzeroberfläche eines SAP-GUI führt unmittelbar zu dem Start eines ABAP-Programms. Diesen Zusammenhang kann man sich am Besten durch einen Blick in die Tabelle TSTC (SAP-Transaktions-Codes) verdeutlichen, welche die einzelnen Transaktionen eindeutig Programmen zuordnet. Viele dieser Programme sind auch unabhängig von dem Aufruf der Transaktion durch einen direkten Programmstart ausführbar.

Das Programm, welches aktuell über das SAP-GUI ausgeführt wird, kann man über die erweiterten Informationen sehen, die eingeblendet werden (vgl. Abb. 2.4.2-30). Alternativ kann man in der relevanten Transaktion über den Menüpfad *System – Status...* unter dem Feld SAP-Daten Report den technischen Namen des Programms finden.

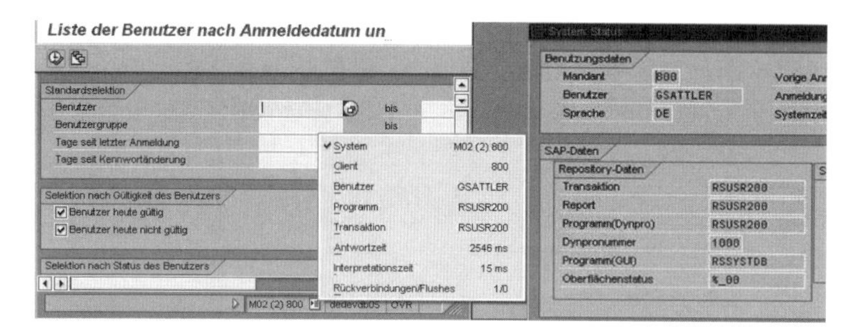

Abb. 2.4.2-30: Anzeige von erweiterten Informationen im SAP-GUI und im Systemstatus RSUSR200
© SAP

2.4.3 Aufruf eines Programms

Für den direkten Aufruf der Programme kann die Transaktion SA38 (ABAP/4 Reporting) genutzt werden. In dieser Transaktion muss in dem Eingabefeld Programm der technische Name des Programms eingegeben werden. Über den Befehl „Ausführen (F8)“ wird das Programm gestartet.

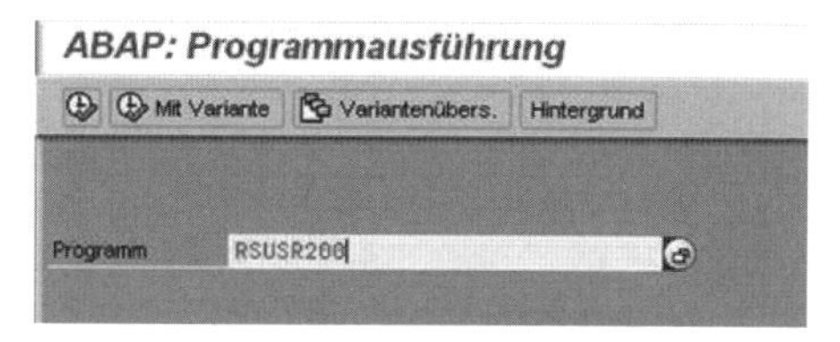

Abb. 2.4.3-10: Starten eines Programms über Transaktion SA38 *© SAP*

Nicht direkt über die Transaktion SA38 aufrufbare Programme besitzen in ihren Eigenschaften eine Sperre über den Programmtyp und können bereits an ihrem technischen Namen, der zumeist mit dem Kürzel SAP beginnt, erkannt werden.

Der direkte Aufruf eines Programms ermöglicht es dem Prüfer auf schnellem Weg an die gewünschten Programmauswertungen zu kommen. Außerdem ist dies in vielen Produktivsystemen die einzige Möglichkeit, bestimmte Programme auszuführen, für die keine Transaktionen von SAP herstellerseitig vorgesehen wurden. Der direkte Aufruf von Programmen bedeutet allerdings ein nicht unerhebliches Risiko für den Prüfer und die Daten des geprüften SAP-Systems. Durch Fehleingabe kann leicht unbeabsichtigt der Start von fast gleichlautenden Programmen ausgelöst werden. Diese Programme könnten das SAP-System ressourcenseitig stark belasten oder im schlimmsten Falle Produktivdaten ändern oder löschen.

Aus diesem Grunde ist es zu empfehlen, im Vorfeld einer Prüfung alle im Rahmen einer Systemprüfung aufzurufenden Programme, für die es keine von SAP zur Verfügung gestellt Transaktion gibt, mittels einer Parametertransaktion kontrolliert aufrufbar anzulegen. Zur Anlage von Parametertransaktionen können Sie die Transaktion SE93 (Pflege Transaktionscodes) verwenden. Hiernach ist es nicht mehr notwendig, die Transaktion SA38 zum direkten Aufruf von Programmen zu nutzen.

Für den direkten Aufruf von Programmen über die Transaktionen SA38 benötigt ein Prüfer die folgenden Berechtigungen:

Berechtigungsobjekte	Felder	Feldausprägungen
S_TCODE	TCD	SA38
S_PROGRAM	P_ACTION	SUBMIT
S_PROGRAM	P_GROUP	*

Die aufgerufen Programme können ihrerseits weitere Berechtigungsprüfungen enthalten, die entsprechend für die erfolgreiche Ausführung eines Programm benötigt werden, siehe hierzu Kapitel *3.1 Zugriffskontrollen.*

2.4.4 Speichern von Programmergebnissen

Das Speichern der Programmausgaben erfolgt analog wie das Speichern von Tabellenausgaben (siehe das beschriebenen Verfahren in Kapitel *2.3.3*). Auch hier können vom einfachen Kopieren&Einfügen-Konzept über die Speicherung in einer lokalen Datei bis hin zur Verwendung der Spoolausgabe verschiedene Methoden gemäß den system- und auswertungsspezifischen Gegebenheiten gewählt werden.

Sollte in manchen Fällen das Ergebnis nicht in Listen oder Berichtsform, sondern bspw. als normales Dynpro, welches eine Systemeinstellung anzeigt, vorliegen, so kann man in der SAP-GUI über die Möglichkeit eines Bildschirmabgriffs (Hardcopy) mit der Tastenkombination *Steuerungstaste-Umschalttaste-P* die Ergebnisse in einem Ausdruck festhalten.

Für die Speicherung von Auswertungsergebnissen benötigt der Prüfer neben den Berechtigungen, die für die Ausführung der jeweiligen Programme erforderlich sind, die folgende Berechtigung:

Berechtigungsobjekte	Felder	Feldausprägungen
S_GUI	ACTVT	61

2.4.5 Auffinden relevanter Programme

Programme in einem SAP-System lassen sich am einfachsten über den Programmkatalog finden. Dieser kann bspw. über das Repository Infosystem in Transaktion SE84 unter Programmbibliothek aufgerufen werden.

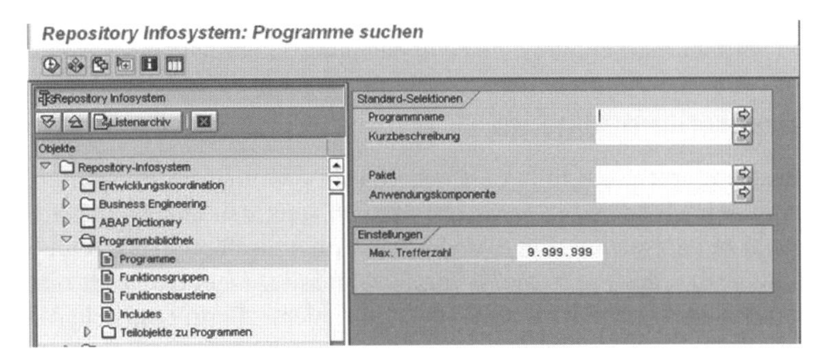

Abb. 2.4.5-10: Suche nach ABAP-Programmen über Transaktion SE84 © *SAP*

Hier können Programme anhand ihrer technischen Programmnamen oder ihrer Kurzbeschreibungen gesucht werden. Wie bei der Suche von Tabellen hilft es auch hier mit dem Platzhalter „*“ zu arbeiten. Anhand der Namenskonvention von SAP können über die technischen Bezeichnungen bspw. Programme mit Prozessbezug gefunden werden:

- RS* - Programme aus dem Basis-Umfeld
- RF* - Programme aus dem Rechnungswesen
- RM* - Programme der Materialwirtschaft
- RV* - Programme des Vertriebs

Über das Eingabefeld der Kurzbeschreibungen der Programme kann man nach prägnanten Begrifflichkeiten suchen.

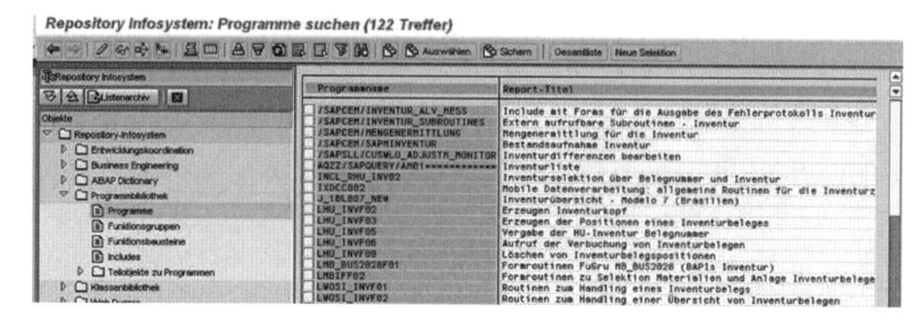

*Abb. 2.4.5-20.: Suche nach Programmkurzbeschreibungen mit dem Suchbegriff „*Inventur*“.*

© SAP

Auf Tabellenebene findet man die Programme und ihre Kurzbeschreibungen in Tabelle TRDIRT (Systemtabelle TRDIR). Zusätzlich ist eine Suche nach technischen Bezeichnungen auch über die Eingabehilfe bzw. das Drücken der Taste *F4* im Eingabefeld des Programmnamens der Transaktion SA38 möglich.

2.4.6 Programmdokumentation

Zu jedem Programm kann im System eine Dokumentation durch den Entwickler hinterlegt werden. Diese gibt zumindest bei den von SAP ausgelieferten Standardprogrammen einen Einblick in die Funktions- und Verwendungsweise der Programme. Die Dokumentation kann in Transaktion SA38 durch Eingabe des relevanten Programmnamens und den Aufruf über Menüpfad *Springen – Dokumentation* eingesehen werden. Ein Prüfer sollte sich vor dem erstmaligen Aufrufen eines Programms in jedem Fall mit dieser Online-Dokumentation vertraut machen, um eine Fehlbedienung zu vermeiden.

2.4.7 Programmquelltexte

Im Zusammenhang mit der Prüfung anhand von Programmauswertungen oder der Prüfung von Programmen selbst, kann es erforderlich sein, den Quelltext der Programme einzusehen und zu analysieren. Ein SAP-System bringt hierfür alle notwendigen Voraussetzungen mit, denn jedes Programm ist im System mit seinem Quelltext hinterlegt. Die Quelltexte sind in der Tabelle REPOSRC in komprimierter Form gespeichert und können über den eingebauten ABAP Editor über die Transaktion SE38 (ABAP Editor) eingesehen werden.

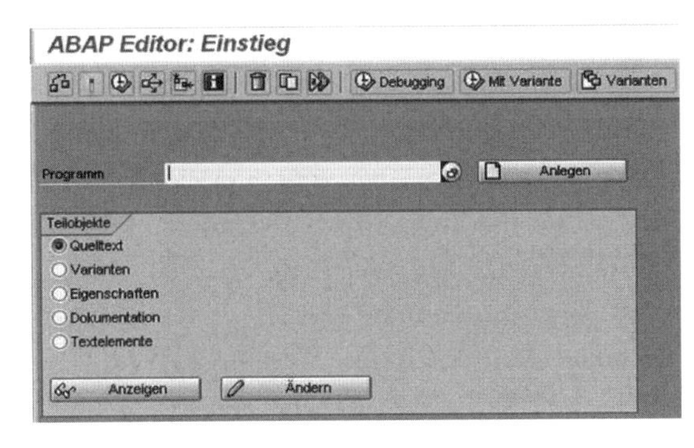

Abb. 2.4.7-10: Transaktion SE38 – „ABAP Editor: Einstieg“ © SAP

In den Quelltexten findet man die Kommentare der Programmierer und man kann sich die im Quelltext genannten Objekte, wie aufgerufene Programme oder genutzte Tabellen, durch einen Doppelklick auf die Objekte anzeigen lassen und somit sehr komfortabel die Analyse des Programms durchführen.

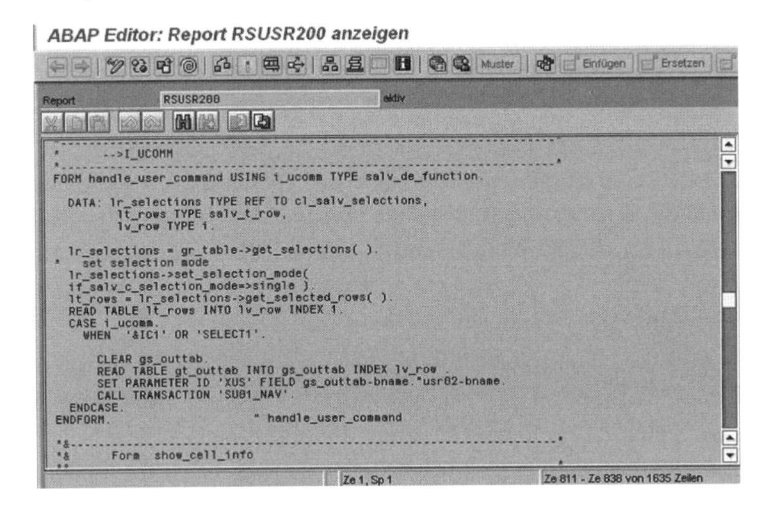

Abb. 2.4.7-20: Quelltextanzeige im ABAP Editor über Transaktion SE38 © SAP

Für die Anzeige von Quelltexten über die Transaktion SE38 benötigt der Prüfer die folgenden Berechtigungen:

Berechtigungsobjekte	Felder	Feldausprägungen
S_TCODE	TCD	SE38
S_DEVELOP	ACTVT	03
S_DEVELOP	DEVCLASS	*
S_DEVELOP	OBJTYPE	PROG
S_DEVELOP	OBJNAME	*

2.5 Prüfung mit Transaktionen

Wie bereits im Kapitel *2.4.2 Zusammenhang von Programmen und Transaktionen* dargestellt, bewegen sich die meisten Anwender in einem SAP-System durch gezieltes Aufrufen und Nutzen von Transaktionen. Transaktionen stellen in einem SAP-System eine transparente Verknüpfung zum Aufruf von Programmen dar und sind über das SAP-Menü nach Funktionsbereichen sortiert.

Ein Prüfer sollte die einzelnen Transaktionen, die in einem Unternehmen für die Verarbeitung von Informationen genutzt werden, kennen und für die Durchführung von Prüfungshandlungen direkt nutzen. Die Vorteile gegenüber der Prüfung durch Auswertung von Tabellen sind, dass Transaktionen

- über eine Prozessaufnahme im Vorfeld einer Prüfung identifiziert werden können,
- die einzelnen Geschäftsvorfälle in dem relevanten betriebswirtschaftlichen Kontext darstellen, welcher der Sicht der Anwender entspricht,
- in ihrer Nutzung regelmäßig gut dokumentiert sind.

Vielfach ist an den Transaktionsbezeichnungen schon erkennbar, ob es sich um ein lesendes oder schreibendes Programm handelt. Neben dem Namen der Transaktion der über die Tabelle TSTCT (Transaktionscode-Texte) abgerufen werden kann, ist der Transaktionscode, also die technische Bezeichnung an sich, bereits durch SAP genutzte Namenskonvention aufschlussreich.

Bei vielen vierstelligen Transaktionscodes steht die Zahl der letzten Stelle für „01“ – Anlagetransaktion, „02“ – Änderungstransaktion und „03“ – für Anzeigetransaktion.

So ist beispielsweise die Transaktion FB01 (Beleg buchen) zur Buchungsbelegerstellung, die Transaktion FB02 (Beleg ändern) für die Buchungsbelegänderung und die Transaktion FB03 (Beleg anzeigen) zur Buchungsbeleganzeige geeignet.

Zum Starten einer Transaktion kann, wie Kapitel *2.4.2 Zusammenhang von Programmen und Transaktionen* beschrieben, der Transaktionsaktionscode in das Kommandofeld eingetragen werden und die Eingabe mit der Enter-Taste bestätigt werden. Um die Navigation mittels Transaktionscodes noch schneller zu machen, hat SAP eine Reihe von Kurzbefehlen hinterlegt, die zumeist vor der eigentlichen Transaktion eingegeben werden und bspw. zum SAP-Menübaum zurückspringen (/nXXXX), einen neuen Modus öffnen (/oXXXX) oder einen Download (%pc) veranlassen können. Diese Kurzbefehle helfen dem Prüfer Zeit zu sparen und sollen im Folgenden vorgestellt werden:

Kurzbefehle	Funktion
/n	Beenden der aktuellen Transaktion
/nXXXX	Beenden der aktuellen Transaktion und Start der Transaktion XXXX
/nend	Beenden der aktuellen Transaktion und geordnete Abmeldung
/nex	Beenden der aktuellen Transaktion und sofortige Abmeldung
/o	Erzeugen einer Modusauflistung
/oXXXX	Starten der Transaktion XXXX in einem neuen Modus
/i	Löschen des angezeigten Modus

Kurzbefehle	Funktion
/i#	Löschen des Modus mit Nummer # (siehe Modusauflistung)
%pc	Starten eines Downloads (innerhalb einer Listanzeige)
%pri	Starten eines Ausdrucks (innerhalb einer Listanzeige)
%sc	Starten der Suchfunktionen (innerhalb einer Listanzeige)
/h	Starten des Debuggers

2.6 Prüfung des Customizings

2.6.1 Grundlagen des Customizings

Ein SAP-System bringt als ERP-System eine Vielzahl von Funktionen mit, welche die Geschäftsprozesse eines Unternehmens unterstützen können. Zwar kann ein SAP-System als eine Art von Standardsoftware betrachtet werden, welche relativ einfach implementiert und angewendet werden kann, jedoch muss auch jedes SAP-System zwingend an die unternehmensspezifischen Gegebenheit vor einer Produktivsetzung angepasst werden. Diese Anpassung kann durch die Flexibilität des SAP-Softwaredesigns und die parametergesteuerten Programmabläufe in jeder erdenklichen Komplexitätsstufe durchgeführt werden und reicht von der einfachen Hinterlegung der richtigen Anzahl von Organisationsstrukturen und der Belegtypendefinition, bis hin zu der Anpassung von Preisfindungsroutinen durch das Hinzufügen neuer Unterprogramme. Um die Anpassung eines SAP-Systems, die im Folgenden als Customizing bezeichnet wird, so übersichtlich wie möglich zu gestalten, existiert in jedem SAP-System ein sogenannter Einführungsleitfaden, der als Checkliste eine konsistente Pflege des Customizings ermöglicht und gleichzeitig als zentrale Dokumentation der System- und Programmsteuerungsparameter dient. Im Auslieferungszustand existiert stets ein kompletter Einführungsleitfaden, der auch „SAP Referenz-IMG“ genannt wird. IMG steht hierbei als Abkürzung für Implementation Management Guide. Im Rahmen von Implementierungsprojekten und der Programmentwicklung kann dieser komplette Einführungsleitfaden in Unterprojekte aufgeteilt werden, um kleinere Checklisten zu erzeugen, die einzelnen Projektteams zugeordnet werden. Diese Unterprojekte nennt man Projekt-IMGs.

Im Rahmen der Prüfung eines SAP-Systems ist es notwendig, sich als Prüfer mit den unternehmens- und prozessspezifischen Einstellungen im Customizing auseinanderzusetzen, da die meisten Prüfungshandlungen und insbesondere die richtige Interpretation von Tabelleninhalten und Programmauswertungen die Kenntnis der Customizingeinstellungen des Systems voraussetzen. Hierfür sind eine Durchsicht der fachlichen und technischen Konzeption der SAP-Implementierung der Gesellschaft und der lesende Zugriff auf Programme, die im SAP-System das tatsächlich durchgeführte Customizing anzeigen, unerlässlich.

2.6.2 Einsichtnahme in das Customizing

Die Einsichtnahme in das Customizing erfolgt durch den Aufruf der Transaktion SPRO (Customizing – Projektbearbeitung) und das anschließende Ausführen des Befehls „SAP Referenz-IMG anzeigen (F5)“. Sollte es mehrere Projekt-IMGs geben, muss im Anschluss noch das relevante Projekt ausgewählt werden.

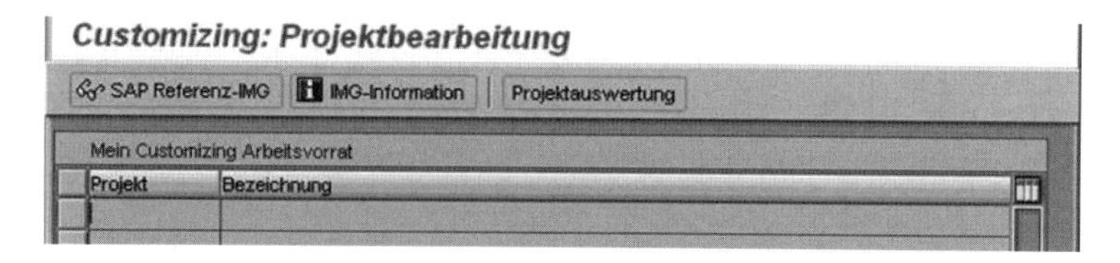

Abb. 2.6.2-10: Einstieg in das SAP-Customizing über die Transaktion SPRO © *SAP*

Der Einführungsleitfaden wird in Form einer aufklappbaren Liste von Konfigurationspunkten dargestellt. Diese Konfigurationspunkte sind vor allem nach Unternehmensprozessen thematisch gegliedert. Die Unterpunkte der einzelnen Konfigurationspunkte können durchaus mehrfach auftauchen, wie es auch im normalen SAP-Menü auf Transaktionsebene der Fall ist.

Für eine Prüfung sind die Punkte, die mit der Definition und der Zuordnung von Strukturen und Objekten zu tun haben, von besonderem Interesse, da hier wichtige Informationen für die Interpretation von Stamm- und Bewegungsdaten hinterlegt sind. Die im Einführungsleitfaden in den einzelnen Ebenen aufrufbaren Konsistenzprüfungen können für einen Formalcheck der konsistenten Hinterlegung von Zuordnungsinformationen genutzt werden.

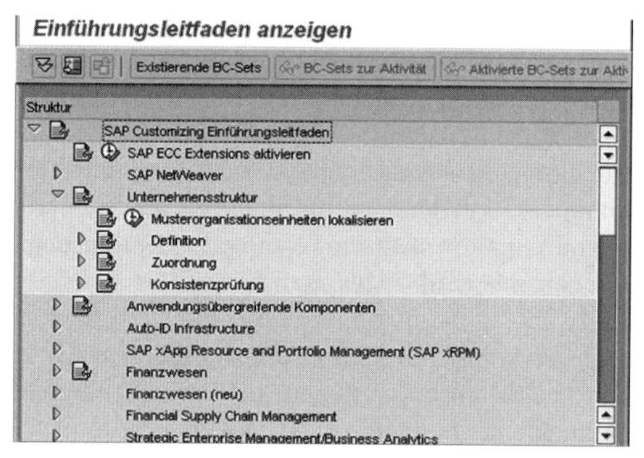

Abb. 2.6.2-20: Anzeige des Einführungsleitfadens über die Transaktion SPRO © *SAP*

Durch einen Doppelklick auf das Icon „IMG Aktivität“ lassen sich die Menüpunkte aufrufen.

Die hinter einem Menüpunkt liegende Transaktion kann manchmal direkt durch das Einblenden von Zusatzinformationen über den Menüpfad *Zusatzinformation – Zusatzinformationen – Schlüssel anzeigen – Pflegeobjekt* ermittelt werden. Hierbei stehen zumeist die letzten vier Zeichen für die zugeordnete Transaktion (Bspw. bei Zusatzinformationen SIMG_CFMENUSAPCOVX8 ist die Transaktion OVX8 zugeordnet).

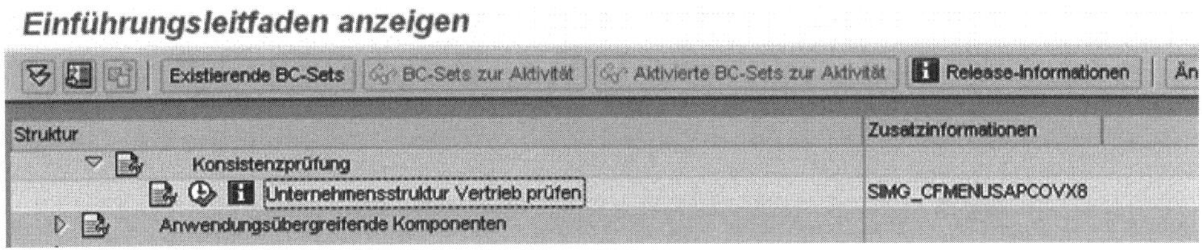

Abb. 2.6.2-30: Beispiel für Ermittlung der Transaktion OVX8 aus den Zusatzinformationen © SAP

Für die Einsichtnahme in das Customizing über die Transaktion SPRO benötigt der Prüfer die folgenden Berechtigungen:

Berechtigungsobjekte	Felder	Feldausprägungen
S_TCODE	TCD	SPRO
S_TABU_DIS	ACTVT	03
S_TABU_DIS	DICBERCLS	*

2.6.3 Dokumentation des Customizings

Die Dokumentation der Menüpunkte bzw. des Customizings kann durch einen Doppelklick auf das Icon „Dokumentation zur IMG Aktivität" eingesehen werden, welches sich stets links neben der IMG-Aktivität befindet.

Die hier hinterlegte Dokumentation des Customizings ist zumeist Standarddokumentation der SAP für die jeweilige Einstellung. Einige Unternehmen nutzen aber auch die Möglichkeit Projektdokumentation, bzw. fachliche Hintergründe der einzelnen Einstellungen über diese Funktion online zu hinterlegen.

Weitere Dokumentation des Customizings erhält der Prüfer meist durch die Einsichtnahme in die Projekdokumentation der SAP-Systemeinführung und über die Auswertung der Belege des Änderungsmanagements des Unternehmens.

2.7 Auswertung von Tabellenänderungsprotokollen

Neben den eigentlichen Inhalten der Tabellen und der Anzeige dieser Tabellenanzeige ist für den Prüfer aus Gründen der Nachvollziehbarkeit auch die Änderung von Tabellen von großer Bedeutung. Änderungen an Tabellen, die auf Tabellenebene durchgeführt werden, können grundsätzlich über eine Standardfunktion durch das SAP-System aufgezeichnet werden. Die Auswertung der Tabellenänderungsprotokolle erfolgt über die Transaktion SCU3 (Tabellenhistorie) oder direkt über das Programm RSTBHIST.

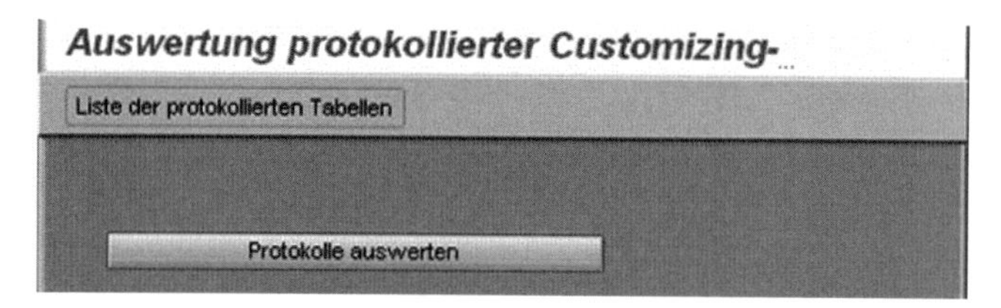

Abb. 2.7-10: Einstiegsbildschirm der Transaktion SCU3 *© SAP*

Der Befehl „Liste der protokollierten Tabellen" zeigt alle Tabellen an, die in der Tabelle DD09L (DD: Technische Einstellungen von Tabellen) mit dem Protokollierungskennzeichen versehen wurden, siehe hierzu auch Kapitel *3.2.7.1 Protokolle der Tabellenänderungen*. Der Befehl „Protokolle auswerten" führt zur Änderungsbelegauswahl.

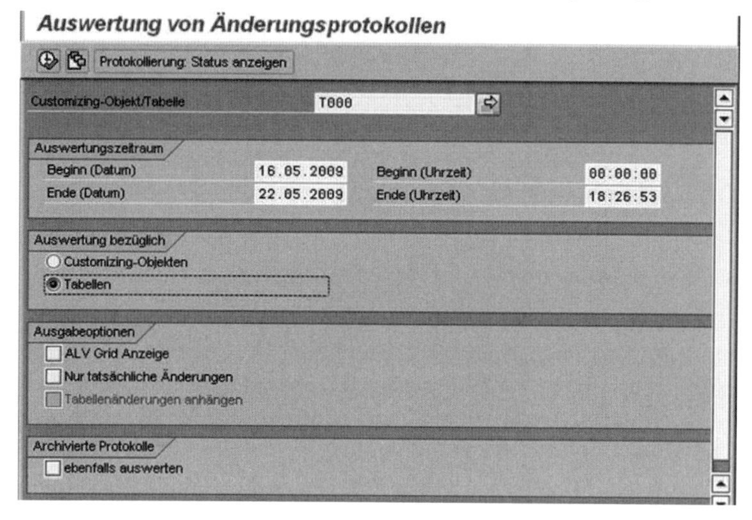

Abb. 2.7-20: Änderungsbelegauswahl in der Transaktion SCU3 *© SAP*

In der Änderungsbelegauswahl gibt man die zu untersuchende Tabelle ein und bestimmt durch Datums- und Uhrzeitangabe den Auswertungszeitraum. Bei der Auswertung von Tabellenänderungsbelegen muss in dem Bereich „Auswertung bezüglich" der Wert „Tabellen" ausgewählt werden. Der Befehl „Ausführen (F8)" startet die Änderungsbelegauswertung.

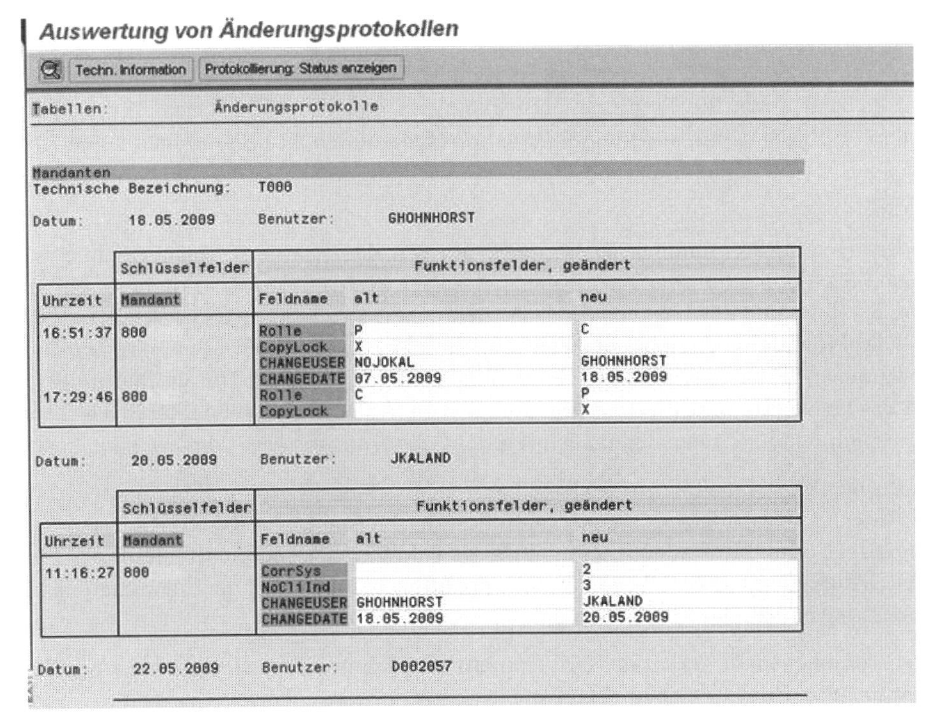

Abb. 2.7-30: Änderungsprotokolle der Tabelle T000 in Transaktion SCU3 © SAP

Die Änderungsbelege enthalten alle änderungsrelevanten Informationen. So sind das Datum, die Uhrzeit, der ändernde Benutzer sowie die alten und neuen Feldwerte festgehalten.

Bei der Auswertung der Änderungsbelege ist zu beachten, dass nicht alle Änderungsbelege den aktuellen Feldnamen der Tabellen entsprechen, sondern auch auf älteren Feldbezeichnungen basieren können. Als Beispiel sei hier das Feld „CCNOCLIIND" der Tabelle T000 (Mandanten) genannt, welches in Abb. 2.7-30 als Feld „NoCliInd" bezeichnet wird.

Diese Namensabweichungen werden in Hinweisen und ergänzender Systemdokumentation der SAP dokumentiert und müssen bei der Änderungsbelegauswertung berücksichtigt werden.

Für die Auswertung der Tabellenprotokollierung über die Transaktion SCU3 benötigt der Prüfer die folgenden Berechtigungen:

Berechtigungsobjekte	Felder	Feldausprägungen
S_TCODE	TCD	SCU3
S_TABU_DIS	ACTVT	03
S_TABU_DIS	DICBERCLS	*

2.8 Auswertung von Programmänderungen

Programmänderungen können in einem Produktivsystem nicht direkt nachvollzogen werden, da zum einen die Programmentwicklung in einem vorgelagerten Entwicklungssystem erfolgt und zum anderen im Falle von Reparaturen an Programmen keine Änderungsbelege der Änderungen am Quellcode der Programme durch das System erstellt werden.

Änderungen an Programmen müssen deshalb über das Transport Management System anhand der durchgeführten Transporte und der Dokumentation der Programmentwicklung, der Tests und der Freigabe des Unternehmens geprüft werden. Die Versionsverwaltung der Programme erreicht man über die Transaktion SE38 unter Menüpfad *Hilfsmittel – Versionen – Versionsverwaltung*. Hier kann unter anderem die Transportauftragsnummer des Transports abgelesen werden, über den die Änderung ursprünglich in das System eingespielt wurde – siehe hierzu auch Kapitel *3.2.5 Transporte von Änderungen.*

Neben der Einsichtnahme in den Quellcode und der Analyse von Programmteilen zur Aufdeckung von Änderungen kann zumindest der Zeitpunkt der letzten Änderung eines Programms ermittelt werden. Hierzu muss das Feld UDAT (Änderungsdatum) der Tabelle TRDIR (Systemtabelle TRDIR), welche die Informationen über die Eigenschaften aller Programme enthält, betrachtet werden.

Modifikationen an Objekten im SAP-Namensraum können über die Transaktionen SE95 (Modification Browser) eingesehen werden.

2.9 Auswertung von Customizingänderungen

Änderungen an Tabellen und an den technischen Einstellungen der Tabellen, die über Transporte in den Produktivmandanten gelangen, müssen über das Transport Management System und anhand der benutzen Transportaufträge sowie der Dokumentation der Tests und Freigaben des Unternehmens geprüft werden. Die Versionsverwaltung der Tabellen erreicht man über die Transaktion SE11 unter Menüpfad *Hilfsmittel – Versionen – Versionsverwaltung*. Hier kann unter anderem die Transportauftragsnummer des Transports abgelesen werden, über den die Änderung ursprünglich in das System eingespielt wurde (vgl. Kapitel *3.2.5* ff.).

2.10 Auswertung von Änderungsbelegen

In vielen Programmen werden Änderungsbelege erstellt und in zwei Tabellen zentral abgelegt. Die Tabelle CDHDR (Änderungsbelegkopf) enthält die Kopfdaten der Belege, während die Tabelle CDPOS (Änderungsbelegpositionen) die Positionsdaten enthält. Die Auswertung der Änderungsbelege erfolgt über spezielle Auswertungsprogramme, welche sich über die jeweils relevanten Pflegetransaktionen aufrufen lassen. Bei den Kreditorenstammdaten ist dies bspw. unter der Transaktion FK03 (Anzeigen Kreditor (Buchhaltung)) der Menüpfad *Umfeld – Feldänderungen* oder *Kontenänderungen* oder direkt der Report RFKABL00 (Änderungsanzeige Kreditoren).

Alternativ hierzu kann man die beiden Tabellen CDHDR und CDPOS auch für eine direkte Auswertung der Änderungen nutzen. Da beide Tabellen sehr groß sind, ist eine geschickte Auswahl über Indexfelder in der Transaktion unabdingbar. Im Falle der Tabelle CDHDR stehen hierzu die Felder MANDANT, OBJECTCLAS, OBJECTID und CHANGENR zur Verfügung und bei der Tabelle CDPOS die Felder OBJECTCLAS, OBJECTID, CHANGENR, TABNAME, TABKEY, FNAME und CHNGIND. Am Beispiel der Kreditorenänderung soll gezeigt werden, wie die Inhalte auf Tabellenebene auffindbar sind:

Zunächst sollten alle relevanten Änderungsbelege aus der Tabelle CDHDR identifiziert werden. Hierzu ruft man in der Transaktion SE16 die Tabelle CDHDR auf und wählt als Objektklasse im Feld OBJECTCLAS den Wert „KRED“ und schränkt den Änderungszeitpunkt über das Feld UDATE auf den relevanten Zeitabschnitt ein.

Data Browser: Tabelle CDHDR **11 Treffer**

Prüftabelle...

Tabelle: CDHDR
Angezeigte Felder: 14 von 14 Feststehende Führungsspalten: 4 Listbreite 0999

MANDANT	OBJECTCLAS	OBJECTID	CHANGENR	USERNAME
800	KRED	0000001001	0000599226	MKARCHER
800	KRED	0000007775	0000599590	ISANCHEZ
800	KRED	0000011000	0000603251	GQUERCIA
800	KRED	0000037002	0000599859	OLIBER
800	KRED	0000037002	0000599861	OLIBER
800	KRED	0000037002	0000600318	LHARTKE
800	KRED	0000037002	0000600321	LHARTKE
800	KRED	0000037002	0000600322	LHARTKE
800	KRED	0000100238	0000603237	TWEBER
800	KRED	0000100238	0000603242	TWEBER
800	KRED	VEND-99	0000600320	LHARTKE

Abb. 2.10-10: Suche nach Änderungsbeleginformationen in der Tabelle CDHDR © SAP

Das Ergebnis ist eine Liste von Änderungsbelegdatensätzen, die Änderungen in dem geprüften Zeitabschnitt an der gesuchten Objektklasse enthalten. In einem zweiten Schritt nimmt man die Liste der Änderungsbelegnummer im Feld CHANGENR als Ausgangspunkt für die Auswahl der Positionsinformationen in der Tabelle CDPOS.

Auch die Tabelle CDPOS ruft man in der Transaktion SE16 auf und sucht nun nach allen in der Tabelle CDHDR aufgefundenen Belegnummern. Hierzu klickt man auf die Mehrfachauswahl für das Eingabefeld CHANGENR und fügt die Liste der Belegnummern ein.

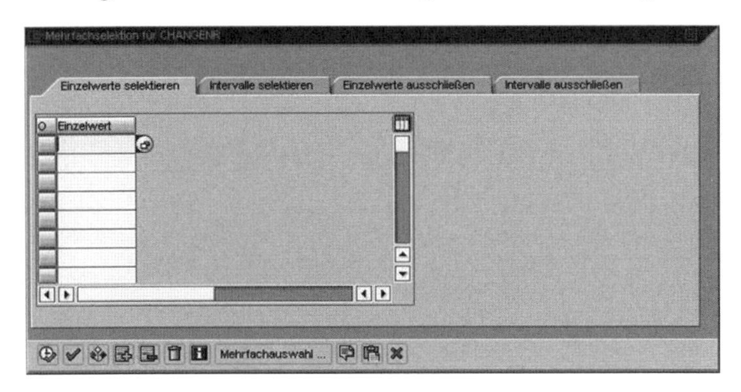

Abb. 2.10-20: Mehrfachauswahl für Feld CHANGENR in Tabelle CDPOS © SAP

In Abb. 2.10-20 gelingt dies am einfachsten, indem man die sich in der Zwischenablage befindende Liste der Belege über das Icon „Upload aus der Zwischenablage (Umsch+F12)“ einfügt.

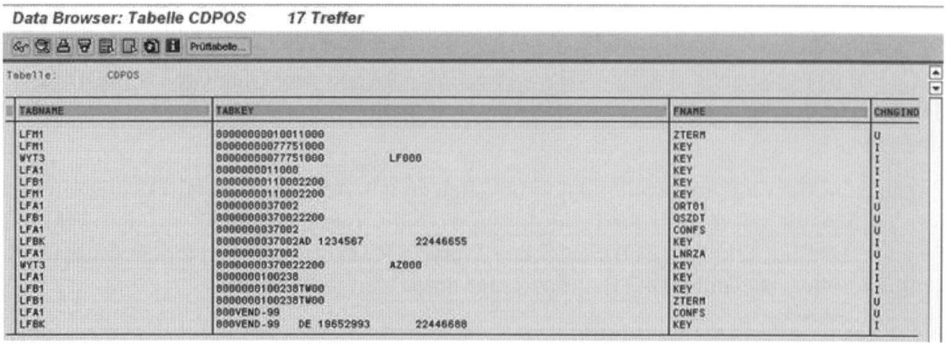

Data Browser: Tabelle CDPOS **17 Treffer**

Prüftabelle...

Tabelle: CDPOS

TABNAME	TABKEY	FNAME	CHNGIND
LFM1	80000000010011000	ZTERM	U
LFM1	80000000077751000	KEY	I
WYT3	80000000077751000 LF000	KEY	I
LFA1	8000000011000	KEY	I
LFB1	80000000110002200	KEY	I
LFM1	80000000110002200	KEY	I
LFA1	8000000037002	ORT01	U
LFB1	80000000370022200	QSZDT	U
LFA1	8000000037002	CONFS	U
LFBK	8000000037002AD 1234567 22446655	KEY	I
LFA1	8000000037002	LNRZA	U
WYT3	80000000370022200 AZ000	KEY	I
LFA1	8000000100238	KEY	I
LFB1	8000000100238TW00	KEY	I
LFB1	8000000100238TW00	ZTERM	U
LFA1	800VEND-99	CONFS	U
LFBK	800VEND-99 DE 19652993 22446688	KEY	I

Abb. 2.10-30: Suche nach Änderungsbeleginformationen in der Tabelle CDPOS *© SAP*

Aus dem Feld TABNAME können die Namen der geänderten Stammdatentabellen entnommen werden, das Feld FNAME benennt das geänderte Feld und das Feld CHANGEIND gibt an, ob ein Eintrag in einer Löschung (D), Änderung (U) oder einem Einfügevorgang (I) begründet liegt. Hierbei sollte man allerdings beachten, das manche Änderungen durchaus mit dem Wert I kennzeichnet werden, auch wenn keine Datensatzneuanlage durchgeführt wurde. Die durchgeführten Änderungen selbst können aus dem Feld VALUE_NEW entnommen werden.

Die für die Recherche in der Tabelle CDHDR benötigten Änderungsbelegobjektkennungen (wie bspw. „KRED" für Kreditorenstammdaten) können aus der Tabelle TCDOB (Objekte für Änderungsbelegerstellung) entnommen werden. Die Objektkennungen sind hier bestimmten SAP-Tabellen zugeordnet und dienen somit auch indirekt einer Tabellenprotokollierung.

3 Generelle prozessübergreifende SAP-Kontrollen

„Auch eine schwere Tür hat nur einen kleinen Schlüssel nötig“
Charles Dickens

3.1 Zugriffskontrollen

3.1.1 Typische Risiken und Kontrollziele

Maßnahmen in Bezug auf den Zugriffsschutz betreffen einerseits den Zugriff auf das SAP-System, die Identifizierung sowie Authentifizierung, und andererseits die Kontrollen der Zugriffe innerhalb des SAP-Systems, die Autorisierung. Wirksame Zugriffskontrollen tragen Sorge dafür, dass

- ausschließlich berechtigte Benutzer auf ein SAP-System zugreifen,
- die Benutzer innerhalb des Systems nur auf die für sie vorgesehenen Informationen den entsprechenden Zugriff besitzen und
- die Rechte als auch die Zugriffe anhand von Protokollierungen nachvollziehbar sind.

Zugriffskontrollen beziehen sich auf daraus abgeleitete Risiken wie nachfolgende Beispiele zeigen:

- Eine unberechtigte Person greift auf das SAP-System zu und löscht Buchungen.
- Eine Person kann über ihren Aufgabenumfang hinausgehende Zugriffsrechte wahrnehmen und ändert Customizingeinträge mit der Folge, dass die nächste maschinelle Faktura unvollständig erfolgt.
- Die systemseitigen Aufzeichnungen werden außer Kraft gesetzt, der massenhafte Transfer von Kundendaten und Konditionen in die Hände der Konkurrenz wird weder unterbunden noch protokolliert.

Für SAP-Systeme wird das Berechtigungskonzept synonym für das Konzept der Zugriffskontrollen verwendet. Es kann Geschäfts-, IT- und Ordnungsmäßigkeitsrisiken reduzieren und in vielen Fällen ganz vermeiden. Im Rahmen des Internen Kontrollsystems besitzen Zugriffskontrollen einen hohen Stellenwert, da sie als präventive Kontrollen Fehler verhindern, bevor eine Verarbeitung im SAP-System erfolgt. Das dazu aufzubauende Berechtigungskonzept bietet den Vorteil einer hohen Flexibilität, der mit dem Nachteil der Komplexität verbunden ist: Eine Vielzahl unterschiedlicher Elemente ist für die Zugriffskontrollen zuständig. Teilweise ist deren Wirksamkeit nur unter speziellen Voraussetzungen gegeben, und vermeintlich sichere Verfahren erweisen sich durch marginale Details als trojanische Pferde.

Kurz: Zugriffskontrollen in SAP-Systemen sind ein komplexes und kompliziertes Thema. Das SAP-Berechtigungskonzept gehört zu den am meisten unterschätzten Projekten bei der Einführung bzw. dem Betrieb von SAP-Systemen.

Unter Ordnungsmäßigkeits- und Datensicherheitsaspekten sind Zugriffskontrollen von wesentlicher Bedeutung. Nur bei Vorliegen sicherer rechnungslegungsrelevanter Daten und IT-Systeme kann die Verlässlichkeit der in Buchführung, Jahresabschluss und Lagebericht enthaltenen Informationen gewährleistet werden[1]. So fordert der Rechnungslegungsstandard IDW RS FAIT 1 geeignete Sicherheitskonzepte, um den erforderlichen Grad an Informationssicherheit zu gewährleisten. IT-Systeme haben demnach 6 Sicherheitsanforderungen zu erfüllen: Vertraulichkeit, Integrität, Verfügbarkeit, Autorisierung, Authentizität und Verbindlichkeit. In SAP-Systemen können über Zugriffskontrollen alle Sicherheitsanforderungen mit Ausnahme der letzten Anforderung zur Wahrung der Informationssicherheit abgedeckt bzw. unterstützt werden:

- Vertraulichkeit verlangt, dass von Dritten erlangte Informationen nicht unberechtigt weitergegeben oder veröffentlicht werden. Zugriffskontrollen regeln, welche Benutzer Daten im SAP-System verarbeiten, weitergeben oder lesen können.
- Integrität von IT-Systemen ist gegeben, wenn die Daten und die IT-Anwendungen vor Manipulation und ungewollten oder fehlerhaften Änderungen geschützt sind. Wer Änderungen z.B. am SAP-Customizing oder den Programmen vornehmen kann, wird bei SAP-Systemen über die vergebenen Berechtigungen und damit über Zugriffskontrollen gesteuert.
- Verfügbarkeit verlangt vorrangig, dass das Unternehmen zur Aufrechterhaltung des Geschäftsbetriebs die ständige Verfügbarkeit der Daten und der IT-Anwendungen gewährleistet. Zugriffskontrollen leisten hierzu einen Beitrag, indem sie verhindern, dass Daten unautorisiert gelöscht werden oder die SAP-Programme zerstört oder die Leistungsfähigkeit des SAP-Systems durch den unautorisierten Aufruf von nicht vorgesehenen und ressourcenzehrenden Programmen nachhaltig negativ beeinflusst wird.
- Autorisierung bedeutet, dass nur im Voraus festgelegte Personen auf Informationen zugreifen können und dass nur sie die für das System definierten Rechte wahrnehmen können. Sachgerecht ausgestaltete Zugriffskontrollen stellen bei SAP-Systemen die richtige Autorisierung sicher.
- Authentizität ist gegeben, wenn ein Geschäftsvorfall einem Verursacher eindeutig zuzuordnen ist. Bei SAP-Systemen wird in der Regel die Authentizität anhand der Benutzer-ID und der systemseitigen Protokollierung durch maschinelle Zugriffskontrollen sichergestellt.

Für die Anmeldung am SAP-System ist ein Benutzer erforderlich. Er wird im Folgenden als Benutzer-ID bezeichnet, um ihn gegenüber den Personen bzw. Benutzern abzugrenzen, die auf das SAP-System zugreifen. Profilparameter steuern das Anmeldeverfahren und können systemseitige Kontrollen bewirken, wie z.B. einen regelmäßigen Kennwortwechsel. In einer Tabelle können Kennwörter hinterlegt werden, welche für den Benutzer nicht mehr wählbar sind. Schließlich wird die Wirksamkeit der Kontrollen von der gesamten Systemkonfiguration bestimmt. So unterliegt ein SAP-System mit Schnittstellenanbindungen an weitere SAP- und Fremdsysteme dem Risiko, dass diese Ressourcen auf das betrachtete SAP-System zugreifen. Die Identifizierungsverfahren erfordern regelmäßig die Angabe einer Benutzer-ID und eines Kennwortes bei der Anmeldung am SAP-System. Bei einer Systemkonfiguration, bei der sich der Benutzer über eine Single Sign-

---

1 Vgl. IDW Stellungnahme zur Rechnungslegung: Grundsätze ordnungsmäßiger Buchführung bei Einsatz von Informationstechnologie (IDW RS FAIT 1), Tz. 20.

On-Lösung oder der Identifizierung anhand biometrischer Verfahren (z.B. Fingerabdruck) authentifiziert, werden die Anmeldeangaben maschinell an das SAP-System übertragen. Die Kontrollen sind in solchen Fällen im Zusammenhang mit dem gesamten Anmeldeverfahren zu beurteilen.

Nach der erfolgreichen Anmeldung kann der Benutzer über Transaktionen bzw. Programme auf die Daten im SAP-System zugreifen. Neben grundlegenden Einstellungen in Profilparametern stellt SAP für Kontrollen zur Autorisierung die Elemente Benutzer-IDs, Rollen, Profile, Berechtigungen und Berechtigungsobjekte zur Verfügung. Ferner gilt es, weitere Einstellungen zum sicherheitsrelevanten Customizing zu betrachten wie z.B. das Customizing zu Berechtigungsgruppen. Folgende Abbildung verdeutlicht die Zusammenhänge:

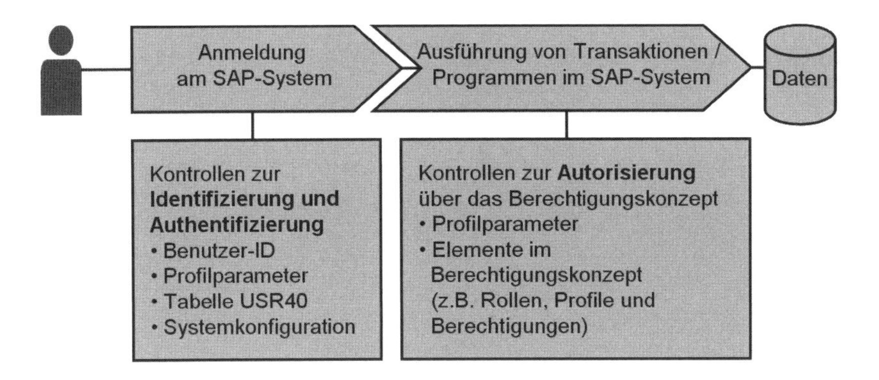

Abb. 3.1.1-10: Kontrollbereiche zur Identifizierung, Authentifizierung und Autorisierung

3.1.2 Quick Wins

Die praktischen Erfahrungen bei Systemprüfungen zeigen, dass in vielen Fällen wesentliche Risiken in einer überschaubaren Anzahl von Prüfungsgebieten existieren. Die Liste der 10 Quick Wins stellt solche Gebiete dar, bei denen der Prüfer vergleichsweise schnell zuverlässige Prüfungsfeststellungen erzielen bzw. durch seine Feststellungen und Empfehlungen zu einer signifikanten Verbesserung der Sicherheit des SAP-Systems und der darin enthaltenen rechnungslegungsrelevanten oder unter weiteren Compliance-Aspekten relevanten Daten beitragen kann:

1 Unsachgemäße Vergabe des Profils SAP_ALL: Dieses Profil mit weitreichenden Rechten stellt bei der Vergabe an Benutzer hohe Risiken für die Ordnungsmäßigkeit dar. Referenz: Kapitel 3.1.5.1, Seite 105.

2 Benutzer-IDs, die nicht eindeutig einer Person zugeordnet werden können: Die Benutzer-IDs sind zur Wahrung der Nachvollziehbarkeit in Bezug auf anonyme IDs, Gruppen-IDs, IDs für maschinelle Ressourcen sowie auf IDs spezieller Benutzertypen wie Kommunikation, Service und System zu untersuchen. Referenz: Kapitel 3.1.3.7, Seite 64.

3 Mängel in der Organisation der Benutzerverwaltung: Risiken ergeben sich hierbei vielfach im Verfahren, wie Benutzer-IDs und deren Zugriffsrechte bei Austritten, Stellen- oder Aufgabenwechseln administriert werden. Referenz: Kapitel 3.1.3.7, Seite 64.

4 Schwachstellen beim Kennwortschutz: Dem Kennwort kommt eine hohe Bedeutung im Rahmen der Identifizierung eines Benutzers zu. In Abhängigkeit von SAP-seitigen Einstellungen und der Organisation des Verfahrens besteht die Gefahr, dass die Schutzfunktion nicht gegeben ist. Referenz: Kapitel 3.1.3.2 und 3.1.3.3, Seiten 48 und 54.

5 Vergabe von Berechtigungen, welche Risiken für die Ordnungsmäßigkeit der Buchführung darstellen: Die Beweiskraft der SAP-gestützten Buchführung kann nur gewährleistet werden, wenn bestimmte Berechtigungen nicht vergeben sind. Referenz: Kapitel 3.1.5.2, Seite 108.

6 Mangelnder Schutz für SAP-Programme: Bei unsachgemäßer Vergabe von Zugriffsrechten auf Programme bzw. der pauschalen Autorisierung besteht die Gefahr, dass Programme ausgeführt werden, die falsche Verarbeitungsergebnisse erzeugen oder im Extremfall Daten unwiederbringlich löschen. Referenz: Kapitel 3.1.5.4, Seite 116.

7 Mangelnder Schutz für Informationen in SAP-Tabellen: Bei unsachgemäßer Vergabe von Tabellenberechtigungen bestehen Risiken für Anwendungsdaten sowie Tabelleninhalte von Customizingtabellen. Referenz: Kapitel 3.1.5.5, Seite 118.

8 Schwachstellen in den Kontrollen bezüglich Notfallbenutzer und privilegierter Benutzer: Der Kreis der hoch gefährdeten Benutzer-IDs schließt die SAP-Standardbenutzer, die in jedem SAP-System angelegt sind, mit ein. Referenz: Kapitel 3.1.3.8 und 3.1.3.9, Seiten 76 und 78.

9 Fehlende Abbildung von Funktionstrennungen im Berechtigungskonzept: Funktionstrennungen können präventiv Fehler verhindern. Sie stellen – die sachgerechte Ausgestaltung des Berechtigungskonzepts vorausgesetzt – einen wesentlichen Beitrag zu einem wirksamen Internen Kontrollsystem (IKS) dar. Referenz: Kapitel 3.1.6, Seite 120.

10 Unzureichende Monitoringverfahren: Die zeitpunktbezogene Prüfung von Zugriffskontrollen trifft noch keine Aussage über deren Wirksamkeit z.B. über ein ganzes Geschäftsjahr. Zeitraumbezogene Prüfungshandlungen unter Verwendung der Änderungsbelege im SAP-System ermöglichen ein umfassenderes Prüfungsurteil und decken unzureichende Ad hoc-Maßnahmen unmittelbar vor einer Systemprüfung auf. Referenz: Kapitel 3.1.3.7 und 3.1.3.10, Seiten 64 und 80.

3.1.3 Zugriff auf das System

3.1.3.1 Systemimmanente Schutzfunktionen

SAP-Fakten:

Für den Anwender erfolgt der Zugriff auf das SAP-System in der Regel mittels der Anmeldung, dem Logon. Er muss dafür über eine gültige Benutzer-ID und das zugehörige Kennwort verfügen. Die Anmeldedaten erfasst der Anwender über das so genannte SAP-Logon pad (SAP-GUI). Das SAP-System kontrolliert, ob für den gewählten SAP-Mandanten die Benutzer-ID angelegt ist, und ob das Kennwort für die Benutzer-ID gültig ist.

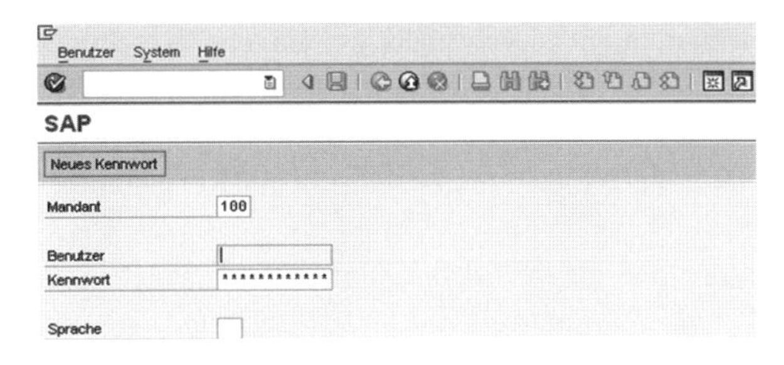

Abb. 3.1.3.1-10: Anmeldung am SAP-System © SAP

Bei der ersten Anmeldung mit einer Benutzer-ID muss der Anwender das vom Administrator vergebene Initialkennwort in ein „eigenes" Kennwort ändern. Folgende Regeln gelten in Bezug auf die Kennwortwahl durch den Anwender:

- Das Kennwort darf nicht „SAP*" oder „PASS" sein.
- Es muss mindestens 3 Zeichen umfassen.
- Die ersten 3 Zeichen dürfen nicht identisch sein.
- Das Kennwort muss sich vom Initialkennwort unterscheiden.

Die genannten systemimmanenten Kontrollen greifen grundsätzlich, wenn eine Dialog-Anmeldung mit einer Benutzer-ID erfolgt, die vom Benutzertyp Dialog ist.

Im SAP-System können Benutzer-IDs verwendet werden, bei denen grundsätzliche systemimmanente Kontrollen in Bezug auf den Systemzugriff außer Kraft gesetzt werden. Ein besonders hohes Risiko besteht, wenn Anwender Benutzer-IDs verwenden, die vom Benutzertyp „Service" sind. Diese Benutzer-IDs haben die Eigenschaft, dass

- mit ihnen eine Dialoganmeldung am System möglich ist,
- eine Änderung des Initialkennwortes weder erforderlich noch durch den Anwender möglich ist,
- unter einer Benutzer-ID sich zeitgleich eine Vielzahl von Personen anmelden können und
- das Kennwort zeitlich unbefristet gültig ist.

Aufgrund dieser Eigenschaften ist bei Benutzer-IDs vom Benutzertyp Service in der Regel nicht nachvollziehbar, welche Person eine entsprechende Benutzer-ID verwendet hat.

Prüfungshandlungen:

- Nutzen Sie für die Prüfung das Programm RSUSR200 (Liste der Benutzer nach Anmeldedatum und Kennwortänderung). Verwenden Sie die Selektion nach Benutzertypen mit dem Benutzertyp „Service“ gemäß nachstehender Abbildung.
- Werden Benutzer-IDs ermittelt, bewerten Sie, ob der Benutzertyp sachgerecht eingestellt ist. Benutzer-IDs vom Benutzertyp Service sollten nur in begründeten und gesondert dokumentierten Fällen verwendet werden. Die Berechtigungen sind sehr restriktiv auszugestalten. Typische Konstellationen sind Web-Anbindungen für einen anonymen Anwenderkreis, der Katalog-Informationen über das SAP-System enthält.

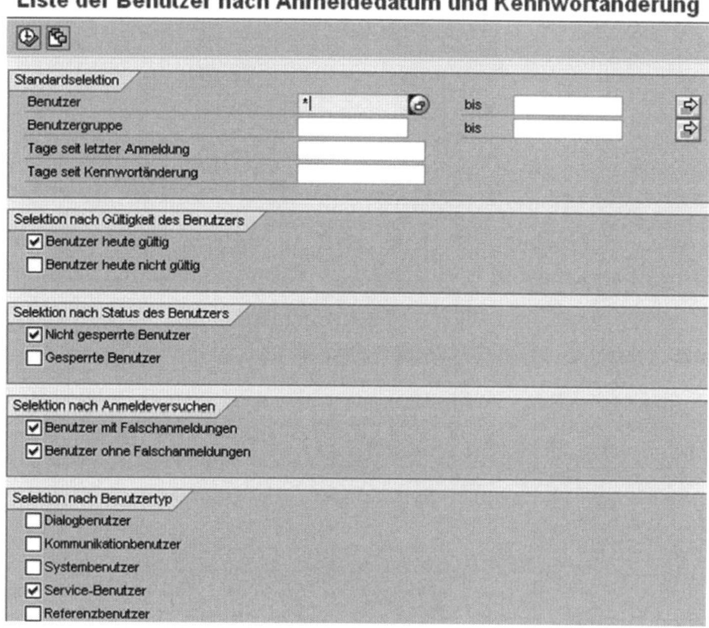

Abb. 3.1.3.1-20: Prüfung auf Benutzer vom Benutzertyp Service *© SAP*

3.1.3.2 Parameter zur Kennwortqualität

SAP-Fakten:

Dem Kennwort kommt für die Sicherheit der Daten und Programme im SAP-System eine hohe Bedeutung bei. Über so genannte SAP-Profilparameter werden Festlegungen getroffen, welche systemgestützte Kontrollen und das Sicherheitsniveau bestimmen. Diese Parameter gelten systemweit und somit für alle SAP-Mandanten und alle Benutzer einer SAP-Instanz. Im Folgenden werden die sicherheitsrelevanten Parameter erläutert.

- Mindestlänge des Kennworts
  Der Parameter *login/min_password_lng* bestimmt die Mindestanzahl der Stellen, die das Kennwort besitzen muss. Die Einstellung wirkt sich sowohl aus, wenn der Administrator das Initialkennwort vergibt als auch, wenn der Anwender sein Kennwort ändert. Die Mindestlänge kann von 3 bis 40 Stellen gewählt werden.

- Abwärtskompatibilität von Kennwörtern
  Relevant ist der Parameter *login/password_downwards_compatibility*. Um es vorwegzunehmen: „Abwärtskompatibilität" hört sich positiv an, ist aber unter Sicherheits- und Ordnungsmäßigkeisaspekten negativ zu bewerten. Seit dem SAP-Basisrelease 7.0 stellt das SAP-System zusätzliche Funktionen zur Verfügung, welche die Kennwortsicherheit wesentlich erhöhen können. So werden z.B. bis zu 40-stellige Kennwörter unterstützt, wo in älteren Releaseständen mit 8 Stellen die Obergrenze erreicht war. Die Funktionen sind nicht alle abwärtskompatibel, da das Kennwort im System als Hashwert gespeichert wird. In älteren Releaseständen wurde nicht zwischen Klein- und Großbuchstaben im Kennwort differenziert. Bei der Erfassung eines Kennwortes wurde ein Kleinbuchstabe als Großbuchstabe gewertet, so dass der Hashwert für Klein- und Großbuchstaben identisch war.

  Der Parameter sollte zur Wahrung eines hohen Sicherheitsniveaus nur dann auf „abwärtskompatibel" eingestellt werden, wenn das SAP-System im Verbund mit weiteren SAP-Systemen oder Fremdsystemen betrieben wird, welche die neuen Kennwort-Hashwerte nicht unterstützen. In diesen Fällen sollten alternative Maßnahmen für eine angemessene Kennwortsicherheit getroffen werden. Der Parameter kann folgende Einstellungen aufweisen:

  0: Keine Abwärtskompatibilität. Dies ist die unter Sicherheitsaspekten zu bevorzugende Einstellung. Das System erzeugt ausschließlich „neue" Hashwerte.

  1 und 2: Bedingte Abwärtskompatibilität. Das System erzeugt neue und alte Hashwerte. Ist bei einem Anmeldeversuch am eigenen SAP-System das Kennwort im Vergleich mit dem neuen Hashwert nicht korrekt, so wird die Anmeldung abgewiesen. Mit dem Wert 1 ist eine Anmeldung aus fremden Systemen auch mit Kennwörtern auf Basis der alten Hashwerte möglich. Der Wert ist konzipiert für den Fall, dass das SAP-System als zentrales System bei Einsatz der Zentralen Benutzerverwaltung verwendet wird. Mit dem Wert 2 wird bei dem Anmeldeversuch mit einem Kennwort nach dem alten Hashwert ein Eintrag in das Syslog geschrieben und die Anmeldung abgewiesen.

  3 bis 5: Volle Abwärtskompatibilität. Das System erzeugt alte Hashwerte. Die Anmeldung am SAP-System ist sowohl mit dem korrekten Kennwort als auch mit einem anderen Kennwort möglich, das zu dem entsprechenden alten Hashwert führt. Bei dem hinterlegten Kennwort „ABCDE123" ist eine Anmeldung auch mit „abcde!"§" möglich.

  Bei dem Wert 3 wird im System sowohl der alte als auch der neue Hashwert gespeichert; bei der Erfassung eines „alten" Kennwortes wird ein Eintrag in das Syslog geschrieben.

  Bei dem Wert 4 erfolgt die Verarbeitung analog; es wird aber kein Eintrag in das Syslog geschrieben.

Bei dem Wert 5 wird ausschließlich der alte Hashwert im System gespeichert. Die maximale Kennwortlänge ist dann auf 8 Stellen begrenzt.

- Anzahl unterschiedlicher Zeichen im neuen verglichen mit dem alten Kennwort
  Über den Parameter *login/min_password_diff* wird festgelegt, in wie vielen Zeichen sich das neue Kennwort von dem alten Kennwort mindestens unterscheiden muss, wenn der Anwender sein Kennwort ändert. Der Auslieferungswert ist 1. Der Parameter kann auf jede Zahl bis 40 eingestellt werden. Folgende Tabelle verdeutlicht die Wirkungsweise:

Erfasstes neues Kennwort bei dem altem Kennwort ABCDEFGH	**Anzahl unterschiedlicher Zeichen**	**Erläuterungen**
HGFEDCBA	0	Dem Risiko des bloßen Vertauschens von Zeichen soll entgegengewirkt werden.
ABCDEFG1	1	Das letzte Zeichen ist unterschiedlich.
ABCDEF11	2	Die letzten beiden Zeichen sind unterschiedlich.
ABCDEFA1	2	Das erste A wird als gleich, das zweite A als unterschiedlich interpretiert.
1234567890	10	Sämtliche Zeichen sind unterschiedlich.

  Versucht der Anwender, sein Kennwort zu ändern und erfüllt er dabei nicht die Anforderungen des Parameters, so erhält er die Fehlermeldung „Das neue Kennwort muss sich in mindestens [x] Zeichen vom alten unterscheiden".

- Mindestanzahl von Ziffern im Kennwort
  Der Parameter *login/min_password_digits* steuert, wie viele Ziffern (0-9) mindestens in einem Kennwort enthalten sein müssen. Er wirkt bei der Vergabe von Initialkennwörtern und bei der Kennwortänderung durch den Anwender.

- Mindestanzahl von Buchstaben im Kennwort
  Der Parameter *login/min_password_letters* bestimmt, wie viele Buchstaben (A-Z sowie a-z) mindestens in einem Kennwort enthalten sein müssen. Die Funktionsweise dieses Parameters ist analog zu der in Bezug auf die Ziffern in Kennwörtern.

- Mindestanzahl von Sonderzeichen im Kennwort
  Der Parameter *login/min_password_specials* steuert, wie viele Sonderzeichen mindestens in einem Kennwort enthalten sein müssen. Als Sonderzeichen werden alle Zeichen interpretiert, die keine Ziffern und Buchstaben sind (z.B. !, {, [oder ?). Der Parameter wirkt wiederum sowohl bei der Vergabe von Initialkennwörtern als auch bei der Kennwortänderung durch den Anwender.

- Mindestanzahl von Kleinbuchstaben im Kennwort
  Der Parameter *login/min_password_lowercase* legt fest, wie viele Kleinbuchstaben mindestens im Kennwort enthalten sein müssen. Die Zeichen a – z werden als Kleinbuchstaben interpretiert.

- Mindestanzahl von Großbuchstaben im Kennwort
  Der Parameter *login/min_password_uppercase* bezieht sich auf die Anzahl von Großbuchstaben. Die Zeichen A – Z werden als Großbuchstaben interpretiert.

- Zeichenmenge für Kennwörter
  Der Parameter *login/password_charset* bezieht sich auf den gültigen Zeichensatz. Im Regelfall können Zeichen aus dem Unicode-Zeichensatz in Kennwörtern verwendet werden. Der Parameter entfaltet ausschließlich Bedeutung, wenn die Abwärtskompatibilität über den Parameter *login/password_downwards_compatibility* mit dem Wert „5“ eingerichtet ist.

- Kontrolle auf Einhaltung der Kennwortregeln bei jeder Anmeldung
  Der Parameter *login/password_compliance_to_current_policy* kann mit den Werten „0“ oder „1“ ausgeprägt werden. Bei „0“ erfolgt keine Kontrolle auf Einhaltung der Kennwortregeln bei jeder Anmeldung. Änderungen an den Kennwortregeln, wie z.B. eine erhöhte Mindestkennwortlänge, wirken erst, wenn der Benutzer sein Kennwort ändert. Wird kein regelmäßiger Kennwortwechsel erzwungen, so besteht ein hohes Risiko, dass Änderungen an den Kennwortregeln nicht von allen Benutzern zeitnah berücksichtigt werden. Mit dem Wert „1“ wird bei jeder Anmeldung systemseitig kontrolliert, ob das aktuelle Kennwort konform mit den Kennwortregeln ist. Im Fall einer Abweichung wird der Benutzer aufgefordert, sein Kennwort in ein regelkonformes Kennwort zu ändern.

Prüfungshandlungen:

- Beurteilen Sie, ob angemessene Festlegungen für einen Grundschutz getroffen und dokumentiert sind. Typischerweise sind solche Festlegungen in Sicherheitsrichtlinien dokumentiert. Beachten Sie dabei die Abhängigkeit der SAP-Einstellungen zu weiteren Vorgaben zu der IT-Infrastruktur, insbesondere auf Datenbank-, Betriebssystem- und Netzwerkebene. Berücksichtigen Sie ferner die Abhängigkeit der Parameter innerhalb des SAP-Systems. So sind z.B. bei dem gewählten Parameter-Wert in Bezug auf die Abwärtskompatibilität (*login/password_downwards_compatibility*=5) keine Kennwörter möglich, die mehr als 8 Stellen aufweisen müssen oder Kleinbuchstaben, Ziffern oder Sonderzeichen enthalten müssen. Im Kapitel 3.1.3.6, ab Seite 62 sind die bisher behandelten und weitere Parameter mit typischen Empfehlungen aufgelistet.

- Beurteilen Sie, ob die festgelegten Parameter-Werte im SAP-System eingestellt sind. Hierzu kann wie folgt vorgegangen werden:

  - Ausführen des Programms RSPARAM (Anzeige der SAP-Profilparameter). Die Option „Auch unsubstituierte anzeigen“ sollte ausgewählt werden.
    Das Programm generiert eine Tabelle mit den Profilparametern. Über das Icon *Suchen (Strg + F)* kann der auszuwählende Parameter angegeben werden, z.B. *login/min_password_lng*. In der Tabelle wird auf den Parameter gesprungen, wenn die Suchfunktion gestartet wird.

  - Die Tabelle enthält in der ersten Spalte den technischen Parameternamen. In der zweiten Spalte wird der „Benutzerdefinierte Wert“ angezeigt. Dieser Wert hat für die systemseitige Verarbeitung Gültigkeit, wenn in der Spalte ein Eintrag steht. In dem Beispiel ist die Mindestkennwortlänge mit 6 Zeichen festgelegt.

Parametername	Benutzerdefinierter Wert	System-Defaultwert	System-Defaultwert (Unsubst.Form)	Kommentar
login/min_password_lng		6	6	Minimum Password Length
login/min_password_lowercase		0	0	minimum number of lower-case characters in passwords
login/min_password_specials		0	0	min. number of special characters in passwords
login/min_password_uppercase		0	0	minimum number of upper-case characters in passwords
login/multi_login_users				list of exceptional users: multiple logon allowed
login/no_automatic_user_sapstar		1	1	Control of the automatic login user SAP*
login/password_change_for_SSO		1	1	Handling of password change enforcements in Single Sign-
login/password_change_waittime		1	1	Password change possible after # days (since last change)
login/password_charset		1	1	Zeichenmenge für Kennwörter
login/password_compliance_to_current_policy		0	0	Kennwort muß aktuellen Kennwortregeln genügen
login/password_downwards_compatibility		1	1	password downwards compatibility (8 / 40 characters, cas
login/password_expiration_time		0	0	Dates until password must be changed
login/password_history_size		5	5	Number of records to be stored in the password history
login/password_logon_usergroup				users of this group can still logon with passwords
login/password_max_idle_initial		0	0	maximum #days a password (set by the admin) can be unu
login/password_max_idle_productive		0	0	maximum #days a password (set by the user) can be unus
login/system_client	800	001	001	System default client
login/ticket_expiration_time		8:00	8:00	login/ticket_expiration_time

Abb. 3.1.3.2-10: Prüfung des Profilparameters zur Mindestkennwortlänge © SAP

- Enthält die zweite Spalte keinen Eintrag, so ist der System-Defaultwert in der dritten Spalte maßgebend. Die vierte Spalte, der „System-Defaultwert (Unsubstituierte Form)" ist für den Ausnahmefall heranzuziehen, dass die vorherigen Spalten keinen Eintrag aufweisen. In der letzten Spalte wird ein Kommentar zur Bedeutung des Parameters aufgeführt.
- Für die weitergehende Analyse der Parameter können Sie auf die systemseitig hinterlegte Dokumentation zugreifen: Nach Positionierung auf den entsprechenden Parameter nutzen Sie das Icon *Auswählen (F2)*. Verwenden Sie dann das Icon *Hilfe (F1)*. Sie erhalten somit die Dokumentation. Sie gibt Auskunft darüber, wie der Parameter funktioniert, ob der Parameterwert vom Kunden – und somit vom Unternehmen – gepflegt werden kann, welcher Wertebereich gültig ist und welche Abhängigkeiten zu anderen Parametern bestehen.

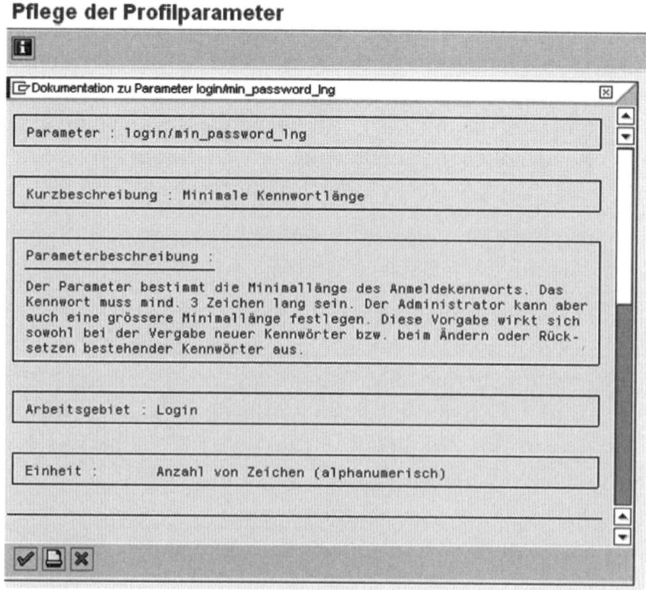

Abb. 3.1.3.2-20: Dokumentation eines Profilparameters © SAP

- Stellen Sie fest, ob Änderungen an den Parametern im Zeitablauf vorgenommen wurden. Die bisherigen Prüfungshandlungen zu den Kennwort-Parametern bezogen sich auf die zum Zeitpunkt der Prüfung geltenden Einstellungen. Für die Zeitraum-bezogene Prüfung eignen sich die Transaktionen RZ10 (Profile bearbeiten) und RZ11 (Pflege der Profilparameter). Beachten Sie, dass es sich grundsätzlich um Transaktionen handelt, die für die Systemadministration vorgesehen sind. Für Prüfungshandlungen sollten somit ausschließlich die Anzeigeoptionen innerhalb der Transaktionen genutzt werden. Folgendes Beispiel verdeutlicht das Vorgehen, um die Historie zu dem Parameter hinsichtlich der Abwärtskompatibilität von Kennwörtern (*login/password_downwards_compatibility*) zu untersuchen:
  - Starten Sie die Transaktion RZ10.
  - Wählen Sie im Feld „Profil“ das entsprechende Instanzenprofil aus. Es bezieht sich auf das SAP-System bzw. den Applikationsserver.
  - Wählen Sie die Option *Erweiterte Pflege* und dazu die Funktion *Anzeigen*.
  - Suchen Sie über das Icon *Suchen (Strg + F)* nach dem entsprechenden Parameter, der in unserem Beispiel *login/password_downwards_compatibility* lautet.
  - Wählen Sie mit dem Icon *Anzeigen (F2)* die Detailinformationen aus.

  In dem Bereich „Kommentar“ erhalten Sie Hinweise zu der Historie des Parameterwertes, wie folgende Abbildung verdeutlicht. In dem Beispiel bewirkt die aktuelle Einstellung mit „0“ ein angemessenes Sicherheitsniveau, wobei die Historie Anzeichen dafür gibt, dass vom Januar bis Juni mit dem Wert „5“ auf systemseitige Funktionen für ein sicheres Kennwort verzichtet wurde:

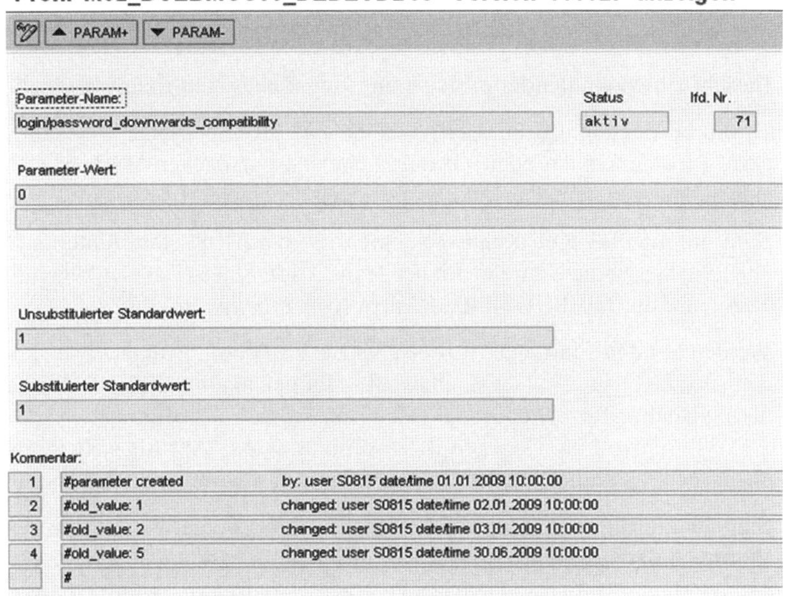

Abb. 3.1.3.2-30: Prüfung der Historie der Werte zu einem Profilparameter © SAP

Berücksichtigen Sie bei Auswertungen, dass der Kommentar Anhaltspunkte gibt. Er kann durch die Systemadministration geändert werden. Ferner werden die hier aufgezeigten Kommentarzeilen vom SAP-System nur dann automatisch generiert, wenn die Parameter über die SAP-Anwendung gepflegt werden. Ferner ist zu berücksichtigen, dass viele Parameterwerte nicht unmittelbar bei ihrer Änderung wirksam werden, sondern dass dazu das SAP-System neu gestartet werden muss. Der zum Zeitpunkt der Prüfung gültige Parameterwert wird über das zuvor erläuterte Programm RSPARAM dargestellt.

3.1.3.3 Unzulässige Kennwörter

SAP-Fakten:

Im SAP-System können Kennwörter hinterlegt werden, die als trivial und damit als nicht zulässig eingestuft werden. Das Kennwort „init1234" ist ein Beispiel dafür. Die unzulässigen Kennwörter werden in der Tabelle USR40 (Tabelle für verbotene Kennworte) gespeichert. Deren Einträge werden verprobt, wenn der Administrator das Initialkennwort vergibt und wenn der Benutzer sein Kennwort ändert. Auf die bestehenden Kennwörter haben die Einträge keinen Einfluss. Somit ist ein umfangreicher Schutz nur sichergestellt, wenn ein regelmäßiger Kennwortwechsel erzwungen wird. Hierzu wird auf den Parameter *login/password_expiration_time* in Kapitel 3.1.3.4 ab Seite 55 verwiesen. Berücksichtigen Sie, dass die Tabelle USR40 mandantenübergreifend ist. Ihre Einträge wirken somit für Kennwortvergaben und -änderungen in allen SAP-Mandanten, die in dem jeweiligen SAP-System vorhanden sind.

Prüfungshandlungen:

- Prüfen Sie die Einträge in der Tabelle USR40 vor dem Hintergrund folgender Fragen:
  - Besteht eine dokumentierte Festlegung zu unzulässigen Kennwörtern?
  - Ist die Festlegung angemessen? Werden z.B. Bezeichnungen, die mit dem Konzern- / Firmennamen oder mit unternehmensspezifischen Marken in Verbindung stehen, als verbotene Kennwörter festgelegt?
  - Sind die unzulässigen Kennwörter richtig im SAP-System hinterlegt? Untersuchen Sie hierzu die Einträge mit der Transaktion SE16 (Data Browser: Einstieg) in Bezug auf die Tabelle USR40 und dem Icon *Tabelleninhalt (F7)*.
  - Werden bei den Einträgen Muster über die Zeichen „*" und „?" korrekt verwendet? Das Zeichen „?" steht als Platzhalter für genau ein beliebiges Zeichen und „*" als Platzhalter für beliebig viele Zeichen, so dass der Eintrag „*SUPER*" oder „*20??" sinnvoll ist. Dagegen ist ein Eintrag wie „*A*" als sicherheitsmindernd anzusehen, da er die Menge der möglichen Kennwörter stark reduziert.
  - Sind die Einträge konsistent zu den Kennwort-Parameterwerten? Ein zehnstelliger Eintrag in der Tabelle USR40 ist z.B. weitgehend wirkungslos, wenn die Mindestkennwortlänge auf Grundlage des Parameters *login/min_password_lng* mit 6 Stellen eingerichtet ist. Ein Eintrag wie „init" ist wirkungslos, wenn Parameter mindestens eine Ziffer oder ein Sonderzeichen im Kennwort erzwingen.

- Ist die Spalte „case-sensitive“ richtig gepflegt? Ziehen Sie in dem Zusammenhang auch den Parameter *login/password_downwards_compatibility* (Abwärtskompatibilität für Kennworte) für die Beurteilung heran. Bei gesetztem Kreuz in der Spalte „case-sensitive“ wird zwischen Groß- und Kleinbuchstaben unterschieden. Ein Kennwort ist dann unzulässig, wenn es dem Eintrag exakt entspricht. Grundsätzlich vergrößert der Verzicht auf ein Kreuz in der Spalte die Anzahl der unzulässigen Kennwörter und erhöht damit das Sicherheitsniveau.

Folgende Tabelle zeigt exemplarische Einträge in der Tabelle USR40:

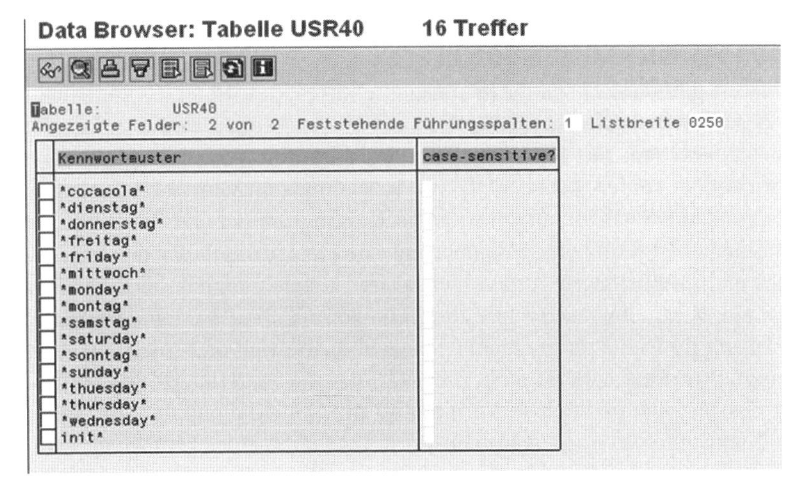
Data Browser: Tabelle USR40 16 Treffer

Tabelle: USR40
Angezeigte Felder: 2 von 2 Feststehende Führungsspalten: 1 Listbreite 0250

Kennwortmuster	case-sensitive?
cocacola	
dienstag	
donnerstag	
freitag	
friday	
mittwoch	
monday	
montag	
samstag	
saturday	
sonntag	
sunday	
thuesday	
thursday	
wednesday	
init*	

Abb. 3.1.3.3-10: Tabelle USR40 mit „verbotenen Kennwörtern“ © *SAP*

3.1.3.4 Parameter zum Authentifizierungsverfahren

SAP-Fakten:

Neben der Qualität des Kennwortes bestehen weitere Faktoren, welche die Risiken im Bereich des Zugriffs auf das SAP-System (Authentifizierung) über Parameter beeinflussen. Diese Parameter werden jetzt erläutert.

- Sperren aufgrund von Falschanmeldungen
  Der Parameter *login/fails_to_user_lock* legt fest, nach wie vielen ungültigen Anmeldeversuchen eine Benutzer-ID gesperrt wird. Eine Anmeldung am SAP-System ist nach einer Sperre nicht mehr möglich. Jede ungültige Kombination aus SAP-Mandant, Benutzer-ID und Kennwort wird als ungültiger Anmeldeversuch für die jeweilige Benutzer-ID in dem SAP-Mandanten gewertet. Mit einer gültigen Authentifizierung wird der Zähler wieder auf 0 zurückgesetzt. Mit Hilfe des Parameters wird das Risiko reduziert, dass Kennworte durch vielfache Anmeldeversuche geknackt werden. Er kann im Rahmen einer Kontrolle verwendet werden, um Penetrationsversuche zu vermeiden.

- Automatisches Entsperren von Benutzer-IDs
  Der Parameter *login/failed_user_auto_unlock* steuert das Systemverhalten in Bezug auf Benutzer-IDs, die aufgrund von Falschanmeldungen gesperrt wurden. Ist der Wert

auf „1" gesetzt, so werden diese automatisch um Mitternacht entsperrt. Mit dem Wert „0" ist der Eingriff eines Administrators zum Entsperren notwendig und die Kontrollwirksamkeit des Parameters *login/fails_to_user_lock* grundsätzlich erhöht.

- Beenden der SAP-Sitzung
  Der Parameter *login/fails_to_session_end* steuert, nach wie vielen ungültigen Anmeldeversuchen die SAP-Sitzung beendet wird. Der Anmeldebildschirm wird dann geschlossen, die Benutzer-ID aber nicht gesperrt.
- Zeit bis zum automatischen Abmelden bei Inaktivität
  Der Parameter *rdisp/gui_auto_logout* steuert, nach welcher Zeitspanne eine automatische Abmeldung bei Inaktivität des Benutzers vom SAP-System erfolgt. Der Parameterwert gibt die Zeitspanne grundsätzlich in Sekunden an. Es sind aber auch Werte wie „1 H" für eine Stunde möglich. Ist der Wert „0" oder leer, so erfolgt kein automatisches Abmelden. Mit Hilfe des Parameters kann das Risiko reduziert werden, dass ein Anwender seinen Arbeitsplatz verlässt, ohne sich vom SAP-System abzumelden und dass seine SAP-Sitzung von einem Unbefugten genutzt wird. Das automatische Abmelden erfolgt ohne die Speicherung von Daten, die in der laufenden Anwendung bisher nicht gespeichert wurden. Ferner ist zu beachten, dass sich der Parameterwert – wie alle Parameterwerte – auf alle Benutzer des SAP-Systems bezieht. Eine Differenzierung für Benutzer in einem Closed-Shop-Betrieb und solche an quasi öffentlich zugänglichen Rechnern ist nicht möglich. Vor diesem Hintergrund sollte die Einstellung des Parameters auch in Verbindung mit den Maßnahmen auf Betriebssystem- bzw. Netzwerkebene (z.B. Automatisches Aktivieren eines kennwortgeschützten Bildschirmschoners) bewertet werden.
- Ausschluss der besonderen SAP*-Eigenschaften
  Der Parameter *login/no_automatic_user_sapstar* bezieht sich auf die Eigenschaften des SAP-Standardbenutzers SAP*. Dieser Benutzer kann über folgende besondere Eigenschaft verfügen: Die Benutzer-ID SAP* ist standardmäßig im System angelegt. Wird die Benutzer-ID gelöscht, so kann sich ein Anwender mit der Benutzer-ID und dem Kennwort PASS am SAP-System anmelden. Der Anwender verfügt dann über sämtliche Zugriffsrechte. Ist der Parameter mit dem Wert „1" eingestellt, so werden die besonderen Eigenschaften deaktiviert. Unter Sicherheitsaspekten ist diese Einstellung geboten. Sie ist auch der Defaultwert.
- Wartezeit zwischen Kennwortänderungen
  Der Parameter *login/password_change_waittime* legt fest, wie viele Tage mindestens vergehen müssen, bis der Benutzer sein Kennwort erneut ändern kann.
- Verfallsdauer von Kennwörtern
  Der Parameter *login/password_expiration_time* steuert die Gültigkeitsdauer von Kennwörtern in Tagen. Unternimmt der Benutzer einen Anmeldeversuch und ist die Gültigkeitsdauer überschritten, so muss er zwingend ein neues Kennwort wählen. Bei dem Wert „0" ist die Verfallsdauer von Kennwörtern unbegrenzt, so dass kein regelmäßiger Kennwortwechsel durch das SAP-System sichergestellt wird.
- Größe der Kennworthistorie
  Der Parameter *login/password_history_size* legt den Umfang der Kennworthistorie fest. Die Kennworthistorie wird ausgewertet, wenn der Benutzer sein Kennwort än-

dert. Dabei unterbindet das SAP-System die Verwendung eines Kennworts, das in der Kennworthistorie, in Form eines dort hinterlegten Hashwertes, gespeichert ist. Über den Parameter kann auf das Risiko reagiert werden, dass Benutzer die Pflicht zur regelmäßigen Kennwortänderung faktisch außer Kraft setzen. Die Kennworthistorie wird benutzerspezifisch geführt. Der Parameterwert bezieht sich auf die Anzahl der Einträge je Benutzer. Zum Beispiel ist bei dem Wert „5" die Verwendung der letzten 5 Kennwörter bei der Kennwortänderung ausgeschlossen.

- Deaktivierung der kennwortbasierten Anmeldung
  Mit dem Parameter *login/disable_password_logon* kann eingestellt werden, dass die Anmeldung mit einem Kennwort grundsätzlich ausgeschlossen wird. Dies ist sinnvoll, wenn alternative Verfahren zu einem Kennwort genutzt werden, um die Authentifizierung z.B. über biometrische Verfahren oder Anmeldetickets von Systemen außerhalb des SAP-Systems vorzunehmen. Um Kennworte zu verwenden, ist der Wert „0" und zur Deaktivierung der kennwortbasierten Anmeldung der Wert „1" bzw. „2" einzustellen.
- Ausnahmen zur Deaktivierung der kennwortbasierten Anmeldung
  Anhand des Parameters *login/password_logon_usergroup* können Benutzergruppen definiert werden, deren Benutzer eine kennwortbasierte Anmeldung vornehmen können, auch wenn über den Parameter *login/disable_password_logon*, der zuvor beschrieben wurde, die kennwortbasierte Anmeldung grundsätzlich deaktiviert ist. Benutzergruppen für Administratoren oder Super-Benutzer können in diesem Zusammenhang sinnvolle Einstellungen sein. Der Defaultwert ist kein Eintrag.
- Akzeptieren von Single Sign-On Tickets
  Der Parameter *login/accept_sso2_ticket* steuert, ob die Benutzerauthentifizierung mit so genannten Single Sign-On Tickets (SSO-Tickets) erfolgen kann. Dabei handelt es sich um eine Anmeldung, die dem SAP-System vorgelagert ist und bei der keine Benutzer-ID und ein zugehöriges Kennwort für das SAP-System erfasst werden müssen. Vielmehr werden die Informationen über ein Ticket automatisch an das SAP-System übergeben. Der Parameterwert „1" lässt SSO-Tickets zu.
- Erzeugen von Single Sign-On Tickets
  Der Parameter *login/create_sso2_ticket* steht in engem Zusammenhang mit dem vorherigen Parameter. Wird das SAP-System als Workplace-Server eingesetzt und werden SSO-Tickets für die Authentifizierung eingesetzt, so steuert der Wert „1", dass das System diese Tickets ausstellen kann.
- Kennwortänderungspflicht bei Single Sign-On (SSO)
  Der Parameter *login/password_change_for_SSO* steuert, ob und wie das SAP-System änderungsbedüftige Kennwörter kontrolliert, wenn nicht-kennwortbasierte Anmeldeverfahren (z.B. über Single Sign-On-Tickets) genutzt werden. Für die traditionelle kennwortbasierte Anmeldung hat der Parameter keine Auswirkung.
- Deaktivierung von eingehenden CPIC-Verbindungen
  Der Parameter *login/disable_cpic* steuert, ob ankommende Verbindungen vom Typ CPIC zulässig sind. Bei dem Wert „1" werden sie abgewiesen. CPIC steht für „Common Programming Interface Communications". Es handelt sich um eine direkte Programm-zu-Programm-Kommunikation, die z.B. zwischen mehreren SAP-Systemen

vorgenommen werden kann. Der Parameter bezieht sich nur auf eine mögliche Variante der Schnittstellenkommunikation. Erfahrungsgemäß sind die entsprechenden Risiken vorrangig anhand einer Prüfung des Change-Management-Prozesses als über einzelne Parameter zu beurteilen.

- Deaktivierung der mehrfachen Dialoganmeldung
  Der Parameter *login/disable_multi_gui_login* legt fest, ob sich ein Benutzer mehrfach im Dialog anmelden kann. Die Mehrfachanmeldung bezieht sich auf eine Benutzer-ID in einem SAP-Mandanten. Wird sie deaktiviert, so wird das Risiko reduziert, dass ein Anwender sich an seinem Arbeitsplatz angemeldet hat, sein Büro verlässt, sich in einem anderen Büro erneut anmeldet und während dieser Zeit ein Unbefugter unter der Erstanmeldung Daten manipuliert. Der Parameter wirkt bei allen Dialoganmeldungen mit der Ausnahme von Benutzer-IDs, die den Benutzertyp Service besitzen. Für Anmeldungen über Remote-Function-Call (RFC) wirken sie nicht.
- Ausnahmen von der Deaktivierung der mehrfachen Dialoganmeldung
  Mit dem Parameter *login/multi_login_users* können bei Verwendung der Deaktivierung über den zuvor beschriebenen Parameter Benutzer-IDs als Ausnahmen definiert werden. Für diese Benutzer ist damit eine Mehrfachanmeldung möglich. Regelmäßig handelt es sich bei den entsprechenden Benutzer-IDs um Systemadministratoren mit weitgehenden Rechten. Bei Verwendung des Parameters mit Werten sollten die entsprechenden Benutzer-IDs einem gesondertem Monitoring unterliegen.
- Gültigkeitsdauer eines ungenutzten Initialkennworts
  Der Parameter *login/password_max_idle_initial* legt die Zeitspanne in Tagen fest, für die das vom Administrator vergebene Initialkennwort durch den Anwender verwendet werden kann. Im Detail besteht folgendes Szenario: Ein Administrator vergibt einer Benutzer-ID ein Initialkennwort. Der Anwender meldet sich mit der Benutzer-ID und dem Initialkennwort am SAP-System an. Unmittelbar danach muss er das Initialkennwort in ein persönliches Kennwort ändern. Vergeht zwischen der Vergabe des Initialkennwortes und der Verwendung des Kennwortes durch den entsprechenden Anwender eine lange Zeitspanne, so steigt das Risiko, dass Unbefugte das Kennwort erhalten oder durch Ausprobieren ermitteln und damit Zugriff auf die Daten im SAP-System nehmen. Über den Parameter kann somit festgelegt werden, dass das Initialkennwort z.B. nur 3 Tage gültig ist. Unternimmt der Anwender erst nach Ablauf der Zeitspanne einen Anmeldeversuch, so wird er abgewiesen. Er erhält die Fehlermeldung, dass das Initialkennwort abgelaufen ist. Der Parameter hat keine Auswirkungen für Benutzer-IDs vom Benutzertyp „System" und „Service". Deren Kennwörter kann ausschließlich der Benutzeradministrator ändern.
- Gültigkeitsdauer eines anwenderspezifischen Kennworts
  Der Parameter *login/password_max_idle_productive* bestimmt die Zeitspanne in Tagen, für die ein vom Anwender festgelegtes Kennwort für seinen Anmeldeprozess gültig ist. Der Wert des Parameters sollte in Abhängigkeit zu dem Parameter in Bezug auf die Verfallsdauer von Kennwörtern (*login/password_expiration_time*) gewählt werden. Die Wirkungsweise wird anhand einer Gültigkeitsdauer von 120 Tagen und einer Verfallsdauer von 90 Tagen erläutert: Der Anwender erhält vom Administrator erstmalig seine Benutzer-ID und sein Initialkennwort. Mit diesen Angaben meldet er sich an und ändert das Kennwort in sein individuelles Kennwort. Dies ist der Tag 1. In

den nächsten 90 Tagen meldet sich der Benutzer nicht mehr am System an. Am Tag 91 unternimmt er einen Anmeldeversuch. Nach Maßgabe des Parameters „Verfallsdauer" wird er vom SAP-System aufgefordert, sein Kennwort zu ändern. Der Anwender bricht darauf hin den Anmeldevorgang ab. An den kommenden 30 Tagen unternimmt er keine Anmeldung; erst am Tag 121 will er sich anmelden. Das SAP-System erkennt durch den Parameter „Gütigkeitsdauer", dass das Kennwort mittlerweile ungültig ist. Der Anwender erhält eine Fehlermeldung. Er kann sich nicht mehr mit seinem Kennwort anmelden; vielmehr ist die Vergabe eines neuen Initialkennwortes durch den Benutzeradministrator notwendig.

- Ticketbasierte Authentifizierung
  Bei der ticketbasierten Authentifizierung erfolgt die Anmeldung nicht anhand einer Benutzer-ID / Kennwort-Kombination sondern anhand von Tickets. Deren Verwendung ist bei Single Sign-On-Lösungen gebräuchlich, so dass der Anwender nach einer Anmeldung an einem zentralen System keine weiteren Anmeldeinformationen z.B. für das SAP-System erfassen muss. Vielmehr werden die Anmeldeinformationen automatisch über Tickets an das SAP-System weitergegeben. Folgende Parameter steuern die Gültigkeitsdauer von Tickets sowie das Authentifizierungsverfahren: *login/ticket_expiration_time, login/ticket_only_by_https, login/ticket_only_to_host, login/ticketcache_entries_max, login/ticketcache_off*
- Genauigkeit des Anmeldezeitstempels
  Der Parameter *login/update_logon_timestamp* steuert, mit welcher Genauigkeit der Anmeldezeitstempel im SAP-System gespeichert wird. Bei jeder Anmeldung wird ein Zeitstempel erzeugt und gespeichert. Er kann tagesgenau (Wert „d" für day) bis hin zu sekundengenau (Wert „s" für second) eingestellt werden. Mit dem Wert „m" für eine minutengenaue Aufzeichnung der Anmeldevorgänge ist grundsätzlich eine hinreichend präzise Nachvollziehbarkeit zum Login gegeben.

Prüfungshandlungen:

- Beurteilen Sie, ob angemessene Festlegungen für eine sichere Authentifizierung z.B. in einer Security Policy getroffen und dokumentiert sind. Die Prüfungshandlung ist analog zu dem Vorgehen gemäß Kapitel 3.1.3.2 ab Seite 48.
- Prüfen Sie die Parameter-Werte im SAP-System mit Hilfe des Programms RSPARAM. Die Prüfungshandlung ist analog zu dem Vorgehen gemäß Kapitel 3.1.3.2 ab Seite 48.
- Stellen Sie fest, wie das Verfahren ist, Benutzer-IDs zu entsperren. Ermitteln Sie insbesondere, ob Benutzer-IDs automatisch entsperrt wurden. Im SAP-System steht hierzu das Programm RSUSR100 (Änderungsbelege für Benutzer) zur Verfügung. Parametrisieren Sie das Programm mit der Option „Falschanmeldesperre aufgehoben" gemäß Abbildung:

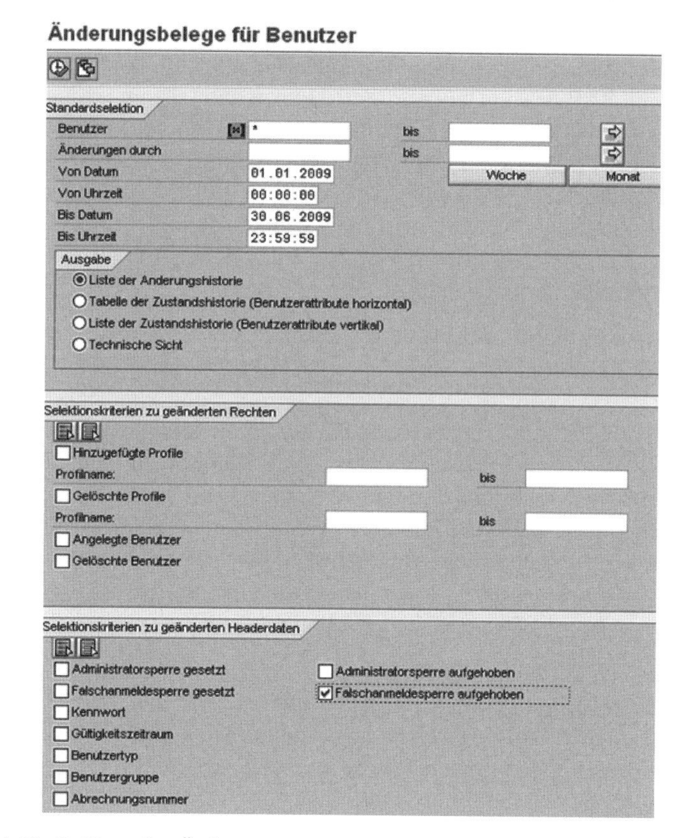

Abb. 3.1.3.4-10: Prüfung der Änderungsbelege in Bezug auf Falschanmeldesperren © *SAP*

- Prüfen Sie, ob Anhaltspunkte bestehen, dass Benutzer-IDs unberechtigt verwendet wurden. Häufige Sperren von Benutzer-IDs mit anschließendem Aufheben der Sperren geben Hinweise auf solche Risiken. Nutzen Sie für die systemseitige Analyse wiederum das Programm RSUSR100.

- Prüfen Sie, ob Initialkennwörter, die ein Benutzerverwalter vergeben hat, zeitnah von dem jeweiligen Anwender durch ein individuelles Kennwort ersetzt wurden. Testen Sie das Verfahren für ausgewählte Fälle, indem Sie das Programm RSUSR100 wie folgt parametrisieren:

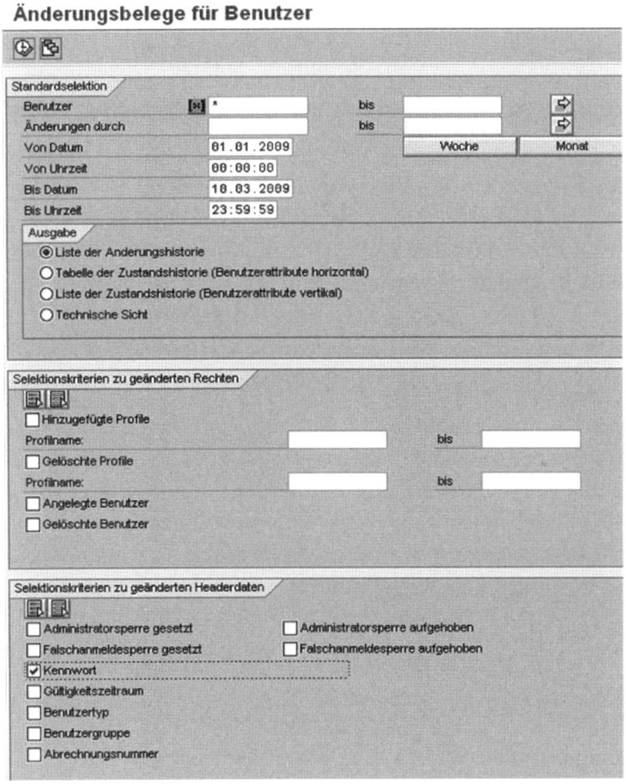

Änderungsbelege für Benutzer

Standardselektion

Benutzer * bis

Änderungen durch bis

Von Datum 01.01.2009 Woche Monat

Von Uhrzeit 00:00:00

Bis Datum 10.03.2009

Bis Uhrzeit 23:59:59

Ausgabe

- (•) Liste der Änderungshistorie
- ( ) Tabelle der Zustandshistorie (Benutzerattribute horizontal)
- ( ) Liste der Zustandshistorie (Benutzerattribute vertikal)
- ( ) Technische Sicht

Selektionskriterien zu geänderten Rechten

- [ ] Hinzugefügte Profile

Profilname: bis

- [ ] Gelöschte Profile

Profilname: bis

- [ ] Angelegte Benutzer
- [ ] Gelöschte Benutzer

Selektionskriterien zu geänderten Headerdaten

- [ ] Administratorsperre gesetzt
- [ ] Administratorsperre aufgehoben
- [ ] Falschanmeldesperre gesetzt
- [ ] Falschanmeldesperre aufgehoben
- [x] Kennwort
- [ ] Gültigkeitszeitraum
- [ ] Benutzertyp
- [ ] Benutzergruppe
- [ ] Abrechnungsnummer

Abb. 3.1.3.4-20: Prüfung der Änderungsbelege in Bezug auf Kennwortänderungen © *SAP*

Sie erhalten eine Auswertung in folgender Struktur. In dem Beispiel ist nachvollziehbar, dass die Benutzer-ID TEST100 das Initialkennwort durch den Administrator erhielt und sich eine Minute später ein eigenes Kennwort gegeben hat:

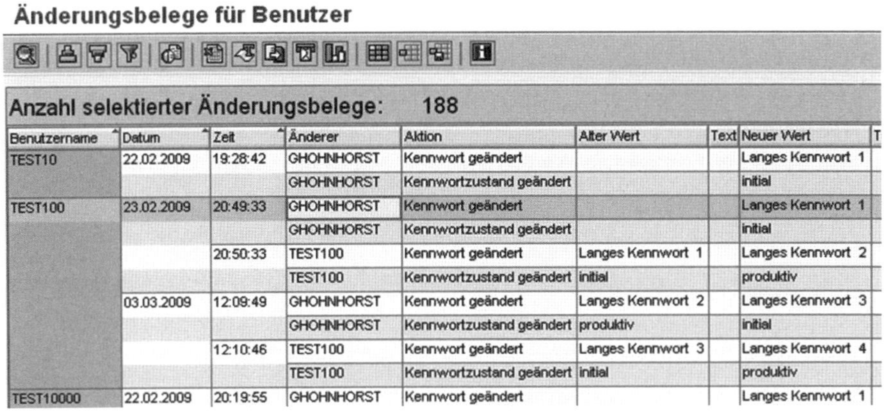

Änderungsbelege für Benutzer

Anzahl selektierter Änderungsbelege: 188

Benutzername	Datum	Zeit	Änderer	Aktion	Alter Wert	Text	Neuer Wert	T
TEST10	22.02.2009	19:28:42	GHOHNHORST	Kennwort geändert			Langes Kennwort 1	
			GHOHNHORST	Kennwortzustand geändert			initial	
TEST100	23.02.2009	20:49:33	GHOHNHORST	Kennwort geändert			Langes Kennwort 1	
			GHOHNHORST	Kennwortzustand geändert			initial	
		20:50:33	TEST100	Kennwort geändert	Langes Kennwort 1		Langes Kennwort 2	
			TEST100	Kennwortzustand geändert	initial		produktiv	
	03.03.2009	12:09:49	GHOHNHORST	Kennwort geändert	Langes Kennwort 2		Langes Kennwort 3	
			GHOHNHORST	Kennwortzustand geändert	produktiv		initial	
		12:10:46	TEST100	Kennwort geändert	Langes Kennwort 3		Langes Kennwort 4	
			TEST100	Kennwortzustand geändert	initial		produktiv	
TEST10000	22.02.2009	20:19:55	GHOHNHORST	Kennwort geändert			Langes Kennwort 1	

Abb. 3.1.3.4-30: Ergebnis zu der Auswertung der Änderungsbelege © *SAP*

3.1.3.5 Parameter zum Security Audit Log

SAP-Fakten:

Die Funktionen zum so genannten „Security Audit Log" (SAL) werden über folgende Parameter gesteuert:

- Ermöglichen des Security Audit Logs
  Der Parameter *rsau/enable* steuert, ob das SAL zur Verfügung steht. Der Default-Parameterwert ist „0", so dass das SAL nicht eingerichtet ist. Über den Wert „1" kann es aktiviert werden. Neben diesem und weiteren Parameterwerten ist das SAL über die Transaktion SM19 (Konfiguration Security Audit) einzurichten, vgl. Kapitel 3.1.3.10 ab Seite 80.
- Umfang des Security Audit Logs
  Verschiedene Parameter steuern den Umfang, mit dem Ereignisse im SAL protokolliert werden können. Bei der Prüfung der Parameter sind insbesondere Abweichungen von den Defaultwerten zu beachten, die z.B. bewirken können, dass aufgrund zu wenig bewilligtem Speicherplatz das SAL unvollständig ist. Die Parameter lauten: *rsau/max_diskspace/local, rsau/max_diskspace/per_day, rsau/max_diskspace/per_file, rsau/selection_slots, rsau/user_selection*
- Namen von Security Audit Log Dateien
  Der Parameter *FN_AUDIT* steuert den Namen, mit dem SAL-Dateien angelegt werden.

Prüfungshandlungen:

Mit Hilfe des zuvor beschriebenen Programms RSPARAM können Sie die Werte zu den Parametern auswerten. Die weiteren Einstellungen in Bezug auf das Security Audit Log und geeignete Prüfungshandlungen sind in Kapitel 3.1.3.10 ab Seite 80 aufgeführt.

3.1.3.6 Zusammenfassung der Authentifizierungs-Parameter und Soll-Werte

Die Parameter sind im Folgenden in alphabetischer Reihenfolge aufgeführt. So können Sie sie auf einfache Weise mit Auswertungen abgleichen, wie sie anhand der Prüfung mit dem Programm RSPARAM erzeugt werden. Die Soll-Werte stellen grundsätzliche Empfehlungen dar.

Parameter	Beschreibungen	Soll-Werte	Hinweise
DIR_AUDIT	Verzeichnis für Security Audit Log Dateien	<system-spezifisch>	Sie sollten prüfen, ob Schutzmaßnahmen für das Verzeichnis bestehen.
FN_AUDIT	Namen von Security Audit Log Dateien	<Datei-endung: .AUD>	
login/accept_sso2_ticket	Akzeptieren von Single Sign-On Tickets	0	Defaultwert ist in Abhängigkeit vom Verfahren anzupassen.

Parameter	Beschreibungen	Soll-Werte	Hinweise
login/create_sso2_ticket	Erzeugen von Single Sign-On Tickets	0	Defaultwert ist in Abhängigkeit vom Verfahren anzupassen
login/disable_cpic	Deaktivierung von eingehenden CPIC-Verbindungen	0	Defaultwert
login/disable_multi_gui_login	Deaktivierung der mehrfachen Dialoganmeldung	1	Mehrfachanmeldung ist ausgeschlossen
login/disable_password_logon	Deaktivierung der kennwortbasierten Anmeldung	0	Keine Deaktivierung
login/failed_user_auto_unlock	Automatisches Entsperren von Benutzer-IDs	0	Kein automatisches Entsperren
login/fails_to_session_end	Beenden der SAP-Sitzung	3	Beenden nach 3 ungültigen Versuchen
login/fails_to_user_lock	Sperren aufgrund von Falschanmeldungen	5	Sperren nach 5 ungültigen Versuchen
login/min_password_diff	Anzahl unterschiedlicher Zeichen im neuen verglichen mit dem alten Kennwort	3	
login/min_password_digits	Mindestanzahl von Ziffern im Kennwort	1	
login/min_password_letters	Mindestanzahl von Buchstaben im Kennwort	1	
login/min_password_lng	Mindestlänge des Kennworts	8	
login/min_password_lowercase	Mindestanzahl von Kleinbuchstaben im Kennwort	0	
login/min_password_specials	Mindestanzahl von Sonderzeichen im Kennwort	1	
login/min_password_uppercase	Mindestanzahl von Großbuchstaben im Kennwort	0	
login/multi_login_users	Ausnahmen von der Deaktivierung der mehrfachen Dialoganmeldung	{leer}	Keine Ausnahmen
login/no_automatic_user_sapstar	Ausschluss der besonderen SAP*-Eigenschaften	1	SAP* hat keine besonderen Eigenschaften
login/password_change_for_SSO	Kennwortänderungspflicht bei Single Sign-On (SSO)	1	
login/password_change_waittime	Wartezeit zwischen Kennwortänderungen	1	
login/password_charset	Zeichenmenge für Kennwörter	1	Defaultwert
login/password_compliance_to_current_policy	Kontrolle auf Einhaltung der Kennwortregeln bei jeder Anmeldung	1	Kontrolle erfolgt
login/password_downwards_compatibility	Abwärtskompatibilität von Kennwörtern		
login/password_expiration_time	Verfallsdauer von Kennwörtern	90	Automatisch erzwungener Kennwortwechsel nach 90 Tagen
login/password_history_size	Größe der Kennworthistorie	5	Einträge je Benutzer-ID

Parameter	Beschreibungen	Soll-Werte	Hinweise
login/password_logon_ usergroup	Ausnahmen zur Deaktivierung der kennwortbasierten Anmeldung	{leer}	Keine Ausnahmen
login/password_max_ idle_initial	Gültigkeitsdauer eines ungenutzten Initialkennworts	3	Tage
login/password_max_ idle_productive	Gültigkeitsdauer eines anwenderspezifischen Kennworts	120	Tage
login/update_logon_ timestamp	Genauigkeit des Anmeldezeitstempels	m	Minutengenau
rsau/enable	Ermöglichen des Security Audit Logs	1	Ja
rsau/max_diskspace/local	Umfang des Security Audit Logs: Lokale Dateigröße	20M bzw. systemspezifisch	20 Megabytes
rsau/max_diskspace/per_ day	Umfang des Security Audit Logs: Tägliche Dateigröße	0	Keine Restriktion
rsau/max_diskspace/per_ file	Umfang des Security Audit Logs: Größe je Datei	0	Keine Restriktion
rsau/selection_slots	Umfang des Security Audit Logs: Selektionsslots	5	Fünf slots sind möglich
rsau/user_selection	Umfang des Security Audit Logs: Benutzerselektion	1	Generische Benutzerselektion ist möglich

3.1.3.7 Prozesse der Benutzerverwaltung

SAP-Fakten:

Eine Benutzer-ID ist zwingende Voraussetzung für den Zugriff auf das SAP-System. Die Benutzer-IDs werden auf Ebene des SAP-Mandanten administriert. Eine Benutzer-ID muss somit eindeutig innerhalb eines Mandanten sein. Folgende Aktivitäten können in Bezug auf Benutzer-IDs durchgeführt werden:

- Anlegen
- Anzeigen
- Kopieren
- Umbenennen
- Löschen
- Sperren
- Entsperren
- Kennwort ändern

Die folgende Abbildung verdeutlicht, welche Informationen in diesem Zusammenhang verwaltet werden.

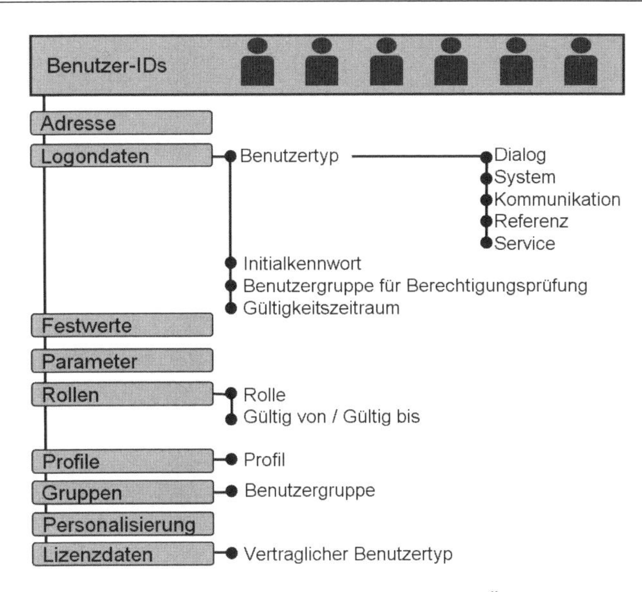

Abb. 3.1.3.7-10: Gespeicherte Informationen zur Benutzer-ID im Überblick

Adresse, Festwerte und Parameter können in der Regel vom Benutzer für die eigene Benutzer-ID selbst gepflegt werden. Hierzu dient der Menüweg *System – Benutzervorgaben – Eigene Daten* bzw. die Transaktion SU3 (Benutzer eigene Daten pflegen).

Für die Administration von Benutzer-IDs steht die Transaktion SU01 (Benutzerpflege) zur Verfügung.

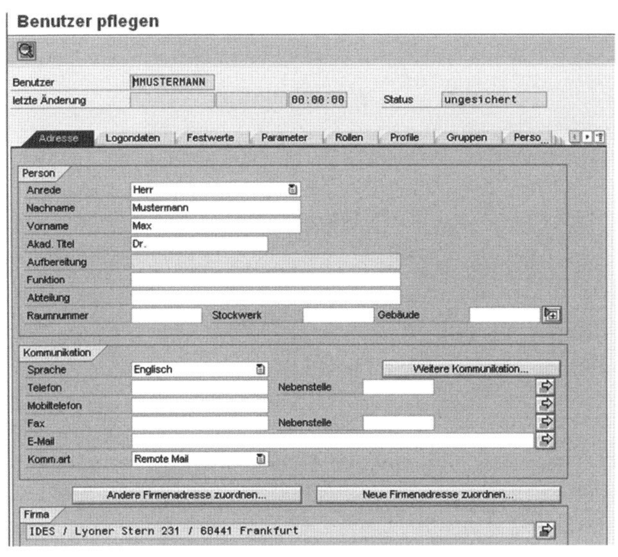

Abb. 3.1.3.7-20: Pflege einer Benutzer-ID mit der Transaktion SU01 © *SAP*

Unter Revisionsaspekten ist zu beachten, dass die Aktivitäten anhand von Änderungsbelegen grundsätzlich nachvollziehbar sind. Bei dem Umbenennen einer Benutzer-ID wird systemseitig jedoch eine Kopie der ursprünglichen ID mit einem neuen Namen erzeugt und dann die ursprüngliche ID gelöscht. Das Umbenennen ist anhand der Änderungsbelege als solche Aktivität nicht eindeutig zu erkennen.

In Bezug auf die Aktivitäten zum Sperren bzw. Entsperren sind verschiedene Alternativen zu beachten: Eine Anmeldung kann nur mittels einer ungesperrten Benutzer-ID erfolgen. Sperrungen können durch den Benutzer selbst – infolge mehrfacher Falschanmeldeversuche – oder durch den Administrator – z.B. mit der Transaktion SU01– erfolgen. In der Transaktion SU01 und Auswertungen ist erkennbar, ob eine Administratorsperre oder eine Benutzersperre vorliegt. Die Sperre kann durch den Administrator – wiederum über die Transaktion SU01 – oder automatisch über Mitternacht – bei entsprechender Einstellung des Profilparameters *login/failed_user_auto_unlock* – aufgehoben werden.

Innerhalb des Benutzerstammsatzes werden folgende Arten von Informationen gespeichert, welche für den Zugriffsschutz Relevanz besitzen:

- Adresse
  In diesem Bereich können Angaben z.B. zum Namen, der Funktion, der Abteilung und der Kommunikation mit dem Benutzer getroffen werden. Diese Informationen werden regelmäßig dazu verwendet, die Benutzer-ID eindeutig dem sie nutzenden Anwender zuordnen zu können, um die im SAP-System anhand der Benutzer-ID protokollierten Aktivitäten in Bezug auf die Person nachvollziehen zu können.
- Logondaten
  In diesem Bereich muss ein Benutzertyp ausgewählt werden. Der normale Anwendungsbenutzer ist vom Benutzertyp „Dialog“. Daneben sind folgende weitere Benutzertypen möglich:

Benutzertypen / Kennzeichen	**Verwendungen**	**Eigenschaften**
Dialog / A	„Normaler“ Anwender	Dialoganmeldung (SAP GUI) ist möglich. Systemseitige Kontrollen auf initiale und abgelaufene Kennwörter erfolgen. Benutzer kann sein eigenes Kennwort ändern.
System / B	Systeminterne Hintergrundverarbeitung (z.B. für ALE- oder Workflow-Vorgänge)	Dialoganmeldung ist ausgeschlossen. Das Kennwort ist zeitlich unbegrenzt möglich. Das Kennwort kann nur durch einen Administrator geändert werden.
Kommunikation / C	Dialogfreie Kommunikation (z.B. für RFC- oder CPIC-Verbindungen)	Dialoganmeldung ist ausgeschlossen. Systemseitige Kontrolle auf abgelaufene Kennwörter erfolgt. Das Kennwort kann über einen Funktionsbaustein geändert werden.
Service / S	Zugriff durch einen großen, regelmäßig anonymen Benutzerkreis	Dialoganmeldung ist möglich. Systemseitige Kontrollen auf initiale oder abgelaufene Kennwörter erfolgen nicht. Das Kennwort kann nur durch einen Administrator geändert werden.
Referenz / L	Benutzer-ID zur Vergabe zusätzlicher Zugriffsrechte an andere Benutzer-IDs	Anmeldung mit der Benutzer-ID ist nicht möglich. Das Kennwort der Benutzer-ID ist daher bedeutungslos.

In dem Bereich wird ferner das Kennwort verwaltet. Es kann initial vergeben werden, mit der Folge, dass eine Benutzer-ID vom Benutzertyp Dialog bei der ersten Anmeldung am System ein eigenes Kennwort wählen muss. Ab dem Zeitpunkt der eigenständigen Kennwortwahl ist der Benutzer als verantwortlich für die mit seiner Benutzer-ID durchgeführten Aktivitäten anzusehen. Schließlich kann der Administrator das Kennwort mit der Transaktion SU01 deaktivieren. Damit hat die Benutzer-ID den Zustand, dass kein Kennwort vergeben ist. Eine Anmeldung ist erst wieder möglich, nachdem ein Administrator ein neues Initialkennwort vergeben hat.

Das SAP-System protokolliert die verschiedenen Aktivitäten zum Kennwort: Vergabe des Initialkennwortes (durch den Administrator), Vergabe des ersten eigenen Kennwortes (durch den Benutzer), Änderung des Kennwortes (durch den Benutzer) und Deaktivierung des Kennwortes (durch den Administrator).

In dem Gültigkeitszeitraum kann angegeben werden, ab welchem Datum die Benutzer-ID gültig ist bzw. zu welchem Datum sie ihre Gültigkeit verliert. Die Verwendung der Benutzer-ID ist nur innerhalb des Gültigkeitszeitraumes möglich.

In dem Feld „Benutzergruppe" kann eine Gruppe hinterlegt werden. Sie dient Auswertungszwecken und der Zugriffssteuerung. So ist ein Berechtigungskonzept möglich, bei dem nur ausgewählte Administratoren das Recht besitzen, Benutzer-IDs der Benutzergruppe „SUPER" zu verwalten. Administrationsrechte für Benutzer-IDs anderer Benutzergruppen können an einen größeren Kreis von Benutzeradministratoren vergeben werden. Mit der Transaktion SUGR (Benutzergruppen pflegen) werden Benutzergruppen administriert.

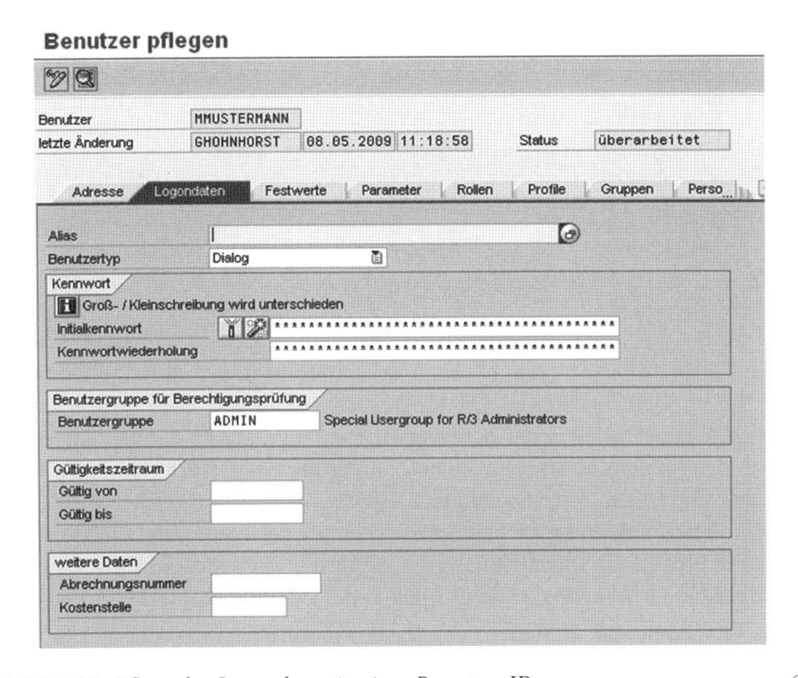

Abb. 3.1.3.7-30: Pflege der Logondaten in einer Benutzer-ID © *SAP*

- Festwerte
  Dieser Bereich ist für Angaben z.B. zum Startmenü oder zur Anmeldesprache vorgesehen. Er hat keine unmittelbare Relevanz für den Zugriffsschutz.
- Parameter
  In diesem Bereich können so genannte Parameter und deren Werte für die Benutzer-ID gespeichert werden. Je nach vergebenen Berechtigungen kann der Benutzer die Parameter selber pflegen. Auf diese Weise kann die Arbeit des Anwenders vereinfacht werden, wie folgendes Beispiel zeigt: In dem SAP-System sind mehre Buchungskreise, darunter der Buchungskreis 1000 eingerichet. Ein Benutzer bucht normalerweise in diesem Buchungskreis. Wird in seiner Benutzer-ID unter Parameter der Eintrag Parameter-ID=BUK mit dem Parameterwert 1000 hinterlegt, werden alle Eingabefelder zum Buchungskreis mit dem Wert 1000 vorbelegt. Der Benutzer erspart sich durch den Vorschlagswert viele Erfassungstätigkeiten. Eine unmittelbare Relevanz für den Zugriffsschutz besteht nicht.
- Rollen
  In diesem Bereich kann ein Administrator die logischen Zugriffsrechte der Benutzer-ID administrieren. Die Rechte werden im Regelfall über Rollen zugeordnet, wie folgende Abbildung verdeutlicht.

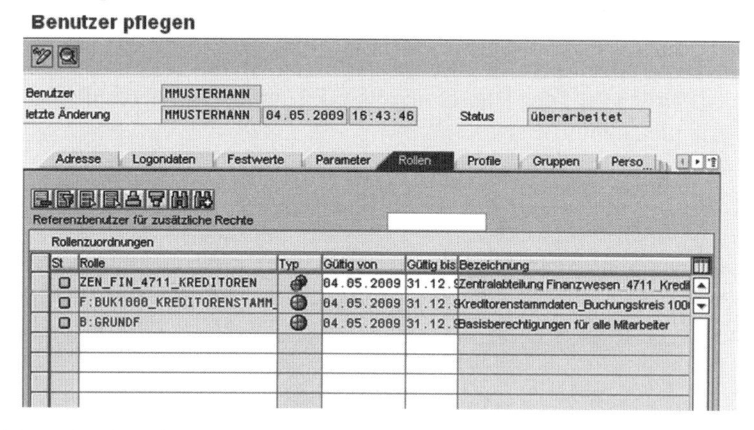

Abb. 3.1.3.7-40: Pflege der Rollen in einer Benutzer-ID © SAP

In dem Beispiel sind eine Sammelrolle, erkennbar an dem Symbol in der Spalte „Typ“, und 2 Einzelrollen zugewiesen. Die Gültigkeit der Zugriffsrechte kann über die zeitliche Eingrenzung der Rollen in der Benutzer-ID festgelegt werden. Maßgeblich sind die Einträge in den Spalten „Gültig von“ und „Gültig bis“. Somit sind zeitliche Festlegungen einerseits für die Benutzer-ID möglich. Hier wird bestimmt, in welchem Zeitraum der Benutzer sich am SAP-System anmelden kann. Andererseits kann die Gültigkeit einzelner Zugriffsrechte für einen Benutzer, z.B. für die Erfassung von Inventurdaten, durch die dargestellte Eintragung zu den Rollen in der Benutzer-ID, festgelegt werden.

Das Feld „Referenzbenutzer für zusätzliche Rechte“ gemäß vorstehender Abbildung erlaubt die Vergabe von Zugriffsrechten unabhängig von den Rollen in der Benutzer-ID. Diese Vergabemöglichkeit ist mit hohen Risiken verbunden, da die entsprechenden Rechte anhand der üblichen Auswertungen nicht transparent werden.

- Profile
  In diesem Bereich werden die Profile dargestellt, über die eine Benutzer-ID ihre Zugriffsrechte erhält. Es ist zwischen 2 Arten der Administration zu unterscheiden: Erstens kann ein Administrator unmittelbar Profile erfassen, z.B. SAP_ALL oder S_A.ADMIN gemäß Abbildung. Zweitens werden die Profile automatisch verwaltet, wenn ein Administrator in dem zuvor dargestellten Register Rollen administriert. In dem Beispiel sind dies die Profile T-M2550835 und T-M25508503. Je Rolle besteht im Regelfall ein mit der Rolle verbundenes Profil, welches die Zugriffsrechte in Form von Berechtigungen beinhaltet. Unabhängig von der Art der Administration bestimmen die Profile in der Benutzer-ID die aktuellen Zugriffsrechte eines Benutzers.

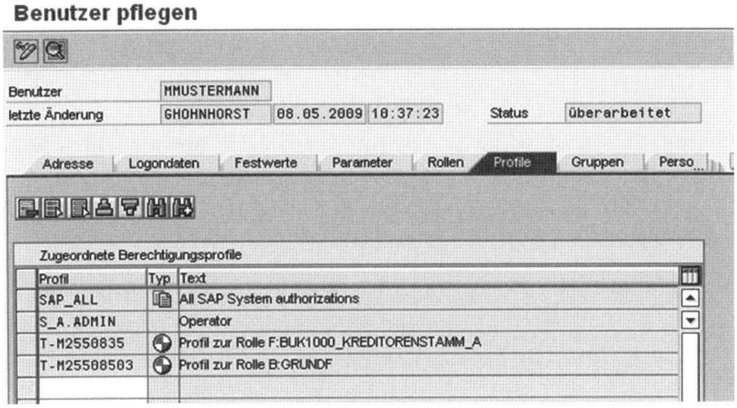

Abb. 3.1.3.7-50: Pflege der Profile in einer Benutzer-ID *© SAP*

Damit zu den Rollen in der Benutzer-ID jeweils die korrekten Profile hinterlegt sind, stellt SAP den sog. „Benutzerabgleich" zur Verfügung. Das Programm pflegt die Benutzer-IDs automatisch nach folgender Logik: Hinzugefügte Rollen bewirken ein Aufnehmen von Profilen, Entfernte Rollen bewirken ein Löschen der Profile, Zeitlich gültig werdende Rollen bewirken ein Aufnehmen der Profile, Zeitlich ablaufende Rollen bewirken ein Löschen der Profile und Rollen mit geänderten Profilen bewirken die Aktualisierung der Profile.

Der Benutzerabgleich erfolgt über das Programm PFCG_TIME_DEPENDENCY (Report zum Einplanen für Zeitabhängigkeit der Rollen). Er kann auch aus der Transaktion SU01 oder PFCG (Pflege von Rollen) gestartet werden.

- Gruppen
  In diesem Bereich können sog. „Benutzergruppen" zugeordnet werden, wie die folgende Abbildung verdeutlicht. In einer Benutzer-ID können mehrere Benutzergruppen hinterlegt werden. Anhand der Benutzergruppe können Auswertungen erfolgen, z.B. zu der Fragestellung: Welche Benutzer-IDs sind in der Benutzergruppe „TSD".

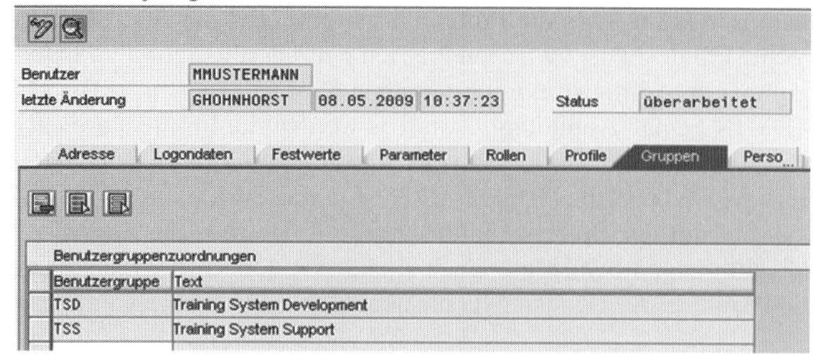

Abb. 3.1.3.7-60: Pflege der Gruppen in einer Benutzer-ID © *SAP*

Die Einträge in dem Feld „Benutzergruppe" sind zu unterscheiden von der Angabe bezüglich „Benutzergruppe für Berechtigungsprüfung" in dem Register „Logondaten", vgl. Abbildung 3.1.3.7-30. Bei der letztgenannten Benutzergruppe kann je Benutzer-ID genau eine Benutzergruppe angegeben werden.

- Personalisierung

  In diesem Bereich können benutzerindividuelle Vorgaben gespeichert werden. Er hat keine unmittelbare Relevanz für den Zugriffsschutz.

- Lizenzdaten

  Dieser Bereich bezieht sich auf den vertraglichen Nutzertyp, wie er für die Lizenzdatenvermessung herangezogen wird. Er hat keine unmittelbare Relevanz für den Zugriffsschutz.

Prüfungshandlungen;

- Analysieren Sie die Prozesse und damit verbundenen Kontrollen zur Verwaltung der Benutzer-IDs. Entsprechende Prüfungshandlungen können Sie anhand der Anzeigetransaktion SU01D (Benutzeranzeige), den Programmen unter der Transaktion SUIM (Benutzerinformationssystem) sowie den Tabellen USR* durchführen.
- Beurteilen Sie, ob die Personen, die auf das SAP-System zugreifen können, eindeutig anhand der Benutzer-ID identifiziert werden können. Zu Auswertungszwecken steht die Transaktion SUIM zur Verfügung. Anhand des Programms „Benutzer nach Adressdaten" bzw. RSUSR002_ADRESS gemäß Abbildung können entsprechende Listen erzeugt werden.

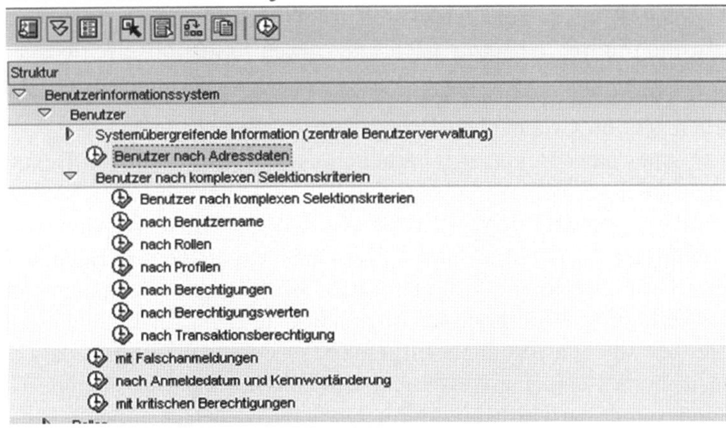

Abb. 3.1.3.7-70: Prüfung der Benutzer-IDs mit dem Benutzerinformationssystem © SAP

- Stellen Sie fest, ob die Adressdaten vollständig gepflegt sind, um eine Verbindung zwischen Benutzer-IDs und den sie verwendenden Personen sicherzustellen. Das Programm RSUSR007 (Benutzer mit unvollständigen Adressdaten anzeigen) erlaubt gezielte Auswertungen. Gemäß nachstehender Abbildung können die Felder ausgewählt werden, die als Mindestangaben erwartet werden. Die Ergebnisliste des Programms weist alle Benutzer-IDs aus, zu denen die Felder nicht gefüllt sind. Für weitergehende Prüfungshandlungen können Sie Auswertungen anhand der Tabelle USR03 (Adressdaten Benutzer) vornehmen.

Benutzer mit unvollständigen Adressdaten anzeigen

Benutzer
Benutzer bis

Person
Anrede
Nachname
Vorname
Akad. Titel
Vorsatzwort
Namenszusatz
2.Nachname
Format Name
Funktion
Raumnummer
Hauspost
Geburtsname
Initialen
2.Akad. Titel
2.Vorsatzwort
Spitzname
2.Vorname
Land f.Aufber.
Abteilung
Stockwerk
Kürzel
Vollst.Name
Gebäudekürzel

Abb. 3.1.3.7-80: Prüfung der Benutzer-IDs auf unvollständige Adressdaten © SAP

- Prüfen Sie, ob eine angemessene Namenskonvention in Bezug auf Benutzer-IDs festgelegt ist und ob sie eingehalten wird. Zur Prüfung bietet sich die Transaktion SUIM mit dem Programm „Benutzer nach komplexen Selektionskriterien“ gemäß Abbildung 3.1.3.7-70 an.

- Beurteilen Sie, ob Gruppenbenutzer in dem Sinne verwendet werden, dass mehrere Personen unter einer Benutzer-ID arbeiten. Auswertungen zu den Benutzer-IDs oder der Nachnamen in den Adressangaben liefern Hinweise, wenn Benutzer-IDs z.B. „SUPPORT“, „PRAKTIKANT“ oder „GOLIVE“ lauten. Anhand der Transaktion SM04 (Benutzerübersicht) können die aktuell angemeldeten Benutzer-IDs geprüft werden. Alternativ steht das Programm RSUSR000 (Liste aller angemeldeten Anwender) zur Verfügung. Wird in dieser Übersicht eine Benutzer-ID mehrfach und jeweils mit unterschiedlichen Terminals aufgeführt, so ist es naheliegend, dass die Benutzer-ID von mehreren Personen verwendet wird. Ferner kann die Tabelle USR41_MLD (Bewegungsdaten zu USR41) zur Analyse von Mehrfachanmeldungen ausgewertet werden.

- Bestehen für das Verfahren der Einrichtung von Benutzer-IDs hinreichende Kontrollen? Systemseitig können Stichproben aus den Änderungsbelegen gezogen werden, die mit entsprechenden Genehmigungen abzugleichen sind. Letztere können z.B. Unterschriften auf einem Benutzerantragsformular oder Freigaben per eMail bzw. innerhalb eines Genehmigungs-Workflows sein. Um eine Auswahl aus neu angelegten Benutzer-IDs zu treffen, eignet sich der Einstieg über die Transaktion SUIM mit dem Programm „Änderungsbelege für Benutzer“:

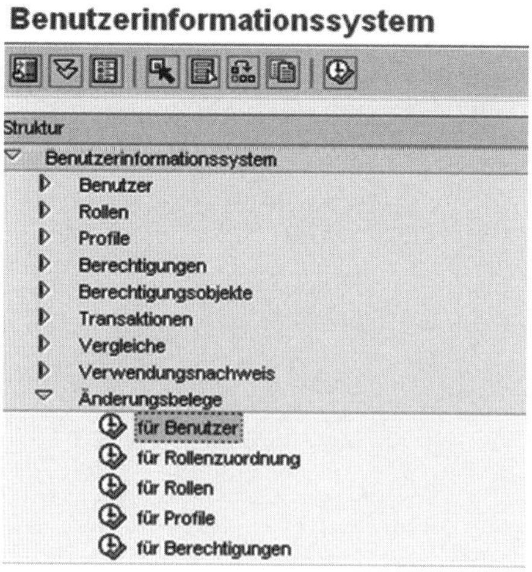

Abb. 3.1.3.7-90: Prüfung anhand von Änderungsbelegen zu Benutzer-IDs *© SAP*

In nachstehender Abbildung ist verdeutlicht, wie neu angelegte Benutzer-IDs für ein Halbjahresintervall ermittelt werden können:

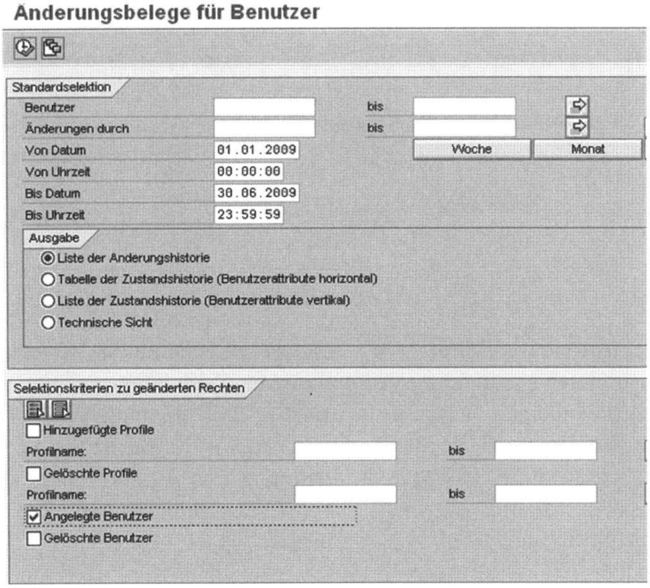

Änderungsbelege für Benutzer

Standardselektion
Benutzer bis
Änderungen durch bis
Von Datum 01.01.2009 Woche Monat
Von Uhrzeit 00:00:00
Bis Datum 30.06.2009
Bis Uhrzeit 23:59:59
Ausgabe
Liste der Änderungshistorie
Tabelle der Zustandshistorie (Benutzerattribute horizontal)
Liste der Zustandshistorie (Benutzerattribute vertikal)
Technische Sicht

Selektionskriterien zu geänderten Rechten
Hinzugefügte Profile
Profilname: bis
Gelöschte Profile
Profilname: bis
Angelegte Benutzer
Gelöschte Benutzer

Abb. 3.1.3.7-100: Ermittlung neu angelegter Benutzer-IDs *© SAP*

- Führen Sie analoge Prüfungshandlungen in Bezug auf die Vergabe von Initialkennwörtern oder Entsperrungen von Benutzer-IDs durch.

- Klären Sie, ob für das Verfahren der Zuweisung von Rechten hinreichende Kontrollen existieren. Systemseitig können wiederum Stichproben aus den Änderungsbelegen zu Benutzer-IDs gezogen werden. Relevant sind sowohl die erstmalige Rechtezuordnung als auch die Vergabe neuer Rechte und der Entzug von Rechten, wie sie sich aus Abteilungs-, Stellen- oder Aufgabenwechseln ergeben. Für die Prüfung sollten z.B. anhand des Programms RSUSR100 Zuweisungen von Rollen bzw. Profilen gewählt werden. Je Rechtezuweisung gilt es dann zu prüfen, ob der Vorgang ordnungsgemäß genehmigt war. Um die Auswahl zu treffen, eignet sich der Einstieg über die Transaktion SUIM mit dem Programm „Änderungsbelege für Benutzer" gemäß Abbildung 3.1.3.7-70 und dem Selektionskriterium „Hinzugefügte Profile".

- Prüfen Sie, ob Benutzer Zugriffsrechte über sog. Referenzbenutzer erhalten. Stellen Sie in diesem Zusammenhang fest, ob Referenzbenutzer angelegt sind. Im System eignet sich hierzu die Transaktion SUIM und das Programm „Benutzer nach komplexen Selektionskriterien". Analysieren Sie in der erzeugten Auswertung die Spalte „Benutzertyp". Sind Benutzer vom Typ „Referenz" vorhanden, so besteht die Möglichkeit, dass Rechte quasi als Trojanisches Pferd vergeben werden. Analysieren Sie ferner die Spalte „Ref.User". Sind in dieser Spalte Einträge vorhanden, so werden die Rechte tatsächlich an eine Benutzer-ID vergeben. Folgende beispielhafte Abbildung verdeutlicht, dass die Benutzer-ID „MMUSTERMANN" die Rechte des Referenzbenutzers TEST01 besitzt. Alternativ zu der vorgenannten Prüfungshandlung kann auch die Tabelle USREFUS (Referenzuser für Internetanwendungen) analysiert werden.

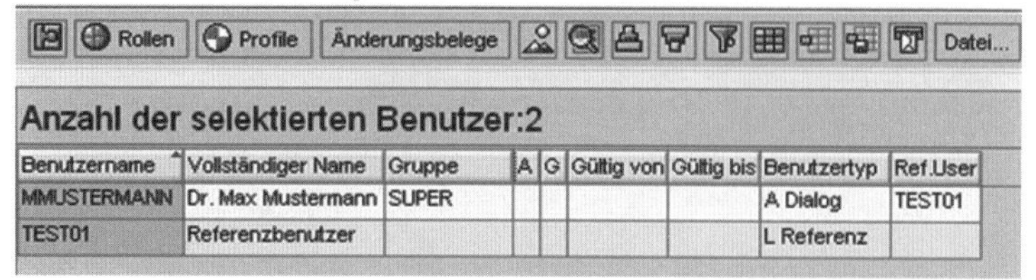

Benutzername	Vollständiger Name	Gruppe	A	G	Gültig von	Gültig bis	Benutzertyp	Ref.User
MMUSTERMANN	Dr. Max Mustermann	SUPER					A Dialog	TEST01
TEST01	Referenzbenutzer						L Referenz	

Abb. 3.1.3.7-110: Prüfung der Benutzer-IDs auf Referenzbenutzer © SAP

- Stellen Sie fest, ob die Benutzer-IDs transparent anhand von Benutzergruppen strukturiert sind. Klären Sie in dem Zusammenhang, ob eine Differenzierung der Benutzeradministration anhand der Benutzergruppe festgelegt ist und ob sie eingehalten wird. Beurteilen Sie ferner, ob die Benutzergruppen korrekt gepflegt sind. Im SAP-System steht das Programm RSUSR002 zur Verfügung. Bei der Parametrisierung besteht folgender Zusammenhang: Das Feld „Gruppe für Berechtigung" bezieht sich auf die Benutzergruppe gemäß Register „Logondaten" in der Benutzer-ID – jede Benutzer-ID kann genau einer Gruppe zugeordnet sein. Auf Basis der Zuordnung können die Zugriffsrechte für die Benutzeradministration differenziert werden. Das Feld „Benutzergruppe (allgemein)" bezieht sich auf die Benutzergruppe, wie sie im Register „Gruppen" gespeichert ist – jede Benutzer-ID kann mehreren Gruppen zugeordnet sein. Auf Basis dieser Zuordnung werden die Zugriffsrechte für die Benutzeradministration nicht beeinflusst.

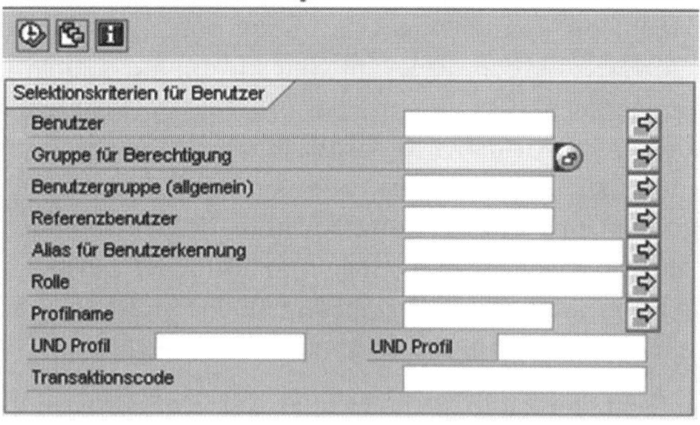

Abb. 3.1.3.7-120: Prüfung der Benutzer-IDs nach Benutzergruppen © SAP

- Stellen Sie fest, ob Benutzer-IDs mit einem Initialkennwort bestehen. Klären Sie in dem Zusammenhang nach welchem Verfahren Initialkennwörter vergeben werden, wie der Anwender das Initialkennwort erfährt und wie sichergestellt ist, dass Benutzer-IDs nicht durch Unbefugte verwendet werden. Das Risiko ist dann besonders groß, wenn stets das gleiche Initialkennwort beziehungsweise leicht zu erratende Initialkennwörter vergeben werden. Für die Prüfungshandlungen steht im SAP-System unter der Transaktion SUIM das Programm „Benutzer nach Anmeldedatum und Kennwortänderung" zur Verfügung. Über die Auswahl „Benutzer mit Initialkennwort" erzeugt das Programm eine entsprechende Liste.

- Prüfen Sie, ob Personen, die z.B. aus dem Unternehmen ausgeschieden sind, von dem Zugriff auf das SAP-System ausgeschlossen sind. Über das zuvor genannte Programm „Benutzer nach Anmeldedatum und Kennwortänderung" können mit der Option „Tage seit letzter Anmeldung" Benutzer-IDs ermittelt werden, welche das SAP-System z.B. seit mehr als 90 Tagen nicht mehr verwendet haben. Beurteilen Sie auch, wie das Verfahren für unternehmensexterne Personen, wie IT-Dienstleister oder Berater, ausgeprägt ist. Prüfen Sie z.B. mit der Transaktion SU01D, ob Benutzer-IDs, unter denen kein Zugriff erfolgen soll, gesperrt sind, bzw. außerhalb des Gültigkeitsintervalls liegen bzw. über welche Rechte sie aus Rollen bzw. Profilen verfügen.

- Stellen Sie fest, ob ein regelmäßiger Benutzerabgleich erfolgt. Hierzu gilt es das Verfahren aufzunehmen, mit dem die Konsistenz der Berechtigungszuordnung unterstützt wird. Als eine wirksame Kontrolle ist ein täglicher Benutzerabgleich zu werten, bei dem für alle Benutzer-IDs Rollen und Profile abgeglichen werden. Die vollständige und fehlerfreie Programmverarbeitung sollte in dem Verfahren sichergestellt werden. Wenn ein periodischer, automatischer Benutzerabgleich erfolgt, kann die entsprechende Job-Einplanung mit der Transaktion SM37 (Einfache Jobauswahl) und der Angabe des Programmnamens PFCG_TIME_DEPENDENCY geprüft werden. Wird die Programmausführung in der Vergangenheit festgestellt, liefert das SAP-System über das sog. Job-Log ein detailliertes Verarbeitungsprotokoll.

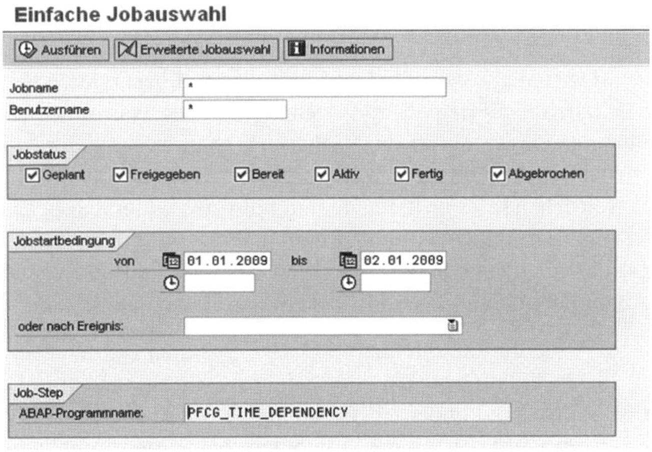

Abb. 3.1.3.7-130: Prüfung der Job-Einplanung zum Benutzerabgleich *© SAP*

- Beurteilen Sie, ob alle Benutzer-IDs mit den korrekten Benutzertypen eingestellt sind. Ein Risiko besteht darin, dass Benutzer-IDs unter dem Benutzertyp „Dialog" gespeichert sind, unter denen keine Dialoganmeldung erfolgen soll. Dies trifft regelmäßig bei Benutzer-IDs zu, die für die Hintergrundverarbeitung oder von externen Ressourcen im Rahmen von Schnittstellenverarbeitungen verwendet werden. Ein fehlerhafter Benutzertyp bedeutet, dass systemseitige Kontrollen in Bezug auf das Anmeldeverfahren unwirksam sind. Ein anderes Risiko besteht bei der Verwendung der Benutzertypen „System" und „Kommunikation". Benutzer-IDs mit diesen Benutzertypen verfügen regelmäßig über weitreichende Rechte. Sie unterliegen somit einem hohen Angriffsrisiko und der Gefahr der missbräuchlichen Verwendung. So besteht z.B. das Risiko, dass Dialogbenutzer unter den Berechtigungen eines Systembenutzers Programme ausführen, für die sie nicht befugt sind. Das Risiko ist nicht zu unterschätzen, wenn auch eine Dialoganmeldung systemseitig ausgeschlossen ist. Details zum Risiko und zu Prüfungshandlungen in Bezug auf Benutzer-IDs mit dem Benutzertyp Service wurden in Kapitel 3.1.3.1 ab Seite 47 bereits beschrieben. Für die Prüfung nach Benutzertypen steht in der Transaktion SUIM das Programm „Benutzer nach komplexen Selektionskriterien“ zur Verfügung.

3.1.3.8 Standardbenutzer

SAP-Fakten:

Ein SAP-System wird mit sog. Standardbenutzern ausgeliefert bzw. bei der Installation des Systems werden diese Benutzer-IDs automatisch angelegt. Es handelt sich um die folgenden Standardbenutzer:

- SAP*
- DDIC
- EARLYWATCH
- Weitere Standardbenutzer wie SAPCPIC, WF_BATCH oder TMSADM

Diese Benutzer-IDs sind aus verschiedenen Gründen mit besonderen Risiken verbunden. Sie sind grundsätzlich nicht personenbezogen zugeordnet, was ohne geeignete organisatorische Maßnahmen ein Risiko für die Nachvollziehbarkeit der unter den Standardbenutzern durchgeführten Aktivitäten darstellt. Ferner besitzen die Benutzer-IDs nach der Installation sehr weitgehende Zugriffsrechte und teilweise allgemein bekannte Initialkennwörter. Schließlich ist mit den Standardbenutzern ein hohes Gefährdungspotential verbunden, da die Benutzer-IDs per Definition bekannt sind und somit regelmäßig ein bevorzugter Angriffspunkt auf das SAP-System und dessen Daten sind.

Der Benutzer SAP* ist ein im Quelltext des SAP-Systems fest hinterlegter Standardbenutzer, der für die Installationsphase vorgesehen ist. Er ist standardmäßig in den Mandanten 000, 001 und jedem kundenseitig angelegten neuen Mandanten vorhanden. In älteren Releaseständen wurde er mit dem allgemein bekannten Initialkennwort 06071992 ausgeliefert. Unter dem Release ERP 6.0 mit ECC 6.0 besitzt SAP* bei einer typischen ausgelieferten Konfiguration das Initialkennwort „pass“. Die Eigenschaften von SAP* werden über den Profilparameter *login/no_automatic_user_sapstar* bestimmt. Hierzu wird auf Kapitel 3.1.3.4 ab Seite 55 verwiesen.

SAP stellt weitere Standardbenutzer zur Verfügung. Dabei handelt es sich z.B. um die Benutzer-IDs SAPCPIC im Rahmen der Kommunikation oder WF_BATCH für die Hintergrundverarbeitung sowie TMSADM für die Administration im Bereich des „Transport Management Systems“. Der Benutzer SAPCPIC wird mit dem Standardkennwort „admin“ ausgeliefert.

Prüfungshandlungen:

- Stellen Sie fest, welche Standardbenutzer in dem SAP-System angelegt sind und ob deren Initialkennwörter geändert sind. Hierzu können Sie das Programm RSUSR003 (In allen Mandanten die Kennworte Standardbenutzer prüfen) verwenden. Führen Sie das Programm aus, indem die Option *Profilparameter anzeigen* nicht aktiviert wird, um zu folgender beispielhaften Ergebnisliste zu gelangen:

In allen Mandanten die Kennworte Standardbenutzer prüfen

Mandant	Benutzer	Sperre	Kennwortstatus	Grund der Benutzersperre
000	DDIC		Existiert; Kennwort nicht trivial.	
	SAP*		Existiert; Kennwort nicht trivial.	
	SAPCPIC		Kennwort ADMIN allgemein bekannt! Siehe Hinweis 29276	Userid ist kein Systembenutzer
001	DDIC		Existiert; Kennwort nicht trivial.	
	SAP*		Existiert; Kennwort nicht trivial.	
	SAPCPIC		Kennwort ADMIN allgemein bekannt! Siehe Hinweis 29276	Userid ist kein Systembenutzer
066	DDIC		Existiert; Kennwort nicht trivial.	
	EARLYWATCH		Existiert nicht.	
	SAP*		Existiert nicht. Anmeldung nicht möglich. Siehe HW 2	
	SAPCPIC		Existiert nicht.	
100	DDIC		Kennwort 19920706 allgemein bekannt!	
	SAP*		Kennwort 06071992 allgemein bekannt!	
	SAPCPIC		Kennwort ADMIN allgemein bekannt! Siehe Hinweis 29276	Durch Administrator gesperrt
200	DDIC		Existiert; Kennwort nicht trivial.	

Abb. 3.1.3.8-10: Prüfung der Standardbenutzer © *SAP*

Das Programm wertet die Einstellungen der Standardbenutzer SAP*, DDIC, EARLYWATCH und SAPCPIC aus. Anhand der farblichen Hinterlegung gibt die Ergebnisliste Hinweise zum sicherheitsrelevanten Status. Bei dem Programm ist zu beachten, dass es die Benutzer-IDs mandantenübergreifend auswertet. Dies trägt dem Risiko Rechnung, dass Aktivitäten einer Benutzer-ID in einem Mandanten Auswirkungen auf die Daten und Programme in einem anderen Mandanten besitzen können.

Die Auswertung der Standardbenutzer ist mit den folgenden Berechtigungen für einen Prüfer möglich:

Berechtigungsobjekte	Felder	Feldausprägungen
S_TCODE	TCD	SA38
S_PROGRAM	P_ACTION	SUBMIT
S_USER_ADM	S_ADM_AREA	CHKSTDPWD

- Prüfen Sie die Standardbenutzer unter Berücksichtigung folgender Fragen:
  - Sind die Standardbenutzer SAP* und DDIC gegen missbräuchliche Verwendung hinreichend gesichert?
    Verwenden Sie für die Prüfung das o.g. Programm RSUSR003, die Transaktion SU01D und führen Sie Tests mit Anmeldeversuchen in den Mandanten des SAP-Systems durch. Stellen Sie im Detail fest, in welchen SAP-Mandanten die Benutzer-IDs angelegt sind, ob sie gesperrt sind, in welchem zeitlichen Intervall sie verwendbar sind, welche Zugriffsrechte ihnen über Rollen bzw. Profile zugewiesen sind, ob der Benutzertyp korrekt eingestellt ist und ob eine sachgerechte Benutzergruppe hinterlegt ist. Daneben gilt es festzustellen, im Rahmen welcher Verfahren die Standardbenutzer verwendet werden.

- Besteht eine systemseitige Kontrolle für den Benutzer SAP* über die Verwendung des Profilparameters *login/no_automatic_user_sapstar*?
  Setzen Sie für die Prüfung das Programm RSPARAM gemäß Kapitel 3.1.3.4 ab Seite 55 ein.

- Sind weitere Standardbenutzer wie z.B. EARLYWATCH, SAPCPIC, WF_BATCH oder TMSADM gegen missbräuchliche Verwendung hinreichend gesichert? Verwenden Sie wiederum das Programm RSUSR003 sowie die Transaktion SU01D für Auswertungen.

- Wurden die Standardbenutzer in der Vergangenheit in Übereinstimmung mit Sicherheitsgrundsätzen administriert und entsprechend eingesetzt?
  Analysieren Sie für die Prüfung die Änderungsbelege zu den einzelnen festgestellten Standardbenutzern über die Transaktion SUIM mit dem Ausführungsweg *Änderungsbelege – für Benutzer*. Es handelt sich um das Programm RSUSR100. Berücksichtigen Sie, dass ein Standardbenutzer in der Vergangenheit eingesetzt worden sein kann, auch wenn zum Prüfungszeitpunkt die Benutzer-ID nicht mehr vorhanden ist.

3.1.3.9 Notfallbenutzer und privilegierte Benutzer

SAP-Fakten:

Zur Wahrung der IT-Sicherheitsanforderungen für die Daten und Programme im SAP-System sind die Zugriffsrechte aller Benutzer grundsätzlich nach dem Prinzip der Vergabe geringstmöglicher Rechte auszugestalten (Minimumprinzip). In Ausnahmefällen kann der Einsatz einer Benutzer-ID mit sämtlichen Zugriffsrechten bzw. sehr weitreichenden Zugriffsrechten geboten sein. Zu solchen Einsätzen außerhalb des geordneten Regelbetriebs dienen Notfallbenutzer. Sie sind mit dem Risiko verbunden, dass nicht nachvollzogen werden kann, welche Person Änderungen an den Unternehmensdaten bzw. den rechnungslegungsrelevanten Daten vorgenommen hat. Ferner besteht das Risiko, dass Notfallbenutzer missbräuchlich verwendet werden. Aus der Perspektive der Anforderung der Systemverfügbarkeit besteht zudem das Risiko, dass ein Notfallbenutzer im Bedarfsfall nicht oder nicht zeitnah für dringende Korrekturmaßnahmen zur Verfügung steht.

Privilegierte Benutzer beziehen sich auf Benutzer-IDs mit weitreichenden Rechten. Hierbei handelt es sich regelmäßig um Benutzer-IDs für die Hintergrund-, Schnittstellen- oder Workflow-Verarbeitung. Derartige Benutzer-IDs sind vielfach maschinelle Benutzer und somit keiner Person direkt zugeordnet.

Prüfungshandlungen:

- Beurteilen Sie, ob ein angemessenes Notfallbenutzerkonzept besteht. Erheben Sie dabei, welche Benutzer-IDs im Rahmen des Konzeptes vorgesehen sind und welche Schutzmaßnahmen für sie bestehen. Prüfen Sie anhand der Transaktionen SUIM und SU01D, ob die Einstellungen im SAP-System mit den Festlegungen im Notfallbenutzerkonzept übereinstimmen.

- Ermitteln Sie anhand der Änderungsbelege zu den Benutzer-IDs, wann ein Notfallbenutzer in der Vergangenheit eingesetzt wurde. Hierzu steht die Transaktion SUIM sowie das Programm RSUSR100 zur Verfügung. Beurteilen Sie, ob Notfallbenutzereinsätze gemäß der konzeptionellen Festlegungen erfolgten, unter Sicherheitsaspekten angemessen durchgeführt wurden und unter Ordnungsmäßigkeitsaspekten nachvollziehbar dokumentiert sind.

- Prüfen Sie, ob anstatt festgelegter Notfallbenutzer andere Benutzer-IDs eingesetzt werden, welche ein kontrollwirksames Verfahren unterlaufen können. Nehmen Sie hierzu wiederum Auswertungen anhand der Transaktion SUIM auf Ebene der Benutzer vor. Die Namen der Benutzer-IDs geben Anhaltspunkte für deren Verwendung. Analysieren Sie ebenfalls die Änderungsbelege zu den Benutzern. Eine sinnvolle Prüfungshandlung ist die Ermittlung, ob in der Vergangenheit einer Benutzer-ID das Profil SAP_ALL, das weitgehende Zugriffsrechte beinhaltet, zugeordnet war. Hierzu kann die Transaktion SU01 und der Auswertungsweg *Änderungsbelege – für Benutzer* mit folgender Parametrisierung verwendet werden:

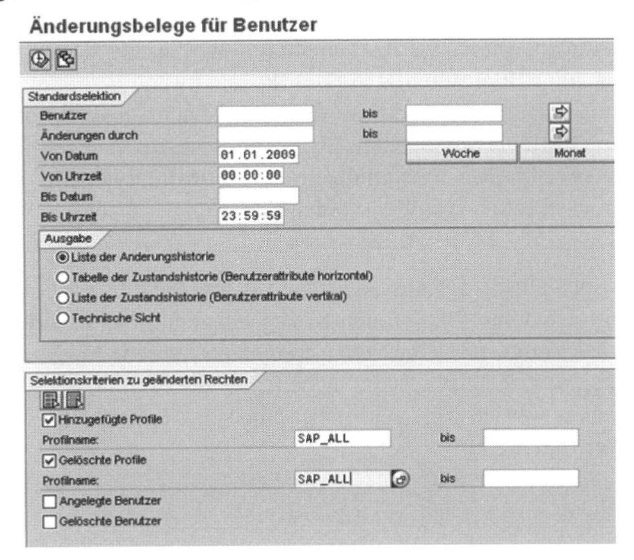

Abb. 3.1.3.9-10: Prüfung der Benutzer-IDs anhand von Änderungsbelegen *© SAP*

- Erheben Sie, welche Benutzer-IDs als privilegierte Benutzer eingesetzt werden. Fordern Sie hierzu eine Aufstellung der Benutzer-IDs an, welche nicht für Personen, sondern durch IT-Ressourcen genutzt werden (Maschinen-Benutzer z.B. für die Hintergrund- bzw. Schnittstellenverarbeitung). Beurteilen Sie anhand der Transaktionen SUIM und SU01D, ob die Sicherheit für diese privilegierten Benutzer-IDs hinreichend gewährleistet ist. Nehmen Sie im Detail auch Auswertungen mit Hilfe der Transaktion SUIM in Bezug auf den Benutzertyp vor, wie in Kapitel 3.1.3.7. ab Seite 64 dargestellt.
- Prüfen Sie, ob die von SAP zur Verfügung gestellte Funktion des Security Audit Log (SAL) zur Protokollierung von sicherheitsrelevanten Ereignissen im Allgemeinen und von Aktivitäten der Notfallbenutzer bzw. privilegierter Benutzer im Speziellen eingesetzt wird. Zur Auswertung des SAL eignet sich die Transaktion SM20 (Auswertung des Security Auditlog). Details zum SAL werden im folgenden Abschnitt behandelt.

3.1.3.10 Security Audit Log

SAP-Fakten:

Durch das Security Audit Log (SAL) stellt SAP ein Protokoll zur Verfügung, mit dessen Hilfe sicherheitsrelevante Ereignisse aufgezeichnet und ausgewertet werden. Damit eine aussagekräftige Protokollierung erfolgt, sind mehrere Voraussetzungen zu erfüllen:

- Die Aktivierung des SAL erfolgt nach Maßgabe der Einstellung zum Parameter *rsau/enable*, z.B. über die Transaktion RZ11 (Pflege der Profilparameter). Details sind im Kapitel 3.1.3.5 ab Seite 62 aufgeführt.
- Die Größe der Protokolldatei, deren Speicherort sowie weitere grundlegende Einstellungen sind von den Einstellungen weiterer Parameter abhängig, welche mit „rsau" beginnen und im Kapitel 3.1.3.5 ab Seite 62 behandelt werden.
- Die Festlegung des Protokollierungsumfangs im SAL erfolgt über die Transaktion SM19. Hier kann angegeben werden, ob die Protokollierung aller Benutzer-IDs erfolgen soll – was unter Berücksichtigung des dafür notwendigen Speicherplatzes in der Regel nicht angemessen ist – oder ob dedizierte Benutzer-IDs protokolliert werden sollen – was unter Revisionsaspekten für Notfallbenutzer bzw. privilegierte Benutzer geboten ist. Ferner können Einstellungen dazu getroffen werden, welche Arten von Ereignissen in das Protokoll aufgenommen werden. Dies erfolgt anhand von sog. Audit-Klassen.

Das SAL ist ein speziell für die Anforderungen von Auditoren erstelltes Protokoll, das sich von dem sog. Systemprotokoll, auch Syslog genannt, unterscheidet. Es enthält nur Aufzeichnungen zu Ereignissen, die zuvor festgelegt wurden. Als Vorteil und Abgrenzung zu dem Systemprotokoll ist hervorzuheben, dass die Einträge im SAL grundsätzlich dauerhaft gespeichert werden. Ein zyklisches Überschreiben älterer Einträge wie beim Systemprotokoll erfolgt nicht.

Prüfungshandlungen:

- Beurteilen Sie, ob das Security Audit Log in dem SAP-System sachgerecht eingerichtet ist. Führen Sie hierzu Prüfungshandlungen mit Hilfe des Programms RSPARAM und den Parametern durch, die mit „rsau" beginnen, wie in Abschnitt 3.1.3.10 beschrieben. Prüfen Sie ferner die Einstellungen zum SAL mit der Transaktion SM19. Stellen Sie dabei sicher, dass Sie keine Einstellungen ändern.
- Nehmen Sie Auswertungen zum SAL mit der Transaktion SM20 (Auswertung des Security Auditlog) vor. Folgende Abbildung zeigt den Einstieg in diese Transaktion:

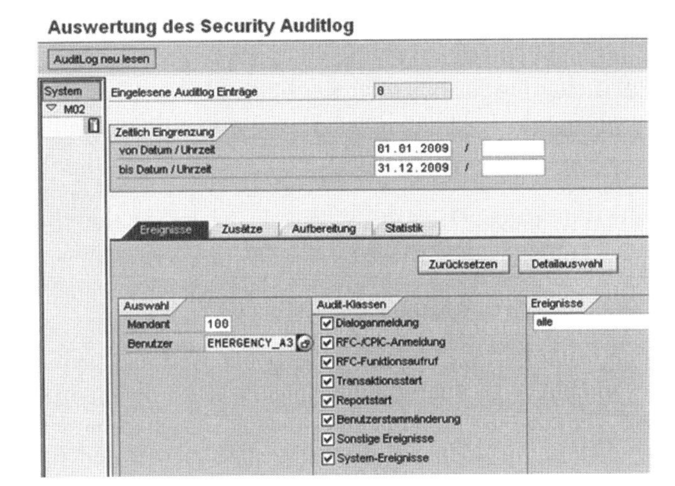

Abb. 3.1.3.10-10: Prüfung anhand des Security Audit Log © *SAP*

- Nehmen Sie Auswertungen unter Einsichtnahme in das Systemprotokoll vor. Diese Prüfungshandlung berücksichtigt, dass im SAL nicht alle Aktivitäten z.B. eines Notfallbenutzers nachvollziehbar protokolliert werden. So sind Datenänderungen während der Programmausführung über das sog. Debuggen als eine Form des elektronischen Radierens nicht im SAL nachvollziehbar. Verwenden Sie die Transaktion SM21 oder analog das Programm RSLG0000 (SAP Auswertung des lokalen SysLogs). In der Transaktion SM21 kann dann über den Menüweg *Bearbeiten – Expertenmodus* und dann über die Schaltfläche *Meld.Kennungen* die Kennung „A1 9" in Bezug auf das Verändern von Feldinhalten ohne Prüfspur erfasst werden. Über die Schaltfläche *Benutzen* wird die Auswertung des Syslog gemäß folgender Abbildung gestartet:

SysLog: lokale Auswertung auf dedevdb05

SysLog neu lesen | Aktuelle Position

Eingelesene SysLog-Einträge 0

Eingrenzung
von Datum / Uhrzeit 01.01.2009 /
bis Datum / Uhrzeit 31.12.2009 /
Benutzer *
Transaktionscode
SAP-Prozeß
Prozeß-Nummer
Problemklassen: nur Probleme / Probleme und Warnungen / alle Arten von Meldungen
weitere Eingrenzungen Meld.filter
Attribute | Meld.kennungen

SysLog: weitere Eingrenzungen
Liste von Meldungsnummern als weitere Eingrenzung
nur diese Meldungen
alle außer diesen Meldungen
A1 9 Feldinhalt verändert: &58&&&&&&&&&

Abb. 3.1.3.10-20: Prüfung anhand des Systemprotokolls © *SAP*

3.1.4 Autorisierung innerhalb des Systems

3.1.4.1 Ablauf der Berechtigungsprüfung

SAP-Fakten:

Hat sich ein Benutzer erfolgreich am SAP-System angemeldet, so erfolgen Zugriffskontrollen für alle Aktivitäten, Datenzugriffe und Programmausführungen. Bevor die einzelnen Elemente des Berechtigungskonzeptes und deren Zusammenhänge sowie Prüfungshandlungen dazu beschrieben werden, wird im Folgenden dargestellt, wie die Autorisierung im Kern im SAP-System funktioniert.

Zugriffskontrollen erfolgen durch spezielle Programmanweisungen innerhalb der Programmierung. Somit wird der Zugriffsschutz nicht – wie bei vielen Datenbanken üblich – am Objekt selbst realisiert. Als Beispiel besteht im SAP-System nicht eine Tabelle mit den Kreditoren, die ein Attribut hat, welches bei allen Zugriffsaktivitäten herangezogen wird. Vielmehr erfolgt im SAP-System die Zugriffskontrolle durch jedes Programm, das auf die Daten – im Beispiel den Kreditorenstamm – zugreift. Im Programmcode muss hierzu das Unterprogramm bzw. der Funktionsbaustein AUTHORITY-CHECK aufgerufen werden:

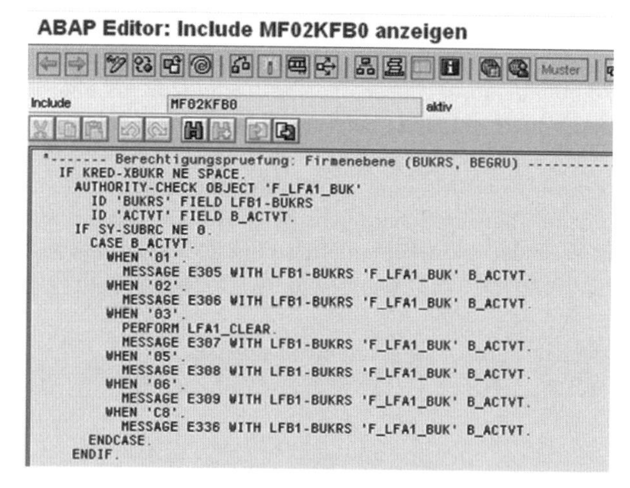

Abb. 3.1.4.1-10: Berechtigungsprüfung im Programmquelltext © SAP

Die Zugriffskontrolle erfolgt nach folgender Logik, die am Beispiel eines Programms dargestellt ist, das aus der Transaktion FK02 (Ändern Kreditor) aufgerufen wird:

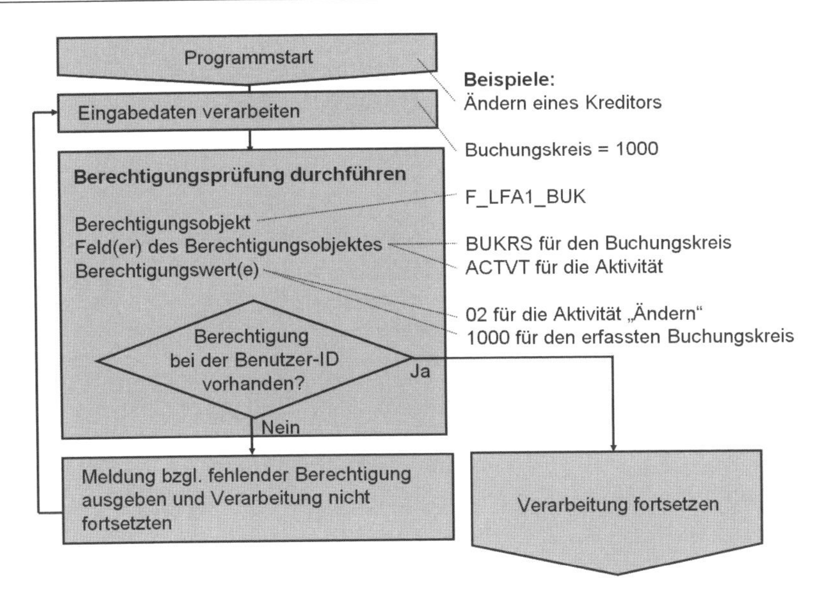

Abb. 3.1.4.1-20: Ablauflogik der Berechtigungsprüfung

Berechtigungsobjekte bilden die grundlegenden Elemente innerhalb der Zugriffskontrollen. Im SAP-System sind über 2.500 Berechtigungsobjekte vorhanden. Daneben können kundenspezifische Berechtigungsobjekte angelegt werden. Um es einfach zu formulieren: Alles was an betriebswirtschaftlichen oder administrativen Daten bzw. Vorgängen im Hinblick auf den Zugriff zu schützen ist, bedarf eines Berechtigungsobjektes. Berechtigungsobjekte stellen somit bildlich die Schlösser innerhalb des SAP-Systems dar.

Ein Berechtigungsobjekt kann 1 Feld oder bis zu 10 Felder besitzen. In diesem Kapitel wird der Begriff „Feld" für ein Feld eines Berechtigungsobjektes verwendet. Berechtigungsobjekte und Felder sind im Customizing definiert.

Damit eine Berechtigungsprüfung erfolgreich durchlaufen wird, benötigt die Benutzer-ID sog. Berechtigungen. Berechtigungen sind bildlich gesehen die Schlüssel, die zu einem Berechtigungsobjekt, quasi dem Schloss, passen. Jede Berechtigung bezieht sich eindeutig auf ein Berechtigungsobjekt. Zu einem Berechtigungsobjekt können beliebig viele Berechtigungen erstellt werden. Bei der Programmausführung wirken die systemseitigen Zugriffskontrollen, indem das System prüft, ob der Benutzer aktuell über eine entsprechende Berechtigung verfügt.

Berechtigungsobjekte, Felder und Berechtigungen haben einen eindeutigen technischen Namen und eine textliche Bezeichnung. Eine Berechtigung bezieht sich stets eindeutig auf genau ein Berechtigungsobjekt.

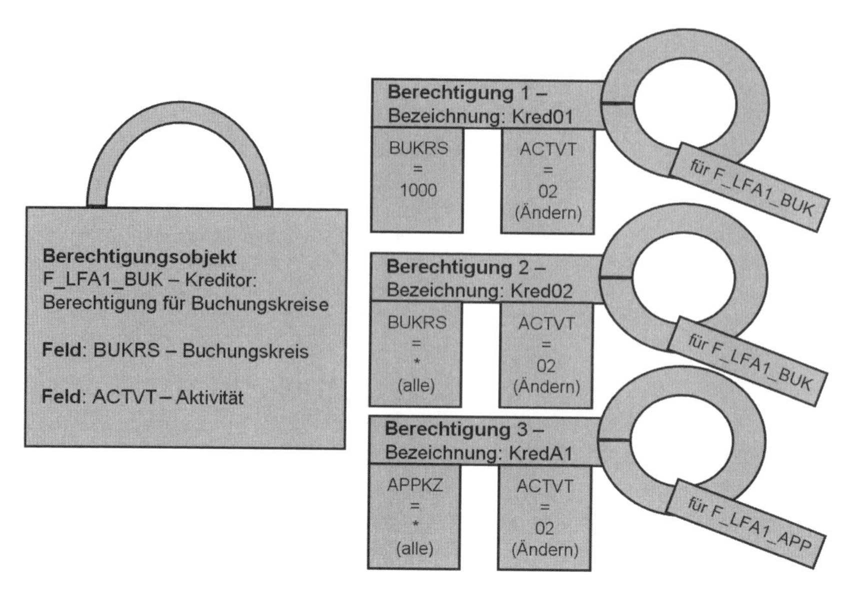

Abb. 3.1.4.1-30: Zusammenhang von Berechtigungsobjekt, Feld und Berechtigung

Gemäß dem Beispiel für die Zugriffskontrolle bei einer Änderung eines Kreditors gestatten die in der vorherigen Abbildung dargestellten Berechtigungen 1 und 2 den Zugriff. Die Berechtigung 3 gestattet den Zugriff bei der Prüfung auf den Buchungskreis nicht, da sie sich nicht auf das abgefragte Berechtigungsobjekt bezieht.

In der Berechtigung können für ein Feld die Werte

- als Einzelwert aufgeführt werden – „1000" steht z.B. für eben diesen Buchungskreis 1000,
- als Intervall aufgeführt werden – „1000-5000" steht für alle Buchungskreise in dem Intervall,
- als generischer Wert aufgeführt werden – „1*" steht für alle mit 1 beginnenden Buchungskreise oder
- als eine Aufzählung unter Verwendung der zuvor beschriebenen Alternativen – z.B. in der Form 1000, 2000-5000, 7* eingetragen sein.

Das maximale Recht wird durch den Wert „*" für ein Feld vergeben.

<u>Prüfungshandlungen:</u>

- Verschaffen Sie sich einen Überblick zu den Berechtigungsobjekten und den durch sie geschützten Daten und SAP-Funktionen anhand der Dokumentation. Hierzu eignet sich die Transaktion SUIM mit dem Ausführungsweg *Berechtigungsobjekte - Berechtigungsobjekte nach komplexen Selektionskriterien* (Programm RSUSR040). In dem entsprechenden Bildschirm bieten sich alternativ die Auswahlkriterien Berechtigungsobjekt, Berechtigungsobjekttext – die Bezeichnung eines Berechtigungsobjektes – und die Objektklasse an. Letztere dient dazu, verwandte Berechtigungsobjekte zu bündeln.

Folgende Abbildung verdeutlicht die Recherche im SAP-System: Der Aufruf erfolgte über die Transaktion SUIM mit dem Programm „Berechtigungsobjekte nach komplexen Selektionskriterien", der Auswahl der Objektklasse FI für Finanzwesen und der Auswahl des Berechtigungsobjektes F_LFA1_BUK für „Kreditor: Berechtigung für Buchungskreise". Über die Schaltfläche *Dokumentation zum Objekt anzeigen* kann in die SAP-seitigen Erläuterungen verzweigt werden. Besitzt ein Berechtigungsobjekt das Feld „Aktivität", ist über die Schaltfläche *Zulässige Aktivitäten* weitere Dokumentation abrufbar.

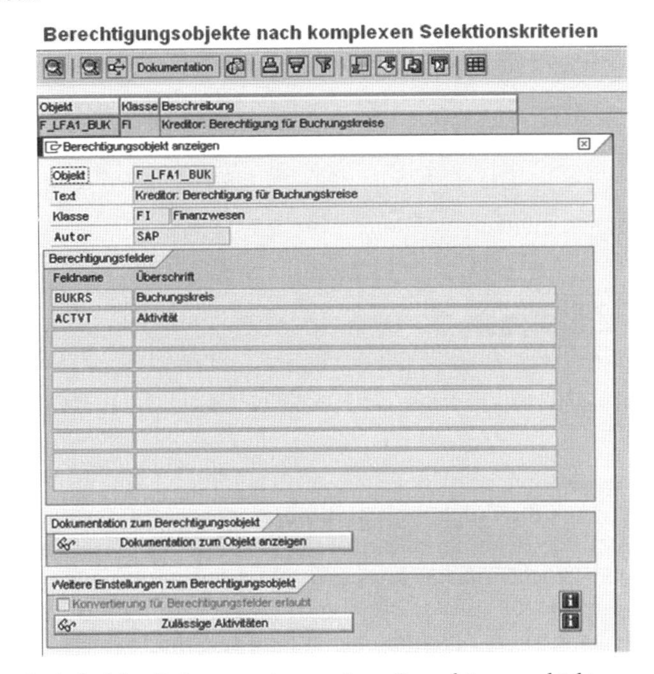

Abb. 3.1.4.1-40: Aufruf der Dokumentation zu einem Berechtigungsobjekt © SAP

- Stellen Sie fest, ob kundeneigene Berechtigungsobjekte im System vorhanden sind. Dabei handelt es sich um Berechtigungsobjekte, die nicht von SAP zur Verfügung gestellt werden. Derartige Berechtigungsobjekte sind anhand des technischen Namens zu identifizieren, der z.B. mit „Z" beginnt. Prüfen Sie, ob diese Berechtigungsobjekte dokumentiert sind. Als Einstieg in die Prüfungshandlung eignet sich wiederum die Transaktion SUIM.

- Ermitteln Sie für ausgewählte Transaktionen, welche Berechtigungsobjekte durch die Programme grundsätzlich angesprochen werden. Ein besonderes Risiko besteht bei kundeneigenen Transaktionen, wenn sie Programme verwenden, die nicht über angemessen Berechtigungsprüfungen verfügen. Folgendes Vorgehen verdeutlicht die Analyse für die Transaktion FK02 (Ändern Kreditor): Führen Sie das Programm RSABAPSC (Statische Programmanalyse zur Suche nach ABAP-Sprachbefehlen) aus. Parametrisieren Sie das Programm, wie in folgender Abbildung dargestellt und führen es aus.

Statische Programmanalyse zur Suche nach ABAP-Sprachbefehlen

○ Report	
○ Funktionsbaustein	
◉ Transaktion	FK02
○ Dialogbaustein	
ABAP-Sprachbefehle	AUTHORITY-CHECK bis

Abb. 3.1.4.1-50: Prüfung der Verwendung des Authority-Checks in Programmen © SAP

Statische Programmanalyse zur Suche nach ABAP-Sprachbefehlen

```
tatische Programmanalyse
RANSACTION FK02 Ändern Kreditor (Buchhaltung)

ODULE TRANSAKTIONS_INIT OUTPUT
  PERFORM BERECHTIGUNG_PBO
    AUTHORITY-CHECK OBJECT 'F_LFA1_APP' ID 'ACTVT' FIELD B_ACTVT ID 'APPKZ' FIELD CHAR1
    PERFORM AUTHORIZATION_GENERAL_DATA
      AUTHORITY-CHECK OBJECT 'F_LFA1_GEN' ID 'ACTVT' FIELD P_ACTVT
ODULE KONTO_LESEN
  PERFORM KREDITORENSTAMM_LESEN
    PERFORM BERECHTIGUNGS_PRUEFUNGEN
      AUTHORITY-CHECK OBJECT 'F_LFA1_BEK' ID 'BRGRU' FIELD LFA1-BEGRU ID 'ACTVT' FIELD '02'
      AUTHORITY-CHECK OBJECT 'F_LFA1_BEK' ID 'BRGRU' FIELD LFA1-BEGRU ID 'ACTVT' FIELD B_ACTVT
      AUTHORITY-CHECK OBJECT 'F_LFA1_GEN' ID 'ACTVT' FIELD B_ACTVT
      AUTHORITY-CHECK OBJECT 'F_LFA1_GRP' ID 'KTOKK' FIELD HLP_KTOKK ID 'ACTVT' FIELD B_ACTVT
      AUTHORITY-CHECK OBJECT 'F_LFA1_BUK' ID 'BUKRS' FIELD LFB1-BUKRS ID 'ACTVT' FIELD B_ACTVT
      AUTHORITY-CHECK OBJECT 'F_LFA1_BEK' ID 'BRGRU' FIELD LFB1-BEGRU ID 'ACTVT' FIELD B_ACTVT
      AUTHORITY-CHECK OBJECT 'M_LFM1_EKO' ID 'EKORG' FIELD LFM1-EKORG ID 'ACTVT' FIELD B_ACTVT
```

Abb. 3.1.4.1-60: Ergebnis aus der Prüfung in Bezug auf den Sprachbefehl AUTHORITY-CHECK © SAP

Anhand der Auswertung wird deutlich, welche Berechtigungsobjekte – Beispiel: F_LFA1_APP – durch die Programme verprobt werden. Ferner werden die Felder deutlich, Beispiel: ACTVT. Bei einigen Feldern kann auf der dargestellten ersten Ebene der Analyse ermittelt werden, welcher Wert abgefragt wird, Beispiel: „02" für Ändern zu dem Berechtigungsobjekt F_LFA1_BEK und dem Feld ACTVT. Bei anderen Feldern ist eine weitere Navigation in die Programme für eine detaillierte Analyse notwendig.

- Beurteilen Sie grundsätzlich, wie sensible Daten und Programme vor missbräuchlicher Verwendung geschützt werden. Die zuvor dargestellte Analyse anhand des SAP-Quellcodes ist regelmäßig nur in gezielten Fällen eine angemessene Prüfungshandlung oder als Einstieg für weiterführende Prüfungen sinnvoll, bei denen jeweils alle Benutzer-IDs ermittelt werden, welche bestimmte Berechtigungen besitzen. Angesichts der Vielzahl von Transaktionen und Programmen im SAP-System ist es sinnvoll, die Kontrollen zum Zugriffsschutz anhand der Maßnahmen im Bereich der Verfahrensänderungen zu prüfen, vgl. Kapitel 3.2 ab Seite 133.
- Beurteilen Sie insofern, ob bei Neueinführungen und allen Änderungen von Funktionen im SAP-System die Wirksamkeit der Zugriffskontrollen konzeptionell berücksichtigt, getestet und dokumentiert wurde. Typischerweise erfolgen sog. Positiv- und Negativtests in Bezug auf die Zugriffskontrollen:

  In dem Positivtest wird der Nachweis erbracht, dass bestimmte Berechtigungen ausreichend sind, damit ein Anwender die für ihn vorgesehenen Aufgaben im SAP-System durchführen kann. Durch den Negativtest erfolgt der Nachweis, dass der Zugriff auf nicht zulässige Daten und Programme durch das Berechtigungskonzept ausgeschlossen ist. Somit belegen Negativtests die Wirksamkeit der systemseitigen Zugriffskontrollen. Als Kontrollnachweis dient z.B. ein Testprotokoll, anhand dessen nachvollziehbar ist, dass eine Benutzer-ID bei dem Versuch auf Daten zuzugreifen, die nicht für die Funktion vorgesehen sind, die Fehlermeldung erhält „Der Zugriff wird verweigert, keine Berechtigung". Über derartige Tests sollte nachvollziehbar sein, welche sensiblen Funktionen über das Berechtigungskonzept geschützt sind. Des Weitern sollte dokumentiert sein, welche vorgesehenen organisatorischen Funktionstrennungsaspekte durch Zugriffskontrollen systemseitig abgedeckt sind.

3.1.4.2 Elemente zur Steuerung der Zugriffsrechte

In diesem Abschnitt wird behandelt, welche wesentlichen Elemente im SAP-System für die Steuerung der logischen Zugriffsrechte zur Verfügung stehen, welche Zusammenhänge bestehen und wie die Elemente administriert werden. Darauf aufbauend wird die entscheidende Frage behandelt, wie eine Benutzer-ID ihre Berechtigungen erhält. Aus den mit den Verfahren verbundenen Risiken leiten sich die Prüfungshandlungen ab.

<u>SAP-Fakten:</u>

Folgende Elemente steuern die Zugriffsrechte im SAP-System. Die Reihenfolge gibt den hierarchischen Aufbau wider. Die einzelnen Elemente und ihre Wirkungsweise im Berechtigungskonzept werden im Folgenden erläutert:

- Benutzer-IDs

Ein Anwender kann sich nur dann am SAP-System anmelden, wenn eine Benutzer-ID mit einem entsprechenden Kennwort in dem Mandanten existiert. In dieser Benutzer-ID wird festgelegt, wie der Aktionsradius des Benutzers in dem Mandanten des SAP-Systems ausgestaltet ist. Für die Zugriffssteuerung enthält eine Benutzer-ID Rollen bzw. Profile. Benutzer-IDs werden mit der Transaktion SU01 administriert.

- Rollen

Bei Rollen können Sammelrollen und Einzelrollen unterschieden werden. Erstere fassen Einzelrollen zusammen. Ihr Einsatz ist typisch für ein arbeitsplatzorientiertes Berechtigungskonzept. Sammelrollen enthalten selbst keine Berechtigungsdaten, sondern stellen die Verknüpfung zu den Einzelrollen dar.

Einzelrollen ihrerseits enthalten die Berechtigungsdaten. In ihnen können die zu autorisierenden Transaktionen sowie die zu vergebenden Berechtigungen festgelegt werden. Bei Einzelrollen werden aus den Angaben der Berechtigungsdaten über die Profilgenerierung die entsprechenden Profile und Berechtigungen maschinell erzeugt. Daher heißt die Transaktion auch Profilgenerator. Ein Administrator pflegt alle Informationen in der Einzelrolle und muss nicht die generierten Profile und Berechtigungen gesondert verwalten.

Für die Administration sowohl von Sammel- als auch von Einzelrollen dient die Transaktion PFCG (Profilgenerator).

- Profile

Bei Profilen kann zwischen generierten Profilen und manuell erstellten Profilen unterschieden werden. Erstere werden mit dem Profilgenerator erzeugt; letztere sind in Sammelprofile und Einzelprofile zu differenzieren. Generierte Profile und Einzelprofile enthalten Berechtigungen. Ein Profil enthält somit Berechtigungen, die durch den Namen eines Berechtigungsobjektes und den Namen einer Berechtigung eindeutig identifiziert werden.

Wird ein Profil über den Profilgenerator erzeugt, ist eine manuelle Pflege des generierten Profils nicht notwendig und sinnvoll. Für manuelle Profile steht wie in älteren Releaseständen die Transaktion SU02 (Pflege Berechtigungsprofile) zur Verfügung, wobei SAP empfiehlt, den Profilgenerator einzusetzen.

- Berechtigungen

Dieses Element kann auch nach generierten Berechtigungen und manuellen Berechtigungen differenziert werden. In beiden Fällen enthält die Berechtigung die eigentlichen Daten, welche für die Zugriffskontrolle ausschlaggebend sind. Ob eine Benutzer-ID auf Informationen im SAP-System zugreifen kann, ist davon abhängig, ob die Benutzer-ID über die richtige Berechtigung verfügt. Dieser Zusammenhang ist für die Prüfung des Berechtigungskonzepts zentral. Somit ist die logische Verbindung zwischen den Elementen Benutzer-ID und Berechtigung maßgebend. Ob ein Benutzer eine Berechtigung über eine Sammelrolle, eine Einzelrolle oder direkt über ein Einzelprofil erhält, ist für das Zugriffsrecht der Benutzer-ID gleichgültig.

Wird eine Berechtigung über den Profilgenerator erzeugt, ist eine manuelle Pflege der generierten Berechtigung nicht notwendig und sinnvoll. Für manuelle Berechtigungen steht wie in älteren Releaseständen die Transaktion SU03 (Pflege Berechtigungen) zur Verfügung, wobei SAP auch hier empfiehlt, den Profilgenerator einzusetzen.

- Berechtigungsobjekte

Berechtigungsobjekte bilden die grundlegenden Elemente innerhalb der Architektur des Berechtigungskonzepts. Ein Berechtigungsobjekt wird durch die Kurztextbezeichnung und den technischen Namen eindeutig beschrieben. Unter Berechtigungsobjekten versteht man die Festlegung eines Felds oder mehrerer Felder.

Im SAP-System steht bereits bei der Installation eine Vielzahl von Berechtigungsobjekten zur Verfügung. Nichtsdestotrotz ist es möglich, kundeneigene Berechtigungsobjekte und auch deren Felder zu erstellen. Das ist in den Fällen notwendig, in denen anhand der SAP-Berechtigungsobjekte kein wirksamer Zugriffsschutz aufgebaut werden kann. Bei dem Aufbau eines Berechtigungskonzeptes sollte stets vorrangig geprüft werden, ob anhand von SAP-Berechtigungsobjekten Zugriffskontrollen realisierbar sind, bevor kundeneigene Berechtigungsobjekte aufgebaut werden. Für die Administration von Berechtigungsobjekten und deren Felder steht die Transaktion SU21 (Pflegen der Berechtigungsobjekte) zur Verfügung.

Folgende Abbildung zeigt die Elemente, wie sie bei der Verwendung eines arbeitsplatzorientierten Berechtigungskonzepts zusammenwirken. Die eigentliche Benutzeradministration erfolgt dabei über die Pflege der Sammelrollen in den Benutzer-IDs:

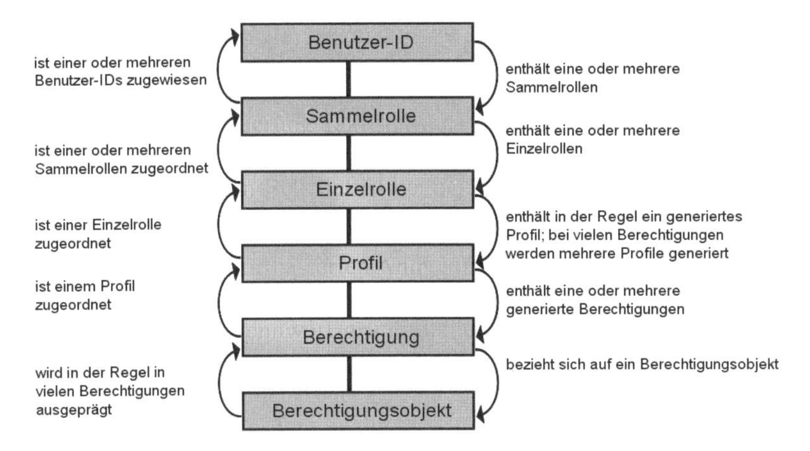

Abb. 3.1.4.2-10: Berechtigungszuweisung anhand von Sammelrollen

Alternativ zu den aufgezeigten Verknüpfungen der Elemente sind folgende Konstruktionen üblich: Die Verknüpfung zwischen Benutzer-IDs und Berechtigungen erfolgt auf unterschiedliche Art und Weise. Bei der Alternative 1 wird auf die Verwendung von Sammelrollen, welche die Transparenz steigern können, verzichtet. Stattdessen werden der Benutzer-ID direkt Einzelrollen zugewiesen.

Bei den Alternativen 2 und 3 werden Profile den Benutzer-IDs zugewiesen. Ein Beispiel für die Alternative 2 ist die Verwendung des Sammelprofils SAP_ALL (Allumfassende Rechte); ein Beispiel für die Alternative 3 ist die Zuweisung des Einzelprofils S_A.SYSTEM (Systemverwalter). Beide Profile liefert SAP im Standard aus.

Bei der Alternative 4 werden Funktionen der Personalwirtschaft, genau gesagt die des Organisationsmanagements mit verwendet. Der Alternative liegt z.B. folgendes Szenario zugrunde: Die Benutzeradministration richtet für einen Anwender eine Benutzer-ID ein. Die Benutzer-ID erhält zunächst keine Zugriffsrechte. In einer Organisationsabteilung wird für das gesamte Unternehmen die Aufbauorganisation im SAP-System abgebildet. Dabei werden Stellen definiert. Je Stelle wird die zugehörige Einzelrolle hinterlegt. In der Personalabteilung wird der Personalstammsatz des Anwenders, die Person gepflegt. Hier erfolgt im sog. Infotyp 102 (Kommunikation) die Verknüpfung zwischen Benutzer-ID und Person. Im Rahmen des Einstellungsprozesses oder einer Versetzung gibt die Personalabteilung im System an, welche Stelle die Person besetzt. Über den Benutzerabgleich werden dann maschinell die Verknüpfungen abgearbeitet, so dass die Benutzer-ID die definierten Berechtigungen erhält.

Als Abwandlung zu dem Verfahren Stellen einzusetzen, können über das Organisationsmanagement auch Planstellen oder Organisationseinheiten verwendet werden.

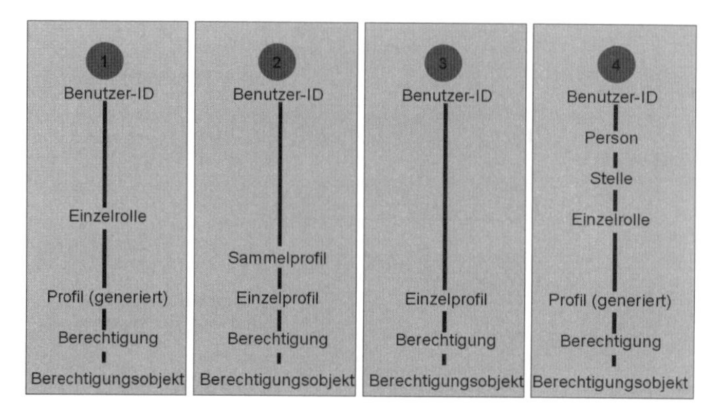

Abb. 3.1.4.2-20: Berechtigungszuweisung anhand von Einzelrollen und Alternativen

Die bisher behandelten Elemente beziehen sich auf die ABAP-Programmierung, wie sie SAP bereits über zahlreiche Releasestände verwendet. Mit dem Release SAP ERP wird die klassische ABAP-Programmierung (ABAP Stack) um JAVA (JAVA Stack) erweitert. Damit sind für einen wirksamen Zugriffsschutz neben den Maßnahmen im ABAP Stack zusätzlich die für den JAVA Stack zu beachten. Entscheidend ist, dass die Verarbeitung und die damit einhergehenden Zugriffskontrollen für beide Stacks unterschiedlich sein können. Ein mögliches Szenario ist, dass auch bei Verwendung des JAVA Stack die aufgezeigten Berechtigungsobjekte verprobt werden. Ein anderes Szenario ist, dass im JAVA Stack eigene oder gar keine Zugriffskontrollen erfolgen, wenn der Benutzer Informationen erfasst, ändert, löscht oder liest.

Prüfungshandlungen:

- Nehmen Sie das Verfahren auf, wie Benutzer-IDs ihre Berechtigungen erhalten. Prüfen Sie anhand ausgewählter Benutzer-IDs, ob ein dokumentiertes Verfahren mit dessen Anwendung im System übereinstimmt. Für die Auswertung der Benutzer-IDs steht die Transaktion SUIM zur Verfügung.
- Stellen Sie fest, ob Namenskonventionen für die einzelnen Elemente im Berechtigungskonzept bestehen. Prüfen Sie, ob diese eingehalten werden. Angesichts der Vielzahl der z.B. benötigten Rollen ist eine strukturierte Namensvergabe für die Rollen ein entscheidendes Qualitätsmerkmal für das Berechtigungskonzept. Sie ist ferner die Voraussetzung für ein transparentes und damit prüfbares und im Zeitablauf mit vertretbarem Aufwand zu administrierendes Berechtigungskonzept. Namenskonventionen sollten für alle eingesetzten Elemente bestehen. Für die Prüfung eignet sich wiederum der Einstieg mit der Transaktion SUIM.
- Prüfen Sie einzelne Rollen und Profile im System. Beurteilen Sie, ob deren Beschreibung im System bzw. deren Dokumentation mit den hinterlegten Berechtigungen übereinstimmt. Die Transaktionen SUIM und PFCG stehen in diesem Zusammenhang zur Verfügung. Berücksichtigen Sie, dass SUIM ausschließlich Anzeigeprogramme enthält, PFCG aber eine Transaktion zur Datenpflege ist. Eine reine Anzeigetransaktion für Rollen steht nicht zur Verfügung. Um Datenänderungen an Rollen auszuschließen, sollten die Berechtigungen eines Prüfers auf Anzeigerechte eingegrenzt sein.

Für die Anzeige von Rollen benötigt ein Prüfer die folgenden Berechtigungen:

Berechtigungsobjekte	Felder	Feldausprägungen
S_TCODE	TCD	PFCG
S_USER_AGR	ACTVT	03
S_USER_AGR	ACT_GROUP	*

- Berücksichtigen Sie bei der Prüfung folgende Leitsätze:
  - Entscheidend für die Zugriffsrechte einer Benutzer-ID sind die ihr zugeordneten Berechtigungen. Über welche Elemente, Rollen oder Profile, die Berechtigungen zugeordnet sind, ist unerheblich.
  - Die Berechtigung zeichnet sich durch Werte zu den Feldern aus. Die maximale Berechtigung wird mit dem Wert „*“ vergeben.
  - Der Inhalt, also die Werte einer Berechtigung entscheiden. Die textliche Beschreibung einer Berechtigung, einer Rolle oder eines Profils steuern nicht die Zugriffsrechte. Sie dienen lediglich als Anhaltspunkte für den Inhalt.
  - Berechtigungen werden im positiven Sinn vergeben: Ein Benutzer erhält Berechtigungen für etwas. Es können grundsätzlich keine Elemente zugewiesen werden, die den Zugriff auf Daten ausschließen.
  - Eine einzelne passende Berechtigung ist ausreichend zur Gewährung des Zugriffs. Wird eine Buchungsberechtigung für einen Beleg vom Programm abgefragt, so kann der Beleg gebucht werden, wenn eine entsprechende Berechtigung der Benutzer-ID zugeordnet ist. Ob zusätzlich restriktive Beleg-Anzeigerechte oder umfassende Beleg-Stornorechte in Berechtigungen vorliegen, ist unerheblich.
- Bei Einsatz des Organisationsmanagements im Rahmen des Berechtigungskonzepts nehmen Sie das Verfahren auf, mit denen Zugriffsrechte den Benutzern zugewiesen werden. Führen Sie systemseitige Auswertungen z.B. mit folgenden Transaktionen durch:
  - PPOSE (Organisation und Besetzung anzeigen)
  - PO03D (Stelle anzeigen)
  - PO10D (Organisationseinheit anzeigen)
  - PO13D (Planstelle anzeigen)
- Klären Sie, ob und in welchem Umfang neben dem ABAP Stack der JAVA Stack für die Verarbeitung genutzt wird. Prüfen Sie bei Einsatz des JAVA Stack die Maßnahmen zum Zugriffsschutz gesondert. Beziehen Sie bei der Beurteilung, ob diese Maßnahmen angemessen sind, Feststellungen zum Change Management insbesondere aus Positiv- und Negativtests zum Berechtigungskonzept mit ein. Für weitergehende Aspekte wird auf folgende Quellen verwiesen:
  - IT-Grundschutzkatalog zu der Anwendung SAP im Allgemeinen und dem Maßnahmenkatalog zum Java Stack im Speziellen des Bundesamts für Sicherheit in der Informationstechnik (BSI) (http://www.bsi.de/gshb/deutsch/baust/b05013.htm)

- SAP Security Guide der SAP
- Master Guide SAP NetWeaver® 7.0 der SAP

3.1.4.3 Parameter zur Autorisierung

SAP-Fakten:

Profilparameter legen sowohl zentrale Einstellungen in Bezug auf die Benutzer-Idendifizierung und -Authentifizierung als auch in Bezug auf die Autorisierung fest. Letztere Profilparameter, die sich auf die maschinellen Kontrollen der Zugriffe innerhalb des SAP-Systems beziehen, sind Gegenstand dieses Abschnitts. Es handelt sich um sog. AUTH-Parameter.

- Pufferung bei Berechtigungsänderungen
  Der Parameter *auth/new_buffering* steuert, wie das SAP-System Berechtigungsänderungen in den Tabellen speichert und mit welcher zeitlichen Pufferung die Änderungen gespeichert werden. Bei dem Standardwert „4“ werden die Berechtigungen unmittelbar nach Änderungen an Berechtigungen bzw. Profilen bzw. Rollen oder den Benutzer-IDs in den entsprechenden Tabellen aktualisiert. Ein kleinerer Wert birgt das Risiko, das Inkonsistenzen zwischen gepflegten Berechtigungen und den Zugriffsrechten der Benutzer bestehen.

- Verzicht auf Berechtigungsprüfungen in speziellen Fällen
  Der Parameter *auth/no_check_in_some_cases* steuert, ob Berechtigungsprüfungen in allen Fällen erfolgen. Bei Verwendung des Profilgenerators soll der Wert gemäß der SAP-Dokumentation auf „Y“ eingestellt sein. Damit sind 2 Effekte verbunden:

  Erstens können Vorschlagswerte für den Profilgenerator z.B. mit den Transaktioen SU22 (Ber.objektverwend. in Anwendungen) oder SU24 (Ber.Objekt-Prüf. unter Transaktionen) angepasst werden. Dies hat keine unmittelbaren Auswirkungen auf Berechtigungen und deren systemseitige Verprobung.

  Zweitens können für Berechtigungsobjekte und Transaktionen Berechtigungsprüfungen transaktionsbezogen deaktiviert werden. Eine solche Deaktivierung hat zur Folge, dass das SAP-System beim Aufruf einer bestimmten Transaktion gar nicht prüft, ob eine Benutzer-ID über bestimmte Berechtigungen verfügt. Die Einstellung „Y“ impliziert somit ein hohes Risiko, dass Zugriffskontrollen nicht stattfinden. Die Einstellung in einem produktiven SAP-System ist auch nicht notwendig, wenn Vorschlagswerte für den Profilgenerator zu pflegen sind. Der Profilgenerator wird in der Regel im Entwicklungssystem, einem dem Produktivsystem vorgelagerten System eingesetzt. Die erstellten Rollen werden dann nach der Qualitätssicherung und Abnahme per Transport in das Produktivsystem überführt. Im Produktivsystem sollte unter Sicherheitsaspekten keine Pflege von Rollen, noch weniger eine Pflege der Vorschlagswerte für den Profilgenerator und unter keinen Umständen eine globale Deaktivierung von Berechtigungsobjekten stattfinden.

- Globaler Verzicht auf Berechtigungsprüfungen
  Der Parameter *auth/object_disabling_active* steuert, ob das globale Ausschalten der Berechtigungsprüfung für einzelne Berechtigungsobjekte z.B. mit Hilfe der Transaktion AUTH_SWITCH_OBJECTS (Ein/Ausschalten von Berechtigungen) möglich ist. Ist der Wert auf „Y" oder gar nicht gesetzt, so ist das Ausschalten der Berechtigungsprüfung erlaubt. Die Sicherheit der Systemnutzung wird durch das Ausschalten einzelner Berechtigungsprüfungen beeinträchtigt.

- Berechtigungsprüfung bei RFC
  Der Parameter *auth/rfc_authority_check* legt fest, ob Berechtigungsprüfungen bzgl. Remote Function Call (RFC) gegen das Berechtigungsobjekt S_RFC erfolgen. Mit dem Wert „1" erfolgen Berechtigungsprüfungen im Sinne eines Grundschutzes. Die Sicherheit kann mit den Werten „2" oder „9" erhöht werden.

- Berechtigungsprüfung zu ABAP/4-Sprachelementen
  Der Parameter *auth/system_access_check_off* steuert das Systemverhalten in Bezug auf die automatischen Berechtigungsprüfungen bei bestimmten ABAP/4-Sprachelementen. Die Berechtigungsprüfungen können ausgeschaltet werden z.B. bei Sprachelementen wie Dateioperationen, Aufruf von Kernelfunktionen oder CPIC-Aufrufen. Mit dem Wert „0" sind die Berechtigungsprüfungen eingeschaltet.

- Berechtigungsprüfung zu Transaktionscodes
  Der Parameter *auth/tcodes_not_checked* legt fest, ob für einzelne Transaktionen auf die Berechtigungsprüfung bzgl. des Transaktionscodes verzichtet wird. Sinnvoll ist, die Transaktionen SU53 (Auswertung der Berechtigungsprüfung) sowie SU56 (Benutzerpuffer analysieren) zu hinterlegen und von weiteren Transaktionen unbedingt Abstand zu nehmen. Dabei dienen die Transaktionen SU53 und SU56 zur Analyse fehlgeschlagener Berechtigungsprüfungen. Da im Falle eines Benutzerpufferüberlaufs auch die Berechtigungen für diese Transaktionen verloren gehen können, ist es sinnvoll, über den genannten Parameter diese beiden Analyse-Transaktionen von der Berechtigungsprüfung auszunehmen.

- Berechtigungsprüfung bei Batch-Input
  Der Parameter *bdc/bdel_auth_check* steuert, ob beim Löschen einer Transaktion aus einer Batch-Input-Mappe die Berechtigung für das Berechtigungsobjekt S_BDC_MONI kontrolliert wird. Mit dem Wert „TRUE" können Transaktionen nur gelöscht werden, wenn die Berechtigung zum Löschen der Mappe vorhanden ist.

- Berechtigungsprüfung zu Seitenzahlen bei Druckausgaben
  Der Parameter *rspo/auth/pagelimit* legt fest, ob bei dem Erzeugen von Druckaufträgen deren Seitenumfang anhand des Berechtigungsobjektes S_SPO_PAGE kontrolliert wird. Mit dem Wert „1" wird dieses Berechtigungsobjekt herangezogen. Die maximale Anzahl von Seiten für einen Druckauftrag kann dann über Berechtigungen je Benutzer-ID festgelegt werden.

Prüfungshandlungen:

- Stellen Sie fest, ob zu den Autorisierungs-Parametern Festlegungen, z.B. im Rahmen einer SAP-Sicherheitsrichtlinie bestehen. Prüfen Sie, mit welchen Werten die Parameter im System eingestellt sind. Verwenden Sie das Programm RSPARAM als Einstieg. Lassen Sie sich auch die unsubstituierten Werte anzeigen. In der von dem Programm erzeugten Liste können die zuvor aufgeführten auth-Parameter über die Tastenkombination *Strg + F* gesucht werden. Die Liste besteht aus mehreren Spalten: Neben dem jeweiligen Parameter wird der sog. benutzerbedefinierte Wert angezeigt. Ist ein Eintrag vorhanden, so ist dieser Wert gültig. Ist in der Spalte kein Eintrag vorhanden, gilt der sog. System-Defaultwert.

- Stellen Sie fest, ob für einzelne Transaktionen, die Berechtigungsprüfung deaktiviert ist. Mit der Transaktion SE16 kann die Tabelle USOBX_C (Checktabelle zu Tabelle USOBT_C) angezeigt werden. In dem Selektionsbild ist für das Feld „OK-Kennzeichen" der Eintrag „N" anzugeben. Die damit erzeugte Auswertung zeigt alle Transaktionen-Berechtigungsobjekte-Kombinationen an, für die aktuell keine Berechtigungsprüfungen erfolgen. Sollten Einträge vorhanden sein, finden übliche Zugriffskontrollen nicht statt. Folgende Abbildung verdeutlicht die Prüfungshandlung mit dem Ergebnis, dass Schwachstellen bei der Pflegetransaktion für Kreditoren, der Transaktion FK02 bestehen:

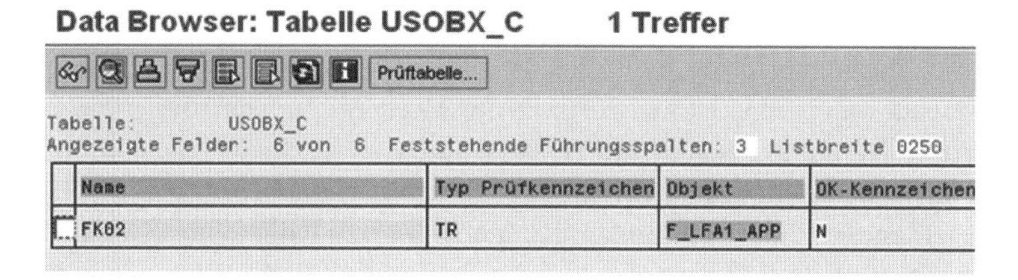

Data Browser: Tabelle USOBX_C 1 Treffer

Prüftabelle...

Tabelle: USOBX_C
Angezeigte Felder: 6 von 6 Feststehende Führungsspalten: 3 Listbreite 0250

Name	Typ Prüfkennzeichen	Objekt	OK-Kennzeichen
FK02	TR	F_LFA1_APP	N

Abb. 3.1.4.4-10: Prüfung auf deaktivierte Berechtigungsprüfungen für Transaktionen © *SAP*

Die Prüfungshandlung korrespondiert zu dem Parameter *auth/no_check_in_some_cases*.

- Stellen Sie fest, ob global Berechtigungsprüfungen deaktiviert sind, d.h. ein Berechtigungsobjekt unabhängig von der aufgerufenen Transaktion nicht vom SAP-System verprobt wird. Mit der Transaktion SE16 kann die Tabelle TOBJ_OFF (Objekte, die ausgeschaltet wurden) angezeigt werden. In dem Selektionsbild sind keine Eingrenzungen vorzunehmen. Die erzeugte Auswertung zeigt Berechtigungsobjekte an, für die aktuell keine Berechtigungsprüfungen erfolgen. Sollten Einträge vorhanden sein, finden übliche Zugriffskontrollen nicht statt. Folgende Abbildung verdeutlicht die Prüfungshandlung mit dem Ergebnis, dass mehrere Berechtigungsobjekte zu den FI-Anwendungen global deaktiviert sind:

Data Browser: Tabelle TOBJ_OFF 7 Treffer

Tabelle: TOBJ_OFF
Angezeigte Felder: 4 von 4 Feststehende Führungsspalten: 2 Listbreite 0250

Mandantenkennung	Objekt	Reportname	SAP-Release
800	F_LFA1_BUK		700
800	F_LFA1_GEN		700
800	F_LFA1_GRP		700
800	F_MAHN_BUK		700
800	F_MAHN_KOA		700
800	F_PAYRQ		700
800	F_PAYR_BUK		700

Abb. 3.1.4.4-20: Prüfung auf global deaktivierte Berechtigungsprüfungen *© SAP*

Die Prüfungshandlung korrespondiert zu der für den Parameter *auth/object_disabling_active.*

3.1.4.4 Zusammenfassung der Autorisierungs-Parameter und Soll-Werte

Die Parameter sind im Folgenden in alphabetischer Reihenfolge aufgeführt. So können sie auf einfache Weise mit Auswertungen abgeglichen werden, wie sie anhand der Prüfung mit dem Programm RSPARAM erzeugt werden. Die Soll-Werte stellen grundsätzliche Empfehlungen dar.

Parameter	Beschreibung	Soll-Wert	Hinweis
auth/new_buffering	Pufferung bei Berechtigungsänderungen	4	Defaultwert
auth/no_check_in_some_cases	Verzicht auf Berechtigungsprüfungen in speziellen Fällen	N	Kein Verzicht
auth/object_disabling_active	Globaler Verzicht auf Berechtigungsprüfungen	N	Kein Verzicht
auth/rfc_authority_check	Berechtigungsprüfung bei RFC	1	Grundschutz
auth/system_access_check_off	Berechtigungsprüfung zu ABAP/4-Sprachelementen	0	Defaultwert
auth/tcodes_not_checked	Berechtigungsprüfung zu Transaktionscodes	SU53 SU56	Aufgeführte Analyse-Transaktionen sind von der Berechtigungsprüfung ausgenommen.
bdc/bdel_auth_check	Berechtigungsprüfung bei Batch-Input	TRUE	
rspo/auth/pagelimit	Berechtigungsprüfung zu Seitenzahlen bei Druckausgaben	0	Defaultwert. Ein abweichender Wert ist sinnvoll, wenn über das Berechtigungskonzept die maximale Seitenzahl je Druckauftrag festgelegt werden soll.

3.1.4.5 Prozesse der Rollenverwaltung

SAP-Fakten:

Rollen sind die elementaren Bestandteile eines Berechtigungskonzeptes. Um adäquate Zugriffskontrollen sicherzustellen, müssen die Rollen unternehmesspezifisch aufgebaut werden. Der Aufbau und die Pflege des SAP-Berechtigungskonzepts ist einer der am meisten unterschätzten Aufgaben bei der Einführung und im Lebenszyklus von SAP-Systemen.

Rollen steuern, wie Customizing-Tabellen und Programme, die Verarbeitung der Daten im SAP-System. Unter Sicherheits- und Ordnungsmäßigkeitsaspekten ist für deren Administration ein nachvollziehbares und kontrollwirksames Change Management-Verfahren einzuhalten. Vor diesem Hintergrund werden Rollen in der Regel in einem Entwicklungssystem angelegt und gepflegt. Ihr Test erfolgt in einem Qualitätssicherungssystem. Nach erfolgreicher Abnahme über Positiv- und Negativtests erfolgt der Transport der Rollen in das Produktivsystem. In letzterem werden die Rollen den Benutzer-IDs zugewiesen.

Rollen definieren in einer logischen Betrachtung in 3 Dimensionen die logischen Zugriffsrechte. Sie legen fest

- was im SAP-System bearbeitet werden darf.
  Dies ist die Dimension des Business-Objekts. Die Zugriffskontrolle bezieht sich z.B. auf einen Finanzbuchhaltungsbeleg, den Materialstamm, den Verkaufsbeleg oder den Personalstamm. Die Dimension wird deutlich anhand des Berechtigungsobjekts F_LFA1_APP mit dem Feld APPKZ (Anwendungsberechtigung Debitor- und Kreditorstammdaten), zu dem der Wert „F" den Zugriff auf Kreditoren-Finazbuchhaltungsdaten berechtigt. Ein weiteres Beispiel ist das Berechtigungsobjekt S_TCODE (Transaktionscode-Prüfung bei Transaktionsstart) mit dem Feld TCD (Transaktionscode) und dem Wert „MM02" zur Autorisierung des Einstiegs in die Bearbeitung des Materialstamms.
- wo die Bearbeitung im SAP-System stattfinden darf.
  Dies ist die Dimension der Business-Struktur. Die Zugriffskontrolle bezieht sich z.B. auf einen Buchungskreis, ein Werk, eine Verkaufsorganisation oder einen Personalbereich. Die Business-Strukturen entsprechen im SAP-System vielfach den Organisationsebenen. Die Dimension wird deutlich anhand des Berechtigungsobjekts F_LFA1_BUK mit dem Feld BUKRS. Je Buchungskreis kann über Werte zu diesem Feld, festgelegt werden, in welchem Buchungskreis ein Zugriff gestattet ist.
- wie die Bearbeitung im SAP-System vorgenommen werden kann.
  Dies ist die Dimension der Zugriffsart. Sie ist z.B. zu differenzieren nach Anzeige-, Hinzufüge-, Änderungs- und Löschrechten. Die Dimension wird deutlich anhand des Berechtigungsobjekts F_LFA1_BUK mit dem Feld ACTVT. In vielen Fällen verfügen Berechtigungsobjekte über ein Feld „Aktivität". Die Wert-Bedeutungen sind zu diesem Feld einheitlich. So steht der Wert „03" stets für „Anzeigen". Aus der Tabelle TACTZ (Gültige Aktivitäten je Berechtigungsobjekt) können die möglichen Werte zu dem Feld „Aktivität" für ein Berechtigungsobjekt entnommen werden. Die Bedeutung der zweistelligen Werte kann der Tabelle TACTT (Bezeichnung der Aktivitäten, die geschützt werden) entnommen werden. Hier ist z.B. hinterlegt, dass der Wert „08" für

„Änderungsbelege anzeigen" steht, eine Aktivität, welche für die Prüfungshandlungen eines Revisors bedeutsam ist.

Die 3 Dimensionen werden über die Berechtigungen angesprochen, die in einer Rolle gepflegt werden können. Systemseitig steht hierfür die Transaktion PFCG zur Verfügung. Die folgende Abbildung verdeutlichen die Pflegebereiche in der Rollenverwaltung anhand der einzelnen Register einer Einzelrolle.

Anzeigen von Rollen

Andere Rolle

Rolle

Rolle FI:KRED_STAMM_1000_D

Beschreibung Kreditorenstammdaten_Buchungskrs 1000_Anzeige

Beschreibung | Menü | Workflow | Berechtigungen | Benutzer | MiniApps

Menü der Rolle

FK03 - Anzeigen Kreditor (Buchhaltung)

MK03 - Anzeigen Kreditor (Einkauf)

XK03 - Anzeigen Kreditor (Zentral)

Zielsystem

Dest.

Keine Destination

Abb. 3.1.4.6-10: Pflegebereiche bei der Rollenverwaltung © SAP

Die Angaben, welche für die Generierung der Profile und Berechtigungen relevant sind, werden unter dem Register „Berechtigungen" vorgenommen:

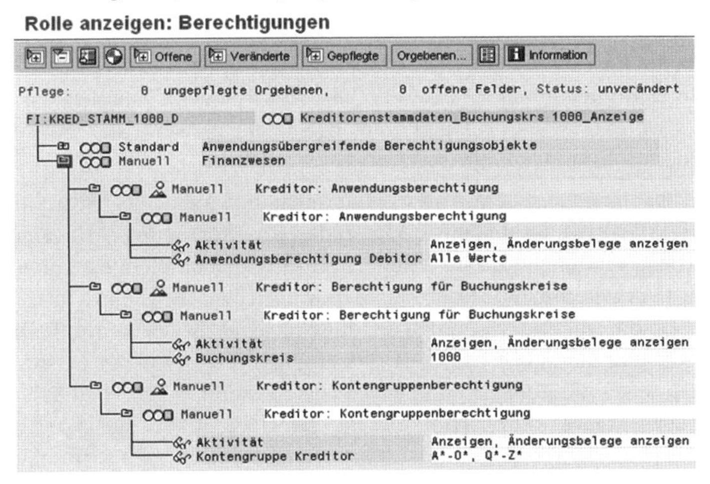

Abb. 3.1.4.6-20: Definition der Berechtigungen bei der Rollenverwaltung © SAP

Das SAP-Berechtigungskonzept besteht im Wesentlichen aus Rollen, welche die Zugriffskontrollen bestimmen. Daneben können die Zugriffsrechte jedoch auch über weitere Elemente im SAP-System bestimmt werden. Diese Elemente sind z.B.:

- Einstellungen in Parametern
  Als Beispiele dient der Profilparameter *rspo/auth/pagelimit*, der steuert, ob Zugriffskontrollen bei dem Erzeugen von Druckaufträgen in Bezug auf die Anzahl der erzeugten Seiten erfolgen können.

- Einstellungen in Stammdaten
  Werden Berechtigungsobjekte angesprochen, bei denen die Verprobung nicht unmittelbar gegen Eingabefelder erfolgt, so ist die Implementierung des Zugriffsschutzes aufwendiger. Hier sind weitergehende Anforderungen an das Berechtigungskonzept, dessen Dokumentation und die Verfahren zur Pflege der Stammdaten zu berücksichtigen. Folgendes Szenario zeigt den Zusammenhang:

  Ziel ist es, einen Zugriffsschutz für Sachkonten aufzubauen. Der Zugriff auf sensible Sachkonten (z.B. Gehalts- oder Rückstellungskonten) soll einem kleinen Kreis von Buchhaltern vorbehalten sein. Für die Zugriffssteuerung steht das Berechtigungsobjekt F_SKA1_BES (Sachkonto: Kontenberechtigung) mit den Feldern BRGRU (Berechtigungsgruppe) und ACTVT (Aktivität) zur Verfügung. Bei Zugriffen auf Sachkonten findet nun eine Verprobung der im Sachkonten-Stamm hinterlegten Angabe gegen die Berechtigung statt.

  Werden Berechtigungsobjekte angesprochen, die eine Verprobung gegen Stammdaten vorsehen, so sind bei der Implementierung neben der Definition von Rollen weitere Aktivitäten notwendig: In den zu schützenden Stammdaten müssen Einträge erfolgen, die mit den Werten in den Rollen bzw. Berechtigungen korrespondieren. Ferner ist durch Verfahrens- bzw. Arbeitsanweisungen sicherzustellen, dass neu angelegte und schützenswerte Stammsätze den entsprechenden Eintrag erhalten.

  Die verwendeten Berechtigungsgruppen sollten in der Tabelle TBRG (Berechtigungsgruppen) hinterlegt werden. Dann werden die möglichen Werte bei Verwendung des Profilgenerators angezeigt, und sie sind für einen Prüfer dokumentiert.

- Einstellungen im Customizing zu Berechtigungsgruppen
  Einige Berechtigungsobjekte sehen die Verprobung gegen Tabellen vor, die im Rahmen des Customizings zu pflegen sind. Die Wirkungsweise der Zugriffskontrollen wird wiederum für ein Szenario erläutert:

  Für die Zugriffssteuerung auf den Materialstamm steht das Berechtigungsobjekt M_MATE_MAR (Materialstamm: Materialart) zur Verfügung. Mit seiner Hilfe können Funktionstrennungen für die Pflege des Materialstamms in Abhängigkeit von der Materialart vorgenommen werden. Bei dem Zugriff auf die Stammdaten ermittelt das SAP-System die Materialart gemäß der Tabelle T134 (Materialarten). Dann verprobt das SAP-System das Feld BEGRU (Berechtigungsgruppe) in der entsprechenden Tabellenzeile gegen die Berechtigung. Folgende Einstellung zeigt den Schutz der Materialart „Handelsware" durch Hinterlegung der Berechtigungsgruppe „HAWA". Die Materialart „Halbfabrikate" unterliegt keinem gesonderten Zugriffsschutz. Die Auswertung erfolgte mit der Transaktion SE16:

Data Browser: Tabelle T134 2 Treffer

Prüftabelle...

Tabelle: T134
Angezeigte Felder: 3 von 3 Feststehende Führungsspalten: 2 Listbreite 0250

Materialart	BerechtGruppe	MatArtBezeich
HALB		Halbfabrikat
HAWA	HAWA	Handelsware

Abb. 3.1.4.6-30: Customizing der Materialarten in Bezug auf Berechtigungsgruppen © SAP

Folgende Tabelle gibt einen Überblick über oft verwendete Elemente und Berechtigungsobjekte, bei denen ein ergänzendes Customizing notwendig ist:

Zu schützende SAP-Elemente	Relevante Berechtigungsobjekte		Relevante Tabellen	
Tabellen	S_TABU_DIS	Tabellenpflege (über Standardtools wie z.B. SM30)	TDDAT	Pflegebereiche für Tabellen
Materialstamm	M_MATE_CHG	Materialstamm: Chargen/ Gebinde	MARA	Allgemeine Materialarten
Materialstamm	M_MATE_MAR	Materialstamm: Materialart	T134	Materialarten
Materialstamm	M_MATE_MAT	Materialstamm: Material	MARA	Allgemeine Materialarten
Materialstamm	M_MATE_WGR	Materialstamm: Warengruppe	T023	Warengruppen
WWS	W_LISTVERF	WWS Berechtigung zur Nutzung von Listungs-Verfahren	TWLV	Listungsverfahren Sortimente
Zulässige Buchungsperioden	F_BKPF_BUP	Buchhaltungsbeleg: Berechtigung für Buchungsperioden	T001B	Erlaubte Buchungsperioden
Belegarten	F_BKPF_BLA	Buchhaltungsbeleg: Berechtigung für Belegarten	T003	Belegarten

Werden Berechtigungsobjekte angesprochen, die eine Verprobung gegen Customizing-Tabellen vorsehen, so sind bei der Implementierung neben der Definition von Rollen, Profilen bzw. Berechtigungen weitere Aktivitäten notwendig. Das Customizing muss ergänzt und dokumentiert werden.

- Sonstige Einstellungen zum Zugriffsschutz
  Hierbei handelt es sich um eine Sammlung von verschiedenartigen Elementen, die teilweise in Kombination mit den Rollen oder isoliert die Zugriffe auf Informationen steuern:
  - So genannte „strukturelle Berechtigungen“ werden für personalwirtschaftliche Anwendungen verwendet. Sie sind im Kapitel 4.5.4.5 ab Seite 412 erläutert.
  - Abfragen auf dedizierte Benutzer-IDs können im Coding von Programmen hinterlegt sein, so dass ausschließlich spezielle Benutzer-IDs die Funktionen der Programme nutzen können.
  - Über einen Workflow können Regeln für den Zugriff definiert sein. Somit kann ein Rechnungsprüfer z.B. nur Rechnungen freigeben, welche einen bestimmten Kreditor betreffen, einen Betrag nicht übersteigen und ihm als Benutzer-ID über das System zur Bearbeitung zugewiesen wurden.

  Werden derartige Zugriffskontrollverfahren eingesetzt, so sollten sie nachvollziehbar dokumentiert werden. Dabei ist darauf einzugehen, ob der Zugriffsschutz isoliert wirkt oder von Rollen abhängt. Je nach Ausgestaltung sollte bereits bei der Implementierung der Zugriffskontrollen die zukünftige Verwaltung der zugehörigen Einstellungen festgelegt werden. Die Ausgestaltung der Maßnahmen sowie die Wirksamkeit der Zugriffskontrollen sollte anhand von Tests nachgewiesen werden.

Prüfungshandlungen:

- Gehen Sie von der Dokumentation zum Berechtigungskonzept aus, um einen Überblick zu den Maßnahmen und Verfahren zu erhalten, wie Informationen im SAP-System vor dem missbräuchlichen Zugriff geschützt werden.
- Erheben Sie, welche Stellen mit der Verwaltung der Rollen betraut sind. In diesem Zusammenhang sollte erhoben werden, ob eine Funktionstrennung zwischen der Rollenverwaltung einerseits und der Benutzerverwaltung andererseits organisatorisch vorgesehen ist. Klären Sie ferner, ob derartige Funktionstrennungen anhand der vergebenen Zugriffe im SAP-System umgesetzt sind.
- Nehmen Sie das Verfahren zur Rollenverwaltung auf. Beurteilen Sie, ob Rollen unter Einbeziehung der daten- bzw. prozessverantwortlichen Stellen dahingehend getestet und abgenommen werden, dass der Zugriffsschutz angemessen ist.
- Stellen Sie fest, ob Rollen unmittelbar im Produktivsystem geändert werden. Bei einem solchen Verfahren besteht das Risiko, dass Zugriffsrechte ungetestet vergeben werden. Somit können Fehler in der Rollenverwaltung zu falschen Zugriffsrechten und in der Folge zu Fehlern in der Datenpflege führen. In diesem Zusammenhang können ausgewählte Rollenänderungen ermittelt werden, zu denen ein Transportauftrag nachzuweisen ist. Ist ein solcher vorhanden, so hat die Rollenänderung in einem dem Produktivsystem vorgelagerten SAP-System stattgefunden. Für die Analyse kann die Transaktion SUIM mit dem Auswertungsweg *Änderungsbelege – für Rollen* genutzt werden. Alternativ ist der Einstieg über die Transaktion RSSCD100_PFCG (Änderungsbelege für Rollenverwaltung) zu nennen. Die Rollenänderungen können anhand von Kriterien gemäß folgender Abbildung ausgewertet werden:

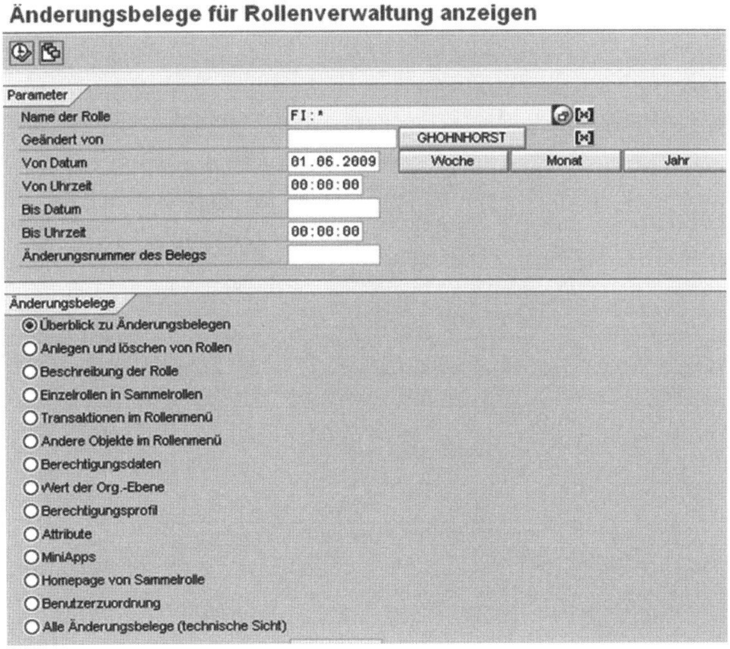

Änderungsbelege für Rollenverwaltung anzeigen

Parameter
Name der Rolle FI:*
Geändert von GHOHNHORST
Von Datum 01.06.2009 Woche Monat Jahr
Von Uhrzeit 00:00:00
Bis Datum
Bis Uhrzeit 00:00:00
Änderungsnummer des Belegs

Änderungsbelege
◉ Überblick zu Änderungsbelegen
○ Anlegen und löschen von Rollen
○ Beschreibung der Rolle
○ Einzelrollen in Sammelrollen
○ Transaktionen im Rollenmenü
○ Andere Objekte im Rollenmenü
○ Berechtigungsdaten
○ Wert der Org.-Ebene
○ Berechtigungsprofil
○ Attribute
○ MiniApps
○ Homepage von Sammelrolle
○ Benutzerzuordnung
○ Alle Änderungsbelege (technische Sicht)

Abb. 3.1.4.6-40: Prüfung von Rollenänderungen anhand von Änderungsbelegen *© SAP*

- Beurteilen Sie die Dokumentation zum Berechtigungskonzept anhand der Fragestellung, ob die technischen und organisatorischen Maßnahmen zum Schutz der Informationen transparent und aktuell sind. Gleichen Sie dazu z.B. Vorgaben in der Dokumentation wie Namenskonventionen mit den Rollen im SAP-System ab. Rollen können im SAP-System über die Transaktionen SUIM und PFCG angezeigt werden.
- Stellen Sie fest, ob im SAP-System nicht generierte Rollen vorhanden sind. Wenn solche Rollen Benutzer-IDs zugewiesen sind, besteht das Risiko, dass die Zugriffsrechte der Benutzer-IDs unkontrolliert geändert werden. Durch eine maschinelle Generierung der Rollen werden Berechtigungen neu erzeugt bzw. geändert. Die neuen Berechtigungen können von den alten Berechtigungen abweichen. Für die Analyse dient das Programm SAPPROFC_NEW (Massengenerierung von Profilen). Im Rahmen einer Prüfung sollte das Programm ausschließlich zur Anzeige von Rollen verwendet werden. Hierzu ist gemäß folgender Abbildung die Option *Automatisch generieren* nicht zu wählen. Ferner ist zu beachten, dass SAP zahlreiche Rollen ausliefert, welche nicht generiert sind. Aus diesem Grund sollte anhand des Felds *Rolle* und einer Namenskonvention eine Eingrenzung auf die Rollen erfolgen, die Benutzer-IDs zugewiesen sind.

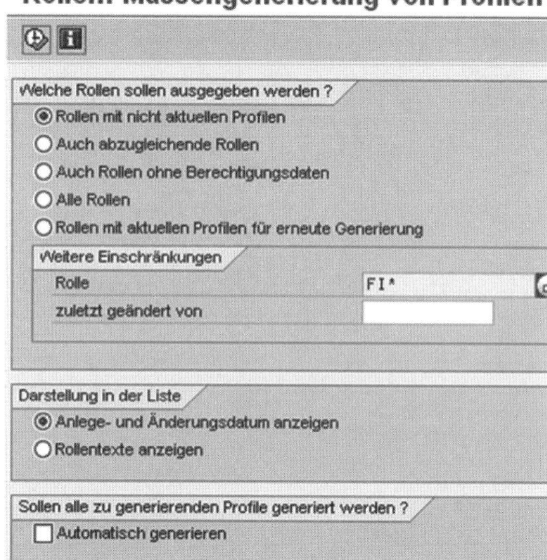

Abb. 3.1.4.6-50: Prüfung auf Rollen, die kein korrekt generiertes Profil besitzen © *SAP*

Stellt das Programm Inkonsistenzen fest, so werden sie wie folgt als Ergebnis dargestellt:

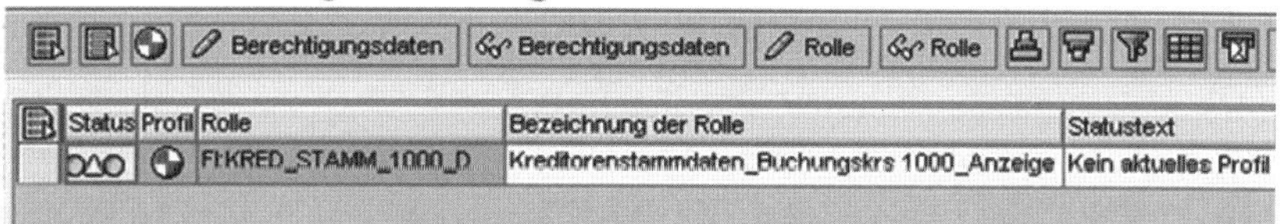

Abb. 3.1.4.6-60: Ergebnisdarstellung zu Rollen mit nicht korrekt generierten Profilen © *SAP*

- Prüfen Sie, ob der Inhalt von Rollen konsistent ist und mit deren Dokumentation übereinstimmt. Gehen Sie hierzu in Stichproben z.B. von der Beschreibung der Rollen aus, welche Sie mit der Transaktion SUIM und dem Auswertungsweg *Rollen – nach Rollennamen* ermitteln können. In der Ergebnisliste wird per Doppelklick auf die Rolle deren Inhalt angezeigt. Über das Register *Berechtigungen* und die Schaltfläche *Berechtigungsdaten anzeigen* erfolgt die Prüfung. Folgendes Beispiel zeigt eine Inkonsistenz auf. Nach der Rollenbeschreibung wird der Buchungskreis 1000 autorisiert; die Rolle enthält jedoch auch eine Berechtigung für den Buchungskreis 2000:

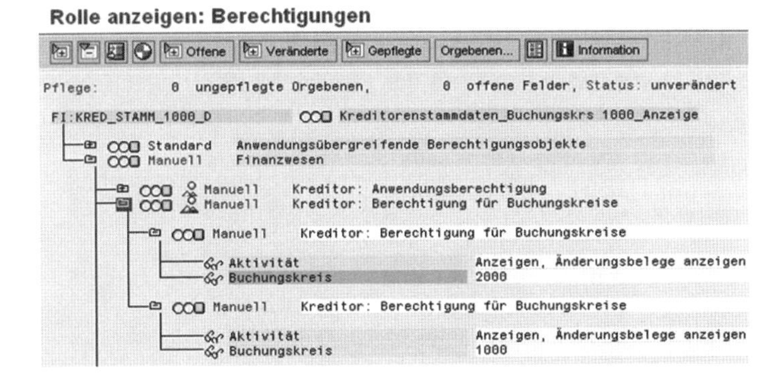

Abb. 3.1.4.6-70: Prüfung von Rollen auf Konsistenz bzgl. Buchungskreis-Rechten © *SAP*

- Beurteilen Sie, ob in den Rollen vorgesehene Schutzmaßnahmen aufgrund der Einstellungen in den Stammdaten wirksam sind. Ausgangspunkt für Prüfungshandlungen kann die Dokumentation zum Berechtigungskonzept sein. Einen weiteren Ausgangspunkt können Berechtigungswerte zu Berechtigungsgruppen bilden, wie nachfolgend dargestellt.

  In diesem Zusammenhang wird von Berechtigungsobjekten ausgegangen, die optional sind, die somit z. B. Einstellungen in Stammdaten erfordern, wie z.B. für den Zugriffsschutz von Kreditoren. Über die Transaktion SE16 und die Tabelle UST12 werden gemäß folgender Parametrisierung alle Berechtigungswerte zu der Berechtigungsgruppe, dem Feld BRGRU zu dem Berechtigungsobjekt F_LFA1_BEK (Kreditor: Kontenberechtigung), ermittelt, die nicht den Wert „*“ aufweisen:

Data Browser: Tabelle UST12: Selektionsbild

Anzahl Einträge

Objekt	F_LFA1_BEK	bis	
Berechtigung		bis	
Version		bis	
Feldname	BRGRU	bis	
Wert	*	bis	
Wert		bis	

Abb. 3.1.4.6-80: Prüfung von Berechtigungen mit Berechtigungsgruppen © *SAP*

Aus der Ergebnisliste wird deutlich, dass Berechtigungen mit den Werten „MIT1“ und „MIT2“, die für sensible Mitarbeiter-Kreditoren stehen sollen, vorhanden sind:

Data Browser: Tabelle UST12 2 Treffer

Prüftabelle...

Tabelle: UST12
Angezeigte Felder: 7 von 7 Feststehende Führungsspalten: 7 Listbreite 0250

Mandant	Objekt	Berechtigung	Version	Feldname	Wert
800	F_LFA1_BEK	T-M255085300	A	BRGRU	MIT1
800	F_LFA1_BEK	T-M255085301	A	BRGRU	MIT2

Abb. 3.1.4.6-90: Berechtigungen mit Berechtigungsgruppen für Kreditoren © *SAP*

Über die Transaktion SUIM kann festgestellt werden, ob die Berechtigungen Benutzer-IDs zugewiesen sind. Als entscheidender Prüfungsschritt erfolgt dann die Auswertung der Kreditorenstammdaten mit der Transaktion SE16, der Tabelle LFA1 (Kreditoren), der dargestellten Parametrisierung und der beispielhaften Ergebnisliste:

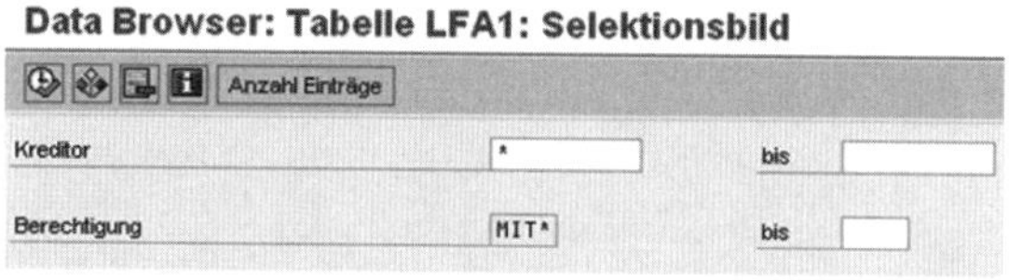

Data Browser: Tabelle LFA1: Selektionsbild

Anzahl Einträge

Kreditor	*	bis	
Berechtigung	MIT*	bis	

Abb. 3.1.4.6-100: Prüfung der Kreditoren anhand von Berechtigungsgruppen *© SAP*

Data Browser: Tabelle LFA1 **1 Treffer**

Prüftabelle...

Tabelle: LFA1
Angezeigte Felder: 4 von 4 Feststehende Führungsspalten: 2 Listbreit

Kreditor	Land	Name	Berechtigung
0000009000	DE	Anja Müller	MIT1

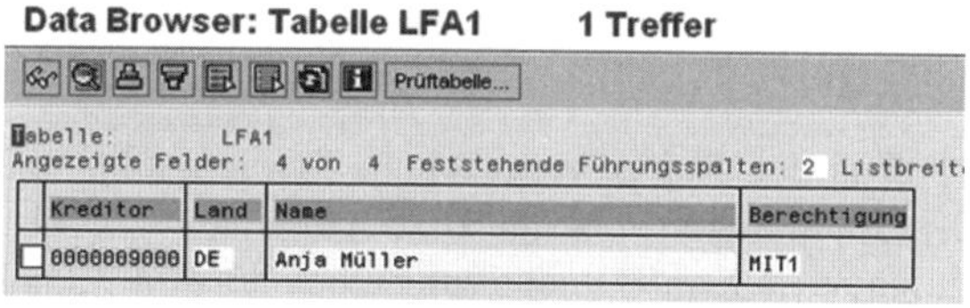

Abb. 3.1.4.6-110: Ergebnisliste zu Kreditoren anhand von Berechtigungsgruppen *© SAP*

Die Liste verdeutlicht, dass ausschließlich in einem Kreditorenstamm die Berechtigungsgruppe „MIT1" hinterlegt ist. Die Berechtigung bezüglich „MIT2" stellt in dem Szenario keinen wirksamen Zugriffsschutz dar.

- Beurteilen Sie, ob in den Rollen vorgesehene Schutzmaßnahmen aufgrund der Einstellungen im Customizing wirksam sind. Ausgangspunkt für Prüfungshandlungen sollte die Dokumentation zum Berechtigungskonzept sein. Im folgenden Szenario wird beispielhaft aufgezeigt, wie Prüfungsschritte ausgehend von Berechtigungswerten zu Berechtigungsgruppen in Bezug auf den Schutz von Materialstammsätzen nach Materialarten auszugestalten sind:

  In diesem Zusammenhang wird von dem Berechtigungsobjekten M_MATE_MAR (Materialstamm: Materialart) ausgegangen. Es handelt sich um ein optionales Berechtigungsobjekt. Werte zu dem Objekt werden für die Autorisierung nur wirksam, wenn korrespondierende Werte im Customizing gepflegt sind. Über die Transaktion SE16 und die Tabelle UST12 sind alle Berechtigungswerte zu der Berechtigungsgruppe, dem Feld BRGRU, Berechtigungsobjekt M_MATE_MAR zu ermittelt, die nicht den Wert „*" aufweisen. Als nächster Prüfungsschritt ist die Customizingtabelle der Materialarten, die Tabelle T134, über die Transaktion SE16 auszuwerten. Die folgende Abbildung zeigt, dass die Materialart „Handelsware" gesondert geschützt ist. Für alle anderen Materialarten besteht in dem Szenario kein spezifischer Zugriffsschutz.

Data Browser: Tabelle T134 28 Treffer

Prüftabelle...

Tabelle: T134
Angezeigte Felder: 3 von 3 Feststehende Führungsspalten: 1 Listbreite

Materialart	BerechtGruppe	MatArtBezeich
HALB		Halbfabrikat
HAWA	HAWA	Handelsware
HERS		Herstellerteil
HIBE		Hilfs-/Betriebsstoff
IBAU		Instandhaltungs-Baugruppe
INTR		Intramaterial
KMAT		Konfigurierbares Material
LEER		Leergut
LEIH		Leihgut-Packmittel
LGUT		Leergut Warenwirtschaft
MODE		Mode (saisonal)

Abb. 3.1.4.6-120: Prüfung des Materialarten-Customizings anhand von Berechtigungsgruppen © SAP

3.1.5 Ausgewählte Fragestellungen zum Berechtigungskonzept

3.1.5.1 Vergabe kritischer Profile

SAP-Fakten:

Mit der Installation eines SAP-Systems werden auch SAP-Profile angelegt. Diese Profile sollten in einem produktiven System grundsätzlich nicht verwendet werden, da sie nicht dem Change Management-Verfahren unterliegen, wie es für Profile und Rollen im Kundennamensraum gilt. Der Inhalt von SAP-Standardprofilen kann sich z.B. durch Patches, Releasewechsel oder andere SAP-Korrekturen ändern. Folgende Standardprofile sind mit besonderen Risiken verbunden:

- **SAP_ALL**: Es handelt sich um ein Sammelprofil, das grundsätzlich alle Berechtigungen vereint. Mit Hilfe des Programms RSUSR406 (Automatisch das Profil SAP_ALL erstellen) wird das Profil neu erstellt. Es werden zu jedem Berechtigungsobjekt Berechtigungen mit den Werten „*“ und somit den maximal möglichen Zugriffsrechten ausgeprägt.

  Die Vergabe des Profils an Benutzer-IDs in einem produktiven SAP-System mit rechnungslegungsrelevanten Daten stellt grundsätzlich einen Widerspruch zu den Ordnungsmäßigkeits- und Sicherheitsanforderungen dar.

- **SAP_NEW**: Es handelt sich um ein Sammelprofil, das Berechtigungen bündelt, welche durch Releasewechsel in der Vergangenheit möglich wurden. Zum besseren Verständnis wird hervorgehoben, dass SAP mit einem neuen Release regelmäßig eine Vielzahl von neuen Berechtigungsobjekten ausliefert. Dazu liefert SAP standardmäßig auch Berechtigungen aus, die im Profil gebündelt sind. Die jeweiligen Einzelprofile zu SAP_NEW geben einen Hinweis darauf, welche Berechtigungen in dem Profil enthalten sind. Das Profil SAP_NEW_45A hat z.B. die treffende Bezeichnung „Berechtigungen für neu hinzugekommene Objekte Rel. 4.5A“. Die Einzelprofile beginnen mit „SAP_NEW“ oder „S_NEW“.

  Das Profil SAP_NEW birgt das Risiko, dass Berechtigungen pauschal und damit nicht nach dem Prinzip der Vergabe geringstmöglicher Rechte vergeben werden. Es besteht die Gefahr, dass über Rollen vorgesehene Zugriffskontrollen unterlaufen werden können. Im Detail wird z.B. eine transaktionsgenaue Zugriffskontrolle durch die Zuweisung von SAP_NEW an eine Benutzer-ID aufgehoben, da SAP_NEW die Vollberechtigung zu dem Transaktionscode-Berechtigungsobjekt S_TCODE hat.

- **Basis-Standardprofile**: Hier sind mit „S_" beginnende Profile zu nennen, wie **S_A.DEVELOP** (Entwickler), **S_A.SYSTEM** (Systemverwalter-Superuser), **S_ABAP_ALL** (Alle Berechtigungen im Bereich ABAP), **S_ADMI_ALL** (Alle Administrationsberechtigungen), **S_DDIC_ALL** (BC DDIC – Alle Berechtigungen), **S_ENTW** (Alle Berechtigungen für Systeme R/3) oder **S_USER_ALL** (Alle Berechtigungen zur Benutzer- und Berechtigungspflege). Die Berechtigungen dieser Profile sind ebenfalls mit hohen Risiken verbunden. Sie sollten in einem produktiven System mit rechnungslegungsrelevanten Daten grundsätzlich nicht verwendet werden.
- **Anwendungs-Standardprofile**: Dies sind Profile für fachliche Funktionen, die SAP zur Verfügung stellt. Sie können als Ausgangspunkt für unternehmensspezifische Profile bzw. Rollen im SAP-Berechtigungskonzept dienen. Bei der unmittelbaren Verwendung besteht das Risiko, dass die gewährten Zugriffsrechte nicht angemessen sind. In den SAP-Standardprofilen sind per Definition keine Organisationsstrukturen, z.B. der Buchungskreis, eingeschränkt ausgeprägt, noch können unternehmensspezifische Abläufe und die darin vorgesehenen Kontrollen in Berechtigungen reflektiert sein.

  Folgende Profile dienen als Beispiel für Anwendungs-Standardprofile mit weitreichenden Rechten: **A_ALL** (FI-AA, Anlagenbuchhaltung: Komplettberechtigung), **F_BUCHHALTER** (Musterprofil für einen Buchhalter), **F_BUCH_ALL** (FI Finanzbuchhaltung – Pflegeberechtigung), **F_FILC_ALL** (Konsolidierung: Komplettberechtigung), **M_A.EINKAUF** (Musterprofil für den Einkäufer), **M_A.RECH** (Musterprofil für die Rechnungsprüfung), **P_ALL** (HR: Personalwesen Komplettberechtigung), **P_BAS_ALL** (HR: Alle Berechtigungen für Personendaten), **V_FAKT_ALL** (SD Musterprofil Fakturierung mit Systemberechtigungen) und **V_SD_GES** (SD Musterprofil Vertrieb komplett).
- **Kundenspezifische Profile mit weitreichenden Berechtigungen**: Hierbei handelt es sich um Profile, die SAP nicht ausgeliefert hat. In manchen Fällen wird ein SAP-Standardprofil in ein kundenspezifisches Profil kopiert und zugeordnet, ohne dass die Inhalte für die jeweilige Verwendung kontrolliert sowie angepasst werden. Um es klar zu sagen: Eine Kopie von dem Profil SAP_ALL wird in der Verwendung nicht dadurch risikoärmer, dass das Profil einen anderen Namen hat.

Prüfungshandlungen:

Prüfungshandlungen zu der Verwendung von Profilen haben mehrere Vorzüge: Es handelt sich um einfach und schnell durchzuführende Aktivitäten. Ein weiterer Vorteil ist, dass die Prüfung auf SAP-Standardprofile an bekannte Profilnamen anknüpft, was eine aufwendige Vorarbeit zu dem detaillierten Inhalt von Profilen und deren Berechtigungen erspart. Ein weiterer Vorteil, der sich in diversen Prüfungen bestätigt hat, ist, dass oft gravierende Sicherheitsmängel aufgedeckt werden können. Folgende Beispiele verdeutlichen die Prüfungshandlungen:

- Stellen Sie fest, ob das Profil SAP_ALL an Benutzer vergeben ist. Hierzu kann die Transaktion SUIM mit dem Auswertungsweg *Benutzer – Benutzer nach komplexen Selektionskriterien – nach Profilen* wie folgt genutzt werden:

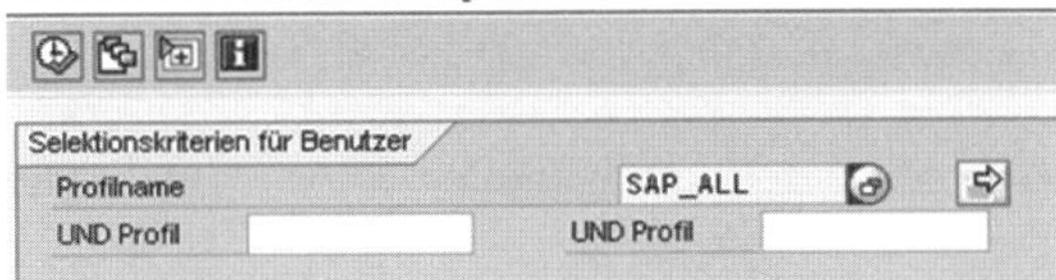

Abb. 3.1.5.1-10: Prüfung auf Benutzer-IDs, die aktuell über das Profil SAP_ALL verfügen © *SAP*

- Stellen Sie analog fest, ob SAP-Standardprofile oder kundeneigene Profile mit weitreichenden Berechtigungen an Benutzer vergeben sind. Nutzen Sie wiederum die Transaktion SUIM oder alternativ das Programm RSUSR002 (Benutzer nach komplexen Selektionskriterien). Einen Überblick über die Profile bietet die Transaktion SUIM mit dem Auswertungsweg *Profile – Profile nach komplexen Selektionskriterien.*
- Prüfen Sie die Änderungsbelege von Benutzer-IDs in Bezug auf kritische Profile. Folgende Abbildung zeigt die Prüfungshandlung zu Benutzer-IDs, denen in einem Halbjahreszeitraum das Profil SAP_ALL zugewiesen oder entzogen wurde. In letzterem Fall besteht der Prüfungsnachweis darin, dass die Benutzer-ID vor dem Entzug das Profil SAP_ALL besaß. Der Einstieg erfolgt über die Transaktion SUIM mit dem Auswertungsweg *Änderungsbelege – nach Benutzern* und folgender Parametrisierung:

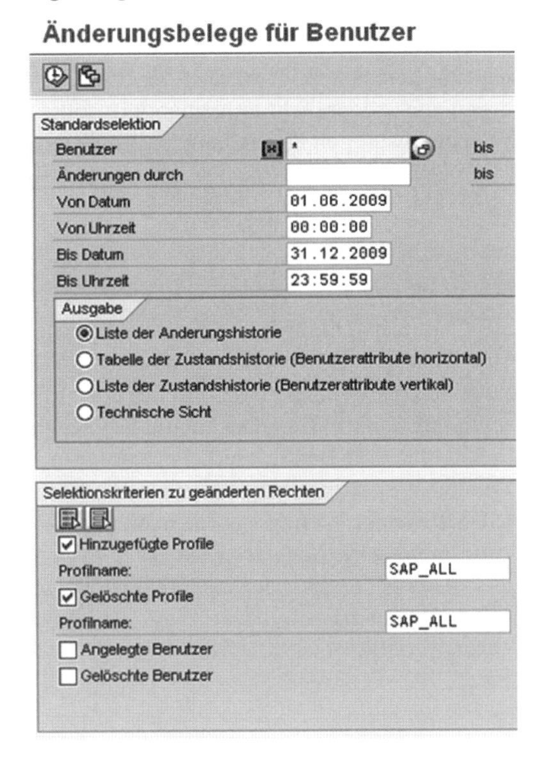

Abb. 3.1.5.1-20: Prüfung auf Benutzer-IDs, die in der Vergangenheit über das Profil SAP_ALL verfügten © *SAP*

3.1.5.2 Vergabe kritischer Basis-bezogener Berechtigungen

SAP-Fakten:

Für die Administration eines SAP-Systems bietet SAP Funktionen an, welche dem Anwendungsbereich Basis zuzuordnen sind. Unter Gesichtspunkten der Revisionssicherheit und IT-Sicherheit befinden sich dabei Funktionen, welche in einem produktiven System mit Buchführungsdaten grundsätzlich zur Einhaltung von handels- und steuerrechtlichen Anforderungen nicht ausgeübt werden dürfen. Die Vergabe der entsprechenden Berechtigungen stellt bereits ein hohes Risiko dar. Derartige Berechtigungen werden im Folgenden als „unzulässige Basis-Berechtigungen" bezeichnet. Darunter ist z.B. die Berechtigung, mit der Buchungen und Daten im SAP-System ohne eine Prüfspur verändert werden können. Diese Berechtigung bezieht sich auf das sog. „elektronische Radieren". Für ein Entwicklungssystem mag die Berechtigungsvergabe sinnvoll sein; in einem Produktivsystem ist sie für den geordneten Regelbetrieb außerhalb eines gesonderten Notfallbenutzereinsatzes nicht konform mit den GoB.

Weitere kritische Berechtigungen beziehen sich auf Administrationsaufgaben, bei denen Fehler gravierende Auswirkungen auf die Vollständigkeit, Richtigkeit und Nachvollziehbarkeit der im SAP-System gespeicherten bzw. verarbeiteten Daten haben können. Sie werden im Folgenden als „sensible Basis-Berechtigungen" bezeichnet. Die Berechtigungen sollten sehr restriktiv und ausschließlich an die für die Funktionen Zuständigen übertragen werden. Die Berechtigungen zur Administration von Benutzer-IDs ist eine solche sensible Basis-Berechtigung. Bei der Vergabe derartiger Berechtigungen sollten Funktionstrennungsaspekte berücksichtigt werden. Sind solche vorgelagerte Kontrollen über das SAP-Berechtigungskonzept nicht implementiert, sollte dem Risiko durch nachgelagerte Kontrollen in den jeweiligen IT-unterstützenden Prozessen begegnet werden.

Die unzulässigen und sensiblen Basis-Berechtigungen sind Berechtigungen zu Berechtigungsobjekte, die mit „S_" für „System" beginnen.

Prüfungshandlungen:

- Stellen Sie fest, ob Benutzer-IDs im SAP-System über Zugriffsrechte zum Ändern von Variablenwerten während der Programmausführung haben. Diese technische Beschreibung bezieht sich inhaltlich auf eine Form des „elektronischen Radierens". Bei Vergabe der Berechtigung kann z.B. ein Buchhaltungsbeleg im Nachhinein derart manipuliert werden, dass der Soll-Betrag eines Postens geändert wird, ohne dass der Verursacher aus dem SAP-System nachvollzogen werden kann. Für die Prüfung steht das Programm RSUSR002 zur Verfügung, das auch aus der Transaktion SUIM und den Auswertungsweg *Benutzer – Benutzer nach komplexen Selektionskriterien – Benutzer nach komplexen Selektionskriterien* aufrufbar ist. Folgende Abbildung zeigt die Parametrisierung des Programms:

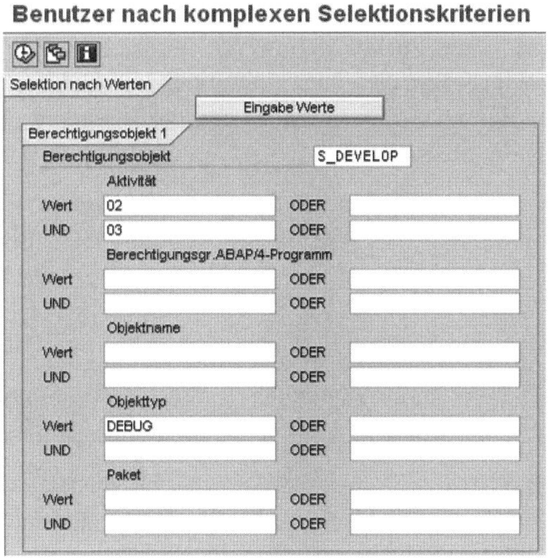

Benutzer nach komplexen Selektionskriterien

Selektion nach Werten

Eingabe Werte

Berechtigungsobjekt 1

Berechtigungsobjekt S_DEVELOP

Aktivität

Wert 02 ODER

UND 03 ODER

Berechtigungsgr.ABAP/4-Programm

Wert ODER

UND ODER

Objektname

Wert ODER

UND ODER

Objekttyp

Wert DEBUG ODER

UND ODER

Paket

Wert ODER

UND ODER

Abb. 3.1.5.2-10: Prüfung auf Benutzer-IDs mit der Berechtigung zum „elektronischen Radieren" *© SAP*

- Nehmen Sie weitere Auswertungen zu Benutzer-IDs mit kritischen Berechtigungen vor. Da das Programm RSUSR002 (Benutzer nach komplexen Selektionskriterien) für zahlreiche Auswertungen genutzt werden kann, wird auf einige Punkte eingegangen: Das Programm unterstützt typische Prüfungshandlungen zum Berechtigungskonzept, bei denen ermittelt wird, welche Benutzer-IDs über bestimmte Zugriffsrechte verfügen. Wie eine Benutzer-ID die Berechtigungen erhält – ob über Einzelrollen, Sammelrollen oder sonstige Elemente – ist bei der Parametrisierung unerheblich. Die Erfassung der auszuwertenden Berechtigungen erfolgt in den Feldern zu der „Selektion nach Werten". Ausgangspunkt ist die Angabe eines Berechtigungsobjektes, das im obigen Beispiel „S_DEVELOP" ist. Über einen Mausklick auf die Schaltfläche *Eingabewerte* werden die Felder des Berechtigungsobjektes angezeigt und Eingabefelder für die Werte angeboten.

  Es können maximal 3 Berechtigungsobjekte in einem Programmdurchlauf abgefragt werden. Werden für Funktionen mehr als 3 Berechtigungen benötigt, so muss die entsprechende Berechtigungsauswertung in mehreren Programmdurchläufen erfolgen: Bei z.B. 5 relevanten Berechtigungsobjekten sind zunächst die Benutzer-IDs festzustellen, die über Berechtigungen zu den ersten 3 Berechtigungsobjekten verfügen. In einem weiteren Programmdurchlauf sind die Benutzer-IDs zu ermitteln, welche über die Berechtigungen zu den 2 weiteren Berechtigungsobjekten verfügen. Die gesuchte Menge der Benutzer-IDs ist die Schnittmenge aus den Benutzer-IDs aus beiden Programmläufen.

  Bei der Abfrage unter Angabe mehrerer Berechtigungsobjekte werden Sie in einer logischen UND-Verknüpfung geprüft.

  Ein abzufragendes Berechtigungsobjekt ist in vielen Fällen S_TCODE in Bezug auf den autorisierten Transaktionscode. Die Eingabe sollte in dem beschriebenen Bereich erfolgen. Die Eingabe in dem Bereich „Selektionskriterien für Benutzer“ in dem Feld „Transaktionscode“ kann zu Feststellungen führen, die nicht der Intention der Prüfungshandlung entsprechen. Mit dem zuletzt genannten Eingabefeld werden die Rollen von Benutzer-IDs analysiert, nicht aber deren Berechtigungen, die für den Zugriffsschutz maßgebend sind.

Die Eingabewerte in dem Bereich „Selektion nach Werten“ besitzen folgende Logik: Erfolgt keine Eingabe für ein Feld, so werden alle Berechtigungen berücksichtigt, welche einen beliebigen Wert zu dem Feld besitzen. Erfolgt die Eingabe „*“ ist die Verarbeitung identisch.

In einem Feld können nur einzelne Werte erfasst werden. Die Angabe z.B. von Intervallen im Sinne von „1000-3000“ führt nicht zu der gewünschten Verarbeitung zur Auswertung aller Buchungskreisberechtigungen zu Buchungskreisen in dem Intervall.

Die Werte müssen präzise erfasst werden. So ist z.B. in Bezug auf die Aktivität „Hinzufügen“ eine „01“ zu erfassen. Der Wert „1“ würde eine andere Verarbeitung bewirken.

Je Feld können mehrere Eingaben erfolgen, welche nach Maßgabe der UND- bzw. ODER-Logik verarbeitet werden, wie dies Abb. 3.1.5.2-10 verdeutlicht. Sollen genau die Berechtigungen ausgewertet werden, die Vollzugriff in dem Sinne gewähren, dass sie den Wert „*“ haben, so ist der Wert „#*“ im Programm anzugeben. Wird der Wert „*“ im Programm angegeben, so werden alle Berechtigungen berücksichtigt, die irgendeinen Wert haben.

Über „Zusätzliche Selektionskriterien“ können mit dem Programm ausschließlich die nicht gesperrten Benutzer-IDs herangezogen werden. „Nicht gesperrte Benutzer“ ist als Menge der Benutzer-IDs zu interpretieren, welche nicht über die Administratorsperre oder über die Sperre aus vielfachen Falschanmeldungen gesperrt ist. Die Menge kann Benutzer-IDs enthalten, die sich aktuell nicht am SAP-System anmelden können, da ihre zeitliche Gültigkeit abgelaufen bzw. noch nicht erreicht ist. In der von dem Programm erzeugten Ergebnisliste können die Benutzer-IDs weitergehend anhand der Angabe zu „Gültig von“ sowie „Gültig bis“ analysiert werden.

Folgende Abbildung zeigt die Struktur der Ergebnisliste nach der Verarbeitung des Programms RSUSR002:

Benutzer nach komplexen Selektionskriterien

Rollen | Profile | Änderungsbelege | Datei...

Anzahl der selektierten Benutzer:3.471

Benutzer	Vollst.Name	Gruppe	Abrech.nr.	Gesperrt	Gültig von	Gültig bis	Typ	Ref.User
100197	James Matlo	ESSUSER		ADM			A Dialog	
100198	Michael Ryar	ESSUSER		ADM			A Dialog	

Abb. 3.1.5.2-20: Ergebnisliste zu der Prüfung auf Benutzer-IDs mit kritischen Berechtigungen *© SAP*

Aus der Ergebnisliste können über die Schaltfläche *Rollen* die Rollen aller ermittelten Benutzer-IDs und über die Schaltfläche *Profile* entsprechend die Profile angezeigt werden. Eine Detailanalyse erfolgt per Doppelklick auf eine Benutzer-ID. Danach positioniert man den Cursor auf die Benutzer-ID und klickt auf die Schaltfläche *Teil-*

baum selektiv expandieren. In der Eingabemaske gibt man für das Berechtigungsobjekt z.B. „S_DEVELOP“ an und führt die Verarbeitung aus. Beispielhaft wird dann folgendes Ergebnis erzeugt. In dem Beispiel wird deutlich, dass die Benutzer-ID über 2 Profile zu dem Berechtigungsobjekt S_DEVELOP verfügt; die unzulässige Basis-Berechtigungen rührt aus der Vergabe der Berechtigung „&_SAP_ALL“.

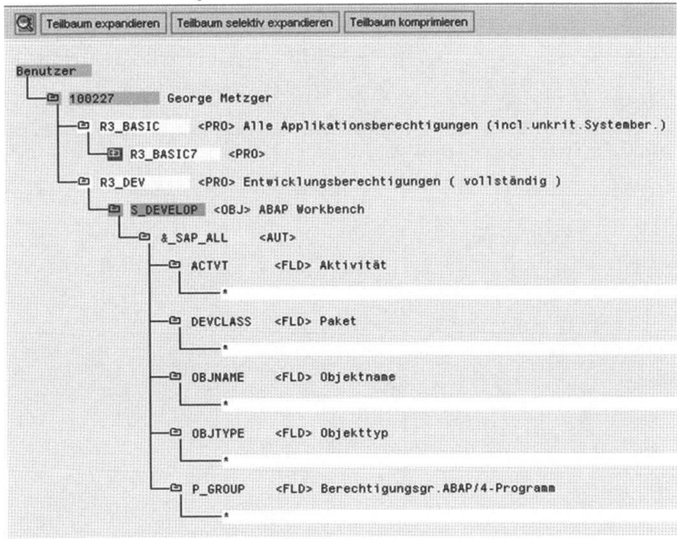

Abb. 3.1.5.2-30: Detailprüfung einer Benutzer-ID mit Ermittlung der Berechtigung © SAP

- Prüfen Sie als eine weitere exemplarische unzulässige Basis-Berechtigung die Benutzer-IDs mit Rechten in Bezug auf das Löschen von Änderungsbelegen. Änderungsbelege werden in vielen Fällen vom SAP-System automatisch erzeugt. Sie dienen der Nachvollziehbarkeit des eingesetzten Verfahrens. Im SAP-System steht das Programm RSCDOK99 (Änderungsbelege löschen) zur Verfügung. Nach seiner Parametrisierung und Ausführung kann z.B. nicht mehr anhand von Änderungsbelegen nachvollzogen werden, wer wann welche Informationen in Kreditorenstammdaten geändert hat. Die Benutzer-IDs mit folgenden Berechtigungen sollten mit dem Programm RSUSR002 analysiert werden:

  Auf ein Detail sei für Liebhaber von Änderungsbelegen hingewiesen: Die Programme zu den Änderungsbelegen beinhalten „SCDO“; das entsprechende Berechtigungsobjekt ist mit einer Ziffer auf „S_SCD0“ getauft.

Berechtigungs-objekt	Feld	Feldbezeichnung	Wert
S_TCODE	TCD	Transaktionscode	SA38
S_PROGRAM	P_ACTION	Benutzeraktion ABAP/4 Programm	SUBMIT
S_SCD0	ACTVT	Aktivität	06

- Führen Sie analoge Prüfungshandlungen zu sensiblen Basis-Berechtigungen durch. Stellen Sie für die Funktionen zum IT-Unterstützungsprozess fest, welche Benutzer-IDs über die jeweiligen Zugriffsrechte verfügen. Beurteilen Sie, ob die Vergabe der Berechtigungen nach dem Prinzip der Vergabe geringstmöglicher Rechte erfolgt ist. Die Organisation der Administration eines SAP-Systems kann von Unternehmen zu Unternehmen stark unterschiedlich sein. Somit ist folgende Tabelle als Einstieg für die Prüfungshandlungen in diesem Bereich zu betrachten:

Funktionsbereiche	Wesentliche Berechtigungsobjekte	Typische Transaktionen und Hinweise
Administration der Systemänderbarkeit und der Mandanten	S_ADMI_FCD	SE06, SCC4
Prozessadministration	S_ADMI_FCD	SM50
Administration des CCMS (Computer Center Management System) SAP-Instanzen	S_RZL_ADM	RZ04; Risiken bestehen bei Rechten bzgl. der Verwaltung der SAP-Instanzen und der Betriebsarten
Administration der Profilparameter	S_RZL_ADM	RZ10, RZ11
Administration von RFC-Verbindungen	S_ADMI_FCD	SM59
Tabellenpflege	S_TABU_DIS S_TABU_CLI	SE16, SM30, SM31
Verbuchungsadministration	S_ADMI_FCD	SM13
Jobadministration	S_BTCH_ADM S_BTCH_JOB S_BTCH_NAM	SM36WIZ, SM37, SWFSLSC
Spooladministration	S_ADMI_FCD S_SPO_ACT	SP010, SPAD; Hohe Risiken bestehen bei benutzerübergreifenden und mandantenübergreifenden Administrationsrechten
Administration von Batch Input Mappen	S_BDC_MONI	SM35
Administration von Transaktionen	S_ADMI_FCD	SM01; Risiken bestehen bei dem Recht zum Sperren bzw. Entsperren von Transaktionen
Administration des Transport Management Systems	S_CTS_ADMI	SE09, STMS
Programmentwicklung bzw. –modifikation	S_DEVELOP S_PROGRAM S_VMC_TRAN	SA38, SE38; Neben Rechten bzgl. ABAP-Programmen sind auch solche bzgl. JAVA-Programmen sowie Funktionsbausteinen zu berücksichtigen
Administration von Querys	S_QUERY	SQ01, SQ02, SQ03
Administration von Betriebssystemkommandos	S_LOG_COM	SM49; Hohe Risiken bestehen bei Rechten zum unmittelbaren Ausführen von Betriebssystemkommandos
Benutzer- und Berechtigungsverwaltung	S_USER_ADM S_USER_AGR S_USER_AUT S_USER_GRP S_USER_OBJ S_USER_PRO	SU01, SU10, PFCG
Administration von Nummernständen bzw. Nummenrnkreisobjekten	S_NUMBER	SNRO

3.1.5.3 Vergabe kritischer Geschäftsprozess-bezogener Berechtigungen

SAP-Fakten:

Ein Anwender, der mit Hilfe des SAP-Systems Informationen zu den Geschäftsprozessen erfasst, verarbeitet oder auswertet, startet in der Regel Anwendungstransaktionen. Um ein Verständnis der Prüfung entsprechender Berechtigungen zu erhalten, wird zunächst betrachtet, welche Zugriffskontrollen das System bei welcher Art von Transaktionen vornimmt. Das Szenario bezieht sich auf den Materialstamm mit einem Feld, das für die Preissteuerung z.B. von der Festlegung „Standardpreis" auf „Gleitender Durchschnittspreis" geändert wird. In dem Szenario erfolgen die Bewertung und damit die Zugriffskontrolle auf Ebene des Werkes. Der Anwender wird die Materialstammpflege z.B. über die Transaktion MM02 (Material ändern) gemäß folgender Abbildung vornehmen.

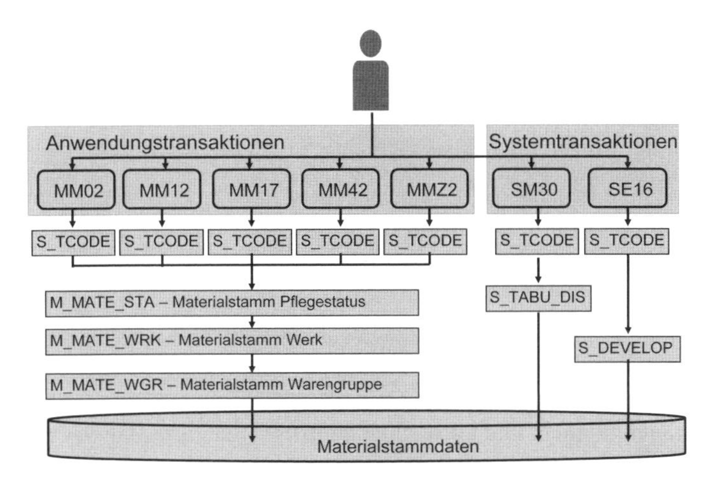

Abb. 3.1.5.3-10: Ablauf der Zugriffskontrolle bei Materialstammdatenänderungen

Alternativ stehen ihm verschiedene andere Anwendungstransaktionen zur Verfügung, wie z.B. MMZ2. Jetzt werden die Zugriffskontrollen betrachtet: Bei dem Aufruf einer jeden Transaktion kontrolliert das SAP-System, ob die Benutzer-ID über eine Berechtigung zu dem entsprechenden Transaktionscode verfügt. Das hierzu verprobte Berechtigungsobjekt ist S_TCODE. Danach werden weitere Berechtigungsobjekte verprobt. Entscheidend ist, dass unabhängig von der genutzten Anwendungstransaktion stets die gleichen Berechtigungen notwendig sind, um die Datenpflege vorzunehmen. In dem Szenario müssen Änderungsrechte für den Pflegestatus, hier die Buchhaltungssicht im Materialstamm, das Werk und die Warengruppe, die in dem zu pflegenden Material hinterlegt sind, vorhanden sein. Verfügt die Benutzer-ID somit über die Berechtigung zum Transaktionscode, ist der verwendete Weg zur Datenpflege für die Autorisierung unerheblich. Materialstammdaten können nicht nur über Anwendungstransaktionen gepflegt werden. Es stehen auch diverse andere Wege zur Verfügung, die zwar untypisch sind, unter Risikogesichtspunkten jedoch nicht zu vernachlässigen sind: Es handelt sich um Systemtransaktionen, von denen exemplarisch 2 betrachtet werden. Über die Transaktion SM30 kann unmittelbar auf die Tabelle zugegriffen werden, in der die Materialstammdaten enthalten sind. Die Daten zur

Preissteuerung können geändert werden. Die zweite Transaktion ist die SE16, mit deren Hilfe über das Debugging („elektronisches Radieren") die Daten im Materialstamm gepflegt werden können. Bei den Systemtransaktionen werden nicht Berechtigungen zu Berechtigungsobjekten wie bei den Anwendungstransaktionen verprobt.

Will der Revisor eine Aussage treffen, welche Benutzer-IDs das Preissteuerungsfeld im Materialstamm pflegen können, muss er die verschiedenen Zugriffswege berücksichtigen, Da viele Systemtransaktionen Zugriffsmöglichkeiten für grundsätzlich alle geschäftsprozessbezogenen Daten einräumen, bietet es sich an, die Zugriffsrechte im Rahmen der Basis-Berechtigungen zu prüfen.

Prüfungshandlungen:

- Nehmen Sie zunächst die wesentlichen Geschäftsprozesse auf, die durch das SAP-System unterstützt werden. Bereiten Sie ein Prüfprogramm vor, zu welchen Zugriffsrechten Sie die Benutzer-IDs feststellen wollen, die über die entsprechenden Berechtigungen verfügen.
- Berücksichtigen Sie die Zugriffsmöglichkeiten über Systemberechtigungen, die Sie im Rahmen der Prüfung der Basis-Berechtigungen ermittelt haben.
- Legen Sie fest, welche Berechtigungen in dem jeweiligen SAP-System für die zuvor im Rahmen des Prüfprogramms ermittelten auszuwertenden Zugriffsrechte relevant sind. Die Berechtigungen sollten bis auf die Ebene von Berechtigungsobjekten und deren Werte spezifiziert werden.

  Berücksichtigen Sie, dass Auswertungen ausschließlich auf die Transaktionscode-Berechtigung, also die Berechtigungen zu dem Berechtigungsobjekt S_TCODE, oberflächlich sind. Sie geben höchstens ein Indiz, welche Benutzer-IDs über die Zugriffsrechte verfügen können. Der tatsächlich zugriffsberechtigte Benutzerkreis kann dann kleiner sein als der in den SAP-Auswertungen ermittelte.

  Berücksichtigen Sie ferner, dass für den Zugriff auf Informationen im SAP-System regelmäßig mehrere Anwendungstransaktionen zur Verfügung stehen. Wenn Sie nur einen Auszug aus diesen Transaktionscodes bei den Berechtigungsprüfungen auswerten, kann der tatsächlich zugriffsberechtigte Benutzerkreis größer sein als der in SAP-Auswertungen ermittelte.
- Für die Auswertungen im SAP-System stehen analog zu vorhergehenden Prüfungshandlungen die Transaktion SUIM mit dem Auswertungsweg *Benutzer – Benutzer nach komplexen Selektionskriterien – Benutzer nach komplexen Selektionskriterien* oder alternativ das Programm RSUSR002 zur Verfügung.

  Zur Festlegung der auszuwertenden Berechtigungsobjekte und deren Werte eignen sich folgende Ansatzpunkte:

  Anzeige der Pflegevorschläge je Transaktion
  Mit der Transaktion SU24 (Ber.Objekt-Prüf. unter Transaktionen) können für jeden Transaktionscode Pflegevorschläge angezeigt werden. Folgende Abbildung verdeutlicht dies für die Transaktion FS00 (Sachkontenstammdatenpflege). Die Pflegevorschläge umfassen die Berechtigungsobjekte, deren Felder und Werte.

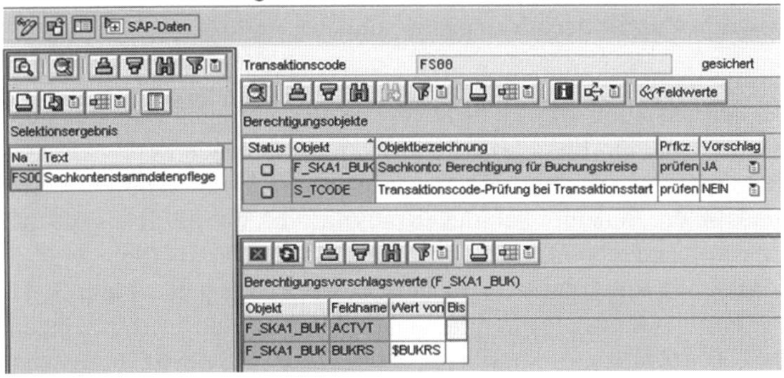

Transaktion FS00 anzeigen

Abb. 3.1.5.3-20: Anzeige der Pflegevorschläge mit der Transaktion SU24 © *SAP*

Aufbau einer Test-Benutzer-ID
In einem dem Produktivsystem vorgelagerten Testsystem kann eine Benutzer-ID aufgebaut werden, die mit minimalen Berechtigungen ausgestattet wird. Tritt bei ihrem Einsatz eine Zugriffsverweigerung auf, so kann unmittelbar nach der Fehlermeldung die zuletzt geprüfte Berechtigung mit der Transaktion SU53 (Auswertung der Berechtigungsprüfung) ermittelt werden. Die festgestellte Berechtigung ist dann der Benutzer-ID hinzuzufügen. Es schließt sich ein erneuter Test und gegebenenfalls wieder eine SU53-Auswertung an. Dieses Vorgehen ist zwar aufwendig, gibt aber ein hohes Maß an Sicherheit, dass für die jeweilige SAP-Installation die Berechtigungsauswertungen korrekt und somit mit einer hohen Aussagekraft erfolgen können.

Verwendung des Berechtigungstraces
Diesem Trace liegt das Vorgehen zugrunde, dass eine Benutzer-ID mit weitgehenden Berechtigungen die jeweilige Transaktion durchführt, die dabei erfolgten Berechtigungsprüfungen automatisch vom SAP-System in einer Trace-Datei aufgezeichnet werden und der Trace anschließend ausgewertet wird. Der Berechtigungstrace sollte nicht im Produktivsystem erfolgen, um ungewollte Datenänderungen auszuschließen. Er wird mit der Transaktion ST01 (System-Trace) verwaltet. In der Transaktion ist die Trace-Komponente „Berechtigungsprüfung" auszuwählen und die Schaltfläche *Trace an* zu nutzen. Nach der Aktivierung werden alle Berechtigungsprüfungen aufgezeichnet. Über die Schaltfläche *Auswertung* in der Transaktion ST01 wird die Trace-Datei gelesen. In den Optionen sollten ausschließlich die Trace-Sätze für Berechtigungsprüfungen ausgewählt werden. Nach Abschluss der Analyse sollte der Trace in der Transaktion ST01 über die Schaltfläche *Trace aus* deaktiviert werden.

Anzeige der Dokumentation zu den Berechtigungsobjekten
Die Dokumentation steht über die Transaktion SUIM und den Auswertungsweg *Berechtigungsobjekte – Berechtigungsobjekte nach komplexen Selektionskriterien* zur Verfügung.

- Berücksichtigen Sie bei den Auswertungen mit Hilfe des Programms RSUSR002, dass viele Berechtigungsobjekte als Feld sog. Organisationsebenen, wie z.B. den Buchungskreis besitzen. Legen Sie im Rahmen der Aufnahme und Erarbeitung des Prüfprogramms detailliert fest, für welche Buchungskreise, Werke, Verkaufsorganisationen usw. die Zugriffsrechte zu prüfen sind.

- Messen Sie dem Berechtigungsobjekt S_TCODE keine übermäßige Bedeutung zu, sondern berücksichtigen Sie vor allem die Berechtigungsobjekte, welche nach dem Transaktionscode für die Zugriffskontrolle herangezogen werden. Ein Grund sind sog. Parametertransaktionen, die, wie im Abschnitt 3.1.5.5 ab Seite 118 beschrieben, angelegt sein können. Bei einer Parametertransaktion A mit der Transaktion B „im Bauch" erhält der Anwender beim Aufruf von A die gleiche Verarbeitung wie beim Aufruf von B. Im Berechtigungskonzept wird über das Berechtigungsobjekt S_TCODE jedoch nur A verprobt. Bei der Prüfung ausschließlich auf den Wert B können mehr Benutzer-IDs Zugriffsrechte besitzen, als die RSUSR002-Auswertung angibt. Parametertransaktionen wie in dem Beispiel die Transaktion A können als trojanisches Pferd bei einer übermäßigen Fokussierung bzw. Eingrenzung auf Transaktionscodes somit zu falschen Prüfungsaussagen führen.

3.1.5.4 Schutz der Zugriffe auf SAP-Programme

SAP-Fakten:

Ein Benutzer nutzt im Regelfall Anwendungstransaktionen, die Programme aufrufen. Neben diesen Programmen stehen im SAP-System eine Vielzahl von weiteren Programmen zur Verfügung. Transaktionen wie SA38 erlauben, grundsätzlich jedes dieser Programme zu starten. Damit ist das Risiko verbunden, dass die Programme Zugriff auf Informationen gewähren, welche dem Anwender über die üblichen Anwendungstransaktionen verwehrt bleiben. Viele der Programme besitzen nicht die zu erwarteten Zugriffskontrollen in Form der Authority-Check-Anweisungen oder sie verproben andere Berechtigungsobjekte als die Anwendungstransaktionen, die den Zugriff auf die identischen Informationen erlauben. Kritisch zu bewerten sind Transaktionen wie SA38, SE30 (ABAP Objects Laufzeitanalyse), SE38 (APAP Editor), SE84 (Repository-Infosystem), sub% (Interner Aufruf: Submit über OK-Code) oder START_REPORT (Starten eines Reports). Bei allen diesen Transaktionen kann grundsätzlich jedes Programm gestartet werden.

Folgendes Szenario zeigt auf, wie wirksame Zugriffskontrollen für Programme aufgebaut werden können. Anstelle der Berechtigung für den pauschalen Zugriff auf Programme wird zu einem zu autorisierenden Programm ein individueller Transaktionscode erzeugt. Das Vorgehen wird anhand eines kundeneigenen Beispiel-Programms ZREPORT4711 erläutert. In einem ersten Schritt wird mit Hilfe der Transaktion SE43 (Bereichsmenüpflege) ein sog. Bereichsmenü erstellt. Damit kann der Anwender später die Transaktion bzw. das damit verknüpfte Programm aus einem Menü aufrufen, wie er dies vom SAP-Menü gewohnt ist. In das Bereichsmenü wird ein Eintrag, ein Bericht eingefügt. Es handelt sich um das Programm ZREPORT4711. In der Transaktion werden über die Schaltfläche *Weitere Optionen anzeigen* die Transaktionscodeoptionen geöffnet. Damit wird der Transaktionscode Z_ZREPORT4711 erfasst. Mit dem Speichern des Eintrags wird der Transaktionscode im System erzeugt. In dem zweiten Schritt wird mit der Transaktion PFCG eine Rolle erstellt, welche als Berechtigung den Wert Z_ZREPORT4711 für das Berechtigungsobjekt S_TCODE erhält. Die bisherigen Schritte erfolgten im Entwicklungssystem. Im dritten Schritt werden Bereichsmenü und Rolle in das Zielsystem transportiert.

Im vierten Schritt wird den Benutzer-IDs, welche für das Programm autorisiert werden sollen, die Rolle zugewiesen. Die Benutzer-IDs können damit über die Transaktion Z_ZREPORT4711 das Programm starten, sind aber von der Ausführung anderer Programme ausgeschlossen.

Prüfungshandlungen:

- Stellen Sie fest, welche Benutzer-IDs grundsätzlich alle Programme starten können. Verwenden Sie für die Prüfung die Transaktion SUIM bzw. das Programm RSUSR002 mit folgender Parametrisierung:

Berechtigungsobjekte	Felder	Feldbezeichnungen	Werte
S_TCODE	TCD	Transaktionscode	SA38
S_PROGRAM	P_ACTION	Benutzeraktion ABAP/4 Programm	SUBMIT
	P_GROUP	Berechtigungsgr.ABAP/4	#*

- Nutzen Sie das Programm RSUSR002 für weitergehende Analysen. Die Berechtigungsgruppe kann auf einzelne Werte eingegrenzt werden. Über die Transaktion SE38 kann ermittelt werden, welche Berechtigungsgruppe und weitere Eigenschaften ein Programm hat. Hierzu ist das Programm auszuwählen und die Option *Eigenschaften – Anzeigen* zu wählen, wie die Abbildung für ein Abschreibungsprogramm verdeutlicht:

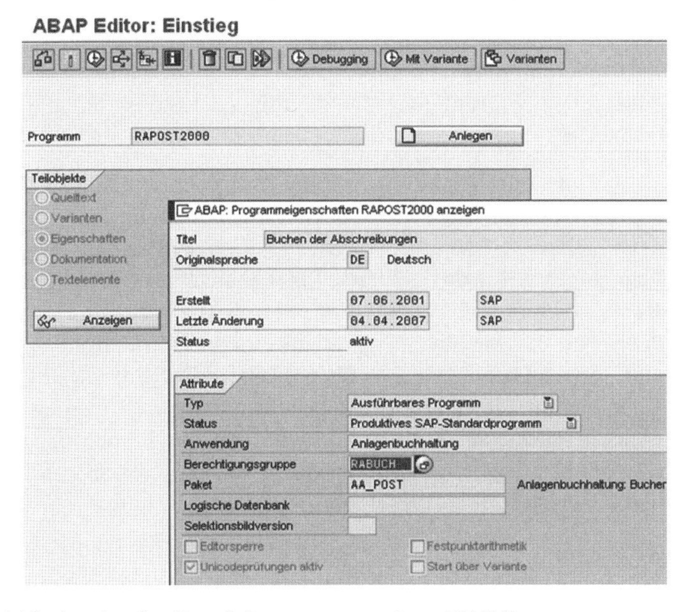

Abb. 3.1.5.4-10: Anzeige der Berechtigungsgruppe eines APAP-Programms *© SAP*

- Prüfen Sie ausgehend von kritischen Programmen mit welchen spezifischen Transaktionen sie aufgerufen werden können. Dazu eignet sich der Einstieg mit der Transaktion SE38. Nach der in Abb. 3.1.5.4-10 dargestellten Anzeige eröffnet die Schaltfläche *Verwendungsnachweis* die Auswahl bzgl. *Transaktionen*. Die Verarbeitung liefert z.B. folgendes Ergebnis:

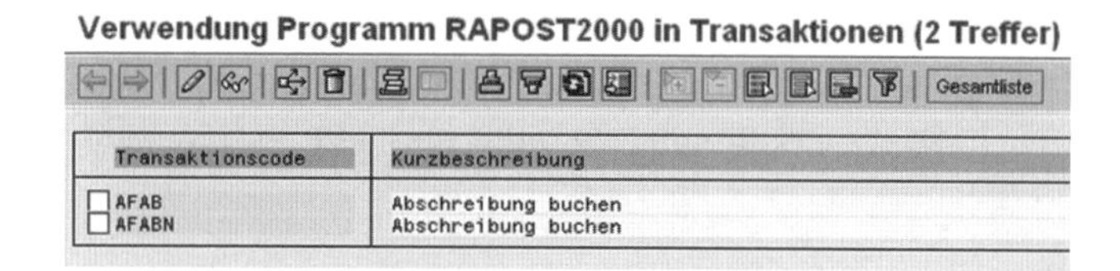

Abb. 3.1.5.4-20: Anzeige der Transaktionen, mit denen ein Programm aufgerufen werden kann © SAP

- Prüfen Sie wiederum mit dem Programm RSUSR002, welche Benutzer-IDs die ermittelten Transaktionen ausführen dürfen.

3.1.5.5 Schutz der Zugriffe auf SAP-Tabellen

SAP-Fakten:

Die Verarbeitung innerhalb des SAP-Systems erfolgt maßgeblich tabellengesteuert. Tabellen enthalten variable Festlegungen für die Ablaufsteuerung z.B. bei der Kontenfindung, Algorithmen z.B. bei der Ermittlung von Umsatzsteuerbeträgen oder der maschinellen Generierung von Buchungen z.B. bei Skontoerträgen. Tabellen besitzen in vielen Fällen eine zentrale Steuerungsfunktion. Änderungen an ihrem Inhalt haben somit vielfach die gleiche Qualität wie Programmänderungen, so dass Tabellenänderungen in einem produktiven System grundsätzlich nicht autorisiert sein sollten. Bei Tabellen können mandantenspezifische und mandantenübergreifende Tabellen unterschieden werden. Die Inhalte von mandantenübergreifenden Tabellen haben Einfluss auf die Verarbeitung in allen SAP-Mandanten.

SAP stellt Transaktionen zur Verfügung, mit denen der schreibende als auch lesende Zugriff auf nahezu alle Tabellen eröffnet wird. Es handelt sich um Transaktionen wie SE11 (ABAP Dictionary Plege), SE16_OLD (ABAP Dictionary Plege), SE16, SE16N (Allgemeine Tabellenanzeige), SE17 (Allgemeine Tabellenanzeige), SE54 (Generierung Tabellensicht), SE84 (Repository-Infosystem), SM30 (Aufruf View-Pflege) und SM31 (Aufruf Viewpflege analog SM30). Auch wenn der Name einiger Transaktionen auf Anzeigefunktionen hindeutet, so ist zu beachten, dass über Hilfsmittel wie den sog. Tabellenpflegegenerator neue Tabelleneinträge erfasst sowie bestehende gepflegt werden können. Bei der Zugriffsmöglichkeit mit diesen Transaktionen besteht das Risiko, dass Tabelleninhalte unter Umgehung der Kontrollen im Rahmen von geordneten Verfahrensänderungen geändert werden und falsche Verarbeitungsergebnisse erzeugt werden.

Folgendes Szenario zeigt auf, wie wirksame Zugriffskontrollen für Tabelleninhalte aufgebaut werden können. Anstelle der Berechtigung für den pauschalen Zugriff auf Tabelleninhalte wird zu einer zu autorisierenden Tabelle ein individueller Transaktionscode erzeugt. Das Vorgehen wird anhand einer kundeneigenen Beispiel-Tabelle ZTAB4711 erläutert. In einem ersten Schritt wird mit Hilfe der Transaktion SE93 (Pflege Transaktionscodes) die neue Transaktion Z_ZTAB4711 angelegt. Diese wird als sog. Parametertransaktion angelegt, in der als Transaktion die SM30 und die Option „Einstiegsbild überspringen" gewählt wird. Bei den Namen des Dynprofelds werden folgende Eingaben vorgenommen: VIEWNAME=ZTAB4711 und UPDATE=X. In dem zweiten Schritt wird mit der Transaktion PFCG eine Rolle erstellt, welche als Berechtigung den Wert Z_ ZTAB4711 für das Berechtigungsobjekt S_TCODE erhält. Die bisherigen Schritte erfolgten im Entwicklungssystem. Im dritten Schritt werden die neue Transaktion und die Rolle in das Zielsystem transportiert. Im vierten Schritt werden den Benutzer-IDs, welche für die Pflege der Tabelle ZTAB4711 autorisiert werden sollen, die Rolle zugewiesen. Die Benutzer-IDs können damit über die Transaktion Z_ ZTAB4711 für eine einzelne Tabelle Inhalte pflegen. Der Zugriff auf andere Tabellen wird unterbunden. Die Zugriffskontrolle im Berechtigungskonzept in Bezug auf den Transaktionscode (Berechtigungsobjekt S_TCODE) wird ausschließlich auf den Wert Z_ ZTAB4711 vorgenommen; eine Berechtigung zu SM30 wird nicht verprobt.

Prüfungshandlungen:

- Stellen Sie fest, welche Benutzer-IDs grundsätzlich auf alle Tabelleninhalte ändernde Rechte besitzen. Verwenden Sie für die Prüfung die Transaktion SUIM bzw. das Programm RSUSR002 mit folgender Parametrisierung:

Berechtigungsobjekte	Felder	Feldbezeichnungen	Werte
S_TCODE	TCD	Transaktionscode	SM30
S_TABU_DIS	ACTVT	Aktivität	02
	DICBERCLS	Berechtigungsgruppe	#*

  Führen Sie das Programm mit alternativen Transaktionscode-Werten für das Feld TCD aus wie z.B. SE16, SE16N, SE17, SE54, SE84 und SM31 aus. Berücksichtigen Sie, dass durch Parametertransaktionen die Tabellenpflege auch mit einer Vielzahl weiterer, eventuell kundeneigener Transaktionen möglich ist.

- Nutzen Sie das Programm RSUSR002 für weitergehende Analysen, indem Sie prüfen, welche Benutzer-IDs Tabellen bestimmter Berechtigungsgruppen ändern können. Die Berechtigungsgruppe kann auf einzelne Werte eingegrenzt werden. Über die Transaktion SE16 und die Tabelle TDDAT wird angezeigt, welche Berechtigungsgruppe eine Tabelle besitzt. Umgekehrt kann mit der Tabelle TDDAT auch bestimmt werden, welche Tabellen einer bestimmten Berechtigungsgruppe zugewiesen sind. In der Tabelle korrespondiert das Feld „Berechtigung" mit der Berechtigungsgruppe gemäß des Berechtigungsobjektes S_TABU_DIS.

- Prüfen Sie, welche Benutzer-IDs lesenden Zugriff auf Tabelleninhalte haben. Für die Parametrisierung ist die Aktivität 03 relevant. Hierbei ist zu berücksichtigen, dass durch die Anzeige von Tabelleninhalten systemseitige Kontrollen umgangen werden können. So werden die Kennworte der Benutzer-IDs auch in Tabellen abgelegt. Die Speicherung erfolgt zwar in verschlüsselter Form anhand von Hashwerten. Da die Hashfunktion jedoch bekannt ist, können mit Hilfe der Kenntnis der Kennworttabelleninhalte vergleichsweise einfach Kennwörter „geknackt" werden. Die Kennwörter werden in der Tabelle USR02 (Anmeldedaten) gespeichert. Folgende Prüfungshandlung mit dem Programm RSUSR002 deckt die zugriffsberechtigten Benutzer-IDs für die Kennworttabelle auf:

Berechtigungsobjekte	Felder	Feldbezeichnungen	Werte
S_TCODE	TCD	Transaktionscode	SM30 und alternative
S_TABU_DIS	ACTVT	Aktivität	03
	DICBERCLS	Berechtigungsgruppe	SC

Berücksichtigen Sie auch, dass Leserechte auf Tabelleninhalte mit personenbezogenen Daten Konfliktpotential in Bezug auf datenschutzrechtliche Anforderungen darstellen können.

- Prüfen Sie, welche Benutzer-IDs Zugriff auf mandantenübergreifende Tabelleninhalte besitzen. Für die Parametrisierung des Programms ist ein weiteres Berechtigungsobjekt relevant. Die Parametrisierung in Bezug auf die Zugriffsrechte zum Ändern einer mandantenübergreifenden Tabelle lautet:

Berechtigungsobjekte	Felder	Feldbezeichnungen	Werte
S_TCODE	TCD	Transaktionscode	SM30 und alternative
S_TABU_DIS	ACTVT	Aktivität	02
	DICBERCLS	Berechtigungsgruppe	*
S_TABU_CLI	CLIIDMAINT	Kennzeichen für mandantenunabhängige Pflege	X

- Stellen Sie anhand der Dokumentation zum Berechtigungskonzept fest, welche Tabellen über Systemtransaktionen wie SM30 unmittelbar im Produktivsystem pflegbar sind. Beurteilen Sie, ob der Zugriffsschutz für die Pflege bzw. Anzeige von Tabelleninhalten sachgerecht über das Berechtigungskonzept umgesetzt ist.

3.1.6 Abbildung von Funktionstrennungen

3.1.6.1 Möglichkeiten der Umsetzung von Funktionstrennungen

SAP-Fakten:

Das SAP-System umfasst modular strukturierte Komponenten, mit deren Hilfe die betriebswirtschaftlichen Aktivitäten eines Unternehmens abgebildet werden können. Die jeweiligen betriebswirtschaftlichen Aufgaben können als Prozessketten dargestellt werden, an denen regelmäßig viele Mitarbeiter beteiligt sind. Für die effiziente und sichere Verarbeitung muss daher festgelegt werden, welche Zugriffsrechte der einzelne Mitarbeiter benötigt. Kurz formuliert lautet die Frage: Welcher Arbeitsplatz benötigt welche Zugriffsrechte?

Die Bezeichnung „Arbeitsplatz“ wird hier als zentraler Begriff für eine Stelle, Rolle oder Aufgabe verwendet, die sich durch genau festgelegte Zugriffsrechte auszeichnet. Die Abbildung von Funktionstrennungen im SAP-System bedeutet die Zugriffskontrollen durch ein derartiges arbeitsplatzbezogenes Berechtigungskonzept zu implementieren. Dem Arbeitsplatz-Konzept liegt der organisationstheoretische Ansatz zugrunde, dass für eine transparente Darstellung der Organisation 2 Schritte notwendig sind: Der erste Schritt besteht in der Aufgabengliederung, durch welche der unübersichtliche Gesamtblock der Unternehmensaufgabe nach bestimmten Gesichtspunkten aufgelöst wird. Es genügt jedoch nicht, Aufgaben lediglich zu gliedern; sie müssen in einem zweiten Schritt auch nach bestimmten Kriterien zu Arbeitsplätzen zusammengefasst werden.

Für die Aufgabengliederung und die anschließende Zusammenfassung sind 3 Zugriffs-Dimensionen zu unterscheiden:

- Vertikale Differenzierung
- Horizontale Differenzierung
- Aktivitätsbezogene Differenzierung

Diese Dimensionen der Funktionstrennungen werden am Beispiel einer Prozesskette aus dem Vertriebsprozess erläutert, die mit der Kundenanfrage beginnt und sich über mehrere Funktionen wie der Lieferung, Faktura und debitorische Buchung bis in die Ergebnisrechnung erstreckt.

Die **vertikale Differenzierung** zielt darauf ab, einzelne Arbeitsplätze zu bilden, die jeweils ein festgelegtes Teilstück dieser Prozesskette bearbeiten. Für die Prozesskette können die Arbeitsplätze „Lagersachbearbeiter", „Verkaufssachbearbeiter" und „Debitorenbuchhalter" gebildet werden. Das Berechtigungskonzept muss demnach leisten, dass der Lagersachbearbeiter Lieferungen bearbeiten kann, nicht jedoch Zugriff auf Fakturierungen oder debitorische Buchungen erhält. Diese Funktionstrennung zielt auf die Frage: Was darf an einem Arbeitsplatz bearbeitet werden? Im Berechtigungskonzept erfolgt die Umsetzung, indem ermittelt wird, welche Transaktionen und Berechtigungsobjekte für einen Arbeitsplatz relevant sind.

Hierzu ist anzumerken, dass für einen Arbeitsplatz oft eine Vielzahl von Transaktionen bzw. Berechtigungsobjekten relevant ist. Bedeutsam sind an dieser Stelle die Transaktionen bzw. Objekte, mit deren Hilfe die Funktionstrennung realisiert wird. Folgende Abbildung verdeutlicht die vertikale Differenzierung ausgehend von der Prozess- über die Arbeitsplatzebene bis hin zu der Berechtigungsebene. Auf letzterer sind die Berechtigungsobjekte aufgeführt.

Kundenanfrage → Angebot → Kundenauftrag → Lieferung → Faktura → Debitor → Ergebnisrechnung

Ebene			
Geschäftsprozess	Lieferung	Faktura	Debitor
Arbeitsplatz	Lagersachbearbeiter	Verkaufsachbearbeiter	Debitorenbuchhalter
Berechtigung	Lieferung: Berechtigung für Versandstellen	Fakturierung: Berechtigung für Fakturaarten	Debitor: Kontenberechtigung

Abb. 3.1.6.1-10: Funktionstrennungen über vertikale Differenzierungen

Mittels der **horizontalen Differenzierung** werden einzelne Arbeitsplätze vor dem Hintergrund gebildet, dass die Teilstücke einer Prozesskette unterschiedliche Organisationsebenen betreffen. Für die beispielhafte Prozesskette kann somit eine weitere Differenzierung vorgenommen werden, wenn bezüglich der Organisationsebene „Versandstelle" zwischen den Versandstellen Berlin und Düsseldorf unterschieden wird. Bezüglich der Debitoren soll zwischen der Gruppe der inländischen und ausländischen Debitoren unterschieden werden. Die Arbeitsplätze sind somit „Lagersachbearbeiter Berlin“, „Lagersachbearbeiter Düsseldorf, „Debitorenbuchhalter Inland“ und „Debitorenbuchhalter Ausland“. Im Berechtigungskonzept erfolgt die Umsetzung, indem ermittelt wird, mit welchen Organisationsebenen die Berechtigungsobjekte ausgeprägt werden. Folgende Abbildung verdeutlicht die horizontale Differenzierung, wobei auf der Berechtigungsebene die Berechtigungsobjekte und die relevanten Felder für die Organisationsebene (Beispiel „Versandstelle“) mit den zugehörigen Werten (Beispiel „001 und „002“) aufgeführt sind.

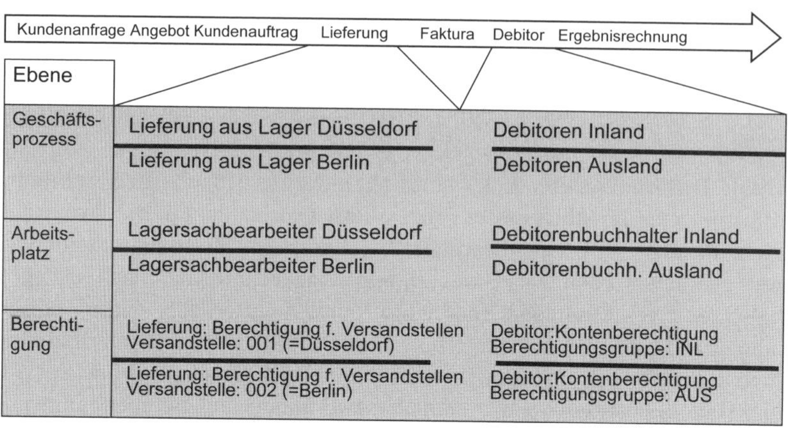

Abb. 3.1.6.1-20: Funktionstrennungen über horizontale Differenzierungen

Die **aktivitätsbezogene Differenzierung** erlaubt, den einzelnen Arbeitsplätzen genau die Aktivitäten zu gestatten, die für die Aufgabenerfüllung notwendig sind. Für die beispielhafte Prozesskette besteht die Funktionstrennung darin, dass auf inländische Debitorenkonten neben dem Debitorenbuchhalter auch der Controller Zugriff hat. Die Zugriffsrechte dieser Arbeitsplätze unterscheiden sich in der Aktivität bzgl. Debitorenkonten: Der Debitorenbuchhalter verfügt über Zugriffsrechte zum Anlegen, Ändern und Anzeigen. Die Zugriffsrechte des Controllers beschränken sich auf die Anzeigeaktivität. Im Berechtigungskonzept erfolgt die Umsetzung durch die Analyse, mit welchen Aktivitäten die Berechtigungsobjekte ausgeprägt werden.

So benötigt der Arbeitsplatz „Debitoren Inland“ 2 Berechtigungen. Diese sind erstens die Berechtigung zum Buchen auf inländische Debitorenkonten und zweitens die Berechtigung zum Anzeigen aller Debitorenkonten. Der Arbeitsplatz „Controller“ erhält zu dem Berechtigungsobjekt eine Berechtigung, die Anzeigerechte für alle Debitorenkonten beinhaltet.

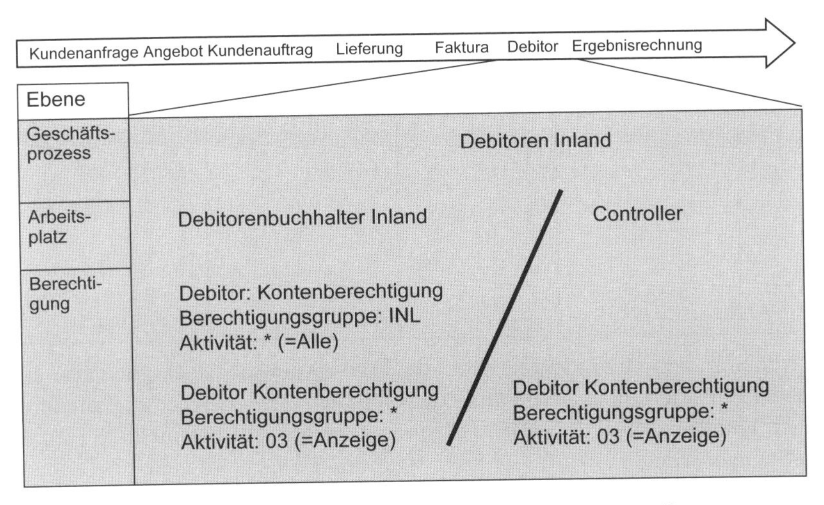

Abb. 3.1.6.1-30: Funktionstrennungen über aktivitätsbezogene Differenzierungen

Ob eine aktivitätsbezogene Differenzierung vorgenommen werden kann, ist an den Feldern eines Berechtigungsobjektes zu erkennen. Ist das Feld „Aktivität" vorhanden, so ist diese Dimension der Differenzierung möglich.

In einigen Berechtigungsobjekten ist das Feld „Aktivität" nicht vorhanden; es ist dennoch eine aktivitätsbezogene Differenzierung möglich. Beispielhaft sind in der folgenden Tabelle solche Berechtigungsobjekte aufgeführt:

Berechtigungsobjekte		**Felder für aktivitätsbezogene Differenzierungen**		**Mögliche Werte**
PLOG	Personalplanung	PPFCODE	Funktionscode	MASS = Anlegen INSE = Hinzufügen AEND = Ändern DISP = Anzeigen DEL = Löschen usw.
P_ORGIN	HR: Stammdaten	AUTHC	Berechtigungslevel	R = Lesen M = Matchcodesuche W = Schreiben usw.
P_APPL	HR: Bewerber	AUTHC	Berechtigungslevel	R = Lesen M = Matchcodesuche W = Schreiben usw.
F_FICA_CCT	Haushaltsmanagement Finanz-Stellenübergreifend	FM_AUTHACT	Aktivität Berechtigungsprüfung	01 = Anlegen 02 = Ändern 03 = Anzeigen 20 = Budget erfassen 21 = Budget anzeigen usw.

Berechtigungsobjekte		Felder für aktivitätsbezogene Differenzierungen		Mögliche Werte
F_FICA_CTR	Haushaltsmanagement Finanzstelle	FM_AUTHACT	Aktivität Berechtigungsprüfung	01 = Anlegen 02 = Ändern 03 = Anzeigen 01 = Anlegen 02 = Ändern 03 = Anzeigen 20 = Budget erfassen 21 = Budget anzeigen usw.

In einer weiteren Betrachtungsweise ist oft der Transaktionscode geeignet, eine aktivitätsbezogene Differenzierung abzubilden. In diesen Fällen erfolgt die Zugriffssteuerung über das Berechtigungsobjekt S_TCODE. Folgende Tabelle stellt beispielhaft Transaktionen aus dem Finanzwesen dar:

Transaktionen	Bezeichnungen und wesentliche Funktionen
FB50	Sachkontenbuchung Einbildtransaktion (zum Erfassen von Belegen)
FB02	Beleg ändern
FB03	Beleg anzeigen
FB08	Beleg stornieren

Ergänzend dazu sollte jedoch auch die dargestellte Steuerung durch anwendungsbezogene Berechtigungsobjekte erfolgen, da oft Transaktionen nur eine Grobsteuerung ermöglichen. So dient z.B. die Transaktion MIR6 (Übersicht Rechnungen) zur Anzeige von Fakturen. Über diese Transaktion können aber auch Fakturabelege storniert werden. Des Weiteren ist zu beachten, dass für einen betriebswirtschaftlichen Vorgang oft mehrere Transaktionen zur Verfügung stehen, mit deren Hilfe die Aktivität ausgelöst werden kann. Einen Überblick zu den Transaktionen und ihrer Bezeichnung gibt die Tabelle TSTCT.

3.1.6.2 Funktionstrennungen bei der Benutzerverwaltung

SAP-Fakten:

Die Benutzerverwaltung bezieht sich auf alle Funktionen im Zusammenhang mit der Administration von Benutzer-IDs. In vielen Fällen werden diese in dem SAP-System administriert, an dem sich der Benutzer über seine Benutzer-ID und das zugehörige Kennwort anmeldet. Bei komplexen SAP-Systemlandschaften kann die Benutzerverwaltung über die sog. Zentrale Benutzerverwaltung (ZBV) in einem Muttersystem durchgeführt werden und die Benutzer-IDs in den abhängigen Töchtersystemen automatisch aktualisiert werden. Als weitere Besonderheit sind Internet-Anwendungen bzw. Portal-Lösungen sowie Single Sign-On-Lösungen zu nennen, bei denen sich die Aufgaben der Benutzerverwaltung einerseits auf das SAP-System als Backendsystem und andererseits auf das vorgelagerte System beziehen.

Prüfungshandlungen:

- Stellen Sie fest, nach welchem Verfahren Benutzer für den Zugriff auf ein SAP-System autorisiert werden. Prüfen Sie, ob in dem Verfahren Funktionstrennungen in Bezug auf die Beantragung, Genehmigung, Einrichtung und Berechtigungszuordnung vorgesehen sind. Prüfen Sie, ob die Funktionstrennungen systemseitig abgebildet sind. Ziehen Sie folgende Berechtigungsobjekte für die Prüfung heran:

Berechtigungs-objekte	Bezeichnungen
S_USER_ADM	Administrationsfunktionen für Benutzer/Berechtigungverwaltg
S_USER_AGR	Berechtigungswesen: Prüfung für Rollen
S_USER_AUT	Benutzerstammpflege: Berechtigungen
S_USER_GRP	Benutzerstammpflege: Benutzergruppen
S_USER_OBJ	Berechtigungswesen: Berechtigungsobjekte global ausschalten
S_USER_PRO	Benutzerstammpflege: Berechtigungsprofil
S_USER_SAS	Benutzerstammpflege: Systemspezifische Zuordnungen
S_USER_SYS	Benutzerstammpflege: System für zentrale Benutzerpflege

  Die beiden zuletzt genannten Berechtigungsobjekte sind nur von Bedeutung, wenn die ZBV eingesetzt wird.

- Beurteilen Sie anhand der Auswertungsergebnisse, ob folgende Funktionstrennungen über das Berechtigungskonzept implementiert sind:
  - Anlage bzw. Änderung von Benutzer-IDs / Berechtigungszuordnung in der Form der Zuweisung von Rechten über Rollen bzw. Profile
  - Anlage bzw. Änderung von Benutzer-IDs / Administration des sicherheitsrelevanten Customizings (z.B. Tabellen, welche über das Berechtigungsobjekt S_USER_ADM geschützt sind)
  - Administration von Benutzer-IDs für Anwendungsbenutzern / Administration von Benutzer-IDs für spezielle Aufgaben wie z.B. SAP-Standardbenutzer oder Notfallbenutzer, welche sich durch spezielle Benutzergruppen auszeichnen
- Prüfen Sie, ob Administratoren in der Historie ihre eigene Benutzer-ID gepflegt haben. Bei einer derartigen Selbstpflege wird eine Funktionstrennung unterlaufen. Mit Hilfe der Transaktion SUIM bzw. des Programms RSUSR100 können die Änderungsbelege für Benutzer-IDs dahingehend ausgewertet werden, ob Übereinstimmungen zwischen der Benutzer-ID und der ID vorliegen, welche Änderungen durchgeführt hat.
- Prüfen Sie bei Einsatz einer Zentralen Benutzerverwaltung (ZBV) deren Konzeption sowie deren Anwendung. Eine ZBV muss gesondert konzipiert und eingerichtet werden. Systemseitig stehen hierzu folgende Transaktionen zur Verfügung:
  - SCUA Zentrale Benutzerverwaltung – Pflege der Systemlandschaft
  - SCUG Benutzerübernahme
  - SCUL Protokolle Zentrale Benutzerverwaltung
  - SCUM Zentrale Benutzerverwaltung – Zuordnung des Verteilungsmodells

Unter Sicherheits- und Revisionsaspekten gilt es, bei Einführung einer ZBV besonderes Augenmerk auf die systemseitig und organisatorisch einzurichtenden Kontrollen zu legen. Es besteht das Risiko, dass durch fehlerhafte Übertragungen Benutzer in Zielsystemen zu umfangreiche, falsche bzw. unzulässige Zugriffsrechte erhalten. Ferner können Benutzer in Zielsystemen in unerwünschter Weise gesperrt oder entsperrt werden. Ferner ist eine typische Gefahr, dass durch die Übertragung Kennwörter oder sicherheitssensible Informationen ausgespäht und dann missbräuchlich eingesetzt werden.

In diesem Zusammenhang gilt es, die Kontrollen (1) im Muttersystem, (2) in den Töchtersystemen und (3) zu den Verteilungsmechanismen, die in der Regel auf RFC-Verbindungen aufgebaut sind, zu prüfen.

- Nehmen Sie das Verfahren auf, wenn Single Sign-On-Lösungen angewendet werden. Beurteilen Sie analog zu ZBV-Lösungen, ob die Zugriffskontrollen in dem Zielsystem durch die Benutzeradministration in einem vorgelagerten System zwingend wirksam sind. Auch bei dem Einsatz von Internet- bzw. Portal-Anwendungen gilt es, die jeweiligen Administrationsverfahren in dem vorgelagerten System zusätzlich zu prüfen. Lösungen wie Employee Self Service (ESS) oder Management Self Service (MSS) sind typische Portal-Anwendungen, bei denen die Identifizierungs-Informationen nicht erst im SAP-System als Backend erfasst, sondern automatisiert an dieses weitergegeben werden.

3.1.6.3 Funktionstrennungen bei der Berechtigungsverwaltung

SAP-Fakten:

Die Berechtigungsverwaltung bezieht sich insbesondere auf die Administration von Rollen, Profilen und Berechtigungen.

Prüfungshandlungen:

- Stellen Sie fest, ob für die Berechtigungsverwaltung Funktionstrennungen vorgesehen sind und diese systemseitig implementiert sind. Die Berechtigungsverwaltung bezieht sich auf die Elemente Rollen, Profile und Berechtigungen. Beurteilen Sie, ob diese Elemente in einem Entwicklungssystem administriert und durch gesonderte Personen auf die Wirksamkeit des Zugriffsschutzes getestet werden.
- Beurteilen Sie ferner, welche Kontrollen zur Sicherung der vollständigen und richtigen Überführung der Berechtigungen in das produktive SAP-System bestehen.
- Nehmen Sie in dem System Auswertungen vor, um festzustellen, wer dort Berechtigungen ändern kann und somit Funktionstrennungen des Change Managementverfahrens unterlaufen kann. Ziehen Sie folgende Berechtigungsobjekte für die Prüfung mit der Transaktion SUIM bzw. dem Programm RSUSR002 heran:

Berechtigungs-objekte	Bezeichnungen
S_USER_AGR	Berechtigungswesen: Prüfung für Rollen
S_USER_AUT	Benutzerstammpflege: Berechtigungen

Berechtigungs-objekte	Bezeichnungen
S_USER_OBJ	Berechtigungswesen: Berechtigungsobjekte global ausschalten
S_USER_PRO	Benutzerstammpflege: Berechtigungsprofil
S_USER_TCD	Berechtigungswesen: Transaktionen in Rollen
S_USER_VAL	Berechtigungswesen: Feldwerte in Rollen

3.1.6.4 Funktionstrennung bei IT-bezogenen Aktivitäten

SAP-Fakten:

IT-bezogene Aktivitäten wie die Systemadministrationsaufgaben werden vorrangig durch Basis-Berechtigungsobjekte (S_*-Berechtigungsbjekte) geschützt. Funktionstrennungen sind hierbei in folgenden Bereichen zu berücksichtigen:

- Funktionstrennung im Hinblick auf Administratoren und fachliche Anwender
- Funktionstrennungen im Hinblick auf einzelne Gruppen von Administratoren, die für bestimmte Funktionen zuständig sind

Der erste Bereich bezieht sich auf eine grundlegende Anforderung an kontrollwirksam betriebene SAP-Systeme. Der Grad der Funktionstrennung für den zweiten Bereich ist stark abhängig von der Größe und Aufgabenteilung bei den administrativen IT-Prozessen: Bei einem SAP-System mit 2 Administratoren werden systemseitig keine Funktionstrennungen berücksichtigt sein. Dagegen sind bei SAP-Installationen, welche im Rahmen von stark arbeitsteiligen Prozessen administriert werden, Funktionstrennungen ein wesentlicher Beitrag zur Sicherung eines stabilen, sicheren und hochverfügbaren Systembetriebs.

Prüfungshandlungen:

- Stellen Sie fest, welche IT-bezogenen Aktivitäten von welchen Benutzern vorgenommen werden sollen.
- Gleichen Sie durch Auswertungen ab, ob ausschließlich die entsprechenden Benutzer-IDs über die dazu notwendigen Berechtigungen verfügen. Zur Auswertung eignet sich wiederum die Transaktion SUIM bzw. das Programm RSUSR002.

3.1.6.5 Funktionstrennung innerhalb der fachlichen Prozesse

SAP-Fakten:

Typisch für SAP-Systeme ist ein hoher Grad an Integration. Damit werden Geschäftsprozesse über Stellen-, Abteilungs- und sogar Unternehmensgrenzen hinweg über einen einheitlichen Datenhaushalt unterstützt. Die Vergabe der Berechtigungen nach dem Prinzip der Vergabe geringstmöglicher Rechte stellt präventive Kontrollen dar. Funktionstrennungen an den unter Risikoaspekten wesentlichen Prozessstellen stehen dabei nicht im Widerspruch zu einer hohen Prozessgeschwindigkeit. Im Gegenteil ist die Implementierung von Funktionstrennungen ein Schlüsselfaktor für eine hohe Datenqualität, sie vermeidet Fehler und reduziert den Aufwand für Kontrollen, welche mögliche Fehler im Buchungsstoff erst am Ende des Geschäftsprozesses nachgelagert aufdecken.

Prüfungshandlungen:

- Nehmen Sie auf, welche Funktionen die Geschäftsprozesse bestimmen. Prüfen Sie, ob Funktionstrennungen in einer Dokumentation vorgegeben werden. Beurteilen Sie, ob die vom Design vorgesehenen Funktionstrennungen unter Risikoaspekten korrekt gewählt sind.
- Prüfen Sie, in welchem Umfang Funktionstrennungen im SAP-System über Zugriffskontrollen implementiert sind. Typisch ist folgendes Vorgehen: Auf der Basis einer Funktionstrennungs-Matrix werden die Berechtigungsstrukturen im SAP-System analysiert, welche zu den jeweiligen betriebswirtschaftlichen Funktionen korrespondieren. Je betriebswirtschaftlicher Funktion – z.B. Kreditoren Stammdatenpflege oder Beleg im Hauptbuch buchen – werden die Strukturen auf den Ebenen von SAP-Transaktionen, Berechtigungsobjekten und Werten spezifisch für das jeweilige SAP-System und dessen Customizing abgeleitet. Hieran schließt sich die Auswertung der Benutzer-IDs an. Im SAP-System steht dazu die Transaktion SUIM bzw. das Programm RSUSR002 zur Verfügung. Berücksichtigen Sie, dass mit diesem Programm je Funktionstrennung mehrere Auswertungen notwendig sind. Im Ergebnis gilt es festzustellen, ob Benutzer-IDs über Berechtigungen verfügen, die gegen die jeweilige Funktionstrennung verstoßen.
- Berücksichtigen Sie bereits in der Prüfungsplanung, dass Auswertungen zu Funktionstrennungen regelmäßig sehr aufwendig sind, um hochwertige Feststellungen zu erhalten. Analysieren Sie, ob neben den im SAP-Standard vorhandenen Programmen externe Auswertungsverfahren, wie z.B. SAP GRC-Solutions (Governance, Risk and Compliance Solutions) oder andere Tools für eine effiziente Prüfung sinnvoll sind.
- Validieren Sie alle Ergebnisse sorgfältig. Im SAP-System steht das Programm RSUSR008_009_NEW (Liste der Benutzer mit kritischen Berechtigungen) zur Verfügung. Zusammen mit mehreren Tabellen (USCRAUIDT, USCRAUTH, USCRAUTHID und USCRCOMID) ist es konzipiert, Benutzer-IDs festzustellen, welche über kritische Berechtigungen bzw. kritische Berechtigungskombinationen verfügen. Das Programm enthält – im Gegensatz zu dem Programm RSUSR002 – von der Konzeption her die Möglichkeit, in einem Verarbeitungslauf mehr als 3 Berechtigungsobjekte anzusprechen. Die Verarbeitungsergebnisse entsprechen jedoch in vielen Konstellationen nicht den zu erwartenden Ergebnissen. Führen Sie daher bei allen Auswertungen zu Funktionstrennungen eine Validierung durch, um sicherzustellen, dass die Programme bzw. Tools zu richtigen Prüfungsfeststellungen führen.
- Prüfen Sie die Abbildung von Funktionstrennungen nicht nur auf Ebene von Benutzer-IDs, sondern auch auf Ebene von Rollen bzw. Profilen. Hierdurch können Risiken an der Wurzel identifiziert werden und wertvolle Feststellungen gewonnen werden, um Zugriffskontrollen und damit die Abbildung von Funktionstrennungen zu verbessern. Im SAP-System eignet sich hierzu die Transaktion SUIM bzw. die Programme RSUSR020 (Profile nach komplexen Selektionskriterien) und RSUSR070 (Rollen nach komplexen Selektionskriterien).

- Wenn sich die Geschäftsprozesse über die Grenzen eines SAP-Systems hinweg erstrecken, nehmen Sie bei Bedarf Auswertungen in mehreren SAP-Systemen vor. Beispielhaft ist die Konstellation eines zentralen SAP-Stammdatensystems, in dem auch die Kreditorenstammdaten gepflegt werden. Aus einem anderen SAP-System wird der Zahlungslauf ausgeführt. Bei der Prüfung, ob die Zugriffskontrollen die Funktionstrennungen bezüglich Kreditorenstammdatenpflege und Zahlungslauf-Ausführung gewährleisten, sind die Berechtigungsanalysen in den jeweiligen SAP-Systemen vorzunehmen.

3.1.7 Checkliste

Nr.	Prüfungshandlung
1.	Stellen Sie fest, ob das Profil SAP_ALL an Benutzer-IDs vergeben ist. Prüfen Sie ferner, ob weitere SAP-Standardprofile wie S_A.DEVELOP, S_A.SYSTEM, S_ABAP_ALL, S_ADMI_ALL oder SAP_NEW Benutzern zugewiesen sind.
2.	Prüfen Sie, ob jede Benutzer-ID, welche Zugriffsrechte für das SAP-System besitzt, eindeutig einer Person zugeordnet werden kann. Analysieren Sie hierzu die Benutzerstammsätze auf anonyme Benutzer-IDs, Gruppen-IDs, IDs für maschinelle Ressourcen sowie auf IDs spezieller Benutzertypen wie Kommunikation, Service und System.
3.	Untersuchen Sie das Verfahren der Benutzerverwaltung. Beurteilen Sie hierbei, ob für die Anlage, Änderung und Löschung von Benutzer-IDs systemseitige und organisatorische Kontrollen wirksam sind. Beurteilen Sie ebenfalls, wie bei Austritten, Stellen- oder Aufgabenwechseln der Benutzer verfahren wird.
4.	Prüfen Sie den Kennwortschutz als eine zentrale Kontrolle zur Authentifizierung der Benutzer. Die Prüfungshandlungen sollten sich auf die grundlegenden Einstellungen in den Profilparametern, die Tabelle der verbotenen Kennwörter, das Verfahren zur Vergabe von Initialkennwörtern, das Verfahren zur regelmäßigen Änderung von Kennwörtern sowie Stichproben zur Qualität der Kennwörter beziehen.
5.	Prüfen Sie, ob Berechtigungen an Benutzer-IDs vergeben sind, welche Risiken für die Ordnungsmäßigkeit der Buchführung darstellen.
6.	Stellen Sie fest, ob ein adäquates Schutzniveau in Bezug auf SAP-Programme implementiert ist.
7.	Stellen Sie fest, ob ein adäquates Schutzniveau in Bezug auf die Inhalte von SAP-Tabellen implementiert ist. Berücksichtigen Sie dabei Anwendungs- und Customizingtabellen, welche für die Steuerung der Verarbeitung wesentlich sind.
8.	Untersuchen Sie das Verfahren und die darin enthaltenen Kontrollen für den Einsatz von Notfallbenutzern und privilegierten Benutzern.
9.	Stellen Sie fest, in welchem Umfang Funktionstrennungen über das Berechtigungskonzept im SAP-System implementiert sind. Beurteilen Sie, ob über diese Funktionstrennungen Risiken in den fachlichen Geschäftsprozessen und den administrativen Unterstützungsprozessen reduziert werden.

Nr.	Prüfungshandlung
10.	Beurteilen Sie die Monitoringverfahren in Bezug auf die Zugriffskontrollen. Nehmen Sie hierzu zeitraumbezogene Auswertungen anhand von Änderungsbelegen zu den Elementen des Berechtigungskonzepts wie Benutzer-IDs, Rollen oder Berechtigungen vor. Beurteilen Sie damit, ob Zugriffskontrollen über einen betrachteten Zeitraum durchgehend wirksam waren.

3.1.8 Transaktionen, Tabellen, Programme

Folgende Aufstellung fasst die Transaktionen, Tabellen und Programme zusammen, die für die Prüfung bzw. Einrichtung und Administration von Zugriffskontrollen von Nutzen sind.

Bei den Transaktionen sind auch solche aufgeführt, welche alternativ aus dem Benutzerinformationssystem mit der Transaktion SUIM aufgerufen werden können, so dass ein Prüfer diese Transaktionen auch dann verwenden kann, wenn er nicht über die Berechtigung für die Transaktion SUIM verfügt. Es handelt sich um die S_BCE*-Transaktionen.

Transaktionen	
PFCG	Pflege von Rollen
RSSCD100_PFCG	Änderungsbelege für Rollenverwaltung
S_BCE_68001393	Benutzer nach Adressdaten
S_BCE_68001400	Benutzer nach komplexen Selektionskriterien
S_BCE_68001409	Profile nach komplexen Selektionskriterien
S_BCE_68001417	Berechtigungen nach komplexen Selektionskriterien
S_BCE_68001425	Rollen nach komplexen Selektionskriterien
S_BCE_68001439	Änderungsbelege für Benutzer
SM04	Benutzerübersicht
SM19	Konfiguration Security Audit
SM20	Auswertung des Security Auditlog
ST01	System-Trace
SU01	Benutzerpflege
SU01D	Benutzeranzeige
SU02	Pflege Berechtigungsprofile
SU03	Pflege Berechtigungen
SU10	Massenpflege Benutzer
SU21	Pflegen der Berechtigungsobjekte
SU22	Ber.objektverwend. in Transaktionen
SU24	Ber.Objekt-Prüf. unter Transaktionen
SU3	Benutzer eigene Daten pflegen
SU53	Auswertung der Berechtigungsprüfung
SU56	Benutzerpuffer analysieren
SUGR	Benutzergruppen pflegen
SUIM	Benutzerinformationssystem
SUPO	Orgebenen pflegen

Tabellen	
TACT	Verzeichnis der Aktivitäten
TACTT	Bezeichnungen der Aktivitäten, die geschützt werden
TACTZ	Gültige Aktivitäten je Berechtigungsobjekt
TBRG	Berechtigungsgruppen
TDDAT	Pflegebereiche für Tabellen
TOBJ_OFF	Objekte, die ausgeschaltet wurden
USCRAUIDT	Kurztexte zu kritische Berechtigungen
USCRAUTH	Berechtigungsdaten von kritische Berechtigungen
USCRAUTHID	Kritische Berechtigungen
USCRCOMID	Stückliste zu kritischen Kombinationen von Berechtigungen
USOBX_C	Checktabelle zu Tabelle USOBT_C
USR02	Logon-Daten
USR03	Adressdaten Benutzer
USR40	Tabelle für verbotene Kennworte
USR41_MLD	Bewegungsdaten zu USR41
USREFUS	Referenzbenutzer für Internetanwendungen
UST12	Benutzerstamm: Berechtigungen

Programme	
PFCG_TIME_DEPENDENCY	Report zum Einplanen für Zeitabhängigkeit der Rollen (Benutzerabgleich)
RSABAPSC	Statische Programmanalyse
RSLG0000	SAP Auswertung des lokalen SysLogs
RSPARAM	Anzeige der SAP-Profilparameter
RSUSR000	Liste aller angemeldeten Anwender
RSUSR002	Benutzer nach komplexen Selektionskriterien
RSUSR002_ADRESS	Benutzer nach Adressdaten
RSUSR003	In allen Mandanten die Kennworte der Benutzer SAP* und DDIC prüfen
RSUSR007	Benutzer mit unvollständigen Adressdaten anzeigen
RSUSR008_009_NEW	Liste der Benutzer mit kritischen Berechtigungen
RSUSR020	Profile nach komplexen Selektionskriterien
RSUSR040	Berechtigungsobjekte nach komplexen Selektionskriterien
RSUSR070	Rollen nach komplexen Selektionskriterien
RSUSR100	Änderungsbelege für Benutzer
RSUSR200	Liste der Benutzer nach Anmeldedatum und Kennwortänderung
RSUSR406	Automatisch das Profil SAP_ALL erstellen

„Gerade wer das Bewahrenswerte bewahren will,
muß verändern, was der Erneuerung bedarf“
Willy Brandt

3.2 Kontrollen im Bereich Verfahrensänderungen

3.2.1 Typische Risiken und Kontrollziele

Ein SAP-System dient im Regelfall der Unterstützung von Geschäftsprozessen. Veränderungen dieser Geschäftsprozesse, aber auch Weiterentwicklung der genutzten SAP-Programmfunktionen führen zwangsläufig zu der Notwendigkeit, ein Veränderungs- bzw. Change Management für die genutzten SAP-Systeme zu etablieren, welches allen internen und externen Anforderungen gerecht wird und hilft, die Risiken der Programmentwicklung zu kontrollieren.

Die mittels Kontrollen zu begrenzenden Risiken ergeben sich im Bereich des Veränderungsmanagements aus dem Spannungsfeld zwischen den verschiedene Prozess- und Kontrollzielen des IT-Unterstützungsprozesses, welche sich zum einen aus Effizienzgesichtspunkten und zum anderen auch aus den Grundsätzen ordnungsmäßiger Buchführung ableiten (siehe Abb. 3.2.1-10).

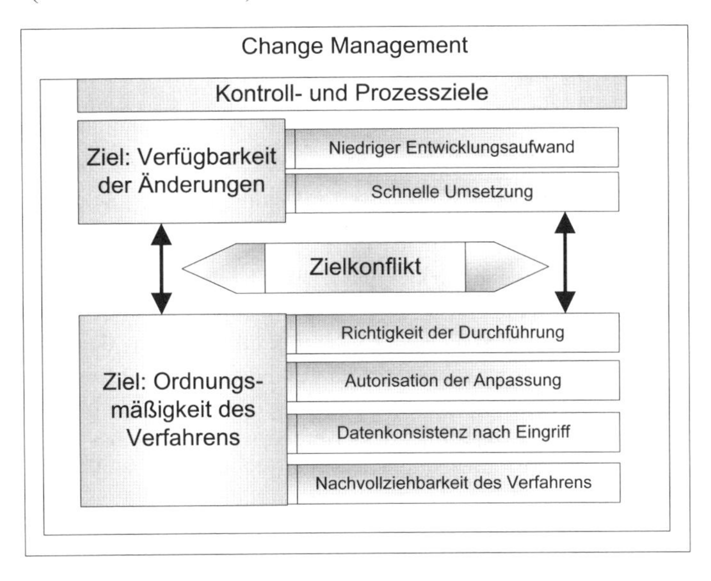

Abb. 3.2.1-10: Zielkonflikte im Change Management

Das sich an der Effizienz des Change Managements orientierende Ziel ist, Geschäftsprozesse anforderungsgerecht und möglichst kostengünstig umzusetzen. Dabei sollen Änderungen an Programmen und Daten möglichst zeitnah bereit stehen, um die Vorteile des IT-gestützten Verfahrens voll auszuschöpfen. Das bedeutet, dass sich die Verfahren der Datenverarbeitung einfach und schnell ändern lassen müssen, ohne dass die zu unterstützenden Prozesse gestört werden. Die Beachtung der Grundsätze ordnungsmäßiger Buchführung gemäß § 239 Abs. 4 HGB und die Berücksichtigung der damit verbundenen Anforderungen an die Sicherheit IT-gestützter Rechnungslegung stellen ein weiteres Prozessziel dar. Dieses Ziel kann zu einem Zielkonflikt mit dem erstgenannten Ziel führen, da die regulatorischen Anforderungen eine nicht zu vernachlässigen Kontroll- und Dokumentationsaufwand erforderlich machen, welcher den Prozess insgesamt verlangsamen und die Kosten einer Entwicklung steigern kann.

Risiken für das Unternehmen bestehen darin, dass Fehler bei der Umsetzung der Verfahrensänderung nicht rechtzeitig erkannt und falsch umgesetzte Verfahrenänderungen produktiv gesetzt werden. In Bezug auf SAP kann eine falsche Customizingeinstellung oder ein falsch programmiertes ABAP- bzw. JAVA-Programm hunderte von nicht bzw. nicht korrekt verarbeitbaren Belegen nach sich ziehen, was zu Fehlern in der Buchführung, Vermögensschäden oder Reputationsverlust führen kann.

Weitere Risiken ergeben sich für das Unternehmen aus einer möglichen Nichteinhaltung gesetzlicher Anforderung, wenn bspw. Änderungen an dem Verfahren nicht nachvollziehbar dokumentiert wurden und Zahlen, die Eingang in die Rechnungslegung des Unternehmens gefunden haben, nicht mehr belegbar sind. Die Grundsätze ordnungsmäßiger DV-gestützter Buchführungssysteme (GoBS) verlangen unter anderem:

- die Sicherstellung der Nachvollziehbarkeit der Buchführungs- bzw. Rechnungslegungsverfahren gemäß § 238 Abs. 1 Satz 2 HGB,
- die Sicherstellung Nachvollziehbarkeit der Abbildung der einzelnen Geschäftsvorfälle in ihrer Entstehung und Abwicklung nach § 238 Abs. 1 Satz 3 HGB sowie
- die Einhaltung der Aufbewahrungszeiträume und Bereitstellung der elektronisch gespeicherten Daten nach § 239 Abs. 4, § 257 HGB und §§ 145 bis 147 AO.
- die Einhaltung der Ordnungsmäßigkeitsanforderungen an die IT-Systeme, welche für die Verarbeitung rechnungslegungsrelevanter Daten verwendet werden.

Aus den beschriebenen Risiken leiten sich die Kontrollziele für den Change Management Prozess ab. So ist sicherzustellen, dass nur autorisierte, ausreichend getestete Änderungen an einem produktiv genutzten SAP-System durchgeführt werden. Die Datenkonsistenz der Produktivdaten muss stets gewährleistet sein und die Aufbewahrungsfristen der elektronisch verarbeiteten Belege müssen eingehalten werden. Das Änderungsverfahren muss weiterhin so ausgestaltet sein, dass alle Änderungen nachvollziehbar bleiben, damit die Unternehmensleitung stets das eingesetzte Verfahren beobachten und steuern kann.

Das Kontrollziel einer richtigen, genehmigten als auch nachvollziehbaren Umsetzung steht im Widerspruch zu dem Prozessziel der möglichst schnellen Umsetzung einer Verfahrensänderung. In der Praxis zeigt sich, dass hierdurch die Versuchung groß sein kann, die Geschwindigkeit der Verfügbarkeitsmachung von Verfahrensänderungen auf Kosten der Genauigkeit und Nachvollziehbarkeit der Änderung zu erhöhen. Gründe hierfür sind zumeist das fehlende Risikobewusstsein bei Entscheidungsträgen und den durchführenden Stellen sowie der mangelhafte Schutz von produktiven Daten und Programmen.

Zahlreiche SAP-Systemfunktionen im Bereich des SAP-System- und -Mandantenschutzes, der prozessorientierten Anwendungsentwicklung und –freigabe sowie der Protokollierung von Einstellungsänderungen unterstützen die Zielerreichung durch verschiedene ab Kapitel 3.2.4 „Änderbarkeit des Produktivsystems“ dargestellte Kontrollen. Im Kapitel 3.2.3 „Change Management bei Einsatz eines SAP-Systems“ wird jedoch zunächst auf grundlegende Themen der SAP-Systementwicklung eingegangen werden, die im Vorfeld einer jeden Systemprüfung untersucht werden müssen.

Zusammenfassend kann man die Risiken und Kontrollziele im Bereich Verfahrensänderung wie folgt beschreiben:

Risiken:

- Änderungen an Programmen und Einstellungen des Produktivsystems werden nicht sach- bzw. anforderungsgerecht umgesetzt.
- Unautorisierte Änderungen des eingesetzten Verfahrens erfolgen im Bereich der Datenverarbeitung des SAP-Systems.
- Nicht ausreichend durchgeführte Programmtests führen dazu, dass Fehler zu spät entdeckt werden.
- Die Datenkonsistenz der Produktivdaten geht verloren.
- Eine Änderungsdokumentation wird nicht erstellt und dieser Sachverhalt gefährdet die Nachvollziehbarkeit des eingesetzten Verfahrens.

Kontrollziele:

- Sicherstellung, dass nur getestete Änderungen, die den Anforderungen des Unternehmens entsprechen, durchgeführt werden.
- Restriktive Vergabe von Berechtigungen zur Durchführung von Änderungen an Programmen und Customizingeinstellungen sowie Schutz der Programme und Einstellungen des Produktivsystems durch Schutzstufen innerhalb der SAP-System- und -Mandantenänderbarkeit.
- Entwicklungsdaten und Produktivdaten sind strikt voneinander getrennt und befinden sich in voneinander unabhängigen Systemen.
- Test- und Freigabeverfahren einschließlich von Maßnahmen unter Anwendung des Vier-Augen-Prinzips werden durch die SAP-Systemlandschaft und das Transportmanagement festgelegt.
- Notfalländerungen werden durch ein geordnetes und nachvollziehbares Verfahren kontrolliert, welches durch Funktionstrennung und Überwachungstätigkeiten die richtige Umsetzung von Änderungen sicherstellt.
- Systemeinstellungen bzgl. der Protokollierung von Änderung stellen sicher, dass die Änderungsdokumentationserstellung durch das SAP-System unterstützt wird.

3.2.2 Quick Wins

Mittels der im folgenden aufgeführten Liste der 10 Quick Wins im Bereich Verfahrensänderungen ist es dem Prüfer möglich, vergleichsweise schnell zuverlässige Prüfungsfeststellungen zu erzielen und durch seine Feststellungen und Empfehlungen zu einer signifikanten Verbesserung der Sicherheit des SAP-Systems und der darin enthaltenen rechnungslegungsrelevanten oder unter weiteren Compliance-Aspekten relevanten Daten beizutragen:

1. Prüfen Sie die aktuelle Einstellung und die Historie der globalen Systemänderbarkeit. Referenz: Kapitel 3.2.4.1, Seite 142.
2. Prüfen Sie die aktuelle Einstellung der SAP-Mandantenänderbarkeit aller Mandanten eines Produktivsystems. Referenz: Kapitel 3.2.4.2, Seite 144.
3. Beurteilen Sie, ob die Berechtigungen für das Setzen der Systemänderbarkeitseinstellungen und der Mandantenänderbarkeitseinstellungen restriktiv an Benutzer vergeben wurden. Referenz: Kapitel 3.2.4.1. und Kapitel 3.2.4.2, Seiten 142 und 144.
4. Suchen Sie in einem produktiven System nach lokalen Transportaufträgen für Customizingänderungen. Referenz: Kapitel 3.2.5.1, Seite 148.
5. Erstellen Sie eine Übersicht über alle im Prüfungszeitraum geänderten Programme außerhalb des SAP-Namensraumes und lassen Sie sich zu den relevanten Transportaufträgen die Freigabe durch die Verantwortlichen System- oder Dateneigentümer zeigen. Referenz: Kapitel 3.2.5.2, Seite 150.
6. Prüfen Sie die Vergabe von Berechtigungen an Benutzer in dem für das untersuchte System relevante Entwicklungssystem bzgl. der Ausprägung einer Funktionstrennung im Bereich der Transportauftrags- und Aufgabenanlage, der Aufgabenfreigaben und des Durchführens des Exports. Referenz: Kapitel 3.2.5.2, Seite 150.
7. Beurteilen Sie die Angemessenheit der Vergabe von Entwicklungsberechtigungen im SAP-System. Referenz: Kapitel 3.2.6, Seite 155.
8. Prüfen Sie die aktuellen Einstellungen des Systemprofilparameters der Tabellenprotokollierung. Referenz: Kapitel 3.2.7.1, Seite 159.
9. Beurteilen Sie die im System protokollierten Tabellen. Referenz: Kapitel 3.2.7.1, Seite 159.
10. Werten Sie die Tabellenänderungen, die über die Transaktion SE16N durchgeführt wurden aus. Referenz: Kapitel 3.2.7.2, Seite 162.

3.2.3 Change Management bei Einsatz eines SAP-Systems

3.2.3.1 Systemlandschaft

SAP-Fakten:

Schon bei der Einführung eines SAP-Systems ist eine kontrollwirksame Ausgestaltung des Change Managements durch Einrichtung einer sinnvollen Systemlandschaft für die Erfüllung aller Ordnungsmäßigkeitsanforderungen an ein System unabdingbar. Die SAP empfiehlt für jedes produktiv genutzte SAP-System eine Systemlandschaft von mindestens zwei Systemen, eine sog. Zwei-Systemlandschaft. Hierbei fungiert ein System als Integrations- und Test- bzw. Qualitätssicherungssystem, während nur das zweite System für die eigentliche Produktion genutzt wird. Da eine solche Zweiteilung bei umfangreichen Programmentwicklungsaktivitäten unweigerlich zu Problemen in der Qualitätssicherung einzelner Teilentwicklung führt, wird von SAP und den meisten SAP-System nutzenden Unternehmen die Drei-Systemlandschaft favorisiert. Die Drei-Systemlandschaft ermöglicht eine klare Datenabgrenzung innerhalb der Entwicklungs- und Qualitätssicherungsprozesse. Bei ihr dient ein Qualitätssicherungssystem als eigenständige Zwischenebene und als Konsolidierungssystem der Funktions- und Abnahmetests aller Programme und Programmeinstellungen unter Bedingungen, die mit denen im Produktivsystem vergleichbar sind.

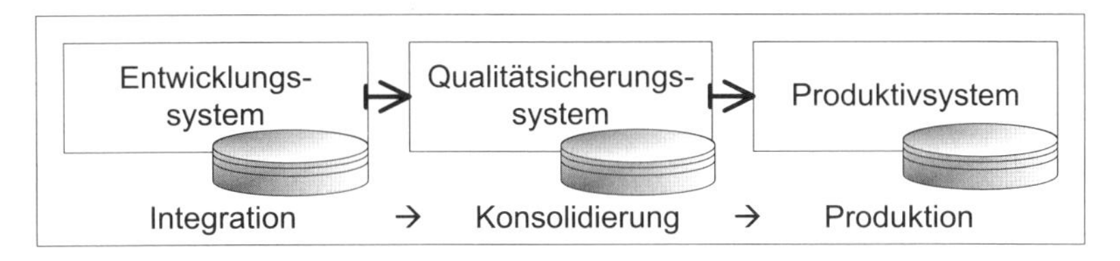

Abb. 3.2.3.1-10: Konsolidierungswege einer Drei-Systemlandschaft

Alle Änderungen eines SAP-System, seien es Änderungen am Customizing oder neu entwickelte Programme oder andere Objekte, werden über sogenannte Transportaufträge aufgezeichnet und können gezielt von einem System auf ein anderes über ein zuvor definiertes Verfahren übertragen werden. Die Definition der Aufgaben der einzelnen Systeme und die einzelnen Transportwege werden über das Transport Management System (TMS) gesteuert.

Die einzelnen Systeme eines solchen Systemverbunds kommunizieren über RFC-Verbindungen und tauschen Transportaufträge untereinander aus.

Die Herkunft einzelner Objekte und Transportaufträge ist systemübergreifend nachvollziehbar, da die Quelle eines Objekts stets als eine Eigenschaft gespeichert wird. Dies dient zur Vermeidung von Inkonsistenzen und zur Sicherstellung gleicher Programmversionen und Customizingeinstellungen.

Bei den Transportaufträgen unterscheidet man aus historischen Gründen Workbench-Aufträge und Customizing-Aufträge, welche jeweils Änderungen in Form von Aufgaben enthalten. Customizing-Aufträge können nur Aufgaben mit Änderungen des mandantenabhängigen Customizings enthalten. Workbench-Aufträge dagegen beziehen sich auf Änderungen an Objekten (bspw. Programmen) und können neue Objekte, Modifikationen und andere mandantenunabhängigen Customizingeinstellungen enthalten.

Transportaufträge werden über den so genannten Transport Organizer verwaltet. Die Aufträge enthalten einzelne Aufgaben, in denen Änderungen an den Objekten oder des Customizings aufgezeichnet und gespeichert werden.

<u>Prüfungshandlungen:</u>

- Nehmen Sie das für das SAP-System relevante Change Management Verfahren auf:

  Welche Systeme werden in der Systemlandschaft des geprüften SAP-Systems verwendet?

  Welche Funktionen haben die einzelnen verwendeten Systeme (Integration, Konsolidierung oder Produktion)?

  Existieren ausreichend und kontrollwirksam ausgestaltete Test- und Genehmigungsverfahren für Änderungen, die über Transporte in das produktive Systemen gelangen?

  Welches Verfahren kommt im Falle von Notfalländerungen zum Einsatz?

  Bereits bei der Aufnahme des Verfahrens können Sie konzeptionelle Schwachstellen im Change Management Prozess identifizieren, welche Sie bei der Prüfungsplanung berücksichtigen sollten.

- Lassen Sie sich die einzelnen System und Transportwege der genutzten Systemlandschaft im TMS anzeigen und vergewissern Sie sich, dass die Einstellungen der einzelnen Systeme den im Unternehmen definierten und eingesetzten Verfahren entsprechen.

  Einen Überblick über die für das geprüfte System relevanten Transportwege erhält man in der Transaktion STMS (Transport Management System).

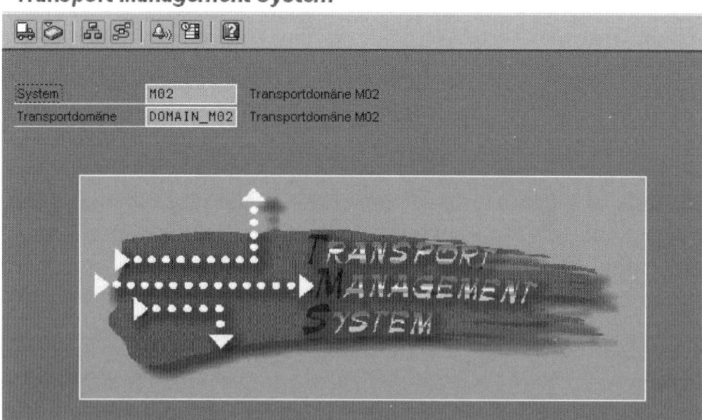

Abb. 3.2.3.1-20: Einstiegsbildschirm der Transaktion STMS *© SAP*

Über den Menüpfad *Übersicht – Systeme* bzw. über das Icon „Systemübersicht (Umsch.+F6)“ erhält man eine Übersicht der Systeme, die dem genutzten Transport Domain Controller[1] bekannt sind.

Die Transportwege erhält man über den Menüpfad *Übersicht – Transportwege.*

1 Ein Transport Domain Controller ist ein SAP-System im Systemverbund, welches die Transporte koordiniert.

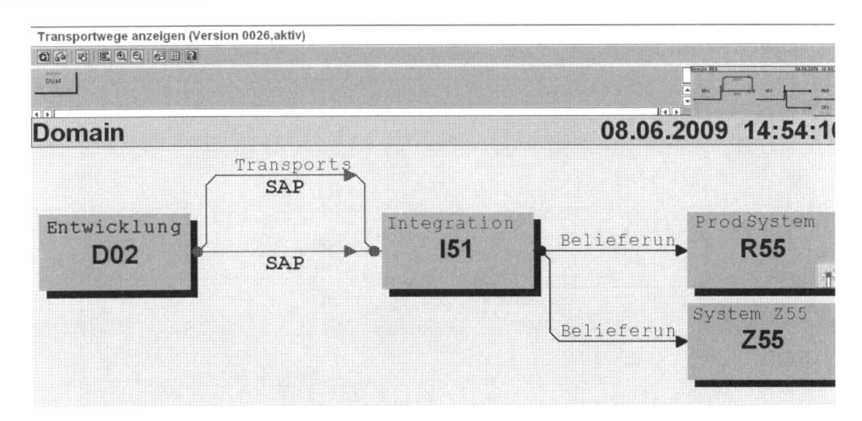

Abb. 3.2.3.1-30: Anzeige der aktiven Transportwege über Transaktion STMS © *SAP*

3.2.3.2 Softwarekomponenten und Namensräume

SAP-Fakten

In einem SAP-System sind alle Objekte, wie bspw. Programme und Tabellen, durch verschiedene Merkmale gruppiert. So gibt es die Softwarekomponenten, welche einzelnen Module der SAP-Systeminstallation ausmachen und alle Programme und Datenbanktabellen enthalten, die für die Nutzung der verschiedenen Funktionen benötigt werden. Zwischen den einzelnen Softwarekomponenten bestehen Abhängigkeiten, so dass bspw. die „SAP Basiskomponenten" (SAP_BASIS) oder die „Anwendungsübergreifende Komponente" (SAP_ABA) in jedem SAP-System zu finden sind. Neben den von SAP ausgelieferten Softwarekomponenten existieren spezielle Komponenten, in denen kundeneigene Entwicklungen zusammengefasst sind. Diese Komponenten heißen „Kundenentwicklungen" (HOME), wenn es sich um transportierbare Objekte handelt, und „Lokale Entwicklungen (kein automatischer Transport)" (LOCAL), sofern die Objekte nur lokal Verwendung finden.

Die Softwarekomponenten werden auch für das Release- bzw. Patch-Management der SAP genutzt. So besitzt jede Softwarekomponente einen Releasestand und einen Support-Package-Level-Stand, welcher über die Transaktion SPAM (Support Package Manager) angezeigt werden kann.

Support-Package-Level der installierten Softwarekomponenten

Komponente	Release der Software	Level	Support Package	Kurzbeschreibung der Komponente
SAP_ABA	700	0009	SAPKA70009	Anwendungsübergreifende Komponente
SAP_BASIS	700	0014	SAPKB70014	SAP Basiskomponente
ST-PI	2005_1_700	0002	SAPKITLQI2	SAP Solution Tools Plug-In
PI_BASIS	2005_1_700	0009	SAPKIPYJ79	PI_BASIS 2005_1_700
SAP_BW	700	0009	SAPKW70009	SAP NetWeaver BI 7.0
LCAPPS	2005_700	0003	SAPKIBHD03	LC Applications (LCAPPS) 2005_700
SAP_AP	700	0006	SAPKNA7006	SAP Application Platform
SAP_APPL	600	0006	SAPKH60006	Logistik und Rechnungswesen
SAP_HR	600	0007	SAPKE60007	Personalwirtschaft
EA-IPPE	400	0006	SAPKGPID06	SAP iPPE
FINBASIS	600	0006	SAPK-60006INFINBASIS	Fin Basis
EA-RETAIL	600	0006	SAPKGPRD06	SAP Enterprise Extension Retail
EA-PS	600	0006	SAPKGPPD06	SAP Enterprise Extension Public Services
EA-HR	600	0007	SAPKGPHD07	SAP Enterprise Extension HR

Abb. 3.2.3.2-10: Auflistung der Releasestände der Softwarekomponenten über Transaktion SPAM
© SAP

Neben den Softwarekomponenten spielen die verwendeten Namensräume in einem SAP-System eine entscheidende Rolle für die Kategorisierung von Objekten. So lassen sich die Namensräume grob in drei Bereiche einteilen. Zum einen gibt es den SAP-Namensbereich, welcher alle Namen, die mit einem anderen Zeichen als Y oder Z beginnen, umfasst. Dieser Namensraum ist für Entwicklungen der SAP reserviert und darf nicht für selbsterstellte Programme oder Tabellen genutzt werden. Die Namen von Objekten, die mit einem Y oder Z beginnen befinden sich in dem sogenannten Kundennamensbereich und können für Eigenentwicklungen bzw. mandantenspezifisches Customizing genutzt werden. Als dritten wichtigen Namensraum kann man die Namen einordnen, die mit einem Präfix beginnen, welches sich stets aus zwei „/" zusammensetzt, die durch eine Zeichenkette voneinander getrennt sind (bspw. „/VIRSA/" oder /XFT/). Diese Vorsilben gehören zum von der SAP genutzten Namensraum, welche jedoch auch über einen SAP-Präfixregistrierungsprozess für Drittanbieter nutzbar sind. So werden Namenskonflikte vermieden und die eindeutige Bezeichnung von Softwarebestandteilen von Drittanbietern sichergestellt. Anhand der Namensräume lassen sich im Prüfungsalltag Objekte schnell und zuverlässig als von der SAP ausgelieferte Objekte, kundeneigene Entwicklungen oder als von Drittanbietern bereitgestellte Programmbestandteile identifizieren.

Weiterhin besitzt jedes Objekt in den Eigenschaften seines Objektkatalogeintrags eine Zuordnung zu einem sogenannten Paket. Das Paket[2] stellt neben den Softwarekomponenten und Namensräumen ein weiteres Klassifizierungsmerkmal für Objekte dar, um die Vollständigkeit des Transports von mehreren zusammengehörenden Objekten in größeren Entwicklungsprojekten sicherzustellen. So können die Pakete zur Auswahl der zu transportierenden Objekte genutzt werden.

2 Pakete wurden früher auch Entwicklungsklassen genannt.

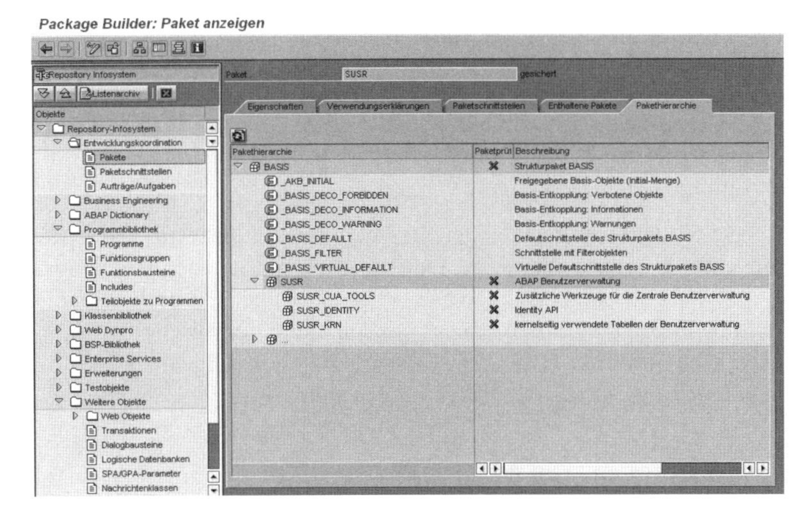

Abb. 3.2.3.2-20: Übersicht über Pakethierarchie des Pakets SUSR in Paket BASIS © SAP

Die einzelnen Pakete sind in einer Hierarchie sortiert und können so mit anderen Paketen in Beziehung gesetzt werden. Die Eigenschaften der Pakete kann man über die Transaktion SE84 im Bereich *Entwicklungskoordination – Pakete* untersuchen.

Objekte sind in einer Systemlandschaft stets auch mit einem Herkunftsnachweis bzw. ihrem Ursprungssystem gekennzeichnet. Dies dient der Nachvollziehbarkeit von Änderungen an den Originalen sowie der Gewährleistung der Datenkonsistenz zwischen den Entwicklungs-, Qualitätssicherungs- und Produktionssystemen und damit innerhalb der gesamten Transportlandschaft. Objekte werden als Originale ausschließlich in dem Entwicklungs- und damit dem Ursprungssystem durch „Korrekturen" geändert. Sollten die in dem Qualitätssicherungs- und dem Produktivsystem zu Test- und Produktionszwecken genutzte Kopien der Originale in den nachgelagerten Systemen „lokal" geändert werden, so spricht man von einer „Reparatur". Diese Reparaturen sind den Originalen nachrangig und werden durch Neutransporte der Objekte aus dem Entwicklungssystem überschrieben.

Prüfungshandlungen:

- Ermitteln Sie die in dem untersuchten SAP-System zum Einsatz kommenden Softwarekomponenten und die jeweils verwendeten Releasestände. Nutzen Sie hierfür die Transaktion SPAM oder das Icon Komponenteninformation unter den Menüpfad *System – Status* und analysieren Sie das Support-Level von kritischen Komponenten wie SAP-BASIS, SAP-ABA, SAP_HR und SAP-APPL. Stellen Sie fest, ob die Programme sich auf einem aktuellen Stand befinden. Besprechen Sie hierzu zunächst das Patch-Management mit den zuständigen Basisadministratoren, und prüfen Sie dann das letzte Einspieldatum der Komponenten mit Hilfe der Transaktion SAINT (Add-On Installation Tool) bzw. die Einspielhistorie mit Hilfe der Transaktion SPAM. Sollten Sie feststellen, dass veraltete Komponenten zum Einsatz kommen, beurteilen Sie die komponentenspezifischen Risiken, die sich hierdurch für die unterstützen Geschäftsprozesse ergeben.

- Sollten Sie Softwarekomponenten von Drittanbietern finden, lassen Sie sich die Programmdokumentation aushändigen und beurteilen Sie, ob Sie den Prüfungsansatz anpassen müssen, da auch Programme zum Einsatz kommen, die nicht von der SAP stammen. Wichtig ist zu beurteilen, ob Standardfunktionalität des SAP-Systems durch die Drittanbietersoftware ergänzt oder ersetzt wird, um alle Verarbeitungsfunktionen bei der Prüfung zu berücksichtigen.
- Lassen Sie sich von dem zuständigen Basisadministrationsteam eine Liste der technischen Namen aller selbsterstellten Objekte (hier nur Tabellen und Programme) im System aushändigen und beurteilen Sie, ob die Objekte sich im kundeneigenen Namensraum befinden. Sollten Sie Objekte finden, deren technische Bezeichnung nicht mit Y oder Z beginnen, so besteht das Risiko, dass diese Objekte bei dem Einspielen von Support-Packages der SAP überschrieben werden.

3.2.4 Änderbarkeit des Produktivsystems

3.2.4.1 Kontrolle der Systemänderbarkeit

SAP-Fakten:

Da in einem produktiven SAP-System keine direkten Änderungen an Objekten und Customizingeinstellungen durchgeführt werden sollten, ist es wichtig, dass ein solches System über die Systemänderbarkeitseinstellungen vor direkten Änderungen geschützt wird. Über die Transaktion SE06 (Einrichten Transport Organizer) können durch Auswahl des Icons „Systemänderbarkeit (Umsch.+F5)“ oder über den Report RSWBO004 die aktuellen Einstellungen der Systemänderbarkeit eingesehen werden.

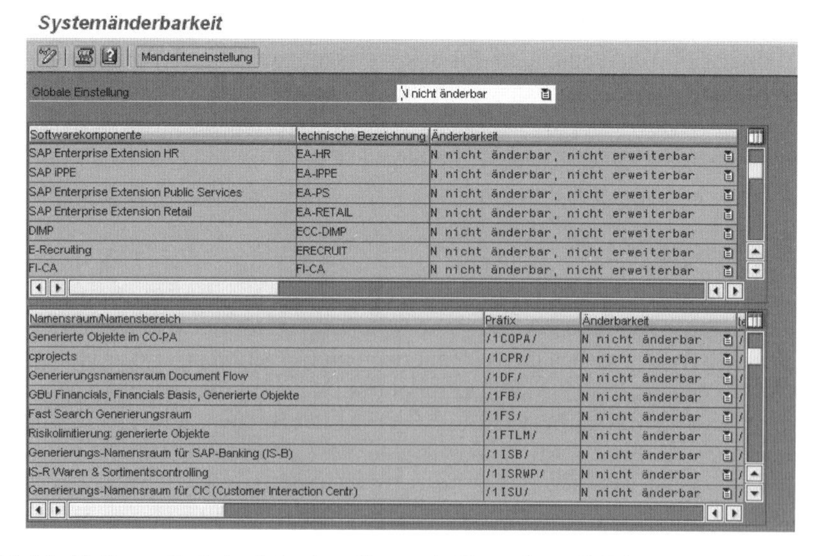

Abb. 3.2.4.1-10: Systemänderbarkeitseinstellungen in Transaktion SE06 © *SAP*

Die Systemänderbarkeitseinstellungen lassen sich in drei Einstellungsebenen aufteilen:

- Globale Einstellung:
  Ist die globale Systemänderbarkeit auf „nicht änderbar“ gesetzt, so sind weder Repository-Objekte (bspw. Programme) noch mandantenunabhängige Customizingeinstellungen (bspw. mandantenunabhängige Tabellen) änderbar. Diese Einstellung sollte im Normalbetrieb eines Produktivsystems gewählt werden. Die globale Einstellung überschreibt Einstellungen auf den Ebenen der Softwarekomponenten und der Namensräume.

- Softwarekomponenten:
  Sie können „änderbar (F), eingeschränkt änderbar (R), nicht änderbar / nicht erweiterbar (N), nicht änderbar / nur erweiterbar (E)“ eingestellt werden, um auf Ebene der Softwarekomponenten gezielt Änderungen zu erlauben. Während des Normalbetriebs eines Produktivsystem sollten alle Softwarekomponenten auf „nicht änderbar / nicht erweiterbar (N)“ gesetzt sein.

- Namensräume:
  Sie können auf „nicht änderbar (N)“ oder „änderbar (X)“ gesetzt werden, um die Änderbarkeit auf Ebene der Namensräume zu steuern. Während des Normalbetriebs eines Produktivsystems sollten alle Namensräume auf „nicht änderbar / nicht erweiterbar (N)“ gesetzt sein.

Prüfungshandlungen:

- Prüfen Sie die aktuelle Einstellung der globalen Systemänderbarkeit über die Transaktion SE06 oder den Report RSWBO004. Sollte Sie auf „änderbar“ stehen, prüfen Sie die Änderbarkeitseinstellungen auf Ebene der Softwarekomponenten sowie der Namensräume. Sollten Sie auch hier änderbare Elemente auffinden, kontaktieren Sie die systemverantwortliche Stelle und erkundigen Sie sich, inwieweit diese Einstellungen notwendig sind und welche welche Maßnahmen in Form von nachgelagerten Kontrollen existieren, um Änderungen von Repository-Objekten und Customizingeinstellungen zu identifizieren und zu autorisieren. Beurteilen Sie im letzteren Fall unbedingt, ob die Kontrollen geeignet und wirksam sind, um wesentliche Ordnungsmäßigkeitsrisiken zu begrenzen.

- Neben der Prüfung der aktuell in einem System bzw. Mandanten gültigen Einstellungen, ist es auch wichtig, die Veränderungen der Einstellungen im Zeitablauf zu betrachten und zu beurteilen, ob alle Änderungen ordnungsgemäß und unter Berücksichtigung aller Test- und Freigabekontrollen durchgeführt worden sind.

  Die **Änderungsbelege der Systemänderbarkeitseinstellung** ruft man über die Transaktion SE06 über das Icon „Systemänderbarkeit“ und durch Auswahl des Icons „Protokoll (Umsch.+ F6)“ auf. Alternativ hierzu kann auch das Programm RSWBO095 gestartet werden.

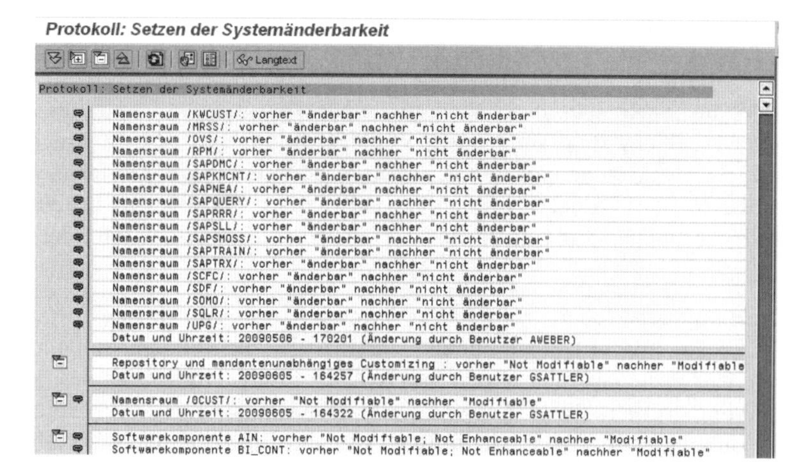

Abb. 3.2.4.1-20: Änderungsbelege der Systemänderbarkeit über Transaktion SE06 © *SAP*

- Die Berechtigungen für das Setzen der Systemänderbarkeitseinstellungen sind sehr kritisch für die Ordnungsmäßigkeit des Verfahrens zu bewerten. Sie sollten nur sehr restriktiv an Benutzer vergeben werden. Beurteilen Sie vor diesem Hintergrund die Vergabe der Berechtigungen in dem untersuchten SAP-Mandanten.

  Folgende Berechtigungen werden für das Ändern der Systemänderbarkeit benötigt:

Berechtigungsobjekte	Feld	Feldausprägung
S_CTS_ADMI	CTS_ADMFCT	SYSC

3.2.4.2 Kontrolle der Mandantenänderbarkeit

SAP-Fakten:

Neben der Systemänderbarkeitseinstellung, welche die Repository-Objekte und das mandantenunabhängige Customizing schützt und systemweit Gültigkeit besitzt, gibt es Einstellungen zum Schutz vor Änderungen von Objekten und Customizingeinstellungen auf Mandantenebene.

Die Mandantenschutzeinstellungen werden über die Transaktion SCC4 (Mandantenverwaltung) verwaltet und angezeigt. In der Transaktion muss zunächst ein zu betrachtender Mandant durch einen Doppelklick ausgewählt werden, bevor die Einstellungen angezeigt werden.

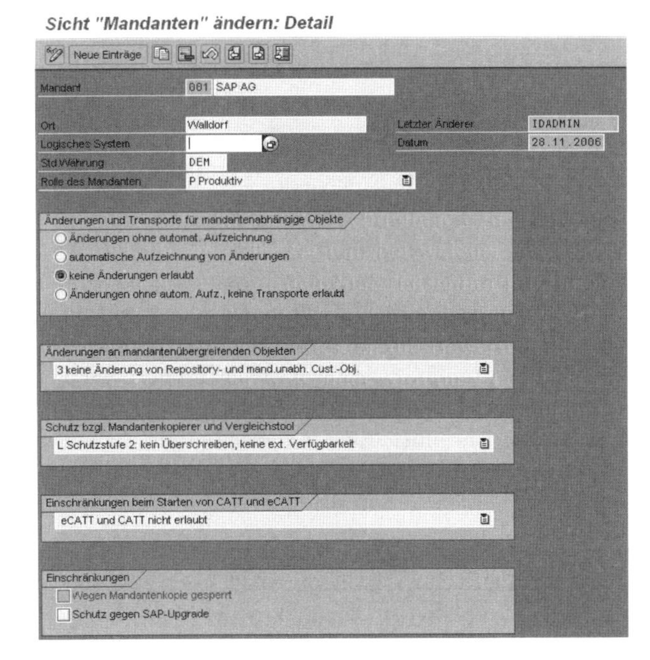

Abb. 3.2.4.2-10.: Einstellungen bzgl. der Änderbarkeit auf Mandantenebene über SCC4 © *SAP*

Die Einstellungen enthalten verschiedene Schutzstufen. Details zu den einzelnen Schutzstufen können über die F1-Hilfe abgerufen werden. Sollte es sich um ein produktives System handeln, so sind auch auf Ebene der Mandantenänderbarkeit sehr restriktive Einstellungen zu wählen, um den Schutz der Daten und Programme sicherzustellen.

Prüfungshandlungen:

- Prüfen Sie die aktuelle Einstellung der Mandantenänderbarkeit aller Mandanten eines Produktivsystems. Nutzen Sie hierzu die Transaktion SCC4 oder werten Sie die Inhalte der Tabelle T000 aus. Im Folgenden werden die Einstellungen beschrieben, die für den Normalbetrieb von Mandanten eines Produktivsystems Gültigkeit haben sollten:

  Rolle des Mandanten – in einem Produktivsystem sollten sich ausnahmslos produktiv genutzte Mandanten bzw. SAP-Referenzmandanten befinden, um einen effektiven Schutz der Objekte und Einstellungen zu gewährleisten. Die hierfür zu setzende Einstellung „Produktiv (P)“ bzw. „SAP Referenz (S)“ schützen die Daten vor einem versehentlichen Überschreiben durch eine Mandantenkopie. Zusätzlich sind in einem als produktiv gekennzeichnetem Mandanten Änderungen an sog. „Laufenden Einstellungen“ an bestimmten mandantenabhängigen Customizingeinstellungen (bspw. Währungskurs- oder Buchungsperiodenpflege) ohne die Aufzeichnungen in einem Transportauftrag möglich.

  Änderungen und Transporte für mandantenabhängige Objekte – Diese Einstellung sollte im Normalbetrieb auf „keine Änderungen erlaubt“ oder im Falle eines „Notfalls“ auf automatische Aufzeichnung von Änderungen stehen. So wird sichergestellt, dass im Normalbetrieb keine Änderungen erlaubt sind und bei der Durchführung von Notfalländerungen Aufzeichnungen in Transportaufträgen hinterlegt werden, welche die Nachvollziehbarkeit der Änderung des Verfahrens unterstützen.

Änderungen an mandantenübergreifenden Objekten – Änderungen an Repository-Objekten und an dem mandantenübergreifenden Customizing sollten im Normalbetrieb in einem Produktivmandanten und einem Produktivsystem nicht durchgeführt werden. Deshalb ist hier die Einstellung „keine Änderung von Repository- und mand. unabh. Cust.-Obj. (3)“ zu wählen.

Schutz bzgl. Mandantenkopierer und Vergleichstool – Dieser Schutz bezieht sich ähnlich der Rolle des Mandanten auf das Verhindern des ungewollten Überschreibens von Produktivdaten durch eine Mandantenkopie. Zusätzlich kann auch die Verwendung von mandantenübergreifenden Vergleichswerkzeugen verboten werden, um die in diesem Mandanten enthaltenen produktiven Daten effektiv vor unberechtigter Einsichtnahme zu schützen. Als Einstellung ist deshalb die „Schutzstufe 1: kein Überschreiben“ oder bei besonders schützenswerten Datenbeständen[3] die „Schutzstufe 2: kein Überschreiben und keine externe Verfügbarkeit“ zu wählen.

Einschränkungen beim Starten von CATT und eCATT – Die Einstellung bezüglich der Einsatzmöglichkeit von CATT (Computer Aided Test Tool) bzw. des neueren eCATT sollte in einem Produktivmandanten über die Einstellung „eCATT und CATT nicht erlaubt“ unterbunden werden. CATT dient der automatischen Anlage von Testfällen und ändert große Teile des Datenbestandes, was in einem Produktivmandanten in der Regel unerwünscht ist.

Sollten Sie in dem von Ihnen geprüften System Abweichungen in den Einstellungen der Mandanten von den oben beschriebenen Werten finden, kontaktieren Sie die systemverantwortliche Stelle und erkundigen Sie sich, inwieweit diese Einstellungen notwendig sind und welche Maßnahmen in Form von nachgelagerten Kontrollen existieren, um die Daten der Produktivmandanten vor nicht autorisierten Änderungen zu schützen.

- Neben der Prüfung der aktuell in einem System bzw. Mandanten gültigen Einstellungen, ist es auch wichtig, die Veränderungen der Einstellungen im Zeitablauf zu betrachten und zu beurteilen, ob alle Änderungen ordnungsgemäß und unter Berücksichtigung aller Test- und Freigabekontrollen durchgeführt worden sind.

  Die **Änderungsbelege der Mandantenänderbarkeitseinstellungen** erhält man über die Auswertung von Änderungsbelegen der Tabelle T000, in der alle Mandanteneinstellungen gespeichert werden (vgl. Kapitel *2.3.7 Auswertung von Tabellenänderungsprotokollen)*.

  Folgende Grundvoraussetzungen für die Tabellenänderungsprotokollierung müssen in dem untersuchten SAP-System geben sein (vgl. Kapitel *3.2.4 Tabellenänderungsprotokollierung*):

  - Der Profilparameter rec/client muss den untersuchten Mandanten berücksichtigen – Die Auswertung des Parameters erfolgt hierbei über das Programm RSPFPAR (Profilparameter anzeigen).

3 Solche befinden sich bspw. in SAP-Systemen, welche zur Personalabrechnung eingesetzt werden.

  - Die Tabellenprotokollierung der Tabelle T000 muss aktiviert sein – Die Protokollierung der Tabellen wird über die Einträge der Tabelle DD09L (DD: Technische Einstellungen von Tabellen) gesteuert.

- Die Berechtigungen für das Setzen der Mandantenänderbarkeitseinstellungen sollten nur sehr restriktiv an Benutzer vergeben werden. Beurteilen Sie die Vergabe der Berechtigungen in dem untersuchten Mandanten.

  Folgende Berechtigungen werden für das Ändern der Mandantenänderbarkeit benötigt:

Berechtigungsobjekte	**Feld**	**Feldausprägung**
S_ADMI_FCD	S_ADMI_FCD	T000
S_TABU_DIS	ACTVT	02
S_TABU_DIS	DICBERCLS	SS
S_TABU_CLI	CLIIDMAINT	X

3.2.5 Transporte von Änderungen

3.2.5.1 Management von Transportaufträgen

SAP-Fakten:

Änderungen an Objekten wie bspw. Programme und Tabellen sowie neuerstellten Objekte werden über Transporte von dem Entwicklungssystem in die Qualitätssicherungs- bzw. Produktivsysteme transportiert. Über die Transaktionen SE01 (Transport Organizer (Erw. Sicht)) kann der Transport Organizer aufgerufen werden, über den die Transporte von Änderungen zwischen den SAP-Systemen abgewickelt werden. Über das Register „Transporte" ist es möglich, eine Liste aller im System vorhandener Transportaufträge zu erstellen. Weiterhin stehen für die Auftragsauswahl verschiedene Auswahlkriterien wie die Benutzer-ID des Auftragseigentümers, der Auftragsstatus oder der Auftragstyp zur Verfügung.

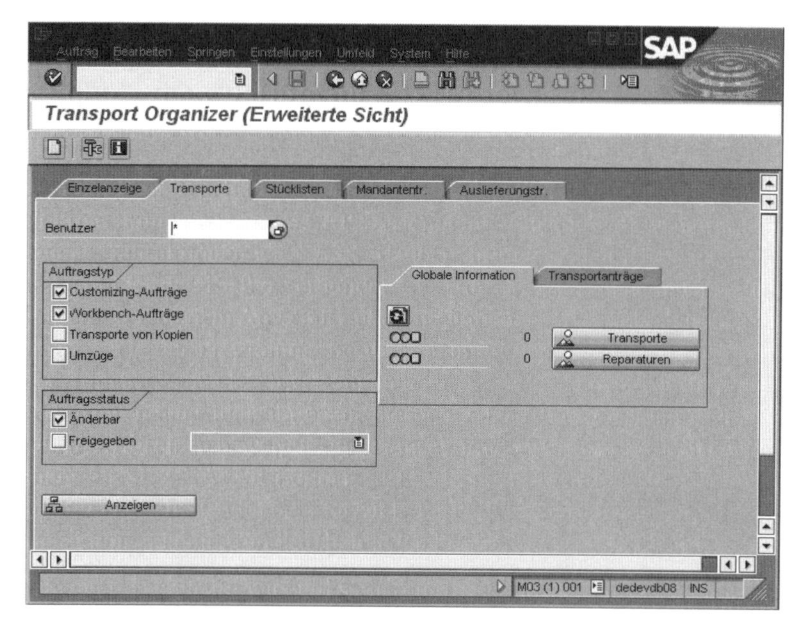

Abb. 3.2.5.1-10: Einstiegsbildschirm des Transport Organizers über Transaktion SE01 © *SAP*

Transportaufträge und die enthaltenen Transportaufgaben werden über eine zehnstellige Zeichenkette eindeutig gekennzeichnet. Die ersten drei Zeichen der Kette sind die Bezeichnung des Quellsystems, darauf folg ein K und eine fortlaufende sechsstellige Nummer (Bspw. „M02K900432"). Auf der Betriebssystemebene werden die Transportaufträge in Form von Dateien in einem Verzeichnis auf Dateisystemebene abgelegt. Sie werden bei einem durchgeführten Transport an die empfangenden SAP-Systeme über RFC verteilt. Danach sind sie Bestandteil der Importqueue. Der Import des Transportauftrags muss im empfangenen System aktiv durchgeführt werden, um die in dem Auftrag enthaltenen Änderungen zu übernehmen. Die Durchführung eines Transports erzeugt ein Protokoll, welches über den Verlauf und den Erfolg der Durchführung berichtet. Die Protokolle können über den Transport Organizer anzeigt werden. Rufen Sie hierfür in der über die Transaktion SE01 erstellten Liste mit Aufträgen nach der Auswahl eines Auftrags das Protokoll über den Menüpfad *Springen - Aktionsprotokoll* oder *Menüpfad Springen – Transportprotokoll* auf.

Neben den normalen für den Transport von Änderungen genutzten Transportaufträgen können lokale Transportaufträge angelegt werden, die nicht in andere Systeme transportiert werden.

Lokale Transportaufträge, die in einem Produktivsystem angelegt werden, dienen als Aufzeichnungsmöglichkeit für Änderungen, die im Rahmen einer Herstelleranweisung der SAP („Reparaturen") bzw. eines Notfalls direkt in diesem System durchgeführt werden müssen.

Für einen Prüfer des Verfahrensänderungsprozess sind die lokal durchgeführten Änderungen eines Produktivsystem stets zu untersuchen, um sicherzustellen, dass alle Prozesskontrollen des Change Managements, die das Genehmigungs- und Testverfahren kontrollieren, durchlaufen wurden.

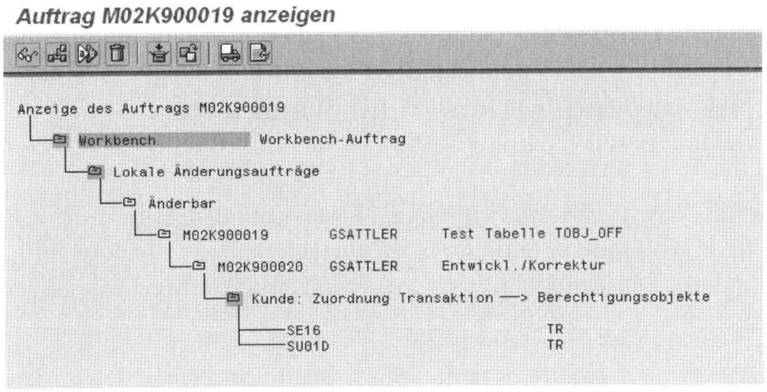

Auftrag M02K900019 anzeigen

```
Anzeige des Auftrags M02K900019
  Workbench                     Workbench-Auftrag
    Lokale Änderungsaufträge
      Änderbar
        M02K900019     GSATTLER     Test Tabelle TOBJ_OFF
          M02K900020   GSATTLER     Entwickl./Korrektur
            Kunde: Zuordnung Transaktion --> Berechtigungsobjekte
              SE16                  TR
              SU01D                 TR
```

Abb. 3.2.5.1-20: Beispiel für einen lokalen Transportauftrag © *SAP*

Prüfungshandlungen

- Rufen Sie über die Transaktion STMS und den Menüpfad *Übersicht – Importe* bzw. die Taste *F5* die Übersicht der Importe auf. Analysieren Sie durch einen Doppelklick auf die Systeme die sich in der Importqueue befindlichen Aufträge auf Fehlermeldungen. Analysieren Sie zusätzlich die Änderungshistorie durch Auswahl des Icons „Import Historie (Strg+F7)" der geprüften Systeme.
- Suchen Sie nach Transportaufträgen, die in dem untersuchten System angelegt wurden, indem Sie die Transaktion SE01 aufrufen. Suchen Sie über die Schnellauswahl (*F4*) im Feld „Auftrag/Aufgabe" nach Transportaufträgen, die der Namenskonvention „XXXK*" entsprechen, wobei „XXX" für die technische Systembezeichnung steht, und den Status „Änderbar", „Freigabe gestartet" oder „Freigegeben" tragen.

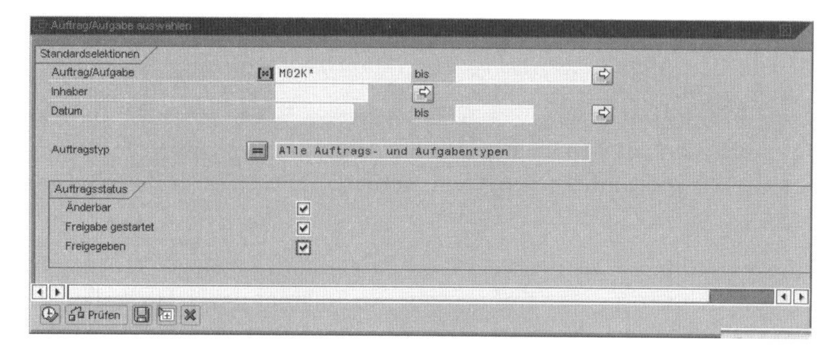

Abb. 3.2.5.1-30: Suche nach lokalen Transportaufträgen in Transaktion SE01 für System „M02“ © SAP

Alle von Ihnen gefundenen Aufträge, die Änderungen in ihren Aufgaben enthalten, sind Customizingänderungen oder Repository-Objektänderungen, die direkt im untersuchten System angelegt wurden. Sollte es sich um ein Produktivsystem handeln, lasse Sie sich die Gründe und Genehmigungen für diese Entwicklung im Produktivsystem zeigen.

3.2.5.2 Genehmigungsverfahren für Transporte

SAP-Fakten:

Jeder Transportauftrag besitzt einen Inhaber. Dieser kann den Auftrag verwalten und weitere Mitarbeiter bzw. Benutzer definieren, die die Berechtigung haben, Aufgaben anzulegen bzw. zu ändern. Die Aufgaben besitzen ihrerseits nach ihrer Anlage ebenfalls einen Benutzer als Inhaber.

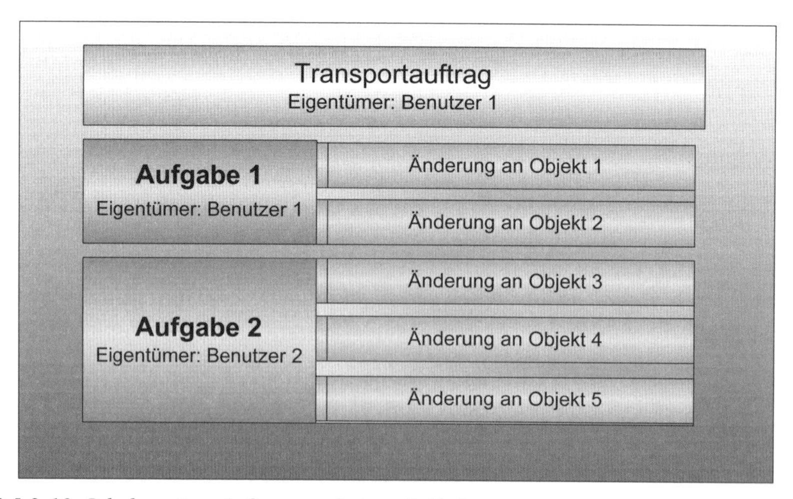

Abb. 3.2.5.2-10: Inhaber eines Auftrags und einer Aufgabe

Nach der Anlage eines Transportauftrags sind alle in ihm enthaltenen Aufgaben zunächst änderbar. Über das Customizing lässt sich aktivieren, dass zunächst alle Aufgaben freigegeben werden müssen, bevor ein Auftrag insgesamt freigegeben und transportiert werden kann.

Prüfungshandlungen:

- Prüfen Sie die Einstellungen in dem relevanten Entwicklungssystem bzgl. der Aktivierung des Genehmigungsworkflows und der eingerichteten Freigabe-Voraussetzung im Customizing des Transport Management Systems. Rufen Sie hierfür die Transaktion STMS auf und wählen Sie dort den Menüpfad *Übersicht – Systeme aus*. Anschließend wählen Sie den Menüpfad *Springen – Transportdomäne* und werten dort die Einstellungen in dem Register „QA-Genehmigungsverfahren" aus.

  Voreingestellt sind im Standard die folgenden Genehmigungsstufen:

  - Genehmigung durch Auftragsinhaber (hier wird gegen die Benutzer-ID des Auftragsinhabers geprüft).
  - Genehmigung durch die Fachabteilung.
  - Genehmigung durch den Systemadministrator.

  Welche Stufen aktiviert sind bzw. aktiviert sein sollten, hängt von der Ausgestaltung des zum Einsatz kommenden Change Management-Verfahrens ab. Insgesamt sollten die organisatorischen Regelungen der Gesellschaft durch das Freigabeverfahren für Transportaufträge unterstützt werden.

- Prüfen sie über das Programm RSUSR002 die Berechtigungen der Benutzer-IDs im für das untersuchte System relevante Entwicklungssystem bzgl. der Ausprägung einer Funktionstrennung im Bereich der Transportauftrags- und Aufgabenanlage, der Aufgabenfreigaben und des Durchführens des Exports (siehe unten a. bis d.). Vergleichen Sie die identifizierten Benutzer-IDs mit den Benutzer-IDs der Mitarbeiter, die im Konsolidierungssystem Transporte genehmigen dürfen. Vergleichen Sie sie ferner mit den Benutzer-IDs im produktiven System, die Berechtigung besitzen, Import von Transportaufträgen durchzuführen (siehe unten e. bis f.). Wichtig ist hierbei die Berücksichtigung aller relevanten SAP-Mandanten des produktiven Systems, da Transporte von Objekten und von mandantenunabhängigen Customizing oftmals über den SAP-Mandanten 000 abgewickelt werden.

  a. Berechtigungen der Transportauftragsanlage (Entwicklungssystem)

Berechtigungsobjekte	Felder	Feldausprägungen
S_TCODE	TCD	SE01 oder SE09 oder SE10
S_TRANSPORT	ACTVT	01
S_TRANSPORT	TTYPE	DTRA oder CUST

  b. Berechtigungen der Aufgabenanlage (Entwicklungssystem)

Berechtigungsobjekte	Felder	Feldausprägungen
S_TCODE	TCD	SE01 oder SE09 oder SE10
S_TRANSPORT	ACTVT	01
S_TRANSPORT	TTYPE	TASK

c. Berechtigungen der Aufgabenfreigabe (Entwicklungssystem)

Berechtigungsobjekte	Felder	Feldausprägungen
S_TCODE	TCD	SE01 oder SE09 oder SE10
S_TRANSPORT	ACTVT	43
S_TRANSPORT	TTYPE	DTRA oder CUST

d. Berechtigungen des Durchführens des Exports (Entwicklungssystem & Konsolidierungssystem)

Berechtigungsobjekte	Felder	Feldausprägungen
S_TCODE	TCD	SE01 oder SE09 oder SE10
S_TRANSPORT	ACTVT	43
S_TRANSPORT	TTYPE	DTRA oder CUST

e. Berechtigungen der Genehmigung von Transporten (Konsolidierungssystem)

Berechtigungsobjekte	Felder	Feldausprägungen
S_TCODE	TCD	STMS
S_CTS_ADMI	CTS_ADMFCT	TADM oder QTEA

f. Berechtigungen des Durchführens oder der Löschung des Imports (Produktiv system)

Berechtigungsobjekte	Felder	Feldausprägungen
S_TCODE	TCD	STMS
S_CTS_ADMI	CTS_ADMFCT	IMP* oder TDEL

Sollten Sie Benutzer-IDs finden, die alle oder mehrerer Funktionsberechtigungen besitzen, stellen Sie sicher, dass die Prozesskontrollen des Transport- und Change Managements durch nachgelagerte Prozesskontrollen sicherstellen, so dass nur getestete und genehmigte Änderungen in ein Produktivsystem transportiert werden.

- Prüfen Sie die Einhaltung des Genehmigungsverfahrens im Bereich des Imports von Transportaufträgen anhand einer Auswahl von angelegten Transportaufträgen. Suche Sie hierzu zunächst nach neu angelegten Aufträgen im SAP-System über die Transaktion SE03 (Transport Organizer Tools) oder direkt über das Programm RSWBOSSR (Programm zur Analyse von Aufträgen), die in dem Prüfungszeitraum in das System importiert wurden. Lassen Sie sich dann zu ausgewählten Transportaufträgen die Freigabe durch die Verantwortlichen System- oder Dateneigentümer zeigen.
- Stellen Sie fest, ob die Versionsverwaltung für Objekte im Produktivsystem aktiviert ist[4]. Suchen Sie über das Programm RSTMSTPP nach dem Transportparameter VERS_AT_IMP und prüfen Sie, ob der Parameter auf „ALWAYS" steht. Hierdurch wird sichergestellt, dass die Versionierung der Objekte auch im Produktivsystem nachvollziehbar dokumentiert wird. Sollte der Parameter auf „NEVER" bzw. nicht auf „ALWAYS" stehen, so prüfen Sie, ob die Versionierung der Objekte über Kontrollen im Entwicklungssystem nachvollziehbar dokumentiert wird.

4 Vgl. hierzu Kapitel 2.3.8 Auswertung von Programmänderungen.

- Erstellen Sie eine Übersicht über alle im Prüfungszeitraum geänderten Z- und Y-Programme, indem Sie sie Tabelle TRDIR in der Transaktion SE16 aufrufen. Wählen Sie im Feld Name alle „Y*" und „Z*" Programme und schränken Sie den Zeitraum über das letzte Änderungsdatum in Bezug auf das Feld UDAT sinnvoll ein.
- Die beschreibenden Namen der Programme können Sie der Tabelle TRDIRT entnehmen. Eine Durchsicht der Liste der Programmname kann für die Auswahl einer Stichprobe genutzt werden, um wesentliche Änderungen aufzufinden.
- Ist eine Auswahl von Programmen getroffen, können Sie über die Versionsverwaltung die Nummer des Transportauftrags herausfinden (vgl. 2.3.8 Auswertung von Programmänderungen), um die Einhaltung des Test- und Genehmigungsverfahrens zu prüfen. Lassen Sie sich zu den relevanten Transportaufträgen die Freigabe durch die Verantwortlichen System- oder Dateneigentümer zeigen.
- Nutzen Sie die Möglichkeit, sich über die Transaktion SE95 (Modification Browser) alle Modifikationen an von SAP ausgelieferten Programmen anzeigen zu lassen. Gleichen Sie die gefundenen Modifikationen mit der System- und Verfahrensdokumentation ab, um gegebenenfalls Abweichungen zu identifizieren.

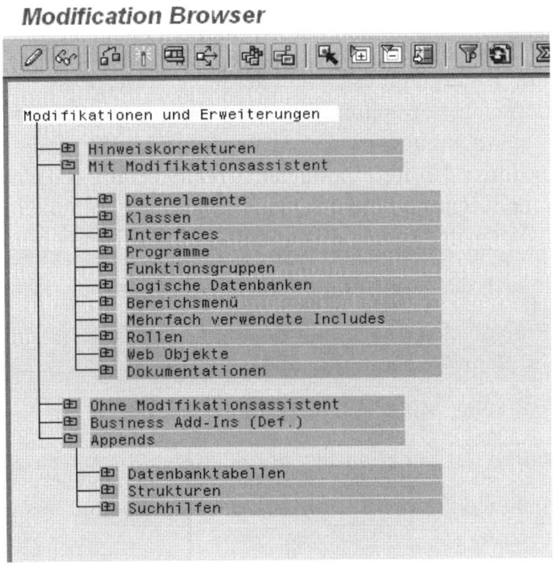

Abb. 3.2.5.2-20: „Modification Browser" zum Anzeigen der Änderungen an SAP-Standardobjekten © *SAP*

Auch die Transaktionen SPDD (Modifizierte DDIC-Objekte anzeigen) und SPAU (Modifizierte EU-Objekte anzeigen) können dazu genutzt werden, um Abweichungen vom SAP-Standard zu ermitteln. Modifikationen an SAP-Standardprogrammen sollten nur in begründeten Fällen, unter Wahrung der Dokumentationserfordernisse und der Empfehlungen des Softwareherstellers vorgenommen werden.

3.2.5.3 Releasewechsel

SAP-Fakten:

Neben dem normalen Einspielen von Patches bzw. Support Levels ist es bei jedem SAP-System von Zeit zu Zeit notwendig, Releasewechsel vorzunehmen. Die hierbei zum Einsatz kommenden Verfahren des Change Managements unterscheiden sich stark in Umfang und Komplexität von der normalen Entwicklungstätigkeit eines Unternehmens. Neben einer sorgfältigen Planung von Testläufen, welche die Programm- und Datenkonsistenz nach einem Releasewechsel sicherstellen sollen, ist es auch notwendig, im neuen Release nicht mehr einsetzbare Programme und Daten zu deaktivieren bzw. zu archivieren und aus dem Produktivsystem zu entfernen. Diese Bereinigung unterstützt die Transparenz der genutzten Verarbeitungsfunktionen und dient der Vermeidung von fehlerhaften Verarbeitungsläufen durch veraltet Programme bzw. Einstellungen.

Da nicht in jedem Fall die alte SAP-Installation als Archivsystem weiterbetrieben werden kann, ist es ratsam, sich frühzeitig im Rahmen eines Releasewechsels um die Fragen der Archivierung und der Erfüllung der Anforderungen der Finanzverwaltung bzgl. des Zugriffs auf elektronische Belege (GDPdU[5]) zu beschäftigen.

Prüfungshandlungen:

- Stellen Sie durch Befragung fest, wann der letzte Releasewechsel vorgenommen wurde und wann der nächste Wechsel geplant ist. Beurteilen Sie, ob für die Vergangenheit die erstellte Projektdokumentation alle wesentlichen Informationen bezüglich der Systemumstellung durch den Releasewechsel enthält. Die folgenden Inhalte sollten mindestens dokumentiert sein:
  - Test- und Freigabedokumentation für alle wesentlichen ausgelieferten Programmfunktionen nach der Durchführung des mandantenspezifischen Customizings.
  - Test- und Freigabedokumentation für alle weiterhin genutzten selbsterstellten Programme aus alten SAP-Releaseständen.
  - Dokumentation der Vollständigkeitskontrolle aller migrierter Datenbestände.
  - Dokumentation der Funktionstest der Schnittstellen aller angebundenen Systeme.
  - Gesamtabnahmedokumentation durch die Prozess- und Systemeigentümer vor der Produktivsetzung.
- Prüfen Sie anhand der Dokumentation, welche neuen Funktionen durch den Releasewechsel produktiv zum Einsatz kommen. Beurteilen Sie, ob diese Funktionen einen geordneten und nachvollziehbaren Change-Management-Prozess durchlaufen haben. Prüfen Sie vorrangig, ob die neuen Funktionen mit den Fachbereichen abgestimmt sind, die Geschäftsprozesse anforderungsgerecht durch die neuen Funktionen unterstützt werden, sowohl SAP-systemseitige als auch manuelle Kontrollen angemessen ausgestaltet sind und die Abnahme erfolgt ist.
- Beurteilen Sie, ob eine Datenmigration vollständig und nachvollziehbar durchgeführt wurde. Berücksichtigen Sie bei der Prüfung auch, ob alle Anforderungen an die Auf-

5 GDPdU steht für die Grundsätze zum Datenzugriff und zur Prüfbarkeit digitaler Unterlagen.

bewahrungspflichten und –fristen zu historischen Daten und Programmen eingehalten werden. In diesem Zusammenhang gilt es auch, die der Finanzverwaltung zustehenden verschieden Zugriffsarten auf steuerlich relevante Daten gemäß GDPdU bzw. das eingerichtete Archivierungsverfahren zu beurteilen.

- Erstellen Sie eine Übersicht über alle Z- und Y-Reports, indem Sie die Tabelle TRDIR mit der Transaktion SE16 aufrufen. Wählen sie im Feld Name alle „Y*“ und „Z*“ Programme aus. Die Namen der Programme können Sie der Tabelle TRDIRT entnehmen. Gleichen Sie die Liste der Programmnamen mit der Test- und Freigabedokumentation ab und beurteilen Sie, ob alle übernommen Programme auch in dem neuen Release getestet wurden.

3.2.6 Entwicklung im Produktivsystem

Die Organisation des Verfahrens der Programmentwicklung im Produktivbetrieb ist entscheidend für den ordnungsgemäßen Betrieb eines SAP-System. Eine Programmentwicklung darf nur in einem nicht produktiven System durchgeführt werden, da sonst die Gefahr besteht, dass produktiv genutzte Daten Schaden nehmen können und die Verarbeitung der Daten insgesamt zu falschen Ergebnissen führt. In einem Produktivsystem sollte alles unternommen werden, um eine direkte Entwicklung von Programmen und die direkte Änderungen von Customizingeinstellungen zu vermeiden.

In besonderen Situationen, in denen sich ein Eingriff in das Produktivsystem nicht vermeiden lässt, sollte über ein Notfallverfahren sichergestellt werden, dass Änderungen nur nach einer Autorisation der System- und Dateneigentümer durchgeführt werden. Ein Vier-Augen-Prinzip sollte in solchen Fällen sicherstellen, dass die Änderungen vor einer Nutzung getestet und ausreichend dokumentiert werden.

Da die Programmentwicklung zumeist in vorgelagerten SAP-Systemen erfolgt, ist es für den Prüfer wichtig, die Einstellungen und Verfahren der an dem Entwicklungsprozess beteiligten Systeme zu prüfen.

Im Folgenden werden die wichtigsten Prüfungshandlungen beschrieben, die hierbei zum Einsatz kommen können.

3.2.6.1 Entwicklungsrechte

SAP-Fakten:

Die Vergabe von Berechtigungen im Hinblick auf Entwicklungsaktivitäten sollte prinzipiell in jedem SAP-System und damit auch in Entwicklungssystemen restriktiv gehandhabt werden. Nur besonders geschulte Mitarbeiter sollten mit den Entwicklungswerkzeugen eines SAP-Systems arbeiten, um einen reibungslosen Ablauf eines Entwicklungsverfahrens sicherzustellen.

Neben dem Risiko mangelnden Know hows besteht die Gefahr, dass Änderungen, die nicht für das Produktivsystem vorgesehen waren, dennoch dorthin transportiert werden. Zumindest wenn es sich um Entwicklungssysteme einer produktiv genutzten SAP-Systemlandschaft handelt, werden in der Praxis oft Programmentwicklungen oder Änderungen an Customizingänderungen, welche im Entwicklungssystem implementiert werden -beabsichtigt oder unbeabsichtigt- zu einem späteren Zeitpunkt in nachgelagerte Produktivsysteme transportiert. Somit haben auch alle Änderungen an Daten und Programmen in Entwicklungssystemen mittelbar, über das Change Management-Verfahren kontrolliert, Auswirkungen auf die produktiv genutzten Daten eines Unternehmens.

In einem Konsolidierungs- oder Produktivsystem ist es in der Regel nicht zulässig, dass Entwicklungsrechte an Benutzer-IDs von Mitarbeiter vergeben werden, da in diesen Systemen keine Programmentwicklung bzw. Customizingpflege vorgenommen wird. Über ein Notfallverfahren oder über ein anderes Vier-Augen-Prinzip kontrollierte Benutzer-IDs wird es jedoch regelmäßig so sein, dass es auch in diesen Systemen Benutzer-IDs gibt, die über Entwicklungsberechtigungen verfügen.

Neben den eigentlichen Entwicklungsberechtigungen, die über Berechtigungsprüfungen bei der Nutzung der Entwicklungswerkzeuge in einem SAP-System abgefragt werden, existieren zusätzlich Entwickler- bzw. Objektschlüssel, welche auf Benutzerebene und auf Objektebene in einem SAP-System hinterlegt werden müssen, bevor auf bestimmte Objekt oder Werkzeuge der Programmentwicklung zugegriffen werden kann. Entwicklerschlüssel werden auch als Zugangsschlüssel bezeichnet und genau wie die Objektschlüssel bei der SAP über das Internet angefordert. Die Zuordnung von Schlüsseln erlaubt es, bei späteren Supportanfragen bei der SAP auftretende Probleme schneller identifizieren und lösen zu können. Die Registrierung der Schlüssel ist jedoch nicht als besonderer Kontrolle oder Schutzfunktion zu bewerten, da das Verfahren zur Erstellung der Schlüssel bekannt ist und auch ohne Wissen der SAP durchgeführt werden kann.

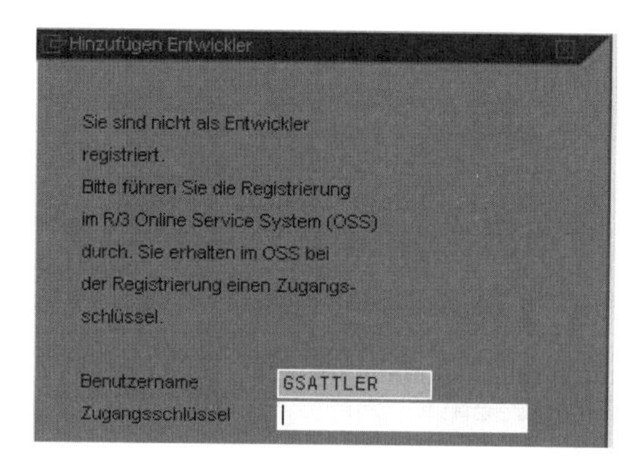

Abb. 3.2.6.1-10: Eingabe eines Entwicklerschlüssels vor Pflege eines Objekts *© SAP*

Da jedoch ein Eintrag eines Entwicklerschlüssels in der Tabelle DEVACCESS (Tabelle für Entwicklungsuser) notwendig ist, um neue Objekt oder Programme über die Standardwerkzeuge in einem SAP-System anzulegen oder zu ändern, muss der Prüfer neben den obligatorischen Auswertungen der Entwicklungsberechtigungen auch die Tabelleneinträge mit den Entwicklerschlüsseln berücksichtigen, um das verbleibende Risiko einer Berechtigungsvergabe beurteilen zu können.

Prüfungshandlungen:

- Beurteilen Sie die Angemessenheit der Vergabe von Entwicklungsberechtigungen im System. In der Regel sollten nur Benutzer-IDs, die bei ihrer Nutzung besonderen Kontrollen unterliegen, um nichtautorisierte Veränderungen an Programmen und Daten auszuschließen, über diese Berechtigung verfügen. In einem Produktivsystem sind die Berechtigungen somit nicht an normale Dialogbenutzer zu vergeben, die nicht über ein dokumentiertes Vier-Augen-Prinzip wirksam kontrolliert werden.

  Für die Entwicklung wird die folgende Berechtigung benötigt:

Berechtigungsobjekt	Feld	Feldausprägung
S_DEVELOP	ACTVT	01 oder 02

- Prüfen Sie die Einträge in der Tabelle DEVACCESS über die Transaktion SE16. Sollten Sie hier in einem Produktivsystem Benutzer-IDs von Mitarbeitern als Einträge finden, vergewissern Sie sich, dass diese Mitarbeiter nicht über Entwicklungsberechtigungen verfügen (siehe Prüfungshandlung weiter oben). Außer dem Notfallbenutzer sind im Normalbetrieb eines Produktivsystems keine Einträge in dieser Tabelle sinnvoll. Auch Tabelleneinträge, die von Benutzern stammen, die aktuell nicht als Benutzer-ID im System vorhanden sind, stellen ein Risiko da, da jederzeit eine Benutzer-ID mit diesem Namen im System angelegt werden kann.
- Prüfen Sie die Änderungsbelege der Tabelle DEVACCESS über das Programm RSTBHIST bzw. RSVTPROT. Beachten Sie, dass in vielen Produktivsystemen die Tabelle DEVACCESS nicht protokolliert wird. Stellen Sie daher vorher fest, ob der entsprechende Eintrag für die Aktivierung der Tabellenprotokollierung in der Tabelle DD09L gesetzt wurde (vgl. Kapitel *3.2.4 Tabellenänderungsprotokollierung*). Sollten Sie Änderungen an der Tabelle DEVACCESS in dem relevanten Prüfungszeitraum finden, kontaktieren Sie die systemverantwortliche Stelle und prüfen Sie die Test- und Freigabedokumentation für die Gründe der Verwendung von Entwicklungsrechten in dem Produktivsystem.
- Da Entwicklungen in einem System im Regelfall in Transportaufträgen aufgezeichnet werden, ist es bei der Untersuchung von Auswirkungen einer Vergabe von Entwicklungsberechtigungen in einem Produktivsystem empfehlenswert, auch nach änderbaren lokalen Transportaufträgen zu suchen (siehe hierzu Prüfungshandlung 3 in Kapitel 3.2.5.1 Management von Transportaufträgen). Sollten solche Aufträge existieren, sollten allen in ihnen enthaltenen Änderungen auf ihrer Genehmigung durch die zuständigen Stellen hin untersucht werden.

3.2.6.2 Debugging von Programmen

SAP-Fakten:

In einem SAP-System ist es mit den umfangreichen Werkzeugen für die Programmentwicklung auch über den so genannten Debugger jederzeit möglich, Programme in ihrer Laufzeit zu beobachten, zu unterbrechen oder in ihrem Lauf zu verändern.
Ein Debugger dient in einem Entwicklungssystem der Produktivitätssteigerung der Programmentwickler, da er dabei hilft, Programmfehler zu identifizieren und Lösungsmög-

lichkeiten einfach zu testen. Der Debugger wird über die Eingabe des Kurzbefehls „/h“ im Kommandofeld oder den Menüpfad *System – Hilfsmittel – Debugging ABAP/4* gestartet.

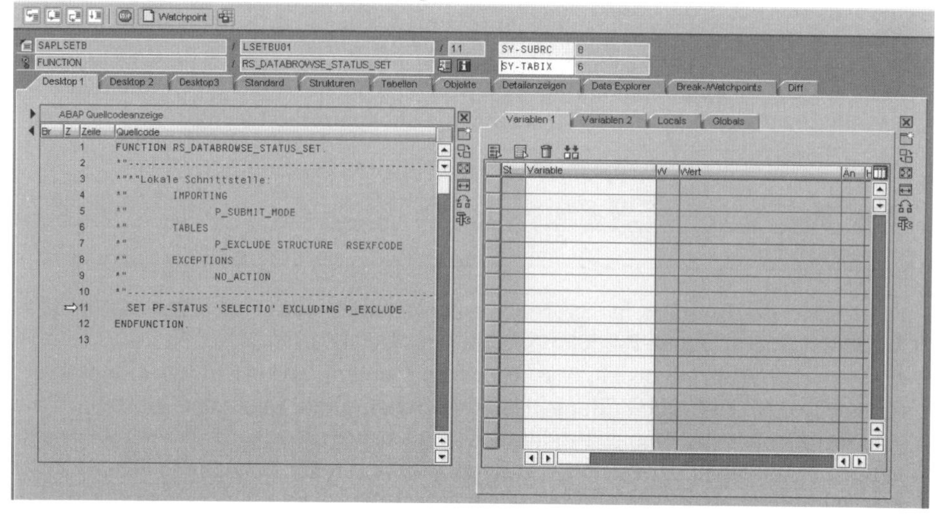

Abb. 3.2.6.2-10: ABAP-Debugger *© SAP*

In dem Debug-Modus ist neben der reinen Beobachtung der Programmausführung auch die Möglichkeit gegeben, Speicherinhalte direkt zu verändern. Hierdurch können rechnungslegungsrelevanten Daten verändert oder aber Programme in ihrem Ablauf und damit das hinterlegte Verfahren unmittelbar beeinflusst werden. Die Veränderungen werden hierbei nicht durch das SAP-System protokolliert und bewirken somit ein „elektronischen Radieren“, welches die Nachvollziehbarkeit der Buchführung einschränkt. In einem Produktivsystem stellt die Vergabe der Berechtigung zum elektronischen Radieren und damit die Schaffung der Möglichkeit des Radierens an sich bereits einen Verstoß gegen die Buchführungspflichten nach HGB §§ 238 ff und die Grundsätzen ordnungsmäßiger Buchführung (GOB) dar und sollte durch das Unternehmen in jedem Fall vermieden werden.

Der Aufruf des Debuggers und die Verwendung der sog. Replace-Funktion zur Veränderung von Speicherinhalten werden für einen meist sehr kurzen Zeitraum von wenigen Tagen oder gar nur für Stunden in dem SAP-Systemprotokoll, dem sog. Syslog aufgezeigt. Über die Transaktion SM21 (Online Auswertung des System-Log) kann dieser Vorgang im Syslog an der Meldungsnummer „A1 9“ erkannt werden.

Prüfungshandlungen:

- Vergewissern Sie sich, dass in der jüngsten Vergangenheit die Replace-Funktion des Debuggers nicht verwendet wurde (vgl. Prüfungshandlungen in Kapitel 3.1.3.10). Bedenken Sie dabei, dass das Syslog zumeist wenige Tage oder nur Stunden in die Vergangenheit zurückreicht und damit im Regelfall nicht den gesamten Prüfungszeitraum abdeckt.
- Lassen Sie sich alle Benutzer-IDs anzeigen, welche über die kritischen Debugging-Berechtigungen verfügen. Siehe hierzu Kapitel 3.1.5.2 ff.

Für die kritische „Replace“-Funktion im Debugger wird die folgende Berechtigung benötigt:

Berechtigungsobjekte	Felder	Feldausprägungen
S_DEVELOP	ACTVT	02
S_DEVELOP	OBJTYPE	DEBUG

3.2.7 Protokollierung von Änderungen

3.2.7.1 Protokolle der Tabellenänderungen

SAP-Fakten:

Im Zusammenhang mit einer Prüfung eines SAP-System nach den Grundsätzen ordnungsmäßiger DV-gestützter Buchführungssysteme (GoBS) spielt u.a. die Belegfunktion und die Nachvollziehbarkeit des eingesetzten Verfahren eine entscheidende Rolle. Nach § 239 Abs. 3 HGB dürfen Eintragungen oder Aufzeichnung nur so verändert werden, dass ihr ursprünglicher Inhalt weiterhin feststellbar bleibt.

Aus diesem Grund sind alle in Tabellen erfassten Beleginformationen, aber auch alle in Verbindung mit diesen Beleginformationen stehenden Daten und Programme, die das Rechnungslegungsverfahren steuern oder beschreiben, sowie alle Änderungen an diesen Daten und Programmen als Bestandteil der Verfahrensdokumentation zu dokumentieren und für einen Zeitraum von mindestens 10 Jahren aufzubewahren (vgl. § 257 HGB).

Ein SAP-System bietet grundsätzlich drei Funktionen, um dieser Verpflichtung nachzukommen. Eine der Möglichkeiten besteht in der Erstellung von Änderungsbelegen im Rahmen der Programmverarbeitung und der Ablage dieser Änderungsbelege in speziellen Änderungsbelegtabellen. In diesem Zusammenhang sind die Tabellen CDHDR (Änderungsbelegkopf) und CDPOS (Änderungsbelegpositionen) zu nennen, die einen Großteil dieser Änderungsbelege speichern - siehe hierzu Kapitel 2.3.10 „Auswertung von Änderungsbelegen“.

Die Erstellung dieser Änderungsbelege ist in den Programmen fest programmiert und kann zumeist nicht durch Systemparameter beeinflusst werden.

Nicht alle Programme, die Änderungen an Tabelleninhalten vornehmen, besitzen jedoch eigene Programmroutinen, welche Änderungsbelege erstellen.

Hier greift die zweite Möglichkeit eines SAP-Systems über eine Funktion, die eine programmunabhängige Protokollierung von Änderungen auf Tabellenfeldebene ermöglicht. Diese Protokollierung ist in einem Produktivsystem über den Systemprofilparameter „rec/client“ in der Transaktion RZ11 (Pflege der Profileparameter) systemweit zu aktivieren. Ausgewertet werden kann die aktuelle Einstellung des Parameters über die Transaktion RSPFPAR (Profileparameter anzeigen) oder direkt über das Programm RSPFPAR.

Alle produktiv genutzten Mandanten eines Systems sollten hierbei berücksichtigt werden. Der Parameter „rec/client“ muss alle produktiven Mandanten, einschließlich der Standardmandanten „000“ und „066“ berücksichtigen oder auf den Wert „ALL“ eingestellt sein, um eine angemessene Protokollierung sicherzustellen.

Die Protokollierung muss zusätzlich auch für jede Tabelle aktiviert werden. Dies geschieht in der Systemtabelle DD09L (DD: Technische Einstellungen von Tabellen) in dem Feld PROTOKOLL über den Wert „X".

Neben allen rechnungslegungsrelevanten Tabellen des SAP-Standards sollten vor allem die selbsterstellten Tabellen im kundeneigenen Namensraum protokolliert werden, die rechnungslegungsrelevante Daten enthalten und für die keine Änderungsbeleg programmseitig erzeugt werden. Tabellen im kundeneigenen Namensraum findet man, indem man die Auswahl der Datensätze der Tabelle DD09L in der Transaktion SE16 (Data Browser) über das Feld TABNAME entsprechend einschränkt.

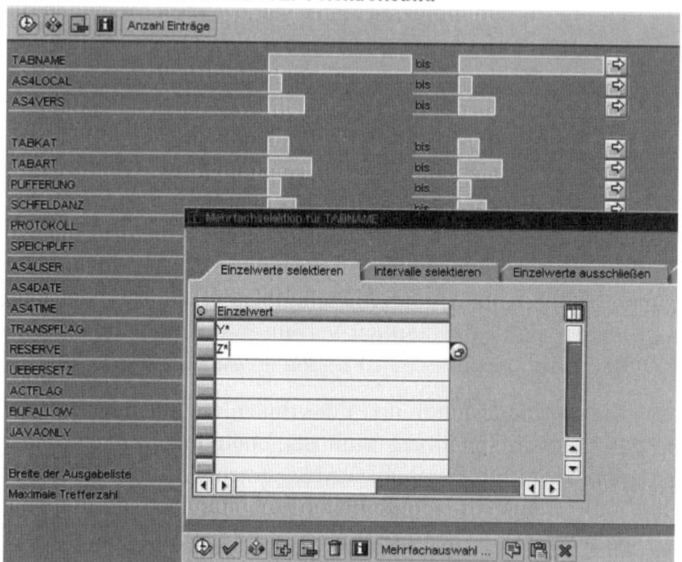

Abb. 3.2.7.1-10: Suche nach protokollierten Tabellen in Tabelle DD09L *© SAP*

In Abb. 3.2.7.1-10 wurden für den kundeneigenen Namensraum des SAP-System die Tabellennamen beginnend mit Y* und Z* angenommen.

Die dritte SAP-Funktion um Änderungen an Tabellen mit Customizing-Inhalten und andere Tabelleninhalte rechnungslegungsrelevanter Tabellen, die über das Transport Management System in das Produktivsystem übernommen werden, nachvollziehbar zu protokollieren, sind die Protokolle der einzelnen Transportaufträge. Sie dokumentieren Änderungen auf Feldebene an den Tabellen und den Zeitpunkt des Imports. Um diese Funktion nutzen zu können, muss innerhalb des Transportprogramms über den Transportparameter „RECCLIENT" die Aufzeichnung von Tabellenänderungen in Transportaufträgen zusätzlich aktiviert werden. Der Transportparameter „RECCLIENT" sollte alle produktiven Mandanten, einschließlich der Standardmandanten „000" und „066", berücksichtigen oder auf den Wert „all" eingestellt werden.

Prüfungshandlungen:

- Prüfen Sie die aktuellen Einstellungen des Systemprofilparameters der Tabellenprotokollierung, indem Sie das Programm RSPFPAR aufrufen und nach dem Parameter „rec/client" suchen. Hier sollten alle in dem Produktivsystem angelegten und in der Tabelle T000 eingetragenen Mandanten aufgeführt werden. Alternativ kann der Parameter auf „ALL" stehen.
- Beurteilen Sie die aktuellen Einstellungen des Transportparameters der Tabellenprotokollierung, indem Sie das Programm RSTMSTPP mit der technischen Kennung des untersuchten Systems aufrufen. Der Parameter „RECCLIENT" sollte alle in dem Produktivsystem angelegten und in der Tabelle T000 eingetragenen Mandanten enthalten. Alternativ kann der Parameter auf „all" stehen. Berücksichtigen Sie, dass der hier geprüfte Parameter „RECCLIENT" namensähnlich zu dem zuvor dargestellten Parameter „rec/client" ist. Es handelt sich um unterschiedliche Parameter zur Steuerung unabhängiger Programmfunktionen.

  Die aktuell gesetzten Transportparameter kann man auswerten, indem man das Programm RSTMSTPP (TMS: tp-Parameter anzeigen) startet. In diesem Programm muss man die technische Bezeichnung des untersuchten Systems eingeben, welche man in der Statusleiste am rechten unteren Bildschirmrand ablesen kann (siehe Abb. 3.2.7.1-30).

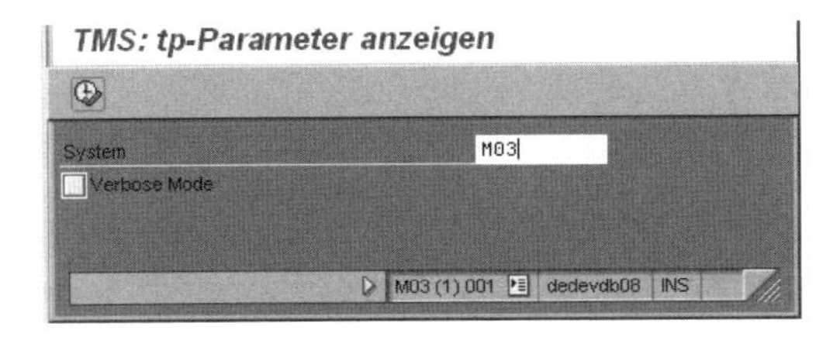

Abb. 3.2.7.1-20: Einstiegsbildschirm des Programms RSTMSTPP © SAP

In der Liste aller für das System festgelegten Transportparameter findet man den aktuellen Wert des Parameters RECCLIENT.

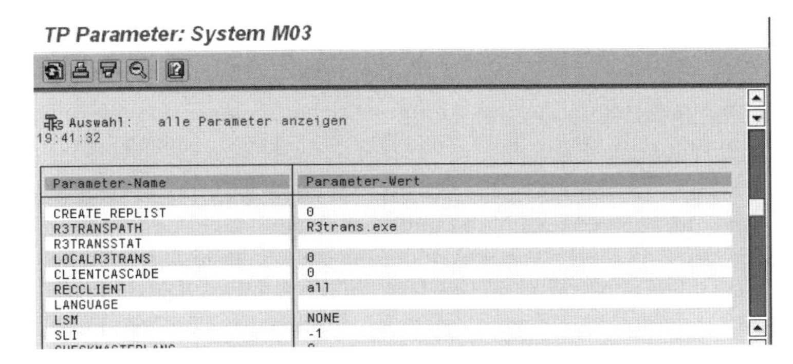

Parameter-Name	Parameter-Wert
CREATE_REPLIST	0
R3TRANSPATH	R3trans.exe
R3TRANSSTAT	
LOCALR3TRANS	0
CLIENTCASCADE	0
RECCLIENT	all
LANGUAGE	
LSM	NONE
SLI	-1

Abb. 3.2.7.1-30: Transportparameter RECCLIENT in Programm RSTMSTPP © SAP

- Beurteilen Sie die im System protokollierten Tabellen, indem Sie sich alle Einträge in der Tabelle DD09L bezüglich des gesetzten Protokollflags „X" in dem Feld PROTOKOLL anzeigen lassen. Alle rechnungslegungsrelevanten Tabellen, für die keine Änderungsbelege in anderen Bereichen des Systems angelegt werden, sollten über die Tabellenprotokollierung aufgezeichnet werden. Leider sind nicht alle relevanten Standard-Tabellen bereits von SAP als protokollierungspflichtig markiert worden. So werden bspw. die bereits erwähnten Tabellen DD09L, die Tabelle DEVACCESS oder andere Tabellen mit Customizingeinstellungen standardmäßig nicht protokolliert, da Änderungen hier im Normalfall über die Aufzeichnung von Transportaufträgen protokolliert werden. Sollte das Unternehmen jedoch auch Notfalländerungen an Tabellen im Produktivsystem durchführen, sollten auch diese und alle weitere Standardtabellen, die direkt oder indirekt Auswirkungen auf die Verarbeitung rechnungslegungsrelevanter Daten haben, in die Protokollierung aufgenommen werden. Weiterhin ist ein besonderes Augenmerk auf Tabellen im kundeneigenen Namensraum (bspw. Tabellennamen beginnend mit Y oder Z) zu legen, da die für die Aktivierung der Protokollierung dieser Tabellen im Falle von rechnungslegungsrelevanten Tabelleneinträgen für ein ordnungsmäßiges Verfahren unabdingbar ist.
- Prüfen Sie die Änderungsbelege der Tabelle DD09L über das Programm RSTBHIST bzw. RSVTPROT. Beachten Sie, dass in vielen Produktivsystemen die Tabelle DD09L nicht protokolliert wird. Stellen Sie daher vorher sicher, dass der entsprechende Eintrag für die Aktivierung der Tabellenprotokollierung in der Tabelle DD09L gesetzt wurde. Sollten Sie Änderungen an der Tabelle DD09L in dem relevanten Prüfungszeitraum finden, welche eine Deaktivierung bzw. Aktivierung von Tabellenänderungsprotokollierung anzeigen, kontaktieren Sie die systemverantwortliche Stelle und prüfen Sie die Test- und Freigabedokumentation für die Gründe der Veränderung.

3.2.7.2 Tabellenänderungen mittels der Transaktion SE16N

SAP-Fakten:

Neben der normalen Tabellenpflege über Transaktionen wie SM30 (Aufruf View-Pflege) existiert in jedem SAP-System eine Pflegefunktion für Tabellen über eine Hintertür in der Transaktion SE16N[6] (Allgemeine Tabellenanzeige), welche die normale Tabellenprotokollierung in alten SAP-Releaseständen umgehen konnte. In aktuellen SAP-Systemen wird die normale Tabellenänderungsprotokollierung, welche über das Programm RSTBHIST ausgewertet werden kann, mitgeschrieben, solange die untersuchten Tabellen als protokollierungspflichtig in der Tabelle DD09L gekennzeichnet sind.

Zusätzlich werden jedoch nach wie vor bei Tabellenänderungen Änderungsbelege in den Tabellen SE16N_CD_KEY (Tabellenanzeige: Änderungsbelege: Kopf) und SE16N_CD_DATA (Tabellenanzeige: Änderungsbelege: Daten) speziell bei Verwendung der Hintertür mittels der Transaktion SE16N aufgezeichnet. Zwar sind diese Änderungsbelege nicht sonderlich geschützt, da sie leicht über einen Löschreport entfernt werden können, trotzdem kann die Auswertung dieser Belege den Prüfer auf die Spur einer Umgehung von Prozesskontrollen im Bereich des Change Management bringen. Dies ist

6 Auch der Transaktionscode N (Schnellstart SE16N) führt zu der Transaktion SE16N.

insbesondere dann der Fall, wenn häufig Änderungen an Tabellen durch die Hintertür durchgeführt werden, was man an der Anzahl und der Zeitpunkte der Änderungen in der Tabelle SE16N_CD_KEY ablesen kann. Außerdem ist wichtig zu untersuchen, ob alle geänderten Tabellen auch über die normale Tabellenprotokollierung Änderungsbelege bei Änderung erzeugen. Sollte dies nicht der Fall sein, so sind die Änderungsbelege in den Tabellen SE16N_CD_KEY und SE16N_CD_DATA die relevanten und aufbewahrungspflichtigen Belege.

Prüfungshandlungen:

- Werten Sie die in den Tabellen SE16N_CD_KEY (Tabellenanzeige: Änderungsbelege: Kopf) und SE16N_CD_DATA (Tabellenanzeige: Änderungsbelege: Daten) hinterlegten Änderungsbelege der über die Transaktion SE16N durchgeführten Tabellenänderungen aus. In der Tabelle SE16N_CD_KEY finden Sie die wichtigsten Informationen bzgl. Änderungszeitpunkt, Änderer und geänderter Tabelle. Suchen Sie hier besonders nach Tabellen, die nicht in der Tabelle DD09L mit einem Protokollflag versehen sind. Über die Benutzer-ID der Änderung kann in der Tabelle SE16N_CD_DATA nach Detailinformationen bzgl. der vorgenommenen Änderungen gesucht werden. Lassen Sie sich die Gründe für Änderungen über diese Hintertürfunktion erklären und stellen Sie durch einen Vergleich mit den Einstellungen in der Tabellenprotokollierung in der Tabelle DD09L fest, ob alle geänderten Tabellen auch über die normale Tabellenprotokollierung Änderungsbelege erzeugen.
- Beurteilen Sie die Angemessenheit der Vergabe der Tabellenpflegeberechtigungen über die Transaktion SE16N im System.

  Für die Pflege von Tabellen mittels SE16N wird die folgende Berechtigung benötigt:

Berechtigungsobjekte	Felder	Feldausprägungen
S_DEVELOP	ACTVT	01 und 02 und 03
S_DEVELOP	OBJTYPE	DEBUG

3.2.7.3 Protokolle der Objektänderungen

SAP-Fakten:

Die zuvor behandelten Tabellenänderungen beziehen sich auf die Inhalte von Tabellen. Im Folgenden werden Änderungen von Objekten behandelt. Dabei bilden Objekte bei SAP einen Oberbegriff, zu dem auch Tabellen gehören. Änderungen an der Struktur von Tabellen, wie die Neuaufnahme von Tabellenfeldern, die Erweiterung von systemgestützten Kontrollen zu möglichen Eingabewerten oder die Pflege von Währungs- und Mengenfeldern in einer Tabelle betreffen die grundlegende Verarbeitung im SAP-System. Weitere Objekte sind gemäß SAP z.B. Programme, Funktionsgruppen und Rollen. Um deren Änderungen kontrollieren zu können, steht die Transaktion SPAU zur Verfügung. Sie bietet Zugriff auf Protokolle zu einer Vielzahl von Änderungen an Objekten, wie die folgende Abbildung zeigt.

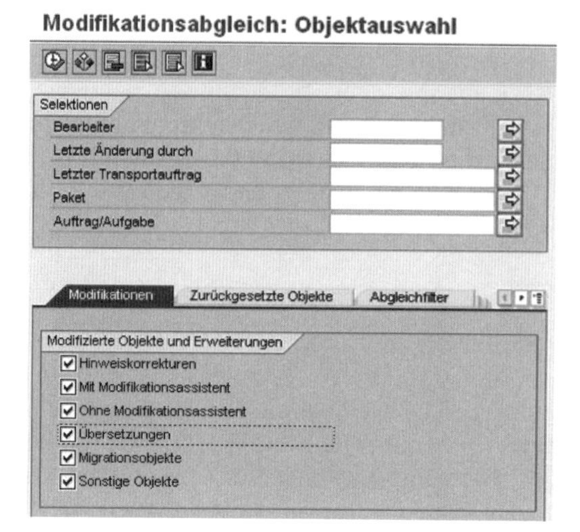

Abb. 3.2.7.3-10: Einstieg in den Modifikationsabgleich über die Transaktion SPAU *© SAP*

Die Grundlage der Transaktion SPAU ist ein Abgleich des Repository-Bestands. Er umfasst alle Objekte, welche SAP, ein SAP-Partner oder das Unternehmen geändert haben. Die SPAU-Protokolle dienen vor allem bei umfangreichen Änderungen, z.B. im Rahmen eines Releasewechsels für das Monitoring von Änderungen und der Auflösung von Konflikten im Bereich der Modifikationen.

Prüfungshandlungen:

- Verwenden Sie die Transaktion SPAU zur Anzeige von Objekt-Änderungen. So genannte Hinweiskorrekturen beziehen sich auf SAP-Hinweise, in denen SAP Anleitungen bei Programmfehlern oder für sinnvolle Änderungen gibt. Prüfen Sie, ob für die genutzten Programmfunktionen zeitnah SAP-Hinweise analysiert und mögliche Programmfehler durch das Einspielen von Hinweisen korrigiert werden.
- Prüfen Sie ferner den Status von Änderungen, die mit bzw. ohne Modifikationsassistent durchgeführt wurden. Bestehen in einem produktiven SAP-System Änderungen, die den Status „noch abzugleichende Objekte“ haben? Bestehen Objekte, die den Status „Nachbearbeitung erforderlich“ haben? Der zuletzt genannte Status wird über Symbole differenziert in „Abgeglichen mit Konflikten“, „Abgleich unvollständig oder noch zu bestätigen“ und „Nachzutesten“.

  Berücksichtigen Sie, dass die Transaktion SPAU nicht nur eine reine Anzeigefunktion ist. Der Status von Änderungen kann mit der Transaktion gepflegt werden. Im Rahmen einer Prüfung sollten hier keine Daten verändert werden.
- Untersuchen Sie in ausgewählten Fällen für abgeschlossene Änderungen die korrespondierenden Transportaufträge. In der Transaktion SPAU steht hierzu bei der Anzeige im Modifikationsabgleich die Schaltfläche „Aufträge suchen“ zur Verfügung. Beurteilen Sie, ob die Änderung gemäß SPAU-Protokoll, Transportauftrag und dem unternehmensspezifischen Test- und Freigabeverfahren konsistent dokumentiert ist und einem kontrollwirksamen Change-Management Prozess gefolgt ist.

3.2.7.4 Protokolle der Reparaturen

SAP-Fakten:

Änderungen, die an original SAP-Objekten durchgeführt werden, erhalten ein so genanntes Reparaturkennzeichen. Damit greift eine systemseitige Kontrolle, die verhindert, dass Importe z.B. im Rahmen von Support-Packages die Reparatur überschreiben und somit eine nicht beabsichtigte weitere Änderung eines Objektes vornehmen. Im Zweifel verhindert das Reparatur-Kennzeichen, dass der korrigierte Originalzustand des Objektes wiederhergestellt wird.

Das Reparaturkennzeichnen hat für den Prüfer den Vorteil, dass er sich einen Eindruck von Änderungen an Objekten im SAP-Namensraum verschaffen kann. Es sei betont, dass das Reparatur-Kennzeichen pflegbar ist. Das Unternehmen kann somit ein automatisch vom SAP-System gesetztes Reparatur-Kennzeichen manuell entfernen. Die Reparatur bleibt damit wirksam, ist aber als solche nicht mehr im Protokoll zu erkennen. Für eine detaillierte Analyse müssen bei Bedarf die Original-Objekte mit den im Produktivsystem gültigen Objekten z.B. anhand der Benutzer-ID des Ändernden verglichen werden.

Prüfungshandlungen:

- Prüfen Sie die im Produktivsystem vorhandenen reparierten Objekte. Verwenden Sie hierzu als Einstieg die Transaktion SE03 (Transport Organizer Tools) und das Icon „Reparierte Objekte anzeigen". Berücksichtigen Sie, dass es sich bei der Transaktion um ein Tool handelt, mit dem auch Daten verändert werden können. Achten Sie darauf, dass die Transaktion ausschließlich zur Anzeige verwendet wird. Mit dem Icon „Sortierreihenfolge (Umsch.+F6)" kann die Protokolldarstellung nach Objekttypen ausgewählt werden, wie folgende Darstellung verdeutlicht. Stellen Sie fest, ob Objekte repariert wurden. Falls dies der Fall ist, prüfen Sie die Gründe und die Dokumentation zu den Reparaturen.

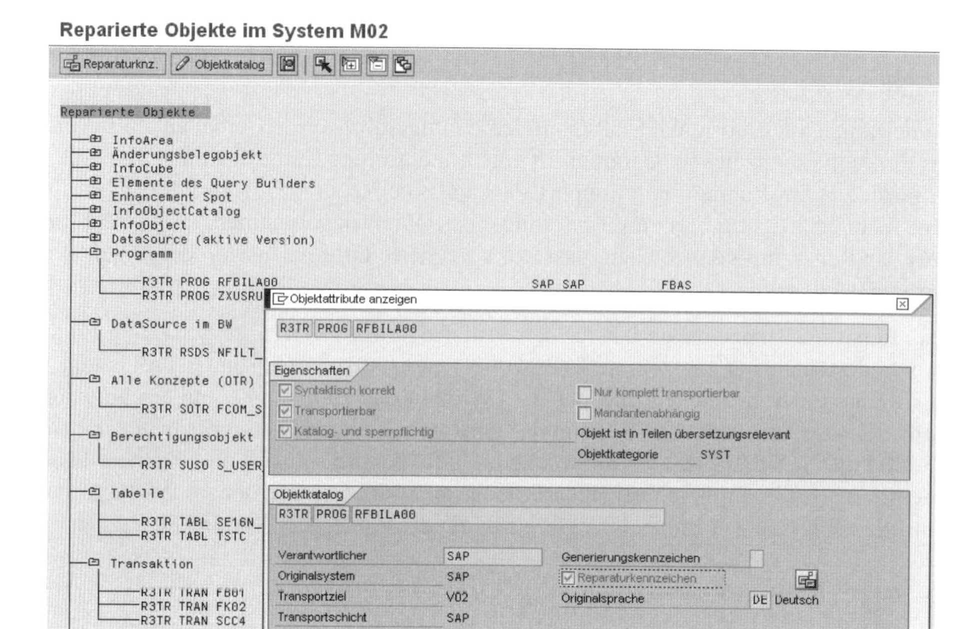

Abb. 3.2.7.4-10: Anzeige von reparierten Objekten am Beispiel des Programms RFBILA00, der Bilanzauswertung *© SAP*

- Beurteilen Sie zu ausgewählten Fällen, ob SAP-Objekte modifiziert wurden. Als Ansatz eignet sich der Vergleich der Benutzer-ID, die ein Objekt erstellt hat mit der die es zuletzt geändert hat. Bei SAP-Objekten lautet die Benutzer-ID in vielen Fällen „SAP". In einer beachtlichen Anzahl von Fällen werden die SAP-Objekte jedoch auch unter einer von „SAP" abweichenden Benutzer-ID ausgeliefert. Die Analyse wird vor dem Hintergrund der hohen Anzahl von SAP-Objekten schnell sehr aufwendig. Die Prüfung kann mit der Transaktion SE84 (Repository-Infosystem) für Programme vorgenommen werden: In der Auswahlmaske sind dazu „Programme" und das Icon „Alle Selektionen (Umsch.+F9)" zu wählen. Als zusätzliche Selektion wird in dem Beispiel „SAP" als Programmautor gewählt und „SAP" als letzter Änderer ausgeschlossen:

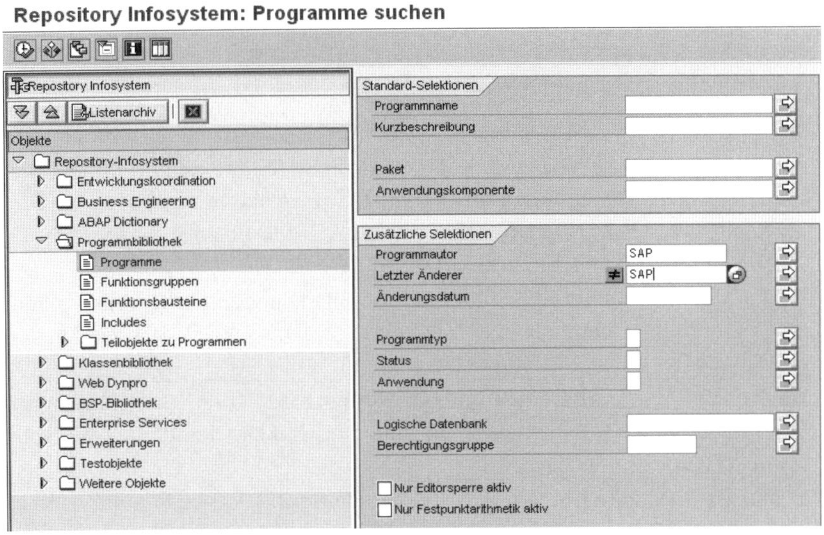

Repository Infosystem: Programme suchen

Repository Infosystem
Listenarchiv
Objekte
Repository-Infosystem
Entwicklungskoordination
Business Engineering
ABAP Dictionary
Programmbibliothek
Programme
Funktionsgruppen
Funktionsbausteine
Includes
Teilobjekte zu Programmen
Klassenbibliothek
Web Dynpro
BSP-Bibliothek
Enterprise Services
Erweiterungen
Testobjekte
Weitere Objekte

Standard-Selektionen
Programmname
Kurzbeschreibung
Paket
Anwendungskomponente

Zusätzliche Selektionen
Programmautor: SAP
Letzter Änderer: ≠ SAP
Änderungsdatum
Programmtyp
Status
Anwendung
Logische Datenbank
Berechtigungsgruppe
Nur Editorsperre aktiv
Nur Festpunktarithmetik aktiv

Abb. 3.2.7.4-20: Prüfung von SAP-Programmen, die nicht von SAP geändert wurden © SAP

Die erzeugte Liste der Protokolle kann über das Icon „Gesamtliste" zu folgender Struktur expandiert werden:

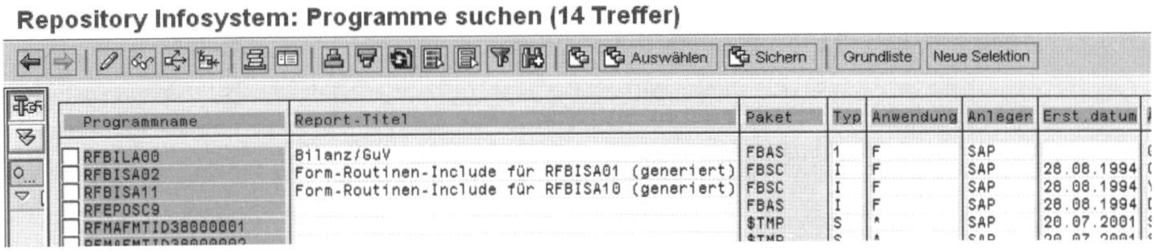

Repository Infosystem: Programme suchen (14 Treffer)

Auswählen | Sichern | Grundliste | Neue Selektion

Programmname	Report-Titel	Paket	Typ	Anwendung	Anleger	Erst.datum
RFBILA00	Bilanz/GuV	FBAS	1	F	SAP	
RFBISA02	Form-Routinen-Include für RFBISA01 (generiert)	FBSC	I	F	SAP	28.08.1994
RFBISA11	Form-Routinen-Include für RFBISA10 (generiert)	FBSC	I	F	SAP	28.08.1994
RFEPOSC9		FBAS	I	F	SAP	28.08.1994
RFMAFMTID38000001		$TMP	S	*	SAP	20.07.2001

Abb. 3.2.7.4-30: Protokoll zu SAP-Programmen, die nicht von SAP geändert wurden © SAP

Prüfen Sie bei ermittelten Programmen bzw. Objekten, aus welchem Grund die SAP-Objekte geändert wurden und wie sichergestellt ist, das die Änderungen zu einem richtigen und nachvollziehbaren Verarbeitungsergebnis führen.

3.2.8 Checkliste

Nr.	Prüfungshandlung
1.	Prüfen Sie die aktuelle Einstellung der globalen Systemänderbarkeit über die Transaktion SE06 oder das Programm RSWBO004. Sollte sie auf „änderbar“ stehen, kontaktieren Sie die systemverantwortliche Stelle und erkundigen Sie sich, inwieweit diese Einstellung notwendig ist und welche Maßnahmen in Form von nachgelagerten Kontrollen existieren, um die Änderung von Repository-Objekten und Customizingeinstellungen zu kontrollieren.
2.	Prüfen Sie die aktuelle Einstellung der Mandantenänderbarkeit aller Mandanten eines Produktivsystems. Nutzen Sie hierzu die Transaktion SCC4 oder werten Sie die Inhalte der Tabelle T000 aus.
3.	Beurteilen Sie, ob die Berechtigungen für das Setzen der Einstellungen im Hinblick auf die Systemänderbarkeit und der Mandantenänderbarkeit restriktiv an Benutzer vergeben wurden.
4.	Suche Sie über die Transaktion SE01 in einem produktiven System nach lokalen Transportaufträgen für Customizingänderungen. Ermitteln Sie hierbei Bezeichnungen von Transportaufträgen, die mit „XXXK“ beginnen, wobei „XXX“ für die technische Systembezeichnung steht. Lassen Sie sich die Notwendigkeit der direkten Änderung in diesem System erläutern und prüfen Sie diese.
5.	Erstellen Sie eine Übersicht über alle im Prüfungszeitraum geänderten Z- und Y-Programme, indem Sie die Tabelle TRDIR mit Hilfe der Transaktion SE16 aufrufen. Wählen Sie im Feld Name alle „Y*“ und „Z*“-Programme und schränken Sie den Zeitraum über das letzte Änderungsdatum im Feld UDAT ein. Lassen Sie sich zu den relevanten Transportaufträgen die Freigabe durch die Verantwortlichen System- oder Dateneigentümer zeigen.
6.	Prüfen Sie über das Programm RSUSR002 die Vergabe von Berechtigungen an Benutzer-IDs in dem für das untersuchte System relevante Entwicklungssystems. Beurteilen Sie, ob eine Funktionstrennung im Bereich der Transportauftrags- und Aufgabenanlage, der Aufgabenfreigaben und des Durchführens des Exports angewendet wird.
7.	Beurteilen Sie die Angemessenheit der Vergabe von Entwicklungsberechtigungen im SAP-System und prüfen Sie die Einträge in der Tabelle DEVACCESS über die Transaktion SE16.
8.	Prüfen Sie die aktuellen Einstellungen des Systemprofilparameters der Tabellenprotokollierung, indem Sie den Report RSPFPAR aufrufen und nach dem Parameter „rec/client“ suchen. Hier sollten alle in dem Produktivsystem angelegten und in der Tabelle T000 eingetragenen Mandanten aufgeführt werden. Alternativ kann der Parameter auf „ALL“ stehen.
9.	Beurteilen Sie die im System protokollierten Tabellen, indem Sie sich alle Einträge in der Tabelle DD09L bezüglich des gesetzten Protokollflags „X“ in dem Feld PROTOKOLL untersuchen. Alle rechnungslegungsrelevanten Tabellen, für die keine Änderungsbelege in anderen Bereichen des Systems angelegt werden, sollten über die Tabellenprotokollierung protokolliert werden.

Nr.	Prüfungshandlung
10.	Beurteilen Sie die Monitoringverfahren in Bezug auf die Zugriffskontrollen. Nehmen Sie hierzu zeitraumbezogene Auswertungen anhand von Änderungsbelegen zu den Elementen des Berechtigungskonzepts wie Benutzer-IDs, Rollen oder Berechtigungen vor. Beurteilen Sie damit, ob Zugriffskontrollen über einen betrachteten Zeitraum durchgehend wirksam waren.

3.2.9 Transaktionen, Tabellen, Programme

Folgende Aufstellung fasst die Transaktionen, Tabellen und Programme zusammen, die für die Prüfung der Verfahrensänderungen genutzt werden können.

Transaktionen	
RSPFPAR	Anzeige der aktuellen Systemprofilparameter
RZ11	Pflegetransaktion für Systemprofilparameter
SAINT	Installation Tool für Softwarekomponenten
SCC4	Anzeige der Einstellungen der Mandantenänderbarkeit
SE01	Anzeige von Transportaufträgen
SE03	Transport Organizer Tools
SE06	Anzeige der Systemänderbarkeitseinstellung
SE84	Repository-Informationssystem
SE95	Anzeige und Suche nach Modifikationen
SM21	Auswertung und Anzeige des SysLogs
SPAM	Anzeige des Releasestands der Softwarekomponenten
SPAU	Anzeige modifizierter Entwicklungsumgebungsobjekte
SPDD	Anzeige modifizierter Data Dictionary Objekte
STMS	Einstellungen des Transport Management System
STMS	Informationen zu dem Transport Management System
SUIM	Auswertung von Benutzerberechtigungen

Tabellen	
DD09L	Steuerung der Tabellenprotokollierung
DEVACCESS	Tabelle mit Entwicklerschlüsseln
SE16N_CD_DATA	Tabellenanzeige: Änderungsbelege: Kopf
SE16N_CD_KEY	Tabellenanzeige: Änderungsbelege: Daten
T000	Mandanteneinstellungen
TRDIR	Eigenschaften von Programmen (inkl. letzter Änderungszeitpunkt)
TRDIRT	Langtexte bzw. Beschreibungstexte der Programme

Programme	
RSPARAM	Anzeige der aktuellen Systemprofilparameter
RSPFPAR	Anzeige von Profilparametern
RSTBHIST	Auswertung von Tabellenänderungsbelegen
RSTMSTPP	Anzeige von Transporttoolparametern
RSUSR002	Auswertung von Benutzerberechtigungen
RSVTPROT	Auswertung der Tabellenänderungsprotokollierung
RSWBO004	Anzeige der Systemänderbarkeitseinstellung
RSWBO095	Historie der Systemänderbarkeitseinstellung
RSWBOSSR	Suche nach Transportaufträgen

„Wer einen Fehler begangen hat
und ihn nicht korrigiert,
begeht einen weiteren Fehler“
Konfuzius

3.3 Verarbeitungskontrollen

3.3.1 Typische Risiken und Kontrollziele

Ebenso wie die Kontrollen im Bereich der Zugriffssteuerung und der Verfahrensänderungen dienen die Verarbeitungskontrollen der Gewährleistung der System- und Datenintegrität sowie der Erfüllung gesetzlicher Anforderungen. Sie tragen daher grundsätzlich zur Sicherheit und Ordnungsmäßigkeit des Gesamtsystems bei.

Das übergreifende Risiko im Bereich der SAP-Verarbeitung ist die Abweichung von definierten Systemabläufen und eingeplanten Aktivitäten, also die nicht ordnungsgemäße Verarbeitung und Buchung von Geschäftsvorfällen. Übergeordnetes Kontrollziel ist daher die Gewährleistung eines stabilen Systembetriebs sowie – wenn sich eine Abweichung vom vorgesehenen Verfahren nicht vermeiden lässt – die lückenlose Nachvollziehbarkeit der Abweichungen und der durchgeführten Korrekturmaßnahmen.

Die Risiken lassen sich in folgende Bereiche kategorisieren:

- Unvollständigkeit der Buchungen aufgrund fehlerhafter Belegerfassung, Systemfehlern oder fehlerhafter Schnittstellenverarbeitung,
- Nicht periodengerechte Buchungen aufgrund fehlender Sicherstellung einer zeitnahen Datenverarbeitung,
- Inkonsistenzen aufgrund nicht genutzter maschineller Abstimmmöglichkeiten des Buchungsstoffes,
- Mangelnde Nachvollziehbarkeit aufgrund nicht richtig eingestellter Protokollierungsfunktionen.

Daraus ergeben sich folgende Kontrollziele:

- Belege werden vollständig, richtig sowie zeitnah erfasst und gebucht.
- Das Hauptbuch ist jederzeit mit den Nebenbüchern sowie den Konten und Belegen abstimmbar.
- Die Geschäftsvorfälle und sich daraus ergebende Buchungen sind lückenlos nachvollziehbar.
- Die Integrität der rechnungslegungsrelevanten Daten bei einer verteilten Systemumgebung ist gewährleistet.

3.3.2 Quick Wins

Mittels der im folgenden aufgeführten Liste der 10 Quick Wins im Bereich Verarbeitungskontrollen ist es dem Prüfer möglich, vergleichsweise schnell zuverlässige Prüfungsfeststellungen zu erzielen und durch seine Feststellungen und Empfehlungen zu einer signifikanten Verbesserung der Sicherheit des SAP-Systems und der darin enthaltenen rechnungslegungsrelevanten oder unter weiteren Compliance-Aspekten relevanten Daten beizutragen:

1. Zeitnahe Buchung vorerfasster Belege: Die Buchung vorerfasster Belege sollte Bestandteil der monatlichen Periodenabschlussarbeiten sein. Referenz: Kapitel 3.3.3, Seite 173.
2. Vollständigkeit der Buchung: So genannte „abgebrochene Verbuchungen" sollten überwacht und ihre Nachbuchung gewährleistet sein. Referenz: Kapitel 3.3.4, Seite 175.
3. Lückenlosigkeit der Belegnummernvergabe: Für rechnungslegungsrelevante Belegnummernkreise sollte die Belegnummernpufferung ausgeschaltet sein, um die Wahrscheinlichkeit des Verlusts von Belegnummern zu verringern. Referenz: Kapitel 3.3.7, Seite 183.
4. Lückenlosigkeit der Belegnummernvergabe: Das Auftreten von Belegnummernlücken sollte überwacht werden. Referenz: Kapitel 3.3.7, Seite 183.
5. Zeitnähe der Buchung: Nur die aktuelle Periode sollte zum Bebuchen geöffnet sein. Referenz: Kapitel 3.3.8, Seite 187.
6. Konsistenz des Buchwerks: Das Hauptbuch und die Nebenbücher sowie Konten und Belege sollten regelmäßig auf ihre Konsistenz hin abgestimmt werden. Referenz: Kapitel 3.3.9, Seite 190.
7. Richtige Verarbeitung des Buchungsstoffes im Rahmen von Batch-Jobs: Die SAP-gestützte Verarbeitung aller Vorgänge, die über Batch-Jobs Buchungen auslösen, sollte derart organisiert sein, dass die Jobs richtig definiert sind, sie zum richtigen Zeitpunkt ausgeführt werden und die Programme der Jobs korrekt ausgeführt werden. Referenz: Kapitel 3.3.11, Seite 200.
8. Vollständige Verarbeitung des Buchungsstoffes im Rahmen von Batch-Jobs: Die Berechtigung zur uneingeschränkten Batch-Job-Administration sollte ausschließlich an mit dieser Aufgabe betraute Administratoren vergeben sein. Ferner sollte die Berechtigung zur Ausführung von Batch-Jobs mit den Berechtigungen einer fremden Benutzer-ID grundsätzlich nicht vergeben sein. Referenz: Kapitel 3.3.11, Seite 200.
9. Vollständige Verarbeitung des Buchungsstoffes in Bezug auf Batch-Input-Mappen: Die Berechtigung zum Löschen von Batch-Input-Mappen sollte restriktiv an den mit dieser Aufgabe betrauten Personenkreis vergeben sein. Referenz: Kapitel 3.3.12, Seite 203.
10. Richtige und zeitnahe Verarbeitung im Rahmen von IDocs: Die Schnittstellenverarbeitung der IDocs sollte überwachen werden, um die Vollständigkeit, Richtigkeit und Zeitnähe der Verarbeitung zu gewährleisten. Referenz: Kapitel 3.3.14, Seite 208.

3.3.3 Vorerfasste Belege

SAP-Fakten:

Bei der Verwendung von vorerfassten Belegen werden die Buchungsdaten im Regelfall nur teilweise in das SAP-System aufgenommen und der Beleg wird ohne eigentliche Buchung gesichert. Die tatsächliche Buchung erfolgt zu einem späteren Zeitpunkt. Hierbei gilt es zwei unterschiedliche Verwendungmöglichkeiten von vorerfassten Belegen zu unterscheiden:

Zum einen kann es im Rahmen einer Kontrolle durch Einrichtung eines Vier-Augen-Prinzips sinnvoll sein, Belege vorzuerfassen. Nach der Vorerfassung durch eine Person werden die erfassten Belege fachlich bezüglich ihrer Belegbestandteile wie der Kontierung durch eine andere Person geprüft und freigegeben. Damit erfolgt die systemseitige Buchung.

Das Vier-Augen-Prinzip kann auch betragsabhängig realisiert werden. Die Mitarbeiter dürfen dann Belege nur bis zur Höhe eines bestimmten Betrags vorerfassen und buchen. Ist dieser Betrag erreicht, greift die maschinelle Kontrolle: Der erste Mitarbeiter kann ausschließlich die Vorerfassung durchführen. Ein weiterer Mitarbeiter muss die Buchung vornehmen.

Zum anderen kann es sein, dass bei der Vorerfassung aufgrund des Arbeitsablaufs noch nicht alle Kontierungsinformationen vorliegen. Nach der Vorerfassung der bereits bekannten Informationen werden später die Informationen vervollständigt, und der Beleg wird gebucht.

Prüfungsziel im Bereich der vorerfassten Belege ist die zeitliche Nähe der Buchung und die korrekte Periodenzuordnung.

Prüfungshandlungen:

3.3.3.1 Organisation

- Stellen Sie im Interview fest, ob das Unternehmen mit vorerfassten Belegen arbeitet. Ist dies der Fall, prüfen Sie, welche Organisationsanweisungen im Unternehmen zum Umgang mit vorerfassten Belegen vorhanden sind. Die Organisationsanweisungen sollten insbesondere dahingehend beurteilt werden, ob sie die Buchung aller relevanten zum Periodenende vorerfassten Belege sicherstellen.
- Prüfen Sie, ob ein betragsabhängiges Vier-Augen-Prinzip zum Einsatz kommt. Ermitteln Sie, ob festgelegt ist, welche Betragsgrenze zum Einsatz kommt und welche Mitarbeiter ausschließlich vorerfassen dürfen.

3.3.3.2 Prüfung der vorerfassten Belege

- Analysieren Sie die im System vorhandenen vorerfassten Belege. Starten Sie dazu das Programm RFPUEB00 (Liste vorerfasster Belege) oder gehen Sie über den Menüpfad: *Rechnungswesen – Finanzwesen – Hauptbuch – Beleg – Vorerfasste Belege – Anzeigen* (Transaktion FBV3).

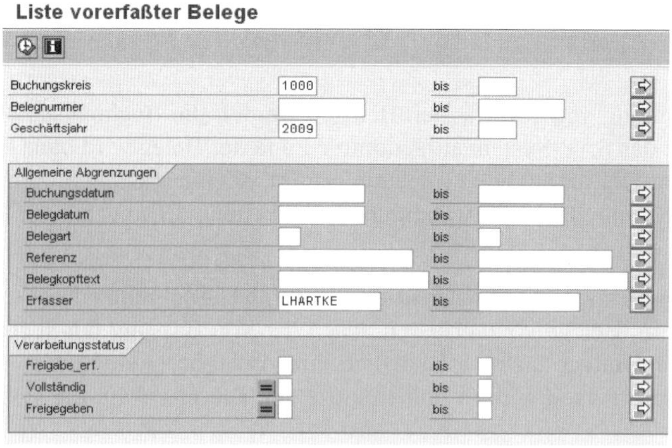

Liste vorerfaßter Belege

Buchungskreis	1000	bis		
Belegnummer		bis		
Geschäftsjahr	2009	bis		

Allgemeine Abgrenzungen

Buchungsdatum		bis	
Belegdatum		bis	
Belegart		bis	
Referenz		bis	
Belegkopftext		bis	
Erfasser	LHARTKE	bis	

Verarbeitungsstatus

Freigabe_erf.		bis	
Vollständig	=	bis	
Freigegeben	=	bis	

Abb. 3.3.3.2-10: Auswahldialog für Liste vorerfasster Belege *© SAP*

Die Liste kann nach dem Verarbeitungsstatus eingeschränkt werden. Sinnvoll ist beispielsweise die Eingrenzung auf unvollständig erfasste und noch nicht freigegebene Belege gemäß vorstehender Abbildung (Feld „Vollständig" ist leer für „nein" und Feld „Freigegeben" ist leer für „nein")[1]. Lassen Sie sich in der generierten Liste gegebenenfalls fehlende Spalten anzeigen, indem Sie einen Mausklick auf *Layout ändern* ausführen. Zur Anzeige unvollständig erfasster Belege können Sie auch alternativ das Programm RFTMPBEL (Liste der unvollstaendig erfassten Belege) verwenden.

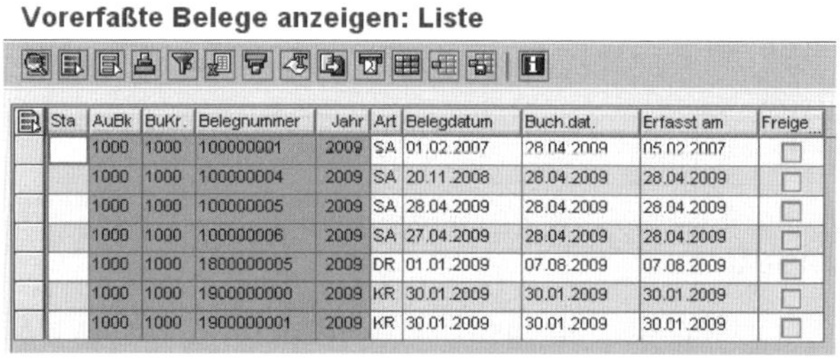

Vorerfaßte Belege anzeigen: Liste

Sta	AuBk	BuKr.	Belegnummer	Jahr	Art	Belegdatum	Buch.dat.	Erfasst am	Freige...
	1000	1000	100000001	2009	SA	01.02.2007	28.04.2009	05.02.2007	☐
	1000	1000	100000004	2009	SA	20.11.2008	28.04.2009	28.04.2009	☐
	1000	1000	100000005	2009	SA	28.04.2009	28.04.2009	28.04.2009	☐
	1000	1000	100000006	2009	SA	27.04.2009	28.04.2009	28.04.2009	☐
	1000	1000	1800000005	2009	DR	01.01.2009	07.08.2009	07.08.2009	☐
	1000	1000	1900000000	2009	KR	30.01.2009	30.01.2009	30.01.2009	☐
	1000	1000	1900000001	2009	KR	30.01.2009	30.01.2009	30.01.2009	☐

Abb. 3.3.3.2-20: Liste vorerfasster Belege *© SAP*

- Prüfen Sie zum Periodenwechsel, inwieweit diese Belege zeitnah zu buchen sind, um eine periodengerechte Buchung zu gewährleisten. Beispielsweise ist am Erfassungsdatum zu erkennen, wie lange sich der jeweilige Vorgang in Bearbeitung befindet. Haben Sie ein besonderes Augenmerk auf Einträge mit einem weit zurückliegenden Erfassungsdatum. Für eine periodengerechte Gewinnermittlung, eine korrekte Umsatzsteuervoranmeldung oder die Möglichkeit, Skonto ziehen zu können, sollte bei festgestellten Abweichungen zum organisatorisch festgelegten Verfahren schnellstmöglich

1 Beachten Sie das Gleichheitszeichen (=Einzelwert): Es wird nur dann auf unvollständige oder nicht freigegebene Belege selektiert, wenn über die Selektionsoptionen explizit auf das leere Feld abgefragt wird. Sie kommen auf die Selektionsoptionen, indem Sie einen doppelten Mausklick auf das Feld ausführen.

eine Klärung herbeigeführt werden. Stellen Sie fest, ob zum Periodenabschluss alle vorerfassten Belege gebucht wurden. Das Programm RFTMPBEL hilft bei der Analyse der Qualität der vorerfassten Belege. Es ist des Weiteren zu bedenken, dass vorerfasste Belege, die gelöscht werden, zu Lücken in den Belegnummern führen (vgl. Kapitel *3.3.7 Belegnummern* ab Seite 183).

3.3.3.3 Betragsabhängige Belegvorerfassung

- Prüfen Sie, ob bei einer betragsabhängigen Belegvorerfassung das Customizing sachgerecht eingestellt ist. Die betragsabhängige Vorerfassung erfordert die Einrichtung eines Freigabeverfahrens und einer entsprechenden Workflow-Variante im Finanzwesen. Die Einstellungen sind einsehbar im Customizing unter dem Menüpfad: *SPRO – Finanzwesen – Grundeinstellungen Finanzwesen – Beleg – Belegvorerfassung*. Analysieren Sie die entsprechenden Einstellungen und gleichen Sie sie gegen die Organisationsanweisungen ab.

3.3.4 Buchungsabbrüche

SAP-Fakten:

Die Buchung stellt die zentrale Funktion im Rahmen der IT-gestützten Buchführung in einem SAP-System dar. Die SAP-Buchung orientiert sich an der handelsrechtlich gebotenen Beleg-, Journal- und Kontenfunktion. Sie wird auch „Verbuchung“ genannt.

Sie erfolgt aus der Erfassung von Informationen durch einen Sachbearbeiter in der Dialog-Kommunikation als Online-Buchung. Sie wird auch als Batch-Buchung durchgeführt, wenn die Informationen aus anderen SAP-Anwendungsteilen – z.B. den Prozessen der Materialwirtschaft oder des Vertriebs – oder aus anderen Systemen zur Verfügung gestellt werden. Die Funktion der Buchung umfasst im SAP-System verschiedene Konsistenzprüfungen wie beispielsweise die Soll- und Haben-Gleichheit bei Buchungsbelegen. Ferner kann nur auf Konten gebucht werden, die im Kontenplan vorhanden sind.

Um eine performante Verarbeitung von Buchungsdaten zu gewährleisten, darf kein Engpass beim Schreiben der Daten in die dafür vorgesehenen Tabellen auftreten. Dies ist im SAP-System so gelöst, dass der Dialogprozess für die Eingabe der Daten und der Buchungsprozess getrennte Vorgänge sind, die nicht aufeinander warten müssen. Um dies zu gewährleisten, schreibt der Dialogprozess die Daten jeder Verbuchung in die Tabelle VBLOG (Protokollsatzdatei). Zu diesem Zeitpunkt gilt ein Beleg handelsrechtlich als gebucht, da alle Voraussetzungen vorliegen. Diese sind gemäß der GoBS[2] die Erfassung nach einem Ordnungsprinzip, die vollständige, formal richtige, zeitgerechte und verarbeitungsfähige Erfassung und die Speicherung der Daten zu einem Geschäftsvorfall.

Dennoch schließt erst der nun folgende SAP-Buchungsprozess den Vorgang der Buchung ab. Der SAP-Buchungsprozess liest ständig die Tabelle VBLOG aus und schreibt die Daten in die eigentlichen Datenbanktabellen. Erst nach dem Buchungsprozess wird eine Buchung im Journal und auf den Konten im SAP-System ausgewiesen.

2 Grundsätze ordnungsmäßiger DV-gestützter Buchführungssysteme, BdF-Schreiben vom 7.11.1995.

Diese Art der Buchung, bei der Dialog- und Buchungsprozess unabhängig voneinander arbeiten, nennt man asynchrone Verarbeitung.

Die Vorteile dieser Vorgehensweise sind eine höhere Performance der Buchungsverarbeitung und die Möglichkeit der Protokollierung von Buchungen über die Tabelle VBLOG.

Innerhalb der asynchronen Verarbeitung wird zwischen Buchungen mit hoher (V1) und mit niedriger (V2) Priorität unterschieden.

- V1-Vorgänge: Betriebswirtschaftliche Vorgänge, wie beispielsweise das Buchen eines Belegs, sind primäre, zeitkritische Vorgänge. Sie werden vom System immer vorrangig abgearbeitet.
- V2-Vorgänge: Buchungen, die beispielsweise statistischen Zwecken dienen, wie statistische Fortschreibungen o.ä., können nachrangig gebucht werden. Sie werden verarbeitet, wenn keine V1-Vorgänge anstehen.

Sowohl die V1-Vorgänge als auch die V2-Vorgänge werden in die VBLOG-Tabelle geschrieben. Der Verarbeitungsprozess liest die Vorgänge mit der entsprechenden Priorisierung aus. Nach dem erfolgreichen Auslesen werden die Datensätze aus der VBLOG-Tabelle gelöscht. Sollte beim Auslesen ein Fehler auftreten, verbleiben die entsprechenden Datensätze in der Tabelle und können über die Transaktion SM13 (Verbuchungssätze administrieren) ausgewertet werden.

Prüfungshandlungen:

3.3.4.1 Organisation

- Stellen Sie fest, welche organisatorischen Vorgaben zur Überwachung der Verbuchungen im Unternehmen vorliegen. Es sollte über Arbeitsanweisungen festgelegt sein, dass abgebrochene Verbuchungen mindestens täglich über die Transaktion SM13 und das Programm RFVBER00 (FI-Beleg: Liste abgebrochener Verbuchungen) ausgewertet werden. Die Arbeitsanweisung sollte auch die Kontrolle abgebrochener Buchungen seitens der Fachabteilung verbindlich regeln. Um die Vollständigkeit der Buchungen im SAP-System sicherzustellen, sollte jede abgebrochene Buchung nachvollziehbar dokumentiert werden. Die Maßnahmen als Reaktion auf Verbuchungsabbrüche sind ebenfalls nachvollziehbar zu dokumentieren.

3.3.4.2 Systemparameter zur Steuerung abgebrochener Buchungen

- Prüfen Sie die Systemparameter, welche die Verarbeitung der Verbuchungen steuern. Die folgenden Parameter legen fest, wie abgebrochene Verbuchungen im System dokumentiert und dem Benutzer bekannt gemacht werden. Die Parameter lassen sich über die Programme RSPARAM (Anzeige der SAP-Profilparameter) oder RSPFPAR (Profileparameter anzeigen) auswerten.

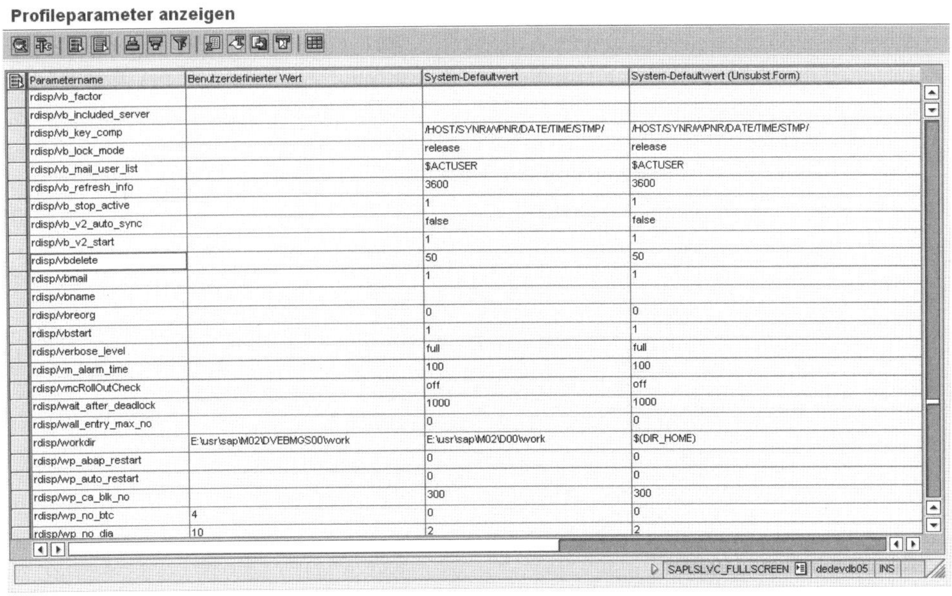

Profileparameter anzeigen

Parametername	Benutzerdefinierter Wert	System-Defaultwert	System-Defaultwert (Unsubst.Form)
rdisp/vb_factor			
rdisp/vb_included_server			
rdisp/vb_key_comp		/HOST/SYNR/WPNR/DATE/TIME/STMP/	/HOST/SYNR/WPNR/DATE/TIME/STMP/
rdisp/vb_lock_mode		release	release
rdisp/vb_mail_user_list		$ACTUSER	$ACTUSER
rdisp/vb_refresh_info		3600	3600
rdisp/vb_stop_active		1	1
rdisp/vb_v2_auto_sync		false	false
rdisp/vb_v2_start		1	1
rdisp/vbdelete		50	50
rdisp/vbmail		1	1
rdisp/vbname			
rdisp/vbreorg		0	0
rdisp/vbstart		1	1
rdisp/verbose_level		full	full
rdisp/vm_alarm_time		100	100
rdisp/vmcRollOutCheck		off	off
rdisp/wait_after_deadlock		1000	1000
rdisp/wall_entry_max_no		0	0
rdisp/workdir	E:\usr\sap\M02\DVEBMGS00\work	E:\usr\sap\M02\D00\work	$(DIR_HOME)
rdisp/wp_abap_restart		0	0
rdisp/wp_auto_restart		0	0
rdisp/wp_ca_blk_no		300	300
rdisp/wp_no_btc	4	0	0
rdisp/wp_no_dia	10	2	2

SAPLSLVC_FULLSCREEN dedevdb05 INS

Abb. 3.3.4.2-10: Prüfung der Profilparameter in Bezug auf Verbuchungsabbrüche © SAP

Die folgende Tabelle stellt die empfohlenen Einstellungen für die Parameter mit Relevanz für die Buchungsverarbeitung dar.

Parameter	Bedeutungen
rdisp/vbmail	Bei einem Verbuchungsabbruch wird der Benutzer durch das Senden einer Express-Mail informiert. Der Parameter muss dafür auf 1 stehen.
rdisp/vb_mail_user_list	Angabe einer Liste von Benutzern, die über die Express-Mail über den Verbuchungsabbruch informiert werden. Wenn die Mail an den Benutzer selbst geschickt werden soll, muss der Parameter auf $ACTUSER stehen.
rdisp/vbdelete	Gibt die Dauer in Anzahl Tagen an, nach der Verbuchungsaufträge (unabhängig von ihrem Status) gelöscht werden. Der Parameter sollte auf 0 stehen. In diesem Fall werden die Verbuchungsaufträge nie gelöscht.

3.3.4.3 Auswertung abgebrochener Buchungen

- Werten Sie sowohl mit der Transaktion SM13 den aktuellen Zustand der Protokollsatzdatei aus als auch die über das Programm RFVBER00 auflistbare Historie von Verbuchungsabbrüchen.

  Die Vollständigkeit der Buchungsverarbeitung ist eine der kritischen Faktoren in Bezug auf die Ordnungsmäßigkeit. Daher ist die Überwachung fehlerhafter bzw. abgebrochener Verbuchungen eine wichtige Prüfungshandlung.

Während mit Hilfe der Transaktion SM13 nur in der VBLOG-Tabelle vorhandene Verbuchungsabbrüche angezeigt werden, zeigt das Programm RFVBER00 (FI-Beleg: Liste abgebrochener Verbuchungen) zusätzlich eine Historie fehlerhafter Verbuchungen an, also nicht nur in der VBLOG-Tabelle aktuell vorhandene Datensätze, sondern auch bereits aus dieser wieder gelöschte Verbuchungen. Es eignet sich daher gut für die prüferische Auswertung von Buchungsabbrüchen.

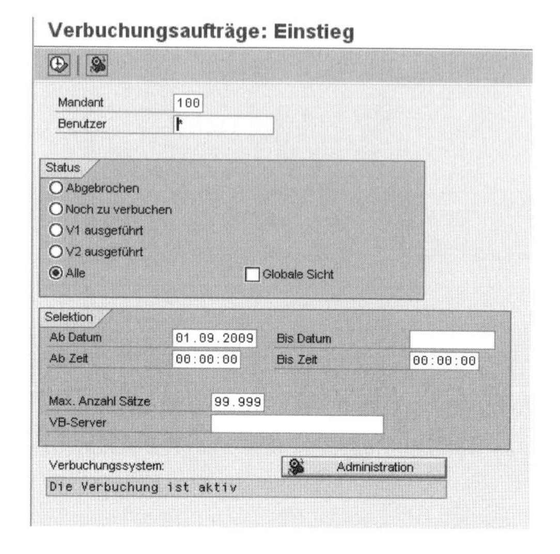

Abb. 3.3.4.3-10: Auswahldialog zur Auswertung der Tabelle VBLOG *© SAP*

- Für die Auswertung der Tabelle VBLOG mit der Transaktion SM13 ist es sinnvoll, sich Einträge rückwirkend bis zum Beginn des Geschäftsjahres anzeigen zu lassen. Sofern der Parameter *rdisp/vbdelete* einen von Null verschiedenen Eintrag hat, macht es allerdings keinen Sinn, länger in die Vergangenheit zurückzugehen, als die abgebrochenen Verbuchungsaufträge gespeichert werden. In der Ergebnisanzeige können im Feld *Zustand* folgende Einträge erscheinen:

  - init Datensatz wartet auf die Verbuchung.
  - auto Datensatz wird automatisch verbucht.
  - run Datensatz ist gerade in Verarbeitung.
  - err Bei der Verarbeitung ist ein Fehler aufgetreten, die Verbuchung wurde abgebrochen.

- Für Einträge mit dem Status „err“ ist zu prüfen, wie mit den Fehlern umgegangen wurde. Im Normalfall ist die Buchungsverarbeitung zu wiederholen und die Behandlung von Fehlern nachvollziehbar zu dokumentieren.
- Prüfen Sie gegebenenfalls auch über einen Zeitraum von mehreren Wochen, ob es zu einem bestimmten Zeitpunkt gehäuft Verbuchungsabbrüche gegeben hat, und ermitteln Sie per Interview die Ursache für das eventuell gehäufte Auftreten der Abbrüche.

3.3.4.4 Berechtigungen

- Die Tabelle VBLOG ist eine mandantenunabhängig Tabelle, d.h. über sie bzw. über die Transaktion SM13 (Verbuchungssätze administrieren), mit der die Tabelle VBLOG ausgewertet wird, kann man Einblick in Buchungsvorgänge sämtlicher Mandanten auf dem betrachteten System erlangen. Prüfen Sie daher, ob die Berechtigung zur Verbuchungsadministration ausschließlich an die mit dieser Aufgabe betrauten Personen vergeben ist. Folgende Berechtigungen werden für die Administration des Verbuchers benötigt:

Berechtigungsobjekte	Felder	Feldausprägungen
S_TCODE	TCD	SM13
S_ADMI_FCD	S_ADMI_FCD	UADM

3.3.5 Gelöschte Buchungsaufträge

SAP-Fakten:

Die Verarbeitung und Speicherung der Buchungsdaten erfolgt im SAP-System über die dargestellte Funktion des Verbuchers. Im Regelfall ist der Verbucher aktiv und alle Buchungsaufträge werden durch ihn verarbeitet. Durch Eingriffe kann diese Verarbeitung gestoppt werden. Ferner besteht das Risiko, dass Buchungsaufträge gelöscht werden und somit die Vollständigkeit der Buchführung gefährdet ist. Zur Administration des Verbuchers stehen die Transaktionen SM13 und SM14 (Administration des Verbuchers) zur Verfügung. Wesentliche Eingriffe in die Verbuchung werden im so genannten SysLog gespeichert. Es ist zu beachten, dass die Einträge in diesem Systemprotokoll rollierend überschrieben werden, so dass die Vorgänge anhand des SysLogs meist nur über einen kurzen Zeitraum nachvollzogen werden können. Schwerwiegende Eingriffe in die Verbucher-Funktionen werden im SysLog unter den Meldungsnummern „R0 R", „R0 S", „R0 U" und „R0 X" protokolliert.

Prüfungshandlungen:

3.3.5.1 Prüfung des Verbuchers

- Prüfen Sie, ob der Verbucher zum Prüfungszeitpunkt aktiv ist, indem Sie die Transaktion SM13 verwenden.

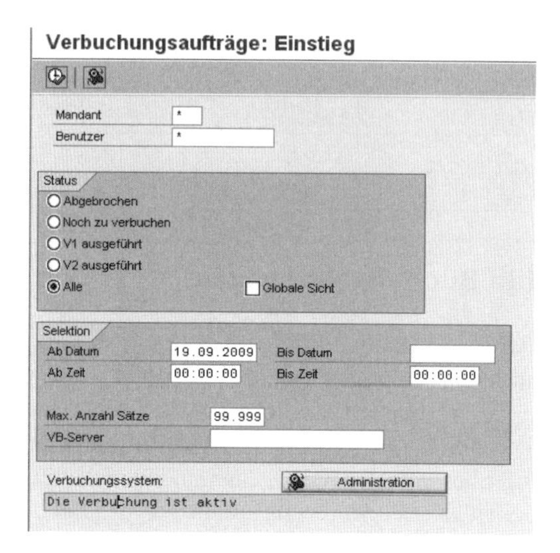

Abb. 3.3.5.1-10: Analyse Verbucher über SM13 © *SAP*

3.3.5.2 Prüfung des SysLogs

- Prüfen Sie das SysLog auf Einträge, die ein Löschen von Buchungsaufträgen dokumentieren. Verwenden Sie hierzu die Transaktion SM21 (Online Auswertung des System-Log). Wählen Sie über das Menü *Bearbeiten – Expertenmodus* die Schaltfläche für *Meldungskennungen* aus. Parametrisieren Sie die Auswertung gemäß folgender Abbildung und bestätigen Sie die Eingabe:

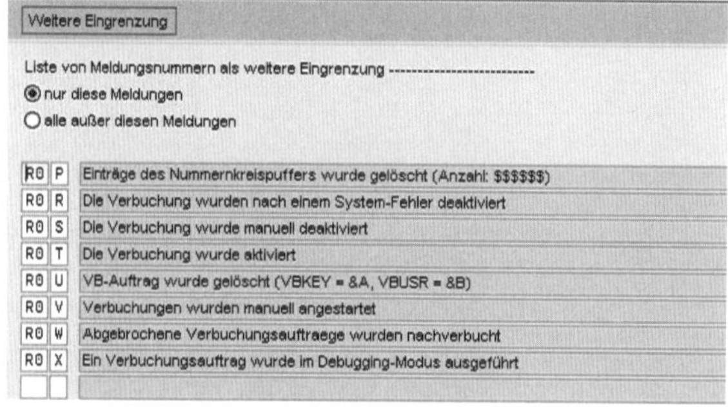

Abb. 3.3.5.2-10: Auswahldialog zur Prüfung des Systemlogs

- Prüfen Sie, ob entsprechende Einträge im SysLog vorhanden sind. Folgendes Beispiel zeigt derartige Einträge. Klären Sie bei Bedarf mit der zuständigen Stelle, aus welchem Grund Verbuchungsaufträge gelöscht wurden und beurteilen Sie die Feststellung im Hinblick auf die Vollständigkeit der Verarbeitung.

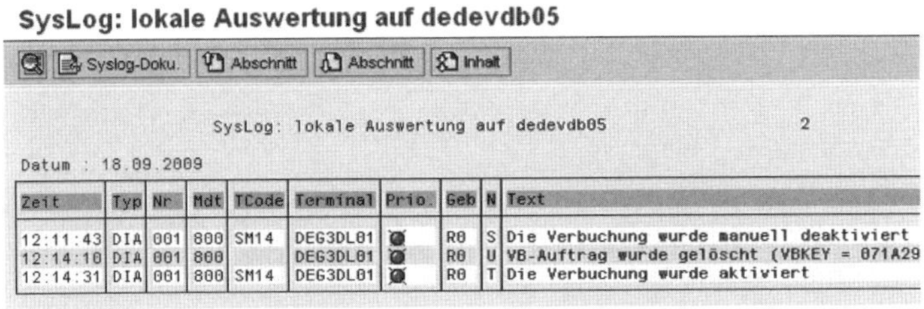

SysLog: lokale Auswertung auf dedevdb05

Syslog-Doku. Abschnitt Abschnitt Inhalt

SysLog: lokale Auswertung auf dedevdb05 2

Datum : 18.09.2009

Zeit	Typ	Nr	Mdt	TCode	Terminal	Prio.	Geb	N	Text
12:11:43	DIA	001	800	SM14	DEG3DL01		R0	S	Die Verbuchung wurde manuell deaktiviert
12:14:10	DIA	001	800		DEG3DL01		R0	U	VB-Auftrag wurde gelöscht (VBKEY = 071A29
12:14:31	DIA	001	800	SM14	DEG3DL01		R0	T	Die Verbuchung wurde aktiviert

Abb. 3.3.5.2-20: Prüfung des Systemlogs auf gelöschte Buchungsaufträge © *SAP*

3.3.6 Dauerbuchungen

SAP-Fakten:

Dauerbuchungen können bei sich regelmäßig wiederholenden Geschäftsvorfällen eingerichtet werden, damit die periodische Buchung solcher Geschäftsvorfälle effizient abgewickelt werden kann. Im SAP-System ist für diesen Zweck ein Dauerbuchungsurbeleg anzulegen, in den Buchungsschlüssel, Konto und Beträge eingegeben werden. Der Dauerbuchungsurbeleg selbst ist kein Buchungsbeleg. Die periodische Erstellung der Buchungsbelege erfolgt über das Programm SAPF120 (Buchungsbelege aus Dauerbelegen erstellen) bzw. über den Menüpfad: *Rechnungswesen – Finanzwesen – Hauptbuch bzw. Debitoren bzw. Kreditoren – Periodische Arbeiten – Dauerbuchungen – Ausführen* (Transaktion F.14). Diese Aktivität ist regelmäßig auszuführen oder über die SAP-Jobsteuerung entsprechend einzuplanen. Das Programm SAPF120 erzeugt eine Batch-Input-Mappe, die dann abzuspielen ist. Erst nach dem Abspielen der Mappe sind die Belege gebucht.

Buchungsbelege aus Dauerbelegen erstellen

		bis	
Buchungskreis		bis	
Belegnummer		bis	
Geschäftsjahr		bis	
Allgemeine Abgrenzungen			
Belegart		bis	
Buchungsdatum		bis	
Erfassungsdatum		bis	
Referenznummer		bis	
Referenzvorgang		bis	
Referenzschlüssel		bis	
Logisches System		bis	
Weitere Abgrenzungen			
Abrechnungszeitraum	05.07.2009	bis	05.09.2009
Ausführungsplan		bis	
Benutzer		bis	
Ausgabesteuerung			
Name der Batch-Input-Mappe	MIETE		
Benutzername	LHARTKE		
Sperrdatum für BI-Mappe			
☑ abgespielte Mappe halten			

Abb. 3.3.6-10: Programm SAPF120: Erstellung von Buchungsbelegen aus Dauerbuchungsurbelegen © SAP

Mit Dauerbuchungsurbelegen können nicht nur periodische, sondern auch zu genau festgelegten Terminen Buchungen vorgenommen werden. In diesem Fall ist bei der Eingabe des Dauerbuchungsurbelegs ein Ausführungsplan mit den einzelnen Buchungsterminen einzugeben.

Prüfungshandlungen:

3.3.6.1 Organisation

- Nehmen Sie auf, wie im Unternehmen mit Dauerbuchungen verfahren wird. Ziel dieser Prüfungshandlungen ist zu bestimmen, ob die im Unternehmen eingerichteten Kontrollen gewährleisten, dass Dauerbuchungen vollständig und richtig periodisch durchgeführt werden. Beispielsweise muss sichergestellt sein, dass im Rahmen von Monats-, Quartals- und insbesondere Jahresabschlüssen Dauerbuchungen vollständig ausgeführt wurden. Folgende Fragen könnten Sie der verantwortlichen Stelle für die Dauerbuchungen stellen: Welche Verfahren zur Aktualisierung von Dauerbuchungsurbelegen existieren? Wie genau werden periodisch die Buchungsbelege erstellt? Unter welchem Namen werden die erzeugten Batch-Input-Mappen abgelegt? Wer hat die Berechtigung, die unter diesem Namen abgelegten Batch-Input-Mappen zu administrieren (vgl. Kapitel *1.2.2.3 Batch-Input-Mappenverarbeitung* ab Seite 6).
- Für den Fall, dass das Programm SAPF120 (Buchungsbelege aus Dauerbelegen erstellen) in der SAP-Jobsteuerung eingeplant ist, prüfen Sie die Einstellungen zu dem Job. Überzeugen Sie sich davon, dass das Programm regelmäßig, zum korrekten Zeitpunkt und mit den richtigen Parametern ausgeführt wird.

3.3.6.2 Prüfung der Dauerbuchungsurbelege

- Prüfen Sie, welche Dauerbuchungsurbelege im SAP-System eingerichtet sind. Starten Sie dazu das Programm RFDAUB00 (Übersicht Dauerbuchungsurbelege) oder gehen Sie über den Menüpfad: *Rechnungswesen – Finanzwesen – Hauptbuch bzw. Debitoren bzw. Kreditoren – Periodische Arbeiten – Dauerbuchungen – Listen* (Transaktion F.15).

Dauerbuchungs-Urbelege

```
IDES AG                                                     Dauerbuchungs-Urbelege
Frankfurt Rödelheim  Ledger 01

BuKr Belegnr     Art Buch.dat.  Erste Ausf. N.Ausführ. L.Ausführ. Abst. Tag Apl. Anzahl LKz aSr Referenz
Pos BS SK Uw Koart Konto         St Steuer Hauswährung Soll-/Haben-Betrag HWähr      Betrag in FW Währg

1000 9100000000 KR  27.01.1995 01.01.1995  28.02.1995 31.12.1996     1  28          1       X
001 31     X  K      1000         V1                         2.556,46- EUR          5.000,00- DEM
002 40        S      470000       V1                         2.556,46  EUR          5.000,00  DEM

1000 9100000003 KR  03.04.1996 27.01.1995  31.05.1996 27.12.1997          1000      16             MIETVERTRAG KL23
001 31     X  K      4711         V0                         7.863,67- EUR         15.380,00- DEM
002 40        S      470000       V0                         7.863,67  EUR         15.380,00  DEM

1000 9100000004 KR  02.07.1996 15.02.1996  15.02.1996 15.11.1997     3  15          0       X  654789132364-002
001 31     X  K      1550         V0                           516,40- EUR          1.010,00- DEM
002 40        S      416100       V0                            76,69  EUR            150,00  DEM
003 40        S      416200       V0                           393,69  EUR            770,00  DEM
004 40        S      416300       V0                            46,02  EUR             90,00  DEM

1000 9100000005 KR  18.02.1998 25.12.1998  25.12.1998 25.12.2004          TAC1      0       X
001 31     X  K      1000         V8                            58,80- EUR            115,00- DEM
002 40        S      470000       V8                            58,80  EUR            115,00  DEM

1000 9100000000 KR  19.03.2004 12.03.2004  15.05.2004 28.12.2004     1  15          2          AGR.  A115
001 31     X  K      1000         V0                         5.000,00- EUR          5.000,00- EUR
002 40        S      470000       V0                         5.000,00  EUR          5.000,00  EUR
```

Abb. 3.3.6.2-10: Programm RFDAUB00: Dauerbuchungsurbelege *© SAP*

- Analysieren Sie die Urbelege und prüfen Sie, ob sie aktuell und inhaltlich richtig sind. Sprechen Sie dazu mit Mitarbeitern aus der Buchhaltung und stimmen Sie ab, ob die vorgefundenen Urbelege den gewollten Buchungen entsprechen. Vollziehen Sie nach, ob die zu generierenden Buchungen zu den richtigen Zeitpunkten vorgenommen werden. Berücksichtigen Sie bei Ihrer Analyse auch die Batch-Input-Mappen, die Sie über den Batch-Input-Mappen-Monitor mit der Transaktion SM35 aufrufen können.

3.3.7 Belegnummern

3.3.7.1 Interne und externe Belegnummernvergabe

SAP-Fakten:

Das SAP-System unterscheidet zwischen interner und externer Belegnummernvergabe. Bei der internen Belegnummernvergabe verwaltet das SAP-System selbst die Nummernvergabe. Die interne Belegnummernvergabe ist eine Kontrolle zur Gewährleistung der Lückenlosigkeit der Belegnummern, da eine manuelle Eingabe nicht möglich ist.

Bei externer Belegnummernvergabe werden die Belegnummern von anderen SAP-Anwendungsteilen oder von Vorsystemen z.B. über die Batch-Input-Verarbeitung vorgegeben. Das SAP-System kontrolliert lediglich, ob die Belegnummern im vorgegebenen Intervall liegen und ob eine Nummer nicht schon verwendet wurde. Es ist aus technischen Gründen in einem SAP-System also möglich, dass Lücken in den Belegnummern auftreten.

Prüfungshandlungen:

- Prüfen Sie, ob die interne oder externe Belegnummernvergabe eingestellt ist. Nutzen Sie die Transaktion FBN1 (Nummernkreise Buchhaltungsbeleg) oder gehen Sie über das Customizing mit der Transaktion SPRO und dem Menüpfad: *Finanzwesen – Grundeinstellungen Finanzwesen – Beleg – Belegnummernkreise – Belegnummernkreise definieren*. Nach Eingabe eines Buchungskreises können buchungskreisspezifisch die Belegnummernkreise für Buchhaltungsbelege eingesehen werden. Handelt es sich um externe Nummernvergabe, ist in der rechten Spalte ein Kreuz gesetzt.

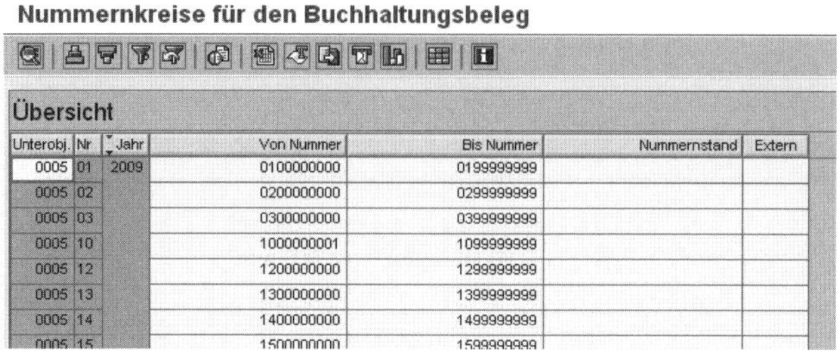

Nummernkreise für den Buchhaltungsbeleg

Übersicht

Unterobj.	Nr	Jahr	Von Nummer	Bis Nummer	Nummernstand	Extern
0005	01	2009	0100000000	0199999999		
0005	02		0200000000	0299999999		
0005	03		0300000000	0399999999		
0005	10		1000000001	1099999999		
0005	12		1200000000	1299999999		
0005	13		1300000000	1399999999		
0005	14		1400000000	1499999999		
0005	15		1500000000	1599999999		

Abb. 3.3.7.1-10: Prüfung der Art der Belegnummernvergabe *© SAP*

Wenn für einige Nummernkreise die externe Belegnummernvergabe eingestellt ist, sind die Gründe dafür in Erfahrung zu bringen.

- Prüfen Sie im Fall der externen Belegnummernvergabe im Detail, wie die eindeutige Kennzeichnung von Belegen und deren Speicherung nach einem nachvollziehbaren Ordnungsprinzip gewährleistet ist.

3.3.7.2 Belegnummernlücken

SAP-Fakten:

Folgende Ursachen können Lücken in den Belegnummern bedingen:

- Herunterfahren des Systems oder Transaktionsabbruch in Verbindung mit einer aktivierten Belegnummernpufferung,
- Abgebrochene Buchungen,
- Externe Nummernvergabe,
- Vorerfasste, noch nicht gebuchte Belege.

Prüfungshandlungen:

- Stellen Sie fest, ob das Unternehmen ein Verfahren zur regelmäßigen Kontrolle auf Belegnummernlücken eingerichtet hat. Klären Sie Gründe für Belegnummernlücken und fragen Sie nach Nachweisen zur Dokumentation von Belegnummernlücken.
- Mit dem Programm RFBNUM00 (Lücken in der Belegnummernvergabe) können Lücken in den Belegnummern identifiziert werden. Das Programm gibt außerdem inner-

halb eines Intervalls mehrfach verwendete Belegnummern an. Das Programm wertet nur Nummernkreise mit interner Belegnummernvergabe aus. Ferner sind folgende Ausnahmen zu berücksichtigen:

– Bereits archivierte Belegnummern werden als Lücken interpretiert.

– Vorerfasste Belege führen zu einer Belegnummernlücke, solange sie nicht gebucht sind. Wenn das Programm RFBNUMM00 nach Buchung eines vorerfassten Belegs gestartet wird, entsteht für diesen Beleg keine Belegnummernlücke. Die Lücke verbleibt dauerhaft, wenn vorerfasste Belege gelöscht werden.

- Prüfen Sie unter Nutzung des Programms RFBNUM00, ob Belegnummernlücken vorhanden sind und besprechen Sie das Ergebnis mit den verantwortlichen Mitarbeitern.
- Auch das Programm RFVBER00 kann zum Nachweis der Lückenlosigkeit der Belegnummernvergabe herangezogen werden, da es abgebrochene Buchungen dokumentiert, die zu einer Belegnummernlücke geführt haben.

3.3.7.3 Pufferung von Belegnummern

SAP-Fakten:

Belegnummern werden grundsätzlich innerhalb vorgegebener Intervalle vergeben. Es können mehrere dieser Nummernkreisintervalle pro betriebswirtschaftlichem Objekt vergeben werden. Betriebswirtschaftliche Objekte (bzw. Nummernkreisobjekte) können z.B. Rechnungen und andere Buchhaltungsbelege (Nummernkreisobjekt RF_BELEG) oder Debitorenstammsätze (Nummernkreisobjekt DEBITOR) sein. Für das Objekt RF_BELEG können mehrere Intervalle z.B. für Kreditorenrechnungen, Kreditorengutschriften, Debitorenrechnungen usw. definiert werden.

Sie können sich Nummernkreisobjekte und –intervalle über die Transktion SNUM (Nummernkreisobjektpflege) anzeigen lassen.

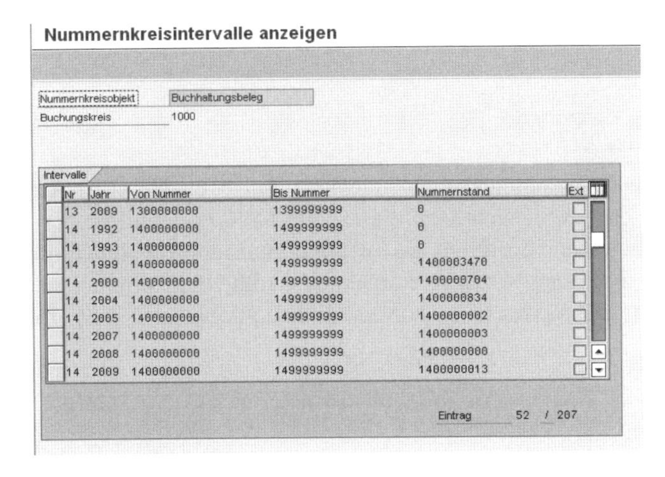

Nr	Jahr	Von Nummer	Bis Nummer	Nummernstand	Ext
13	2009	1300000000	1399999999	0	
14	1992	1400000000	1499999999	0	
14	1993	1400000000	1499999999	0	
14	1999	1400000000	1499999999	1400003470	
14	2000	1400000000	1499999999	1400000704	
14	2004	1400000000	1499999999	1400000834	
14	2005	1400000000	1499999999	1400000002	
14	2007	1400000000	1499999999	1400000003	
14	2008	1400000000	1499999999	1400000000	
14	2009	1400000000	1499999999	1400000013	

Abb. 3.3.7.2-10: Nummernkreisintervalle © *SAP*

Das SAP-System führt bei der internen Belegnummernvergabe eine fortlaufende Nummerierung durch. Vom Grundsatz her ist sie lückenlos. Aus jedem Nummernintervall kann das System genau eine Nummer vergeben. Dies kann, wenn mehrere Benutzer z.B. gleichzeitig Debitorenrechnungen bearbeiten, zu zeitlichen Engpässen und damit zu Wartezeiten für den Benutzer führen. Zur Vermeidung dieses Problems besteht die Möglichkeit, das System so einzustellen, dass beim Start einer SAP-Instanz gleich mehrere Belegnummern vorsorglich in den Hauptspeicher geladen werden, so dass ein Puffer von mehreren Belegnummern vergeben wird. Diese Nummern sind dann aus dem Nummernintervall ausgelesen und als verwendet markiert. Sind für erfolgte Buchungen alle gepufferten Nummern verbraucht, wird ein neuer Satz in den Hauptspeicher geladen. Wenn allerdings das SAP-System zu einem Zeitpunkt heruntergefahren wird, zu dem noch gepufferte Belegnummern im Hauptspeicher vorhanden sind, kann es zu Lücken in der Belegnummernvergabe kommen, da nicht alle vergebenen Nummern für die Erstellung von SAP-Belegen verwendet worden sind. Derartige Lücken erschweren den Nachweis, dass alle Buchungen im SAP-System verarbeitet wurden.

Aus diesem Grund sollte für rechnungslegungsrelevante Belegnummernobjekte, wie RF_BELEG, die Nummernkreispufferung deaktiviert werden.

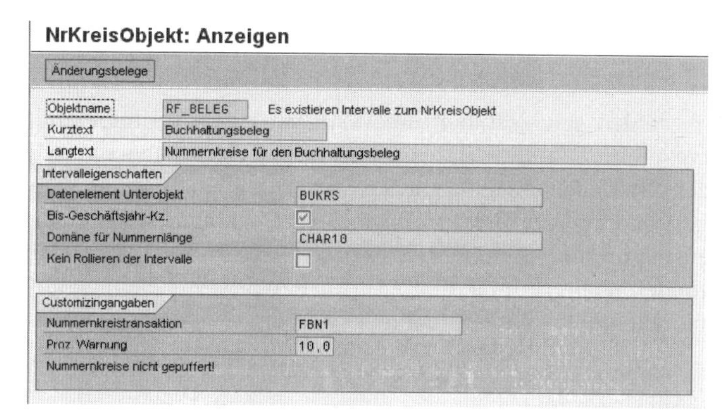

Abb. 3.3.7.2-20: Nummernkreisobjekt zum Buchhaltungsbeleg mit deaktivierter Nummernkreispufferung

© SAP

Prüfungshandlungen:

- Prüfen Sie, ob für rechnungslegungsrelevante Belege die Nummernkreispufferung deaktiviert ist. Lassen Sie sich dazu die Tabelle TNRO (Definition der Nummernkreisobjekte) anzeigen und ermitteln Sie Belegnummernobjekte ohne Pufferung. Für rechnungslegungsrelevante Nummernkreisobjekte sollte die Nummernkreispufferung deaktiviert sein. Die wesentlichen Nummernkreisobjekte sind in der folgenden Tabelle aufgelistet.

Nummernkreisobjekte	Langtexte
RF_BELEG	Nummernkreise für den Buchhaltungsbeleg
AENBELEG	Nummernkreise für Änderungsbelege
EINKBELEG	Nummernkreise für Einkaufsbelege
FIAA-BELNR	Nummernkreise für Anlagenbuchhaltungsbelege
FIAA_PERP	Buchhaltungsbeleg für periodische Buchungen
RE_BELEG	Belege aus der dezentralen Rechnungsprüfung
RV_BELEG	Nummernkreise für Vertriebsbelege
MATBELEG	Nummernskreis Material- und Inventurbeleg

In der folgenden Abbildung sind nicht gepufferte Nummernkreisobjekte dargestellt.

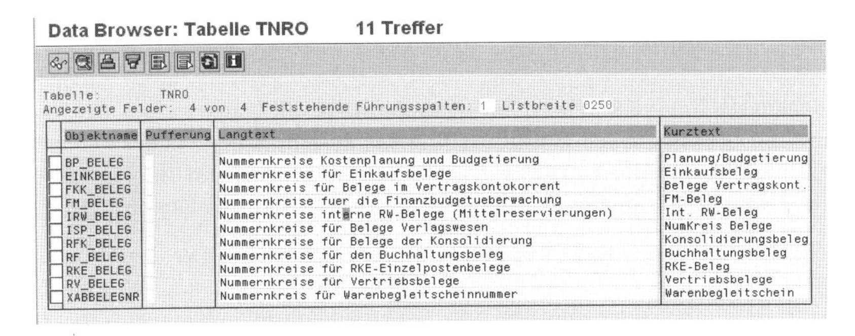
Data Browser: Tabelle TNRO 11 Treffer

Tabelle: TNRO
Angezeigte Felder: 4 von 4 Feststehende Führungsspalten: 1 Listbreite 0250

Objektname	Pufferung	Langtext	Kurztext
BP_BELEG		Nummernkreise Kostenplanung und Budgetierung	Planung/Budgetierung
EINKBELEG		Nummernkreise für Einkaufsbelege	Einkaufsbeleg
FKK_BELEG		Nummernkreis für Belege im Vertragskontokorrent	Belege Vertragskont.
FM_BELEG		Nummernkreise fuer die Finanzbudgetueberwachung	FM-Beleg
IRW_BELEG		Nummernkreise interne RW-Belege (Mittelreservierungen)	Int. RW-Beleg
ISP_BELEG		Nummernkreise für Belege Verlagswesen	NumKreis Belege
RFK_BELEG		Nummernkreise für Belege der Konsolidierung	Konsolidierungsbeleg
RF_BELEG		Nummernkreise für den Buchhaltungsbeleg	Buchhaltungsbeleg
RKE_BELEG		Nummernkreise für RKE-Einzelpostenbelege	RKE-Beleg
RV_BELEG		Nummernkreise für Vertriebsbelege	Vertriebsbelege
XABBELEGNR		Nummernkreis für Warenbegleitscheinnummer	Warenbegleitschein

Abb. 3.3.7.2-30: Nummernkreisobjekte ohne Nummernkreispufferung *© SAP*

3.3.8 Buchungsperioden

SAP-Fakten:

Die Periodensteuerung im SAP-System ist ein wichtiges Instrument zur Gewährleistung des Grundsatzes der zeitnahen Buchung. Über die Periodensteuerung werden die möglichen Buchungszeiträume je Geschäftsjahr eingestellt. Das System stellt 12 normale Perioden (1-12) für die Aufnahme von Geschäftsvorfällen zur Verfügung sowie 4 Sonderperioden (13-16). Das System kontrolliert beim Buchen eines Belegs, ob die ermittelte Periode bebucht werden kann. Es ist möglich, mehrere Perioden zum Buchen zu öffnen.

Die Pflege der offenen Buchungszeiträume erfolgt nicht pro Buchungskreis, sondern jeweils über die Buchungsperiodenvariante. Dies ist von Vorteil, wenn viele Buchungskreise zu pflegen sind. Die Buchungszeiträume werden pro Buchungsperiodenvariante festgelegt. Anschließend werden alle Buchungskreise, die bezüglich der Buchungszeiträume gleich zu behandeln sind, der Variante zugeordnet. Dies erfolgt im Customizing über den Menüpfad: *Finanzwesen – Grundeinstellungen Finanzwesen – Beleg – Buchungsperioden – Buchungskreis Varianten zuordnen.*

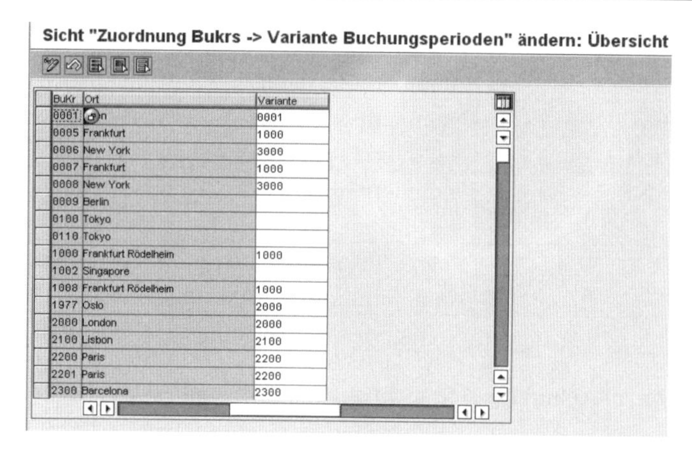

Sicht "Zuordnung Bukrs -> Variante Buchungsperioden" ändern: Übersicht

BuKr	Ort	Variante
0001	[illegible]n	0001
0005	Frankfurt	1000
0006	New York	3000
0007	Frankfurt	1000
0008	New York	3000
0009	Berlin	
0100	Tokyo	
0110	Tokyo	
1000	Frankfurt Rödelheim	1000
1002	Singapore	
1008	Frankfurt Rödelheim	1000
1977	Oslo	2000
2000	London	2000
2100	Lisbon	2100
2200	Paris	2200
2201	Paris	2200
2300	Barcelona	2300

Abb. 3.3.8-10: Zuordnung Buchungskreis zu Buchungsperiodenvariante © *SAP*

Als Buchungszeiträume können zwei getrennte Intervalle eingerichtet werden. Zur Gewährleistung einer zeitnahen Buchung sollte das System in der Regel so eingestellt sein, dass nur der aktuelle Monat und der nachfolgende Monat zum Buchen geöffnet sind. Nach dem Monatsabschluss sollte der jeweilige Monat zum Buchen gesperrt werden.

Über die Tabelle T001B (Erlaubte Buchungsperioden) oder über das Customizing mit dem Menüpfad: *Finanzwesen – Grundeinstellungen Finanzwesen – Beleg – Buchungsperioden – Buchungsperioden öffnen und schließen* sind die aktuell eingestellten Buchungszeiträume pro Buchungsperiodenvariante einsehbar. Die Zuordnung der Buchungskreise zu den Buchungsperiodenvarianten ist in Tabelle T001 über das Feld OPVAR („Var. BuchPer.") direkt einsehbar.

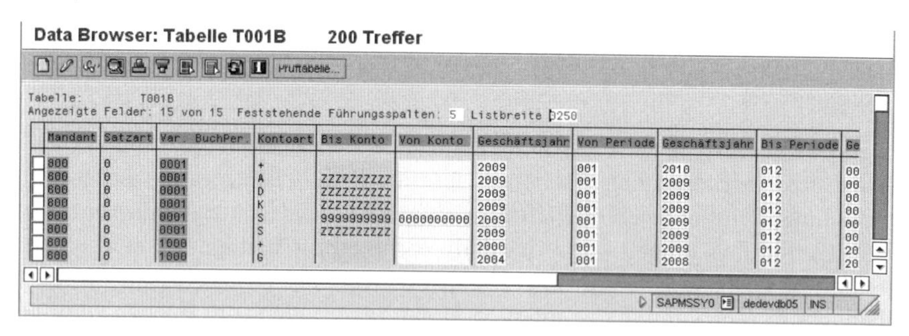

Data Browser: Tabelle T001B 200 Treffer

Tabelle: T001B
Angezeigte Felder: 15 von 15 Feststehende Führungsspalten: 5 Listbreite 0250

Mandant	Satzart	Var. BuchPer.	Kontoart	Bis Konto	Von Konto	Geschäftsjahr	Von Periode	Geschäftsjahr	Bis Periode	Ge
800	0	0001	+			2009	001	2010	012	00
800	0	0001	A	ZZZZZZZZZZ		2009	001	2009	012	00
800	0	0001	D	ZZZZZZZZZZ		2009	001	2009	012	00
800	0	0001	K	ZZZZZZZZZZ		2009	001	2009	012	00
800	0	0001	S	9999999999	0000000000	2009	001	2009	012	00
800	0	0001	S	ZZZZZZZZZZ		2009	001	2009	012	00
800	0	1000	+			2000	001	2009	012	20
800	0	1000	G			2004	001	2008	012	20

SAPMSSY0 dedevdb05 INS

Data Browser: Tabelle T001B 200 Treffer

Tabelle: T001B
stbreite 0250

eschäftsjahr	Von Periode	Geschäftsjahr	Bis Periode	Geschäftsjahr	Von Periode	Geschäftsjahr	Bis Periode	Berechtigung
009	001	2010	012	0000	000	0000	000	
009	001	2009	012	0000	000	0000	000	
009	001	2009	012	0000	000	0000	000	
009	001	2009	012	0000	000	0000	000	
009	001	2009	012	0000	000	0000	000	
009	001	2009	012	0000	000	0000	000	
000	001	2009	012	2000	001	2014	012	
004	001	2008	012	2003	013	2004	016	

SAPMSSY0 dedevdb05 INS

Abb. 3.3.8-20: Einstellungen zu den Buchungsperioden © *SAP*

Die Buchungszeiträume lassen sich pro Kontoart (beispielsweise Anlagen („A"), Debitoren („D") oder Kreditoren („K")) festlegen. Ein „+"-Zeichen definiert die Buchungszeiträume für alle Kontenarten, die nicht explizit aufgeführt werden.

Es besteht weiterhin die Möglichkeit, die Buchungszeiträume benutzerindividuell, also über Berechtigungen zu steuern. Der Schutz erfolgt über das Berechtigungsobjekt F_BKPF_BUP (Buchhaltungsbeleg: Berechtigung für Buchungsperioden). Wenn in der Tabelle T001B im Feld BRGRU („Berechtigung", siehe vorherige Abbildung) frei vergebbare Berechtigungsgruppen angegeben sind, dürfen nur diejenigen Benutzer im geöffneten Zeitraum buchen, die die Berechtigung für genau diese Berechtigungsgruppe haben. Die Berechtigungen wirken nur für das erste Buchungsintervall.

Für die Buchung in eine bestimmte Buchungsperiode werden folgende Berechtigungen – zusätzlich zu den sonstigen nicht periodenspezifischen Rechten – benötigt:

Berechtigungsobjekte	Felder	Feldausprägungen
S_TCODE	TCD	FB50 oder gleichwertige Buchungstransaktionen
F_BKPF_BUP	BRGRU	[jeweilige in der Tabelle T001B definierte Berechtigungsgruppe]

Prüfungshandlungen:

3.3.8.1 Organisation

- Nehmen Sie auf, welche Regelungen zum Öffnen und Schließen von Buchungsperioden im Unternehmen vorgesehen sind und wie die Umsetzung der Regelungen überwacht wird. Es sollten verbindliche Organisationsanweisungen bestehen, die nur die aktuelle Buchungsperiode und die erste zukünftige Periode als geöffnet zulassen. Für Jahresabschlussarbeiten können zusätzlich die Sonderperioden (13-16) geöffnet sein.

3.3.8.2 Prüfung der Buchungsperioden

- Prüfen Sie die aktuellen Einstellungen zu den Buchungszeiträumen wie oben dargestellt über die Tabelle T001B und die Zuordnung der Buchungsperiodenvarianten zu den Buchungskreisen über die Tabelle T001 (Feld OPVAR („Var. BuchPer.")).
- Wenn Sie feststellen, dass in der Tabelle T001B im Feld BRGRU („Berechtigungen") Berechtigungsgruppen gepflegt sind, werten Sie aus, welche Benutzer die Berechtigung für die entsprechende Buchungsperiodenvariante haben. Hierzu steht das Programm RSUSR002 zur Verfügung. Bei gepflegter Berechtigungsgruppe haben für die jeweilige Buchungsperiodenvariante Benutzer ohne diese Berechtigung keine Möglichkeit zu buchen.

3.3.8.3 Buchungszeiträume während des Geschäftsjahresverlaufs

- Prüfen Sie ferner, ob die Buchungsperioden im Geschäftsjahr regelmäßig gemäß Vorgabe geöffnet und geschlossen wurden. Analysieren Sie hierzu das Änderungsprotokoll über die Tabelle T001B mit Hilfe des Programms RSTBHIST (Tabellenhistorie).
- Betätigen Sie nach Start des Programms RSTBHIST zunächst die Schaltfläche *Liste der protokollierten Tabellen*, um zu bestätigen, dass die Tabelle der Änderungsprotokollierung unterliegt. Sollte dies nicht der Fall sein, liegt ein Verstoß gegen die Ordnungsmäßigkeitsanforderungen vor, da die Tabelle T001B unmittelbar rechnungslegungsrelevante Informationen enthält und daher ein Änderungsprotokoll verpflichtend zu führen ist.

  Wählen Sie dann *Protokolle auswerten* aus, und analysieren Sie die Änderungen.

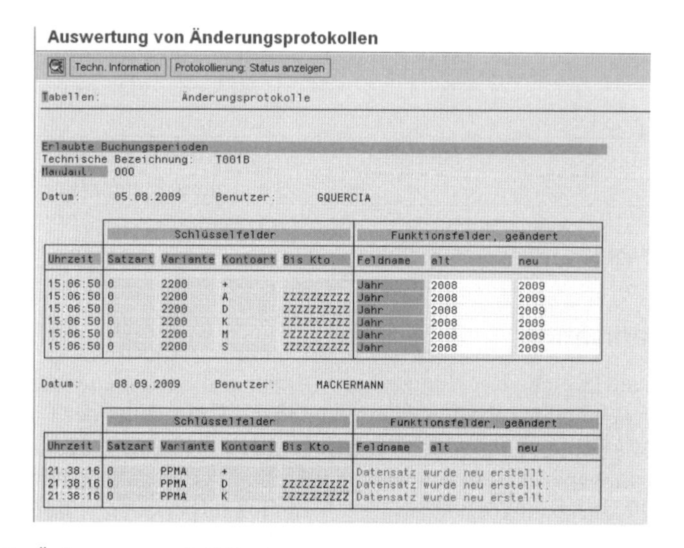

Auswertung von Änderungsprotokollen

Techn. Information | Protokollierung: Status anzeigen

Tabellen: Änderungsprotokolle

Erlaubte Buchungsperioden
Technische Bezeichnung: T001B
Mandant: 000

Datum: 05.08.2009 Benutzer: GQUERCIA

	Schlüsselfelder				Funktionsfelder, geändert		
Uhrzeit	Satzart	Variante	Kontoart	Bis Kto.	Feldname	alt	neu
15:06:50	0	2200	+		Jahr	2008	2009
15:06:50	0	2200	A	ZZZZZZZZZZ	Jahr	2008	2009
15:06:50	0	2200	D	ZZZZZZZZZZ	Jahr	2008	2009
15:06:50	0	2200	K	ZZZZZZZZZZ	Jahr	2008	2009
15:06:50	0	2200	M	ZZZZZZZZZZ	Jahr	2008	2009
15:06:50	0	2200	S	ZZZZZZZZZZ	Jahr	2008	2009

Datum: 08.09.2009 Benutzer: MACKERMANN

	Schlüsselfelder				Funktionsfelder, geändert		
Uhrzeit	Satzart	Variante	Kontoart	Bis Kto.	Feldname	alt	neu
21:38:16	0	PPMA	+		Datensatz wurde neu erstellt.		
21:38:16	0	PPMA	D	ZZZZZZZZZZ	Datensatz wurde neu erstellt.		
21:38:16	0	PPMA	K	ZZZZZZZZZZ	Datensatz wurde neu erstellt.		

Abb. 3.3.8.3-10: Änderungsprotokoll Buchungszeiträume © *SAP*

3.3.9 Kontenabstimmung

In SAP-System stehen zahlreiche Programme zur Abstimmung des Haupbuches, der Nebenbücher sowie der Konten und Belege zur Verfügung. Die Programme sind erforderlich, um die Einhaltung der Kontrollziele Vollständigkeit, Richtigkeit, Zeitnähe und Nachvollziehbarkeit, die sich aus den GoB ergeben, zu gewährleisten. Folgende Programme können zur Abstimmung genutzt werden:

- Abstimmung der Buchungen auf Konten mit zugehörigen Belegen inkl. Datenbankabgleich: Programm SAPF190 (Abstimmanalyse Finanzbuchhaltung), auch „Große Umsatzprobe" genannt
- Abstimmung der Kontensalden mit den Summen der Belege: Programm RFSSLD00 (Sachkontensalden) in Kombination mit RFHABU00 (Hauptbuch aus der Belegdatei)

- Abstimmung des Hauptbuches mit Belegen aus Nebenbüchern: Programme RFKSLD00 (Kreditoren-Salden in Hauswährung) und RFDSLD00 (Debitoren-Salden in Hauswährung) in Kombination mit RFKKBU00 (Kontokorrentkontenschreibung aus der Belegdatei)

3.3.9.1 Große Umsatzprobe

SAP-Fakten:

SAP empfiehlt, im Rahmen des Monatsabschlusses eine Konsistenzprüfung in der Finanzbuchhaltung durchzuführen. Dies kann mit dem Programm SAPF190 erfolgen. Es ist auch als „Große Umsatzprobe" bekannt und führt folgende Konsistenzkontrollen durch:

- Abgleich der Soll- und Habenverkehrszahlen der Debitorenkonten, Kreditorenkonten und Sachkonten mit den Soll- und Habensummen der gebuchten Belege. Somit leistet das Programm einen Abgleich von Konten und Belegen.

  Verkehrszahlen sind die Summen der Buchungen jeweils auf der Soll- und der Haben-Seite eines Kontos. Jedes Konto hat somit zwei Verkehrszahlen: eine für die Soll- und eine für die Habenseite.

  Differenzen, die das Programm im Zusammenhang mit dem zuvor beschriebenen Parameter „Belege – Verkehrszahlen" ausweist, deuten auf schwerwiegende Inkonsistenzen hin.

- Vergleich auf Ebene von Indizes.

  Diese Kontrolle hat ebenfalls den Abgleich von Soll- und Haben-Verkehrszahlen der Debitorenkonten, Kreditorenkonten und Sachkonten mit den Soll- und Habensummen der Belege zum Inhalt. Jedoch werden Indizes zu den Belegen mit den Verkehrszahlen verglichen.

  Differenzen, die das Programm im Zusammenhang mit dem zuvor beschriebenen Parameter „Indizes – Verkehrszahlen" ausweist, deuten nicht auf unmittelbare Verarbeitungsfehler mit Folgen für die Rechnungslegung hin. Derartige Differenzen haben in der Praxis oft ihre Ursache in der Einstellung zur Einzelpostenanzeige eines Sachkontos. Sie können die Suchfunktion zu Konten sowie deren Salden bzw. Posten über Indizes negativ beeinflussen.

  Indizes werden im folgenden Kontext verwendet:

  Datenbank-Indizes beschleunigen den Zugriff auf Datenbanken. Ein Index besteht aus ausgewählten Feldern einer Datenbanktabelle, von denen eine Kopie in sortierter Reihenfolge angelegt wird. Bei richtiger Angabe von Index-Feldern wird bei Datenbankabfragen nur ein Teil des Indexes durchsucht. Der Primärindex wird in SAP immer automatisch angelegt und besteht aus den Primärschlüsselfeldern einer Tabelle. Es existiert also zu jeder Kombination der Felder des Indexes höchstens eine Zeile in der Tabelle. Kann der Primärindex nicht zur Bestimmung der Ergebnismenge genutzt werden, weil kein Feld des Indexes der Bedingung der Datenbankabfrage genügt, wird die Tabelle vollständig durchsucht. Für diese Fälle können Sekundärindizes angelegt werden. Sekundärindizes erleichtern die Suche, da die zu durchsuchenden Datensätze eingeschränkt werden. Sie können im SAP-System mit dem ABAP Dictionary angelegt werden.

Kommt es zu Abweichungen zwischen den Informationen auf Konto- und Beleg-Ebene, werden jeweils der Differenzbetrag und das entsprechende Konto ausgewiesen.

Das Programm sollte im Hintergrund eingeplant werden, da es möglicherweise lange Laufzeiten in Anspruch nimmt. Die abzustimmenden Perioden sollten möglichst geschlossen sein. Damit wird vermieden, dass das Programm abbricht, weil während der Laufzeit ein Beleg gebucht wird.

Alle Ergebnisse der beschriebenen maschinellen Abstimmungen werden im SAP-System protokolliert, so dass die Durchführung und das Ergebnis der Durchführung nachvollzogen werden können.

Sofern das so genannte „Neue Hauptbuch" aktiviert ist, kann das Programm TFC_COMPARE_VZ (Vergleich Belege / Verkehrszahlen) bzw. die Transaktion FAGLF03 verwendet werden. Das Programm vergleicht ebenfalls die Verkehrszahlen mit den Summen der Belege unter Berücksichtigung der Bücher, die z.B. für die Rechnungslegung nach IFRS oder US GAAP zusätzlich zur HGB-Rechnungslegung geführt werden.

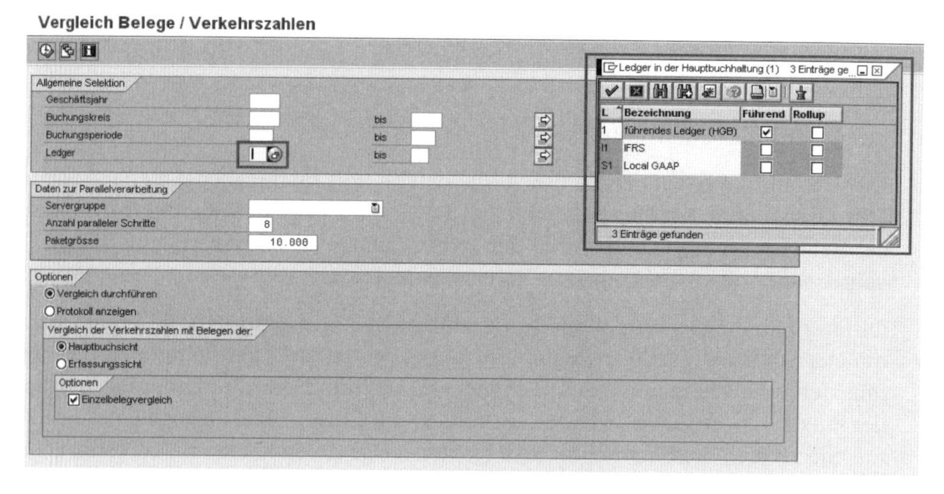

Abb. 3.3.9.1-10: Kontenabstimmprogramm bei Verwendung des Neuen Hauptbuchs © SAP

Prüfungshandlungen:

- Nehmen Sie auf, welche organisatorischen Vorgaben zur Durchführung der Kontenabstimmung im Unternehmen getroffen wurden. Die Kontenabstimmung mit dem Programm SAPF190 bzw. TFC_COMPARE_VZ sollte monatlich durchgeführt werden. In vielen Fällen ist das Programm als regelmäßig laufender Job eingeplant, das unmittelbar nach Schließen der betreffenden Buchungsperiode ausgeführt wird.
  Vermeiden Sie es, im Rahmen einer Prüfung das Abstimmprogramm selbst auszuführen, da es über die Protokollierung Daten schreibt und außerdem sehr Performance-intensiv sein kann.

- Lassen Sie sich die bisherigen Ergebnisse der Großen Umsatzprobe anzeigen. Starten Sie dazu das Programm SAPF190 und wählen Sie im Auswahldialog das Feld *Historie anzeigen* aus.

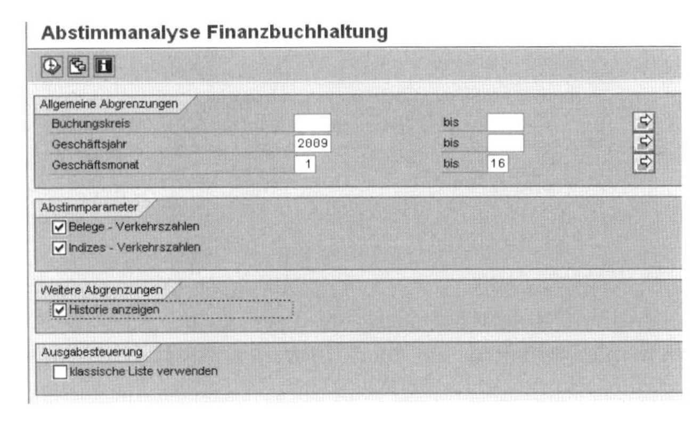

Abb. 3.3.9.1-20: Auswahldialog des Programms SAPF190 © *SAP*

Als Ergebnis erhalten Sie eine Liste mit den Zeiten, zu denen das Programm ausgeführt wurde. Die Liste führt je maschineller Abstimmung auf, ob Differenzen festgestellt wurden. Vergleichen Sie, ob die Zeiten der Ausführung mit den Vorgaben übereinstimmen.

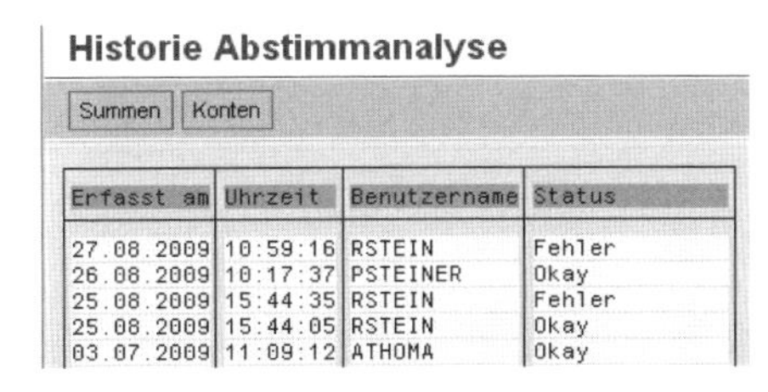
Historie Abstimmanalyse

Summen | Konten

Erfasst am	Uhrzeit	Benutzername	Status
27.08.2009	10:59:16	RSTEIN	Fehler
26.08.2009	10:17:37	PSTEINER	Okay
25.08.2009	15:44:35	RSTEIN	Fehler
25.08.2009	15:44:05	RSTEIN	Okay
03.07.2009	11:09:12	ATHOMA	Okay

Abb. 3.3.9.1-30: Prüfung der Historie der Abstimmanalyse © *SAP*

- Prüfen Sie, ob das Abstimmprogramm regelmäßig und mit den korrekten Parametern ausgeführt und jeweils mit dem Status „Okay" beendet wurde. Die Zeitpunkte der Ausführung können der Historie gemäß obiger Abbildung entnommen werden. Die Parameter erhalten Sie per Markierung einer Zeile in der Historie und Betätigen der Schaltfläche *Summen* gemäß folgender Abbildung. Überzeugen Sie sich somit davon, dass das Abstimmprogramm jeweils mit den korrekten Parametern bezüglich Buchungskreis, Jahr und Perioden durchgeführt wurde.

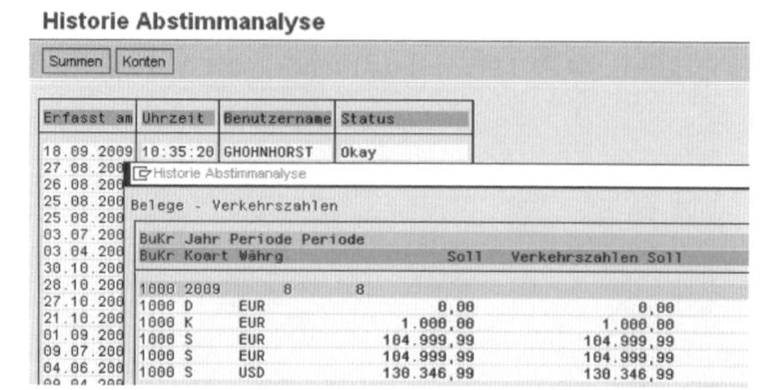

Abb. 3.3.9.1-40: Prüfung der Parametrisierung durchgeführter Abstimmanalysen © *SAP*

- Gehen Sie Abstimmergebnissen nach, bei denen in der Historie der Status „Fehler" ausgewiesen wird. Um Fehler bei der Abstimmung zwischen Konten und Indizes zu analysieren, kann das Programm RFINDEX (FI-Konsistenzprüfung) verwendet werden. Sie sollten dieses Programm im Rahmen einer Prüfung nicht selbst bzw. ohne vorherige Abstimmung mit den verantwortlichen Stellen ausführen, da es die Systemperformance nachteilig beeinflussen kann.
- Verwenden Sie bei Einsatz des „Neuen Hauptbuchs" das Programm TFC_COMPARE_VZ in analoger Weise wie das beschriebene Programm SAPF190. Zur Anzeige der Historie der Abstimmanalysen dient die Option *Protokoll anzeigen*.

3.3.9.2 Abgleich Kontensalden mit den Summen der Einzelbelege

SAP-Fakten:

Das Programm RFSSLD00 (Sachkontensalden) erstellt eine Sachkontensaldenliste aus den Sachkonten.

Das Programm RFHABU00 (Hauptbuch aus der Belegdatei) stellt aus den abgespeicherten Belegen die Buchungen auf den Sachkonten in Form eines Hauptbuches zusammen.

Da das Programm RFHABU00 für jede Buchung auch die zugehörigen Stammsatzinformationen des Kontos, auf dem gebucht wurde, heranzieht, wird am Ende der Ergebnisdarstellung gegebenenfalls eine Liste der Buchungen ausgegeben, für die diese Stammsatzinformationen fehlen. Das bedeutet, dass das bebuchte Konto nicht (mehr) existiert oder nicht gefunden wurde. In diesen Fällen deckt das Programm über die Fehlermeldungen einen gravierenden Datenschiefstand auf.

Prüfungshandlungen:

Ziel der Prüfungshandlungen ist die Abstimmung der Sachkonten aus dem Hauptbuch mit den zugehörigen Belegen. Das Programm RFHABU00 liefert zusätzlich noch Informationen darüber, ob zu jedem Beleg auch das zugehörige Konto (noch) existiert.

- Prüfen Sie zunächst, ob das Programm RFHABU00 Fehler in dem Sinn ausgibt, dass Buchungen im SAP-System ohne zugehörige Sachkontenstammdaten existieren. Ist dies der Fall, ermitteln Sie die Gründe. Beurteilen Sie, ob die Nachvollziehbarkeit der entsprechenden Buchungen und die Kontenfunktion gewährleistet sind.

- Ermitteln Sie dann die Salden der Sachbuchkonten.

Sachkontensalden

IDES AG — Sachkontensalden — Zeit 12:20:27 Datum 12.09.2009
Frankfurt Rödelheim Ledger 01 — RFSSLD00/LHARTKE Seite 1
Vortragsperioden 00-00 2009 Berichtsperioden 01-16 2009

BuKr	Sachkonto	Kurztext	Währg	GsBe	Saldovortrag	Saldo der Vorperioden	Soll Berichtszeitraum	Haben Berichtszeitraum	Kum. Saldo
1000	31000	Gel. Anzahlung Sach.	EUR		0,00	0,00	0,00	8.256,33	8.256,33-
*1000			EUR		0,00	0,00	0,00	8.256,33	8.256,33-

Customizing Client — Sachkontensalden — Zeit 12:20:27 Datum 12.09.2009
Berlin Ledger 01 — RFSSLD00/LHARTKE Seite 2
Vortragsperioden 00-00 2009 Berichtsperioden 01-16 2009
S u m m e n a l l e r B u c h u n g s k r e i s e

BuKr	Währg	GsBe	Saldovortrag	Saldo der Vorperioden	Soll Berichtszeitraum	Haben Berichtszeitraum	Kum. Saldo
1000	EUR		0,00	0,00	0,00	8.256,33	8.256,33-
*	EUR		0,00	0,00	0,00	8.256,33	8.256,33-

Abb. 3.3.9.2-10: Sachkontensalden-Auswertung beschränkt auf ein Konto © SAP

- Erstellen Sie dann das Hauptbuch mit Hilfe des Programms RFHABU00.

Hauptbuch aus der Belegdatei

IDES AG — Hauptbuch aus der Belegdatei — Zeit 12:22:18 Datum 12.09.2009
Frankfurt Rödelheim Ledger 01 — RFHABU00/LHARTKE Seite 3

Customizing Client — Hauptbuch aus der Belegdatei — Zeit 12:22:18 Datum 12.09.2009
Berlin Ledger 01 — RFHABU00/LHARTKE Seite 4

Buch. Buch.- Beleg-.... Bl Bu Zuordnungs-....... Beleg- Referenz-....... Ges. K Gegenkonto Mw Belg. ....Soll/Haben-Betrag N
Per.. Datum. Nummer.... Ar Sl Nummer........... Datum. Nummer.......... Ber. A .... Kz Währg ......in Belegwährung B

EUR Summen über alle Buchungskreise

Summen	Soll	Haben	Saldo	Kum. Monatssaldo
Saldovortrag				0,00
01.09	0,00	0,00	0,00	0,00
02.09	0,00	0,00	0,00	0,00
03.09	0,00	0,00	0,00	0,00
04.09	0,00	8.256,33	8.256,33-	8.256,33-
05.09	0,00	0,00	0,00	8.256,33-
06.09	0,00	0,00	0,00	8.256,33-
07.09	0,00	0,00	0,00	8.256,33-
08.09	0,00	0,00	0,00	8.256,33-
09.09	0,00	0,00	0,00	8.256,33-
10.09	0,00	0,00	0,00	8.256,33-
11.09	0,00	0,00	0,00	8.256,33-
12.09	0,00	0,00	0,00	8.256,33-
13.09	0,00	0,00	0,00	8.256,33-
14.09	0,00	0,00	0,00	8.256,33-
15.09	0,00	0,00	0,00	8.256,33-
16.09	0,00	0,00	0,00	8.256,33-
01.09 - 16.09	0,00	8.256,33	8.256,33-	
Neuer Saldo				8.256,33-

Anzahl der gelesenen Stammsätze: 1
Anzahl der gelesenen Posten: 0

Abb. 3.3.9.2-20: Hauptbuch-Auswertung beschränkt auf ein Konto © SAP

- Gleichen Sie dann die Kontensalden aus der Ergebnisliste des Programms RFSSLD00 mit den Salden gemäß dem Programm RFHABU00 ab.

Stimmen die Werte überein, wurden Kontoinformationen aus dem Hauptbuch erfolgreich mit den Belegdaten aus der Belegdatei abgestimmt.

3.3.9.3 Abgleich Salden Hauptbuch mit den Belegen aus Nebenbüchern

SAP-Fakten:

Die Programme RFKSLD00 (Kreditoren-Salden in Hauswährung) und RFDSLD00 (Debitoren-Salden in Hauswährung) ermitteln die Kreditoren- und Debitorensalden aus dem Hauptbuch.

Das Programm RFKKBU00 (Kontokorrentkontenschreibung aus der Belegdatei) ermittelt aus den Belegen die Buchungen auf kontokorrent-, also Offene-Posten-geführten Debitoren-, Kreditoren- und Sachkonten (Kontokorrentkontenschreibung).

Prüfungshandlungen:

Ziel der Prüfungshandlungen ist die Abstimmung der Sachkonten aus dem Hauptbuch mit den Belegen aus den zugehörigen Nebenbüchern.

- Lassen Sie sich mit den Programmen RFKSLD00 und RFDSLD00 die Kreditoren- und Debitorensalden anzeigen.
- Lassen Sie sich die Buchungen der kontokorrent-geführten Nebenbücher mit Hilfe des Programms RFKKBU00 anzeigen.
- Vergleichen Sie die Saldenlisten der Hauptbuchkonten mit den Debitoren-, Kreditoren- und Sachkonten.

Stimmen die Werte überein, wurden Kontoinformationen aus dem Hauptbuch erfolgreich mit den Belegdaten der Nebenbücher abgestimmt.

3.3.10 Belegabstimmung

SAP-Fakten:

Die Belegfunktion stellt die Basis für die Beweiskraft der Buchführung dar. Zur Erfüllung der Belegfunktion müssen gemäß GoBS[3] zum Buchungsvorgang mindestens folgende Inhalte belegt werden:

- hinreichende Erläuterung des Vorgangs (z.B. durch Belegkopftext, Soll- und Haben-Konten und Buchungsschlüssel),
- zu buchender Betrag oder Mengen- und Wertangaben, aus denen sich der zu buchende Betrag ergibt,
- Zeitpunkt des Vorgangs (Belegdatum bzw. Buchungsperiode) und
- Bestätigung des Vorgangs (Autorisierung durch den Buchführungspflichtigen z.B. anhand der Benutzer-ID).

Das SAP-System unterstützt die Belegfunktion, da die belegrelevanten Informationen grundsätzlich Muss-Felder sind. Bei der Dialogerfassung von Buchungen muss der Anwender zwingend die entsprechenden Informationen erfassen, bevor die Buchung verarbeitet und gespeichert wird. Auch bei Buchungen, die auf keine unmittelbare Erfassung der Informationen basieren, verfügt das SAP-System über Kontrollen, welche das Vorliegen oder Ermitteln der belegrelevanten Informationen im Regelfall gewährleisten. Die letztgenannten Buchungen werden z.B. aus der Integration von Einkaufs-, Produktions- oder Vertriebsprozessen generiert. Als Folge der Verarbeitung werden die belegrelevanten Informationen in Tabellen gespeichert. Zu den FI-Belegen sind dies vorrangig die Tabellen

3 Grundsätze ordnungsmäßiger DV-gestützter Buchführungssysteme, vgl. Textziffer 2.2.5 der GoBS.

- BKPF (Belegkopf für Buchhaltung) für die Belegköpfe und
- BSEG (Belegsegment Buchhaltung) für die Belegpositionen.

Typische Felder, die zur Wahrung der Belegfunktion bei jeder Buchung mit Werten gefüllt sein müssen, sind folgenden Tabellen zu entnehmen.

Felder der Tabelle BKPF	Beschreibungen
BUKRS	Buchungskreis
BELNR	Belegnummer
GJAHR	Geschäftsjahr
BLART	Belegart
BLDAT	Belegdatum
MONAT	Buchungsdatum
USNAM	Benutzername
WAERS	Währung

Felder der Tabelle BSEG	Beschreibungen
BUKRS	Buchungskreis
BELNR	Belegnummer
GJAHR	Geschäftsjahr
BUZEI	Position
BSCHL	Buchungsschlüssel
KOART	Kontoart
SHKZG	Soll/Haben-Kennzeichen
DMBTR	Betrag Hauswährung
WRBTR	Betrag
PSWBT	Betrag Hauptbuch

Fehlen Informationen aufgrund von Verarbeitungsmängeln bei der SAP-seitigen Buchung oder aufgrund manipulativer Eingriffe während der Aufbewahrungsdauer der FI-Belege im System, kann die Belegfunktion nicht erfüllt werden.

Prüfungshandlungen:

3.3.10.1 Organisation

- Stellen Sie fest, wie die Belegaufbewahrung in Bezug auf die FI-Belege organisiert ist. Nehmen Sie dabei auf, für welchen Zeitraum das SAP-System die handels- und steuerrechtliche Aufbewahrungsfunktion von Buchungsbelegen übernimmt. Im Sinne der Speicherbuchführung wird in der Praxis oft die elektronische Aufbewahrung im SAP-System verwendet. Dabei gilt es zu berücksichtigen, dass dann für die gesamte Aufbewahrungsfrist von in der Regel mindestens 10 Jahren die Belegfunktion mit Hilfe des SAP-Systems zu gewährleisten ist. Die Organisation kann auch so ausgestaltet sein, dass FI-Belege vorübergehend im SAP-System gespeichert und dann mittels eines Archivierungsverfahrens auf Medien außerhalb des operativen SAP-Systems übertragen werden.

3.3.10.2 Mindestanforderungen zur Erfüllung der Belegfunktion

- Prüfen Sie, ob FI-Belege im SAP-System mit den Mindestinformationen zur Erfüllung der Belegfunktion gespeichert sind. Das Vorgehen ist im Folgenden beispielhaft beschrieben:
- Führen Sie die Prüfungshandlung unter Vewendung der Belegkopf- bzw. Belegpositionentabellen BKPF und BSEG z.B. anhand der Belegpositionen und dem Feld zum Buchungsschlüssel durch. Beachten Sie bei entsprechenden Auswertungen, dass – in Abhängigkeit von der Größe des zu untersuchenden Belegvolumens – die Laufzeit erheblich sein kann. Somit sollte eine sachgerechte Eingrenzung des zu untersuchenden Belegvolumens vorgenommen werden. Ferner kann diese Art der Prüfungshandlung durch Datenbank-basierte, maschinelle Prüfverfahren, welche die Daten unabhängig vom SAP-System analysieren, unterstützt bzw. ersetzt werden.
- Starten Sie die Analyse mit der Transaktion SE16 (Data Browser) und der Eingabe der Tabelle BSEG.
- Wählen Sie im Menü *Einstellungen – Felder für Selektion* aus, und markieren Sie die Felder gemäß folgender Abbildung.

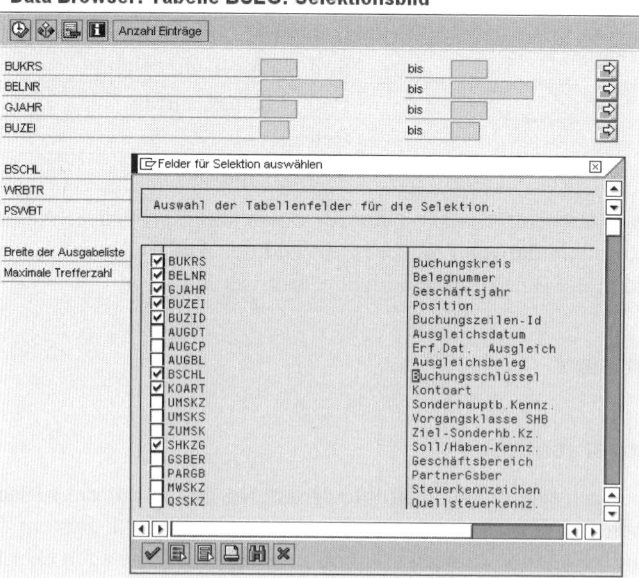

Abb. 3.3.10.2-10: Prüfung der Belegverarbeitung anhand der Tabelle BSEG: Auswahldialog © SAP

- Wählen Sie im Selektionsbild zum Feld BSCHL (Buchungsschlüssel) die Selektionsoptionen durch Markierung des Feldes und Mausklick auf das Icon *Selektionsoptionen (F2)*. Wählen Sie dann das Icon *Von der Selektion ausschließen* und die Option *Ungleich*, so dass ein rotes Ungleichheitszeichen dargestellt wird. Tragen Sie die Angaben zum Feld BSCHL gemäß nachfolgender Abbildung ein. Grenzen Sie den Buchungskreis sowie das Geschäftsjahr und gegebenenfalls das Belegnummernintervall sinnvoll ab, so dass die Auswertung in vertretbarer Zeit vom SAP-System durchgeführt werden kann. Starten Sie die Tabellenauswertung über das Icon *Ausführen (F8)*. Alternativ ist die Hintergrundverarbeitung über den Menüweg *Programm – im Hintergrund ausf. (F9)* möglich.

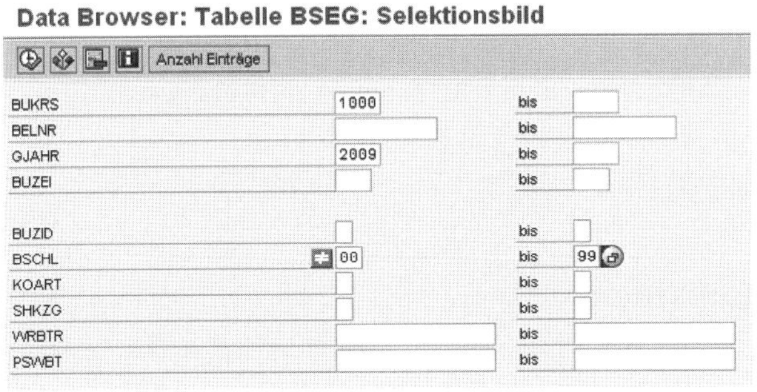

Data Browser: Tabelle BSEG: Selektionsbild

Anzahl Einträge

BUKRS	1000	bis	
BELNR		bis	
GJAHR	2009	bis	
BUZEI		bis	
BUZID		bis	
BSCHL	≠ 00	bis	99
KOART		bis	
SHKZG		bis	
WRBTR		bis	
PSWBT		bis	

Abb. 3.3.10.2-20: Prüfung der Belegverarbeitung anhand der Tabelle BSEG: Parametrisierung zum Belegschlüssel © SAP

- Bewerten Sie das Ergebnis und dessen Konsequenzen für die Wahrung der Belegfunktion. Die Prüfungshandlung bestätigt die Konsistenz des untersuchten Belegvolumens, wenn kein Tabelleneintrag ausgegeben wird. In folgender Abbildung ergibt sich jedoch eine Ergebnisliste, welche eine fehlerhafte Verarbeitung aufdeckt.

  Die Belegposition ohne eine Angabe im Feld BSCHL (Buchungsschlüssel) führt dazu, dass die Belegposition mit klassischen Transaktionen wie FB03 (Beleg anzeigen) nicht angezeigt werden kann. Ferner wird die entsprechende Buchung im SAP-Journal, dem Programm RFBELJ10 (Beleg-Journal) falsch ausgewiesen.

  Berücksichtigen Sie zu der beispielhaften Prüfungshandlung, dass derartige schwere Verarbeitungsfehler nicht über die „Große Umsatzprobe", die Programme SAPF190 bzw. TFC_COMPARE_VZ aufgedeckt werden.

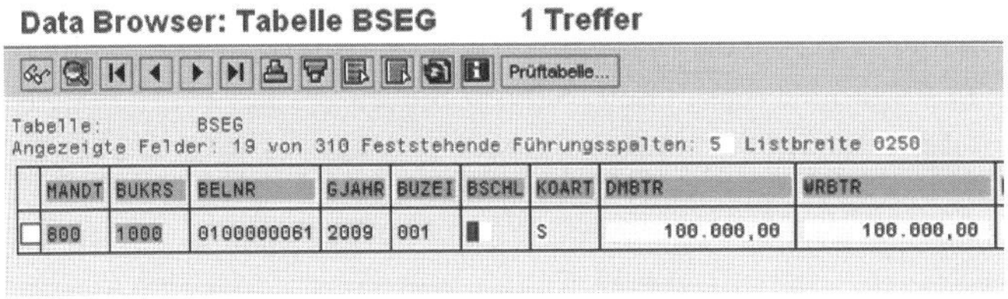

Data Browser: Tabelle BSEG 1 Treffer

Prüftabelle...

Tabelle: BSEG
Angezeigte Felder: 19 von 310 Feststehende Führungsspalten: 5 Listbreite 0250

MANDT	BUKRS	BELNR	GJAHR	BUZEI	BSCHL	KOART	DMBTR	WRBTR
800	1000	0100000061	2009	001		S	100.000,00	100.000,00

Abb. 3.3.10.2-30: Prüfung der Belegverarbeitung anhand der Tabelle BSEG: Beispielhaftes Ergebnis © SAP

3.3.11 Jobverarbeitung

SAP-Fakten:

Jobs sind im SAP-System in der Regel fest eingeplante und im Hintergrund verarbeitete Programmabläufe. Wenn die Jobs ablaufen, werden die entsprechenden Aktivitäten grundsätzlich mit den Berechtigungen der Benutzer-ID ausgeführt, über die der Job eingeplant wurde.

Ein besonderes Risiko geht von den Möglichkeiten zur Administration von Batch-Jobs aus. Das hier hervorzuhebende Risiko ist die Möglichkeit, Jobs unter „fremder Flagge“ auszuführen. Damit ist die Möglichkeit gemeint, einen Batch-Job einzuplanen, der unter den Berechtigungen einer anderen Benutzer-ID, z.B. mit weitreichenden Berechtigungen, verarbeitet wird. Aus diesem Grund sind die Berechtigungen zur Job-Administration über die Transaktion SM37 (Übersicht über Jobauswahl) sehr restriktiv zu vergeben.

Prüfungshandlungen:

3.3.11.1 Organisation

- Stellen Sie fest, welche Vorgaben zum Bereich Batch-Job-Administration im Unternehmen vorherrschen. Analysieren Sie vorhandene Organisationsanweisungen und prüfen Sie, ob diese Vorgaben eingehalten werden.

  Für Anwendungsbenutzer sollten verbindliche Richtlinien für den Umgang mit Batch-Jobs bestehen inklusive der Darstellung der Maßnahmen, wie die Umsetzung der Richtlinien überwacht wird.

  Administratoren sollten hinsichtlich der Risiken der Batch-Job-Administration geschult sein. Aus dem Berechtigungskonzept der Gesellschaft sollte die Kritikalität und entsprechend stringente Vergabe der Berechtigungen im Bereich der Batch-Job-Administration hervorgehen.

3.3.11.2 Kontrollen zur Verarbeitung von Batch-Jobs

- Beurteilen Sie, ob eingeplante Jobs vollständig und richtig verarbeitet wurden, indem Sie die Transaktion SM37 nutzen. Beachten Sie, dass Sie im Rahmen einer Prüfung die Transaktion ausschließlich zu Anzeigezwecken einsetzen.
- Analysieren Sie vorrangig, ob sich Jobs im System befinden, die den Status „Abgebrochen“ haben z.B. durch den Aufruf der Transaktion SM37 mit der Parametrisierung gemäß folgender Abbildung. Klären Sie die Hintergründe bei festgestellten Abbrüchen, indem Sie die zuständigen Stellen befragen. Bewerten Sie die Auswirkungen auf die Vollständigkeit der Verarbeitung.

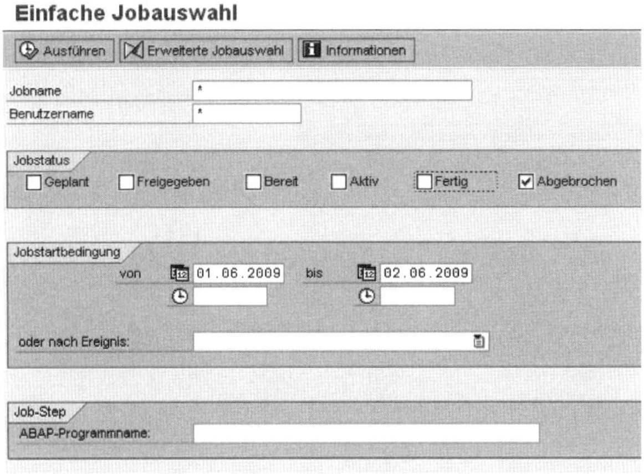

Abb. 3.3.11.2-10: Auswahldialog zur Prüfung auf abgebrochene Jobs © *SAP*

- Prüfen Sie, ob Jobs mit dem Status „Fertig" in Übereinstimmung mit den organisatorischen Vorgaben verarbeitet wurden. Die Auswertung kann mit Hilfe der Transaktion SM37 erfolgen. Folgende Abbildung verdeutlicht ein Beispiel. Durch doppelten Mausklick auf den jeweiligen Jobnamen und Auswahl der Schaltfläche *Step* wird das verarbeitete Programm angezeigt. Nutzen Sie die Navigation in der Transaktion auch über die Schaltfläche *Job-Log* um zu beurteilen, ob Jobs zum richtigen Zeitpunkt ausgeführt wurden, ob die richtigen Programme verarbeitet wurden und ob deren mögliche Abhängigkeiten zu anderen Programmen berücksichtigt wurden.

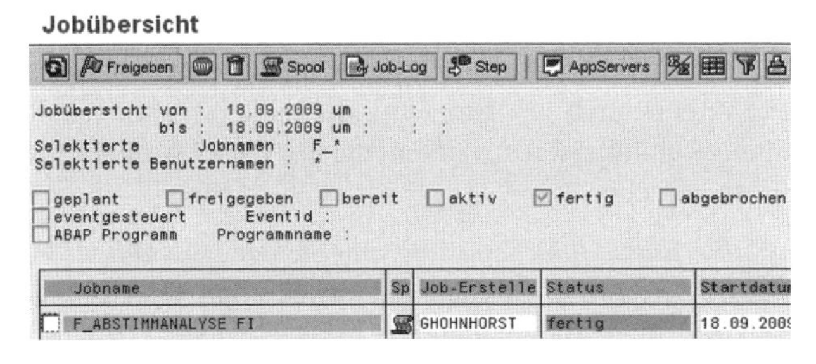

Abb. 3.11.2-20: Prüfung zu fertigen Jobs © *SAP*

- Prüfen Sie Jobs mit den Status „Geplant", „Freigegeben" und „Bereit", indem Sie wiederum die Transaktion SM37 verwenden. Stellen Sie fest, ob für die Festlegung der zukünftigen Verarbeitung von Jobs die organisatorischen Vorgaben eingehalten werden. Untersuchen Sie in diesem Zusammenhang auch, ob Funktionstrennungen bei der Einplanung und Freigabe von Jobs erfolgen. Die Beteiligung von zwei Personen ist an den Benutzer-IDs erkennbar, welche gemäß Jobdetails die Verarbeitung eingeplant bzw. freigegeben haben. Die folgende Abbildung zeigt ein Beispiel einer festgestellten Kontrolle.

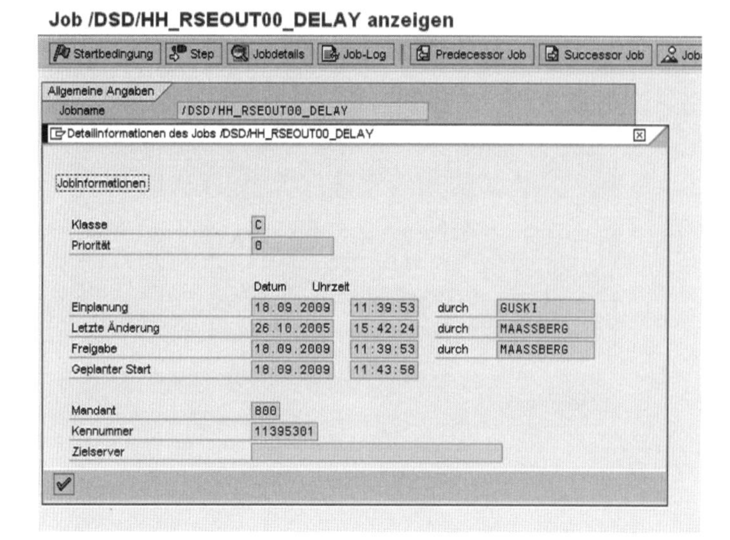

Abb. 3.11.2-30: Prüfung der Funktionstrennung zur Job-Verwaltung © SAP

3.3.11.3 Berechtigungen zur Batch-Job-Administration

- Prüfen Sie, ob die Berechtigungen im Bereich der Batch-Job-Administration nach dem Prinzip der Vergabe geringstmöglicher Rechte realisiert sind. Beurteilen Sie dabei, ob folgenden Empfehlungen über Zugriffsschutzkontrollen entsprochen wird:

  Vollzugriff auf die Batch-Verwaltung in allen Mandanten: Mit dieser Berechtigung kann die Batch-Job-Verwaltung uneingeschränkt genutzt werden. Da hierdurch ein umfassender Systemzugriff gewährt wird, der zudem mandantenübergreifend ist, ist die Berechtigung nur äußerst restriktiv an die mit dieser Aufgabe betrauten Systemadministratoren zu vergeben.

  Uneingeschränkte Batch-Job-Steuerung im eigenen Mandanten: Diese Berechtigung wird nicht benötigt, wenn ein Endanwender lediglich Jobs einplant. Es besteht das gleiche Risiko wie im vorhergehenden Absatz dargestellt, allerdings eingeschränkt auf den eigenen Mandanten. Über das entsprechende Berechtigungsobjekt lassen sich die administrativen Aufgaben noch weiter einschränken.

  Jobs unter „fremder Flagge" ausführen: Sofern die entsprechende Berechtigung vergeben wurde (vgl. folgende Tabelle) ist es möglich, eine andere Benutzer-ID als die eigene anzugeben. Dadurch entsteht das Risiko, dass aufgrund der gegebenenfalls weitreichenden Berechtigungen der anderen Benutzer-ID Aktivitäten unter Umgehung des internen Kontrollsystems (IKS) durchgeführt werden. Sollte der Benutzer die Möglichkeit haben, beliebige Benutzer-IDs anzugeben, könnte er auch den Standardbenutzer SAP* oder andere bekannte Benutzer-IDs mit weitreichenden Berechtigungen verwenden, so dass de facto der Benutzer über diese entsprechenden Rechte selbst verfügen kann.

- Fragen Sie die in der folgenden Tabelle dargestellten Berechtigungen ab um zu analysieren, ob diese kritischen Berechtigungen restriktiv vergeben sind.

  Für den Vollzugriff auf die Batch-Administration werden folgende Berechtigungen benötigt:

Berechtigungsobjekte	Felder	Feldausprägungen
S_TCODE	TCD	SM36 oder SM37
S_BTCH_ADM	BTCADMIN	Y

  Für die uneingeschränkte Batch-Job-Administration im eigenen Mandanten werden folgende Berechtigungen benötigt:

Berechtigungsobjekte	Felder	Feldausprägungen
S_TCODE	TCD	SM36
S_BTCH_JOB	JOBACTION	*
S_BTCH_JOB	JOBGROUP	[jeweilige Jobgruppe]

  Für das Ausführen von Jobs unter „fremder Flagge“ werden folgende Berechtigungen benötigt:

Berechtigungsobjekte	Felder	Feldausprägungen
S_TCODE	TCD	SM36
S_BTCH_NAM	BTCUNAME	[Hintergrundbenutzername für Berechtigungsüberprüfung]

3.3.12 Batch-Input-Mappen

<u>SAP-Fakten:</u>

Die Batch-Input-Mappen-Verarbeitung stellt ein wichtiges und in der Praxis weit verbreitetes Schnittstellen-Verfahren dar. Genauso wie bei den übrigen Schnittstellenverfahren wie Direct Input oder Einsatz von IDoc ist das wesentliche Prüfungsziel in diesem Bereich die Vollständigkeit, Richtigkeit und Nachvollziehbarkeit der Schnittstellenverarbeitung.

Die Funktionsweise der Schnittstellenverarbeitung ist in Kapitel *1.2.2.3 Batch-Input-Mappenverarbeitung* ab Seite 6 dargestellt.

Batch-Input-Mappen können sowohl zur Verarbeitung von rechnungslegungsrelevanten Daten als auch sonstiger Informationen genutzt werden. Das Schnittstellen-Verfahren und die damit verbundenen Kontrollen sind von ihrer Art her identisch. Je nach Prüfungsgegenstand sind beide Aspekte zu untersuchen: Im Rahmen der Jahresabschlussprüfung obliegt dem Abschlussprüfer, das interne Kontrollsystem (IKS) der Rechnungslegung zu beurteilen. Gemäß Bilanzrechtsmodernisierungsgesetz (BilMoG) obliegt dem Aufsichtsrat bzw. Prüfungsausschuss, die Wirksamkeit des IKS zu überwachen. Diese Verpflichtung umfasst das rechnungslegungsbezogene IKS und die anderen Bereiche des IKS (Betriebsabläufe und Einhaltung von Regeln und Normen). Letztere Arten von Kontrollen können auch auf der Batch-Input-Mappen-Verarbeitung zu sonstigen, nicht rechnungslegungsrelevanten Informationen basieren.

Bezüglich der benötigten Zugriffsrechte sind die Berechtigungen für die Steuerung und Kontrolle von Batch-Input-Mappen von entscheidender Bedeutung. Beispiele sind Berechtigungen für das Anlegen, Abspielen oder Löschen von Mappen. Des Weiteren sind Berechtigungen notwendig, die an die Inhalte der Batch-Input-Mappen anknüpfen. Ein Beispiel ist, dass für eine Buchungstransaktion in einer Mappe Buchungsberechtigungen erforderlich sind. Folgende administrative Tätigkeiten sind zu unterscheiden. Batch-Input-Mappen können

- erstellt,
- im Dialogbetrieb abgespielt,
- für die Hintergrundverarbeitung übergeben und dort abgespielt werden,
- analysiert,
- gelöscht,
- zum Abspielen freigegeben,
- importiert,
- gesperrt und
- entsperrt

werden. Die Aktivitäten können über Berechtigungen geschützt werden. In der folgenden Tabelle sind die möglichen Operationen angegeben, die über das Berechtigungsobjekt S_BDC_MONI (Batch-Input-Berechtigungen) geschützt werden können.

Operationen zu Batch-Input-Mappen	Feldausprägungen zum Feld BDCAKTI
Für die Hintergrundverarbeitung übergeben	ABTC
Im Dialogbetrieb abspielen	AONL
Analysieren	ANAL
Löschen	DELE
Freigeben	FREE
Importieren	IMPO
Sperren oder Entsperren	LOCK

Die sensibelste Aktivität ist die Lösch-Operation, da hier ein unmittelbares Risiko für die Vollständigkeit der Verarbeitung existiert. Die entsprechende Berechtigung sollte sehr restriktiv ausschließlich an mit dieser Aufgabe betraute Mitarbeiter vergeben sein.

Auch die Berechtigung zum Lesen (Mappen-Operation ANAL) von Mappen kann kritisch sein, sofern sensible Unternehmensinformationen oder personenbezogene Daten verarbeitet werden.

Das Berechtigungsobjekt verfügt neben dem Feld für die Operation über ein zweites Feld BDCGROUPID (Mappenname). Hiermit lässt sich der Zugriff auf die Mappen über deren Namen steuern. Sofern das Unternehmen ein Konzept für die Nomenklatura von Batch-Input-Mappen verwendet, lässt sich so der Zugriff spezifisch auf Mappen steuern, beispielsweise mit FI* für Mappen aus dem Finanzbereich.

Da Batch-Input-Mappen im Klartext abgespeichert werden, sind sie mit jedem normalen Editor einseh- und manipulierbar. Daher sollten die Verzeichnisse, in denen Batch-Input-Mappen abgelegt werden, restriktiv geschützt sein. Erheben Sie in Interviews, auf welchen Verzeichnissen Batch-Input-Mappen abgelegt werden und wie die Verzeichnisse geschützt werden.

Prüfungshandlungen:

3.3.12.1 Organisation

- Nehmen Sie auf, für welche Daten eine Verarbeitung mittels Batch-Input-Verfahren vorgesehen ist bzw. angewendet wird. Prüfen Sie die zugehörige Dokumentation. Es sollten Bereiche wie Arbeitsgebiet, Inhalt der Batch-Input-Mappe, Dateiname, Mappenname, relevante Tabellen und Verantwortlichkeit angegeben sein. Ferner sollte klar geregelt sein, welche Benutzer im Unternehmen welche Aktivitäten bzgl. Batch-Input-Mappen (z.B. Anlegen, Abspielen oder Löschen) im Unternehmen ausführen dürfen.
- Prüfen Sie, ob Festlegungen bestehen, welche Kontroll- und Abstimmmaßnahmen bei Einsatz von Batch-Input-Mappen grundsätzlich vorzunehmen sind. Dazu gehört die regelmäßige Analyse über den Mappen-Monitor sowie eine Darstellung der Vorgehensweise bei fehlerhaft verarbeiteten Batch-Input-Mappen.

3.3.12.2 Analyse des Batch-Input-Mappen-Monitors

- Analysieren Sie mit Hilfe des Batch-Input-Mappen-Monitors (Transaktion SM35 (Batch-Input Monitoring)) die im System befindlichen Mappen.

  Mappen, die erfolgreich abgespielt wurden, erhalten den Status „abgespielt“ und können nicht erneut abgespielt werden. Die Mappen sollten üblicherweise gelöscht werden. Verbleiben sie im System, sind sie zwar nicht erneut abspielbar, allerdings einsehbar, was vor dem Hintergrund von Datenschutzaspekten gewürdigt werden sollte.

  Fehlerhaft abgespielte Mappen werden entsprechend markiert. Da sich hieraus das Risiko nicht vollständig verarbeiteten Buchungsstoffs ergibt, ist hierauf ein besonderes Augenmerk zu legen. Stellen Sie die Anzahl und vor allem auch das Alter fehlerhafter Mappen fest. Das Unternehmen sollte für alle fehlerhaften Mappen in der Lage sein nachzuweisen, dass der entsprechende Buchungsstoff vollständig verarbeitet wurde.

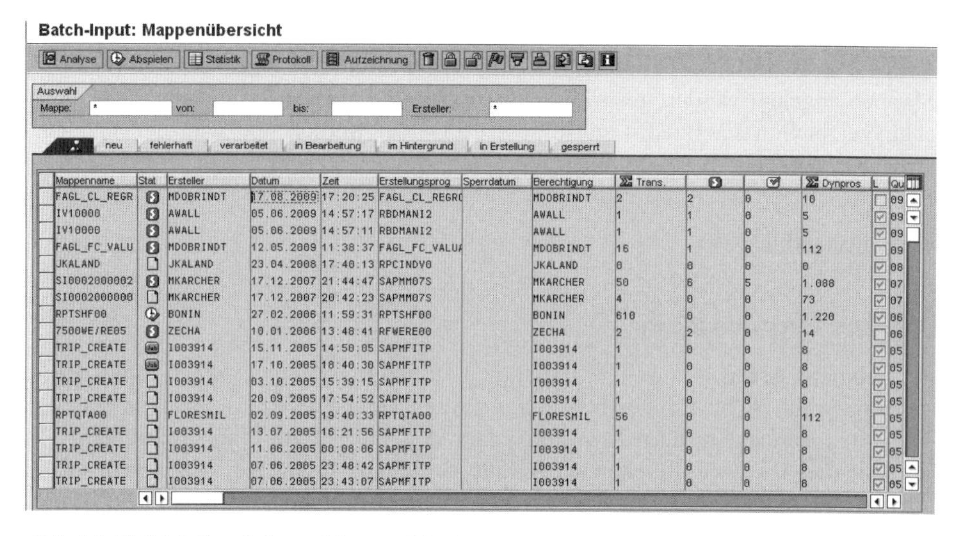

Mappenname	Stat	Ersteller	Datum	Zeit	Erstellungsprog	Sperrdatum	Berechtigung	Trans.			Dynpros	L	Qu
FAGL_CL_REGR		MDOBRINDT	17.08.2009	17:20:25	FAGL_CL_REGR(		MDOBRINDT	2	2	0	10	☐	09
IV10000		AWALL	05.06.2009	14:57:17	RBDMANI2		AWALL	1	1	0	5	☑	09
IV10000		AWALL	05.06.2009	14:57:11	RBDMANI2		AWALL	1	1	0	5	☑	09
FAGL_FC_VALU		MDOBRINDT	12.05.2009	11:38:37	FAGL_FC_VALU/		MDOBRINDT	16	1	0	112	☐	09
JKALAND		JKALAND	23.04.2008	17:40:13	RPCINDV0		JKALAND	0	0	0	0	☑	08
SI0002000002		MKARCHER	17.12.2007	21:44:47	SAPMM07S		MKARCHER	50	6	5	1.088	☑	07
SI0002000000		MKARCHER	17.12.2007	20:42:23	SAPMM07S		MKARCHER	4	0	0	73	☑	07
RPTSHF00		BONIN	27.02.2006	11:59:31	RPTSHF00		BONIN	610	0	0	1.220	☑	06
7500WE/RE05		ZECHA	10.01.2006	13:48:41	RFWERE00		ZECHA	2	2	0	14	☐	06
TRIP_CREATE		I003914	15.11.2005	14:50:05	SAPMFITP		I003914	1	0	0	8	☑	05
TRIP_CREATE		I003914	17.10.2005	18:40:30	SAPMFITP		I003914	1	0	0	8	☑	05
TRIP_CREATE		I003914	03.10.2005	15:39:15	SAPMFITP		I003914	1	0	0	8	☑	05
TRIP_CREATE		I003914	20.09.2005	17:54:52	SAPMFITP		I003914	1	0	0	8	☑	05
RPTQTA00		FLORESMIL	02.09.2005	19:40:33	RPTQTA00		FLORESMIL	56	0	0	112	☐	05
TRIP_CREATE		I003914	13.07.2005	16:21:56	SAPMFITP		I003914	1	0	0	8	☑	05
TRIP_CREATE		I003914	11.06.2005	00:08:06	SAPMFITP		I003914	1	0	0	8	☑	05
TRIP_CREATE		I003914	07.06.2005	23:48:42	SAPMFITP		I003914	1	0	0	8	☑	05
TRIP_CREATE		I003914	07.06.2005	23:43:07	SAPMFITP		I003914	1	0	0	8	☑	05

Abb. 3.3.12.2-10: Batch-Input-Mappen-Monitor *© SAP*

3.3.12.3 Berechtigungen im Bereich der Batch-Input-Mappen

- Prüfen Sie, ob die Berechtigungen in Bezug auf Batch-Input-Mappen sachgerecht an Benutzer-IDs vergeben sind. Hierzu steht das Programm RSUSR002 zur Verfügung.
- Stellen Sie in dem Zusammenhang fest, ob Eingrenzungen der Rechte hinsichtlich der Operationen und der Namen von Mappen vorgenommen sind. Beurteilen Sie, ob die vergebenen Berechtigungen die tatsächlichen Erfordernisse für den kontrollwirksamen Einsatz von Batch-Input-Mappen wiedergeben.

3.3.13 Direct-Input

SAP-Fakten:

Die Direct-Input-Technik ist ein weiteres Schnittstellenverfahren. Es dient insbesondere zur Übernahme sehr umfangreicher Datenmengen. Im Gegensatz zum Batch-Input-Mappen-Verfahren werden keine Mappen erstellt, die abgespielt werden. Per Funktionsbaustein, der maschinelle Kontrollen enthält, werden die Daten direkt in die beteiligten Datenbanktabellen geschrieben. Im Fehlerfall startet ein Wiederaufsetz-Mechanismus, der garantiert, dass keine Belege verloren gehen oder doppelt gebucht werden. Damit der Wiederaufsetz-Mechanismus funktioniert, dürfen Direct-Input-Programme ausschließlich als Hintergrund-Jobs eingeplant werden. Die Administration der Direct-Input-Programme erfolgt über die Transaktion BMV0 (Datenübernahmen verwalten).

Das Direct-Input-Verfahren wird in der Praxis vor allem eingesetzt für

- FI-Belege,
- Materialstammdaten und
- Stoffdaten für PP-EHS.

Bei der Verarbeitung von Direct-Input-Batch-Jobs werden vom SAP-System die Berechtigungen der Benutzer-ID kontrolliert, welche den Job eingeplant hat.

Prüfungshandlungen:

3.3.13.1 Organisation

- Stellen Sie fest, ob das Unternehmen Verarbeitungen über das Direct-Input-Verfahren einsetzt. Klären Sie, welche Arten von Daten damit verarbeitet werden. Wenn das Unternehmen das Direct-Input-Verfahren anwendet, sollten detaillierte organisatorische Vorgaben existieren. Nehmen Sie Einblick in die entsprechenden Organisationsanweisungen und stellen Sie fest, ob sie eingehalten werden. Finden Sie ferner heraus, ob neue oder geänderte Direct-Input-Schnittstellen einem Test- und Abnahmeverfahren unterliegen, bevor sie produktiv verwendet werden.

3.3.13.2 Analyse Direct-Input

- Untersuchen Sie den Status der Direct-Input-Verwaltung, indem Sie die Transaktion BMV0 ausführen. Ziehen Sie alle Jobnamen in die Untersuchung mit ein und wählen Sie einen passenden Zeitraum (beispielsweise das aktuelle Geschäftsjahr bis zum Prüfungszeitpunkt). Analysieren Sie die aufgelisteten Direct-Input-Jobs und gehen Sie den Jobs mit Fehlermeldung nach. Wenn Sie einen Job markieren und dann einen Mausklick auf *Historie* ausführen, werden Details zu dem Job und das Jobprotokoll angezeigt.

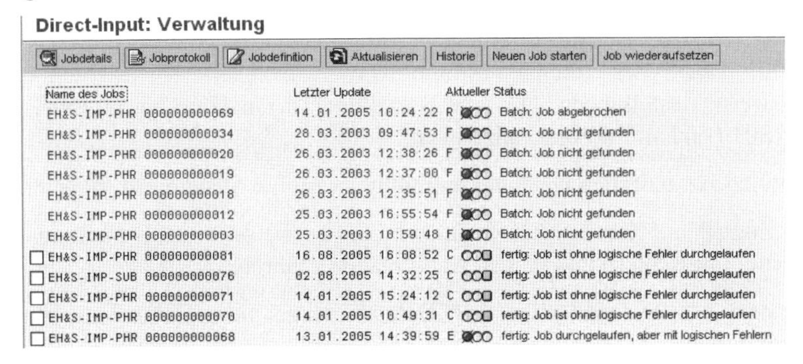

Abb. 3.3.13.2-10: Job-Übersicht Direct-Input *© SAP*

3.3.13.3 Berechtigungen

- Prüfen Sie die Berechtigungen, um zu analysieren, ob die Zugriffsrechte im Zusammenhang mit Direct-Input-Jobs restriktiv vergeben sind. Hierzu eignet sich das Programm RSUSR002. Zur Beurteilung der Risiken zu der Direkt-Input-Verarbeitung sollten vor allem die Berechtigungen zu den Berechtigungsobjekten S_BDC_MONI und S_BTCH_NAM in Bezug auf die folgenden Operationen auf Direkt-Input-Jobs analysiert werden:

– Starten/Wiederaufsetzen etc. von Jobs

– Löschen von Einträgen

– Manipulieren von Jobs

– Direct-Input-Job unter einem anderen Benutzernamen starten

3.3.14 ALE und IDocs

SAP-Fakten:

ALE (Application Link Enabling) ist eine Schnittstellentechnik, mit deren Hilfe verschiedene SAP-Systeme untereinander sowie mit Fremdsystemen kommunizieren können. ALE ermöglicht eine verteilte, aber integrierte SAP-Installation. Über die Schnittstellen findet ein kontrollierter Nachrichtenaustausch statt, der eine konsistente Datenhaltung unterstützt. Ein typisches Anwendungsbeispiel ist die Verteilung von Stammdaten bei zentraler Stammdatenadministration und mehreren dezentralen Systemen.

Wesentliche Eigenschaft von ALE ist es, dass die Kopplung zwischen den Systemen lose ist in dem Sinne, dass alle angeschlossenen Systeme autark (weiter-)arbeiten, wenn eines der angeschlossenen Systeme oder eine Verbindung ausfällt. Daher können die Systeme zeitlich versetzt miteinander kommunizieren. Der Austausch von Daten findet über Nachrichten statt.

Für die Nachrichtenübertragung werden IDocs (Intermediate Documents) verwendet. IDocs stellen eine Standardschnittstelle dar, so dass auch Fremdsysteme über dieses Format mit SAP-Systemen kommunizieren können.

Ein konkretes IDoc ist eine in einem bestimmten IDoc-Typ formatierte geschäftliche Nachricht. IDoc-Typen können bestimmte prozessbezogene Nachrichten übermitteln, beispielsweise Bestellungen. Für eine Bestellung ist ein IDoc beispielsweise vom Typ ORDERS01 (Einkauf/Verkauf) anzulegen.

Im Vergleich zur zentralen Datenhaltung führen verteilte Systeme zu folgenden Risiken:

- Der Zugriff auf verteilte Daten über möglicherweise weite Entfernungen kann zu Übertragungsfehlern und langen Antwortzeiten führen.
- Unautorisierte Datenzugriffe (z.B. Datenspionage) oder Datenmanipulationen sind eher möglich.
- Systemseitige Konsistenzkontrollen bei der Datenerfassung finden nur bei der ursprünglichen Dateneingabe beispielsweise im sendenden System statt. Bei der Übertragung der Daten zum Zielsystem werden entsprechende Konsistenzkontrollen in der Regel nicht mehr durchgeführt.
- Aufgrund der asynchronen Datenübermittlung wird die Reihenfolge der Verarbeitung zum kritischen Faktor.
- Verteilte Systeme erfordern redundante Datenhaltung und somit Synchronisationsaufwand.

Prüfungshandlungen:

3.3.14.1 Systemarchitektur ALE und Aufbauprüfung

- Verschaffen Sie sich zunächst einen Überblick über die Systemarchitektur. Klären Sie dabei folgende Fragestellungen: Welche Daten werden auf welchen Systemen verarbeitet? Über welche Kommunikationswege werden welche Daten geleitet? Ist der Aufbau der Systemarchitekur sinnvoll? Inwieweit ist der Aufbau der Systeme nachvollziehbar dokumentiert?

  Identifizieren Sie bei der Aufnahme der Systemumgebung wesentliche Kontrollpunkte. Kontrollpunkte sind dort anzusetzen, wo die Möglichkeit besteht, die oben dargestellten Risiken effektiv zu begrenzen sowie die Prüfungsziele Vollständigkeit, Richtigkeit, Genauigkeit und Existenz zu erreichen.

  Hilfreich können folgende Fragestellungen sein:

  - Ist der Belegfluss eindeutig geregelt?
  - Lässt sich ein betriebwirtschaftlicher Vorgang über die Grenzen der Systeme hinweg lückenlos nachvollziehen?
  - Begrenzen die eingerichteten Kontrollen die Risiken eines betriebswirtschaftlichen Vorgangs effektiv?
  - Ist nachvollziehbar, in welchem System ein Vorgang angestoßen wurde?
  - Ist die Belegverfolgung entlang eines Geschäftsprozesses in beide Richtungen (progressiv und retrograd) möglich?
  - Welche Kontrollen stellen die Synchronität beispielsweise von Stammdaten sicher?
  - Ist in der Verfahrensdokumentation aufgeführt, ab wann ein Beleg als handelsrechtlich gebucht gilt?

3.3.14.2 Schnittstellenkontrollen

- Stellen Sie fest, welche Kontrollen zur Überwachung der IDoc-Schnittstellen eingerichtet sind. Prüfen Sie vor allem, welche organisatorischen Maßnahmen eingerichtet sind, damit fehlerhafte IDocs zeitnah nachverarbeitet werden.
- Verschaffen Sie sich im SAP-System einen Überblick über fehlerhafte IDocs, indem Sie die Transaktion WE07 (IDoc-Statistik) mit folgender Parametrisierung ausführen:

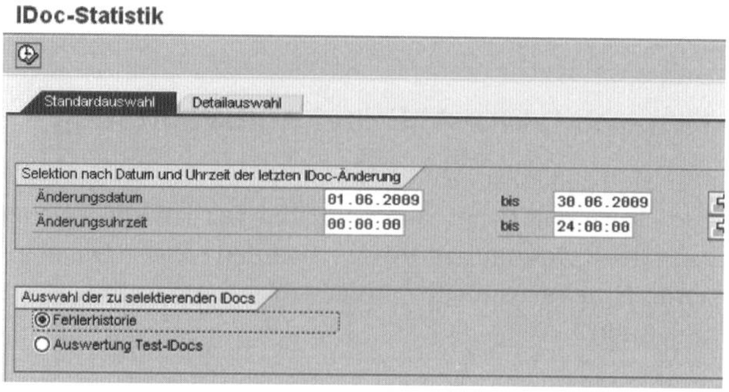

Abb. 3.3.14.2-10: Prüfung auf fehlerhafte IDocs © *SAP*

- Prüfen Sie die Status der IDocs über die Transaktion WE02 (IDocs-Liste) im Detail. Lassen Sie sich IDocs mit den folgenden Status anzeigen. Klären Sie die Gründe von fehlerhaften IDocs und beurteilen Sie die Maßnahmen, die in den entsprechenden Fällen vorgenommen werden.

IDoc Status	Bedeutungen
02	Fehler bei Datenübergabe an Port
04	Fehler in den Steuerinformationen des EDI-Subsystems
05	Fehler bei der Konvertierung
07	Syntaxfehler in EDI-Nachricht
09	Fehler beim Interchange Handling
11	Fehler beim Versand
20	Fehler beim Anstoß des EDI-Subsystems
26	Syntaxfehler im IDoc (Ausgang)
27	Fehler in der Versandschicht (ALE-Dienst)
29	Fehler im ALE-Dienst
31	Fehler, keine weitere Bearbeitung
34	Fehler im Kontrollsatz des IDocs
37	IDoc fehlerhaft hinzugefügt
51	Anwendungsbeleg nicht gebucht
52	Anwendungsbeleg unvollständig gebucht
54	Fehler bei der formalen Anwendungsprüfung
56	Fehlerhaftes IDoc hinzugefügt
60	Syntaxfehler im IDoc (Eingang)
63	Fehler bei IDoc-Übergabe an die Anwendung
65	Fehler im ALE-Dienst
68	Fehler, keine weitere Bearbeitung

Über das Datum der Erstellung können Sie erkennen, ob fehlerhafte Vorgänge zeitnah bearbeitet werden.

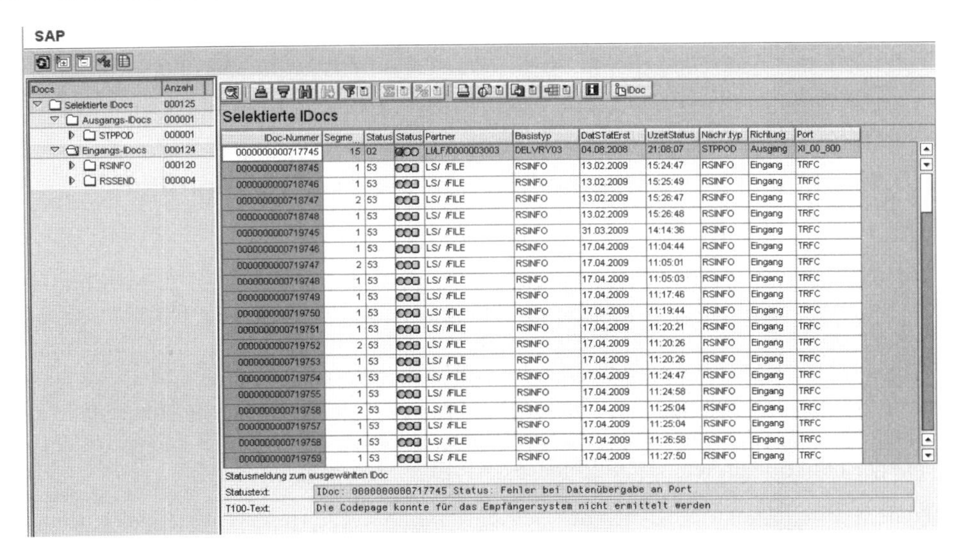

Abb. 3.3.14.2-20: Prüfung anhand der IDoc-Liste © SAP

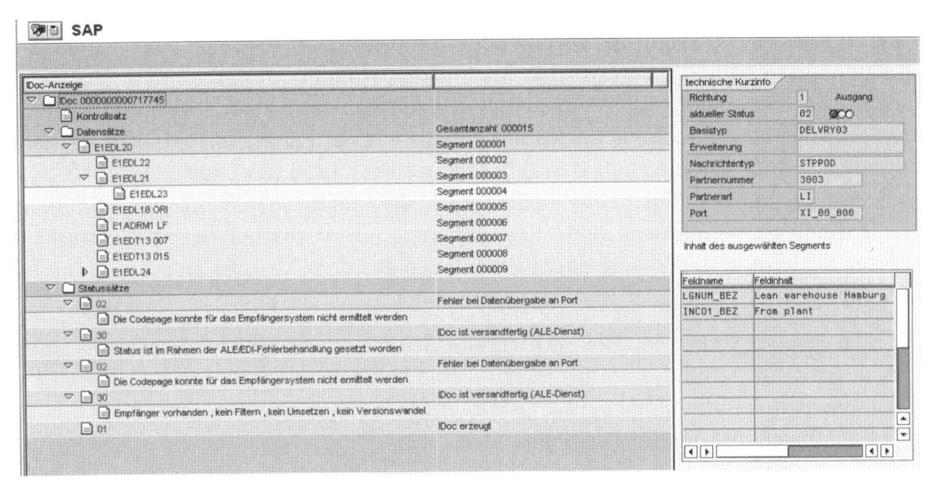

Abb. 3.3.14.2-30: Prüfung anhand der IDoc-Liste mit Detailanzeige zu einem IDoc © SAP

Weitere Informationen statistischer Natur sind für tiefergehende Analysen über das Programm RBDAUD01 (Statistische Auswertungen für den ALE-Audit) abrufbar.

- Prüfen Sie mit den zuständigen Stellen, wie bei fehlerhafter IDoc-Übertragung gewährleistet wird, dass rechnungslegungsrelevante Informationen vollständig und richtig übertragen werden.
- Lassen Sie sich den Status zu der technischen Konsistenzprüfung anzeigen, indem Sie die Transaktion BDM5 (Technische Konsistenzprüfung) verwenden. Mit Hilfe der Transaktion können Sie beurteilen, für welche Systeme in der Vergangenheit eine maschinelle Konsistenzkontrolle erfolgte und ob das Ergebnis dieser Kontrolle Übereinstimmungen oder Abweichungen von Customizing-Einstellungen und IDoc-Vertei-

lungsmodellen dokumentiert. Besprechen Sie die Feststellungen mit den zuständigen Stellen und beurteilen Sie die Auswirkungen auf das Prüfungsziel der vollständigen Verarbeitung von IDocs.

3.3.15 Maschinelle Buchungen aus der CO-FI-Integration

SAP-Fakten:

Das SAP-System ist als stark integriertes System konzipiert. Vorgänge im Controlling (CO) können automatisch Buchungen im Finanzwesen (FI) erzeugen. Ob Kontrollen eingerichtet sind und ob diese die Vollständigkeit und Richtigkeit der rechnungslegungsrelevanten Buchungen unterstützen, wird anhand zweier Szenarien betrachtet. Das erste Szenario bezieht sich auf die Konstellation, bei der das so genannte „Neue Hauptbuch" nicht aktiviert ist, das Zweite auf die Konstellation mit Neuem Hauptbuch und somit bei Einsatz der Funktionen, wie sie ab Release SAP ERP (4.7) möglich sind.

Zu dem ersten Szenario: Kosten der Betriebskantine werden auf verschiedene Kostenstellen innerhalb des CO-Moduls verteilt. Die Kostenstellenrechnung (CO-OM) entlastet die Kostenstelle der Betriebskantine, indem andere Kostenstellen belastet werden. Diese Kostenstellen beziehen sich auf andere Gesellschaften und somit auf verschiedene SAP-Buchungskreise. Die Be- und Entlastung der Kostenstellen ist ein reiner CO-Vorgang; eine Buchung im FI-Modul ist notwendig. Sie findet aber nicht in Echtzeit statt. Die Notwendigkeit von FI-Buchungen besteht auch, wenn die Vorgänge innerhalb einer Gesellschaft erfolgen, sie unterschiedliche Funktionsbereiche wie Fertigung, Vertrieb oder Verwaltung betreffen und die Gesellschaft das Umsatzkostenverfahren anwendet. Das SAP-System speichert die im FI-Modul zu buchenden Informationen im so genannten Abstimmledger. Die Zusammenfassung der Controlling-Vorgänge mit Auswirkungen im Modul FI wird regelmäßig zum Periodenende durch Buchungen aus dem Abstimmledger mit der Transaktion KALC (Meldung der Kostenflüsse) gebucht.

Zu dem zweiten Szenario: Bei Aktivierung des Neuen Hauptbuches findet – entsprechende SAP-Einstellungen vorausgesetzt – eine Echtzeit-Integration von CO und FI statt. Bei folgenden Verarbeitungen aus CO-Vorgängen können dann automatisch und in Echtzeit Buchungen im Modul FI erfolgen:

- Buchungskreis-Wechsel
- Geschäftsbereich-Wechsel
- Funktionsbereich-Wechsel
- Profit Center-Wechsel
- Segment-Wechsel

Das gesonderte und zeitversetzte Initiieren von Buchungen aus einem Abstimmledger ist nicht erforderlich.

Prüfungshandlungen:

3.3.15.1 Organisation

- Nehmen Sie zunächst auf, ob eine Integration der Anwendungsteile CO und FI angewendet wird. Nehmen Sie somit eine vorläufige Beurteilung des Risikos vor, dass aus dem Controlling (CO) zu erzeugende Buchungen im Finanzwesen (FI) nicht vollständig, richtig bzw. periodengerecht erfolgen.

3.3.15.2 Aktivierung Neues Hauptbuch

- Stellen Sie fest, ob das Neue Hauptbuch aktiviert ist. Im SAP-System kann zur Klärung dieser Fragestellung mit der Transaktion SE16 die Tabelle FAGL_ACTIVEC (Aktivierung FlexGL) ausgewertet werden. Bei einem Eintrag in dem Feld *Active* gemäß folgender Abbildung ist das Neue Hauptbuch aktiviert. Die weiteren Prüfungshandlungen ergeben sich nach Maßgabe der Verwendung des Neuen Hauptbuchs.

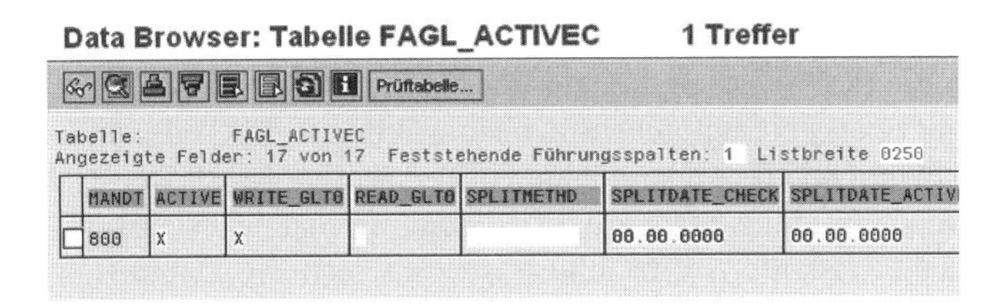

Data Browser: Tabelle FAGL_ACTIVEC 1 Treffer

Prüftabelle...

Tabelle: FAGL_ACTIVEC
Angezeigte Felder: 17 von 17 Feststehende Führungsspalten: 1 Listbreite 0250

MANDT	ACTIVE	WRITE_GLT0	READ_GLT0	SPLITMETHD	SPLITDATE_CHECK	SPLITDATE_ACTIV
800	X	X			00.00.0000	00.00.0000

Abb. 3.3.15.2-10: Prüfung, ob das Neue Hauptbuch aktiviert ist © SAP

3.3.15.3 Vollständigkeit der Verarbeitungen aus dem Abstimmledger

- Bei nicht aktiviertem Hauptbuch gilt es, den sachgerechten Einsatz des Abstimmledgers zu prüfen. Beurteilen Sie somit die Vollständigkeit der Verarbeitungen aus dem Abstimmledger für Perioden in der Vergangenheit. Mit Hilfe der Transaktion KALC und einer Parametrisierung gemäß folgender Abbildung kann ermittelt werden, ob für eine abgeschlossene Periode alle Buchungen aus der CO-FI-Integration erfolgten. Die Prüfungshandlung führt zu positiven Feststellungen, wenn keine CO-Vorgänge angezeigt werden. Achten Sie darauf, die Transaktion im Rahmen einer Prüfung ausschließlich zur Anzeige über die Option *Testlauf*, nicht aber zur Buchung einzusetzen.

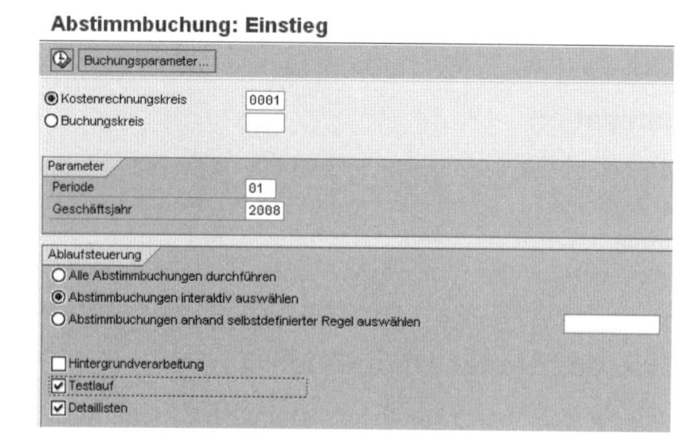

Abb. 3.3.15.3-10: Prüfung der Vollständigkeit von Buchungen aus dem Abstimmledger © SAP

3.3.15.4 Prüfung der Protokolle

- Beurteilen Sie des Weiteren anhand der Protokolle, ob die Buchungen aus dem Abstimmledger richtig erfolgten. Aus der Transaktion KALC können über den Menüweg *Zusätze – Protokoll* die entsprechenden Verarbeitungsnachweise abgerufen werden. Die folgende Abbildung verdeutlicht die Parametrisierungsoptionen in Bezug auf die Anzeige der Protokolle. Zu beachten ist, dass sich die Datumsangaben im Bereich Zeiteinschränkung auf den Zeitpunkt der Überleitung in das Modul FI beziehen. Er weicht in der Regel von dem Belegdatum und Buchungsdatum im FI-Beleg ab.

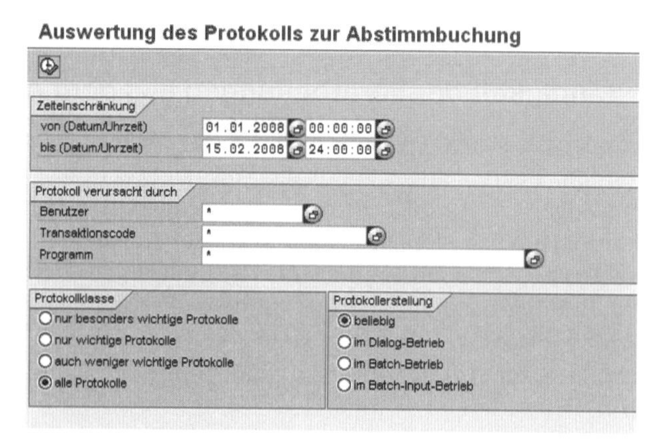

Abb. 3.3.15.4-10: Prüfung der Protokolle bei Einsatz des Abstimmledgers © SAP

3.3.15.5 Prüfung des Customizings

- Bei aktiviertem Hauptbuch gilt es, das Customizing zu prüfen. Beurteilen Sie somit, ob im SAP-System maschinelle Kontrollen eingerichtet sind, welche die vollständige, richtige und unmittelbare Buchung von FI-relevanten Vorgängen aus der Integration mit dem CO-Modul bewirken. Über die Transaktion SPRO und den Menüweg *Finanzwesen - Finanzwesen (neu) - Grundeinstellungen Finanzwesen (neu) - Bücher - Echtzeitintegration des Controlling mit dem Finanzwesen* können die Customizing-Einstellungen zum Neuen Hauptbuch angezeigt werden. Unter der Customizing Aktivität *Varianten für Echtzeitintegration definieren* werden z.B. folgende Einstellungen angezeigt:

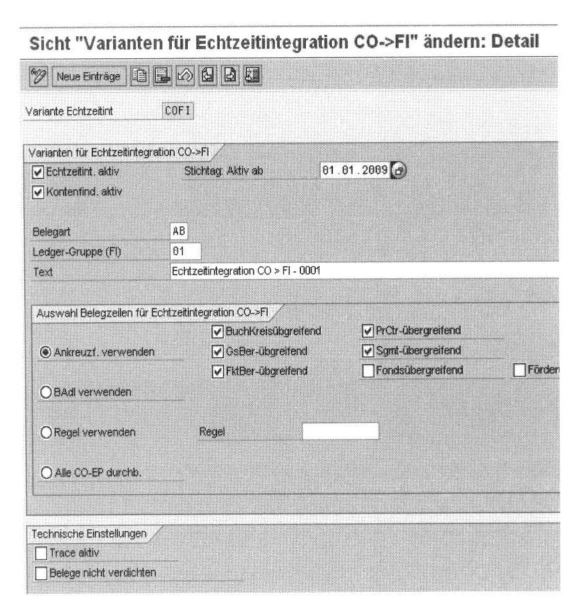

Abb. 3.3.15.5-10: Prüfung des Customizings von Varianten in Bezug auf das Neue Hauptbuch © SAP

- Hier gilt es zu beurteilen, ob die Integration und Kontenfindung aktiviert ist, ob eine sachgerechte Belegart für die FI-Buchungen hinterlegt ist und ob alle relevanten CO-Vorgänge wie z.B. buchungskreisübergreifende Vorgänge für die automatische Generierung von FI-Buchungen ausgewählt sind.
- Über die Anzeige der Customizing-Aktivität *Varianten für Echtzeitintegration zu Buchungskreisen zuordnen* ist zu beurteilen, ob eine korrekte Verknüpfung von Varianten und Buchungskreisen eingestellt ist.
- Über die Anzeige der Customizing-Aktivität *Kontenfindung zur Echtzeitintegration - Kontenfindung für Echtzeitintegration definieren* ist zu beurteilen, ob je CO-Vorgang ein geeignetes FI-Konto hinterlegt ist.
- Über die Customizing-Aktivität *CO-Belege nachträglich überleiten* oder alternativ das Programm FAGL_COFI_TRANSFER_CODOCS (CO-Belege ins externe Rechnungswesen überleiten) kann geprüft werden, ob aus abgeschlossenen Perioden alle FI-relevanten CO-Vorgänge vollständig in das Modul FI übergeleitet wurden. Hierbei gilt es im Rahmen einer Prüfung ausschließlich die Option *Testlauf* zu verwenden. Werden für abgeschlossene Perioden gemäß folgender Abbildung keine CO-Vorgänge durch das Programm ermittelt, fand eine vollständige CO-FI-Integration statt.

CO-Belege ins externe Rechnungswesen überleiten

Allgemeine Selektionsbedingungen

Kostenrechnungskreis	0001		
Belegnummer		bis	
Geschäftsjahr	2008	bis	
Vorgang		bis	
Buchungsperiode	01	bis	16
Buchungsdatum		bis	
Benutzername		bis	
Erfassungsdatum		bis	
Erfassungsuhrzeit	00:00:00	bis	00:00:00

Steuerungsparameter

Testlauf

Abb. 3.3.15.5-20: Prüfung der vollständigen CO-FI-Integration für abgeschlossene Perioden © SAP

3.3.16 Checkliste

Nr.	Prüfungshandlung
1.	Prüfen Sie mit Hilfe des Programms RFPUEB00, ob zum monatlichen Periodenabschluss keine vorerfassten Belege mehr existieren.
2.	Prüfen Sie mit Hilfe der Transaktion SM13 und des Programms RFVBER00, ob sich abgebrochene Verbuchungen im System befinden und stellen Sie fest, ob die Vollständigkeit der Belege im SAP-System sichergestellt werden kann.
3.	Lassen Sie sich über die Tabelle TNRO die Nummernkreisobjekte RF_BELEG, AENBELEG, EINKBELEG, FIAA-BELNR, FIAA_PERP, RE_BELEG, RF_BELEG und MATBELEG anzeigen, und prüfen Sie, ob die Belegnummernpufferung deaktiviert ist.
4.	Prüfen Sie mit Hilfe des Programms RFBNUM00, ob Lücken in den Belegnummern existieren.
5.	Analysieren Sie die Tabelle T001B daraufhin, ob über die aktuellen Einstellungen und die Historie der geöffneten Buchungsperioden dem Grundsatz der Zeitnähe von Buchungen entsprochen wird.
6.	Analysieren Sie über die Historie des Programms SAPF190 (Große Umsatzprobe), ob diese Abstimmung nach jedem Monatsabschluss durchgeführt und jeweils mit dem Nachweis einer erfolgreichen Abstimmung beendet wurde.
7.	Prüfen Sie, wer systemweit uneingeschränkt Batch-Jobs verwalten kann, indem Sie das Programm RSUSR002 einsetzen. Hierfür ist das Feld BTCADMIN im Berechtigungsobjekt S_BTCH_ADM in Bezug auf die Ausprägung „Y“ zu prüfen.
8.	Prüfen Sie, wer Batch-Jobs unter „fremder Flagge“ ausführen kann. Verwenden Sie das Programm RSUSR002 um festzustellen, welche Benutzer-IDs Berechtigungen in Bezug auf das Berechtigungsobjekt S_BTCH_NAM mit einem Benutzernamen oder mit der Ausprägung „*“ besitzen. Analysieren Sie vor allem im letzteren Fall, welche Auswirkungen das Risiko der Ausführung von Jobs mit den Rechten einer anderen Benutzer-ID hat.

Nr.	Prüfungshandlung
9.	Prüfen Sie, welche Benutzer-IDs Batch-Input-Mappen löschen können. Verwenden Sie das Programm RSUSR002 um festzustellen, welche Benutzer-IDs Berechtigungen in Bezug auf das Berechtigungsobjekt S_BDC_MONI mit den Ausprägungen „DELE“ oder „*“ für das Feld BDCAKTI besitzen.
10.	Analysieren Sie mit Hilfe der Transaktion WE02 die IDoc-Verarbeitung im SAP-System. Beurteilen Sie, ob die Verarbeitungen mittels IDocs über die Schnittstellen vollständig, zeitnah und nachvollziehbar erfolgten.

3.3.17 Transaktionen, Tabellen, Programme

Folgende Aufstellung fasst die Transaktionen, Tabellen und Programme zusammen, die für die Prüfung der Verarbeitungskontrollen genutzt werden können.

Transaktionen	
BDM5	Technische Konsistenzprüfung
BMV0	Datenübernahmen verwalten
F.03	Abstimmanalyse Finanzbuchhaltung, entspricht dem Programm SAPF190
F.14	ABAP/4 Programm: Dauerbuchungen ausf.
F.15	ABAP/4 Programm: Dauerbuchungen listen
FBN1	Nummernkreise Buchhaltungsbeleg
FBV0	Vorerfassten Beleg buchen
FBV3	Vorerfasste Belege anzeigen
SCDN	Nummernkreise Änderungsbelege
SM13	Verbuchungssätze administrieren
SM14	Administration des Verbuchers
SM35	Batch-Input Monitoring
SM36	Batch-Anforderung
SM37	Übersicht über Jobauswahl
SNRO	Nummernkreisobjekte
SNUM	Nummernkreisobjektpflege
WE02	IDcos-Liste
WE07	IDoc-Statistik

Tabellen	
BKPF	Belegkopf für Buchhaltung
BSEG	Belegsegment Buchhaltung
NRIV	Nummernkreisintervalle
T001	Buchungskreise
T001B	Erlaubte Buchungsperioden
TNRO	Definition der Nummernkreisobjekte

Programme	
RBDAUD01	Statistische Auswertungen für den ALE-Audit
RBMVSHOW	Verwaltung von Datenübernahmen per Direct-Input-Verfahren
RFBELJ10	Beleg-Journal
RFBNUM00	Lücken in der Belegnummernvergabe
RFBNUM10	Doppelt vergebene Rechnungsnummern
RFDAUB00	Dauerbuchungs-Urbelege
RFDSLD00	Debitoren-Salden in Hauswährung
RFHABU00	Hauptbuch aus der Belegdatei
RFINDEX	FI-Konsistenzprüfung
RFKKBU00	Kontokorrentkontenschreibung aus der Belegdatei
RFKSLD00	Kreditoren-Salden in Hauswährung
RFPUEB00	Liste vorerfaßter Belege
RFSSLD00	Sachkontensalden
RFTMPBEL	Liste der unvollstaendig erfassten Belege
RFVBER00	FI-Beleg: Liste abgebrochener Verbuchungen
RMPPOS01	Liste vorerfasste Belege
RSM56000	Nummernkreispuffer anzeigen
RSNRODS1	Pufferungsinformation der Nummernkreisobjekte anzeigen
RSNRODSP	Pufferungsinformation der Nummernkreisobjekte anzeigen
RSPARAM	Anzeige der SAP-Profilparameter
RSPFPAR	Profileparameter anzeigen
RSSNR0T1	Konsistenzprüfung und -reparatur von Nummernkreisintervallen
RSTBHIST	Tabellenhistorie
RSUSR002	Benutzer nach komplexen Selektionskriterien
SAPF070	Abstimmung Belege / Verkehrszahlen Stamm
SAPF120	Buchungsbelege aus Dauerbelegen erstellen
SAPF190	Abstimmanalyse Finanzbuchhaltung
TFC_COMPARE_VZ	Vergleich Belege / Verkehrszahlen

„Was nichts kostet, ist nichts wert“
Albert Einstein

4 SAP-Prüfung orientiert an Posten der Bilanz sowie Gewinn- und Verlustrechnung

4.1 Anlagevermögen und Abschreibungen

4.1.1 Typische Risiken und Kontrollziele

In diesem Kapitel werden Kontrollen und Systemeinstellungen eines SAP-Systems vorgestellt, die im Rahmen der Anlagenbuchhaltung für die richtige Verwaltung und Bilanzierung des Anlagevermögens sorgen. Die Anlagenbuchhaltung wird aus historischen Gründen in SAP oftmals unter der Bezeichnung „FI-AA“ geführt und gehört zu dem Funktionsbereich des Rechnungswesens.

Im Folgenden sind die wesentliche Risiken und Kontrollziele der SAP-gestützten Anlagenbuchhaltung aufgeführt:

Risiken:

- Falsche Einstellungen im Customizing der Anlagenbuchhaltung führen zu einer falschen Bewertung des Sachanlagevermögens und zu ungenauer Ermittlung und falschem Ausweis der Abschreibungen.
- Eine fehlerhafte Verarbeitung von anlagenbezogenen Vorgängen führt zu einem ungenauen Ausweis von Aufwand und Ertrag.
- Eine unvollständige Übergabe von Buchungen der Anlagenbuchhaltung an das Hauptbuch oder eine fehlerhafte Kontenzuordnung bewirken unvollständige oder nicht periodengerechte Aufwands- und Ertragsbuchungen.

Kontrollziele:

- Ausschließlich getestete Änderungen, die den Anforderungen des Unternehmens entsprechen, werden im Customizing der Anlagenbuchhaltung aktiviert.
- Die Implementierung der Integration von Anlagenbuchhaltung und Hauptbuch über die Customizingeinstellungen zur Kontenzuordnungen und periodischen Verarbeitung von Buchungen ist sachgerecht.
- Die Pflege des Anlagenstamms erfolgt vollständig, zeitnah und wird richtig durchgeführt.

4.1.2 Quick Wins

Mittels der im folgenden aufgeführten Liste der 10 Quick Wins im Bereich Anlagevermögen und Abschreibungen ist es dem Prüfer möglich, vergleichsweise schnell zuverlässige Prüfungsfeststellungen zu erzielen und durch seine Feststellungen und Empfehlungen zu einer signifikanten Verbesserung der Zuverlässigkeit und Genauigkeit der Datenverarbeitung des SAP-Systems und der darin enthaltenen rechnungslegungsrelevanten oder unter weiteren Compliance-Aspekten relevanten Daten beizutragen:

1. Prüfen Sie die Customizingeinstellungen bzgl. der Übergabe der Aktivierungs- und Abschreibungsbuchungen an das Hauptbuch. Referenz: Kapitel 4.1.4.3, Seite 224.
2. Analysieren Sie die Ausprägung der gültigen Wertebereiche der einzelnen genutzten Bewertungsbereiche. Referenz: Kapitel 4.1.4.3, Seite 224.
3. Prüfung Sie die Konsistenz der Customizingeinstellungen in Bezug auf die Integration von Anlagenbuchhaltung mit dem Hauptbuch. Referenz: Kapitel 4.1.4.4, Seite 226.
4. Beurteilen Sie, ob die genutzten Abschreibungsschlüssel richtig ausgeprägt wurden. Referenz: Kapitel 4.1.4.5, Seite 229.
5. Beurteilen Sie die Einstellungen der Periodizität der Abschreibungsbuchungen der einzelnen Bewertungsbereiche in der Transaktion OAYR (Buchungsregeln Abschreibungen). Referenz: Kapitel 4.1.4.6, Seite 229.
6. Prüfen Sie, ob die von der Gesellschaft verwendeten Anlagengitterversionen vollständig definiert wurden. Referenz: Kapitel 4.1.4.7, Seite 232.
7. Beurteilen Sie die Standardwerteinstellungen für die einzelnen Anlagenklassen. Referenz: Kapitel 4.1.4.8, Seite 233.
8. Analysieren Sie die Vergabe der Berechtigungen für die Pflege der Anlagen an die Benutzer. Referenz: Kapitel 4.1.4.8, Seite 233.
9. Beurteilen Sie die Vergabe der Berechtigungen für die Buchung von kritischen Bewe-gungsarten im Zusammenhang mit Anlagezugangs- und Anlageabgangsbuchungen an die Benutzer. Referenz: Kapitel 4.1.4.9, Seite 237.
10. Prüfen Sie den in den relevanten Ländereinstellungen hinterlegten Höchstbetrag für Geringwertige Wirtschaftsgüter (GWG). Referenz: Kapitel 4.1.4.10, Seite 240.

4.1.3 Überblick über den Anlagenbuchhaltungsprozess

Die Anlagenbuchhaltung im SAP-System ist im Wesentlichen für die Aktivierung des Sachanlagevermögens und die Ermittlung der Abschreibungen für diese Anlagen zuständig. Bei der Aktivierung von gekauften oder selbsterstellten Anlagen werden zumeist Informationen aus anderen Anwendungsteilen wie der Materialwirtschaft, der Produktion oder der Instandhaltung übernommen. Je nach Anlagegut wird ein Abschreibungsplan hinterlegt, welcher auf Grundlage der Nutzungsdauer für die Ermittlung der Abschreibung genutzt wird. Die verarbeiteten Informationen werden hiernach für die Bilanzierung im externen Rechnungswesen aber auch für Bereiche des Controllings an andere Funktionsbereiche weitergegeben. Die Integration der Anlagenbuchhaltung im SAP-System, Prozesse und Datenflüsse sind in Abbildung 4.1.3-10 schematisch dargestellt.

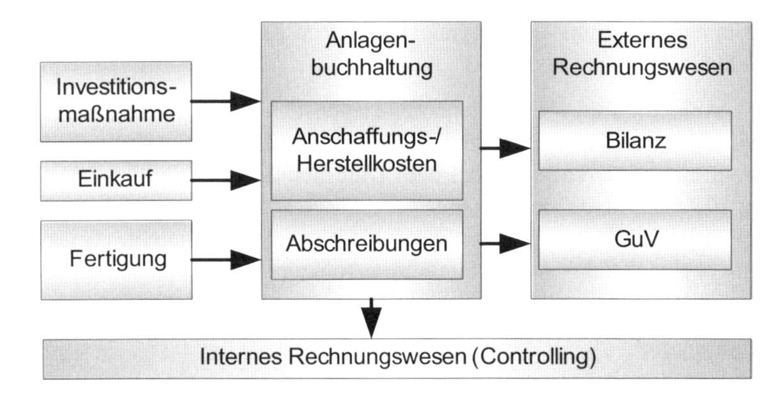

Abb. 4.1.3-10: Integration der Anlagenbuchhaltung

4.1.4 Kontrollen der Anlagenbuchhaltung

4.1.4.1 Organisationsstrukturen

SAP-Fakten:

In der Anlagenbuchhaltung werden die folgenden Organisationsstrukturen genutzt:

- **Bewertungsplan** – Ein Bewertungsplan ist ein länderspezifisches Verzeichnis von Bewertungsbereichen und dient der Verwaltung der Bewertungsvorschriften zum Anlagevermögen. Jeder Buchungskreis, für den die Anlagenbuchhaltung genutzt werden soll, muss einem Bewertungsplan zugeordnet sein. Die Zuweisung kann in der Transaktion OAOB (FI-AA: Buchungskreise zuordnen) bzw. in der Tabelle T093C (Buchungskreise Anlagenbuchhaltung) eingesehen werden.

- **Bewertungsbereich** – Bewertungsbereiche dienen der parallelen Bewertung von Anlagen nach verschiedenen Rechnungslegungsstandards bzw. internen Vorgaben. Die SAP liefert verschiedene Bewertungsbereiche standardmäßig aus. So gibt es neben der handelsrechtlichen Bewertung die steuerrechtliche und kalkulatorische. Viele Unternehmen definieren weitere Bewertungsbereiche für internationale Rechnungslegungsstandards wie IFRS[1] und US-GAAP[2]. In den Anlagenklassen oder direkt im jeweiligen Anlagenstammsatz können für jeden Bewertungsbereich eines Bewertungsplans anlagenspezifische Abschreibungsparameter festgelegt werden (vgl. 4.1.4.3 Mitzubuchende Bewertungsbereiche).

- **Anlagenklasse** – Anlagenklassen dienen der Klassifizierung von Anlagen im Anlagenstamm. Jeder Anlage wird genau eine Anlagenklasse zugeordnet, welche verschiedene Vorschlagswerte des Anlagenstamms und der Abschreibung definiert, die automatisch bei der Anlage einer Anlage übernommen werden. Zusätzlich dient die Anlagenklasse der Gruppierung von Anlagen zu Auswertungszwecken und ist ein wichtiges

1 International Financial Reporting Standards.

2 United States Generally Accepted Accounting Principles.

Element in der Steuerung der vorgangsbezogenen Kontenfindung (vgl. 4.1.4.8 Anlagenstamm und Anlagenklassen).

- **Anlage** – Anlagen sind die elementaren Gegenstände der Anlagenbuchhaltung und stellen einen materiellen oder immateriellen Teil des Betriebsvermögens dar. Sie müssen einzeln identifizierbar sein und dem Unternehmen dauerhaft zur Verfügung stehen. Auf der Grundlage der Anlagen werden alle Buchungen (Zugänge, Abgänge, Abschreibungsermittlung usw.) durchgeführt. Verwaltet werden die Anlagen im Anlagenstamm (vgl. 4.1.4.8 Anlagenstamm und Anlagenklassen).

Prüfungshandlungen:

- Nehmen Sie durch Befragung der verantwortlichen Stellen und durch Einsichtnahme in die Verfahrensdokumentation die relevanten Organisationsstrukturen der Anlagenbuchhaltung auf. Beurteilen Sie die sachgerechte Abbildung der einzelnen Organisationsstrukturen durch die Prüfung des Customizing der Anlagenbuchhaltung in der Transaktion SPRO unter *Finanzwesen – Anlagenbuchhaltung – Organisationsstrukturen.*
- Gleichen Sie die gemäß der Organisation des Unternehmens verwendeten Organisationsstrukturen mit den im SAP-System eingestellten ab. Hierzu können mit Hilfe der Transaktion SE16 die Organisationsstrukturen in den folgenden Tabellen analysiert werden.

Organisationsstruktur	Tabelle	Tabellenbezeichnung
Buchungskreis	T001	Buchungskreise
Bewertungsplan	T096	Bewertungspläne
Bewertungsbereich	T093	Bewertungsbereiche echt und abgeleitet
Anlagenklasse	ANKA	Anlagenklassen: Allgemeine Daten

4.1.4.2 Ländereinstellungen

SAP-Fakten:

In der Finanzbuchhaltungstabelle T001 (Buchungskreise) ist für jeden im Mandanten eines SAP-Systems angelegten Buchungskreis ein Länderschlüssel im Feld LAND1 (bspw. „DE“ für Deutschland) definiert. Im Rahmen der Anlagenbuchung wird diese Zuordnung genutzt, um buchungskreisbezogen bereits bestimmte grundlegende Verarbeitungsparameter festzulegen.

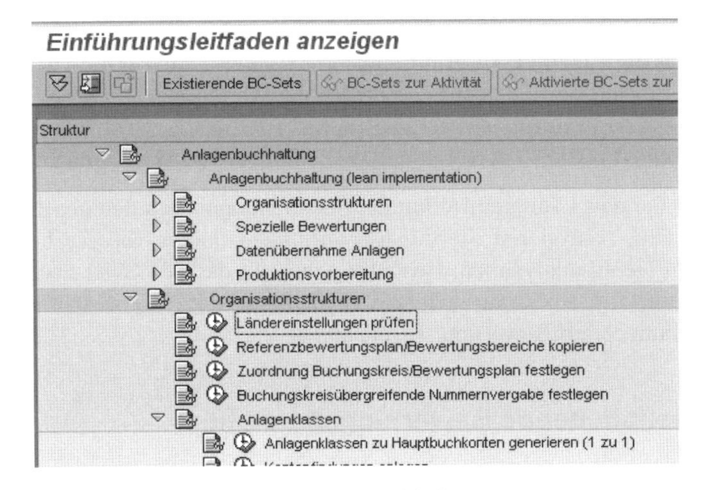

Abb. 4.1.4.2-10: Ländereinstellungen der Anlagenbuchhaltung © *SAP*

Hier kann bspw. festgelegt werden, welche Landeswährung genutzt wird, welcher Höchstwert für Geringwertige Wirtschaftsgüter (GWG) als Standardwert für die Bewertungsbereiche genutzt wird oder wie Restwerte und Anlagen im Bau behandelt werden sollen. Die für ein Land im Einführungsleitfaden mit Hilfe der Transaktion SPRO aufrufbaren Festlegungen werden unter dem Punkt *Finanzwesen – Anlagenbuchhaltung – Organisationsstrukturen – Ländereinstellungen prüfen* definiert (siehe Abb. 4.1.4.2-10).

Sicht "Anlagenbuchhaltung: Länderinformationen" anzeigen: Detail

Länderschlüssel DE Deutschland

Betragsangaben
Landeswährung EUR
Max.GWG-Betrag: bei Buchung 0,00
Restwert für Umstellung AfA 0,00

Abgangssteuerung
Restbuchwert buchen

Aktivierung Anlagen im Bau
Aktivierung AiB ohne Anzahlung

Abb. 4.1.4.2-20: Detaildarstellung einer länderspezifischen Einstellung © *SAP*

Die SAP liefert für die meisten Länder bereits richtige Voreinstellungen aus. Da sich die gesetzlichen Grundlagen jedoch von Jahr zu Jahr ändern können, sollten diese Einstellungen regelmäßig kontrolliert werden. Die Ländereinstellungen sind u.a. über die Tabelle T093B (Buchungskreisbezogene Bewertungsbereichsangaben) auswertbar.

Prüfungshandlungen:

- Prüfen Sie, ob die für die in der Tabelle T001 hinterlegten Länderschlüssel der untersuchten Buchungskreise richtige Definitionen der länderspezifischen Anlagenbuchhaltungseinstellungen im Customizing besitzen. Nachdem Sie die relevanten Länderschlüssel aus der Tabelle T001 ermittelt haben, rufen Sie hierfür die Transaktion SPRO für den Einführungsleitfaden auf und prüfen die Werte unter *Finanzwesen – Anlagenbuchhaltung – Organisationsstrukturen – Ländereinstellungen prüfen.* Alternativ steht die Transaktion OA08 (FI-AA: Ländertabelle pflegen) zur Verfügung.

- Sollten Sie bei den Ländereinstellungen Abweichungen von den gesetzlichen Vorgaben feststellen, analysieren Sie die Auswirkungen, indem Sie die betroffenen Buchungen im Detail analysieren. Beachten Sie bzgl. des GWG-Höchstbetrags besonders die unter 4.1.4.10 Geringwertige Wirtschaftsgüter (GWG) beschriebenen führenden Einstellungen auf Bewertungsbereichebene.

4.1.4.3 Mitzubuchende Bewertungsbereiche

<u>SAP-Fakten:</u>

Jedem Bewertungsplan können verschiede Bewertungsbereiche zugeordnet werden. Im Rahmen der Integration mit dem Hauptbuch werden je Bewertungsbereich Zeitpunkte bzw. Intervalle festgelegt, zu denen die Übergabe der Vorgänge der Anlagenbuchhaltung in Form einer Buchung an das Hauptbuch erfolgen soll. Abschreibungen müssen hierbei grundsätzlich über eine periodische Verarbeitung übergeben werden.

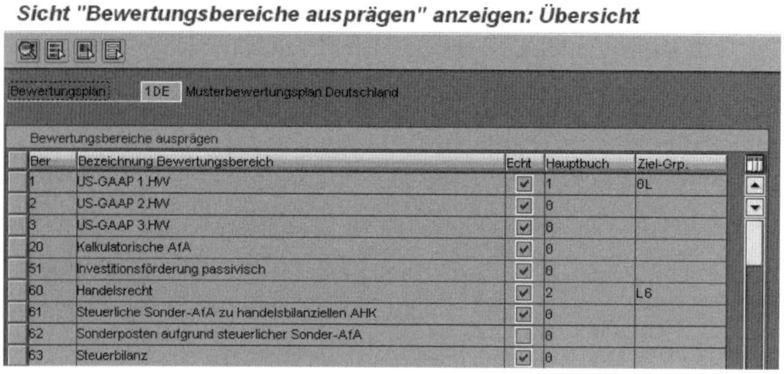

Sicht "Bewertungsbereiche ausprägen" anzeigen: Übersicht

Bewertungsplan 1DE Musterbewertungsplan Deutschland

Bewertungsbereiche ausprägen

Ber	Bezeichnung Bewertungsbereich	Echt	Hauptbuch	Ziel-Grp.
1	US-GAAP 1.HW	☑	1	0L
2	US-GAAP 2.HW	☑	0	
3	US-GAAP 3.HW	☑	0	
20	Kalkulatorische AfA	☑	0	
51	Investitionsförderung passivisch	☑	0	
60	Handelsrecht	☑	2	L6
61	Steuerliche Sonder-AfA zu handelsbilanziellen AHK	☑	0	
62	Sonderposten aufgrund steuerlicher Sonder-AfA	☐	0	
63	Steuerbilanz	☑	0	

Abb. 4.1.4.3-10: Mitzubuchende Bewertungsbereiche eines Bewertungsplans © SAP

Folgende Werte können gewählt werden:

- 0 – Es werden keine Werte periodisch im Hauptbuch gebucht.
- 1 – Die Buchungen im Hauptbuch erfolgen online.
- 2 – Es werden periodisch Buchungen an das Hauptbuch übergeben.
- 3 – Nur Abschreibungen werden im Hauptbuch periodisch gebucht.
- 4 – Die Buchungen der Anschaffungs- und Herstellungskosten (AHK) im Hauptbuch erfolgen online und die Abschreibungsbuchungen periodisch.
- 5 – Nur die Buchungen der AHK werden im Hauptbuch periodisch gebucht.
- 6 – Nur die Buchungen der AHK werden im Hauptbuch online gebucht.

Die Bewertungsbereiche dienen auch der Festlegung von allgemeinen Bewertungsregeln. So können unter anderem die gültigen Wertebereiche festgelegt werden, so dass beispielsweise für Anschaffungswerte, Restbuchwerte und Zinsen nur positive Werte erlaubt sind. Diese Regeln können helfen, manuelle Fehleingaben zu vermeiden oder automatische Vorgänge zu kontrollieren.

Sicht "Bewertungsbereiche ausprägen" anzeigen: Detail

Bewertungsplan 1DE Musterbewertungsplan Deutschland

BewertgBereich 60 Handelsrecht
Handelsrecht

Bewertungsbereiche ausprägen

Echter Bewertungsbereich	☑	
Buchen im Hauptbuch	2 Bereich bucht Bestände und Abschreibung periodisch	
Ziel-Ledger-Gruppe	L6	local
Abweichender Bewertungsbereich	1	US-GAAP 1 HW
Globaler Bereich		

Werteführung

Anschaffungswert	+ Nur positive Werteführung (inkl. Null)
Restbuchwert	+ Nur positive Werteführung (inkl. Null)
Invest.zuschüsse	- Nur negative Werteführung (inkl. Null)
Aufwertung	0 Keine Wertführung
Normal-AfA	- Nur negative Werteführung (inkl. Null)
Sonder-AfA	0 Keine Wertführung
Außerplanm. AfA	- Nur negative Werteführung (inkl. Null)
Übertrag Rücklage	0 Keine Wertführung
Zinsen	+ Nur positive Werteführung (inkl. Null)
Aufwertung NormalAfA	0 Keine Wertführung

Abb. 4.1.4.3-20: Ausprägung von Regeln für gültige Wertebereiche eines Bewertungsbereichs
© SAP

<u>Prüfungshandlungen:</u>

- Rufen Sie in der Transaktion SPRO unter *Finanzwesen – Anlagenbuchhaltung – Integration mit dem Hauptbuch – Mitzubuchende Bewertungsbereiche* die Bewertungsbereiche für die relevanten Bewertungspläne auf, um zu prüfen, ob die Übergabe der Buchungen an das Hauptbuch sachgerecht eingestellt ist. Vergleichen Sie hierfür die Einstellungen mit der Customizing- und Verfahrensdokumentation der Gesellschaft. Sollten Sie Abweichungen feststellen, lassen Sie sich von den verantwortlichen Stellen erläutern, wie die Übergabe der Buchungen an das Hauptbuch durchgeführt wird.
- Stellen Sie fest, ob der für das deutsche Handelsrecht zuständige Bewertungsbereich die Buchungen an das Hauptbuch online (d.h. in Echtzeit) übermittelt. Eine Abweichung von dieser Verarbeitungsart kann zu einer nicht vollständigen oder nicht periodengerechten Abgrenzung von Aufwands- und Ertragsbuchungen führen.
- Analysieren Sie, ob die Ausprägungen der gültigen Wertebereiche der einzelnen genutzten Bewertungsbereiche sachgerecht eingestellt sind. Hierzu stehen die Transaktion OADB („Bewertungsbereich ausprägen“) oder die Transaktion SPRO unter *Finanzwesen – Anlagenbuchhaltung – Bewertung allgemein – Bewertungsbereiche defi-*

nieren zur Untersuchung der relevanten Bewertungsbereiche zur Verfügung. Im Allgemeinen könnten die Wertebereiche der Bewertungsbereiche für HGB-Zwecke wie folgt eingestellt sein:

Wertebereiche	Einstellungen für HGB
Anschaffungswert	„+ Nur positive Werteführung (inkl. Null)“
Restbuchwert	„+ Nur positive Werteführung (inkl. Null)“
Invest.zuschüsse	„- Nur negative Werteführung (inkl. Null)“
Aufwertung	„0 Keine Wertführung“
Normal-AFA	„- Nur negative Werteführung (inkl. Null)“
Sonder-AFA	„- Nur negative Werteführung (inkl. Null)“
Außerplan. Afa	„- Nur negative Werteführung (inkl. Null)“
Übertrag Rücklage	„0 Keine Wertführung“
Zinsen	„+ Nur positive Werteführung (inkl. Null)“
Aufwertung Normal AfA	„0 Keine Wertführung“

Sollten Sie andere Einstellungen für einen HGB-Bewertungsbereich finden, so lassen Sie sich die Gründe für die Einstellung erläutern und erwägen Sie weitergehende Prüfungshandlungen, um sicherzustellen, dass stets die richtigen Wertebereiche genutzt wurden.

4.1.4.4 Festlegung der Hauptbuchkontierung

SAP-Fakten:

Neben einer zeitlichen Integration der Anlagenbuchhaltung ist über weitere bewertungsbereichspezifische Einstellungen festzulegen, welche Hauptbuchkonten bei den verschiedenen Vorgängen bzw. Bewegungen angesprochen werden sollen. So wird die über Transaktion AO90 (Kontierung Zugänge) hinterlegte Kontenfindung für die Zuordnung der Hauptbuchkonten genutzt, die bei den einzelnen Bewegungen angesprochen werden. Folgende Abbildung verdeutlicht exemplarische Einstellungen, wie sie mit der Transaktion AO90 (Kontierung Zugänge) angezeigt werden.

Sicht "Bestandskonten" anzeigen: Detail

Dialogstruktur
- Kontenplan
  - Kontenfindung
    - Bestandskonten
    - Abschreibungen
    - Sonderposten

Bewertungsplan	1DE	Musterbewertungsplan Deutschland
Kontenplan	INT	Internationaler Kontenplan
Kontenfindung	30000	Betr.- und Geschäftsausstattung
Bewertg.Bereich	1	Handelsrecht

Kontierung bei Zugang

Zugang Anschaffungs-/Herstellungskosten	21000	Betr/Gesch.-Ausst.
Zugang Anzahlungen		
Gegenkonto Zugang Anschaffungswert	199990	Verr. Anlagenzugang
Verrechnungskonto Anzahlungen		
Verr.Konto Zugang von verb. Unternehmen	199991	Verr. verb. Unterneh
Ertrag aus Nachaktivierung	251000	Ausserord. Ertrag

Kontierung bei Abgang

Verlust bei Anlagenabgang ohne Erlös	200010	Verl.Verschrott.Anl.
Verrechnung Erlös aus Anlagenverkauf	825000	Verr. Anlagen-Abgang
Mehrerlös bei Anlagenverkauf	250000	Mehrerlös Anl.Abgang
Mindererlös bei Anlagenverkauf	200000	Mindererlös Anl-Abg.
Verrechng.Erlös Verkauf verb.Unternehmen	825000	Verr. Anlagen-Abgang

Kontierung bei Aufwertung

Aufw. Anschaffungs- und Herstellkosten	21000	Betr/Gesch.-Ausst.
Gegenkonto Aufwertung AHK	21010	WB B/G-Ausstattung

Abb. 4.1.4.4-10: Kontierung bei Zugang bzw. Abgang in einem Bewertungsbereich © SAP

Neben der Zuordnung von Hauptbuchkonten in den Bewertungsbereichen der Anlagenbuchungen ist auch die richtige Definition von anlagenbuchhaltungsrelevanten Buchungsschlüsseln (bzgl. SOLL – HABEN) wichtig, um eine richtige automatische Verarbeitung der Abschreibungsläufe sicherzustellen. Die Definition der Buchungsschlüssel wird über die Transaktion OBYD (C FI Tabelle T030 anl + space) vorgenommen. Falsche Buchungsschlüsseleinstellungen können neben einer Buchung mit falschem Vorzeichen auch die Findung der Kontoart, Belegart und Konteninformation beeinflussen.

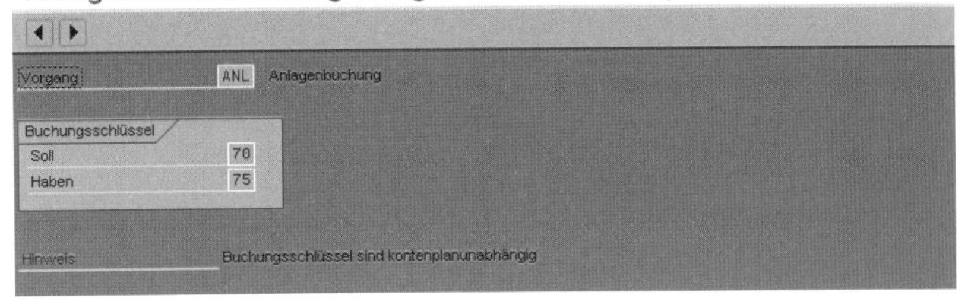

Abb. 4.1.4.3-20: Hinterlegte Buchungsschlüssel für automatische Buchungen © SAP

<u>Prüfungshandlungen:</u>

- Prüfen Sie die Einstellungen bzgl. der Hauptbuchkontenfindung einzelner Anlagenklassen. Rufen Sie hierzu in der Transaktion SPRO unter *Finanzwesen – Anlagenbuchhaltung – Integration mit dem Hauptbuch – Hauptbuchkonten zuordnen* auf. Gleichen Sie die gefundenen Kontenzuordnungen mit dem Kontenplan ab und stellen Sie fest, ob die Einstellungen sachgerecht sind.

- Beurteilen Sie die im Customizing hinterlegte Kontenfindung der relevanten Bewertungsbereiche. Nutzen Sie hierfür die Transaktion AO90 (Kontierung Zugänge).
- Prüfen Sie die Einstellung der anlagenbuchhaltungsrelevanten Buchungsschlüssel in der Transaktion SPRO unter *Finanzwesen – Anlagenbuchhaltung – Integration mit dem Hauptbuch –Buchungsschlüssel für Anlagenbuchungen hinterlegen* oder über Transaktion OBYD.
- Prüfung Sie die Konsistenz der Customizingeinstellungen in Bezug auf die Integration von Anlagenbuchhaltung mit dem Hauptbuch. In diesem Zusammenhang stehen folgende Programme zur Verfügung:

  – RAABST01 (Konsistenzprüfung von Hauptbuch und Anlagenbuchhaltung)
  Dieses Programm können Sie dazu verwenden, Abstimmprobleme zwischen der Wertfortschreibung in der Anlagenbuchhaltung (Anlagengitter) und des Hauptbuchs (Summen- und Saldenliste) aufzuklären.

  – RACHECK0 (Konsistenzprüfungsreport FI-AA Customizing)
  Das Programm kann Ihnen bei der Identifizierung von Inkonsistenzen in den Customizingeinstellungen helfen. Warnungen und Fehler sollten Sie in jedem Fall analysieren und mit den zuständigen Stellen besprechen, um die Folgen der falschen Einstellungen zu bewerten.

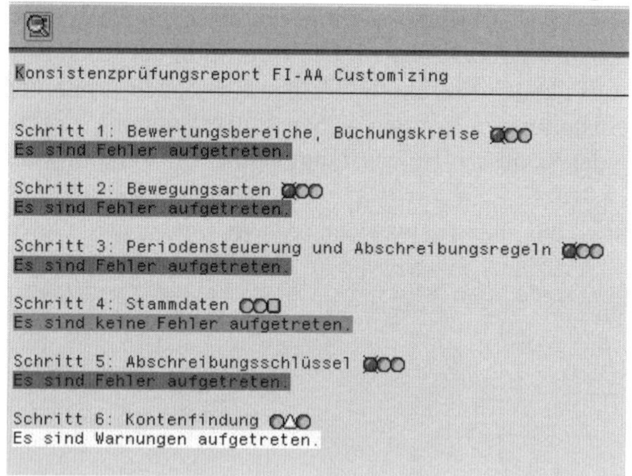

Abb. 4.1.4.3-30: Konsistenzprüfung über das Programm RACHECK0 © *SAP*

– RACKONT1 (FI-AA: Customizing Konsistenzprüfung Hauptbuchkonten)
Dieses Programm hilft auf Buchungskreisebene Inkonsistenzen in der Kontenzuordnung zu identifizieren. Hierzu werden u.a. die zugeordneten Hauptbuchkonten der Bewertungsbereiche darauf hin untersucht, ob sie als Bestandskonten vorhanden sind.

4.1.4.5 Abschreibungsschlüssel

SAP-Fakten:

Als Merkmal für die Berechnung der jährlichen Abschreibung (Normalabschreibung, Sonderabschreibung, Zinsen) beinhaltet der Abschreibungsschlüssel alle relevanten Rechenmethoden und Parameter für die Steuerung von Normal- und Sonderabschreibungen. So legt der Abschreibungsschlüssels unter anderem die Abschreibungsmethode (linear, degressiv usw.) sowie die Periodensteuerung fest.

Abschreibungsschlüssel werden über die Transaktion AFAMA (View-Pflege Methode AfA-Schlüssel) definiert.

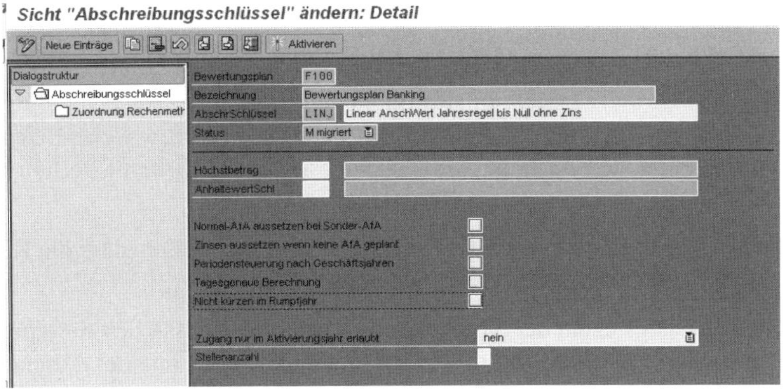

Abb. 4.1.4.5-10: Definition von Abschreibungsschlüsseln über die Transaktion AFAMA © SAP

SAP liefert im Standard zahlreiche Abschreibungsschlüssel aus, die die gängigen Abschreibungsmethoden abdecken. Darüber hinaus besteht die Möglichkeit, kundeneigene Abschreibungsschlüssel zu definieren.

Prüfungshandlungen:

- Beurteilen Sie, ob die genutzten Abschreibungsschlüssel richtig ausgeprägt wurden. Die genutzten Anlagenschlüssel können Sie hierbei dem Feld AFASL der Tabelle ANLB (Abschreibungsparameter) entnehmen, die Sie über die Transaktion SE16 anzeigen können.
- Untersuchen Sie die Einstellungen der maschinellen Verarbeitung je Abschreibungsschlüssel im Detail. Rufen Sie auf Basis der zuvor ermittelten Informationen die Transaktion AFAMA auf. Durch einen Doppelklick auf die Abschreibungsschlüssel können Sie die einzelnen Steuerparameter einsehen.

4.1.4.6 Abschreibungsbuchungen und Abschreibungsläufe

SAP-Fakten:

Für die Buchung der Abschreibung im Hauptbuch ist es notwendig, eine spezielle Abschreibungsbelegart für jeden Buchungskreis zu definieren. Zumeist kommt hier die

SAP-Standardbelegart AF („AfA-Buchung“) zum Einsatz. Die Verknüpfung von Buchungskreis und Abschreibungsbelegart kann mit der Transaktion AO71 (Belegart Abschreibung buchen) vorgenommen werden, wie die folgende Abbildung verdeutlicht.

Sicht "FI-AA: Belegart zum Buchen der Abschreibungen"

BuKr.	Name der Firma	Belegart	Bezeichnung
0005	IDES AG NEW GL	AF	AfA-Buchungen
0006	IDES US INC New GL	AF	AfA-Buchungen
0007	IDES AG NEW GL 7	AF	AfA-Buchungen
0008	IDES US INC New GL 8	AF	AfA-Buchungen
1000	IDES AG	AF	AfA-Buchungen

Abb. 4.1.4.6-10: Zuordnung der Abschreibungsbelegart © *SAP*

Über die Belegart wird die Erstellung des Buchhaltungsbelegs gesteuert. So legt die Belegart unter anderem fest, welche Kontenarten bebucht werden, welche Belegnummer vergeben wird, und ob die Buchung im Dialog oder nur im Batch-Input-Verfahren erstellt werden darf.

Für das Buchen der Abschreibungen ist die Belegart so einzustellen, dass die Konten der Kontoart „A“ für Anlagen bebucht werden können.

Neben den Kontierungsregeln der Abschreibungsbuchung ist zusätzlich für jeden Bewertungsbereich in einem SAP-System die Periodizität der Mitbuchung der Abschreibungen im Hauptbuch über die Transaktion OAYR (Buchungsregeln Abschreibungen) festlegbar.

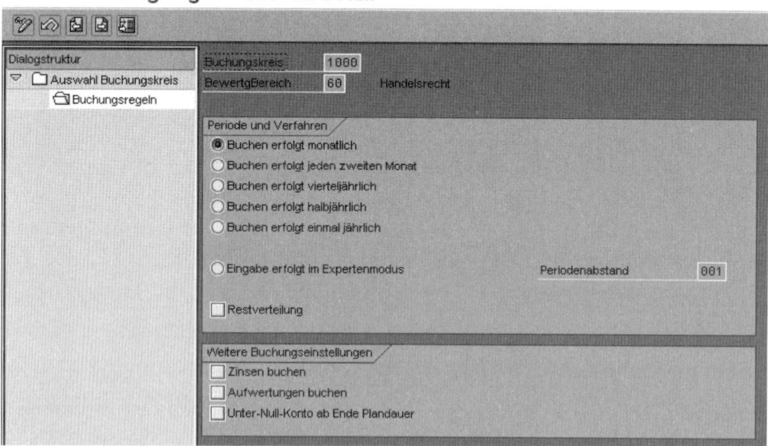

Abb. 4.1.4.6-20: Festlegung der Regeln bzgl. Mitbuchung der Abschreibungen unter Transaktion OAYR © *SAP*

Hierbei ist zu beachten, dass die Einstellungen der Periodizität der Buchungen nicht zu einer Automatisierung der Abschreibungsläufe an sich dienen. Abschreibungsläufe müssen nach wie vor manuell ausgelöst werden. Hierzu ist es wichtig, dass das Unternehmen entsprechende organisatorische Vorgaben besitzt und die Durchführung der Abschreibungsläufe kontrolliert.

Prüfungshandlungen:

- Beurteilen Sie die Zuordnung der Abschreibungsbelegarten zu den einzelnen Buchungskreisen. Nutzen Sie hierfür die Transaktion AO71 (Belegart Abschreibung buchen) oder lassen Sie sich alternativ die Tabelle T093C (Buchungskreise Anlagenbuchhaltung) anzeigen und suchen Sie nach dem Feld AFBLRT.
- Lassen Sie sich über die Transaktion OBA7 (C FI Pflege Tabelle T003) die Einstellungen zu den Belegarten anzeigen, die Sie gemäß zuvor dargestellter Prüfungshandlung ermittelt haben. Folgende Abbildung zeigt ein Beispiel.

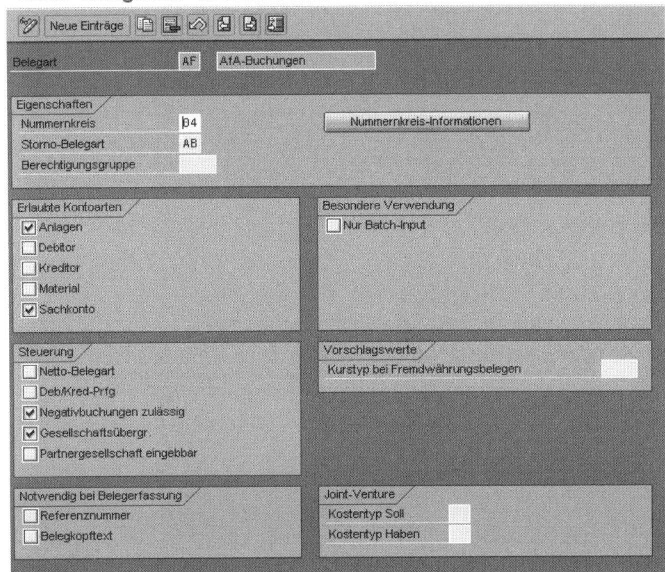

Abb. 4.1.4.6-30: Prüfung der Einstellungen der Belegart „AF“ © *SAP*

Achten Sie hier besonders auf die richtige Einstellung erlaubter Kontoarten, der eingestellten Storno-Belegart und des Nummernkreisschlüssels.

- Beurteilen Sie die Einstellungen der Periodizität der Abschreibungsbuchungen der einzelnen Bewertungsbereiche in der Transaktion OAYR. Vergleichen Sie die Einstellungen mit den organisatorischen Regelungen zur Durchführung der Abschreibungsläufe.
- Analysieren Sie die Vergabe der Berechtigungen für die manuelle und maschinelle Durchführung von Abschreibungen an die einzelnen Benutzer über das Programm RSUSR002.

Für die manuelle Durchführung von Abschreibungen werden folgende Berechtigungen benötigt:

Berechtigungsobjekte	Felder	Feldausprägungen
S_TCODE	TCD	ABMA
A_B_ANLKL	ACTVT	01
A_B_BWART	BWASL	610 bis 692

Für die maschinelle Durchführung von Abschreibungen werden folgende Berechtigungen benötigt:

Berechtigungsobjekte	Felder	Feldausprägungen
S_TCODE	TCD	AFAB
A_B_ANLKL	ACTVT	01
A_B_BWART	BWASL	610 bis 692
A_PERI_BUK	AM_ACT_PER	30

Beurteilen Sie, ob die Berechtigungen ausschließlich an Benutzer-IDs von Mitarbeitern der Anlagenbuchhaltung vergeben wurden, die mit Abschreibungsbuchungen betraut sind.

4.1.4.7 Anlagengitter

SAP-Fakten:

Das Anlagengitter ist eine der bedeutendsten Auswertungen im Rahmen der Jahres- oder Zwischenabschlusserstellung, um die Vorgänge des Anlagevermögens darzustellen. Die Definition des Anlagengitters ist ebenfalls im Customizing hinterlegt. Sie kann über die Transaktion OA79 (C AM Pflege Def. des Anlagengitter) eingesehen werden.

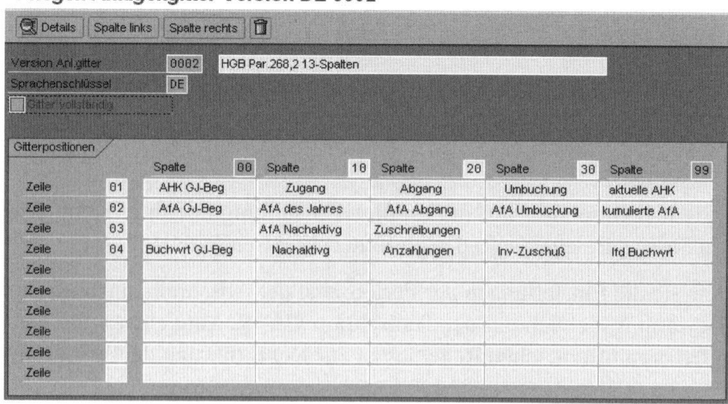

Abb. 4.1.4.7-10: Darstellung der Gitterpositionen einer Anlagengitterversion © SAP

Über das Kennzeichen „Gitter vollständig" kann man erkennen, ob alle gitterrelevanten Bewegungen bzw. die zugehörigen Wertberichtigungen in Gitterpositionen und damit in das Anlagengitter aufgenommen wurden. Der Status des Vollständigkeitskennzeichens der genutzten Anlagengitterversion wird auf dem Ausdruck eines Anlagengitters vermerkt. Zu beachten ist hierbei, dass es sich bei der automatischen Vollständigkeitsprüfung um eine Prüfung in Bezug auf die technische Zuordnung definierter Bewegungen handelt und keine Vollständigkeitsprüfung in Bezug auf Rechnungslegungsvorschriften damit verbunden ist.

Prüfungshandlungen:

- Prüfen Sie, ob die von der Gesellschaft verwendeten Anlagengitterversionen vollständig definiert wurden. Rufen Sie hierzu die Transaktion OA79 auf. Alternativ können Sie das Vollständigkeitskennzeichen auch aus der Tabelle TABWP (Entitätentabelle für Anlagengitter-Versionen) entnehmen.
- Für eine genauere Analyse der Anlagengitterversionen und der richtigen Zuordnung der Bewegungsarten im Gitter können Sie u.a. die folgenden Tabellen der Anlagenbuchhaltung nutzen:

Tabelle	Bezeichnung und Inhalte
TABW	Bewegungsarten der Anlagenbuchhaltung
TABWA	Bewegungsarten / Afa-Bereiche
TABWK	AM-Bewegungsarten für Buchung anteilige Werte und AFA
TABWM	Zuordnung Gitter(Unter-)Gruppen zu Anlagengitterposition
TABWG	Bewegungsarten-Gruppen
TABWN	Positionsüberschriften im Anlagengitter

- Rufen Sie über das Programm RAGITT01 (Anlagengitter) das durch die Gesellschaft verwendete Anlagengitter auf und beurteilen Sie die Struktur und die enthaltenen Werte bzgl. der Vollständigkeit.

4.1.4.8 Anlagenstamm und Anlagenklassen

SAP-Fakten:

Die Anlagenklassen dienen neben der Organisation und Klassifizierung von Anlagen auch der Definition von Standard- bzw. Vorschlagswerten bei der Anlagenpflege für betriebswirtschaftliche und handelsrechtliche Einstellungen wie Nutzungsdauer, Abschreibungsart oder mögliche negative Restbuchwerte. Bei der Pflege des Anlagenstamms können diese Einstellungen zwar manuell überschrieben werden, jedoch werden oftmals die Standardeinstellungen der Anlagenklassen mehr oder weniger unkontrolliert übernommen, so dass eine sachgerechte Definition der Vorschlagswerte in den Anlageklassen hilft, Arbeitsfehler bei der Anlagenstammpflege zu minimieren.

Anlagen werden im Anlagenstamm über die Transaktion AS01 (Anlagen-Stammsatz anlegen) gepflegt. Sie können über die Transaktion AS03 (Anlagen-Stammsatz anzeigen) oder über den sog. Asset Explorer über Transaktion AW01N (Asset Explorer) angezeigt werden.

Die Änderungen an den Stammdaten werden über das SAP-System protokolliert und können über das Programm RAAEND01 (Änderungen der Anlagenstammsätze) bzw. über die Transaktion AR15 (Stammsatzänderungen) ausgewertet werden.

Da die Abschreibungsläufe auf der Basis der im Anlagenstamm hinterlegten Werte Abschreibungsbuchungen erzeugen und die Bewertung des Anlagevermögens von den Einstellungen im Anlagenstamm abhängt, ist eine Prüfung des Anlagenstamms Grundlage für die Beurteilung der Ordnungsmäßigkeit einer in einem SAP-System geführten Anlagenbuchhaltung.

Prüfungshandlungen:

- Beurteilen Sie die Standardwerteinstellungen für die einzelnen Anlagenklassen. Rufen Sie hierzu die Transaktion OAYZ (Anlagenklasse: Bewertungsbereiche) auf. Wichtige Feldwerte sind hier der Abschreibungsschlüssel und die Nutzungsdauer. Gleichen Sie die Nutzungsdauer im HGB-Umfeld mit den AfA-Tabellen des Bundesministeriums der Finanzen ab. Sollten Sie hier Abweichungen finden, besprechen Sie die Gründe für die Pflege mit den verantwortlichen Stellen und prüfen Sie die in den Anlagen der betroffenen Anlagenklasse hinterlegten Nutzungsdauer (siehe nachfolgende Prüfungshandlung).

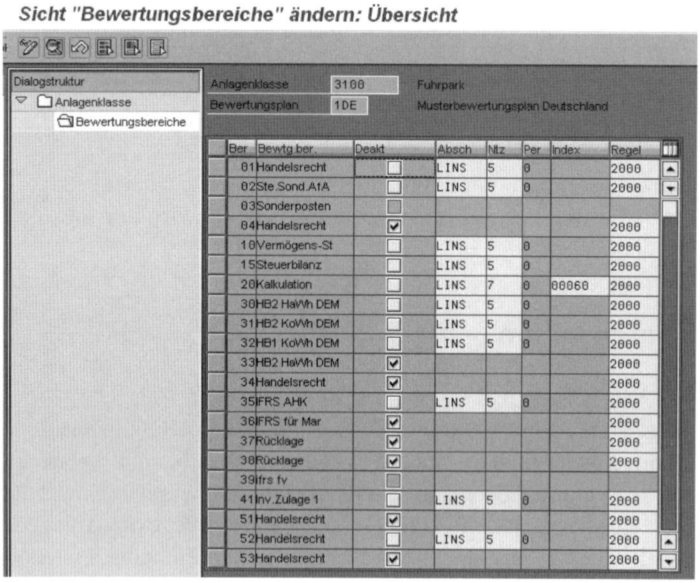

Sicht "Bewertungsbereiche" ändern: Übersicht

Dialogstruktur
- Anlagenklasse
  - Bewertungsbereiche

Anlagenklasse 3100 Fuhrpark
Bewertungsplan 1DE Musterbewertungsplan Deutschland

Ber	Bewtg.ber.	Deakt	Absch	Ntz	Per	Index	Regel
01	Handelsrecht	☐	LINS	5	0		2000
02	Ste.Sond.AfA	☐	LINS	5	0		2000
03	Sonderposten	☐					
04	Handelsrecht	☑					2000
10	Vermögens-St	☐	LINS	5	0		2000
15	Steuerbilanz	☐	LINS	5	0		2000
20	Kalkulation	☐	LINS	7	0	00060	2000
30	HB2 HaWh DEM	☐	LINS	5	0		2000
31	HB2 KoWh DEM	☐	LINS	5	0		2000
32	HB1 KoWh DEM	☐	LINS	5	0		2000
33	HB2 HaWh DEM	☑					2000
34	Handelsrecht	☑					2000
35	IFRS AHK	☐	LINS	5	0		2000
36	IFRS für Mar	☑					2000
37	Rücklage	☑					2000
38	Rücklage	☑					2000
39	ifrs fv	☐					
41	Inv.Zulage 1	☐	LINS	5	0		2000
51	Handelsrecht	☑					2000
52	Handelsrecht	☐	LINS	5	0		2000
53	Handelsrecht	☑					2000

Abb. 4.1.4.8-10: Prüfung der Bewertung von Anlagenklassen mit der Transaktion OAYZ © SAP

- Sollten Sie Anlageklassen identifiziert haben, deren Nutzungsdauer von den in den AfA-Tabellen aufgeführten Werten abweicht, so untersuchen Sie die betroffenen Anlagen und beurteilen Sie, ob die Nutzungsdauer der Anlagenklassen übernommen wurde. Suche Sie hierfür über die Transaktion SE16 in der Tabelle ANLA (Anlagenstammsatz-Segment) in dem Feld ANLKL nach den Anlagen in der betroffenen Klasse. Suchen Sie anschließend in der Tabelle ANLB (Abschreibungsparameter) nach den identifizierten Anlagen und prüfen Sie die dort im Feld NDJAR hinterlegte Nutzungsdauer.

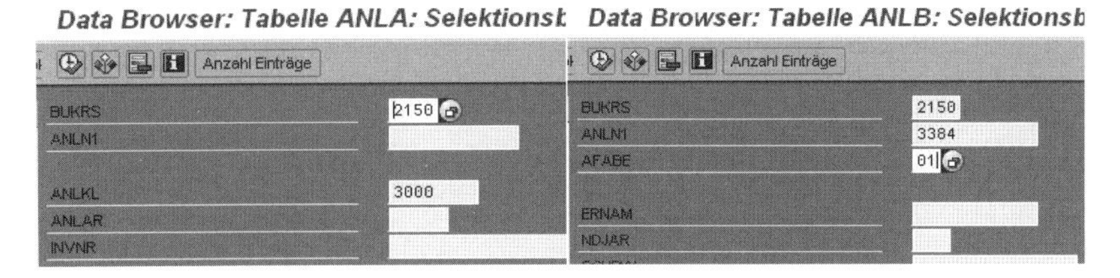

Abb. 4.1.4.8-20: Tabellenbasiertes Prüfen der Nutzungsdauerpflege in den Anlagen © SAP

Data Browser: Tabelle ANLB 6 Treffer

Prüftabelle...

Tabelle: ANLB
Angezeigte Felder: 28 von 29 Feststehende Führungsspalten:

MANDT	BUKRS	ANLN1	ANLN2	AFABE	AFASL	NDJAR	WB
400	2150	000000003384	0000	01	LINR	005	
400	2150	000000003392	0000	01	DG30	005	
400	2150	000000003393	0000	01	DG30	005	
400	2150	000000003394	0000	01	DG30	005	
400	2150	000000003395	0000	01	DG30	005	
400	2150	000000003399	0000	01	DG30	005	

Abb. 4.1.4.8-30: Ergebnisliste der Anlagennutzungsdauern in der Tabelle ANLB © SAP

- Ähnliche Prüfungshandlungen können auch für andere Parameter der Anlagen, welche Sie in der Tabelle ANLB finden, durchgeführt werden. Sie können sich bspw. auf den Abschreibungsschlüssel beziehen, welcher im Feld AFASL zu finden ist.
- Werten Sie die Änderungsbelege zu den in den Anlagenklassen hinterlegten Standardwerten aus. Nutzen Sie hierfür das Programm RAAEND02 (Änderungen der Anlagenklassen) oder alternativ die Transaktion AR16 (Anlagenklassenänderungen). Lassen Sie sich die Gründe für die im Prüfungszeitraum durchgeführten Änderungen nennen, und beurteilen Sie die Auswirkungen auf die Anlagenstammpflege.
- Untersuchen Sie die Änderungsbelege der Anlagen über das Programm RAAEND01 oder die Transaktion AR15.

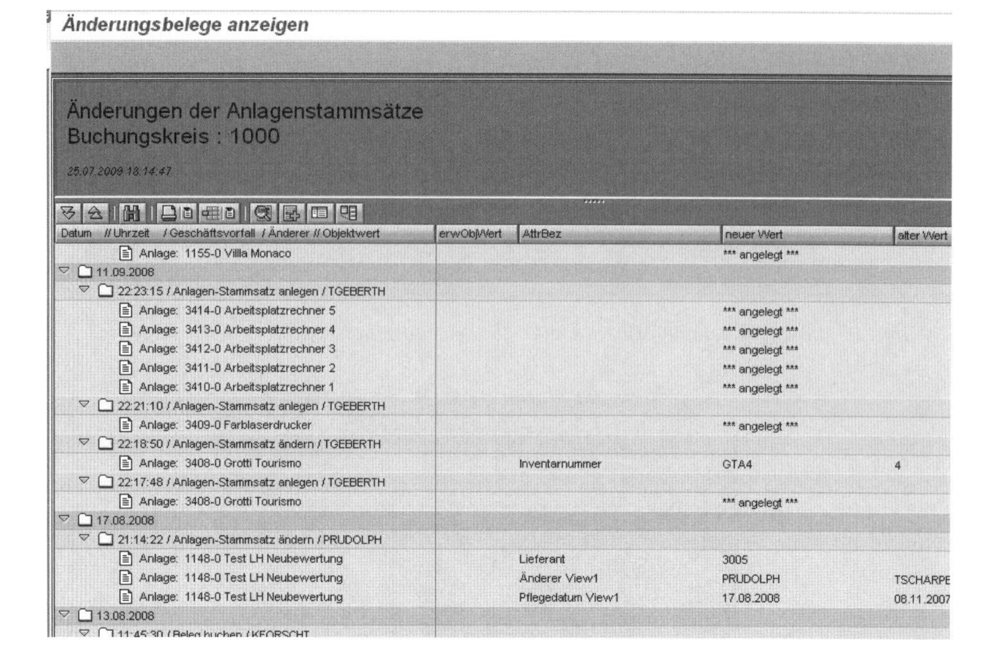

Abb. 4.1.4.8-40: Prüfung der Änderungen des Anlagenstamms *© SAP*

Schränken Sie die Auswertung bspw. auf die Änderungsfelder AFASL (Abschreibungsschlüssel) und NDJAR (Nutzungsdauer – Jahr) ein. Änderungen im Bereich der Nutzungsdauer oder der Abschreibungsschlüssel sollten Sie sich in jedem Fall durch Befragung der verantwortlichen Stellen erläutern lassen und die Konsequenzen für die Abschreibungsermittlung beurteilen.

- Suchen Sie nach unvollständig gepflegten Anlagenstammsätzen, indem Sie das Programm RAUNVA00 (Unvollständige Anlagen – Detailliste) oder alternativ die Transaktion AUVA (FI-AA Unvollständige Anlagen) aufrufen. Unvollständig gepflegte Anlagen könnten eine unvollständige Anlagenaktivierung oder Abschreibungsermittlung nach sich ziehen.

  Analysieren Sie die Vergabe der Berechtigungen für die Pflege der Anlagen an die Benutzer über das Programm RSUSR002.

  Für die Pflege des Anlagenstamms werden die folgenden Berechtigungen benötigt:

Berechtigungsobjekte	Felder	Feldausprägungen
S_TCODE	TCD	AS01 oder AS02
A_S_ANLKL	ACTVT	01 oder 02

  Für die Sperrung von Anlagen werden die folgenden Berechtigungen benötigt:

Berechtigungsobjekte	Felder	Feldausprägungen
S_TCODE	TCD	AS05
A_S_ANLKL	ACTVT	05

Für die Löschung von Anlagen werden die folgenden Berechtigungen benötigt:

Berechtigungsobjekte	Felder	Feldausprägungen
S_TCODE	TCD	AS06
A_S_ANLKL	ACTVT	06

Beurteilen Sie, ob die Berechtigungen ausschließlich an Benutzer-IDs von Mitarbeitern der Anlagenbuchhaltung vergeben wurden.

4.1.4.9 Vorgänge

SAP-Fakten:

In der Anlagenbuchhaltung werden verschiedene anlagenbezogene Vorgänge bzw. Geschäftsvorfälle gebucht. Identifiziert werden diese Vorgänge über eine sogenannte Anlagebewegungsart, welche bei jeder Buchung manuell oder automatisiert über eine Bewegungsartenfindung miterfasst wird. Bewegungsarten sind einzelnen Bewegungsartengruppen zugeordnet, welche die eigentlichen Vorgänge darstellen. Die Wichtigsten davon sind Zugänge, Abgänge, Umbuchungen, Nachaktivierungen, Anzahlungen, Investitionsfördermaßnahmen sowie manuelle Ab- und Zuschreibungen. Während man kundeneigene Bewegungsarten hinzufügen kann, sind die Menge der möglichen Bewegungsartengruppen und die jeweilige Ausprägung der Gruppen fest vorgegeben. Die folgende Abbildung stellt die Zusammenhänge dar.

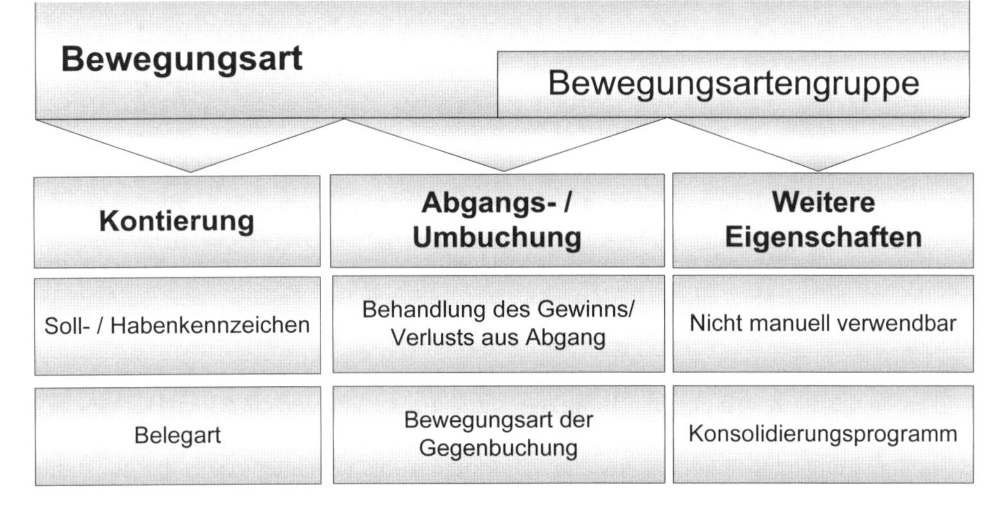

Abb. 4.1.4.9-10: Steuerung der Verbuchung durch Bewegungsart und Bewegungsartengruppe

Über die Zuordnung der Bewegungsartengruppe steuert die Bewegungsart die Verarbeitung eines Geschäftsvorfalls.

Die Buchung von Bewegungsarten sollte sachgerecht über das verwendete Berechtigungskonzept kontrolliert werden. Hierbei sind besonders Berechtigungen für das Buchen von kritischen Bewegungsarten im Zusammenhang mit Anlagenabgängen und -zugängen zu berücksichtigen. Diese sollten nur an Mitarbeiter vergeben werden, in deren Verantwortungsbereich das Buchen von Abgängen bzw. Zugängen liegt.

Prüfungshandlungen:

- Beurteilen Sie die einzelnen Einstellungen der Bewegungsarten bzgl. der Kontierung und den sonstigen Verwendungseinstellungen. Rufen Sie die für die jeweiligen Vorgänge relevanten Customizingtransaktionen auf:
  - Zugangsbewegungsarten können über die Transaktion AO73 (Bewegungsart definieren) eingesehen werden.
  - Abgangsbewegungsarten können über die Transaktion AO74 (Bewegungsart definieren) eingesehen werden.
  - Umbuchungsbewegungsarten können über die Transaktion AO75 (Bewegungsart definieren) und AO76 (Bewegungsart definieren) eingesehen werden.

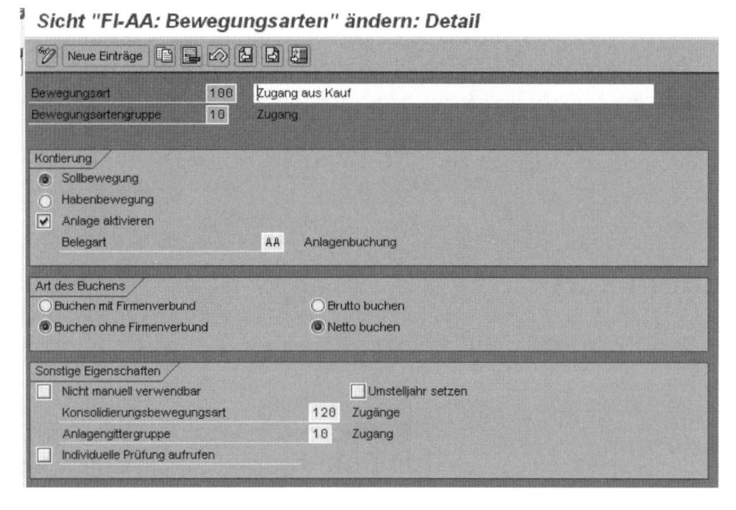

Abb. 4.1.4.9-20: Prüfung der Bewegungsart zur Steuerung von Zugängen aus Kauf mit der Transaktion AO73 © *SAP*

- Prüfen Sie die Zuordnung der Bewegungsartengruppen zu den einzelnen Bewegungsarten der Anlagenbuchhaltungen. Untersuchen Sie hierbei auch die Bewegungsarten in dem kundeneigenen Namensraum. Der kundeneigene Namensraum der dreistelligen Bewegungsartenschlüssel ist dadurch definiert, dass an einer beliebigen Stelle des Schlüssels der Buchstabe X, Y oder Z steht. Rufen Sie hierfür die Transaktion AO73 (Bewegungsart definieren) auf oder suchen Sie alternativ in der Tabelle TABW (Bewegungsarten der Anlagenbuchhaltung) im Feld BWASL nach Einträgen, die ein X, Y oder Z aufweisen.
- Analysieren Sie die Vergabe der Berechtigungen für die Buchung von kritischen Bewegungsarten im Zusammenhang mit Anlagezugangs- und Anlageabgangsbuchungen an die Benutzer über das Programm RSUSR002.

Für die Buchung eines Zugangs durch Kauf werden die folgenden Berechtigungen benötigt:

Berechtigungsobjekte	Felder	Feldausprägungen
S_TCODE	TCD	F-90 oder ABZON oder ABZO
A_B_ANLKL	ACTVT	01
A_B_BWART	BWASL	100
F_BKPF_BUK	ACTVT	01
F_BKPF_KOA	ACTVT	01
F_BKPF_KOA	KOART	K

Für die Buchung eines Zugangs einer selbsterstellten Leistung werden die folgenden Berechtigungen benötigt:

Berechtigungsobjekte	Felder	Feldausprägungen
S_TCODE	TCD	ABZE
A_B_ANLKL	ACTVT	01
A_B_BWART	BWASL	110
F_BKPF_BUK	ACTVT	01
F_BKPF_KOA	ACTVT	01
F_BKPF_KOA	KOART	K

Für die Buchung eines Abgangs durch Verkauf an einen Debitor werden die folgenden Berechtigungen benötigt:

Berechtigungsobjekte	Felder	Feldausprägungen
S_TCODE	TCD	F-92 oder ABAD oder ABAD_OLD
A_B_ANLKL	ACTVT	01
A_B_BWART	BWASL	2*
F_BKPF_BUK	ACTVT	01
F_BKPF_KOA	ACTVT	01
F_BKPF_KOA	KOART	D

Für die Buchung eines Abgangs durch Verkauf ohne Debitor werden die folgenden Berechtigungen benötigt:

Berechtigungsobjekte	Felder	Feldausprägungen
S_TCODE	TCD	ABAON oder ABAO
A_B_ANLKL	ACTVT	01
A_B_BWART	BWASL	2*
F_BKPF_BUK	ACTVT	01
F_BKPF_KOA	ACTVT	01
F_BKPF_KOA	KOART	S

Für die Buchung eines Abgangs durch Verschrottung werden die folgenden Berechtigungen benötigt:

Berechtigungsobjekte	Felder	Feldausprägungen
S_TCODE	TCD	ABAV, ABAVN
A_B_ANLKL	ACTVT	01
A_B_BWART	BWASL	2*
F_BKPF_BUK	ACTVT	01

Beurteilen Sie, ob die Berechtigungen ausschließlich an Benutzer-IDs von Mitarbeitern der Anlagenbuchhaltung vergeben wurden.

4.1.4.10 Geringwertige Wirtschaftsgüter (GWG)

Die Anschaffungskosten für GWG können im Jahr der Anschaffung als Betriebsausgabe geltend gemacht werden. Hierdurch entfällt die Aktivierung im Anlagevermögen. Dies ist in der Anlagenbuchhaltung eines SAP-Systems durch den speziellen Abschreibungsschlüssel „GWG“ und durch die Nutzungsdauer von einem Monat (Periode) umsetzbar. Zur Unterstützung der korrekten buchhalterischen Erfassung von Geringwertigen Wirtschaftsgütern ist zusätzlich die automatische Kontrolle einer bewertungsbereichspezifischen Höchstbetragsprüfung auf Ebene der Anlagenklassen vorgesehen, welche zur Vermeidung von Eingabefehlern auch eingesetzt werden sollte.

Dabei sind die folgenden Arten der Höchstbetragsprüfung vorgesehen:

- 0 – keine Höchstbetragsprüfung.
- 1 – wertmäßige Höchstbetragsprüfung (GWG in Einzelverwaltung). Bei einer Zugangsbuchung prüft das System die gesamten Anschaffungs- und Herstellungskosten (AHK) der Anlage gegen den hinterlegten GWG-Höchstbetrag. Ein Überschreitung des Betrags führt zu einer Abweisung der Zugangsbuchung.
- 2 – Höchstbetragsprüfung in Verbindung mit der Menge prüfen (GWG in Sammelverwaltung). Bei der Zugangsbuchung kontrolliert das System die durchschnittlichen AHK der Anlagen in der Sammelbuchung gegen den hinterlegten GWG-Höchstbetrag. Eine Überschreitung des Betrags führt zu einem Zurückweisen der Zugangsbuchung.

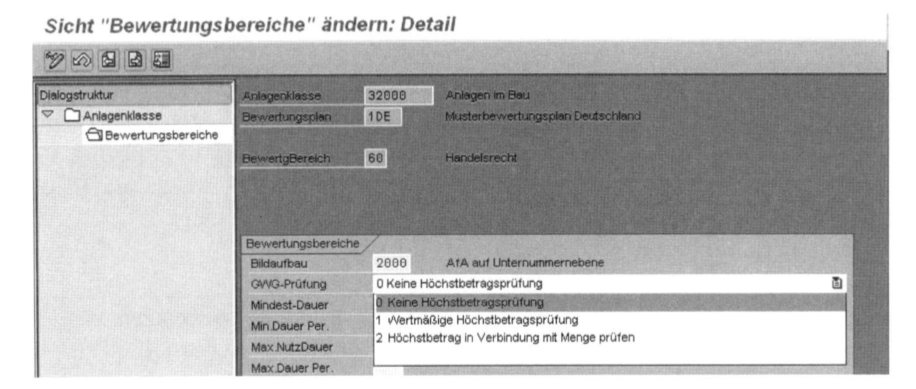

Abb. 4.1.4.10-10: Einstellung der GWG-Höchstbetragsprüfung einer Anlagenklasse © *SAP*

Die Einstellungen können über die Transaktion SPRO unter *Finanzwesen – Anlagenbuchhaltung – Bewertung allgemein – Anlagenklassenbewertung bestimmen* oder alternativ über die Transaktion OAY2 (Anlagenklasse: GWG-Wertprüfung) im Customizing eingesehen werden.

Die hinterlegten GWG-Höchstbeträge, gegen die verprobt wird, sind buchungskreis- und bewertungsbereichspezifisch im Customizing hinterlegt in der Transaktion OAYK (Geringwertige Wirtschaftsgüter).

Sicht "Betrag Geringwertige WG" ändern: Übersicht

Dialogstruktur: Auswahl Buchungskreis – Betrag Geringwertige W

Buchungskreis 1000 IDES AG

Ber	Bezeichnung Bewertungsbereich	GWG-Betrag	MaxGWG-Bst	Wä
01	US-GAAP 1.HW	150,00	150,00	EUR
02	US-GAAP 2.HW	150,00	150,00	EUR
03	US-GAAP 3.HW	212.82	212.82	USD
20	Kalkulatorische AfA	150,00	150,00	EUR
51	Investitionsförderung passivisch	150,00	150,00	EUR
60	Handelsrecht	150,00	150,00	EUR
61	Steuerliche Sonder-AfA zu handelsbilanziell	150,00	150,00	EUR

Positionieren... Eintrag 1 von 10

Abb. 4.1.4.10-20: Definition der GWG-Höchstbeträge eines Buchungskreises © *SAP*

<u>Prüfungshandlungen:</u>

- Beurteilen Sie den in den relevanten Ländereinstellungen hinterlegten Höchstbetrag für GWG. Nutzen Sie hierfür die Transaktion OAYK. Beachten Sie, dass die Einstellung bzgl. der GWG in der Transaktion OA08 nur eine Voreinstellung für den Buchungskreis ist und durch die Einstellungen unter der Transaktion OAYK auf Ebene der Bewertungsbereiche überschrieben wird.
- Untersuchen Sie die für die einzelnen Anlagenklassen hinterlegten GWG-Höchstbetragsprüfungen. Nutzen Sie hierfür die Transaktion OAY2.

4.1.5 Checkliste

Nr.	Prüfungshandlung
1.	In der Transaktion SPRO rufen Sie unter Finanzwesen – Anlagenbuchhaltung – Integration mit dem Hauptbuch – Mitzubuchende Bewertungsbereiche die Bewertungsbereiche für die relevanten Bewertungspläne auf, um zu prüfen, ob die Übergabe der Buchungen an das Hauptbuch sachgerecht eingestellt ist. Vergleichen Sie hierfür die Einstellungen mit der Customizing- und Verfahrensdokumentation der Gesellschaft.
2.	Analysieren Sie die Ausprägung der gültigen Wertebereiche der einzelnen genutzten Bewertungsbereiche im Hinblick auf sachgerechte Einstellungen. Nutzen Sie unter der Transaktion OADB (Bewertungsbereich ausprägen) oder über die Transaktion SPRO unter *Finanzwesen – Anlagenbuchhaltung – Bewertung allgemein – Bewertungsbereiche definieren* die Einstellungen zu den relevanten Bewertungsbereichen.
3.	Prüfen Sie die Konsistenz der Customizingeinstellungen in Bezug auf die Integration von Anlagenbuchhaltung mit dem Hauptbuch. Nutzen Sie hierfür das Programm RAABST01 (Konsistenzprüfung von Hauptbuch und Anlagenbuchhaltung) und das Programm RACHECK0 (Konsistenzprüfungsreport FI-AA Customizing). Warnungen und Fehler sollten Sie in jedem Fall analysieren und mit den zuständigen Stellen besprechen, um die Folgen der falschen Einstellungen zu bewerten.
4.	Beurteilen Sie, ob die genutzten Abschreibungsschlüssel richtig ausgeprägt wurden. Rufen Sie hierzu die Transaktion AFAMA (View-Pflege Methode AfA-Schlüssel) auf und analysieren Sie die hinterlegten Parameter.
5.	Beurteilen Sie die Einstellungen der Periodizität der Abschreibungsbuchungen der einzelnen Bewertungsbereiche in der Transaktion OAYR (Buchungsregeln Abschreibungen). Vergleichen Sie die Einstellungen mit den organisatorischen Regelungen zur Durchführung der Abschreibungsläufe.
6.	Prüfen Sie, ob die von der Gesellschaft verwendeten Anlagengitterversionen vollständig definiert wurden. Rufen Sie hierzu die Transaktion OA79 (C AM Pflege Def. des Anlagengitters) auf. Alternativ können Sie das Vollständigkeitskennzeichen auch aus der Tabelle TABWP (Entitätentabelle für Anlagengitter-Versionen) entnehmen.
7.	Beurteilen Sie die Standardwerteinstellungen für die einzelnen Anlagenklassen. Rufen Sie hierzu die Transaktion OAYZ (Anlagenklasse: Bewertungsbereiche) auf. Gleichen Sie die Nutzungsdauer im HGB-Umfeld mit den AfA-Tabellen des Bundesministeriums der Finanzen ab.
8.	Analysieren Sie die Vergabe der Berechtigungen für die Pflege der Anlagen an die Benutzer über das Programm RSUSR002.
9.	Beurteilen Sie die Vergabe der Berechtigungen für die Buchung von kritischen Bewegungsarten im Zusammenhang mit Anlagezugangs- und Anlageabgangsbuchungen an die Benutzer über das Programm RSUSR002.

Nr.	Prüfungshandlung
10.	Prüfen Sie den in den relevanten Ländereinstellungen hinterlegten Höchstbetrag für Geringwertige Wirtschaftsgüter (GWG) mit der Transaktion OAYK (Geringwertige Wirtschaftsgüter).

4.1.6 Transaktionen, Tabellen, Programme

Folgende Aufstellung fasst die Transaktionen, Tabellen und Programme zusammen, die für die Prüfung im Bereich Anlagevermögen und Abschreibungen genutzt werden können.

Transaktionen	
AFAMA	Pflege der AfA-Schlüssel
AO71	Belegart - Abschreibung buchen
AO73	Zugangsbewegungsarten definieren
AO74	Abgangsbewegungsarten definieren
AO75	Umbuchungsbewegungsarten definieren
AO76	Bewegungsart definieren
AO90	Kontierung Zugänge
AR15	Stammsatzänderungen
AR16	Anlagenklassenänderungen
AS01	Anlagen-Stammsatz anlegen
AS03	Anlagen-Stammsatz anzeigen
AUVA	FI-AA Unvollständige Anlagen
AW01N	Asset Explorer
OA08	FI-AA: Ländertabelle pflegen
OA79	C AM Pflege Def. des Anlagengitters
OADB	Bewertungsbereich ausprägen
OAY2	Anlagenklasse: GWG-Wertprüfung
OAYK	Geringwertige Wirtschaftsgüter
OAYR	Buchungsregeln Abschreibungen
OAYZ	Anlagenklasse: Bewertungsbereiche
OBA7	C FI Pflege Tabelle T003
OBYD	Pflege der Tabelle T030
SPRO	Aufruf des Customizings bzw. des Einführungsleitfadens

Tabellen	
ANKA	Anlagenklassen: Allgemeine Daten
ANLA	Anlagenstammsatz-Segment
ANLB	Abschreibungsparameter
T001	Buchungskreise
T093B	Buchungskreisbezogene Bewertungsbereichsangaben

Tabellen	
T093C	Buchungskreise Anlagenbuchhaltung
TABW	Bewegungsarten der Anlagenbuchhaltung
TABWA	Bewegungsarten / Afa-Bereiche
TABWG	Bewegungsarten-Gruppen
TABWK	AM-Bewegungsarten für Buchung anteilige Werte und AFA
TABWM	Zuordnung Gitter(Unter-)Gruppen zu Anlagengitterposition
TABWN	Positionsüberschriften im Anlagengitter
TABWP	Entitätentabelle für Anlagengitter-Versionen

Programme	
RAABST01	Konsistenzprüfung von Hauptbuch und Anlagenbuchhaltung
RAAEND01	Änderungen der Anlagenstammsätze
RAAEND02	Änderungen der Anlagenklassen
RACHECK0	Konsistenzprüfungsreport FI-AA Customizing
RAGITT01	Anlagengitter
RAUNVA00	Unvollständige Anlagen – Detailliste
RSUSR002	Auswertung von Benutzerberechtigungen

„Don't gamble;
take all your savings and buy some good stock
and hold it till it goes up,
then sell it.
If it don't go up, don't buy it."
Will Rogers

4.2 Vorräte und Materialaufwand

Das Vorratsvermögen ist Teil des Umlaufvermögens. Es bezeichnet die auf Lager befindlichen sowie die für den Produktions- und Absatzprozess bestimmten Werkstoffe, Produkte und Leistungen. In der Bilanz wird es gemäß § 266 HGB unter den Positionen

1. Roh-, Hilfs- und Betriebsstoffe,
2. unfertige Erzeugnisse, unfertige Leistungen
3. fertige Erzeugnisse und Waren sowie
4. geleistete Anzahlungen

ausgewiesen. Die Bewertung des Vorratsvermögens hat grundsätzlich nach dem Niederstwertprinzip zu erfolgen. Für weitere Informationen zum Niederstwertprinzip wird auf Abschnitt *4.2.7.6 Das Niederwerstprinzip* verwiesen.

Die wert- und mengenmäßige Erfassung und Steuerung des Vorratsvermögens erfolgt über die Bestandsführung. Im SAP-System bildet sie die physischen Bestände durch die Erfassung aller bestandsverändernden Vorgänge und den daraus resultierenden Bestandsfortschreibungen in Echtzeit ab. Die Aufgaben der Bestandsführung lassen sich in folgende Bereiche untergliedern:

- Planung, Erfassung und Nachweis aller Warenbewegungen (Wareneingänge, Warenausgänge, Umlagerungen und Umbuchungen)
- Durchführen der Inventur nach handels- und steuerrechtlichen Vorschriften
- Bewertung des Vorratsvermögens (Bilanzbewertung)

Die Bestandsführung und der Beschaffungsprozess eines Unternehmens sind voneinander abhängig bzw. eng miteinander verbunden. So stellt beispielsweise die Bestandsführung wesentliche Informationen über den Materialbestand zur Verfügung, die in die Bedarfsermittlung sowie in den Bestellprozess einfließen. Auf der anderen Seite werden beispielsweise externe Informationen wie Preise, die innerhalb des Beschaffungsprozesses ermittelt werden, in die Bestandsführung für die Bewertung übergeben. Die Prozessschritte des Einkaufs sind als Teil des Beschaffungsprozesses inkl. seiner Auswirkungen auf die Bestandsführung in Kapitel *4.4 Verbindlichkeiten aus Lieferungen und Leistungen* dargestellt.

Der Abschnitt *4.2.3 Bestandsführung und Warenbewegungen* befasst sich mit den Ursachen und Auswirkungen der verschiedenen Warenbewegungen auf die Bestandsführung, wie beispielsweise Warenein- und -ausgang.

Die Inventur als Teil der Bestandsführung ist die in der Regel jährlich vorzunehmende körperliche Bestandsaufnahme des gesamten Inventars eines Unternehmens. Die Inventur liefert die Daten für das gemäß § 240 HGB geforderte Bestandsverzeichnis des Vermögens und der Schulden des Unternehmens. Dazu ist im Regelfall eine körperliche Bestandsaufnahme (Wiegen, Messen und Bewerten) erforderlich. Über verschiedene Inventurverfahren inkl. der zugehörigen Kontrollverfahren, dargestellt im Abschnitt *4.2.5 Inventur*, lässt sich dieser Vorgang effizient organisieren.

Die Bewertung des Vorratsvermögens in der Bilanz schließlich ist in Abschnitt *4.2.7 Bilanzbewertung* dargestellt.

Ziele bei der Prüfung des Bilanzpostens Vorräte sind vor allem die Feststellung der Richtigkeit und Genauigkeit der Bewertung des Materialbestands. Für eine effiziente Abwicklung der Unternehmensprozesse kommt es auch auf eine möglichst zeitnahe zur-Verfügung-Stellung richtiger Daten über den Materialbestand an.

In diesem Kapitel werden zunächst SAP-Funktionalitäten in den Modulen MM (Materials Management) und FI (Financials) dargestellt. Anschließend werden Kontrollmechanismen beschrieben, die die vollständige und richtige Verarbeitung unterstützen, sowie Prüfungshandlungen, um die Ausgestaltung der Kontrollen bewerten zu können.

4.2.1 Typische Risiken und Kontrollziele

Eine nicht zeitnahe Erfassung lagerwirtschaftlicher Vorgänge führt zu Problemen in der Rechnungsprüfung, der Bestandsbewertung, der Finanzbuchhaltung sowie der Fertigungsauftragsabrechnung. Die im SAP-System abgebildeten Produktions- und lagerwirtschaftlichen Prozesse sind von der Aktualität der entsprechenden Bestandsinformationen abhängig. Wenn die physischen nicht den im SAP-System dargestellten Beständen entsprechen, kann dies im Extremfall zu einer signifikanten Störung betrieblicher Abläufe führen. Beispielsweise kann es ein Ergebnis nicht zeitnah gepflegter Datenbestände sein, dass physisch vorhandenes Material im System einen Null-Bestand hat. Dies bedeutet, dass aus Systemsicht kein Warenausgang bzw. keine Kundenlieferung möglich ist, und dass das System keine Warenbegleitpapiere (Lieferscheine, Kommissionierlisten usw.) erstellen kann. Dies hätte wiederum entsprechende Konsequenzen für den gesamten Kundenauftrag und die dann gegebenenfalls nicht mögliche Fakturierung.

Ein wichtiger Aspekt ist zudem die Periodenabgrenzung, also die zeitnahe Erfassung von Buchungen oder Stammdaten, so dass alle Geschäftsvorfälle der Periode ihres Entstehens zugeordnet werden. Treten hier Fehler auf, wird das Jahresergebnis nicht richtig ermittelt.

Im Bereich der Inventurdurchführung sind als Risiko vor allem dolose Handlungen zu nennen, bei denen beispielsweise ein Diebstahl als Inventurdifferenz ausgewiesen wird.

Die Kontrollziele sind daher

- Konsistenz der Bestandsführung in der Materialwirtschaft und der Finanzbuchhaltung,
- Korrekte Darstellung von Warenbewegungen und der sich daraus ergebenden Materialbestände,

- Korrekte Ermittlung der körperlichen Bestände im Rahmen einer Inventur sowie
- Korrekte Bewertung des Materialbestands in der Bilanz.

Die konsistente und zeitnahe Pflege der Materialstammdaten ist ebenfalls eine wichtige Voraussetzung zur Erreichung der oben angegebenen Kontrollziele. Die Materialstammdaten werden in Kapitel *4.4 Verbindlichkeiten aus Lieferungen und Leistungen* behandelt.

4.2.2 Quick Wins

Aus der praktischen Erfahrung von SAP-Systemprüfungen bestehen in vielen Fällen wesentliche Risiken in einer überschaubaren Anzahl von Prüfungsgebieten. Die Liste der 10 Quick Wins stellt solche Gebiete dar, bei denen der Prüfer vergleichsweise schnell zuverlässige Prüfungsfeststellungen erzielen bzw. durch seine Feststellungen und Empfehlungen zu einer signifikanten Verbesserung der Sicherheit des SAP-Systems und der darin enthaltenen rechnungslegungsrelevanten Daten beitragen kann.

1. Abstimmung Haupt- und Nebenbücher: Die Konsistenz von Haupt- und Nebenbüchern ist eine wesentliche Vorrausetzung für die Ordnungsmäßigkeit der Buchführung. Referenz: Kapitel 4.2.4.3, Seite 254.
2. Toleranzeinstellungen für Unter- und Überlieferungen: Angemessene Toleranzeinstellungen decken einerseits Unter- oder Überlieferungen auf, andererseits helfen sie unnötige Verwaltungsarbeit zu vermeiden, indem geringe Lieferabweichungen toleriert werden. Referenz: Kapitel 4.2.4.5, Seite 256.
3. Automatische Kontenfindung: Die SAP-Kontenfindungstabelle als Kern der automatischen Buchungen sollte besonders überwacht werden. Referenz: Kapitel 4.2.4.7, Seite 258.
4. Kritische Warenbewegungen: Die Bewegungsarten 501 (Wareneingang ohne Bestellung) und 561 (Bestandsaufnahme) stellen ein besonderes Risiko dar und sollten nicht ohne besondere Überwachung verwendet werden. Referenz: Kapitel 4.2.4.8, Seite 263.
5. Zeitnähe der SAP-Erfassung: Starke zeitliche Verzögerungen zwischen physischen Warenbewegungen und den zugehörigen Bestandsbuchungen führen zu einem verzerrten Bild der Bestände und können negative Auswirkungen auf Prozesse haben, weil möglicherweise auf Waren nicht zurückgegriffen werden kann, obwohl sie physisch vorhanden sind. Referenz: Kapitel 4.2.4.10, Seite 265.
6. Periodengerechtheit: Insbesondere in zeitlicher Nähe zur Inventur oder dem Jahresabschluss können Buchungen in Vorperioden zu einem falschen Bild der Bestände führen. Referenz: Kapitel 4.2.4.9, Seite 265.
7. Berechtigungsvergaben bei der Inventur: Eine weitreichende, zeitlich nicht eingeschränkte Berechtigungsvergabe im Bereich der Inventuren sowie mangelnde Funktionstrennung stellen ein hohes Risiko für die vollständige und korrekte Inventurdurchführung dar. Referenz: Kapitel 4.2.6.2, Seite 275.

8. Warenbewegungen während der Inventur: Umlagerungen in zeitlicher Nähe zu Inventuren führen möglicherweise zu Fehlern in der Inventurdurchführung. Referenz: Kapitel 4.2.4.6, Seite 257.
9. Inventurdifferenzen: Über die richtige Pflege von Toleranzgrenzen für Inventurdifferenzen kann das Risiko begrenzt werden, dass Fehler in der Inventur auftreten oder Mitarbeiter Unterschlagungen vornehmen. Referenz: Kapitel 4.2.6.8, Seite 279.
10. Maschinelle Niederstwertermittlung: Im Rahmen der bilanziellen Vorratsbewertung kommt es bei der Niederstwertermittlung auf die richtige Pflege der entsprechenden Parameter wie Abschläge und Abwertungskennziffern im System an, die in den entsprechenden Niederstwerttabellen einsehbar sind. Referenz: Kapitel 4.2.8.3, Seite 288.

4.2.3 Bestandsführung und Warenbewegungen: SAP-Fakten

4.2.3.1 Warenbewegungen

Die wesentlichen bestandswirksamen Warenbewegungen sind

- Wareneingänge
- Warenausgänge
- Umlagerungen
- Umbuchungen

Wareneingang

Der Wareneingang ist der mengen- und wertmäßige, erfassungspflichtige Zugang eines Vermögensgegenstands. Im SAP-System kann mit der Erfassung des Wareneingangs automatisch eine Kontrolle der Bestellmenge und der physischen Beschaffenheit der gelieferten Waren erfolgen. Dieser Geschäftsvorfall führt zur wertmäßigen Erfassung der damit verbundenen Verbindlichkeit (sofern die zugehörige Lieferantenrechnung gleichzeitig eintrifft) oder zur Bildung eines offenen Postens auf dem Wareneingangs-/Rechnungseingangsverrechnungskonto (sog. WE/RE-Konto), wenn die Rechnung zu einem späteren Zeitpunkt eingeht. Details hierzu sind in Kapitel *4.4 Verbindlichkeiten aus Lieferungen und Leistungen* dargestellt. Die richtige und zeitgerechte Erfassung von Wareneingang und Verbindlichkeit ist Vorraussetzung für die richtige Darstellung der Vermögens-, Finanz- und Ertragslage im Rechnungswesen.

Warenausgang

Ein Warenausgang kann aus einer Materialentnahme oder –ausgabe, einem Materialverbrauch oder einem Warenversand an einen Kunden entstehen. Ein Warenausgang führt zu einer Minderung des Lagerbestands. Das SAP-System unterscheidet die folgenden Warenausgänge:

- Lieferung an Kunden (SD-Versand)
- Materialentnahmen für Fertigungsaufträge

- Verschrottung und Warenentnahmen für Stichproben
- Rücklieferungen an Lieferanten
- sonstige interne Bereitstellungen
- Lieferungen an Kunden ohne SD-Versand

Warenausgänge werden im SAP-System über geplante und ungeplante Reservierungen vorgenommen. Über die Reservierungen soll sichergestellt werden, dass ein Material verfügbar ist, wenn es gebraucht wird. Es wird zwischen automatischen (vom System erzeugten) und manuellen Reservierungen unterschieden. Automatische Reservierungen erzeugt das SAP-System beispielsweise beim Eröffnen eines Auftrags oder eines Projekts, für das entsprechende Materialien benötigt werden.

Die Erfassung eines Warenausgangs kann ferner mit oder ohne Vorlage erfolgen, wobei die erwähnten Reservierungen ein Beispiel für Vorlagen sind. Weitere Vorlagen sind Fertigungsaufträge und Stücklisten. Wenn solche Vorlagen existieren, muss der Warenausgang mit Bezug zu dieser Vorlage erfolgen.

Bei ungeplanten Warenausgängen kann der Warenausgang ohne Bezug erfasst werden. Auch Verschrottungen werden als Warenausgang ohne Bezug gebucht.

Umlagerung

Neben der Menge, dem Wert und der physischen Beschaffenheit des Materials ist die jederzeitige physische Lokalisierbarkeit des Materials in Lager und Produktion des Unternehmens von entscheidender Bedeutung für eine bestandszuverlässige Lagerbuchführung. Das bedeutet, dass der Lagerort sowie die möglichen Änderungen des Lagerorts abgebildet werden müssen. Änderungen des Lagerorts resultieren beispielsweise aus Umlagerungen, Entnahmen, deer Bereitstellung für die Produktion, dem physischen Aufgehen des Teils im Halbfertigfabrikat oder der Änderung der Zuordnung zu einem Kundenauftrag. Ferner wird unterschieden zwischen Bestandsarten wie Normalbestände, reservierte Bestände, Konsignationslager, Bestände außer Haus (z.B. bei Fremdfertigung), Beistellungen usw.

Umbuchung

Umbuchungen haben nicht immer eine physische Lagerbewegung zur Folge. Das Material kann auf seinem ursprünglichen Platz verbleiben oder aber auch an einen anderen Ort umgelagert werden. Im ersten Fall kann es sich beispielsweise um Freigaben aus dem Qualitätsprüfbestand, Übernahmen aus dem Lieferantenkonsignationsbestand in den Eigenbestand oder Umbuchung Material an Material (wenn das Material seine wesentlichen Eigenschaften verändert hat) handeln. Im zweiten Fall (Wechsel des Ortes) handelt es sich um eine Umlagerung.

Umgang mit zeitlichen Verzögerungen

Ein grundsätzliches Problem der Bestandsführung ist die zeitliche Verzögerung zwischen Erfassung einer Warenbewegung und der tatsächlichen physischen Ausführung der Warenbewegung, die aufgrund der benötigten Zeit für Transporte und Umlagerungen entsteht. Buchungstechnisch wird zwischen dem Ein- oder Zweischrittverfahren unterschieden. Beim Einschrittverfahren wird der Warenausgang der abgebenden Stelle und der

Wareneingang in der empfangenden Stelle in einem Vorgang gebucht. Dem Vorteil des geringeren Buchungsaufwands steht der Nachteil gegenüber, dass der mögliche zeitliche Unterschied zwischen Buchung und physischer Umlagerung nicht abgebildet wird und somit bis zur Ausführung der tatsächlichen Umlagerung die Ist- nicht den Soll-Beständen entsprechen.

Diesen Nachteil behebt das Zweischrittverfahren. Das Material wird von der abgebenden Stelle zunächst in einen Umlagerungsbestand gebucht. Nach Abschluss der physischen Umlagerung quittiert die empfangende Stelle das Material, und es wird aus dem Umlagerungsbestand in den eigenen Lagerbestand gebucht. Das Zweischrittverfahren hat einen deutlich höheren Verwaltungsaufwand zur Folge, unter anderem ist auf Werksebene ein entsprechendes Berechtigungskonzept erforderlich, bildet aber Soll- und Ist-Bestand in Übereinstimmung ab. Eine automatische Vereinfachung kann über die vollautomatische Erfassung von Lagerbeständen über BDE-Systeme erreicht werden.

4.2.3.2 Bewegungsarten

Das SAP-System unterscheidet die unterschiedlichen Arten von internen und externen Material- oder Lagerbewegungen über Bewegungsarten. Zu den externen Materialbewegungen zählen Wareneingänge aus Fremdbezug und Warenausgänge für Kundenaufträge. Interne Materialbewegungen sind Wareneingänge aus der Produktion, Materialentnahmen für innerbetriebliche Zwecke, Umlagerungen und Umbuchungen.

Das Bewegungsartenkonzept des SAP-Systems sieht zur Identifizierung jeder möglichen Warenbewegung ein dreistelliges Kürzel vor. Die Bewegungsart hat steuernde Funktion, z.B. bezüglich des Bildaufbaus bei der Erfassung von Warenbewegungen, der Fortschreibung von Konten in der Finanzbuchhaltung und der möglichen Storno- und Folgebewegungsarten.

In der folgenden Tabelle sind einige Beispiele für (teilweise kritische) Bewegungsarten aufgeführt. Welche Bewegungsarten als kritisch einzustufen sind, ist in Abschnitt *4.2.4.8 Kritische Warenbewegungen und Berechtigungen* dargestellt.

Bewegungsart	Bedeutung
101	Wareneingang
102	Wareneingang – Storno
201	Kostenstelle
221	Projekt
231	Kundenauftrag
241	Anlage
251	Verkauf auf Kostenstelle
261	Auftrag
281	Netzplan
291	Alle Kontierungen
301	Umlagerung Werk an Werk – Einschrittverfahren
309	Umlagerung Material an Material

333	Entnahme für Stichprobe aus dem frei verwendbaren Bestand
501	Wareneingang ohne Bestellung
561	Bestandsaufnahme
701	Mehrmenge Inventur (Lagerbestand > Buchbestand)
702	Mindermenge Inventur (Buchbestand > Lagerbestand)

Selbstverständlich können auch kundeneigene Bewegungsarten definiert werden.

4.2.3.3 Integration Bestandsführung und Bewertung

Die die Warenbewegungen betreffenden betriebswirtschaftlichen Geschäftsvorfälle werden im SAP-System über Transaktionen der Bestandsführung abgebildet. Bei jeder Transaktion werden sowohl ein Materialbeleg (Lagersicht) als auch ein Buchhaltungsbeleg (Buchhaltungssicht) mit unterschiedlichen Belegnummern erzeugt. Damit erfolgt die Verbindung der mengenmäßigen Bestandsführung mit der Bewertung. Auch in dem Falle, dass bei Wareneingang noch keine Rechnung eingetroffen ist, erfolgt das gleiche Verfahren. In diesem Fall wird bei der Plausibilitätsprüfung des Lagereingangs auf den Preis der Bestellposition zurückgegriffen und der entsprechende Wert an das Wareneingangs-/Rechnungseingangsverrechnungskonto (WE/RE-Konto) weitergegeben. Anstelle des Rechnungspreises wird also zunächst der Bestellpreis zur Bewertung des Materials herangezogen.

Das System erstellt außerdem bei jeder Buchung eines Geschäftsvorfalls automatisch zugehörige Dokumente wie beispielsweise Warenbegleitscheine.

4.2.3.4 Vorgangsarten

Eine weitere Klassifizierung findet auf Ebene der Materialbelege statt. So wie Buchhaltungsbelege über Belegarten klassifiziert werden, werden Materialbelege in Vorgangsarten unterteilt. Vorgangs- und Belegarten steuern die Belegablage und die Belegnummernvergabe und somit den zu verwendenden Nummernkreis. In der Bestandsführung ist die Vorgangsart der Schlüssel, über den Vorgänge wie Warenbewegungen oder Inventurvorgänge auf Belegebene unterschieden werden. Vorgangsarten sind im SAP-System den Transaktionen der Bestandsführung fest zugeordnet und können nicht verändert werden.

In der folgenden Tabelle sind einige Vorgangsarten den jeweiligen Warenbewegungen zugeordnet.

Warenbewegung	Vorgangsart
Materialbelege zu Wareneingängen	
Wareneingänge zu Bestellungen	WE
Wareneingänge zu Aufträgen	WF
Materialbelege zu Warenbewegungen und Inventurdifferenzen	
Warenausgänge, Umbuchungen, sonstige Wareneingänge	WA
Materialbelege für Inventurdifferenzenbuchungen	WI
Warenausgänge für Lieferbelege (SD)	WL

Warenbewegung	Vorgangsart
Inventurbelege	
Inventurbelege	IB
Inventurbelege für Zählung und Differenz ohne Bezug	ID

4.2.3.5 Kontenfindung

Über die automatische SAP-Kontenfindung werden ferner die von einer Warenbewegung betroffenen Sachkonten fortgeschrieben. Beispielsweise führen folgende Warenbewegungen zu folgenden Sachkontenbuchungen:

- Wareneingang auf Lager: Erhöhung des gesamten bewerteten Bestands um die gelieferte Menge. Gleichzeitig Fortschreibung des Bestandswerts.
- Wareneingang mit direktem Verbrauch: Keine Bestandserhöhung, nur Fortschreibung der Verbrauchsstatistik.
- Wareneingang in WE-Sperrbestand: Wegen Sperrbestand keine Erhöhung des Bestands. Die Bestellentwicklung (Darstellung der zu einer Bestellung gehörenden Folgebelege wie beispielsweise ein Wareneingang) wird fortgeführt.

Die zu bebuchenden Konten in der Materialwirtschaft und in der Finanzbuchhaltung werden über Vorgangsschlüssel automatisch angesteuert. Genauso wie die Vorgangsarten den Transaktionen sind die Vorgangsschlüssel den Warenbewegungen nicht änderbar zugeordnet und bestimmen fest den Buchungssatz. Änderbar ist lediglich das zu bebuchende Konto.

4.2.4 Bestandsführung und Warenbewegungen: Prüfungshandlungen

4.2.4.1 Organisation

Im Bereich der Bestandsführung und Warenbewegungen beginnen Prüfungshandlungen damit, die Organisation der Lagerbuchführung und des internen Materialflusses aufzunehmen. Ziel der Analyse ist es festzustellen, inwieweit über die Organisation und entsprechende Kontrollen gewährleistet wird, ob alle Waren vollständig, richtig und zeitnah erfasst und richtig verbucht werden. Die Ergebnisse dienen als Grundlage für die dann erfolgende Untersuchung und Beurteilung der Ordnungsmäßigkeit der Inventur und die Bewertung der fertigen und unfertigen Erzeugnisse.

Um die Warenbewegungen und die dafür notwendigen Material- und Lagerbuchungen zu verstehen, sollte aufgenommen werden, welche Warenbewegungen im Unternehmen stattfinden. Dafür sind folgende Fragestellungen zu betrachten:

- Wie findet der externe Wareneingang statt? Werden Wareneingänge dezentral gebucht oder über ein zentrales Wareneingangslager mit anschließenden Umbuchungen in dezentrale Lagerstätten?
- Wie sieht die Buchungslogik aus? Entspricht sie den tatsächlichen Gegebenheiten oder wird beispielsweise folgende Vereinfachung benutzt: Das Unternehmen hat ein

zentrales Lager, an das zunächst alle Waren geliefert werden. Von hier aus werden die Waren an verschiedene Endläger verteilt. Eine vereinfachte Buchungslogik würde die zentrale Vereinnahmung vernachlässigen und nur die Wareneingangsbuchungen in die Endläger buchen.

- Wird bei Umlagerungen das Ein- oder Zweischrittverfahren verwendet?
- Dürfen Lageristen ausschließlich Mengenbuchungen und keine wertmäßigen Buchungen vornehmen?

Die Erhebung dieser Informationen ist die Grundlage für die weiteren Systemanalysen, die im Folgenden dargestellt sind. Auch die Prüfungshandlungen für die Bereiche Inventur und Bilanzbewertung basieren auf den hier dargestellten grundsätzlichen Kontrollen zu Warenbewegungen.

4.2.4.2 Massendatenanalysen/belegorientierte Prüfungshandlungen

Ziel der folgenden Prüfungshandlungen über Massendatenanalysen ist die Identifikation größerer Abweichungen zwischen physischem und gebuchten Wareneingang. Des weiteren kann über die Analyse von Belegen die korrekte Periodenzuordnung geprüft werden.

Gleichen Sie die Angaben auf den Lieferscheinen mit den vorgenommenen Wareneingangsbuchungen ab, um die Richtigkeit dieser Buchungen zu prüfen. Eine Liste der Wareneingänge erhalten Sie über die Transaktion MB51 (Materialbelegliste). Schränken Sie auf das entsprechende Werk ein sowie insbesondere auf die Bewegungsart 101 (Wareneingang).

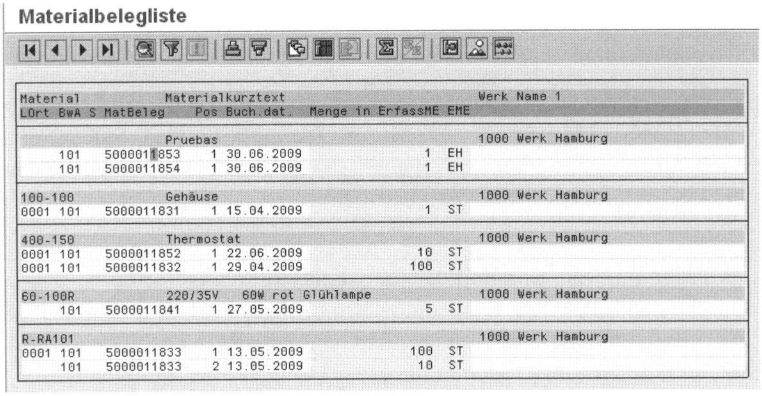

Materialbelegliste

Material			Materialkurztext					Werk Name 1
LOrt	BwA	S	MatBeleg	Pos	Buch.dat.	Menge in ErfassME	EME	
			Pruebas					1000 Werk Hamburg
	101		5000011853	1	30.06.2009	1	EH	
	101		5000011854	1	30.06.2009	1	EH	
100-100			Gehäuse					1000 Werk Hamburg
0001	101		5000011831	1	15.04.2009	1	ST	
400-150			Thermostat					1000 Werk Hamburg
0001	101		5000011852	1	22.06.2009	10	ST	
0001	101		5000011832	1	29.04.2009	100	ST	
60-100R			220/35V 60W rot Glühlampe					1000 Werk Hamburg
	101		5000011841	1	27.05.2009	5	ST	
R-RA101								1000 Werk Hamburg
0001	101		5000011833	1	13.05.2009	100	ST	
	101		5000011833	2	13.05.2009	10	ST	

Abb. 4.2.4.2-10: Materialbelegliste *© SAP*

Am Bilanzstichtag können mit Hilfe der Materialbelegliste für Abgrenzungszwecke Warenein- und -ausgänge hinsichtlich ihrer korrekten Periodenzuordnung analysiert werden. Als Hilfsmittel können hier die Belegnummernkreisstände dienen.

4.2.4.3 Konsistenz zwischen Lager-Materialbestand und Bestand in der Finanzbuchhaltung

Ziel dieser Prüfung ist die Konsistenz zwischen der Materialwirtschaft und der Finanzbuchhaltung. Mit Hilfe des Programms RM07MMFI (MM/FI-Saldenabgleich) ist ein Saldenabgleich zwischen der Materialwirtschaft und der Finanzbuchhaltung durchführbar. Das Programm prüft die Übereinstimmung zwischen den Bestandswerten aus den Materialstämmen mit den Salden der zugehörigen FI-Bestandskonten. Somit kann beurteilt werden, ob alle Materialbelege vollständig in die Finanzbuchhaltung übertragen wurden.

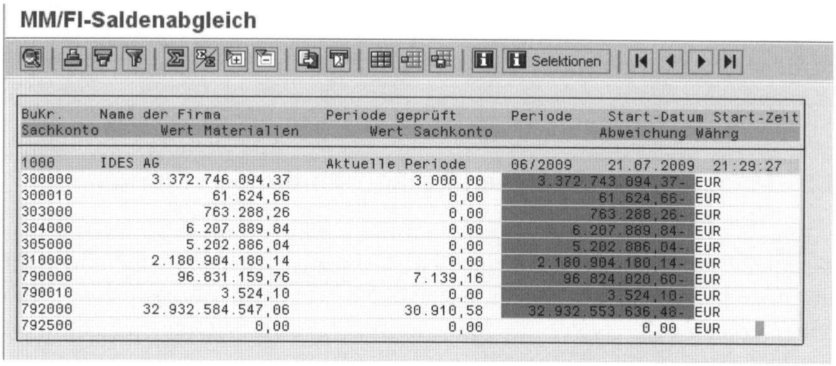

MM/FI-Saldenabgleich

Selektionen

BuKr.	Name der Firma	Periode geprüft	Periode	Start-Datum	Start-Zeit
Sachkonto	Wert Materialien	Wert Sachkonto		Abweichung	Währg
1000	IDES AG	Aktuelle Periode	06/2009	21.07.2009	21:29:27
300000	3.372.746.094,37	3.000,00		3.372.743.094,37-	EUR
300010	61.624,66	0,00		61.624,66-	EUR
303000	763.288,26	0,00		763.288,26-	EUR
304000	6.207.889,84	0,00		6.207.889,84-	EUR
305000	5.202.886,04	0,00		5.202.886,04-	EUR
310000	2.180.904.180,14	0,00		2.180.904.180,14-	EUR
790000	96.831.159,76	7.139,16		96.824.020,60-	EUR
790010	3.524,10	0,00		3.524,10-	EUR
792000	32.932.584.547,06	30.910,58		32.932.553.636,48-	EUR
792500	0,00	0,00		0,00	EUR

Abb. 4.2.4.3-10: Beispiel Ergebnis Saldenabgleich MM/FI mit erheblichen Differenzen © SAP

Stellen Sie zunächst per Interview fest, ob die Lagerbewegungen in regelmäßigen Abständen, beispielsweise monatlich, mit den Konten der Hauptbuchhaltung unter Zuhilfenahme dieses Programms abgestimmt werden. Ermitteln Sie dann am System, ob Differenzen zwischen der periodischen Veränderung der Bestände in der Bilanz bzw. den Buchungen der Bestandsveränderungen in der Gewinn- und Verlustrechnung vorliegen.

Da während der Laufzeit des Programms weiter gebucht werden kann, können bei Analyse der aktuellen Periode Differenzen angezeigt werden, obwohl das System konsistent ist. In diesem Fall wird in der Ergebnisanzeige des Programms darauf hingewiesen, dass gebucht wurde. Das aktuelle Ergebnis ist unbrauchbar und der Lauf muss wiederholt werden.

Ein weiteres Programm zur Darstellung von Materialbestandswerten ist das Programm RM07MBST (Bestandswertliste: Saldendarstellung). Das Programm zeigt zu einem Material die gesamte vorhandene Lagerbestandsmenge an sowie das zugehörige Bestandskonto (Sachkonto) in der Finanzbuchhaltung, das bei Warenbewegungen dieses Materials bebucht wird. Das Programm vergleicht die Salden der Sachkonten mit dem jeweiligen Lagerbestandswert des Materials und gibt Abweichungen aus.

Für beide Programme gilt, dass sie regelmäßig (monatlich) ausgeführt und die Ergebnisse analysiert werden sollten.

4.2.4.4 Konsistenzprüfung der Bestände

Mit dem Programm RM07KO01 (Konsistenzprüfung der Bestände) können auf Buchungskreis-, Bewertungskreis- oder Materialebene die Bestandsdaten auf Konsistenz geprüft werden. Somit können mögliche Fehler in den Beständen erkannt werden, bevor sie zu größeren Problemen führen. Im Folgenden sind einige Beispiele solcher Fehler aufgelistet:

- Fehlende Kalkulationsnummer
- Falscher Preis
- Negativer Bestand nicht erlaubt
- Material-Ledger-Satz der laufenden Periode nicht vorhanden
- Istmenge ungleich Summe Bestände
- Istmenge ungleich Summe Bewertungsarten

Das Programm RM07KO01 führt folgende Auswertungen durch:

- Abgleich Menge des gesamten bewerteten Bestands mit der Summe der einzelnen untergeordneten Segmente dieses Bestands,
- Abgleich, ob der angegebene Preis dem Quotienten Wert/Menge entspricht,
- Ermittlung, ob trotz positiver Menge eines Materials ein negativer Preis vorhanden ist,
- Ermittlung, ob bei einem Material ein negativer Wert vorhanden ist, obwohl im Customizing keine negativen Bestände erlaubt sind,
- Kontrolle, ob es einen Bestandswert gibt, obwohl das dazugehörige Material den Bestand Null hat.

Das Risiko nicht konsistenter Materialien besteht im fehlerhaften Ausweis sowie einer fehlerhaften Bewertung des vorhandenen Bestandes.

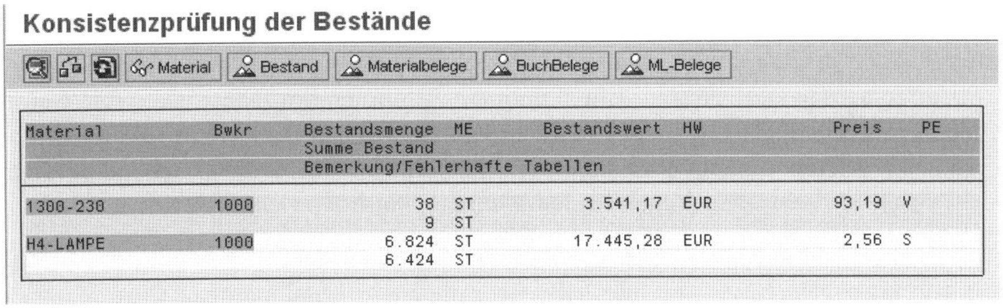

Konsistenzprüfung der Bestände

Material | Bestand | Materialbelege | BuchBelege | ML-Belege

Material	Bwkr	Bestandsmenge Summe Bestand Bemerkung/Fehlerhafte Tabellen	ME	Bestandswert	HW	Preis	PE
1300-230	1000	38 9	ST ST	3.541,17	EUR	93,19	V
H4-LAMPE	1000	6.824 6.424	ST ST	17.445,28	EUR	2,56	S

Abb. 4.2.4.4-10: Konsistenzprüfung der Bestände mit Fehlermeldung © SAP

Wenn das Programm Inkonsistenzen identifiziert, listet es die betroffenen Materialien auf. Die Fehlerart kann durch einen Mausklick auf die Menge oder den Wert eines Materials ermittelt werden.

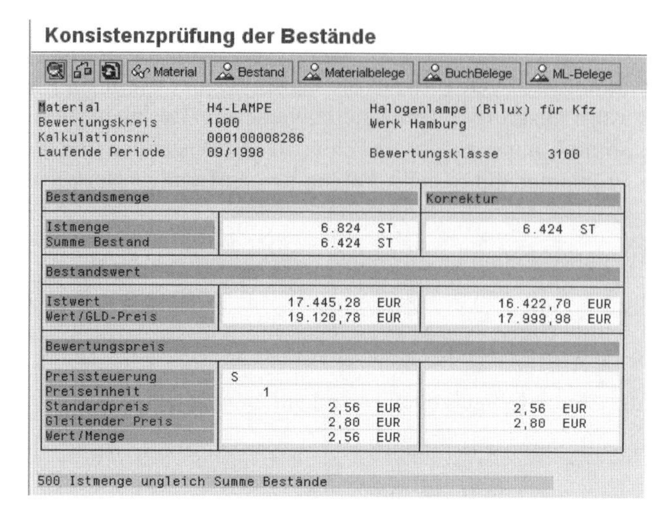

Abb. 4.2.4.4-20: Konsistenzprüfung der Bestände: Anzeige der Fehlermeldung *© SAP*

Klären Sie, welche Aktivitäten das Unternehmen zur regelmäßigen Kontrolle der Bestände durchführt. Nehmen Sie ferner auf, welche Bewertungsmethode eingesetzt wird und welches der relevante Bewertungskreis ist. Führen Sie dann das Programm RM07KO01 (alternativ die Transaktion MB5K) aus, um selbst eine entsprechende Prüfung vorzunehmen.

4.2.4.5 Toleranzeinstellungen

Über Toleranzeinstellungen können Unter- und Überlieferungen ohne weitere Kontrollen automatisiert akzeptiert werden. Aus zu weiten Toleranzeinstellungen ergibt sich das Risiko, dass nach erfolgter Unter- oder Überlieferung für die weiteren Verarbeitungsschritte Ineffizienzen auftreten, dass Bestände zur Fertigstellung eines Auftrags fehlen oder erhöhte Lagerkosten auftreten. Zu enge Toleranzen wiederum erhöhen unnötig den Verwaltungsaufwand.

Prüfen Sie, ob die Customizing-Einstellungen zur Behandlung von Unter- und Überlieferungen angemessen sind. Hierzu sollten vom Unternehmen Vorgaben existieren. Beurteilen Sie ferner, ob die Customizing-Einstellungen zur automatischen Ermittlung von Endlieferungskennzeichen nachvollziehbar sind. Prüfen Sie, ob die entsprechenden Einstellungen durch die verantwortlichen Fachabteilungen autorisiert sind.

Im SAP-System sind alle Toleranzen über die Tabelle T169G (Toleranzgrenzen Rechnungsprüfung) auswertbar oder alternativ über die Einsichtnahme des Customizings mit der Transaktion SPRO und dem Menüpfad: *Materialwirtschaft – Bestandsführung und Inventur – Wareneingang – Toleranzgrenzen einstellen*. Prüfen Sie für die Toleranzschlüssel B1 und B2 (Bestellpreismengenabweichung) Mengenabweichungen, die ohne Meldung des Systems akzeptiert werden.

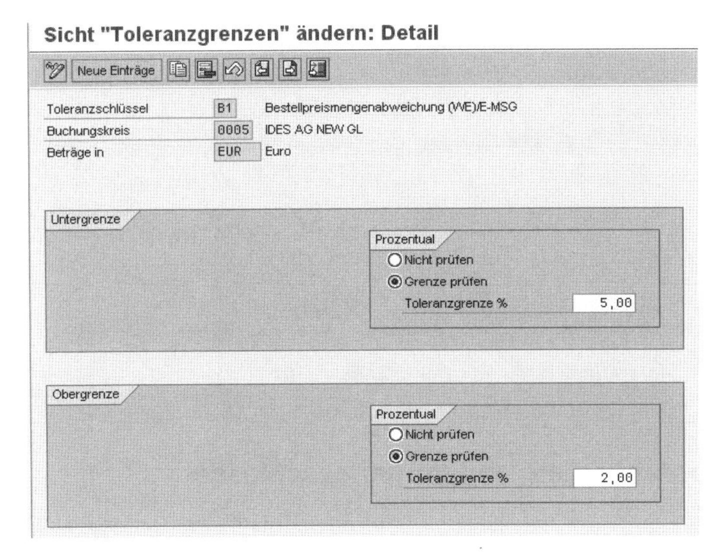

Abb. 4.2.4.5-10: Toleranzgrenzen für Mengenabweichung *© SAP*

4.2.4.6 Umlagerungen zwischen Werken aus unterschiedlichen Bewertungskreisen

Wenn Materialien zwischen Werken umgelagert werden, die unterschiedlichen Bewertungskreisen angehören, kommt es bei Verwendung des Einschritt-Verfahrens zu einer Wertfortschreibung auf den Bestandskonten in der Materialwirtschaft und zur Erstellung eines entsprechenden Buchhaltungsbelegs in der Finanzbuchhaltung.

Sofern zwischen den Werken größere Distanzen zu überwinden sind, ist zu beachten, dass bei Umlagerungen sowohl im Ein- als auch im Zweischrittverfahren die evtl. anfallenden Transportkosten nicht aufwandsgerecht den umgelagerten Materialien zugeordnet werden können.

Werten Sie daher die Materialbelege nach der Bewegungsart 301 (Umlagerung Werk an Werk – Einschrittverfahren) aus und prüfen Sie, ob Umlagerungen zwischen unterschiedlichen Bewertungskreisen durchgeführt wurden. Prüfen Sie ferner, ob Umlagerungen mit dieser Bewegungsart in zeitlicher Nähe zu Inventuren durchgeführt wurden, um Bestandsdifferenzen aufgrund unterwegsbefindlicher Ware zu vermeiden. Die entsprechenden Materialbelege lassen sich mit der Transaktion MB51 oder über den Menüpfad: *Logistik – Materialwirtschaft – Bestandsführung – Umfeld – Listanzeigen – Materialbelege* anzeigen. Hilfreich kann in diesem Zusammenhang die Transaktion MB5T zur Anzeige der Transitbestände sein.

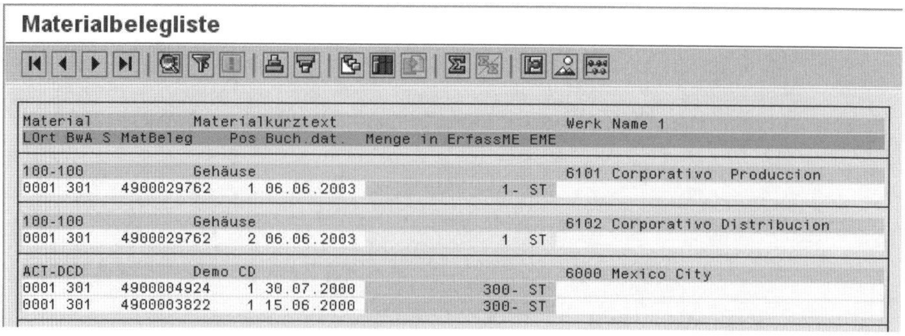

Materialbelegliste

```
Material         Materialkurztext                    Werk Name 1
LOrt BwA S MatBeleg    Pos Buch.dat.  Menge in ErfassME EME

100-100          Gehäuse                             6101 Corporativo  Produccion
0001 301   4900029762    1 06.06.2003              1- ST

100-100          Gehäuse                             6102 Corporativo Distribucion
0001 301   4900029762    2 06.06.2003              1  ST

ACT-DCD          Demo CD                             6000 Mexico City
0001 301   4900004924    1 30.07.2000            300- ST
0001 301   4900003822    1 15.06.2000            300- ST
```

Abb. 4.2.4.6-10: Materialbelege mit der Bewegungsart 301 *© SAP*

4.2.4.7 Kontenfindung und Vorgangsschlüssel

Die Buchung von Warenbewegungen führt im Allgemeinen automatisch zu entsprechenden Sachkontenbuchungen in der Finanzbuchhaltung. Beispielsweise muss bei einer Warenausgangsbuchung das Bestandskonto und das entsprechende Verbrauchskonto gebucht werden. Die Steuerung dieser automatischen Buchungen funktioniert über Vorgangsschlüssel und die Kontenfindungstabelle.

Jeder Bewegungsart sind die Vorgangsschlüssel fest zugeordnet. Vorgangschlüssel sind im SAP-System definiert und nicht durch den Anwender änderbar. Die Vorgangsschlüssel legen den Buchungssatz und das zu bebuchende Konto fest. Über die Tabellen T030 (Fixkontentabelle) und T030W (Bezeichnung der Vorgangsschlüssel) können die Vorgangsschlüssel und die zugeordneten Sachkonten analysiert werden.[1] Folgendes sind Beispiele für relevante Vorgangsschlüssel:

- Bestandsbuchung (BSX)
- WE/RE- Verrechnung (WRX)
- Preisdifferenzen (PRD)
- Vorsteuer (VST)

Eine Besonderheit stellt der Vorgangsschlüssel GBB (Gegenbuchung zur Bestandsbuchung) dar, auf den es im Rahmen einer Prüfung auch im Eigentlichen ankommt. Da dieser Buchungsvorgang für verschiedene Vorgänge (z.B. Warenausgang, Verschrottung, Inventur) verwendet wird, die auf unterschiedlichen Konten (z.B. Verbrauchskonto, Verschrottung, Aufwand/Ertrag aus Inventurdifferenzen) kontiert werden, muss er über einen weiteren Schlüssel unterteilt werden. Dieser weitere Schlüssel heißt Kontomodifikation. Auch er ist nicht veränderlich, allerdings können kundeneigene Kontomodifikationen

1 Information zu den weiteren Feldern in Tabelle T030: Über die Bewertungsklasse können für unterschiedliche Materialarten die zu bebuchenden Sachkonten materialartenabhängig festgelegt werden. Mit Bewertungsmodifikationskonstanten werden mehrere Bewertungsklassen zu einem Ermittlungsschlüssel zusammengefasst. Somit können für mehrere Bewertungsklassen gleiche Sachkonten ermittelt werden. Den Zusammenhang zwischen Buchungskreisen, Werken und Bewertungsklassen ermitteln Sie über die Analyse der Tabellen T001, T001K und T001W.

hinzugefügt werden. Zu pflegen (und damit zu prüfen) ist die Zuordnung der entsprechenden Sachkonten. Hierzu ist die Tabelle T030 auf den Vorgangsschlüssel GBB einzuschränken. Dann sind die entsprechenden Sachkonten ablesbar.

Data Browser: Tabelle T030 133 Treffer

Prüftabelle...

Tabelle: T030
Angezeigte Felder: 8 von 8 Feststehende Führungsspalten: 6 Listbreite 0250

Mandant	Kontenplan	Vorgang	BewModifKonst	KontoModif	Bewertungskl.	Sachkonto	Sachkonto
800	INT	GBB	0001	AUA	7900	0000895000	0000895000
800	INT	GBB	0001	AUA	7910	0000895000	0000895000
800	INT	GBB	0001	AUA	7920	0000895000	0000895000
800	INT	GBB	0001	AUF	3040	0000895000	0000895000
800	INT	GBB	0001	AUF	7900	0000895000	0000895000
800	INT	GBB	0001	AUF	7920	0000895000	0000895000
800	INT	GBB	0001	AUF	7925	0000895000	0000895000
800	INT	GBB	0001	BSA	3000	0000399999	0000399999
800	INT	GBB	0001	BSA	3001	0000399999	0000399999
800	INT	GBB	0001	BSA	3030	0000399999	0000399999
800	INT	GBB	0001	BSA	3040	0000399999	0000399999
800	INT	GBB	0001	BSA	3050	0000399999	0000399999
800	INT	GBB	0001	BSA	3100	0000399999	0000399999
800	INT	GBB	0001	BSA	7900	0000799999	0000799999
800	INT	GBB	0001	BSA	7920	0000799999	0000799999
800	INT	GBB	0001	BSA	7925	0000799999	0000799999
800	INT	GBB	0001	INV	3000	0000233000	0000283000
800	INT	GBB	0001	INV	3001	0000233000	0000283000
800	INT	GBB	0001	INV	3030	0000233000	0000283000
800	INT	GBB	0001	INV	3040	0000233000	0000283000
800	INT	GBB	0001	INV	3050	0000233000	0000283000
800	INT	GBB	0001	INV	3100	0000233000	0000283000
800	INT	GBB	0001	INV	7900	0000233000	0000283000
800	INT	GBB	0001	INV	7920	0000233000	0000283000
800	INT	GBB	0001	INV	7925	0000233000	0000283000
800	INT	GBB	0001	VAX	3000	0000400000	0000400000
800	INT	GBB	0001	VAX	3001	0000400020	0000400020
800	INT	GBB	0001	VAX	3030	0000400020	0000400020
800	INT	GBB	0001	VAX	3040	0000400020	0000400020
800	INT	GBB	0001	VAX	3050	0000400020	0000400020
800	INT	GBB	0001	VAX	3100	0000893010	0000893010
800	INT	GBB	0001	VAX	7900	0000893010	0000893010
800	INT	GBB	0001	VAX	7910	0000893010	0000893010
800	INT	GBB	0001	VAX	7920	0000892000	0000892000
800	INT	GBB	0001	VAX	7925	0000892000	0000892000
800	INT	GBB	0001	VAY	3000	0000894025	0000894025
800	INT	GBB	0001	VAY	3001	0000894025	0000894025
800	INT	GBB	0001	VAY	3030	0000894025	0000894025
800	INT	GBB	0001	VAY	3040	0000894025	0000894025
800	INT	GBB	0001	VAY	3050	0000894025	0000894025
800	INT	GBB	0001	VAY	3100	0000894025	0000894025

M02

Abb. 4.2.4.7-10: Fixkontentabelle T030 *© SAP*

Kontomodifikationen für den Vorgangsschlüssel GBB werden beispielsweise benötigt, wenn Preisdifferenzen bei Wareneingängen zu Bestellungen, Wareneingängen zu Fertigungsaufträgen und bei anderen Bewegungen auf unterschiedlichen Preisdifferenzkonten gebucht werden sollen. Folgende Kontomodifikationen sind im System hinterlegt:

- AUA: für Auftragsabrechnung
- AUF: für Wareneingänge zu Aufträgen (ohne Kontierung) und bei Auftragsabrechnung, wenn AUA nicht gepflegt ist
- BSA: für Bestandsaufnahmen
- INV: für Aufwand/Ertrag aus Inventurdifferenzen
- VAX: für Warenausgänge für Kundenaufträge ohne Kontierungsobjekt
- VAY: für Warenausgänge für Kundenaufträge mit Kontierungsobjekt

- VBO: für Verbräuche aus dem Lieferantenbeistellbestand
- VBR: für interne Warenausgänge (z.B. für Kostenstelle)
- VKA: für Kundenauftragskontierung (z.B. bei Einzelbestellung)
- VKP: für Projektkontierung (z.B. bei Einzelbestellung)
- VNG: für Verschrottung/Vernichtung
- VQP: für Stichprobenentnahmen ohne Kontierung
- VQY: für Stichprobenentnahmen mit Kontierung
- ZOB: für Wareneingänge ohne Bestellungen (Bewegungsart 501)
- ZOF: für Wareneingänge ohne Fertigungsaufträge (Bewegungsarten 521 und 531)

Sie sollten bei der Prüfung folgende Fragen stellen: Welche unterschiedlichen Kontomodifikationen verwenden ein einheitliches Gegenkonto? Ist dies sinnvoll oder ist die buchhalterische und betriebswirtschaftliche Transparenz dieser Buchungen gefährdet?

Prüfen Sie ferner für die über Vorgangsschlüssel bebuchten Konten, ob diese ausschließlich automatisch bebuchbar sind. Die Einstellung zur automatischen Bebuchbarkeit finden Sie in den Kontenstammdaten im Reiter Erfassung/Bank/Zins.

Das SAP-System bietet außerdem die Möglichkeit, automatisiert die Einstellungen zur Kontenfindung zu prüfen. Über das Programm RM07C030 (Verwendungsnachweis Sachkonten in MM-Kontenfindung) kann die Kontenfindung analysiert werden. Die Ergebnisanzeige des Programms erzeugt eine Warnung, wenn ein Sachkonto nicht vorhanden ist oder ein Bestandskonto (bebuchbar über den Vorgangsschlüssel BSX) ebenfalls über andere Vorgangsschlüssel bebucht wird. In diesem Fall wäre die Abstimmbarkeit zwischen Haupt- und Nebenbuch nicht gewährleistet.

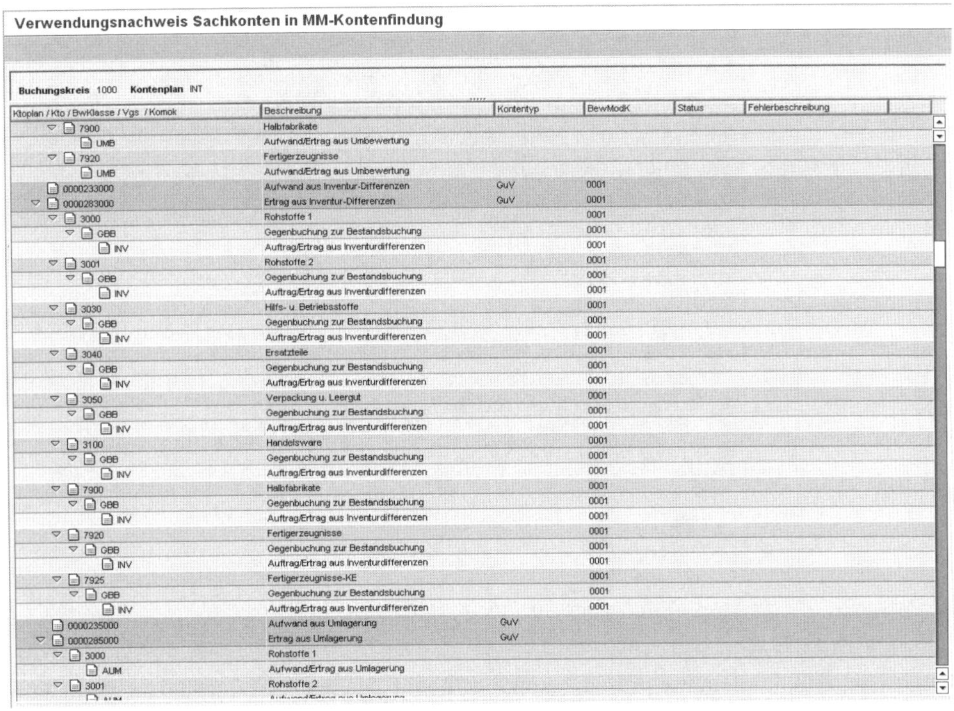

Verwendungsnachweis Sachkonten in MM-Kontenfindung

Buchungskreis 1000 **Kontenplan** INT

Ktoplan / Kto / BwKlasse / Vgs / Komok	Beschreibung	Kontentyp	BewModK	Status	Fehlerbeschreibung
7900	Halbfabrikate				
UMB	Aufwand/Ertrag aus Umbewertung				
7920	Fertigerzeugnisse				
UMB	Aufwand/Ertrag aus Umbewertung				
0000233000	Aufwand aus Inventur-Differenzen	GuV	0001		
0000283000	Ertrag aus Inventur-Differenzen	GuV	0001		
3000	Rohstoffe 1		0001		
GBB	Gegenbuchung zur Bestandsbuchung		0001		
INV	Auftrag/Ertrag aus Inventurdifferenzen		0001		
3001	Rohstoffe 2		0001		
GBB	Gegenbuchung zur Bestandsbuchung		0001		
INV	Auftrag/Ertrag aus Inventurdifferenzen		0001		
3030	Hilfs- u. Betriebsstoffe		0001		
GBB	Gegenbuchung zur Bestandsbuchung		0001		
INV	Auftrag/Ertrag aus Inventurdifferenzen		0001		
3040	Ersatzteile		0001		
GBB	Gegenbuchung zur Bestandsbuchung		0001		
INV	Auftrag/Ertrag aus Inventurdifferenzen		0001		
3050	Verpackung u. Leergut		0001		
GBB	Gegenbuchung zur Bestandsbuchung		0001		
INV	Auftrag/Ertrag aus Inventurdifferenzen		0001		
3100	Handelsware		0001		
GBB	Gegenbuchung zur Bestandsbuchung		0001		
INV	Auftrag/Ertrag aus Inventurdifferenzen		0001		
7900	Halbfabrikate		0001		
GBB	Gegenbuchung zur Bestandsbuchung		0001		
INV	Auftrag/Ertrag aus Inventurdifferenzen		0001		
7920	Fertigerzeugnisse		0001		
GBB	Gegenbuchung zur Bestandsbuchung		0001		
INV	Auftrag/Ertrag aus Inventurdifferenzen		0001		
7925	Fertigerzeugnisse-KE		0001		
GBB	Gegenbuchung zur Bestandsbuchung		0001		
INV	Auftrag/Ertrag aus Inventurdifferenzen		0001		
0000235000	Aufwand aus Umlagerung	GuV			
0000285000	Ertrag aus Umlagerung	GuV			
3000	Rohstoffe 1				
AUM	Aufwand/Ertrag aus Umlagerung				
3001	Rohstoffe 2				

Abb. 4.2.4.7-20: Automatische Analyse Kontenfindung © *SAP*

Ferner sollte die Tabelle T030 als zentrale Tabelle zur Kontenfindung in die Änderungsprotokollierung mit aufgenommen werden. Prüfen Sie, ob für die Tabelle das Protokollierungsflag eingeschaltet ist. Analysieren Sie dazu die Tabelle DD09L (DD: Technische Einstellungen von Tabellen)[2], schränken Sie auf die Tabelle T030 ein und prüfen Sie, ob das Protokollflag („Protokoll“) gesetzt ist. Alternativ können Sie das Programm RSTBHIST (Tabellenhistorie) verwenden, indem Sie nach Start des Programms einen Mausklick auf den Button *Liste der protokollierten Tabellen* ausführen.

2 „DD“ = Data Dictionary.

Tabelle DD09L anzeigen

Prüftabelle...

Tabellenname	T030
Aktivierungsstand	A
Version	0
Größkategorie	0
Datenart	APPL2
Pufferungsart	G
Schlfeldanz	2
Protokoll	X
SpeichartPuff	
Letzter Änderer	SAP
Datum	28.10.2008
Uhrzeit	11:15:28
Transpflag	
R	
Übersetzrel	
Aktivierungsflag	
Pufferung erl.	X
JavaOnly	

Abb. 4.2.4.7-30: Aktiviertes Protokollflag für Tabelle T030 © SAP

Ist dies der Fall, können Sie prüfen, wann die Tabelle das letzte Mal geändert wurde und das Ergebnis mit den Vorgaben der für diese Tabelle zuständigen Fachabteilung abgleichen.

Starten Sie hierzu das Programm RSTBHIST und führen Sie einen Mausklick auf *Protokolle auswerten* aus. Das Programm RSVTPROT (Auswertung von Änderungsprotokollen) führt zum gleichen Ergebnis.

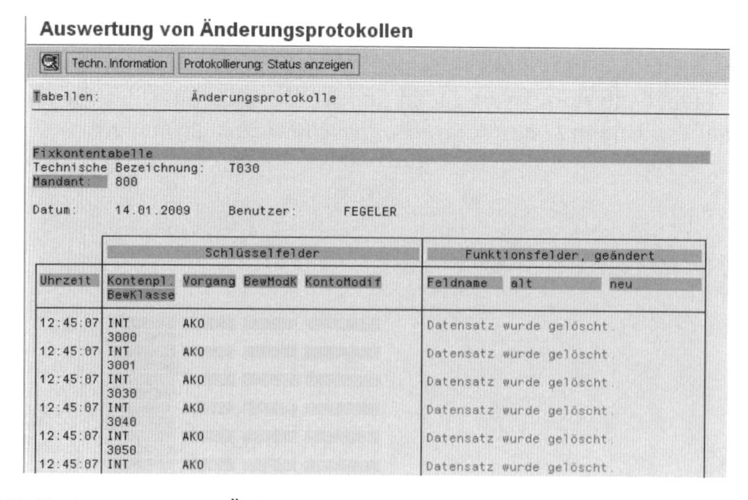

Abb. 4.2.4.7-40: Auswertung von Änderungsprotokollen © SAP

4.2.4.8 Kritische Warenbewegungen und Berechtigungen

Alle Warenbewegungen, die den Wert des Warenbestands betreffen, sind grundsätzlich als kritisch einzustufen und in ein geeignetes Internes Kontrollsystem einzubinden. Besonders kritische Bewegungsarten sind die Bewegungsarten 501 (Wareneingang ohne Bestellung) und 561 (Bestandsaufnahme).

Das Risiko der Bewegungsart 501 besteht darin, dass die Nachvollziehbarkeit nicht gewährleistet ist, da kein Bestellbezug hergestellt werden kann. Gründe für den fehlenden Bestellbezug können die schlichte Nichterfassung sein oder telefonische Bestellungen, die nicht im System dokumentiert wurden.

Da aufgrund des fehlenden Bestellbezugs kein Bestellpreis bekannt ist, besteht bei den Folgeaktivitäten das Risiko, dass ein falscher Preis beim Wareneingang erfasst wird und die Vorratsbewertung verfälscht wird. Dieses Risiko besteht nicht bei der Standardpreisermittlung, da dieser aufgrund der Niederstwertbewertung zum Jahresabschluss angepasst werden muss. Beim Gleitenden Durchschnittspreis hingegen schlägt sich der falsche Bestellpreis auf die Vorratsbewertung durch.[3]

Sollte der Mandant für telefonische Bestellungen nachträglich Bestellungen im SAP-System anlegen, ist – bei klar definierten Vorgaben – die Nutzung der Bewegungsart 501 als unkritisch einzustufen.

Die Bewegungsart 561 wird in der Regel für die Übernahme von Mengen und Werten nach einer Übernahmeinventur bzw. Datenmigration aus einem Altsystem verwendet. Diese Bewegungsart kann bei unsachgemäßer Handhabung die Einhaltung von Ordnungsmäßigkeitskriterien gefährden, da bei ihrer Verwendung zwar eine entsprechende Soll-Buchung auf den Materialkonten durchgeführt wird. Es ist aber davon auszugehen, dass die entsprechenden kreditorischen Buchungen bereits gesondert erfasst worden sind, so dass hier lediglich eine einseitige Erhöhung der Bestände und Bestandswerte erfolgt. Der IKS-Grundsatz, dass eine personelle Trennung zwischen der mengenmäßigen Prüfung und Erfassung eines Wareneingangs und seiner wertmäßigen Erfassung vorhanden sein sollte, wird mit dieser Bewegungsart unterlaufen.

SAP empfiehlt in diesem Zusammenhang, nach Abschluss der Übernahme die Bewegungsart 561 zu sperren.

Prüfen Sie zunächst, welche Mitarbeiter die Berechtigung haben, Warenbewegungen mit dieser Bewegungsart zu buchen. Die erforderlichen Berechtigungsobjekte und ihre Ausprägungen sind in der folgenden Tabelle dargestellt.

Berechtigungsobjekte	Felder	Feldausprägungen
S_TCODE	TCD	MIGO, MB01, MB0A, MB1C für die Bewegungsart 501 bzw. MIGO, MB01, MB1C für die Bewegungsart 561
M_MSEG_BMB	ACTVT	01
	BWART	501 bzw. 561

3 Zum Gleitenden Durchschnittspreis und zum Standardpreis vgl. Abschnitt *4.2.7 Bilanzbewertung*.

Berechtigungsobjekte	Felder	Feldausprägungen
M_MSEG_BWA	ACTVT	01
	BWART	501 bzw. 561
M_MSEG_WMB	ACTVT	01
	WERKS	[entsprechendes Werk]
M_MSEG_WWA	ACTVT	01
	WERKS	[entsprechendes Werk]
M_MSEG_WWE	ACTVT	01
	WERKS	[entsprechendes Werk]

Prüfen Sie anschließend, ob es Warenbewegungen mit einer dieser Bewegungsarten gegeben hat. Lassen Sie sich hierzu mit der Transaktion MB51 oder über den Menüpfad: *Logistik – Materialwirtschaft – Bestandsführung – Umfeld – Listanzeigen – Materialbelege* alle Materialbelege des Prüfungszeitraums anzeigen und filtern Sie auf die Materialbelege mit der Bewegungsart 501 oder 561.

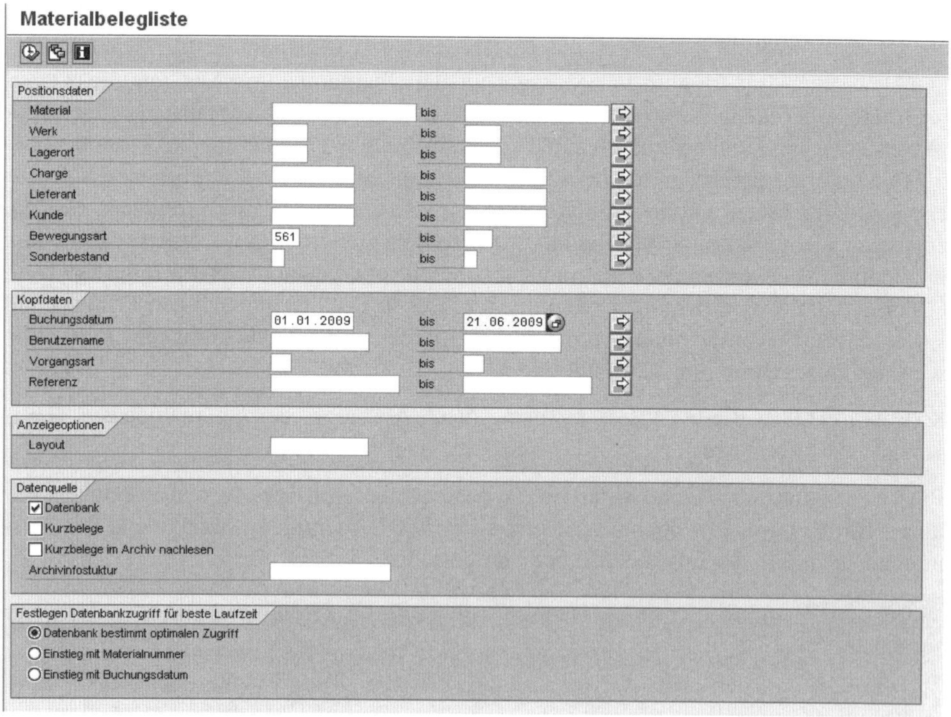

Materialbelegliste

Positionsdaten
Material bis
Werk bis
Lagerort bis
Charge bis
Lieferant bis
Kunde bis
Bewegungsart 561 bis
Sonderbestand bis

Kopfdaten
Buchungsdatum 01.01.2009 bis 21.06.2009
Benutzername bis
Vorgangsart bis
Referenz bis

Anzeigeoptionen
Layout

Datenquelle
Datenbank
Kurzbelege
Kurzbelege im Archiv nachlesen
Archivinfostuktur

Festlegen Datenbankzugriff für beste Laufzeit
Datenbank bestimmt optimalen Zugriff
Einstieg mit Materialnummer
Einstieg mit Buchungsdatum

Abb. 4.2.4.8-10: Auswahldialog zur Anzeige von Materialbelegen © *SAP*

Auch die übrigen Bewegungsarten sowie gegebenenfalls vorhandene kundeneigene Bewegungsarten sollten in die Prüfung mit einbezogen werden. Führen Sie die oben dargestellten Prüfungshandlungen analog für die in Kapitel *4.2.3.2 Bewegungsarten* genannten weiteren Bewegungsarten bzw. für die im Customizing eingerichteten Bewegungsarten durch. Die Bewegungsarten sind in Tabelle T156 abgelegt. Berücksichtigen Sie dabei Ihre Erkenntnisse aus den organisatorischen Gegebenheiten des Unternehmens. Welche Mitarbeiter sollten für die ihnen zugewiesenen Aufgaben welche Berechtigungen haben? Sind Berechtigungen für bestimmte Warenbewegungen in Kombination mit umfassenden, buchungskreis-, werks- oder lagerortübergreifenden Berechtigungen vergeben?

4.2.4.9 Nachbuchungen in Vorperioden

Die Anforderung der zeitnahen Buchung gilt selbstverständlich auch für die Materialwirtschaft. Mit dem Programm RM08MMAT (Buchhaltungsbelege zum Material) können Buchungen selektiert werden, die mit einem Buchungsdatum aus der Vorperiode (beispielsweise vor Durchführung einer Inventur) und einem Belegdatum aus der aktuellen Periode systemtechnisch erfasst wurden, somit erst nach der Inventur in den Vormonat gebucht wurden.

Geben Sie hierzu im Auswahldialog des Programms einen Buchungszeitraum vor dem Inventurstichtag und einen Zeitraum für das Belegdatum nach dem Inventurstichtag ein.

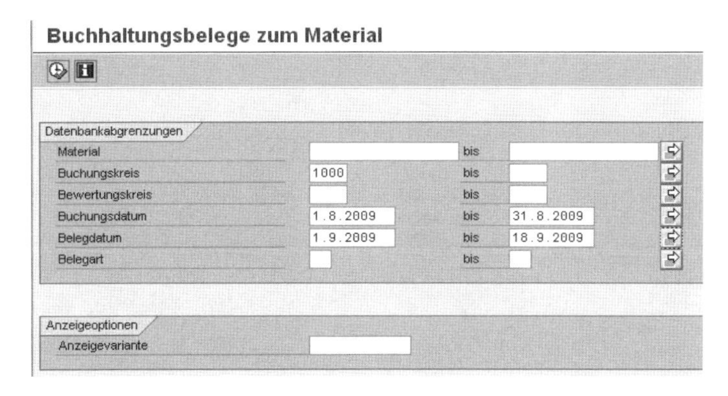

Abb. 4.2.4.9-10: Auswahldialog Programm RM08MMAT © *SAP*

Wenn das Programm Belege mit dieser Eigenschaft identifiziert, erfragen Sie beim Unternehmen die Gründe für die Eingabe solcher Belege.

4.2.4.10 Negative Bestände

Negative Bestände erscheinen zunächst unmöglich. Dennoch kann dies z.B. im folgenden Fall im SAP-System auftreten. Negative Bestände können vorübergehend im Buchwerk auftreten, wenn ein Material physisch bereits vorhanden ist, der entsprechende Wareneingang jedoch noch nicht systemseitig erfasst ist. Wird eine Entnahme vor der Wareneingangsbuchung erfasst, kann der Bestand negativ werden.

Negative Bestände sind also ein Zeichen dafür, dass physische Bewegungen im System nachzuerfassen sind. Sie könnnen auch ein Zeichen dafür sein, dass die Erfassung falsch erfolgt oder die Verarbeitung im SAP-System falsch ist. Dies ist vor allem in zeitlicher Nähe zur Inventur und zum Bilanzstichtag wichtig.

Erheben Sie zunächst im Interview, ob das Unternehmen negative Bestände im SAP-System zulässt und aus welchem Grund dies erforderlich ist. Prüfen Sie anschließend die entsprechende Einstellung im System. Stellen Sie somit fest, ob SAP-systemseitige Kontrollen eingerichtet sind. Das Zulassen von negativen Beständen ist für jedes Werk und jeden Lagerort einzeln zu aktivieren. Die Einstellungen finden sich in den Tabellen T001K (Einstellungen zu Bewertungskreisen) im Feld *Neg. Bestände* und T001L (Einstellungen zu Lagerorten) im Feld *Neg. Best LagOrt*. Zur Identifikation der Werke steht die Tabelle T001W (Werke/Niederlassungen) zur Verfügung.

Prüfen Sie anschließend, ob negative Bestände aktuell im System vorhanden sind. Starten Sie hierzu die Transaktion MB52 (Lagerbestandsliste), grenzen Sie auf die Werke und Lagerorte ein, für die negative Bestände erlaubt sind, und starten Sie die Auswertung.

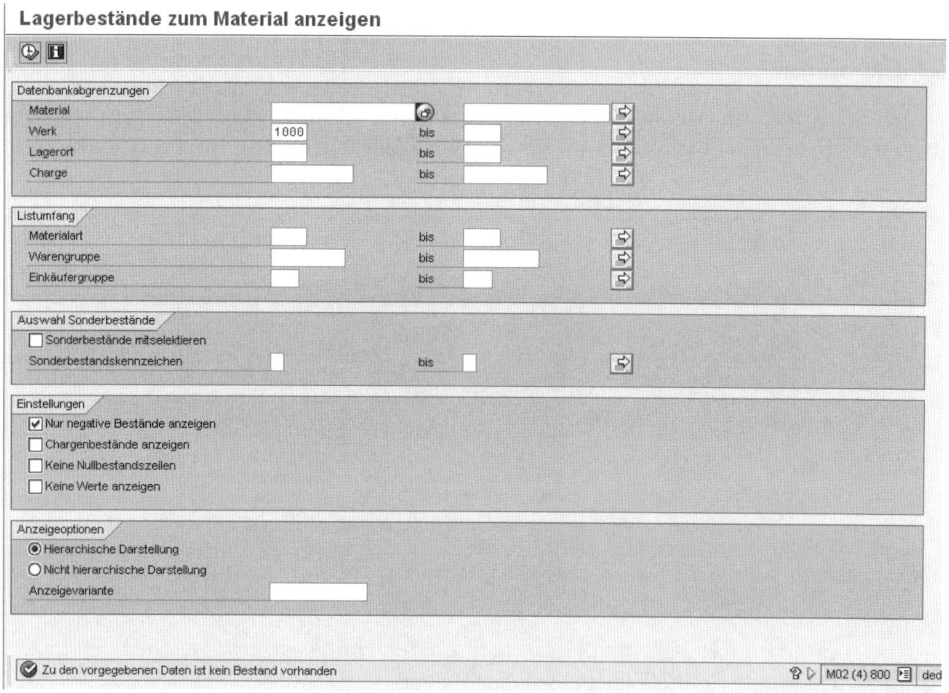

Abb. 4.2.4.10-10: Prüfung negativer Bestände anhand der Lagerbestandsliste *© SAP*

4.2.5 Inventur: SAP-Fakten

4.2.5.1 Inventurdurchführung mit dem SAP-System

Sowohl handels- als auch steuerrechtlich muss der Kaufmann seine Vermögensgegenstände zum Abschluss jeden Geschäftsjahres in einem Inventar darstellen. Zu den Vermögensgegenständen gehören u.a. auch die Vorräte. Zur Aufstellung des Inventars ist im Allgemeinen eine Bestandsaufnahme (Inventur) erforderlich.

Die Differenzen aus dem Vergleich zwischen den tatsächlich gezählten Beständen (Ist-Bestände) mit den Soll-Beständen des bestandsführenden Systems sind i.d.R. als Inventurdifferenzen auszuweisen.

Die regelmäßige körperliche Bestandsaufnahme der Vorräte ist gesetzlich vorgeschrieben; allerdings ist es möglich, über die Anwendung von Inventurverfahren den jeweiligen Aufwand einer Vollaufnahme zu verringern. Über die verschiedenen Inventurverfahren können Zeitpunkt der Durchführung oder Umfang der körperlichen Bestandsaufnahme gesteuert werden. Folgende Verfahren sind zulässig:

- Stichtagsinventur und ausgeweitete Stichtagsinventur
- Vor- oder nachverlagerte Stichtagsinventur (§ 241 Abs. 3 HGB)
- Cycle-Counting (Erhöhung der Inventurgenauigkeit, indem bestimmte Klassen von Materialien öfter als gesetzlich erforderlich aufgenommen werden.)
- Permanente Inventur (§ 241 Abs. 2 HGB)
- Stichprobeninventur (§ 241 Abs. 1 HGB)

Die Inventurverfahren sind kombinierbar, wie in der folgenden Abbildung dargestellt.

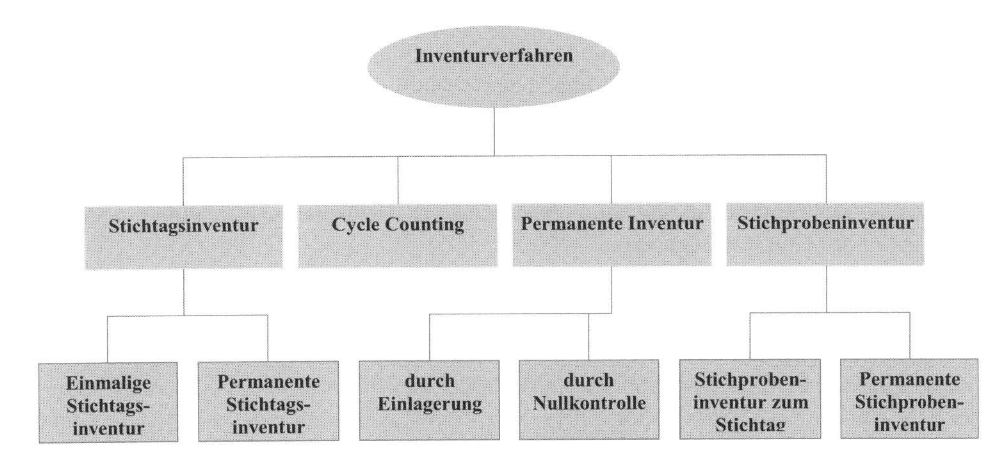

Abb. 4.2.5.1-10: Inventurverfahren und mögliche Kombinationen

Eine SAP-gestützte Inventur läuft unabhängig vom gewählten Inventurverfahren folgendermaßen ab:

1. Inventurvorbereitung

Im Rahmen der Inventurvorbereitung sind die Inventurbelege zu erstellen und die Materialien für Buchungen zu sperren. Die Inventurbelege sind zu drucken und zu verteilen. In einem Inventurbeleg ist u.a. angegeben,

- in welchem Werk und Lagerort gezählt werden soll,
- wann gezählt werden soll,

- welche Materialien gezählt werden sollen,
- welche Bestandsarten gezählt werden sollen,
- ob die Buchungssperre für ein Material gesetzt ist,
- wie die Inventurnummer lautet und
- welche Zählmengeneinheit zu verwenden ist.

Bei entsprechender Berechtigung können diese Daten gepflegt werden. Da nicht immer ausgeschlossen werden kann, dass zwischen einer Warenbewegung und dem Buchen der Warenbewegung Zeit verstreicht, müssen die von der Inventur betroffenen Materialien gesperrt werden, um Inkonsistenzen zwischen dem tatsächlichen Lagerbestand und dem Buchbestand zu vermeiden. Die Materialien können beim Erfassen des Inventurbelegs gesperrt werden oder erst später, indem im Inventurbeleg entsprechend die Buchungssperre gesetzt wird. Die Möglichkeit des späteren Setzens der Buchungssperre empfiehlt sich, wenn die Inventurbelege nicht unmittelbar vor der Zählung angelegt werden. Die Buchungssperre wird vom SAP-System automatisch nach der Zählung aufgehoben.

Dies kann allerdings dazu führen, dass beispielsweise ein tatsächlicher Warenausgang während der Inventur nicht aktuell verbucht wird (sofern physische Warenbewegungen während der Inventur zulässig sind, was nicht empfehlenswert ist). Es würde also eine Inventurdifferenz in Höhe des Warenausgangs entstehen. Um dies zu berücksichtigen, kann im Customizing in den Einstellungen zur Inventur das Häkchen bei *Buchbestand im Inventurbeleg anpassen* gesetzt werden (*Menüpfad: SPRO – SAP Referenz-IMG – SAP Customizing Einführungsleitfaden – Materialwirtschaft – Bestandsführung und Inventur – Inventur – Einstellungen zur Inventur*). Es ist zu beachten, dass diese Einstellung eine negative Auswirkung auf die Systemperformance hat und daher ausschließlich während einer Inventur genutzt werden sollte.

2. Inventurzählung

Im Anschluss kann die Inventurzählung beginnen. Nach dem Zählen der Bestände wird jedes Zählergebnis handschriftlich in den Ausdruck des Inventurbelegs eingetragen. Dieser Schritt entfällt bei Verwendung beispielsweise von MDE-Geräten.

3. Inventurauswertung

Die abschließende Inventurauswertung beinhaltet die Erfassung der in den Inventurbelegen festgehaltenen Zählergebnisse im System, ein mögliches Nachzählen und das Ausbuchen von Inventurdifferenzen. Die Erfassung kann über die positionsweise manuelle Eingabe der Daten im System erfolgen oder bei Verwendung SAP-externer Programme durch Einspielen von entsprechenden Batch-Input-Mappen oder die Übernahme von Zähldaten aus MDE-Geräten. Wenn der Verdacht naheliegt, dass ein Fehler beim Zählen aufgetreten ist, kann pro Position eine Nachzählung veranlasst werden. Hierzu wird ein neuer Inventurbeleg erzeugt.

Das Ergebnis der Inventur sind nach dem Ausbuchen der Inventurdifferenzen automatisch angepasste Buchbestände und Buchwerte.

Material A		Material B	
Materialstammsatz			
Standardpreis	10	Gleitender Preis	10
Gesamtbestand	100	Gesamtbestand	100
Gesamtwert	1000	Gesamtwert	1000
Inventurbeleg			
Gebuchte Inventurzählung	80	Gebuchte Inventurzählung	110
Inventurdifferenzen ausbuchen			
Bestandskonto zu Material A	-200		
Aufwand aus Inventur	+200		
Bestandskonto zu Material B	+100		
Ertrag aus Inventur	-100		
Materialstammsatz			
Standardpreis	10	Gleitender Preis	10
Gesamtbestand	80	Gesamtbestand	110
Gesamtwert	800	Gesamtwert	1100

Abb. 4.2.5.1-20: Beispiel Inventurdifferenz bei Eigenbestand

Das SAP-System ermöglicht auch das Zusammenfassen der folgenden Schritte:

- Inventurbeleg anlegen und Buchen der Zählung in einem Schritt: Die Inventurzählung wird ohne Bezug auf einen Inventurbeleg vorgenommen.
- Buchung der Zählung und Ausbuchung der Inventurdifferenz in einem Schritt: Wenn ein Inventurbeleg existiert, wird eine Inventurdifferenz unmittelbar bei der Zählung ausgebucht.
- Inventurbeleg anlegen, Zählung buchen und Ausbuchung der Inventurdifferenz in einem Schritt. Hier werden alle drei Schritte zusammen durchgeführt.

Es wird deutlich, dass das Zusammenlegen der Schritte wichtige Funktionstrennungsaspekte unterläuft und daher nicht zu empfehlen ist. Wird von diesen Vereinfachungsmöglichkeiten dennoch Gebrauch gemacht, so sind geeignete organisatorische Kontrollen zu berücksichtigen.

Der Status einer Inventur kann jederzeit im Inventurbeleg nachvollzogen werden. Im Inventurbeleg wird in der Inventurhistorie auf Positionsebene festgehalten, welche Aktionen je Position bereits durchgeführt wurden. Auf Belegkopfebene werden der Zählstatus, der Ausbuchstatus und der Löschstatus festgehalten, sprich, wie viele Positionen bereits gezählt, ausgebucht oder gelöscht wurden.

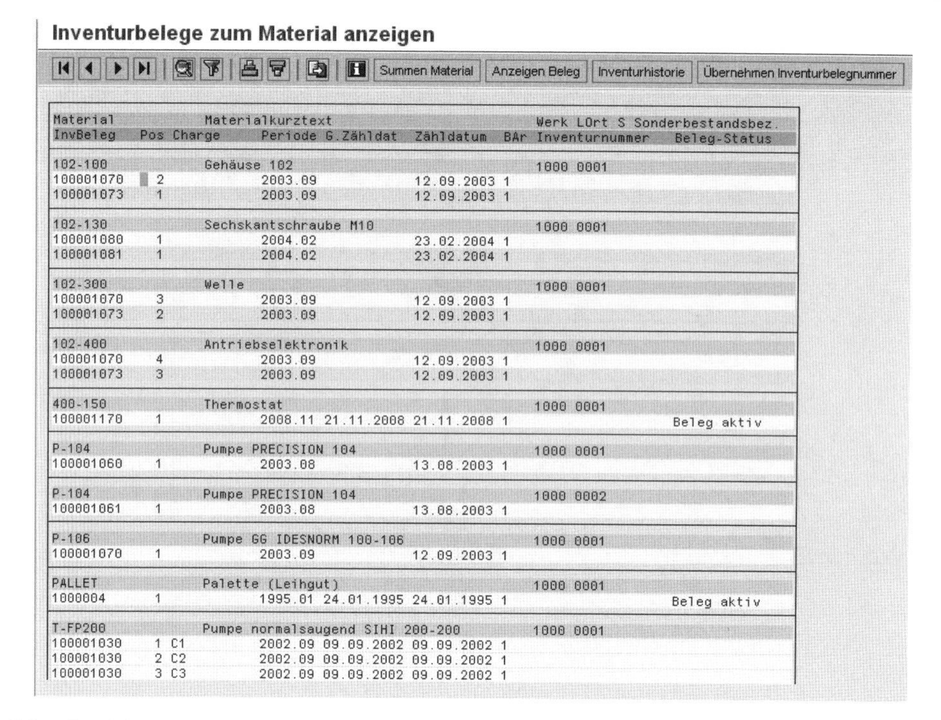
Inventurbelege zum Material anzeigen

Summen Material | Anzeigen Beleg | Inventurhistorie | Übernehmen Inventurbelegnummer

Material / InvBeleg	Pos	Charge	Materialkurztext / Periode	G.Zähldat	Zähldatum	BAr	Werk / Inventurnummer	LOrt	S	Sonderbestandsbez. / Beleg-Status
102-100			Gehäuse 102				1000	0001		
100001070	2		2003.09		12.09.2003	1				
100001073	1		2003.09		12.09.2003	1				
102-130			Sechskantschraube M10				1000	0001		
100001080	1		2004.02		23.02.2004	1				
100001081	1		2004.02		23.02.2004	1				
102-300			Welle				1000	0001		
100001070	3		2003.09		12.09.2003	1				
100001073	2		2003.09		12.09.2003	1				
102-400			Antriebselektronik				1000	0001		
100001070	4		2003.09		12.09.2003	1				
100001073	3		2003.09		12.09.2003	1				
400-150			Thermostat				1000	0001		
100001170	1		2008.11	21.11.2008	21.11.2008	1				Beleg aktiv
P-104			Pumpe PRECISION 104				1000	0001		
100001060	1		2003.08		13.08.2003	1				
P-104			Pumpe PRECISION 104				1000	0002		
100001061	1		2003.08		13.08.2003	1				
P-106			Pumpe GG IDESNORM 100-106				1000	0001		
100001070	1		2003.09		12.09.2003	1				
PALLET			Palette (Leihgut)				1000	0001		
1000004	1		1995.01	24.01.1995	24.01.1995	1				Beleg aktiv
T-FP200			Pumpe normalsaugend SIHI 200-200				1000	0001		
100001030	1	C1	2002.09	09.09.2002	09.09.2002	1				
100001030	2	C2	2002.09	09.09.2002	09.09.2002	1				
100001030	3	C3	2002.09	09.09.2002	09.09.2002	1				

Abb. 4.2.5.1-30: Anzeige Inventurbelege © *SAP*

Das SAP-System unterstützt im Rahmen der Durchführung einer Inventur bei folgenden Aktivitäten:

- Erstellung und Ausdruck von Inventuraufnahmebelegen
- Übernahme von MDE-Daten ins SAP-System
- Sperrmöglichkeit für Warenbewegungen während der Inventur
- Erfassung der Zählergebnisse und Abgleich mit dem Buchbestand
- Kontrolle der Inventurergebnisse, Änderung der Zählergebnisse, ggf. Nachzählung
- Ausbuchung der Inventurdifferenzen mit gleichzeitiger Korrektur der Werte auf den Bestandskonten der Buchhaltung
- Auswertungen anhand der Inventurhistorie

Besondere Einstellungen sind im SAP-System nur für die Stichprobeninventur und das Cycle-Counting vorzunehmen.

Für die Stichprobeninventur ist ein Inventurprofil zu pflegen, in dem die Parameter, wie beispielsweise der Mindeststichprobenumfang pro Schicht, die untere und obere Schichtanzahl oder der relative statistische Fehler einzugeben sind. Der Customizing-Pfad lautet *Menüpfad: SPRO – SAP Referenz-IMG – SAP Customizing Einführungsleitfaden – Materialwirtschaft – Bestandsführung und Inventur – Inventur – Stichprobeninventur – Inventurprofile festlegen.*

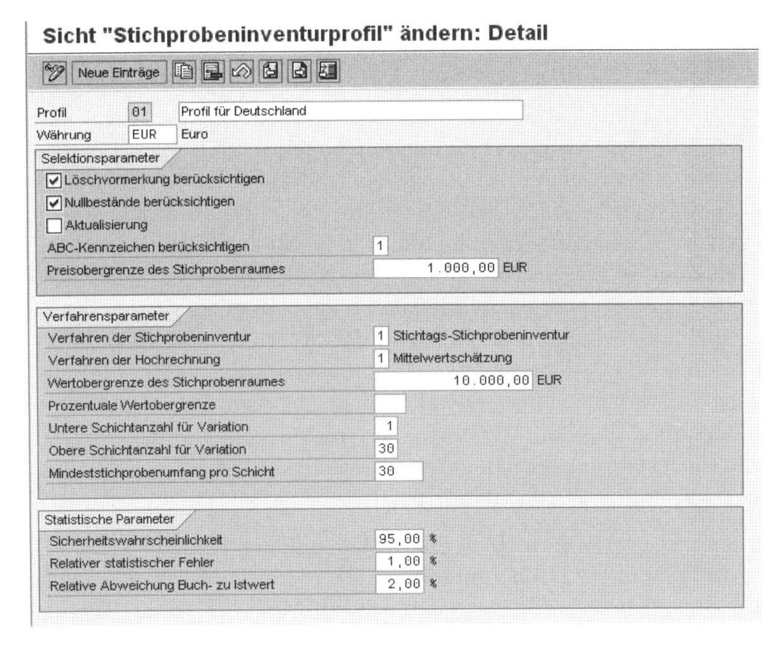

Abb. 4.2.5.1-40: Beispiel für Stichprobeninventurprofil © *SAP*

Ferner ist festzulegen, welche Materialarten mit dem Stichproben-Inventurverfahren aufgenommen werden dürfen. Dies ist getrennt für die MM-Materialwirtschaft und das WM-Warehouse-Management durchzuführen. Die Einstellungen sind zu finden in *Menüpfad: SPRO – SAP Referenz-IMG – SAP Customizing Einführungsleitfaden – Materialwirtschaft – Bestandsführung und Inventur – Inventur – Stichprobeninventur – /Bestandsebenen festlegen* und */Bestandsebenen WMS festlegen.*

Zum Cycle-Counting vgl. Abschnitt *4.2.5.7 Inventurverfahren: Cycle-Counting* sowie zur Darstellung der übrigen Inventurverfahren die nun folgenden Abschnitte.

4.2.5.2 Inventurverfahren: Körperliche Aufnahme und Buchinventur

Bei der *körperlichen Bestandsaufnahme* werden die Bestände durch Inaugenscheinnahme identifiziert und mengenmäßig durch Zählen, Messen, Wiegen oder Schätzen festgestellt. Werterhebliche Merkmale der Bestände werden durch die Beurteilung und Aufzeichnung des Zustandes erfasst.

Bei der *Buchinventur* werden Art, Menge und Wert der Bestände anhand der Lagerbuchführung festgestellt. Dieses Verfahren stellt erhöhte Anforderungen an die Genauigkeit der Lagerbuchführung und die Zuverlässigkeit des internen Kontrollsystems, da die Lagerbuchführung lediglich Soll-Bestände angibt, die dann als Grundlage des Inventars dienen. Sofern die Voraussetzungen zur Anwendung der Einlagerungsinventur (s.u.) erfüllt sind, ist die Buchinventur aufgrund der hohen Bestandssicherheit dieses Verfahren zulässig. Des Weiteren ist keine körperliche Aufnahme notwendig, wenn unfertige Erzeugnisse einer Produktion mit Produktionsplanungs- und Steuerungssystemen bestandszuverlässig erfasst werden (systemgestützte Werkstattinventur).

4.2.5.3 Inventurverfahren: Stichtagsinventur und Permanente Inventur

Bei der *Stichtagsinventur* werden die Bestände zum Bilanzstichtag des Unternehmens körperlich aufgenommen. Die Inventur muss nicht genau am festgelegten Bilanzstichtag stattfinden, sondern kann bis zu zehn Tage vor und nach diesem stattfinden. Dabei ist sicherzustellen, dass in diesen Fällen durch Anwendung eines ordnungsgemäßen Fortschreibungs- oder Rückrechnungsverfahrens der Bestand zum Bilanzstichtag richtig ermittelt werden kann. In diesem Fall spricht man von einer zeitlich ausgeweiteten Stichtagsinventur. Bei der vor- oder nachverlegten Stichtagsinventur werden die Bestände für einen vom Abschlussstichtag abweichenden Stichtag erfasst. Dieser Bestand wird dann wertmäßig auf den Bilanzstichtag fort- oder zurückgeschrieben. Die zeitliche Verlegung darf höchstens drei Monate vor oder zwei Monate nach dem Bilanzstichtag erfolgen. Es ist darauf hinzuweisen, dass die Wertfort- oder –rückschreibung für besonders wertvolle Bestände, die sich erfahrungsgemäß durch Schwund, Verderb oder andere unkontrollierbare Abgänge vermindern, nicht zulässig ist.

Bei der *Permanenten Inventur* werden die Bestände laufend während des gesamten Geschäftsjahres aufgenommen. Dabei muss gewährleistet sein, dass jedes Material mindestens einmal im Jahr körperlich aufgenommen wird und die Fortschreibungsverfahren erhöhten Ansprüchen genügen. Zum Abschlussstichtag werden die Bestände aus der Lagerbuchführung in das Inventar übernommen. Auch die Permanente Inventur ist nicht zulässig, sofern es sich um besonders wertvolle Bestände handelt, die ihrer Natur nach zu nicht kontrollierbaren Abgängen tendieren (Schwund, Verderb, leichte Zerbrechlichkeit).

4.2.5.4 Inventurverfahren: Stichprobeninventur

Die *Stichprobeninventur* kann sowohl im Rahmen der Stichtagsinventur (*Stichtags-Stichprobeninventur*) als auch im Rahmen der Permanenten Inventur (*Permanente Stichprobeninventur*) durchgeführt werden. Bei der Stichprobeninventur werden zufällig ausgewählte Bestände des Unternehmens körperlich aufgenommen. Sind die Abweichungen zwischen Zählergebnis und Buchbestand hinreichend klein, so wird davon ausgegangen, dass die Buchbestände der nicht aufgenommenen Bestände richtig sind. Die Stichprobeninventur hat erhöhte Anforderungen an die Zuverlässigkeit der Bestandserfassung und ist an die folgenden Voraussetzungen geknüpft:

- Einsatz eines anerkannten mathematisch-statistischen Verfahrens,
- GoB-Entsprechung,
- Identischer Aussagewert, d.h. die Aussage der Stichprobeninventur und Vollinventur sind äquivalent und
- Bestandszuverlässige Lagerbuchführung (nach Art, Menge und ggf. bewertungsrelevanten Informationen).

4.2.5.5 Inventurverfahren: Einlagerungsinventur

Vollautomatische Lagersysteme ermöglichen das Verfahren der *Einlagerungsinventur*. Die Ein- und Auslagerung der Bestände wird über die IT gesteuert und ist an die Bestandsfortschreibung gekoppelt. Maschinelle Kontrollen stellen sicher, dass keine Ein- und Auslagerungen ohne eine automatische Bestandsfortschreibung vorgenommen werden können. Das Lager ist im laufenden Betrieb nicht begehbar und Unbefugten nicht zugänglich. Bei derartigen vollautomatischen Lagersystemen wird es als zulässig erachtet, die körperliche Bestandsaufnahme nur bei der Einlagerung der Bestände vorzunehmen, sofern zusätzlich die folgenden Vorraussetzungen gegeben sind:

- Aufnahme und Dokumentation bei Einlagerung entsprechen den Grundsätzen einer ordnungsgemäßen Inventur;
- Vom Lagereingang bis zum Lagerplatz bestehen keine Zugriffsmöglichkeiten;
- Im Geschäftsjahr nicht bewegte Bestände werden bis zum Bilanzstichtag aufgenommen;
- Der Bestand zum Bilanzstichtag ist dokumentiert und die Einlagerungsbelege werden als Inventurbelege verwahrt.

4.2.5.6 Inventurverfahren: Systemgestützte Werkstattinventur

Der Werkstattbestand zu einem bestimmten Zeitpunkt ist nur über die sich gerade in Arbeit befindlichen Aufträge, die sich in den unterschiedlichsten Bearbeitungsstadien befinden, zu identifizieren. Sofern eine Produktion mit computergestützten Produktionsplanungs- und Steuerungsverfahren erfolgt, können die dabei erzeugten Daten als Grundlage für die Inventur verwendet werden. Voraussetzung ist, dass die Teile durch die Rückmeldungen des Produktionssystems nach einem bestimmten Fertigungsabschnitt mengenmäßig erfasst und alle weiteren für die Inventarisierung notwendigen Daten ebenfalls aufgezeichnet werden. In diesem Fall kann auf eine körperliche Bestandsaufnahme der Werkstattbestände zum Bilanzstichtag verzichtet werden. Das Produktionssystem muss bestandszuverlässig arbeiten, was durch hinreichende interne Kontrollen (z.B. Zugriffsberechtigungen, Festlegung von Routinekontrollen, Überwachung von Systemeingriffen, Stichprobenweise Prüfung der Abläufe) sichergestellt werden kann. Die implementierten Kontrollen sind durch eine entsprechende Systemprüfung zu kontrollieren und zu dokumentieren. Die systemgestützte Werkstattinventur zum Bilanzstichtag ist angemessen zu dokumentieren.

4.2.5.7 Inventurverfahren: Cycle-Counting

Das Cycle-Counting ist ein Inventurverfahren, nach dem Materialien innerhalb eines Geschäftsjahres in regelmäßigen Zeitabständen inventarisiert werden. Damit kann erreicht werden, dass gängige Materialien öfter inventarisiert werden als weniger gängige. Die Zeitabstände oder Zyklen hängen vom Cycle-Counting-Kennzeichen des Materials ab.

Materialien, die am Cycle-Counting teilnehmen sollen, werden im Materialstammdatensatz (Sicht Lager) mit dem Cycle-Counting-Kennzeichen versehen, beispielsweise A, B, C und D. Im Customzing in der Bestandsführung ist einzustellen, in welchen Zeitabständen pro Kategorie (A, B, C oder D) die Materialien inventarisiert werden sollen. Die Einstellungen zum Cycle-Counting sind im Einführungsleitfaden zu finden unter *Menüpfad: SPRO – SAP Referenz-IMG – SAP Customizing Einführungsleitfaden – Materialwirtschaft – Bestandsführung und Inventur – Inventur – Cycle-Counting.*

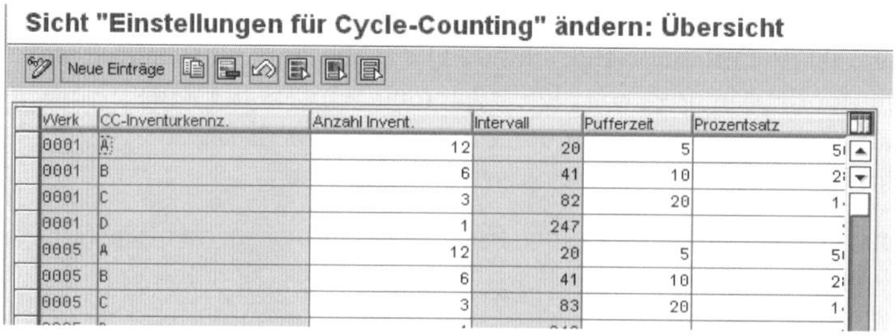

Sicht "Einstellungen für Cycle-Counting" ändern: Übersicht

Neue Einträge

Werk	CC-Inventurkennz.	Anzahl Invent.	Intervall	Pufferzeit	Prozentsatz
0001	A	12	20	5	5
0001	B	6	41	10	2
0001	C	3	82	20	1
0001	D	1	247		
0005	A	12	20	5	5
0005	B	6	41	10	2
0005	C	3	83	20	1

Abb. 4.2.5.7-10: Customizing-Einstellungen für Cycle-Counting © *SAP*

Mit dem Programm RMCBIN00 (ABC-Analyse des Cycle Counting (Inventur)) kann man eine Analyse durchführen, die die Materialien nach Verbräuchen oder Bedarfen den einzelnen Kategorien zuordnet. Das Cycle-Counting-Kennzeichen in den Materialstammsätzen kann mit diesem Programm automatisch fortgeschrieben werden.

Mit dem Programm RM07ICN1 (Batch-Input: Inventurbelege für Cycle Counting anlegen) können alle Cycle-Counting-Materialien auf Fälligkeit geprüft und die entsprechenden Inventurbelege angelegt werden.

4.2.6 Inventur: Prüfungshandlungen

Die laufende korrekte Bestandsführung zur Ermittlung der Soll-Mengen ist Vorraussetzung für ein ordnungsgemäßes Inventurverfahren. Insofern sind die im Abschnitt *4.2.3 Bestandsführung und Warenbewegungen* dargestellten Kontrollen in ihrer Gesamtheit hierfür eine Vorrausetzung.

Für die Ermittlung der Ist-Mengen, also die Durchführung der Inventur, sind die Inventurverfahren bzw. ihre zulässigen Kombinationen richtig anzuwenden. Es ist zu beachten, dass über die Inventur vor allem das *Mengengerüst* erfasst wird. Die Bewertung erfolgt in einem anderen Schritt und wird im Rahmen der regelmäßigen Bestandsführung in Abschnitt *4.2.3 Bestandsführung und Warenbewegungen* sowie bei der Besprechung der verschiedenen Bewertungsverfahren in Abschnitt *4.2.7 Bilanzbewertung* dargestellt.

Bei der Prüfung der Inventurverfahren sind aus Sicht der Systemprüfung die ordnungsgemäße Handhabung der Inventurverfahren sowie das in diesem Zusammenhang zum Einsatz kommende interne Kontrollsystem zu untersuchen.

4.2.6.1 Organisation

In einem ersten Schritt sind die Inventurrichtlinien und –anweisungen der Gesellschaft, die Inventur betreffende Ausführungen im Organisationshandbuch sowie Ergebnisse von Inventurauswertungen, Revisionsberichten und Gesprächen mit entsprechenden Mitarbeitern auszuwerten. Prüfen Sie, ob und inwieweit vorhandene Inventurrichtlinien umgesetzt werden.

4.2.6.2 Berechtigungen und Funktionstrennungsaspekte

Wie oben dargestellt, sind die folgenden wesentlichen Schritte im Rahmen der Inventur durchzuführen:

- Inventurbelege anlegen/pflegen
- Erfassen der Zählung
- Inventurdifferenz buchen

In der folgenden Tabelle sind die dafür jeweils erforderlichen Berechtigungen dargestellt:

Funktionen	**Berechtigungs-objekte**	**Felder**	**Feldausprä-gungen**
Inventurbelege anlegen, pflegen	S_TCODE	TCD	MI01, MI02
	M_ISEG_WIB	ACTVT	01, 02
		WERKS	[jeweiliges Werk]
Erfassung der Zählung mit/ohne Bezug zu einem Inventurbeleg, Zählung ändern	S_TCODE	TCD	MI04/MI09, MI05
	M_ISEG_WZL	ACTVT	01, 02
		WERKS	[jeweiliges Werk]
Inventurdifferenz buchen	S_TCODE	TCD	MI07, MI10
	M_ISEG_WDB	ACTVT	01
		WERKS	[jeweiliges Werk]
Zählung und Differenzbuchung in einem Schritt	S_TCODE	TCD	MI08
	M_ISEG_WZB	ACTVT	01
		WERKS	[jeweiliges Werk]

Prüfen Sie, ob die Berechtigungen ausschließlich an die mit diesen Aufgaben betrauten Personen vergeben sind. Stellen Sie ferner fest, ob die Berechtigungen dauerhaft vergeben sind oder ob die Gesellschaft ein Verfahren eingerichtet hat, so dass die Berechtigungen nur zu Zeiten der Inventurdurchführung vergeben sind.

SAP ermöglicht ferner, die oben dargestellten Schritte zusammenzufassen. Da hierdurch ein wesentliches Ordnungsmäßigkeitskriterium verletzt wird, sollte diese Möglichkeit ausgeschlossen werden, sofern keine besonderen Gründe des Inventurablaufs dagegensprechen. Prüfen Sie daher ebenfalls, ob die dargestellten Berechtigungen unter Beachtung der Funktionstrennungsaspekte vergeben sind. Beachten Sie, dass für die Durchführung von Zählung und Differenzbuchung in einem Schritt nur das Berechtigungsobjekt M_ISEG_WZB erforderlich ist (und keine kombinierte Vergabe weiterer Berechtigungsobjekte).

4.2.6.3 Fixieren des Buchbestands im Inventurbeleg während der Inventur

Kommt es zwischen der Zählung und der Erfassung der Zählung im System zu einer Buchung von Warenbewegungen, so wird der Buchbestand zu Beginn der Zählung nicht mehr mit dem Bestand bei der Erfassung der Zählung übereinstimmen. Um dies zu vermeiden, könnte bei Erstellung der Inventurbelege eine komplette Sperrung von Warenbewegungen für die zu zählenden Materialien vorgenommen werden. D.h. jegliche Erfassung von Warenbewegungen wird während des Zeitraums der Inventur ausgeschlossen, beispielsweise indem für diesen Zeitraum die entsprechenden Transaktionen gesperrt werden.

Ist dies organisatorisch zu aufwändig, kann auch in den Customizing-Einstellungen der Buchbestand auf dem Inventurbeleg fixiert werden. Wenn die physische Zählung abgeschlossen ist und die Zählergebnisse noch im System eingegeben werden müssen, führt dies ohne Fixierung des Buchbestands im Inventurbeleg zu folgendem Sachverhalt: Finden jetzt Bestandsbuchungen statt, ändert sich auch der Buchbestand im Inventurbeleg, entspricht also nicht mehr dem Bestand, der zum Zeitpunkt der physischen Zählung gültig war. Allerdings werden die Zählergebnisse, die zum Zeitpunkt der physischen Zählung gültig waren, eingegeben. Zur Ermittlung der Inventurdifferenz findet also nun ein Vergleich zwischen gezähltem Bestand und nach der Zählung aktualisiertem Bestand statt; das Ergebnis ist also um diese letzte Bestandsbuchung falsch. Um dies zu vermeiden, kann der Buchbestand im Inventurbeleg solange fixiert werden, bis die Zählung im System eingegeben ist, so dass genau derjenige Buchbestand mit der physischen Zählung verglichen wird, der auch zum Zeitpunkt der Zählung gültig war.

Nehmen Sie zunächst auf, ob der Mandant eines der oben beschriebenen Verfahren verwendet (Grundsätzliche Sperrung von Warenbewegungen während der Inventur oder automatische Fixierung des Buchbestands im Inventurbeleg während der Zählung). Die Fixierung ist nur sinnvoll, wenn der Mandant auf Bestandsbuchungen während der Inventur nicht verzichten kann. Prüfen Sie dann die entsprechende Einstellung im Customizing: *Menüpfad: SPRO – SAP Referenz-IMG – SAP Customizing Einführungsleitfaden – Materialwirtschaft – Bestandsführung und Inventur – Inventur – Buchbestand fixieren im Lagerort erlauben*. Alternativ analysieren Sie das Feld *BuchFix Lgort* der Tabelle *T001L*.

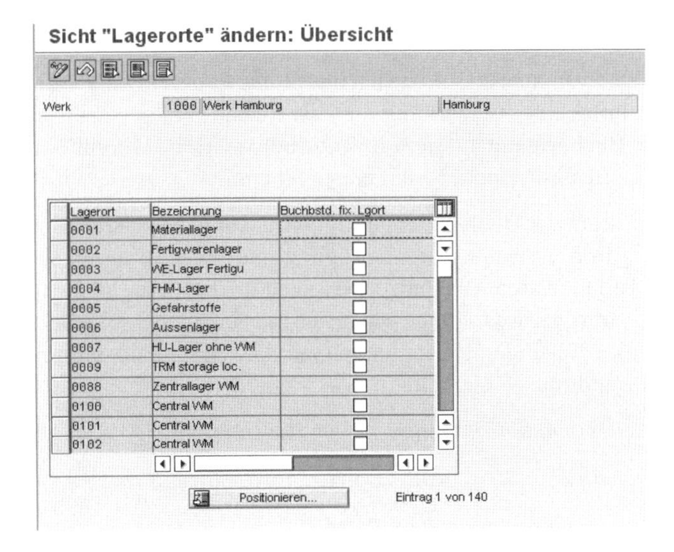

Abb. 4.2.6.3-10: Customizing-Sicht zur Fixierung des Buchbestands © *SAP*

4.2.6.4 Automatische Anpassung des Buchbestands im Inventurbeleg

Im Falle des zeitlichen Auseinanderfallens von physischer Warenbewegung und ihrer Buchung im System kann es in naher zeitlicher Umgebung zu einer Inventur zu einer Verfälschung des Inventurergebnisses kommen.

Tagesdatum	Buchungsdatum	Warenbewegungen	Buchbestand	Erfassungsmenge
01.07.09	01.07.09	Inventurzählung	1000 ST	80 ST
03.07.09	30.06.09	Warenausgang	100 ST	900 ST

Im dargestellten Beispiel findet die Inventurzählung am 1. Juli statt. Am 30. Juni gab es einen Warenausgang, der erst am 3. Juli mit korrektem Buchungsdatum 30. Juni im System erfasst wird. Zum Zeitpunkt der Inventur ist dem System also der physische Warenausgang vom 30. Juni in Höhe von 900 Stück nicht bekannt. Die Zählung ergibt also eine um diese Menge erhöhte Inventurdifferenz. Anstelle der eigentlichen Differenz von 20 Stück wird eine Differenz von 920 Stück festgestellt.

Die nachträgliche Erfassung des Warenausgangs am 3. Juli kommt zu spät, um für einen korrekten Datenbestand zu sorgen. Um dies zu gewährleisten, kann der Buchbestand im Inventurbeleg automatisch nachträglich angepasst werden. Dies muss in den Einstellungen zur Inventur aktiviert werden. Der Menüpfad ist *SPRO – SAP Referenz-IMG – SAP Customizing Einführungsleitfaden – Materialwirtschaft – Bestandsführung und Inventur – Inventur – Einstellungen zur Inventur.* Die in der folgenden Abbildung dargestellten Einstellungsmöglichkeiten haben folgende Auswirkung:

- nicht aktiv: Es kommt zu der oben dargestellten erhöhten Inventurdifferenz
- aktiv: Das SAP-System prüft, ob die nachträgliche Erfassung der Warenbewegung bei zeitnaher Buchung eine Auswirkung auf den Inventurbeleg gehabt hätte. Ist dies der Fall, wird der Buchbestand auf dem Inventurbeleg um die Warenbewegung angepasst und die Inventurdifferenz ändert sich entsprechend.

Da nur das Tagesdatum der Buchung abgefragt wird, kann das System nur dann eine richtige Entscheidung treffen, wenn Warenbewegung und Inventur an unterschiedlichen Tagen stattfinden. Fallen Warenbewegung und Inventur auf den gleichen Tag, muss dem System mitgeteilt werden, was vorher war. Hier muss man sich einmal entscheiden und dann eine der beiden folgenden Einstellungen zur Aktivierung der automatischen Anpassung des Buchbestands auswählen:

- *aktiv, bei gleichem Datum war Inventur vor Warenbewegung*
- *aktiv, bei gleichem Datum war Warenbewegung vor Inventur*

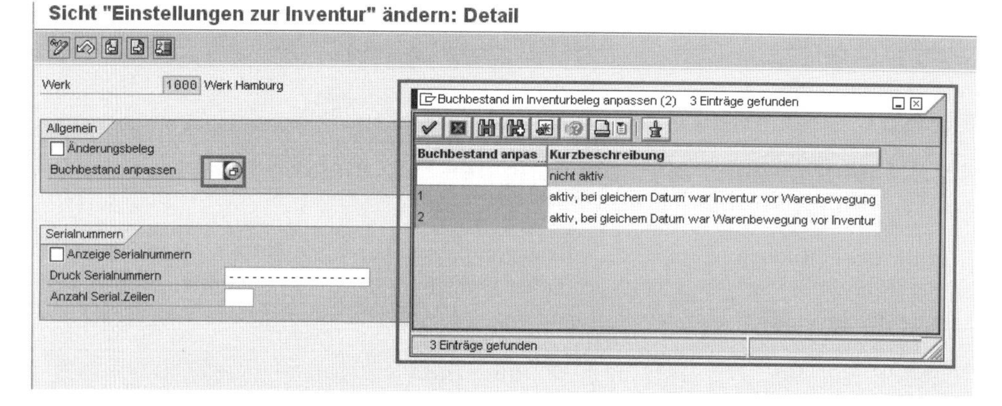

Abb. 4.2.6.4-10: Automatische Anpassung des Buchbestands bei Warenbewegungen in zeitlicher Nähe zur Inventur *© SAP*

Es ist zu beachten, dass die Aktivierung dieses Kennzeichens Performance-intensiv ist, da bei jeder Warenbewegung nach entsprechenden Inventurbelegen gesucht wird. Das Kennzeichen sollte also nur in zeitlicher Nähe zu einer Inventur gesetzt werden.

Auch diese Prüfung ist vor dem Hintergrund der organisatorischen Gegebenheiten des Unternehmens durchzuführen. Wenn das Unternehmen nicht ausschließen kann, dass während der Inventur Warenbewegungen stattfinden, sollte dieses Kennzeichen gesetzt sein. Auch für die Suche nach nicht erklärbaren Inventurdifferenzen sollte diese Einstellung berücksichtigt werden.

4.2.6.5 Umlagerungen in zeitlicher Nähe zu Inventuren

Sollten während einer Inventur Umlagerungen stattfinden, kann es zu Bestandsdifferenzen kommen. Um die Herkunft solcher Bestandsdifferenzen zu identifizieren, kann es sinnvoll sein, mit Hilfe der Transaktion MB51 Materialbelege mit der Bewegungsart 301 (Umlagerung Werk an Werk – Einschrittverfahren) zu analysieren. Vgl. hierzu auch den

Abschnitt *4.2.4.6 Umlagerungen zwischen Werken aus unterschiedlichen Bewertungskreisen.*

4.2.6.6 Nachbuchungen in Vorperioden und negative Bestände

Beachten Sie für Prüfungshandlungen im Bereich der Inventuren die Prüfunghandlungen *4.2.4.9 Nachbuchungen in Vorperioden* und *4.2.4.10 Negative Bestände.*

4.2.6.7 Verwendung von Änderungsbelegen

Um nachvollziehen zu können, wer wann Inventurbelege geändert hat, sollte im Customizing die Erstellung von Änderungsbelegen aktiviert sein. Dies ist nachprüfbar im Customizing unter *Menüpfad: SPRO – SAP Referenz-IMG – SAP Customizing Einführungsleitfaden – Materialwirtschaft – Bestandsführung und Inventur – Inventur – Einstellungen zur Inventur*. Pro Werk ist das Häkchen bei *Änderungsbeleg* zu setzen. Alternativ können Sie das Feld *Änderungsbeleg* der Tabelle T159L analysieren. In der Standardauslieferung ist die Erstellung von Änderungsbelegen für Inventurbelege deaktiviert.

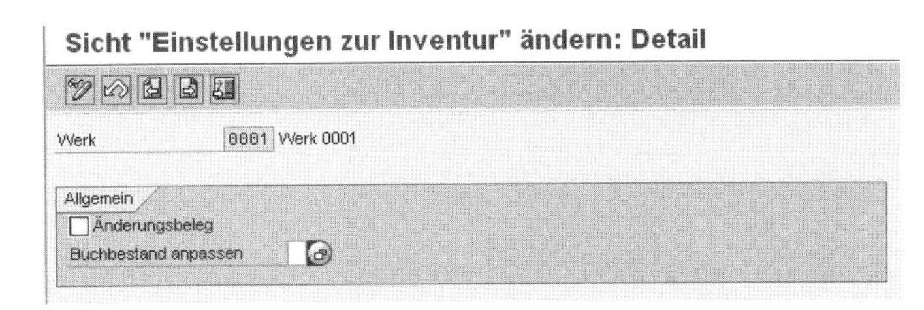

Abb. 4.2.6.7-10: Änderungsbelege für Inventurdifferenzen © *SAP*

4.2.6.8 Pflegen von Toleranzgrenzen für Inventurdifferenzen

Im Customizing ist für unterschiedliche Benutzergruppen einstellbar, in welcher Höhe Inventurdifferenzen gebucht werden dürfen. Es können die folgenden Toleranzgrenzen gepflegt werden:

- Maximaler Betrag pro Inventurbeleg
- Maximaler Betrag pro Belegposition

Die Einstellung ist auffindbar über *Menüpfad: SPRO – SAP Referenz-IMG – SAP Customizing Einführungsleitfaden – Materialwirtschaft – Bestandsführung und Inventur – Inventur – Toleranzen für Inventurdifferenzen festlegen.*

Es müssen zunächst Inventurtoleranzgruppen gepflegt werden, in denen pro Buchungskreis Obergrenzen für die Erfassung von Inventurdifferenzbuchungen definiert werden:

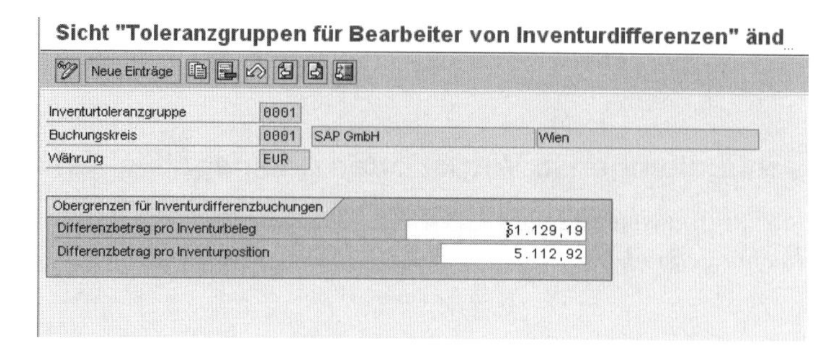

Abb. 4.2.6.8-10: Inventurtoleranzgruppe © *SAP*

Diese Inventurtoleranzgruppen werden dann einzelnen Benutzern zugewiesen:

Abb. 4.2.6.8-20: Zuweisung von Inventurtoleranzgruppen zu Benutzern © *SAP*

Bei Überschreitung eines dieser Werte darf der Benutzer die Inventurdifferenz nicht buchen. Prüfen Sie die Einstellungen und gleichen Sie sie mit den Anforderungen des Unternehmens ab. Eine sinnvolle Einstellung ist, dass höherrangige Benutzer auch höhere Inventurdifferenzen buchen dürfen.

4.2.6.9 Stichprobeninventur

Wie bereits erwähnt, sind nur für die Stichprobeninventur und das Cycle-Counting besondere Einstellungen im SAP-System vorzunehmen. Überprüfen Sie die verwendeten Stichprobeninventurprofile (vgl. 4.2.5.1-40: Beispiel für Stichprobeninventurprofil) und gleichen Sie sie mit den Anforderungen des Unternehmens ab. Die Stichprobeninventurprofile sind aufrufbar über *Menüpfad: SPRO – SAP Referenz-IMG – SAP Customizing Einführungsleitfaden – Materialwirtschaft – Bestandsführung und Inventur – Inventur – Stichprobeninventur – Inventurprofile festlegen* oder alternativ über die Transaktion OMCK.

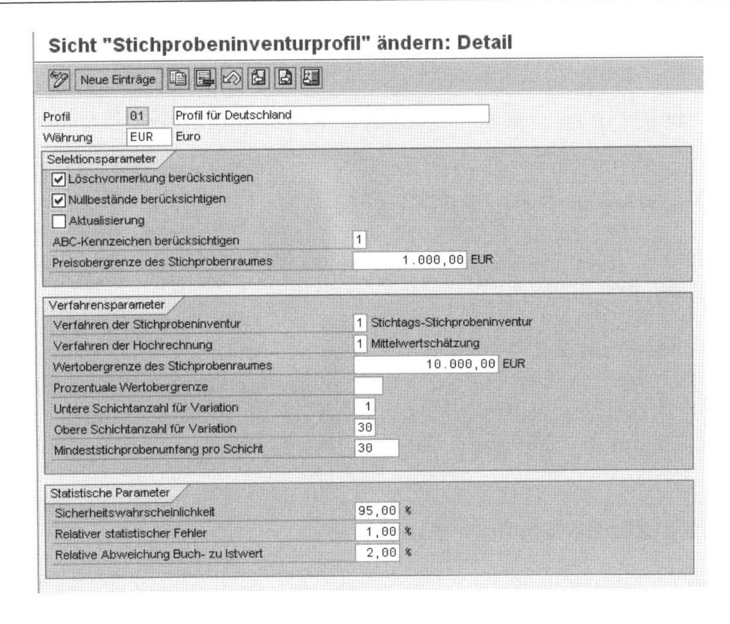

Abb. 4.2.6.9-10: Beispiel für Stichprobeninventurprofil © *SAP*

Ein Unternehmen, für das die Regularien des HGB gelten, sollte folgende Einstellungen umgesetzt haben:

- Gesetztes Kennzeichen „Löschvormerkung berücksichtigen“: auch mit Löschvormerkung gekennzeichnete Materialien werden mitgezählt
- Nullbestände berücksichtigen: Auch Materialien mit einem Buchbestand von Null werden gezählt
- ABC-Kennzeichen berücksichtigen: Kennzeichen „A“ zum Vollerhebungszeitraum sollte selektiert werden
- Preisobergrenze des Stichprobenraumes: beispielsweise 500,-- EUR, jedoch Abhängig von Wert und Preis des jeweiligen Materials
- Verfahren der Stichprobeninventur: Stichtags-Stichprobeninventur oder permanente Stichprobeninventur in Abhängigkeit vom verwendeten Inventur-Verfahren
- Verfahren der Hochrechnung (Mittelwertschätzung)
- Wertobergrenze des Stichprobenraumes (Abhängig von Wert und Preis des jeweiligen Materials)
- Sicherheitswahrscheinlichkeit: 95 %
- Relativer statistischer Fehler: 1 %
- Relative Abweichung Buch- zu Istwert: 2 %

Eine abschließende Einschätzung, welche Einstellungen richtig sind, muss im Zweifel der Jahresabschlussprüfer vornehmen. Stellen Sie immer erst sicher, ob über das Unternehmen oder den Jahresabschlussprüfer die vorzunehmenden Einstellungen bekannt sind. Gleichen Sie diese dann mit den Einstellungen im System ab.

Gehen Sie entsprechend bei Verwendung des Cycle-Countings vor.

4.2.7 Bilanzbewertung: SAP-Fakten

Vorräte haben zum einen die Eigenschaft, dass ihr Wert in der Gesamtheit nur schwer zu ermitteln ist. Zum anderen ist ihr Wert im Zeitablauf alles andere als beständig. Aus diesem Grunde sind für die korrekte Darstellung der Vorräte in der Bilanz entsprechende Regeln anzuwenden, mit denen einerseits Menge und Wert der Vorräte richtig und transparent dargestellt werden, und andererseits dem kaufmännischen Vorsichtsprinzip entsprochen wird. Dabei sind nicht nur gesetzliche Vorschriften zu erfüllen, sondern auch Konzernvorgaben und die Umsetzung bilanzpolitischer Ziele.

4.2.7.1 Gesetzliche Vorschriften

Die grundlegendste gesetzliche Vorschrift nach § 252 Abs. 1 Nr. 4 HGB besagt entsprechend dem kaufmännischen Vorsichtsprinzip, dass

- Vorhersehbare Risiken und Wertminderungen auch ohne Fremdbeleg als Wertminderungen zu berücksichtigen sind und
- Wertmehrungen aller Art nur bei Realisation bewertet werden dürfen, d.h., wenn der jeweilige Gegenstand verkauft worden ist.

Darauf baut der Niederstwertgrundsatz des § 253 Abs. 1 HGB auf, der besagt, dass

- Vermögensgegenstände höchstens mit Anschaffungs- oder Herstellungskosten vermindert um Abschreibungen anzusetzen sind (Niederstwertprinzip) und
- Verbindlichkeiten mit ihrem Rückzahlungsbetrag anzusetzen sind, d.h., u.U. zu mehr als ihrem Nominalwert (Höchstwertprinzip).

Damit sind Vorräte höchstens zu Anschaffungskosten, sofern es sich um Roh-, Hilfs- und Betriebsstoffe oder Handelswaren handelt, und zu Herstellungskosten zu bewerten, sofern es sich um Halb- oder Fertigerzeugnisse handelt.

Als Maximalwerte für den Ansatz in der Bilanz kommen der im Materialstammsatz mitgeführte *Standardpreis* oder der *Gleitende Durchschnittspreis* in Frage sowie der *Periodisch gleitende Durchschnittspreis* aus dem Material-Ledger oder der *Mittlere Zugangspreis*.

Der Standardpreis und der Gleitende Durchschnittspreis sind die beiden Standard-Preissteuerungsarten in der Materialwirtschaft.

4.2.7.2 Standardpreis

Der Standardpreis wird für ein Material für einen längeren Zeitraum festgelegt. Er gilt unveränderlich für mindestens einen Monat. Der Standardpreis wird für eigengefertigte Halbfabrikate und Fertigprodukte ermittelt. Er wird vor dem Beginn einer Periode ermittelt und gilt dann für den gesamten Gültigkeitszeitraum, unabhängig von den tatsächlich entstehenden Kosten. Da sich der Standardpreis zunächst nicht ändert, werden Preisabweichungen bei Lieferungen und Bestellungen auf Preisdifferenzenkonten gebucht.

4.2.7.3 Gleitender Durchschnittspreis

Der Gleitende Durchschnittspreis kann sich bei jedem Wareneingang ändern. Er wird im Allgemeinen bei Zukaufmaterialien verwendet. Bei einem Wareneingang wird die Bestandsmenge um den Wareneingang erhöht. Da die zugegangene Ware auch einen Wert hat, erhöht sich ebenfalls der Gesamtbestandswert dieses Materials. Der neue gleitende Durchschnittspreis ergibt sich aus der Differenz zwischen dem neuen Bestandswert und der neuen Bestandsmenge. Bei einem Warenausgang ändert sich der Gleitende Durchschnittspreis nicht, da der Wert des Warenausgangs dem bestehenden Gleitenden Durchschnittspreis entspricht.

4.2.7.4 Periodisch gleitender Durchschnittspreis

Mit Hilfe des Material-Ledgers ist es möglich, eine Istkostenrechnung zur genauen Ermittlung des Standardpreises durchzuführen. Diese Istkalkulation dient der Ermittlung von Istkosten fremdbeschaffter und eigengefertigter Materialien. Außerdem wird eine Istkosten-gerechte Bestandsbewertung von Rohstoffen sowie Halb- und Fertigerzeugnissen vorgenommen. Am Periodenende wird pro Material ein Istpreis ermittelt unter Berücksichtigung sämtlicher Istkosten der jeweiligen Periode. Der so ermittelte periodische Istpreis wird als periodischer Verrechnungspreis oder Periodisch gleitender Durchschnittspreis bezeichnet und kann anschließend verwendet werden, um die Materialbestände der abzuschließenden Periode entsprechend umzubewerten und als neuer Standardpreise für die künftige Periode zu fungieren.

4.2.7.5 Mittlerer Zugangspreis

Das Verfahren zur Berechnung des mittleren Zugangspreises dient im Wesentlichen dazu, einen objektiven und nachvollziehbaren Preis als Grundlage der Niederstwertermittlung bereitzustellen. Für den Zugangspreis werden alle entstandenen Kosten berücksichtigt, also auch Bezugsnebenkosten und Nachbelastungen: der Preis berechnet sich aus gesamt berechnetem Wert dividiert durch gesamt gelieferte Menge.

4.2.7.6 Das Niederstwertprinzip

Gemäß dem strengen Niederstwertprinzip müssen einzelne Vorräte mit einem geringeren Wert als den Anschaffungs- oder Herstellungskosten (also den oben aufgelisteten maximal in Frage kommenden Preisen) angesetzt werden, sofern

- ein niedrigerer Börsen- oder Marktpreis festzustellen ist (§ 253, Abs. 4, Satz 1) oder
- sich ein niedrigerer sog. Beizulegender Wert ergibt (§ 253, Abs. 4, Satz 2), der im Bereich der Vorräte insbesondere bei überalterten Beständen eine Rolle spielt.

Voraussetzung für eine korrekte Vorratsbewertung ist, dass diese Preise im SAP-System automatisiert vorgehalten werden. Als Preise kommen in Betracht:

- die tatsächlichen Einkaufspreise (auf Basis von Eingangsrechnungen),
- der aus diesen zu ermittelnde gleitende Durchschnittspreis (automatisiert),
- der Rückgriff auf den jeweils letzten Einkaufspreis für einen Artikel (automatisiert) sowie
- ebenfalls als Kontrollpreis der Rückgriff auf den jeweils niedrigsten Einkaufspreis für einen Artikel je Periode (automatisiert).

4.2.7.7 Verbrauchsfolgeverfahren

Sofern nicht ein gleitender Durchschnittspreis im Detail gepflegt wird, kann für den Inventurbestand als Vereinfachung ein nach § 256 HGB bestimmtes Verbrauchsfolgeverfahren unterstellt werden. Dabei handelt es sich vor allem um die Verfahren

- *LIFO*: last in first out und
- *FIFO*: first in first out.

Das SAP-System bietet diese Möglichkeiten der Bilanzbewertung natürlich ebenfalls an. Zusätzlich kann jederzeit die *Niederstwertermittlung* durchgeführt werden, die hier als erstes vorgestellt wird.

4.2.7.8 Niederstwertermittlung

Mit dem SAP-System können verschiedene Verfahren der Niederstwertermittlung realisiert werden:

- Niederstwertermittlung nach Marktpreis
- Niederstwertermittlung nach Reichweite
- Niederstwertermittlung nach Gängigkeit
- Verlustfreie Bewertung

Man muss sich nicht zwangsläufig für nur eines der Verfahren entscheiden; die Niederstwertverfahren sowie die FIFO-/LIFO-Verfahren können mehrstufig hintereinander ausgeführt werden. Die sich entsprechend ergebenden unterschiedlichen Preise werden als sogenannte Inventurpreise im Materialstammsatz hinterlegt. Wie in der folgenden Abbildung erkennbar, können sechs verschiedene Preise, drei steuerrechtliche und drei handelsrechtliche Preise, mitgeführt werden. Es können also die Ergebnisse sechs unterschiedlicher Bilanzbewertungsverfahren parallel mitgeführt werden.

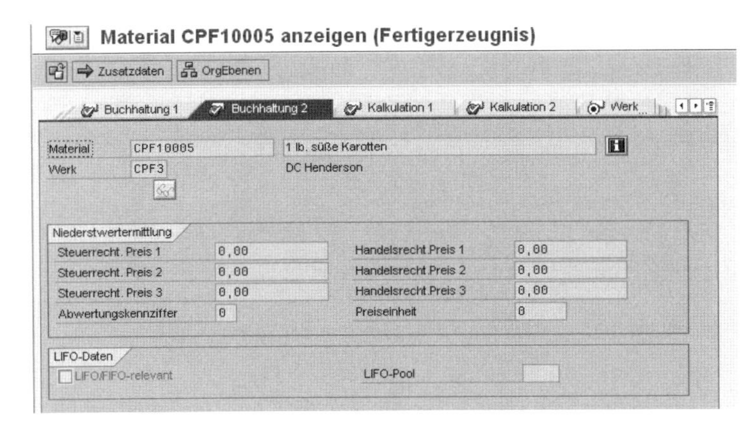

Abb. 4.2.7.8-10: Inventurpreise im Materialstammdatensatz © SAP

4.2.7.9 Niederstwertermittlung nach Marktpreisen

Bei der Niederstwertermittlung nach Marktpreisen sucht das SAP-System zu jedem Material aus verschiedenen gespeicherten Preisen den niedrigsten (oder alternativ den letzten) Preis heraus. Die Datenquellen für die verschiedenen Preise sind Wareneingänge bzw. Rechnungen zu Bestellungen, Bestellungen selbst, Kontrakte und Einkaufsinfosätze. Auch der Standardpreis kann in die Niederstwertermittlung mit einfließen, wenn dies über entsprechende Kennziffern so geregelt ist (*Menüpfad: SPRO – SAP Referenz-IMG – SAP Customizing Einführungsleitfaden – Materialwirtschaft – Bewertung und Kontierung – Bilanzbewertungsverfahren – Niederstwertverfahren einrichten – Marktpreise*).

4.2.7.10 Niederstwertermittlung nach Reichweite

Bei der Niederstwertermittlung nach Reichweite untersucht das System, ob der Preis eines Materials auf Grund großer Reichweite abgewertet werden muss. Für die Ermittlung der Reichweite verwendet das SAP-System folgende Formel:

Reichweite = mittlerer Bestand / mittlerer Verbrauch

Anschließend wird der prozentuale Abschlag ermittelt, um den das Material abgewertet wird. Dies geschieht über eine im Customizing zu pflegende Tabelle, in der jeder Reichweite ein prozentualer Abschlag zugeordnet wird (*Menüpfad: SPRO – SAP Referenz-IMG – SAP Customizing Einführungsleitfaden – Materialwirtschaft – Bewertung und Kontierung – Bilanzbewertungsverfahren – Niederstwertverfahren einrichten – Preisabschläge nach Reichweite – Abwertung nach Reichweite je Buchungskreis pflegen*).

Sicht "Niederstwert: Abwertung nach Reichweite" anzeigen: Übersicht

BuKr	Name der Firma	MArt	Bez. Materialart	Reichweite	Abwert. %
0001	P GmbH	ROH	Rohstoff	12	10,0
0001	SAP GmbH	ROH	Rohstoff	12	10,0
0005	IDES AG NEW GL	ROH	Rohstoff	6	5,0
0005	IDES AG NEW GL	ROH	Rohstoff	12	10,0
0005	IDES AG NEW GL	ROH	Rohstoff	24	15,0
0005	IDES AG NEW GL	ROH	Rohstoff	36	20,0
0005	IDES AG NEW GL	ROH	Rohstoff	48	25,0
0005	IDES AG NEW GL	ROH	Rohstoff	96	40,0
0005	IDES AG NEW GL	ROH	Rohstoff	240	45,0

Abb. 4.2.7.10-10: Zuordnung prozentualer Abschlag zur Reichweite *© SAP*

Der ermittelte Abschlag ist nun vom Basispreis abzuziehen, und man erhält als Ergebnis den Niedrigsten Preis. Welcher Preis als Basispreis verwendet wird, ist gemäß der Jahresabschlussplanung festzulegen. Herangezogen werden können

- der aktuelle Materialpreis,
- der Materialpreis des Vormonats oder Vorjahres,
- der aktuelle Standardpreis,
- der Standardpreis des Vormonats oder Vorjahres,
- der aktuelle gleitende Durchschnittspreis,
- der gleitende Durchschnittspreis des Vormonats oder Vorjahres,
- der steuerrechtliche Preis 1, 2 oder 3,
- der handelsrechtliche Preis 1, 2 oder 3.

4.2.7.11 Niederstwertermittlung nach Gängigkeit

Die Niederstwertermittlung nach Gängigkeit wertet ein Material aufgrund von Nichtgängigkeit ab. Folgende Formel liegt zu Grunde:

*Gängigkeit = (Gesamtmenge der Zu- oder Abgänge / Materialbestand)*100*

Es wird also die Gesamtmenge der Zu- oder Abgänge mit dem durchschnittlichen Materialbestand ins Verhältnis gesetzt. Dieser Prozentsatz wird mit einem von der Jahresabschlussplanung vorgegebenen, im Customizing zu pflegenden Schwellenwert verglichen. Ist der Prozentsatz geringer als dieser Schwellenwert, gilt das Material als nichtgängig, im anderen Fall als gängig. Im Fall der Nichtgängigkeit wird eine sogenannte Abwertungskennziffer um 1 erhöht, im anderen Fall wird sie auf 0 gesetzt. Das bedeutet, dass die Abwertungskennziffer sich mehrfach hintereinander um 1 erhöhen kann, sofern das Material mehrere untersuchte Perioden lang nichtgängig war. Ist es einmal gängig, geht die Abwertungskennziffer zurück auf 0.

Im Customizing wird ähnlich wie bei der Niederstwertermittlung nach Reichweite pro möglichem Betrag der Abwertungskennziffer ein prozentualer Abschlag eingepflegt. Der Niedrigste Preis ist dann die Differenz aus einem Basispreis (Ermittlung wie bei der Niederstwertermittlung nach Reichweite) und dem Abschlag.

4.2.7.12 Verlustfreie Bewertung

Die Verlustfreie Bewertung als Verfahren der Niederstwertermittlung stellt auf einen möglichen Verlust beim Verkauf von Vorräten ab. D.h. Materialien müssen abgewertet werden, wenn der Materialpreis bei einem Verkauf wahrscheinlich nicht erzielt werden kann. Das SAP-System stellt derzeit kein Verfahren bereit, mit dem Verkaufspreise ermittelt werden können, auf deren Basis eine Abwertung erfolgen müsste. Daher können SAP-Anwender nur auf den Customer-Exit NIWE0003 zurückgreifen und selbst definieren, wie die entsprechenden Verkaufspreise ermittelt werden. Das SAP-System vergleicht diese Verkaufspreise dann mit einem der Inventurpreise im Materialstammsatz. Der kleinere Wert ist der Niedrigste Wert.

4.2.7.13 LIFO und FIFO

Auch die Verbrauchsfolgeverfahren LIFO und FIFO nach § 256 HGB seien an dieser Stelle nur kurz angerissen. Verbrauchsfolgeverfahren sind nur für gleichartige Güter zulässig und dürfen nur angewendet werden, wenn das Verfahren den Grundsätzen ordnungsmäßiger Buchführung entspricht.

Bei der LIFO-Methode (Last in – First out) wird davon ausgegangen, dass die zuletzt zugegangenen Materialien dem Lager als erstes wieder entnommen werden. Der Preis ermittelt sich also aus vergleichsweise älteren Beständen. Dieses Verfahren findet selten Anwendung. Ein Beispiel ist die Lagerung von Schüttgut.

Bei der FIFO-Methode (First in – First out) wird davon ausgegangen, dass die zuerst eingegangenen Materialien auch wieder entnommen werden. Dies führt zu einem relativ aktuellen Lagerbestand und entsprechenden Preisen.

Was geschieht nun mit den ermittelten Preisen? Sie können entweder dazu verwendet werden, um die tatsächlichen Materialpreise zu ändern. In diesem Fall werden Buchhaltungsbelege mit Buchungen auf dem Bestandskonto und einem Aufwandskonto erzeugt. Oder die Preise werden dazu verwendet, um die Inventurpreise in den Materialstammsätzen zu aktualisieren. Hierbei ist zu berücksichtigen, dass für die Inventurpreise keine Änderungsbelege ausgewertet werden können, da die Inventurpreise nur temporären Charakter haben. Bei der Aktualisierung der Inventurpreise werden ferner keine Belege gebucht.

4.2.8 Bilanzbewertung: Kontrollen und Prüfungshandlungen

4.2.8.1 Organisation

Finden Sie zunächst heraus, welche Bilanzierungvorschriften bzgl. des Umlaufvermögens im Unternehmen verwendet werden. Stellen Sie fest, welche Bilanzbewertungsverfahren (und gegebenenfalls in welcher Kombination) angewendet werden und welches Verfahren im Materialstamm in welchem Inventurpreis (vgl. Abb. 4.2.7.8-10) abgespeichert wird. Ermitteln Sie ferner, welcher Zeitraum für jedes Bilanzbewertungsverfahren zugrunde zu legen ist. Analysieren Sie, wie die anzuwendenden Bilanzierungsvorschriften im SAP-System eingepflegt wurden. Lassen Sie sich auch die tatsächliche Durchführung der Bewertung und ihre jeweiligen Ergebnisse zeigen und wie die ermittelten Niedrigsten Preise als neuer Preis der Materialien verbucht wurden sowie welches Verfahren das Unternehmen hier grundsätzlich anwendet.

Sollten Sie eine umfassende detaillierte Prüfung der Bilanzbewertung für den Bereich Vorräte beabsichtigen, ist es erforderlich, die verschiedenen komplexen Customizing-Einstellungen zu diesem Thema zu analysieren. Lassen Sie sich hierzu das Konzept sowie die vorgenommenen Einstellungen erläutern. Alle Einstellungen finden Sie im Customizing unter *Menüpfad: SPRO – SAP Referenz-IMG – SAP Customizing Einführungsleitfaden – Materialwirtschaft – Bewertung und Kontierung – Bilanzbewertungsverfahren*. Die Tabelle MBEW (Materialbewertung) bietet sich ferner für verschiedene Massendaten-Auswertungen an.

4.2.8.2 Bewertungskreis- und Buchungskreisebene

Jedes Bilanzbewertungsverfahren kann entweder auf Bewertungskreisebene oder auf Buchungskreisebene durchgeführt werden. Die Bewertung auf Buchungskreisebene schließt die Materialien sämtlicher zu diesem Buchungskreis gehörenden Bewertungskreise mit ein. Vergleichen Sie die Vorgaben des Unternehmens mit den Einstellungen im Customizing: *Menüpfad: SPRO – SAP Referenz-IMG – SAP Customizing Einführungsleitfaden – Unternehmensstruktur – Definition – Logistik allgemein – Bewertungsebene festlegen*. Im Normalfall sollte die Bewertungsebene das Werk sein.

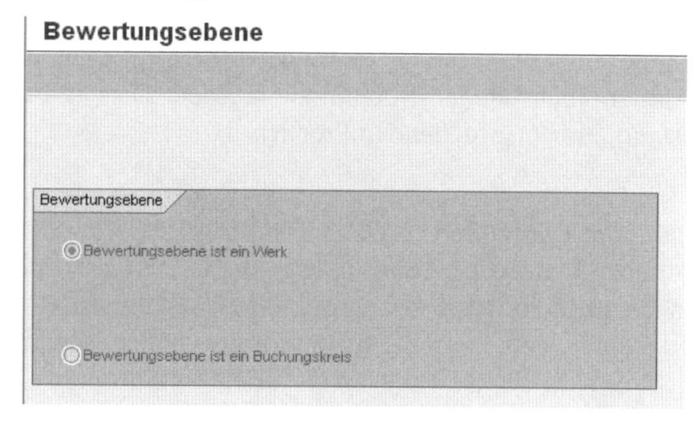

Abb. 4.2.8.2-10: Bewertungsebene für Bilanzbewertung © SAP

4.2.8.3 Pflege der prozentualen Abschläge und Abwertungskennziffern für die Niederstwertermittlung

Wichtige Parameter wie die Reichweitenabschläge (vgl. Abschnitt *4.2.7.10 Niederstwertermittlung nach Reichweite*) und die Abwertungskennziffern bei Nichtgängigkeit (vgl. Abschnitt *4.2.7.11 Niederstwertermittlung nach Gängigkeit*) finden Sie neben den im erläuternden Text dargestellten Stellen im Customizing außerdem in den Tabellen TNIW*. Die Tabellen enthalten die grundlegenden Parameter zur Ermittlung der Niederstwerte und sind die Grundlage zur Analyse der entsprechenden Systemeinstellungen.

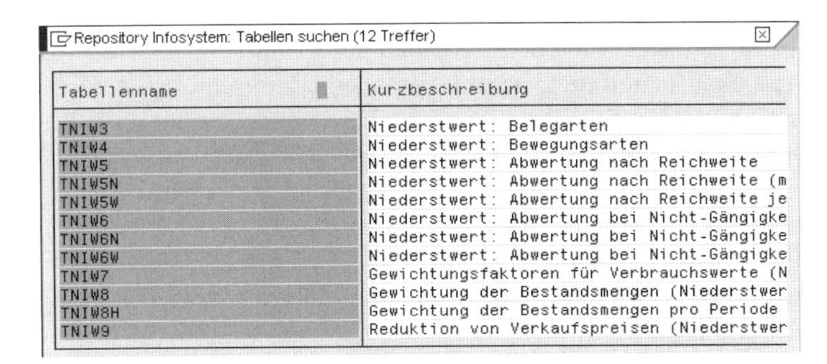

Repository Infosystem: Tabellen suchen (12 Treffer)

Tabellenname	Kurzbeschreibung
TNIW3	Niederstwert: Belegarten
TNIW4	Niederstwert: Bewegungsarten
TNIW5	Niederstwert: Abwertung nach Reichweite
TNIW5N	Niederstwert: Abwertung nach Reichweite (m
TNIW5W	Niederstwert: Abwertung nach Reichweite je
TNIW6	Niederstwert: Abwertung bei Nicht-Gängigke
TNIW6N	Niederstwert: Abwertung bei Nicht-Gängigke
TNIW6W	Niederstwert: Abwertung bei Nicht-Gängigke
TNIW7	Gewichtungsfaktoren für Verbrauchswerte (N
TNIW8	Gewichtung der Bestandsmengen (Niederstwer
TNIW8H	Gewichtung der Bestandsmengen pro Periode
TNIW9	Reduktion von Verkaufspreisen (Niederstwer

Abb. 4.2.8.3-10: Tabellen zur Niederstwertermittlung © *SAP*

Gleichen Sie die Vorgaben des Unternehmens mit den Einstellungen im System ab.

4.2.8.4 Preissteuerung im Materialstammdatensatz

Im Materialstammdatensatz ist über das Kennzeichen Preissteuerung in der Buchhaltungssicht 1 festgelegt, ob das Material Standardpreis-geführt ist oder ob der Gleitende Durchschnittspreis verwendet wird. „S" steht für Standardpreis, „V" für Gleitender Durchschnittspreis.

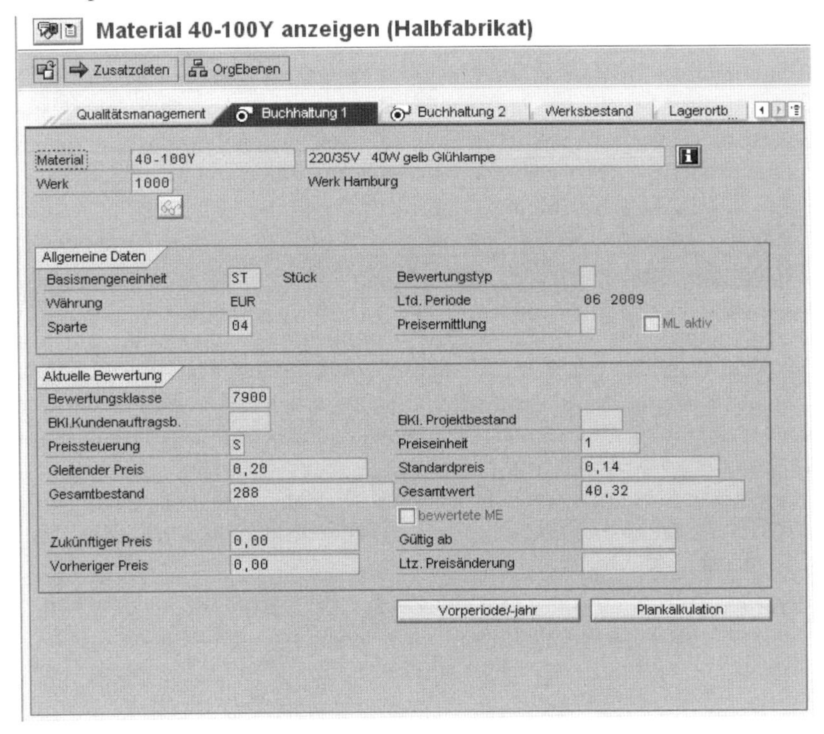

Abb. 4.2.8.4-10: Buchhaltungssicht 1 Materialstammdatensatz © *SAP*

Diese Daten sind auch über die Tabelle MBEW abrufbar.

Prüfen Sie, ob die Preissteuerung den Vorgaben des Unternehmens entspricht. Im Allgemeinen werden Zukaufmaterialien einen Gleitenden Durchschnittspreis haben und Halb- oder Fertigerzeugnisse den Standardpreis. Vgl. zur Preissteuerung auch Kapitel *4.4 Verbindlichkeiten aus Lieferungen und Leistungen.*

4.2.9 Checkliste

Nr.	Prüfungshandlung
1.	Führen Sie mit Hilfe des Programms RM07MMFI einen Saldenabgleich zwischen der Materialwirtschaft und der Finanzbuchhaltung durch.
2.	Analysieren Sie die Toleranzeinstellungen für Unter- und Überlieferungen über die Tabelle T169G.
3.	Stellen Sie für die Kontenfindungstabelle T030 fest, ob sie den Vorgaben der Fachabteilung entspricht und ob für diese Tabelle die Änderungsprotokollierung aktiviert ist (Protokollierungsflag über Tabelle DD09L analysieren).
4.	Prüfen Sie, wer die Berechtigung für die Bewegungsarten 501 und 561 hat (Transaktionen MIGO, MB01, MB0A, MB1C für 501 und MIGO, MB01, MB1C für 561, Berechtigungsobjekte M_MSEG_BMB, M_MSEG_BWA, M_MSEG_WMB, M_MSEG_WWA und M_MSEG_WWE). Verwenden Sie für die Berechtigungsprüfung das Programm RSUSR002. Prüfen Sie ferner über die Transaktion MB51, ob diese Bewegungsarten tatsächlich verwendet wurden.
5.	Prüfen Sie über die Transaktion MB52, ob negative Bestände vorhanden sind.
6.	Prüfen Sie mit dem Programm RM08MMAT, ob Buchungen mit einem Buchungsdatum aus der Vorperiode und einem Belegdatum aus der aktuellen Periode existieren, um Nachbuchungen in Vorperioden zu identifizieren.
7.	Prüfen Sie, ob die Berechtigungen zur Anlage von Inventurbelegen (Transaktionen MI01, MI02, Berechtigungsobjekt M_ISEG_WIB), zur Erfassung der Zählung (Transaktionen MI04, MI09, MI05, Berechtigungsobjekt M_ISEG_WZL) und zur Buchung von Inventurdifferenzen (Transaktionen MI07, MI10, Berechtigungsobjekt M_ISEG_WDB) ausschließlich an die mit dieser Aufgabe betrauten Personen vergeben sind, ob die Berechtigungsvergabe ausschließlich in zeitlicher Nähe zur Inventur erfolgt und ob zwischen diesen Aktivitäten eine Funktionstrennung eingerichtet ist. Verwenden Sie für die Berechtigungsprüfung das Programm RSUSR002.
8.	Identifizieren Sie Umlagerungen zwischen Werken aus unterschiedlichen Bewertungskreisen, indem Sie über die Transaktion MB51 auf Materialbelege mit der Bewegungsart 301 filtern.
9.	Prüfen Sie, welche Toleranzeinstellungen pro Person für die Buchung von Inventurdifferenzen eingestellt sind. Verwenden Sie den Menüpfad: SPRO – SAP Referenz-IMG – SAP Customizing Einführungsleitfaden – Materialwirtschaft – Bestandsführung und Inventur – Inventur – Toleranzen für Inventurdifferenzen festlegen
10.	Analysieren Sie die Einstellungen in den Tabellen TNIW*, vor allem Reichweitenabschläge und Abwertungskennziffern.

4.2.10 Transaktionen, Tabellen, Programme

Folgende Aufstellung fasst die Transaktionen, Tabellen und Programme zusammen, die für die Prüfung im Bereich des Vorratsvermögens genutzt werden können.

Transaktionen	
MB51	Materialbelegliste
MB52	Lagerbestandsliste
MB5T	Transitbestand
MM01	Material anlegen
MM02	Material ändern
MM03	Material anzeigen
OMCK	Stichprobeninventurprofil

Programme	
RLI30010	Übersicht Inventur
RLINV020	Differenzenliste pro Lagertyp
RLINV030	Auswertung von Inventurdifferenzen
RLINV040	Inventurfortschritt
RLLI1400	Inventurdifferenzen
RLLI2001	Inventurdifferenzen
RLT10010	Auswertung der Bewegungen pro Lagertyp
RLT10050	Gängigkeitsanalyse
RM07C030	Verwendungsnachweis Sachkonten in MM-Kontenfindung
RM07ICDD	Änderungen zu Inventurbelegen anzeigen
RM07ICHI	Inventur: Liste Inventurpositionen mit fehlender Materialbelegposition
RM07ICHK	Korrekturprogramm für Inventurbelege mit falschem Ausbuchstatus
RM07ICHM	Inventur: Liste Inventurpositionen mit falscher Menge im Materialbeleg
RM07ICN1	Batch-Input: Inventurbelege für Cycle Counting anlegen
RM07IDIF	Inventurliste anzeigen
RM07IDIF	Inventurdifferenzenliste anzeigen
RM07IDOC	Inventurübersicht anzeigen
RM07IINV	Inventurdaten zum Material anzeigen
RM07IMAT	Inventurbelege zum Material anzeigen
RM07KO01	Konsistenzprüfung der Bestände
RM07MAAU	Auswertung zur Materialbelegarchivierung
RM07MBST	Bestandswertliste: Saldendarstellung

Programme	
RM07MCHB	Bestandsführung: Bestandswerteabgleich bewertungspfl. Material
RM07MGRU	Materialbelege mit Bewegungsgrund
RM07MKBS	Konsignationsbestände anzeigen
RM07MLBS	Lagerbestände zum Material anzeigen
RM07MMFI	MM/FI-Saldenabgleich
RM07MSAL	WE/RE-Saldenliste
RM07RMAT	Reservierungen zum Material anzeigen
RM07SINV	Stichprobeninventuren anzeigen
RM08MMAT	Buchhaltungsbelege zum Material
RMCBIN00	ABC-Analyse des Cycle Counting (Inventur)
RMCTAEBL	Änderungsbelege anzeigen
RMLIFO06	LIFO-Bewertung: Niederstwertabgleich
RMLIFO39	Änderungsbelege anzeigen
RMMMBEST	Bestandsübersicht: Buchungskreis/Werk/Lager/Charge
RMMVRZ00	Materialverzeichnis
RMNIWE00	Niederstwertermittlung: Marktpreise
RMNIWE10	Niederstwertermittlung: Reichweite
RMNIWE20	Niederstwertermittlung: Gängigkeit
RMNIWE80	Niederstwertermittlung: Preisabweichungen
RMOT001K	Zuordnung der Werke zu den Buchungskreisen
RMPPOS01	Liste vorerfasste Beleg
RSTBHIST	Tabellenhistorie
RSVTPROT	Auswertung von Änderungsprotokollen

Tabellen	
DD09L	DD: Technische Einstellungen von Tabellen
MBEW	Materialbewertung
T001	Buchungskreise
T001K	Einstellungen zu Bewertungskreisen
T001L	Einstellungen zu Lagerorten
T001W	Werke/Niederlassungen
T001Y	Bewertungsebenen für LIFO-Bestandsbewertung
T003	Belegarten
T003T	Belegartentexte
T004	Verzeichnis der Kontenpläne
T030	Fixkontentabelle
T030A	Vorgangsschlüssel und Zuordnung zu Gruppen
T030B	Fixbuchungsschlüssel
T030C	Fixkontentabelle global

Tabellen	
T030G	Fixkontentabelle – Geschäftsbereichsaufteilung
T030K	Kontenfindung Steuerkonten
T030R	Regeln zur Fixkontenfindung
T030W	Bezeichnung der Vorgangsschlüssel
T030X	Gruppen von Vorgangsschlüsseln
T030Y	Bezeichnung der Vorgangsgruppen
T064A	Bestandsarten der Inventur
T064B	Bestandarten und -texte für die Inventur
T064T	Texte zur Inventur
T156	Bewegungsart
T156B	Bewegungsart Bildauswahl
T156C	Bestandsarten und deren Ausprägung
T156T	Bewegungsart Text
T156X	Vorgangsschlüssel-Modifikation
T159H	Langtext zum Stichprobeninventurprofil
T159L	Vorschlagswerte für die Bestandsführung und Inventur
T169G	Toleranzgrenzen Rechnungsprüfung
TNIW3	Niederstwert: Belegarten
TNIW4	Niederstwert: Bewegungsarten
TNIW5	Niederstwert: Abwertung nach Reichweite
TNIW5N	Niederstwert: Abwertung nach Reichweite (mit Version)
TNIW5W	Niederstwert: Abwertung nach Reichweite je Bewertungskreis
TNIW6	Niederstwert: Abwertung bei Nicht-Gängigkeit
TNIW6N	Niederstwert: Abwertung bei Nicht-Gängigkeit (mit Version)
TNIW6W	Niederstwert: Abwertung bei Nicht-Gängigkeit je BewKreis
TNIW7	Gewichtungsfaktoren für Verbrauchswerte (Niederstwert)
TNIW8	Gewichtung der Bestandsmengen (Niederstwert)
TNIW8H	Gewichtung der Bestandsmengen pro Periode (Niederstwert)
TNIW9	Reduktion von Verkaufspreisen (Niederstwert)

„Nur wer seine Rechnungen nicht bezahlt,
darf hoffen, im Gedächtnis der Kaufleute weiterzuleben“
Oscar Wilde

4.3 Forderungen und Umsatzerlöse

4.3.1 Typische Risiken und Kontrollziele

In diesem Kapitel werden automatische Kontrollen des Vertriebsprozess und SAP-basierte Kontrollaktivitäten beschrieben, welche in einem SAP-System der Überwachung des Vertriebsprozesses und der Aufdeckung von Fehlern und Schwachstellen im Bereich der Kundenstammdatenpflege, dem Forderungsmanagement und der Fakturierung dienen.

Im Folgenden sind die wesentlichen Risiken und Kontrollziele des SAP-gestützten Vertriebsprozess aufgeführt:

Risiken:

- Umsatzerlöse werden nicht richtig und nicht periodengerecht ermittelt, da die Fakturierung fehlerhaft oder nicht zeitgerecht erfolgt.
- Ungenaue und nicht autorisierte Pflege der Kundenstammdaten führen zu Fehlern in der Auftragsverarbeitung.
- Ein schwach ausgeprägtes Forderungs- und Kreditmanagement führen zu einem hohen uneinbringbaren Forderungsbestand.
- Zwischen Debitoren- und Hauptbuchhaltung bestehen Inkonsistenzen durch Verarbeitungsstörungen bei der Buchungsbelegerstellung.
- Kunden bzw. Kundenaufträge gehen aufgrund von unkontrollierten, langen Anfrage- und Auftragsbearbeitungszeiten verloren.

Kontrollziele:

- Periodengerechte Durchführung der Umsatzbuchungen.
- Vollständige und autorisierte Kundenstammdatenpflege.
- Aktives Management der Kundenstammdaten z.B. durch ein automatisches Ermitteln und Sperren von Kunden mit schlechtem Zahlungsverhalten.
- Vollständige und richtige Schnittstellenverarbeitung zwischen Vertriebs- und Rechnungswesenprogrammteilen im SAP-System.
- Zeitnahe Bearbeitung von Kundenanfragen und -aufträgen.

4.3.2 Quick Wins

Mittels der im folgenden aufgeführten Liste der 10 Quick Wins im Bereich der Forderungen und Umsatzerlöse ist es dem Prüfer möglich, vergleichsweise schnell zuverlässige Prüfungsfeststellungen zu erzielen und durch seine Feststellungen und Empfehlungen zu einer signifikanten Verbesserung der Zuverlässigkeit und Genauigkeit der Datenverarbeitung des SAP-Systems und der darin enthaltenen rechnungslegungsrelevanten oder unter weiteren Compliance-Aspekten relevanten Daten beizutragen:

1. Prüfen Sie die Konsistenz des Customizings der Organisationsstrukturen im Vertrieb. Referenz: Kapitel 4.3.4.1, Seite 299.
2. Analysieren Sie die Vergabe der Berechtigungen für die Pflege von Kundenstammdaten an die einzelnen Benutzer. Referenz: Kapitel 4.3.4.3, Seite 304.
3. Suche Sie nach Dubletten im Kundenstamm. Referenz: Kapitel 4.3.4.5, Seite 307.
4. Beurteilen Sie die im System enthaltenen unvollständig erfassten Auftragsbelege. Referenz: Kapitel 4.3.4.7, Seite 311.
5. Prüfen Sie den Inhalt des Fakturavorrats und beurteilen Sie die Vollständigkeit der Verarbeitung. Referenz: Kapitel 4.3.4.9, Seite 316.
6. Suchen Sie nach doppelt verwendeten Rechnungsbelegnummern in den Nebenbüchern bzw. im Hauptbuch. Referenz: Kapitel 4.3.4.9, Seite 316.
7. Vergleichen Sie die an die Buchhaltung übermittelten Fakturadaten mit den tatsächlich auf den Konten gebuchten Forderungen. Referenz: Kapitel 4.3.4.9, Seite 316.
8. Werten sie die Kreditlimitänderungsbelege des Kundenstamms aus. Referenz: Kapitel 4.3.4.10, Seite 320.
9. Ermitteln Sie die Kunden, die ihre Kreditlimits bereits überschritten haben. Referenz: Kapitel 4.3.4.10, Seite 320.
10. Analysieren Sie das angewendete Mahnverfahren sowie die Historie der Mahnläufe im SAP-System. Referenz: Kapitel 4.3.4.11, Seite 327.

4.3.3 Überblick über den Vertriebsprozess

Die Generierung von Umsatz gehört zu den wichtigsten Funktionen eines jeden Unternehmens. Grundlage der Umsätze ist zumeist ein sich am Geschäftsmodell des Unternehmens orientierender Vertriebsprozess. Dieser Vertriebsprozess erstreckt sich von Vorverkaufsaktivitäten, die Kundenkontakte etablieren oder festigen, über die Auftragsbearbeitung bis hin zur Rechnungsstellung und damit der eigentlichen Umsatzermittlung. Die richtige und periodengerechte Ermittlung der Umsatzerlöse ist hierbei Grundvorraussetzung für das Weiterbestehen des Unternehmens, weil sich an den Umsätzen in Kombination mit dem entstandenen Aufwand der Erfolg des Unternehmens bemisst. Da Gewinne eines Unternehmens der Besteuerung unterliegen, hängt indirekt von den erzielten Umsätzen die Steuerlast eines Unternehmens ab. Zusätzlich unterliegt der Umsatz durch die Umsatzsteuer auch einer direkten Besteuerung. Dies erklärt das erhöhte Interesse der Finanzverwaltung an dem Prozess der Umsatzermittlung. Weiterhin wird zumeist die Unternehmensführung durch die Kapitalgeber am Umsatz und Erfolg eines Unternehmens gemessen und hat deshalb ebenfalls großes Interesse an einer genauen Ermittlung der Umsatzdaten. Letztendlich hängen auch die Zahlungen an die Kapitalgeber direkt vom Erfolg eines Unternehmens ab. Die Anliegen und Ziele der genannten Interessengruppen erklären auch, weshalb der Vertriebsprozess im Rahmen von internen und externen Prüfungen eine zentrale Rolle einnimmt und warum die Wirksamkeit der Kontrollen des Prozesses von entscheidender Bedeutung für alle Beteiligten ist.

Das Management der aus den Umsatzerlösen resultierenden Forderungen ist ebenfalls von zentraler Bedeutung für den Erfolg eines Unternehmens. Forderungen, die nicht mehr einbringbar sind, müssen rechtzeitig erkannt, wertberichtigt und damit abgeschrieben werden. Kunden mit einem hohen Forderungsbestand sollten über ein wirksames Kreditmanagement überwacht werden. Auch ein Mahnwesen kann durch rechtzeitige Erstellung von Mahnungen dem Forderungsausfall entgegenwirken.

Das SAP-System unterstützt die Prozesse der Umsatzgenerierung, der Umsatzermittlung und des Forderungsmanagements durch die Funktionen des Vertriebs im Bereich Logistik. Aus historischen Gründen wird dieser Bereich SD für „Sales & Distribution" genannt und ist trotz Integration mit dem Einkaufs- und Materialwirtschaftsteilen des SAP-System als eigenständiger Programmbereich bzw. als Modul zu sehen.

Im Folgenden werden zunächst die wichtigsten Prozessschritte, Kundenstammdaten und die im SAP-System Verwendung findenden Belege dargestellt.

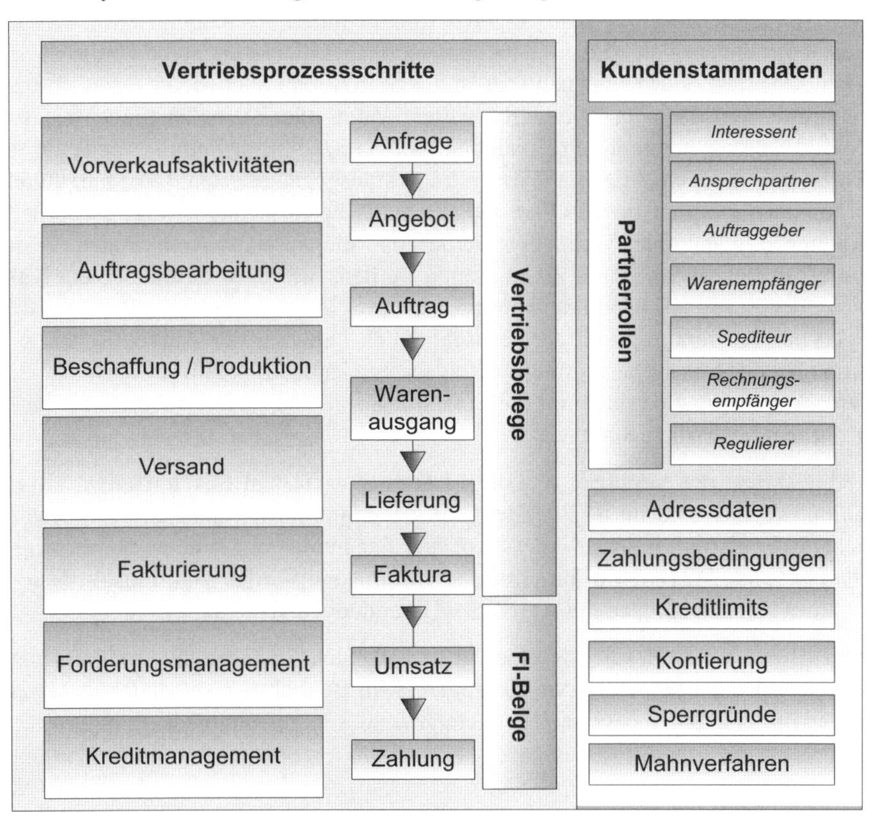

Abb. 4.3.3-10: Belege des Vertriebsprozesses und Kundenstammdaten

Unter **Vorverkaufsaktivitäten** versteht man alle Maßnahmen, die ein Unternehmen im Vorfeld eines Auftragsabschluss unternimmt, damit es zu einem solchen Abschluss überhaupt erst kommt. Neben Aktivitäten des Marketings ist hier auch die Kundenkontaktpflege zu sehen, die den Ausgangspunkt für die Kundenstammdatenpflege darstellt. **Interessenten**, **Einkäufer** und **Ansprechpartner** sind **Partnerrollen**, welche neuangelegten Kunden zugeordnet werden. Die Partnerrollen eines Kundenstammsatzes entscheiden später über die Möglichkeiten der Verwendung der Kundendaten in den einzelnen Prozessstufen des Vertriebs. Die Partnerrollen Interessenten, Einkäufer und Ansprechpartner dienen hierbei hauptsächlich der Erstanlage eines Kundenstamms sowie der Pflege der Adressdaten, um den Kontakt ähnlich einer CRM-Lösung[1] zu verwalten. In dieser Phase kommt es zu **Anfragen** der Kunden, welche bereits im SAP-System als Belege erfasst werden können. Auf der Grundlage der Anfragen werden **Angebote** für die Kunden vorbereitet und an diese versandt. Ein SAP-System unterstützt die Anlage von Belegen aus Vorgängerbelegen durch die Funktionen der Kopiersteuerung, welche Teile des Vorgängerbelegs in den Nachfolgebeleg übernimmt. Dies ist besonders dann interessant, wenn man bestimmte Informationen automatisch übernehmen möchte und eine nachträgliche, manuelle Änderung dieser Informationen sperrt. Hierdurch bietet das SAP-System ein einfaches, aber sehr effektives Verfahren, um ein Vier-Augen-Prinzip umzusetzen. Im Bereich der Anfrage und des Angebots sind solche Überlegungen aber noch zu früh, da zu diesem Zeitpunkt noch viele Informationen im Rahmen der Vertragsverhandlungen manuell angepasst werden müssen.

Kunden mit der Partnerrolle **Auftraggeber** sind die durch den Kunden autorisierten Stellen, die Aufträge erteilen können. Durch sie wird ein **Auftrag** erteilt und im SAP-System als Beleg angelegt. Der Kundenauftrag ist der zentrale **Vertriebsbeleg** der Auftragsbearbeitung, mit dem die vom Kunden bestellten Waren oder Dienstleistungen erfasst und disponiert werden, sowie die Preiskalkulation, von SAP „Preisfindung" genannt, durchgeführt wird. Sollte ein Angebot dem Auftrag vorausgegangen sein, ist es hier üblich, die Informationen möglichst genau über die automatische Kopiersteuerung zu übernehmen. So können Eingabefehler vermieden werden und die richtigen Konditionen, Positions- und Preisinformationen sicher übernommen werden, die zuvor Grundlage der Kalkulation und der Auftragverhandlung waren. Über die Sperrung von manuellen Eingaben im Bereich der Preisfindung und eine ausschließlich Nutzung der automatischen Kopierfunktion bei der Anlage bestimmter Auftragsbelege kann ein organisatorisch eingerichtetes Vier-Augen-Prinzip und damit die Einhaltung von Unternehmensvorgaben durch das SAP-System unterstützt werden.

Die Abwicklung des **Versands** und die **Lieferung** nach dem **Beschaffungs- oder Produktionsvorgang** sind im SAP-System Teil der Materialwirtschaft bzw. der Zwischenschicht der Logistik mit dem Namen „Logistik Execution" angesiedelt. Hierbei kommen die Partnerrollen **Warenempfänger** und **Rechnungsempfänger** zum Einsatz, welche die Stellen des Kunden sind, an die Waren bzw. Rechnungen verschickt werden.

Der **Spediteur** ist ein Bespiel für eine Partnerrolle eines in der Regel kreditorischen Geschäftspartners, der jedoch im Vertriebsprozess im Bereich der Versandabwicklung Verwendung findet und den bevorzugten Lieferanten des Kunden repräsentiert.

1 Customer Relationship Management.

Nach der Buchung des **Warenausgangs** und nach erfolgreicher Lieferung bzw. dem Gefahrenübergang kann die **Fakturierung** der erbrachten Leistung durchgeführt werden. Neben dem Versand von Rechnungsdokumenten an den Rechnungsempfänger ist die Fakturierung im SAP-System auch für die Erstellung der **Umsatz- und Forderungsbuchungen** zuständig. Bei der Fakturierung werden über die Kopiersteuerung alle relevanten Daten aus dem Kundenauftrag und der Auslieferung automatisch in den Fakturabeleg übernommen.

Der Vorgang wird insgesamt durch das Eintreffen der **Zahlung** des **Regulierers** und das Ausziffern der Forderung abgeschlossen.

Das **Forderungsmanagement** sollte sicherstellen, dass durch ein entsprechend eingestellte **Mahnverfahren** und ein aktives **Kreditmanagement** das Risiko von Forderungsausfällen minimiert wird.

4.3.4 Kontrollen des Vertriebs und des Forderungsmanagements

4.3.4.1 Organisationsstrukturen

Der Vertriebsprozess verfügt in einem SAP-System über vetriebsspezifische Organisationseinheiten wie beispielsweise die Verkaufsorganisation oder die Sparte, die mit anderen Organisationstrukturen des SAP-System wie dem Buchungskreis oder den Werk verknüpft sind.

Im Folgenden werden die wichtigsten Organisationseinheiten des Vertriebs dargestellt.

Verkaufsorganisation

Die Verkaufsorganisation ist der Teil der Gesellschaft, der organisatorisch für den Verkauf und die Retourabwicklung verantwortlich ist. Die Stammdaten im Vertriebsprozess sind auf der Ebene der Verkaufsorganisationen getrennt. Einer Verkaufsorganisation können mehrere Werke, jedoch nur ein Buchungskreis zugeordnet werden. Die Definition der Verkaufsorganisationen und ihre Verbindung zu den Buchungskreisen kann aus der Tabelle TVKO (Org.-Einheit: Verkaufsorganisationen) oder der Transaktion OVX3N (Buchungskreis->Verkaufsorganisation) entnommen werden.

Vertriebsweg

Der Vertriebsweg bezieht sich auf das Verfahren, mit dem Kundenaufträge entgegengenommen und abgewickelt werden. So trennt man hier normalerweise Vertriebswege wie Internetgeschäft vom Großkunden- oder Einzelhandelsgeschäft. Einer Verkaufsorganisation ist oftmals mehr als ein Vertriebsweg zugeordnet. Die Zuordnung ist über die Tabelle TVKOV (Org.-Einheit: Vertriebswege je Verkaufsorganisation) oder über die Transaktion OVXKN (Vertriebswege->Verkaufsorg.) einsehbar.

Sparte

Die Sparte dient der Kategorisierung und Zusammenfassung von Produkten wie beispielsweise Ersatzteile oder Dienstleistungen. Sie hilft bei der Definition von Konditionen und der statistischen Auswertung von Umsätzen. Zumeist sind mehre Sparten einer Verkaufsorganisation zugeordnet. Die Zuordnung ist über die Tabelle TVKOS (Org.-Einheit: Sparten je Verkaufsorganisation) oder über die Transaktion OVXAN (Sparten->Verkaufsorganisation) einsehbar.

Vertriebsbereich

Die Kombination der Organisationsstrukturen Verkaufsorganisation, Sparte und Vertriebsweg ergibt den Vertriebsbereich, der für die Organisation des eigentlichen Vertriebs genutzt wird. Ein im SAP-System erstellter Vertriebsbeleg (Auftrag, Auslieferung oder Faktura) ist immer eindeutig einem Vertriebsbereich zugeordnet. Der Vertriebsbereich gehört stets zu dem Buchungskreis, der mit der Verkaufsorganisation verknüpft ist. Die in einem System definierten Vertriebsbereiche können in der Tabelle TVTA (Org.-Einheit: Vertriebsbereiche) oder über die Transaktion OVXGN (Vertriebsbereiche definieren) angezeigt werden.

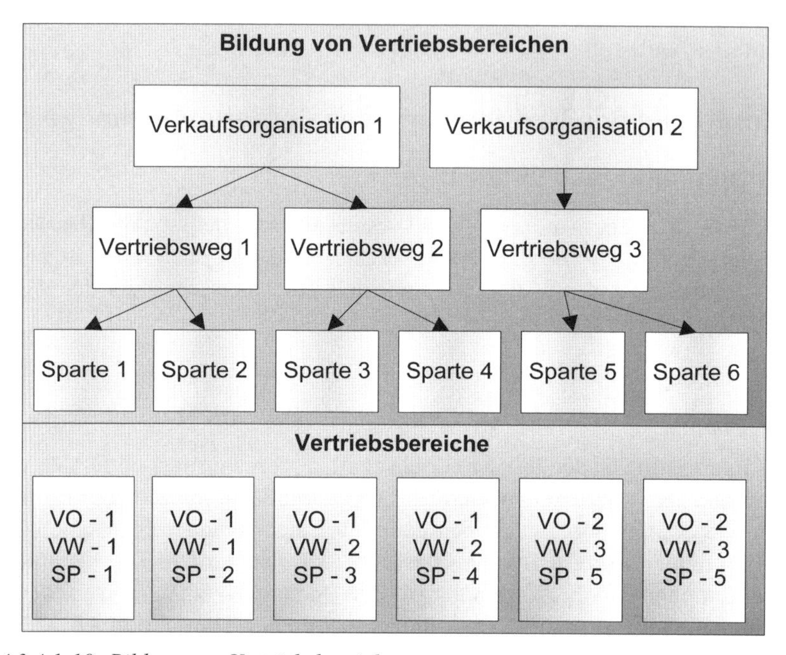

Abb. 4.3.4.1-10: Bildung von Vertriebsbereichen

Für Kundenstammdaten werden für jede Ebene des Vertriebsbereichs Datensichten erstellt. Im Fall von beispielsweise 30 Kunden, 2 Verkaufsorganisation, 3 Vertriebswegen und 2 Sparten erhält man so 360[2] mögliche Sichten. Dies zeigt, dass mit der Anzahl der Organisationsstrukturen die Komplexität der Kundenstammdaten schnell ansteigen kann. Eine Kenntnis der Strukturen des Vertriebs ist für die Bestimmung des Prüfungs- bzw. Kontrollaufwand deshalb unerlässlich.

Werk

Das Werk ist aus der Perspektive des Vertriebsprozess ein Auslieferungswerk bzw. ein Verteilzentrum, in dem sich ein Materialbestand befindet. Vertriebsbereichen können mehrere Werke zugeordnet werden, genauso wie einem Werk mehrere Vertriebsbereiche zugeordnet sein können. Das Werk wird über die Transaktion OVX6N (Werke->Verk.

2 30 x 2 x 3 x 2.

Org/Vertriebsweg) einer Verkaufsorganisation und einem Vertriebsweg zugeordnet. Die Zuordnung ist auch der Tabelle TVKWZ (Org.-Einheit: Erlaubte Werke je Verkaufsorganisation) zu entnehmen.

Lagerort

Ein Lagerort ist genau einem Werk zugeordnet und stellt ein Lager dar, in welchem sich das Material befindet. Die Lagerort-Werk-Zuordnung ist in Tabelle T001L (Lagerorte) abgelegt und wird über die Transaktion OX09 (Lagerorte einrichten) gepflegt.

Versandstelle

Die Verstandstelle ist die oberste Organisationsstruktur im Versandprozess und stellt die Ausgänge eines Lagers bzw. Werks dar, über die der Versand der Ware erfolgt. In der Regel unterscheidet man hier nach genutzten Transport- bzw. Verkehrsmitteln für den Versand wie Bahn, LKW oder Schiff. Eine Versandstelle kann mehreren Werken zugeordnet werden, was jedoch nur bei räumlich zusammenliegenden Werken bzw. Lagern Sinn macht. Die Versandstellen werden über die Transaktion OVXC (Versandstelle->Werk) den Werken zugeordnet. Diese Einstellungen werden in Tabelle TVSWZ (Versandstellen je Werk) gespeichert.

Prüfungshandlungen:

- Nehmen Sie durch Befragung und durch Einsichtnahme in die Prozessdokumentation die Organisation des Vertriebsprozesses auf. Gleichen Sie die Strukturen des aufgenommenen Prozesses mit den Customizingeinstellungen im SAP-System ab. Rufen Sie hierfür die Transaktion SPRO auf und gehen Sie die unter *Unternehmensstruktur - Zuordnung - Vertrieb* eingerichteten Organisationsstrukturen durch. Sollten Sie Abweichungen zu den organisatorischen Vorgaben entdecken, ermitteln sie durch Befragung der zuständigen Mitarbeiter die Ursachen und bewerten sie die Auswirkungen auf den Vertriebsprozess.
- Stellen Sie fest, ob die Zuordnung der Verkaufsorganisationen zu den Buchungskreisen sachgerecht ausgestaltet ist und eine richtige und buchungskreisgerechte Zuordnung von Umsatzerlösen sicherstellt wird. Rufen Sie hierzu die Tabelle TVKO in der Transaktion SE16 auf, und werten Sie die Felder VKORG und BUKRS aus. Alternativ finden Sie die Zuordnung auch unter der Transaktion OVX3N (Buchungskreis->Verkaufsorganisation).
- Prüfen Sie die Konsistenz des Customizings der Organisationsstrukturen im Vertrieb, indem Sie den in der Transaktion SPRO unter *Unternehmensstruktur - Konsistenzprüfung - Unternehmensstruktur Vertrieb prüfen* aufrufen bzw. das Programm RVOCHECK_ACC (Checkreport für Customizing Organisation Vertrieb) direkt starten. Das Programm sollten Sie hierbei mit der Auswahl aller Organisationsstrukturen starten. Neben der technischen Vollständigkeit und logischen Konsistenz der Definitionen und Zuordnungen der einzelnen Vertriebsstrukturen wird auch geprüft, ob Adressaten und benötigte Textinformationen vollständig hinterlegt worden sind. Abbildung 4.3.4.1-20 verdeutlicht die Auswertungen und die Ergebnisdarstellung des Programms.

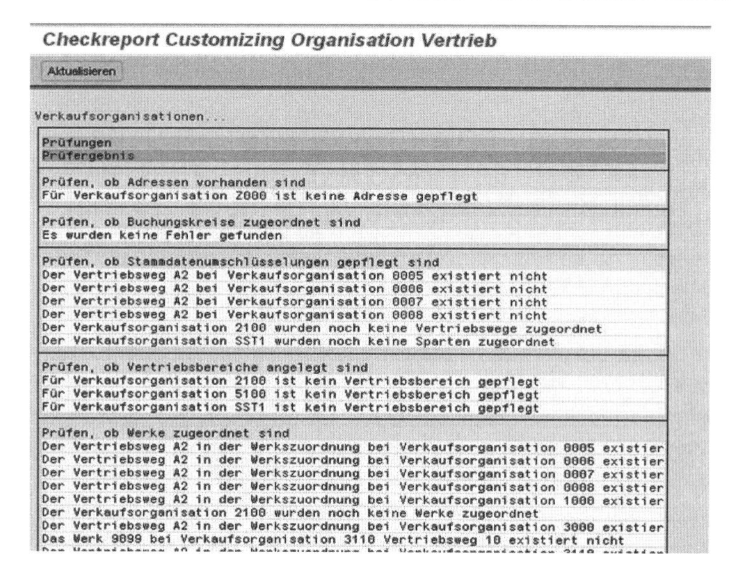

Abb. 4.3.4.1-20: Aufdecken von logischen Fehlern im Customizing mittels Konsistenzprüfung

© SAP

4.3.4.2 Sichten des Kundenstamms

SAP-Fakten:

Kundenstammdaten liegen in einem SAP-System in drei Datenbereichen bzw. Sichten vor, welche getrennt voneinander gepflegt werden können.

- Die **Allgemeine Daten** enthalten die Kontaktinformationen wie Anschrift und Telefonnummer des Kunden und sind nicht spezifisch für den Buchungskreis oder Vertriebsbereich.
- Die **Buchungskreisdaten** (FI-Sicht) enthalten unter anderem die Kontierungsinformationen, Informationen bezüglich der Besteuerung und das eingestellte Mahnverfahren. Diese Daten beziehen sich stets eindeutig auf einen Buchungskreis.
- Die **Vertriebsbereichsdaten** (SD-Sicht) enthalten die vertriebsrelevanten Daten wie Preisfindungsparameter, Versand- und Fakturapräferenzen, sowie die angesprochenen Partnerrollen. Diese Daten sind für jeden Vertriebsbereich einzeln auszuprägen.

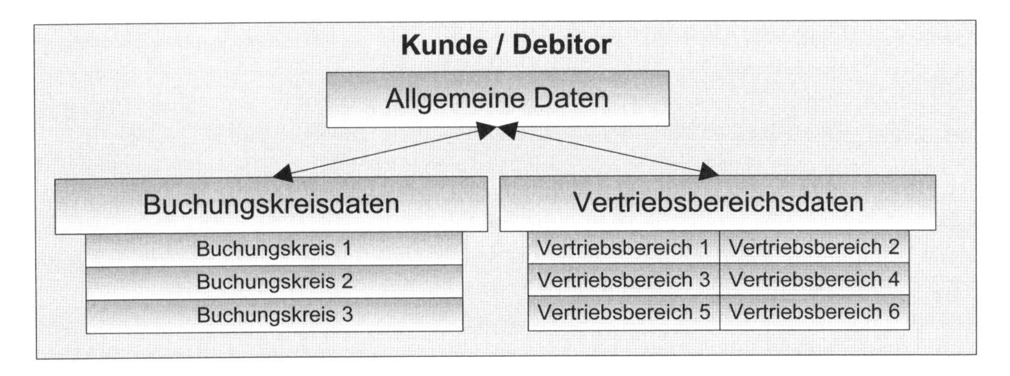

Abb. 4.3.4.2-10: Kundenstammdatenhaltung im SAP-Systeme

Prüfungshandlungen:

- Nutzen Sie das Programm RFDKAG00 (Stammdatenabgleich Debitoren), um Kundenstammdaten zu identifizieren, die nur mit Vertriebsbereichsdaten und ohne Buchungskreisdaten oder umgekehrt nur mir Buchungskreisdaten ohne Vertriebbereichsdaten angelegt wurden. Schränken Sie durch Setzen von Auswahlkriterien die Auswahl auf die genutzten Buchungskreise und Vertriebsbereiche ein.

Stammdatenabgleich Debitoren

Allgemeine Abgrenzungen
Kundennummer bis
Kontengruppe bis
Anlegedatum bis
Zusatzüberschrift

Buchhaltungsspezifische Angaben
Buchungskreis bis

Vertriebsspezifische Angaben
Verkaufsorganisation bis
Vertriebsweg bis
Sparte bis

Selektionsparameter
Nicht angelegt in Buchhaltung
Nicht angelegt im Vertrieb

Ausgabesteuerung
Layout

Abb. 4.3.4.2-20: Stammdatenabgleich Debitoren *© SAP*

Lassen Sie sich die Hintergründe für die Anlage der gefunden Kundenstämme erläutern und beurteilen Sie, ob es hierdurch zu Problemen in der Abwicklung oder Fehlern im Vertriebsprozess kommen kann.

4.3.4.3 Integrität des Kundenstamms

SAP-Fakten:

Die Pflege des Kundenstamms sollte grundsätzlich organisatorischen Funktionstrennungsregeln folgen, so dass die Pflege der vertriebsbezogenen Vertriebsbereichsdaten in der Vertriebsabteilung über die Transaktionen VD01 (Anlegen Debitor (Vertrieb)) bzw. VD02 (Ändern Debitor (Vertrieb)) und die Pflege der Buchungskreisdaten in der zuständigen Abteilung des Rechnungswesens mit den Transaktionen FD01 Anlegen (Debitor (Buchhaltung)) bzw. FD02 (Ändern Debitor (Buchhaltung)) erfolgt. In vielen Fällen werden auch die übergreifenden Pflegetransaktionen XD01 (Anlegen Debitor (Zentral)) und XD02 (Ändern Debitor (Zentral)) genutzt. Über die richtige Vergabe von Berechtigungen über das Berechtigungsobjekt F_KNA1_APP (Debitor: Anwendungsberechtigung) sollte sichergestellt werden, dass die organisatorisch geltenden Funktionstrennungsaspekte der Stammdatenpflege im Berechtigungskonzept berücksichtigt wird (vgl. Details in Prüfungshandlungen weiter unten). Anzeigen lassen sich alle Sichten des Kundenstamms über die Transaktion XD03 (Anzeigen Debitor (Zentral)).

Änderungen des Kundenstamms werden durch das SAP-System durch die Erstellung von Änderungsbelegen protokolliert. Die Auswertung der Änderungsbelege im Bereich der Buchungskreisdaten erfolgt über die Transaktionen FD04 (Debitoränderungen (Buchhaltung)) bzw. im Bereich der Vertriebsbereichsdaten über die VD04 (Änderungen Debitor (Vertrieb)).

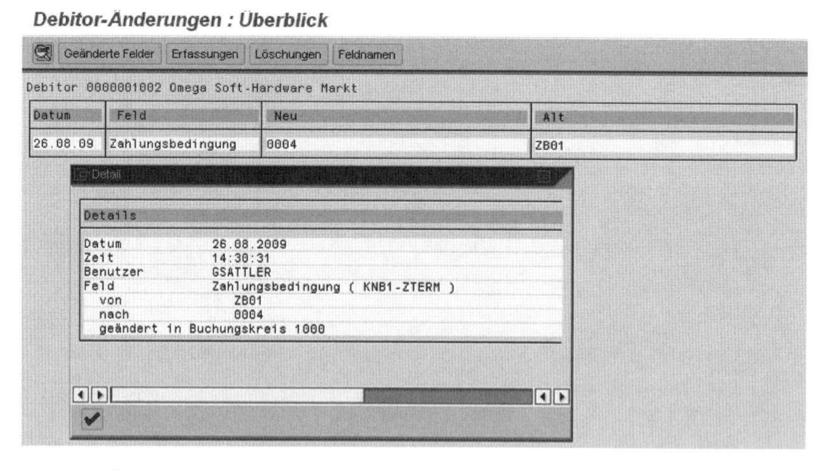

Abb. 4.3.4.2-30: Änderungsbelege an Kundenstammdaten über die Transaktion FD04 *© SAP*

Um detaillierte Auswertungen der Kundenstammänderungen durchzuführen, ist es empfehlenswert, die Transaktion S_ALR_87012182 (Änderungsanzeige Debitoren) oder direkt das Programm RFDABL00 (Änderungsanzeige Debitoren) zu nutzen. Hier kann u.a. gezielt nach dem Änderer eines Stammsatzes gesucht werden.

Prüfungshandlungen:

- Nehmen Sie den organisatorisch festgelegten Prozess der Kundenstammdatenpflege durch Einsichtnahme in Arbeitsanweisungen und Verfahrensrichtlinien auf. Gleichen Sie die organisatorischen Vorgaben mit den Einstellungen des SAP-Systems ab. Lassen Sie sich durch die zuständigen Stellen die einzelnen Schritte der Kundenstammdatenpflege im System erläutern (Walkthrough). Achten Sie hier besonders auf die verwendeten Transaktionen und Programme. Sollten selbsterstellte Transaktionen und Programme verwendet werden, beurteilen Sie die Auswirkungen auf die Richtigkeit der Kundenstammdaten und die Verarbeitung von Aufträgen.
- Analysieren Sie die Vergabe der Berechtigungen für die Pflege von Kundenstammdaten an die einzelnen Benutzer über das Programm RSUSR002.

  Für die Pflege der Vertriebsbereichsdaten (SD-Sicht) des Kundenstamms werden folgende Berechtigungen benötigt:

Berechtigungsobjekte	Felder	Feldausprägungen
S_TCODE	TCD	VD01 oder VD02 oder XD01 oder XD02
F_KNA1_APP	ACTVT	01 oder 02 oder 05 oder C1 oder C8
F_KNA1_APP	APPKZ	V
V_KNA1_VKO	ACTVT	01 oder 02

  Für die Pflege der Buchungskreisdaten (FI-Sicht) des Kundenstamms werden folgende Berechtigungen benötigt:

Berechtigungsobjekte	Felder	Feldausprägungen
S_TCODE	TCD	FD01 oder FD02 oder XD01 oder XD02
F_KNA1_APP	ACTVT	01 oder 02 oder 05 oder C1 oder C8
F_KNA1_APP	APPKZ	F
V_KNA1_VKO	ACTVT	01 oder 02

  Beurteilen Sie, ob die Berechtigungen ausschließlich an Benutzer-IDs von Mitarbeitern vergeben wurden, die mit der Pflege der Kundenstammdaten betraut sind, und, ob Funktionstrennungsaspekte zwischen der Pflege von Vertriebsbereichsdaten und Buchungskreisdaten ausreichend berücksichtigt wurden.

- Analysieren Sie Änderungsbelege der Debitoren in Hinblick auf geänderte Felder und ändernde Benutzer über die Transaktion S_ALR_87012182. Stellen Sie fest, ob nur autorisierte Personen Änderungen an den Stammdaten durchgeführt haben.

  Um eine direkte Auswertung der Änderungsbelege u.a. nach geänderten Feldern durchzuführen, ist es empfehlenswert, eine direkte Auswertung der Tabellen CDHDR und CDPOS durchzuführen, so wie es in Kapitel *2.10 Auswertung von Änderungsbelegen* beschrieben ist. Suchen ist hierbei nach der Objektklasse DEBI.

- Sollten über das geprüfte SAP-System Auslandsgeschäfte abgewickelt werden, nehmen Sie den Prozess der Kundenstammdatenpflege im Bereich des Außenhandels auf. Nutzen Sie die verschiedenen zur Verfügung stehenden Konsistenzprüfungsprogramme im Bereich Außenhandel, um unvollständig gepflegte Kundenstammsätze zu identifizieren

Mit dem Programm RVEXKOK1 (Außenhandel: Konsistenzprüfung Kundenstamm: Allgemeine Daten), können Sie Stammsätze identifizieren, bei denen die Daten der Außenhandelabwicklung unvollständig sind.

Mit dem Programm RVEXKOK2 (Außenhandel: Konsistenzprüfung Kundenstamm: Gesetzliche Kontrolle) können Sie Stammsätze identifizieren, bei denen die Daten der gesetzlichen Kontrollen[3] unvollständig sind.

Mit dem Programm RVEXKOK3 (Außenhandel: Konsistenzprüfung Kundenstamm: Dokumentengeschäft) können Sie Stammsätze identifizieren, bei denen die Daten des Dokumentengeschäfts unvollständig sind.

In diesem Zusammenhang sollten Sie auch die diesbezüglichen Konsistenzprüfungen im Bereich der Materialstamm durchführen. Diese Programme sind RVEXKOM1 bis RVEXKOM4 bzw. RVEXKOMA (Außenhandel: Konsistenzreport: Materialstamm).

4.3.4.4 Vier-Augen-Prinzip bei der Stammdatenpflege

SAP-Fakten:

Im Bereich der Kundenstammdatenpflege ist es möglich, ein Vier-Augen-Prinzip für die Pflege von sensiblen Stammdatenfeldern zu hinterlegen. Die Einstellungen hierzu werden im Customizing in der Transaktion SPRO unter *Finanzwesen – Debitoren- und Kreditorenbuchhaltung – Debitorenkonten – Stammdaten – Anlegen der Debitorenstammdaten vorbereiten – Sensible Felder für 4-Augen-Prinzip definieren (Debitoren)* vorgenommen. Die über diese Funktion ausgewählten Felder des Stammsatzes führen bei einer Änderung zu einer automatischen Zahllaufsperrung des Debitorenkontos. Die Entsperrung kann nur durch die Bestätigung der Änderung durch eine zweite Person erfolgen.

Prüfungshandlungen:

- Prüfen Sie in der Transaktion SPRO unter *Finanzwesen – Debitoren- und Kreditorenbuchhaltung – Debitorenkonten – Stammdaten – Anlegen der Debitorenstammdaten vorbereiten – Sensible Felder für 4-Augen-Prinzip definieren (Debitoren) vorgenommen*, ob sensible Felder im Bereich der Kundenstammdatenpflege hinterlegt wurden. Die aufgenommenen Felder sollten hierbei alle relevanten Daten, welche die Kontierung, Informationen des Zahlungsverkehrs oder die Einstellungen zum Mahnwesen festlegen, abdecken. Die Definition der sensiblen Felder kann auch in der Tabelle T055F (Felder der Feldgruppen (Stammdaten)) eingesehen werden.
- Beurteilen Sie den Status der Änderungen an sensiblen Kundenstammdaten, indem Sie sich über die Transaktion FD09 (Bestätigen Debitor-Liste (Buchh.)) bzw. das Programm RFDCON00 (Kritische Debitorenänderungen anzeigen/bestätigen). Die in der Liste für die einzelnen Änderungen dargestellten Ampeln zeigen an, ob eine Ände-

3 Die regulatorischen Anforderungen beziehen sich z.B. auf den Handel mit ABC-Waffengütern oder anderen gesetzlich kontrollierten Waren.

rung bestätigt wurde (grün), noch nicht bestätigt wurde (gelb) oder abgelehnt wurde (rot).

Kritische Debitorenänderungen anzeigen/bestätigen

Debitor	BuKr	Name 1	LöVm	S	BestDatum	BestZeit
1001	1000	Lampen-Markt GmbH			26.08.2009	14:32:54
1002	1000	Omega Soft-Hardware Markt			26.08.2009	14:30:29
1003	1000	IDES AG Tochtergesellschaft			26.08.2009	14:28:02

Abb. 4.3.4.2-40: Prüfung des Freigabestatus von Debitorenänderungen mit der Transaktion FD09

Beurteilen Sie durch Befragung der zuständigen Stellen die Gründe für abgelehnte oder noch nicht angenommene Stammdatenänderungen und prüfen Sie eine Auswahl von freigegebenen Änderungen auf Richtigkeit durch Prüfung der Änderungsgrundlage. Nutzen Sie hier die Transaktion S_ALR_87012182, um Änderungen an den Stammdaten auszuwählen.

- Analysieren Sie die Vergabe der Berechtigungen für die Freigabe von sensiblen Kundenstammdatenänderungen an die einzelnen Benutzer über das Programm RSUSR002.

  Für die Bestätigung sensibler Kundenstammdatenänderungen werden folgende Berechtigungen benötigt:

Berechtigungsobjekte	Felder	Feldausprägungen
S_TCODE	TCD	FD09
F_KNA1_APP	ACTVT	C8

4.3.4.5 Dubletten im Kundenstamm

SAP-Fakten:

Da verschiedene automatische Kontrollen im Bereich der Preisfindung, Rabattgewährung, des Mahnwesens und des Kreditmanagements an dem jeweiligen Kundenstammsatz und den dort hinterlegten Informationen aufsetzen, ist es von entscheidender Bedeutung, dass Kunden über genau einen Kundenstamm verfügen. Sollte dieser beispielsweise durch eine Kontrolle gesperrt werden, so sollten keine Aufträge mehr von diesem Kunden entgegengenommen werden. Im Rahmen der Kundenstammdatenpflege kann es gerade bei einem großen zu verwaltenden Kundenkreis zu doppelten Kundenstammsätzen bzw. Dubletten kommen. Diese sollten durch entsprechend eingerichtete nachgelagerte Kontrollen im Prozess der Stammdatenpflege aufgedeckt und entfernt bzw. korrigiert werden.

Prüfungshandlungen:

- Um Dubletten im Kundenstamm anhand der eingepflegten Adressdaten zu identifizieren, rufen Sie die Transaktion S_ALR_87012180 (Adressliste Debitoren) auf. Verwenden Sie anschließend den Befehl *Freie Abgrenzungen (Umsch+F4)* gemäß Abbildung 4.3.4.5-10.

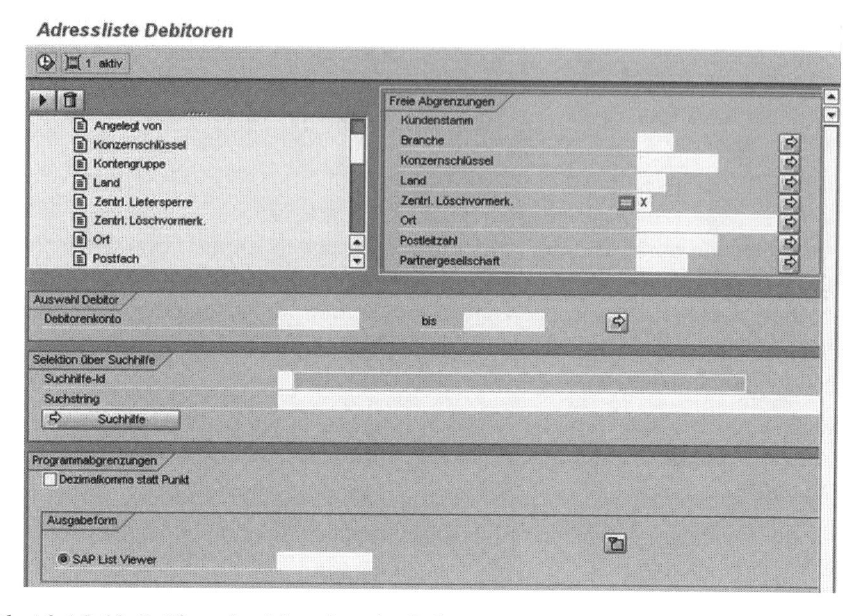

Abb. 4.3.4.5-10: Prüfung der Adressliste der Debitoren © SAP

Schließen Sie durch die Eingabe des Werts „X" im Feld „Zentrl. Löschvormerk." und die Auswahl eines roten Gleichheitszeichen (über die Taste *F2*) alle Datensätze aus, die bereits zur Löschung markiert wurden. Und lassen Sie sich die Ausgabe im SAP Viewer anzeigen. Sortieren Sie das Ergebnis nach Namen und Straße, um im Bereich der Adressdaten Dubletten zu finden. Sollten Sie Einträge identifizieren, die auf Dubletten hindeuten, besprechen Sie die einzelnen Stammdaten mit den verantwortlichen Stellen und stellen Sie fest, ob alle Kontrollen im Bereich der Preisfindung, des Mahnwesen und des Kreditsmanagements trotz der Dubletten wirksam arbeiten können.

4.3.4.6 Sperren im Kundenstamm

SAP-Fakten:

Kundenstämme, die aus bestimmten Gründen vorübergehend oder überhaupt nicht mehr verwendet werden sollen, können in einem SAP-System für verschiedene Stufen des Vertriebsprozesses zentral gesperrt werden. Hierfür stehen auf den verschiedenen Ebenen eines Kundenstammsatzes unterschiedliche Sperren zur Verfügung:

Auf der Ebene der Vertriebsbereichsdaten (SD-Sicht) bewirkt eine Auftragssperre für den jeweils ausgewählten Vertriebsbereich, dass der Kunde nicht mehr mit den Funktionen der Partnerrollen Auftraggeber, Warenempfänger und Regulierer im Vertriebsprozess eingesetzt werden kann. Somit können keine neuen Aufträge für diesen Kunden erfasst werden.

Als weitere Sperre bewirkt die Liefersperre, dass der Kunde bspw. bei übertretenem Kreditlimit nicht mehr automatisch beliefert wird.

Die Fakturasperre bewirkt, dass der Kunde nicht mehr an der automatischen Fakturierung teilnimmt, sondern Fakturen bzw. Gutschriften an den Kunden manuelle freigegeben werden müssen.

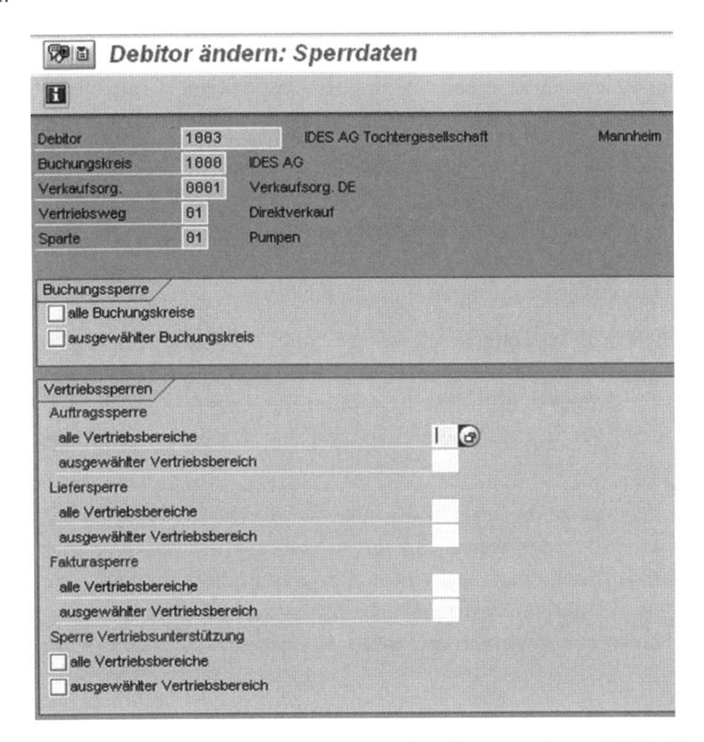

Abb. 4.3.4.6-10: Zentrale Kundenstammsatzsperren über die Transaktion XD05 (Sperren Debitor (Zentral)) © *SAP*

Auf der Ebene der Buchungskreisdaten (FI-Sicht) existiert eine allgemeine Buchungssperre für alle Buchungskreise oder für einzelne Buchungskreise. Die Sperre verhindert unter Ausgabe einer Fehlermeldung, dass das Konto des Debitors bebucht wird. Weiterhin können Mahnsperren oder Zahlungssperren für jeden Kunden individuell gesetzt werden.

Da der Vertriebsprozess und das Forderungsmanagement durch eine zentrale Sperrung von Kundenstammsätzen in erheblichem Maße gestört werden kann, ist es von großer Bedeutung, dass das Setzen von Sperren durch organisatorische Prozessvorgaben reguliert wird. Nachgelagerte Kontrollen sollten hierbei sicherstellen, dass Kundenstammsperren nur durch autorisierte Personen gesetzt und wieder aufgehoben werden.

Prüfungshandlungen:

- Nehmen Sie das Verfahren und die Kontrollen im Bereich der Sperrung von Kundenstammdaten auf. Stellen Sie fest, ob Kundenstammsperren automatisiert gesetzt bzw. gelöscht werden und ob dieses Verfahren sachgerecht eingerichtet ist. Prüfen Sie, ob die Kontrollen in dem Verfahren durch manuelle Eingriffe unterlaufen werden können.

- Identifizieren Sie alle Kunden bzw. Debitoren mit aktiven Sperren, indem Sie die Tabellen KNA1, KNVV, KNB1 und KNB5 (Kundenstamm) mit der Transaktion SE16 analysieren. Beachten Sie hierbei, dass Sie die Feldauswahl ggf. über den Menüpfad *Einstellungen –Felder für Selektion* anpassen müssen. Sie sollten bei Ihren Abfragen stets Kundenstämme mit einem zentralen Löschvermerk ausschließen (vgl. Abb. 4.3.4.6-20).

  Kunden mit aktiver zentraler Auftragssperre (alle Vertriebsbereiche) finden Sie in der Tabelle KNA1, indem Sie Werte im Feld AUFSD suchen, die nicht initial sind (wählen Sie hierfür ein grünes Ungleichheitszeichen aus und lassen Sie das eigentliche Feld leer). Kunden mit aktiver vertriebsbereichspezifischer Auftragssperre finden Sie über identische Feldwertauswahl in der Tabelle KNVV.

  Kunden mit aktiver zentraler Liefersperre (alle Vertriebsbereiche) finden Sie in der Tabelle KNA1, indem Sie Werte im Feld LIFSD suchen, die nicht initial sind (wählen Sie hierfür ein grünes Ungleichheitszeichen aus und lassen Sie das Wertfeld leer). Kunden mit aktiver vertriebsbereichspezifischer Liefersperre finden sie über eine identische Feldwertauswahl in der Tabelle KNVV.

  Kunden mit aktiver zentraler Fakturasperre (alle Vertriebsbereiche) finden Sie in der Tabelle KNA1, indem Sie Werte im Feld FAKSD suchen, die nicht initial sind (wählen Sie hierfür ein grünes Ungleichheitszeichen aus und lassen Sie das eigentliche Feld leer). Kunden mit aktiver vertriebsbereichspezifischer Fakturasperre finden sie über identische Feldwertauswahl in der Tabelle KNVV.

  Debitoren mit aktiver zentraler Buchungssperre (alle Buchungskreise) finden Sie in der Tabelle KNA1, indem Sie Werte im Feld SPERR suchen, die nicht initial sind (wählen Sie hierfür ein grünes Ungleichheitszeichen aus und lassen Sie das eigentliche Feld leer). Kunden mit aktiver buchungskreisspezifischer Buchungssperre finden sie über identische Feldwertauswahl in der Tabelle KNB1.

  Debitoren mit aktiver zentraler Mahnsperre finden Sie in der Tabelle KNB5, indem Sie Werte im Feld MANSB suchen, die nicht initial sind (wählen Sie hierfür ein grünes Ungleichheitszeichen aus und lassen Sie das eigentliche Feld leer).

  Debitoren mit aktiver Zahlungssperre finden Sie in der Tabelle KNB1, indem Sie Werte im Feld ZAHLS suchen, die nicht initial sind (wählen Sie hierfür ein grünes Ungleichheitszeichen aus und lassen Sie das eigentliche Feld leer).

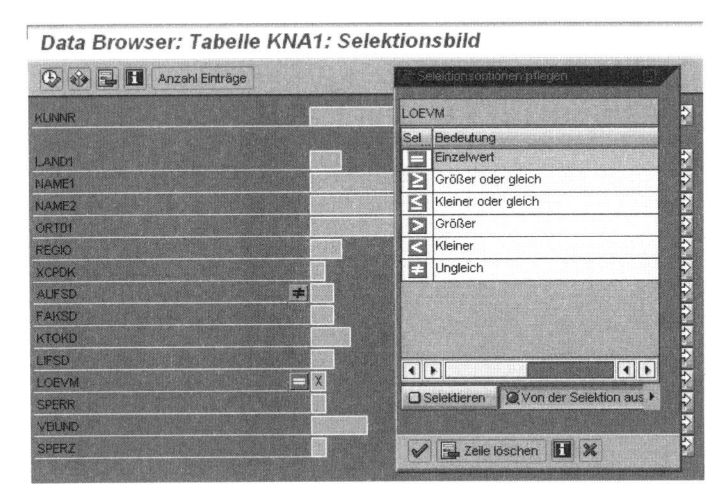

Abb. 4.3.4.6-20: Prüfung von Sperren mit Ausschluss von gelöschten Kunden im Feld LOEVM mittels rotem Gleichheitszeichen und Wert „X“ *© SAP*

Besprechen Sie die Sperren der identifizieren Kunden mit den verantwortlichen Stellen. Beurteilen Sie, ob die Sperren angemessen sind und den organisatorischen Vorgaben an die Pflege von Kundenstammsperren folgen. Beurteilen Sie außerdem die Auswirkungen auf die Auftragsabwicklung und das Forderungs- und Kreditmanagement.

4.3.4.7 Angebote

SAP-Fakten:

Wie schon in Kapitel 4.3.3 beschrieben, wird der Vertriebsprozess im SAP-System über die Erstellung und Verarbeitung von Vertriebsbelegen unterstützt. Grundsätzlich bestehen diese Belege aus Kopf- und Positionsinformationen. Bei manchen Belegen kommt noch die Ebene der Einteilungen unter den Positionsinformationen hinzu, welche der Steuerung des Versandprozesses dient.

Angebote stellen zumeist als Absichtserklärung eines Verkäufers die verbindliche Zusage dar, einem Kunden eine Leistung oder Ware in einem bestimmten Zeitraum für einen bestimmten Preis zu verkaufen. Nichterfüllung der angebotenen Leistungen kann unter Umständen zu Schadensersatzforderungen führen, die durch den Kunden geltend gemacht werden könnten. Weiterhin werden in bestimmten Fällen die im Angebot erfassten Konditionen und Preise direkt in einen daraus resultierenden Auftragsbeleg ohne weitere Änderung übernommen. Die Kontrolle der Angebotserstellung und der Angebotsverarbeitung ist deshalb im Vertrieb bereits ein wichtiger Prozessschritt, der in der Regel bereits von dem SAP-System unterstützt wird.

Angebote werden in einem SAP-System über eigene Belegarten als Vertriebsbelege erfasst. Zumeist besteht zwischen den Angebots- und Auftragsbelegarten eine enge Verbindung, da nur so Regeln für die Kopiersteuerung im Customizing hinterlegt werden können. Weiterhin verfolgt das SAP-System zumeist den Bearbeitungsstatus der Angebote, so dass es nicht zu einer Doppelverwendung von Angeboten kommt.

Bei Angeboten ist es wie bei anderen Belegen auch möglich, die Belegdaten unvollständig zu erfassen. Eine unvollständige Erfassung wird durch das SAP-System zwar erkannt und somit eine Weiterverarbeitung des Belegs verhindert, jedoch können unvollständig erfasste Belege, die im System über einen längeren Zeitraum verbleiben, auf Arbeitsfehler im Bereich der Angebotserfassung hindeuten. Der Bestand unvollständig erfasster Belege sollten deswegen regelmäßig kontrolliert werden.

Prüfungshandlungen:

- Nehmen Sie den über das SAP-System unterstützten Prozess der Angebotserstellung auf. Richtlinien bzgl. der Freigabe und der allgemeinen Gültigkeitsdauern von Angeboten sollten im SAP-System über entsprechendes Customizing der Angebotsbelegarten abgebildet sein.
- Ermitteln Sie die durch die Gesellschaft genutzten Angebotsbelegarten, indem Sie die in der Transaktion SPRO unter *Vertrieb – Verkauf – Verkaufsbelege - Verkaufsbelegkopf – Verkaufsbelegearten definieren* aufgeführten Angebotsbelegarten mit der zuständigen Stelle besprechen. Die Informationen finden Sie auch in Tabelle TVAK (Verkaufsbelege: Arten). Prüfen Sie, ob die genutzten Belegarten gemäß der Verfahrensvorgaben und -dokumentation eingerichtet sind.
- Analysieren sie die im SAP-System enthaltenen Angebotsbelege bzgl. ihrer Gültigkeitsdauer. Nutzen Sie hierfür die Transaktion VA25N (Liste Angebote). Aus der Differenz der beiden Daten „Gültig ab“ bzw. „Angelegt am“ und „Gültig bis“ können Sie den Gütligkeitszeitraum eines Angebots ermitteln. Beurteilen Sie, ob die Angebote gemäß den unternehmensinternen Vorgaben erstellt wurden.
- Analysieren Sie die Vergabe der Berechtigungen für die Anlage und Pflege von Angeboten an die einzelnen Benutzer über das Programm RSUSR002.

  Für die Anlage und Pflege von Angeboten werden folgende Berechtigungen benötigt:

Berechtigungsobjekte	Felder	Feldausprägungen
S_TCODE	TCD	VA21 oder VA22
V_VBAK_AAT	ACTVT	01 oder 02
V_VBAK_VKO	ACTVT	01 oder 02

  Beurteilen Sie, ob die Berechtigungen ausschließlich an Benutzer-IDs von Mitarbeitern vergeben wurden, die mit der Anlage und Pflege von Angeboten betraut sind.
- Sollte die Gesellschaft bereits Kundenanfragen im SAP-System erfassen, werten Sie über die Transaktion VA15N (Liste Anfragen) die erfassten Anfragen aus, um festzustellen, wie hoch die Anzahl der erfassten Anfragen ohne Angebotsreferenz ist. Lassen Sie sich hierfür alle „offenen Anfragen“ anzeigen und besprechen Sie mit der verantwortlichen Stelle die Gründe für die Nichterstellung von anfragebezogenen Angeboten.
- Beurteilen Sie durch Auswertung von unvollständig erfassten Angebotsbelegen, inwiefern der Angebotserfassungsprozess gemäß den Verfahrenvorgaben durchgeführt wird. Eine Liste der unvollständig gepflegten Belege erhalten Sie, indem Sie die Transaktion V.04 (Liste unvollständige Angebote) aufrufen. Das Erstellungsdatum im

Feld „Angelegt am“ gibt Aufschluss über das Alter der unvollständig vorerfassten Belege.

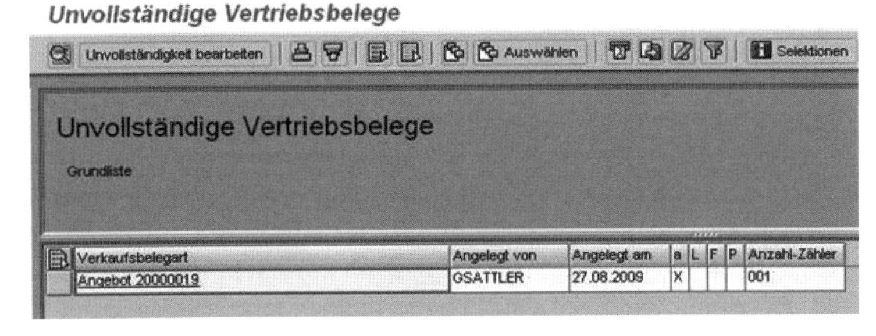

Abb. 4.3.4.7-10: Anzeige unvollständiger Vertriebsbelege über die Transaktion V.04 © SAP

4.3.4.8 Aufträge

SAP-Fakten:

Die Erfassung der Auftragsdaten und die Anlage von Aufträgen stellt bei den meisten durch ein SAP-System unterstützten Vertriebsprozessen den eigentlichen Startpunkt der Auftragsverarbeitung dar. Der Auftragsbeleg ist im SAP-System auch der Beleg, in dem alle für das erfasste Geschäft und später für die Rechnungsstellung relevanten Informationen hinterlegt werden. Die im SAP-System erfassten Aufträge lassen sich über die Transaktion VA03 (Kundenauftrag anzeigen) anzeigen. Über den Befehl *Belegfluß anzeigen (F5)* kann der Belegfluss des gesamten durchlaufenen Vertriebprozesses des einzelnen Auftrags anhand der Vorgänger- und Nachfolgebelegen nachvollzogen werden.

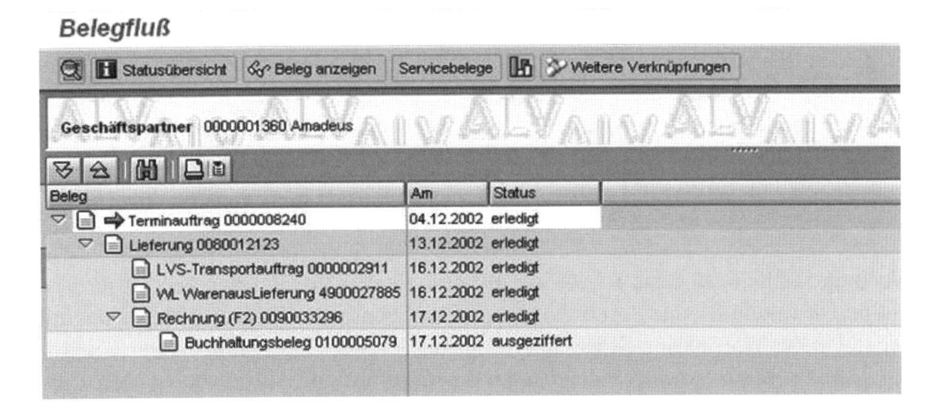

Abb. 4.3.4.8-10: Anzeige des Belegflusses eines Terminauftrags über die Transaktion VA03 © SAP

Eine Verarbeitung der Aufträge nach dem eigentlichen Erfassungsvorgang ist nur möglich, wenn alle für die späteren Verarbeitungsschritte notwendigen Informationen erfasst wurden. Aus diesem Grund wird bei jedem Erfassungsvorgang eine Vollständigkeitskontrolle der eingegeben Beleginformationen durchgeführt. Sollten nicht alle für die Verarbeitung benötigten Informationen erfasst worden sein, warnt das SAP-System. Es lässt jedoch eine Speicherung der bereits erfassten Informationen zu. Der Beleg wird nicht weiterverarbeitet und gilt im SAP-System so lange als unvollständig gepflegter Beleg, bis alle benötigten Informationen nachgetragen wurden.

Die Erfassung eingehender Kundenaufträge geschieht in den meisten SAP-Systemen auf verschiede Arten. So kommen teilweise neben der klassischen Dialogverarbeitung oftmals automatische Schnittstellen aus dem E-Commerce-Bereich hinzu. Eine Doppelerfassung von Aufträgen kann systemtechnisch nicht in jedem Fall ausgeschlossen werden. Das SAP-System bietet Auswertungsprogramme an, um mögliche Doppelerfassungen von Aufträgen zu ermitteln. Die Transaktion SDD1 (Doppelte Verkaufsbelege im Zeitraum) ermittelt durch Vergleich von Auftragsmerkmalen wie Auftraggeber, Nettowarenwert und Erfassungsdatum mögliche Doppelerfassungen. Diese Auswertung sollte als nachgelagerte Kontrolle des Auftragserfassungsprozesses regelmäßig und zeitnah zum Erfassungsdatum durchgeführt werden, um z.B. eine ungewollte Doppelbelieferung zu verhindern.

Nach der Auftragserfassung und der evtl. durchzuführenden Beschaffungs- oder Produktionsphase wird die Versandaktivität mit der Kommissionierung der Ware und dem Versand der Ware an den Kunden ausgeführt. Die sogenannte Belieferung eines Auftrags wird in dem Status des Auftragsbelegs festgehalten und ermöglicht die Durchführung von Teillieferungen und die Vermeidung einer Überlieferung von Aufträgen.

Eine Überwachung und Kontrolle der Auftragsstatuskennzeichen sollte durch die verantwortlichen Stellen durchgeführt werden, um einen reibungslosen Ablauf der Auftragsverarbeitung zu gewährleisten.

Aus verschiedenen Gründen ist es möglich, Aufträge für die weitere Verarbeitung zu sperren. Die Sperrung kann bewirken, dass ein Auftrag nicht beliefert wird oder dass Aufträge nicht fakturiert werden. Die Sperrung kann hierbei manuell oder durch programmierte Verarbeitungsregeln und somit automatisch ausgelöst werden. Da die Sperrung von Aufträgen direkte Auswirkung auf die zu erzielenden Umsatzerlöse einer Gesellschaft hat, ist es von großer Bedeutung, dass das Setzen von Sperren nur durch autorisierte Personen erfolgt und eine ständige Überwachung gesperrter Aufträge eingerichtet ist (siehe hierzu auch Kapitel 4.3.4.10).

Prüfungshandlungen:

- Nehmen Sie den über das SAP-System unterstützten Prozess der Auftragserfassung auf und ermitteln Sie die durch die Gesellschaft genutzten Auftragsbelegarten, indem Sie die in der Transaktion SPRO unter *Vertrieb – Verkauf – Verkaufsbelege - Verkaufsbelegkopf – Verkaufsbelegarten definieren* aufgeführten Auftragsbelegarten mit der zuständigen Stelle besprechen. Die Informationen finden Sie auch in Tabelle TVAK (Verkaufsbelege: Arten). Prüfen Sie, ob die genutzten Belegarten gemäß der Verfahrensvorgaben und -dokumentation eingerichtet sind.
- Analysieren Sie die Vergabe der Berechtigungen für die Anlage und Pflege von Aufträgen an die einzelnen Benutzer über das Programm RSUSR002.

Für die Anlage und Pflege von Aufträgen werden folgende Berechtigungen benötigt:

Berechtigungsobjekte	Felder	Feldausprägungen
S_TCODE	TCD	VA01 oder VA02
V_VBAK_AAT	ACTVT	01 oder 02
V_VBAK_VKO	ACTVT	01 oder 02

Beurteilen Sie, ob die Berechtigungen ausschließlich an Benutzer-IDs von Mitarbeitern vergeben wurden, die mit der Anlage und Pflege von Aufträgen betraut sind.

- Beurteilen Sie durch die Auswertung von unvollständig erfassten Auftragsbelegen, inwiefern der Auftragserfassungsprozess gemäß den Verfahrenvorgaben durchgeführt wird. Eine Liste unvollständig gepflegter Belege erhalten Sie, indem Sie die Transaktion V.02 (Liste unvollständige Aufträge) aufrufen. Das Erstellungsdatum im Feld „Angelegt am" gibt Aufschluss über das Alter der unvollständig vorerfassten Belege.
- Prüfen Sie ob es doppelt erfasste Aufträge im SAP-System gibt. Nutzen Sie hierfür die Transaktion SDD1 (Doppelte Verkaufsbelege im Zeitraum) und schränken Sie die Auswertung über das Erfassungsdatum auf einen Zeitraum ein, indem Sie keine identischen Aufträge erwarten würden (bspw. auf eine Woche oder einen Monat). Befragen Sie den jeweils verantwortlichen Erfasser der Aufträge, auf welcher Grundlage die Aufträge angelegt wurden und stellen Sie fest, ob es sich um eine fehlerhafte doppelte Erfassung von Aufträgen handelt.
- Werten Sie über die Transaktion V.15 (Anzeigen rückständige Aufträge) den Auftragsbestand aus und ermitteln Sie alle rückständigen Aufträge. Die rückständigen Aufträge sind Aufträge, welche zu einem Datum in der Vergangenheit beliefert werden sollten, jedoch noch nicht oder noch nicht vollständig beliefert wurden. Ermitteln und beurteilen Sie die Gründe für den Rückstand in den Aufträgen.
- Werten Sie über die Transaktion VL06O (Auslieferungsmonitor) alle Aufträge bzw. Lieferungen aus, bei denen noch kein Warenausgang gebucht wurde, obwohl bereits eine Kommissionierung durchgeführt worden ist. Rufen Sie hierfür den Befehl „zum Warenausgang" auf und werten Sie die angezeigten Lieferungen nach Ihrem Warenausgangsdatum aus. Sollten Sie alte Lieferungen finden, die noch nicht zu einer Warenausgangsbuchung geführt haben, lassen Sie sich die Gründe nennen und beurteilen Sie die Auswirkungen auf die Bestandsführung und die Auftragsverarbeitung.
- Ermitteln Sie alle für Lieferungen gesperrten Aufträge, indem Sie in der Transaktion VA14L (Zur Lieferung gesp. Verkaufsbelege) aufrufen. Stellen Sie durch Befragung der Anwendungsbetreuer sicher, dass vorher das Programm SDSPESTA (Update der Gesamtsperrstatusfelder in VBUP, VBUK) im Hintergrund zeitnah vor einer geplanten Auswertung ausgeführt wurde, um die Auswertungstabellen zu auf den neusten Stand zu bringen. Ermitteln durch Befragung der verantwortlichen Stellen die Gründe für die gesetzten Liefersperren und beurteilen Sie die Auswirkungen der Sperren auf den Vertriebsprozess.

4.3.4.9 Fakturen

SAP-Fakten:

Die Fakturierung der erbrachten Lieferungen bzw. Leistungen wird in einem SAP-System durch die Erstellung und Verarbeitung eines Fakturabelegs gesteuert. Im Rahmen der Fakturierung werden im Wesentlichen Rechnungen für Kunden und die Umsatz- und Forderungsbuchungen erstellt. Die Fakturen werden auf Grundlage der im System während des Versandprozess erstellten Auslieferungen erstellt. So ist es möglich, Rechnungen auch für erst teilbelieferte Aufträge zu erstellen.

Grundsätzlich unterscheidet man im SAP-System zwischen lieferbezogenen Fakturen und auftragsbezogenen Fakturen. Lieferbezogene Fakturen werden durch eine erfasste Auslieferung ausgelöst, während auftragsbezogene Fakturen zumeist Dienstleistungen ohne physische Warenauslieferung betreffen und sich an den Rechnungsstellungsvorgaben des Auftrags orientieren.

Neben den Ausgangrechnungen werden als Fakturaarten im SAP-System auch Gutschriften, Rechnungsstornierungen, Retouren, Interne Verrechnungen, Proformarechnungen und Barverkäufe geführt, die alle im Rahmen der Fakturierung verarbeitet werden. Das richtige Customizing der einzelnen Belegarten ist Grundvoraussetzung für die richtige Ermittlung der Umsatzerlöse.

Die Fakturierung kann für einzelne Auslieferungen manuell oder anhand des Fakturavorrats bspw. in einem Sammellauf periodisch für alle zur Fakturierung anstehenden Auslieferungen durchgeführt werden. Den Fakturavorrat kann man über die Transaktion VF04 (Fakturavorrat bearbeiten) einsehen. Die Sammelläufe erzeugen Protokolle, die alle evtl. auftretenden Probleme mit der Fakturaerstellung aufzeigen. Die Protokolle können über die Transaktion V.21 (Protokoll des Sammellaufes) angezeigt und ausgewertet werden. Die Protokolle zeigen neben Problemen in der Verarbeitung auch alle für die Fakturierung gesperrten Vertriebsbelege an. Die für die Fakturierung gesperrten Aufträge können Sie sich auch direkt über die Transaktion V23 (Zur Faktura gesp. Verkaufsbelege) anzeigen lassen.

Nach der Fakturierung müssen die ermittelten Fakturadaten (Fakturadatum, Preisfindung, Kontenfindung) an den Finanzbuchhaltungsteil des SAP-Systems übertragen werden, damit die Buchungen der Umsätze und Forderungen durchgeführt werden können. Erst nach der Übertragung der Daten können Fakturabelege nicht mehr geändert werden, sondern müssen über einen normalen Buchungsstornierungsvorgang zurückgenommen werden.

Bei den meisten Fakturen erfolgt der Vorgang der Übergabe ohne zusätzliche manuelle Eingriffe. Fakturabelege mit Buchungssperre müssen jedoch freigegeben werden, bevor eine Buchung in der Finanzbuchhaltung erfolgen kann. Die Notwendigkeit einer Freigabe kann neben der Buchungssperre auch durch aufgetretene Schnittstellenfehler, Preisfindungsfehler, Außenhandelsdaten oder fehlende Autorisierungsinformationen begründet sein. Freizugebene Fakturabelege werden über die Transaktion VFX2 (Anzeigen gesperrte Fakturen) angezeigt und über die Transaktion VFX3 (Liste gesperrte Fakturen) bearbeitet.

Prüfungshandlungen:

- Nehmen Sie den über das SAP-System unterstützten Fakturierungsprozess auf. Ermitteln Sie die durch die Gesellschaft genutzten Fakturabelegarten, indem Sie die in der Transaktion SPRO unter *Vertrieb – Verkauf – Fakturierung - Faktura – Fakturaarten definieren* aufgeführten Fakturabelegarten mit der zuständigen Stelle besprechen. Die Informationen finden Sie auch in der Tabelle TVFK (Verkaufsbelege: Arten). Prüfen Sie, ob die genutzten Belegarten gemäß der Verfahrensvorgaben und -dokumentation eingerichtet sind.
- Analysieren Sie die Vergabe der Berechtigungen für die Fakturierung an die einzelnen Benutzer über das Programm RSUSR002.

  Für die Fakturierung werden folgende Berechtigungen benötigt:

Berechtigungsobjekte	**Felder**	**Feldausprägungen**
S_TCODE	TCD	VF01 oder VF02 oder VF04 oder VF11
V_VBRK_FKA	ACTVT	01 oder 02 oder 19
V_VBRK_VKO	ACTVT	01 oder 02 oder 19

  Beurteilen Sie, ob die Berechtigungen ausschließlich an Benutzer-IDs von Mitarbeitern vergeben wurden, die mit der Fakturierung betraut sind.
- Prüfen Sie den Inhalt des Fakturavorrats und beurteilen Sie die Vollständigkeit der Verarbeitung der zur Fakturierung anstehenden Auslieferungen, indem Sie die Transaktion VF04 aufrufen und sich den Fakturavorrat z.B. für den abgelaufen Monat anzeigen lassen. Wählen Sie hierfür die zu prüfende Verkaufsorganisation aus und schränken Sie den Zeitraum durch Setzen eines Wertes im Feld „Fakturadatum bis" z.B. mit dem letzten Tag des zurückliegenden Monats ein. Werten Sie sowohl auftrags- als auch lieferbezogene Belege aus.

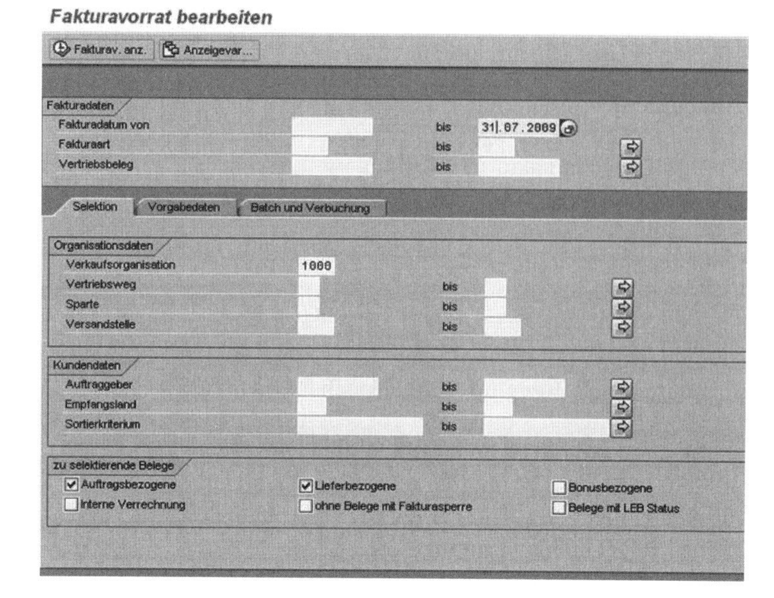

Abb. 4.3.4.9-10: Auswertung des Fakturavorrats über die Transaktion VF04 © *SAP*

Der Fakturavorrat sollte in jedem Fall leer sein und alle zur Fakturierung anstehenden Auslieferungen sollten fakturiert worden sein. Sollten Sie nicht fakturierte Belege finden, befragen Sie die zuständigen Stellen nach den Gründen und nach den geplanten Zeitpunkten für die „Nachfakturierung". Beurteilen Sie in diesem Fall die Auswirkung auf das Prozessziel einer periodengerechte Umsatzermittlung.

- Prüfen Sie die in den Fakturierungsläufen aufgetretenen Fehlermeldungen und Vertriebsbelege, die zur Fakturierung gesperrt wurden, indem Sie die Transaktion V.21 aufrufen und die Protokolle für den Untersuchungszeitraum auswerten.

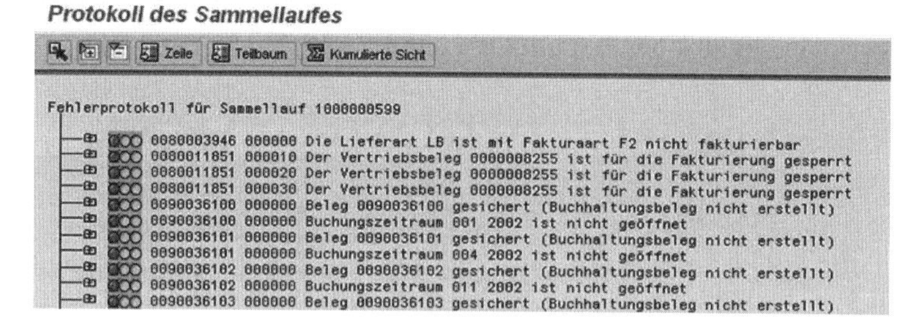

Abb. 4.3.4.9-20: Fehlerprotokoll eines Fakturasammellaufs über die Transaktion V.21 © *SAP*

Sollten Sie für die Fakturierung gesperrte Vertriebsbelege finden, prüfen Sie, ob die Gründe für die Sperren den organisatorischen Vorgaben entsprechen und durch die zuständigen Stellen autorisiert wurden. Nutzen Sie zusätzlich die Transaktion V23, um die gesperrten Auftragsbelege zu analysieren und festzustellen, ob die Aufträge vollständig beliefert wurden.

Stelle sie weiterhin fest, ob die in den jüngsten Läufen aufgeführten Fehlermeldungen zeitnah durch die zuständigen Stellen bearbeitet werden. Sollten Sie in bestimmten Zeiträumen eine Häufung von Fehlern finden, gehen Sie den Ursachen auf den Grund und beurteilen Sie die Auswirkung auf das Prozessziel einer richtigen sowie periodengerechten Umsatzermittlung.

- Ermitteln Sie alle für die Buchung gesperrten Fakturabelege, indem Sie sich die gesperrten Fakturen über die Transaktionen VFX2 oder VFX3 anzeigen lassen.

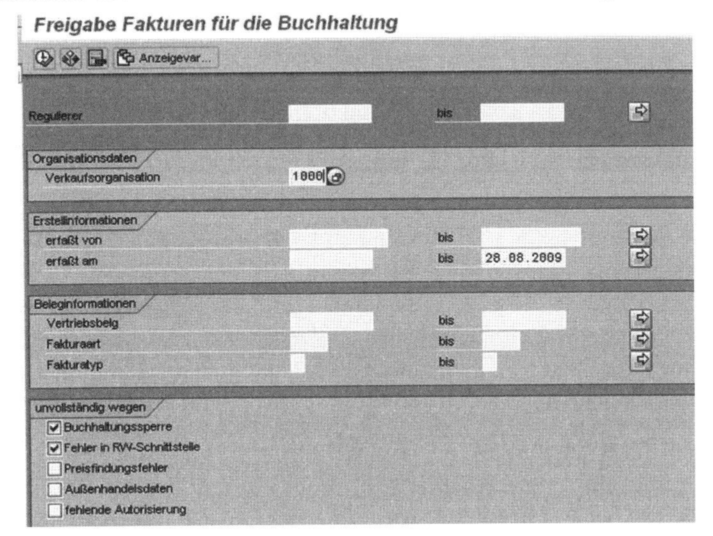

Abb. 4.3.4.9-30: Anzeige der freizugebenden Fakturen über die Transaktion VFX3 © SAP

Analysieren Sie die angezeigten Belege in Hinblick auf ihr Fakturadatum und beurteilen Sie die Auswirkungen auf die Buchhaltung und die periodengerechte Umsatzermittlung. Beachten sie bei der Analyse der gesperrten Belege, dass die automatische Sperrung von bestimmten Fakturaarten, wie beispielsweise von Gutschriften, aus einer Prozess- und Kontrollsicht heraus sinnvoll sein kann, um ein organisatorisch eingerichtetes Vier-Augen-Prinzip bzw. eine im Verfahren vorgesehene Autorisierungsstufe durch Vorgesetzte zu unterstützen.

- Analysieren Sie die Vergabe der Berechtigungen für die Freigabe von Fakturabelegen an die einzelnen Benutzer über das Programm RSUSR002.

Für die Freigabe von Fakturabelegen werden folgende Berechtigungen benötigt:

Berechtigungsobjekte	Felder	Feldausprägungen
S_TCODE	TCD	VFX3
V_VBRK_FKA	ACTVT	02
V_VBRK_VKO	ACTVT	02

Beurteilen Sie, ob die Berechtigungen ausschließlich an Benutzer-IDs von Mitarbeitern vergeben wurden, die mit der Freigabe von Fakturabelegen betraut sind. Gerade im Bezug auf die Freigabe von Gutschriften, kann eine Freigabeberechtigung für dolose Handlungen genutzt werden.

- Suchen Sie über die Transaktion S_ALR_87101070 (FI Doppelte Fakturanummern) nach doppelt verwendeten Rechnungsbelegnummern in den Nebenbüchern und im Hauptbuch. Die Transaktion sucht alle Debitoren- und Kreditorenbuchungsbelege, die eine Dopplung in der referenzierten Rechnungsnummer aufweisen und listet die gefunden Belege auf. Die aufgeführten Belege können auf doppelt gebuchte Rechnungen hindeuten. Beachten Sie jedoch, dass es sich die Auswertungen auf Referenznummern beziehen, die oftmals manuell erfasst werden. Eine Detailauswertung der zugrundeliegenden Belege und Vorgänge ist deshalb unerlässlich, bevor die Beurteilung der Dopplung in der Referenzierung durch Sie abschließend vorgenommen wird.
- Nutzen Sie das Programm SDFI_CONSISTENCY_CHECK (Konsistenzprüfung Faktura Buchhaltung) bzw. die Transaktion S_AL0_19000078 (Konsistenzprüfung Faktura Buchhaltung), um die an die Buchhaltung übermittelten Fakturadaten mit den tatsächlich auf den Konten gebuchten Beträgen zu vergleichen. Die aufgeführten Differenzen können zum einen auf technische Probleme bei der Verarbeitung und Übergabe der Fakturadaten hindeuten. Zum anderen können so auch nachträgliche manuelle Veränderungen an Buchungsbelegen aufgedeckt werden, was auf einen Verstoß gegen die Grundsätze ordnungsmäßiger Buchführung hindeuten kann. Die aufgeführte Differenz ermittelt sich aus dem Fakturawert abzüglich des gebuchten Betrags in der Buchung. Hierbei werden auch Fakturabelge berücksichtigt, die zwar als gebucht markiert wurden, für die jedoch keine Buchungen gefunden werden kann.
- Nutzen Sie die Transaktionen VF47 (Erlösrealisierung: Konsistenzprüfung) und VF48 (Erlösrealisierung: Abstimmreport), um inhaltlichen oder technischen Fehlern im Bereich der Erlösrealisierung nachzugehen. Beachten Sie, dass Sie im Rahmen einer Prüfung bei der Transaktion VF47 stets den Punkt „Testlauf ohne Update" mit einem Haken markieren, um eine Veränderung von Produktivdaten auszuschließen. Die ermittelten Fehler können Datenschiefstände im Bereich der Erlösrealisierungstabellen aufdecken, die im Zusammenhang mit der Übergabe der Fakturabelege an die Buchhaltung und das Controlling entstehen können. Für die Verwendung der genannten Transaktionen sind im Vorfeld betroffene Vertriebsbeleggruppen und Abstimmkonten auszuwählen, die einer Analyse unterzogen werden sollen. Sprechen Sie diesbezüglich mit den zuständigen Stellen, um eine sinnvolle Eingrenzung vorzunehmen.

4.3.4.10 Kredit- und Forderungsmanagement

SAP-Fakten:

Bei dem Verkauf von Waren und Dienstleistungen, bei denen es sich nicht um Barverkäufe oder Vorkassegeschäfte handelt, wird einem Kunden ein Zahlungsziel eingeräumt und damit eine Frist gesetzt, bis zu der man von ihm erwartet, dass er die Rechnung bezahlt. Während eine frühe Zahlung zu einer Reduktion des Rechnungsbetrags im Rahmen eines gewährten Skontos führen kann, wird ein Überschreiten der Frist in der Regel dem säumigen Kunden mit Mahnungsschreiben in Erinnerung gerufen. Um das Risiko eines Forderungsausfalls zu begrenzen, ist es üblich, Kunden einen gewissen Kreditrahmen einzuräumen. Ein SAP-System bietet im Rahmen des Kreditmanagement die Möglichkeit, für Kunden solche Kreditlimits zu hinterlegen und Prüfroutinen zu definieren, die bei Überziehen des Kreditlimits mit automatischen Sperren das Entstehen weiterer Forderungen für diesen Kunden unterbinden. So können die Regel beispielsweise so eingestellt werden, dass bei jeder Auftragsneuanlage zunächst die noch ausstehenden Rechnungen des Kunden zuzüglich des bereits für diesen Kunden erfassten Auftragsvolumens und der noch nicht in Rechnung gestellte Lieferungen ermittelt werden. Sollte dieser Wert den Wert des für den Kunden hinterlegten Kreditlimits überschreiten, so kommt es zu einer automatischen Sperrung des erfassten Auftrags, so dass eine weitere Belieferung des Kunden verhindert wird.

In dem durch das SAP-System unterstützen Vertriebsprozess gibt es drei Stellen, an denen eine Kreditlimitprüfung durchgeführt werden kann: Bei der Erstellung des Auftrags, der Auslieferung und der Warenausgangsbuchung. Ob eine Prüfung durchgeführt wird, wird über die im Customizing hinterlegten Werte der einzelnen Vertriebsbelegart bestimmt.

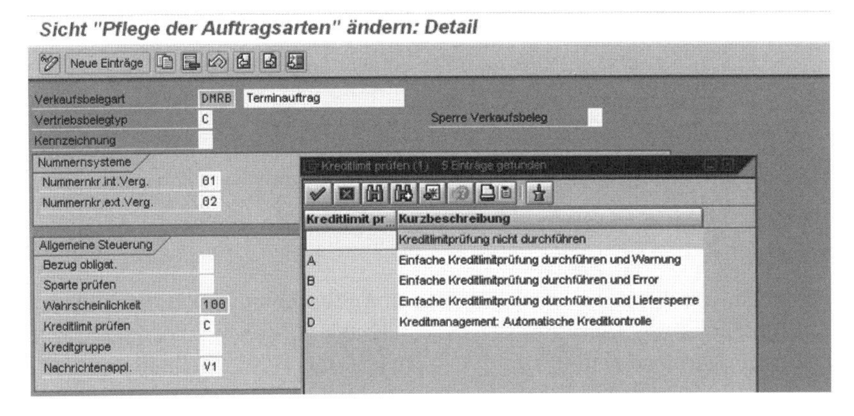

Abb. 4.3.4.10-10: Hinterlegung einer Kreditlimitkontrolle in der Auftragsbelegart © *SAP*

Während die einfache Kreditlimitprüfung (Einträge A bis C) die ausschließlich die aktuelle Kreditinanspruchnahme des Regulierers als Grundlage nutzt und eine Warnung, einen Fehler oder eine Liefersperre als Ereignis einer systemseitigen Kontrolle auslösen kann, besteht über die automatische Kreditprüfung (Eintrag D) die Möglichkeit, Art und Umfang der Kontrolle frei zu wählen. Bei diesem Eintrag kann die Systemreaktion spezifisch auf Kreditkontrollbereiche, Risikoklassen und Kreditgruppen zugeschnitten werden. Außerdem lässt sich der Ausschöpfungsgrad des Kreditlimits eines Kunden nicht nur wie bei den Einträgen A bis C statisch sondern auch dynamisch ermitteln (siehe weiter unten). Da die einfache Kreditlimitprüfung als Bestandteil der automatischen Kontrolle durchgeführt werden kann, werden die Einträge A bis C in neuen SAP-Implementierungen oftmals nicht mehr verwendet.

Kreditkontrollbereiche werden als Organisationsstruktur für die Verwaltung der Kreditdaten der Kreditlimits genutzt. Kreditkontrollbereichen können mehrere Buchungskreise zugeordnet werden. Dies macht immer dann Sinn, wenn ein Unternehmensverbund die Risiken der Kreditbeanspruchung unternehmens- bzw. buchungskreisübergreifend kontrollieren möchte. Ein Kunde, der bei Tochterunternehmen 1 sein Kreditvolumen ausgeschöpft hat, soll hierbei nicht die Möglichkeit haben, bei Tochterunternehmen 2 weitere Aufträge zu erteilen.

Zu Kunden werden Kreditdaten für die jeweils relevanten Kreditkontrollbereiche hinterlegt. Die Pflege der Kreditdaten und die kundenspezifischen Kreditlimiteinstellungen erfolgt über die Transaktion FD32 (Debitor-Kreditmanagement ändern). Die Informationen lassen sich über die Transaktion FD33 (Debitor-Kreditmanagement anzeigen) anzeigen. Das Kreditlimit kann sowohl als sogenanntes Einzellimit auf Ebene des einzelnen Kreditkontrollbereichs als auch als kreditkontrollbereichübergreifendes Gesamtlimit gepflegt werden.

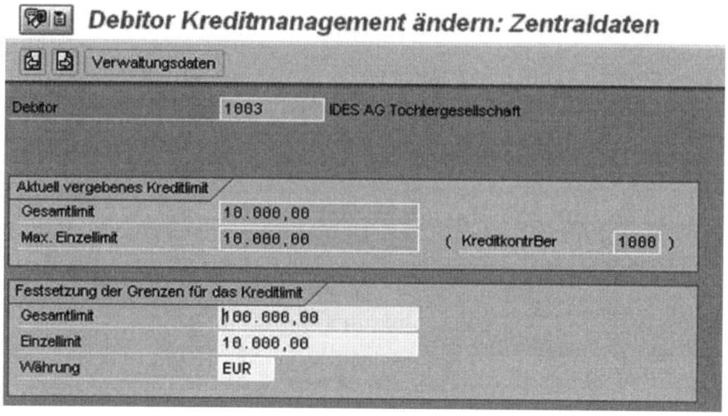

Debitor Kreditmanagement ändern: Zentraldaten

Verwaltungsdaten

Debitor 1003 IDES AG Tochtergesellschaft

Aktuell vergebenes Kreditlimit
Gesamtlimit 10.000,00
Max. Einzellimit 10.000,00 (KreditkontrBer 1000)

Festsetzung der Grenzen für das Kreditlimit
Gesamtlimit 100.000,00
Einzellimit 10.000,00
Währung EUR

Abb. 4.3.4.10-20: Pflege des Kreditlimits eines Kundenstamms über Transaktion FD32. *© SAP*

Um die Kunden gemäß einer Risikoklassifizierung gruppieren zu können und die Folgen einer Überschreitung des Kreditlimits für diese Kundengruppen differenziert steuern zu können, werden Kunden ebenfalls unter der Transaktion FD32 Risikoklasse und Kreditgruppe zugeordnet. Die Risikoklasse und die Kreditgruppe steuern hierbei die einzelnen automatisch ausgelösten Ereignisse bei einer Überschreitung der Kreditlimiteinstellungen durch im Customizing festgelegte Regeln.

Die Definitionen dieser Regeln bzw. der automatischen Kreditkontrolldefinitionen sind in der Transaktion SPRO unter *Vertrieb – Grundfunktionen - Kreditmanagement/Risikomanagement –Kreditmanagement –Automatische Kreditkontrolle festlegen* einsehbar. Die jeweils durchgeführte Kontrolle hängt von dem den Kunden zugeordneten Kreditkontrollbereich, der Risikoklasse und der Kreditgruppe ab. Den einzelnen Kontrollen sollte neben den verschiedenen Prüfkriterien stets eine statische oder dynamische Kontrolle auf der Grundlage des Ausschöpfungsgrads des Kreditlimits hinzugefügt sein, um auch den Bestand der offenen Aufträge und Forderungen des Regulierers entsprechend zu berücksichtigen. Die statische Ermittlung des Ausschöpfgrads entspricht hierbei der einfachen Kreditlimitprüfung bzw. den Einträge A bis C im Customizin der Auftragsart und berücksichtigt alle offenen Vertriebsbelege sowie offenen Forderungen des Regulierers. Die dynamische Ermittlung bezieht darüber hinausgehend die Zeitpunkte der geplanten Lieferungen mit ein, so dass Aufträge, die einen Lieferzeitpunkt jenseits eines definierten Zeithorizonts besitzen, bei der Ermittlung des Ausschöpfungsgrad unberücksichtigt bleiben.

Beachten Sie, dass der Umfang der Einstellungsmöglichkeit für die Regeldefinition davon abhängt, ob das BusinessAddin „SAP Credit Management" in dem geprüften System aktiviert wurde.

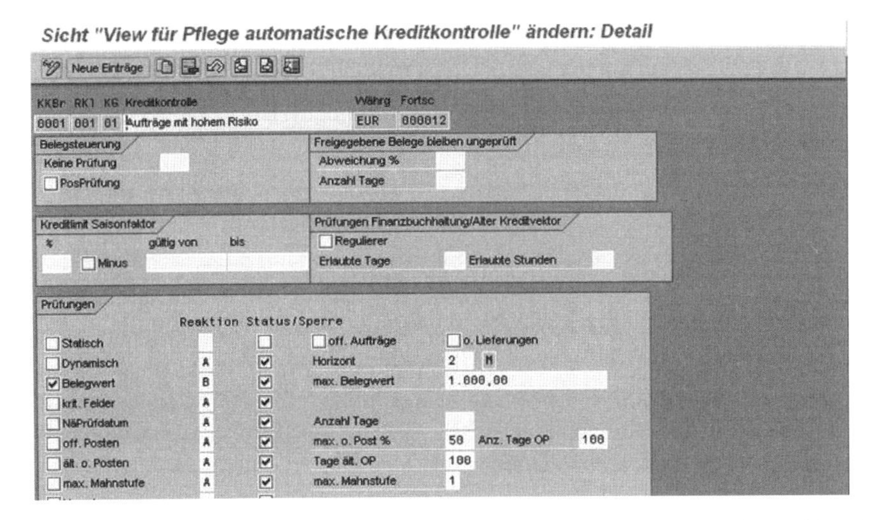

Abb. 4.3.4.10-30: Beispiel für eine definierte Regel für eine automatische Kreditkontrolle © SAP

Eine durch die Kreditlimitprüfung bei einer Belegerstellung ausgelöste Sperrung der Weiterverarbeitung eines Vertriebsbelegs bedeutet, dass ein vom Ersteller des Belegs abweichender autorisierter Mitarbeiter die Sperren aufheben muss, bevor die Weiterverarbeitung des Belegs im System durchgeführt werden kann.

Zusätzlich kann über das im Hintergrund einplanbare Programm RVKRED08 (Kreditprüfung von Kundenaufträgen, die in den Kredithorizont gelangen) die Kreditprüfung von gesperrten Vertriebsbelegen erneut durchgeführt werden, um evtl. Veränderungen im Auftrags- bzw. Forderungsbestands zu berücksichtigen. Beachten Sie, dass dies kein Programm ist, welches für Prüfungszwecke aufgerufen werden sollte, da hierdurch Produktivdaten geändert werden.

Prüfungshandlungen:

- Nehmen Sie durch Befragung der zuständigen Stellen und durch Einsichtnahme in die Verfahrensdokumentation den Prozess des Kreditmanagements auf. Analysieren Sie die Verwendung von Kreditkontrollbereichen und Kreditrisikoklassen.
- Gleichen Sie das Verfahren mit den Customizingeinstellungen des SAP-System ab, indem sie in der Transaktion SPRO unter *Unternehmensstruktur – Definition – Finanzwesen – Kreditkontrollbereich definieren* die eingerichteten Kontrollbereiche sowie unter *Unternehmensstruktur – Zuordnung – Finanzwesen – Buchungskreis - Kreditkontrollbereich zuordnen* die Zuordnung zu den einzelnen Buchungskreisen prüfen.

  In der Zuordnung der Buchungskreise zu Kreditkontrollbereichen sollte kein Haken in der Spalte „KKBr überschre“ gesetzt sein, wenn das Unternehmen sein Kreditmanagement über das SAP-System steuert. Bei gesetztem Haken stellt der Kreditkontrollbereich bei der Anlage eines Belegs lediglich einen Vorschlagswert bereit, der überschrieben werden kann. Nur ohne einen gesetzten Haken wirkt die maschinelle Kontrolle in vollem Umfang.

Sicht "Zuordn. Bukrs -> Kreditkontrollbereich" ändern: Übei

BuKr	Name der Firma	Ort	KKBr	KKBr überschre
0001	SAP GmbH	Wien		
0005	IDES AG NEW GL	Frankfurt	1000	
0006	IDES US INC New GL	New York	3000	
0007	IDES AG NEW GL 7	Frankfurt	1000	
0008	IDES US INC New GL 8	New York	3000	
0009	KPMG TEST NEW GL	Berlin	3000	

Abb. 4.3.4.10-40: Zuordnung der Buchungskreise zu Kreditkontrollbereichen © *SAP*

Sollten nicht alle Buchungskreise einem Kreditkontrollbereich zugeordnet sein, besteht das Risiko, dass Kunden unternehmens- bzw. konzernweit geltende Kreditlimits überschreiten, ohne dass Maßnahmen einer kontrollwirksamen, automatischen Steuerung eingreifen.

In diesem Zusammenhang müssen Sie auch die Customizingeinstellungen in Transaktion SPRO unter *Finanzwesen - Debitoren- und Kreditorenbuchhaltung – Kreditmanagment - Kreditkontrollkonto – Zuordnung Buchungskreis – Erlaubte Kreditkontrollbereiche* berücksichtigen. Die dort aufgeführten Einstellungen bzgl. der erlaubten Buchungskreis-Kreditkontrollbereich-Zuordnungen überschreiben die zuvor beschriebenen Zuordnungen.

In der Definition der Kreditkontrollbereiche in der Transaktion SPRO unter *Unternehmensstruktur – Definition – Finanzwesen – Kreditkontrollbereich definieren* können Standardvorschlagswerte für neu eingerichtete Kunden hinterlegt werden. In der Regel sollten die Vorschlagswerte den organisatorischen Vorgaben für Kreditrahmen und Risikoklasse für Neukunden entsprechen (vgl. Abb. 4.3.4.10-50).

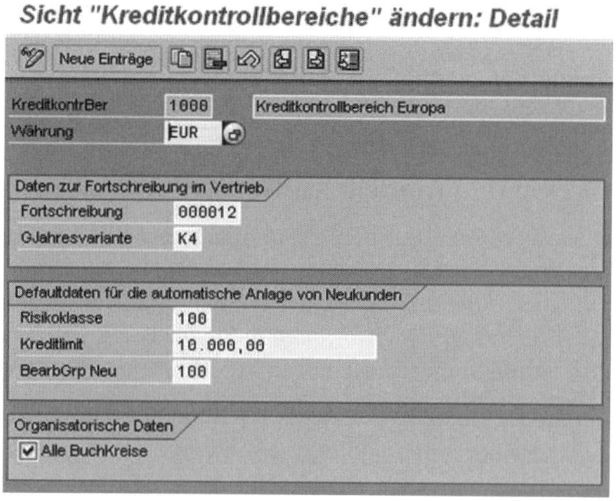

Sicht "Kreditkontrollbereiche" ändern: Detail

Neue Einträge

KreditkontrBer 1000 Kreditkontrollbereich Europa
Währung EUR

Daten zur Fortschreibung im Vertrieb
Fortschreibung 000012
GJahresvariante K4

Defaultdaten für die automatische Anlage von Neukunden
Risikoklasse 100
Kreditlimit 10.000,00
BearbGrp Neu 100

Organisatorische Daten
☑ Alle BuchKreise

Abb. 4.3.4.10-50: Prüfung der Vorschlagswerte für die Neukundenanlage eines Kreditkontrollbereichs © *SAP*

- Analysieren Sie die eingestellten Kreditlimitprüfungen auf der Ebene der Vertriebsbelege. Rufen Sie hierfür die Transaktion SE16 und lassen Sie sich die Tabelle TVAK anzeigen. Die Vertriebsbelegart können Sie der Spalte AUART und die eingestellte Kreditlimitprüfung der Spalte KLIMP entnehmen. Suchen Sie hier durch Vergleiche mit den Informationen aus den Prozessaufnahmen und der Verfahrensdokumenten nach Vertriebsbelegen mit gleichem Verwendungszweck, jedoch abweichend eingestellten Prüfroutinen. Lassen Sie sich die Abweichungen durch die verantwortliche Stelle begründen und beurteilen Sie die Auswirkungen auf das Kreditmanagement.
- Analysieren Sie die Vergabe der Berechtigungen für die Entsperrung von Aufträgen bei Einsatz des Kreditmanagements an die einzelnen Benutzer über das Programm RSUSR002.

  Für die Entsperrung von Aufträgen bei Einsatz des Kreditmanagements werden folgende Berechtigungen benötigt:

Berechtigungsobjekte	**Felder**	**Feldausprägungen**
S_TCODE	TCD	VKM1 oder VKM3
V_KNKK_FRE	ACTVT	03 und 23
V_VBUK_FRE	ACTVT	03 und 23

  Beurteilen Sie, ob die Berechtigungen ausschließlich an Benutzer-IDs von Mitarbeitern vergeben wurden, die für die Entsperrung von Aufträgen autorisiert sind.
- Suchen Sie nach freigegebenen und gesperrten Vertriebsbelegen im SAP-System. Rufen Sie hierzu die Transaktionen VKM1 (Gesperrte Vertriebsbelege) und VKM2 (Freigegebene Vertriebsbelege) auf. Beurteilen Sie, ob die organisatorischen Vorgaben des Kreditmanagements in Zusammenhang mit der Freigabe von gesperrten Belegen berücksichtigt werden.
- Stellen Sie fest, ob und wie das Programm RVKRED08 (Kreditprüfung von Kundenaufträgen, die in den Kredithorizont gelangen) zur Aktualisierung der Kreditlimitprüfung gesperrter Belege im Rahmen des Kreditmanagements eingesetzt wird. Alternativ hierzu können auch die Programme RVKRED06 (Erneute Kreditprüfung gesperrter Vertriebsbelege)) oder RVKRED09 (Kreditprüfung von Vertriebsbelegen im Batch) durch das Unternehmen eingesetzt werden. Führen Sie die Programme nicht selbst aus, sondern lassen Sie sich den Einsatz des Programms durch die zuständige Stelle erläutern.
- Nehmen Sie das Verfahren der Kreditdatenpflege des Kundenstamms auf. Werten sie anschließend die Kreditlimitänderungsbelege mit der Transaktion FD24 (Kreditlimitänderungen) oder detaillierter über die Transaktion S_ALR_87012215 (Änderungsanzeige Kreditmanagement) aus.

  Prüfen Sie die Grundlage und Autorisierung der Anpassung von Kreditlimits durch die Befragung der zuständigen Stellen und durch Einsichtnahme in die Verfahrensdokumentation.

  Um eine direkte Auswertung der Änderungsbelege u.a. nach geänderten Feldern durchzuführen, ist es empfehlenswert, die Tabellen CDHDR und CDPOS auszuwerten, so wie es in Kapitel *2.10 Auswertung von Änderungsbelegen* beschrieben ist. Suchen Sie hierbei nach der Objektklasse KLIM.

- Analysieren Sie die Vergabe der Berechtigungen für die Pflege der Kundenkreditdaten an die einzelnen Benutzer über das Programm RSUSR002.

  Für die Pflege der Kundenkreditdaten werden folgende Berechtigungen benötigt:

Berechtigungsobjekte	Felder	Feldausprägungen
S_TCODE	TCD	FD32
F_KNKA_MAN	ACTVT	02
F_KNKA_KKB	ACTVT	02

  Beurteilen Sie, ob die Berechtigungen ausschließlich an Benutzer-IDs von Mitarbeitern vergeben wurden, die für Pflege der Kundenkreditdaten autorisiert sind.

- Stellen Sie fest, ob Kundenstammsätze ohne Risikoklassenzuordnung bestehen, indem Sie sich die Tabelle KNKK (Kundenstamm Kreditmanagement: Kontrollbereichsdaten) über die Transaktionen SE16 anzeigen lassen. Wählen Sie hier durch das Setzen eines grünen Gleichheitszeichens im Feld CTLPC (Risikoklasse) ohne die Eingabe eines Feldwertes alle Datensätze aus, deren Feldwerte der Risikoklasse hinterlegt sind bzw. deren Risikoklasse „initial“ sind.

Abb. 4.3.4.10-60: Suche nach Kunden ohne Risikoklassenzuordnung in Tabelle KNKK © SAP

Eine Nichtzuordnung einer Risikoklasse führt zu Problemen bei der Findung der Kreditprüfungsregeln und kann zu Störungen des Vertriebsprozess führen.

Suchen Sie auf dieselbe Art und Weise in der Tabelle KNKK nach Kunden ohne Kreditlimit bzw. mit hohen Kreditrahmen durch Auswertung des Felds KLIMK.

Data Browser: Tabelle KNKK: Selektionsbild

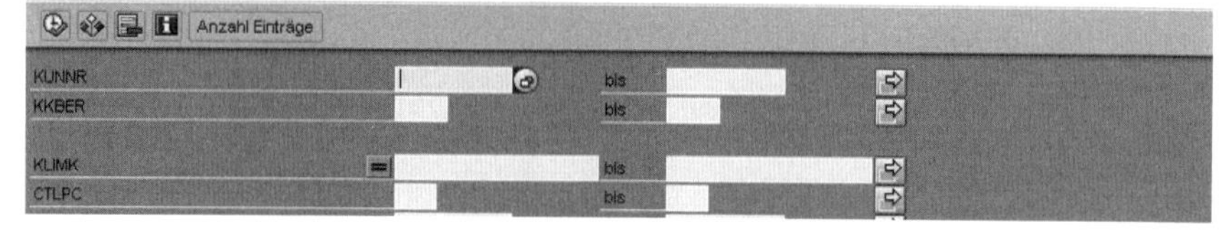

Abb. 4.3.4.10-70: Prüfung auf Kunden ohne Kreditlimit in der Tabelle KNKK © SAP

Für die Detailanalyse der Kundenstammdaten im Hinblick auf fehlende Kreditdaten (Kreditlimit bzw. Risikoklasse) können Sie die Transaktionen F.32 (Kreditmanagement - Fehlende Daten) sowie F.33 (Kreditmanagement - Kurzübersicht) verwenden.

Befragen Sie die zuständigen Stellen bzgl. der Kunden ohne Risikoklasse und ohne Kreditlimit. Beurteilen Sie die Auswirkungen auf das Forderungs- und Kreditmanagement.

- Ermitteln Sie die Kunden, die ihre Kreditlimits bereits überschritten haben. Die Ermittlung erfolgt über das Programm RFDKLI40 (Kreditübersicht). Suchen Sie hier nach Kunden, welche einen Ausschöpfungsgrad des Kreditrahmens von mehr als 100 % haben, indem Sie durch die Eingabe „>100" im Feld „Ausschöpfungsgrad" nach den Datensätzen suchen, die einen Wert über 100 in diesem Feld besitzen. Um den Ausschöpfungsgrad bei einer dynamischen Kreditlimitauswertung zu sehen, können Sie das Programm RFDKLI42 (Kreditmanagement: Frühwarnliste) nutzen. Besprechen Sie die ermittelten Kundenstammsätze mit den verantwortlichen Stellen und beurteilen Sie das sich aus der Kreditlimitüberschreitung ergebende Risiko.

  Bei der Auswertung des Kreditmanagements bezüglich eines Kunden kann Ihnen die Erstellungen eines Kreditstammblatts über die Transaktion S_ALR_87012218 (Kreditstammblatt) helfen, in dem alle wesentlichen Stamm- und Bewegungsdaten übersichtlich dargestellt werden.

4.3.4.11 Mahnwesen

SAP-Fakten:

Im Rahmen des Mahnwesens als Bestandteil des Kredit- und Forderungsmanagements werden Mahnungen an Kunden verschickt, die ihren Zahlungsaufforderungen nicht nachkommen. Je nach Ausgestaltung des Vertrags und der Zahlungsvereinbarung kann die Mahnung sogar notwendig sein, um den Kunden in Verzug zu setzen und damit evtl. Verzugszins und andere Kosten geltend zu machen. Ein SAP-System unterstützt das Mahnwesen, da es über ein Mahnverfahren alle forderungsbezogenen Informationen auswertet und automatisiert im Rahmen von sogenannten Mahnläufen Mahnungsschreiben erstellen kann.

Die Einrichtung des Mahnverfahrens erfolgt im Customizing in der Transaktion SPRO über *Finanzwesen – Debitoren- und Kreditorenbuchhaltung – Geschäftsvorfälle – Mahnen*. Die Mahnverfahren werden über die Transaktion FBMP (Mahnverfahren pflegen) definiert. Die Informationen sind in der Tabelle T047A (Mahnsteuerung Kontenebene) gespeichert.

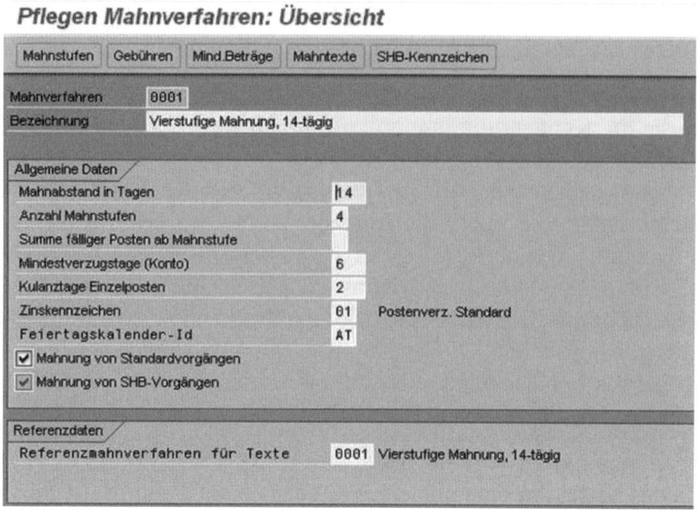

Abb. 4.3.4.11-10: Definition von Mahnverfahren im Customizing in Transaktion FBMP *© SAP*

Ob ein Kunde bei der Durchführung der Mahnläufe berücksichtigt wird, hängt davon ab, welches Mahnverfahren in dem jeweiligen Kundenstamm hinterlegt ist. Das Mahnverfahren wird in den Buchungskreisdaten des Kundenstamms im dem Register *Korrespondenz* unter den Mahndaten im Feld „Mahnverfahren" gepflegt.

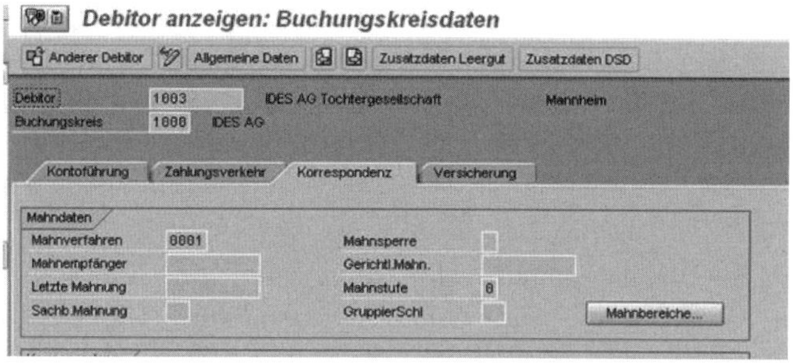

Abb. 4.3.4.11-20: Anzeigen des Mahndaten im Kundenstamm in Transaktion FD03 *© SAP*

Weiterhin kann eine Mahnsperre für den Kunden im Feld „Mahnsperre" durch die Angabe eines Sperrgrundes hinterlegt werden. Im Allgemeinen wird eine Mahnsperre bei verbundenen Unternehmen verwendet oder bei Kunden, deren Insolvenz bekannt ist, um die Kosten der Mahnungserstellung und Versendung zu sparen. Da Mahnsperren bedeuten, dass ein Kunde trotz Teilnahme am Mahnverfahren und überfälliger Forderungen nicht gemahnt wird, kann das Setzten von Mahnsperren die Werthaltigkeit des Forderungsbestands einer Gesellschaft beeinflussen. Eine Mahnsperre sollte deshalb nur durch autorisierte Personen gesetzt werden können.

Im Kundenstamm findet man in den Mahndaten auch die aktuelle Mahnstufe des Kunden, die angibt, wie oft der Kunde bereits eine Mahnung enthalten hat, ohne eine Zahlung vorzunehmen. Je nach Mahnstufe können im Mahnverfahren unterschiedliche Nachrichten hinterlegt werden, die von einer freundlichen Erinnerung über Mahnschreiben bis zur Androhung rechtlicher Schritte reichen können.

Der Mahnlauf selbst wird über die Transaktion F150 (Mahnlauf) im SAP-System als Hintergrundjob eingeplant. Der Mahnlauf kann auf einzelne Buchungskreise, bestimmte Debitorenstammsätze und auf ein Belegbuchungsdatum eingeschränkt werden.

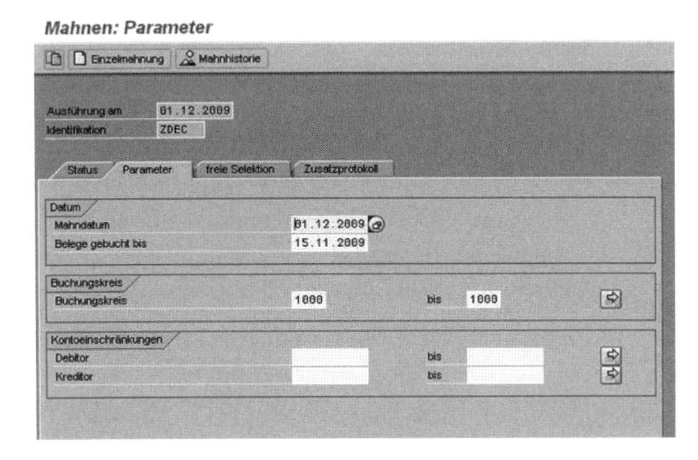

Abb. 4.3.4.11-30: Parametrisierung des Mahnprogramms in Transaktion F150 © SAP

Prüfungshandlungen:

- Nehmen Sie durch Befragung der zuständigen Stellen und durch Einsichtnahme in die Verfahrensdokumentation den Prozess des Mahnwesens auf. Besprechen Sie die zum Einsatz kommenden Mahnverfahren und die Frequenz der Mahnläufe.

  Gleichen Sie den aufgenommenen Prozess mit den im Customizing hinterlegten Mahnverfahren ab. Rufen Sie hierzu die Transaktion FBMP auf oder lassen Sie sich die Tabelle T047A anzeigen.

- Analysieren Sie die Historie der Mahnläufe, indem Sie die Mahnlaufhistorie über die Transaktion F150 oder das Programm RFMAHN20 (FI Mahnen – Mahnhistorie) aufrufen.

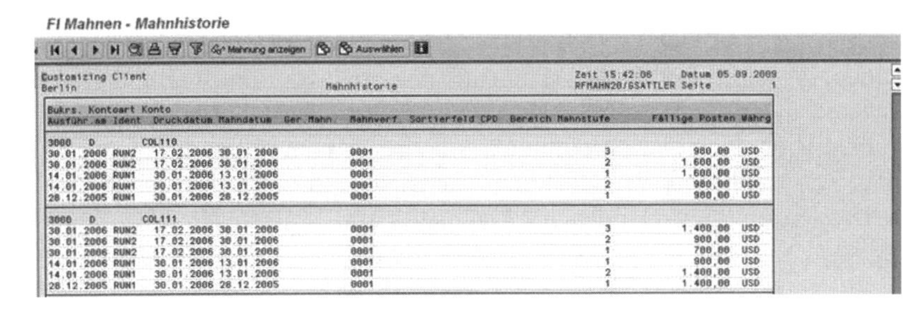

Bukrs. / Ausführ.am	Kontoart / Ident	Konto / Druckdatum	Mahndatum	Ger.Mahn.	Mahnverf.	Sortierfeld	CPD	Bereich	Mahnstufe	Fällige Posten	Währg
3000	D	COL110									
30.01.2006	RUN2	17.02.2006	30.01.2006		0001				3	980,00	USD
30.01.2006	RUN2	17.02.2006	30.01.2006		0001				2	1.600,00	USD
14.01.2006	RUN1	30.01.2006	13.01.2006		0001				1	1.600,00	USD
14.01.2006	RUN1	30.01.2006	13.01.2006		0001				2	980,00	USD
28.12.2005	RUN1	30.01.2006	28.12.2005		0001				1	980,00	USD
3000	D	COL111									
30.01.2006	RUN2	17.02.2006	30.01.2006		0001				3	1.400,00	USD
30.01.2006	RUN2	17.02.2006	30.01.2006		0001				2	900,00	USD
30.01.2006	RUN2	17.02.2006	30.01.2006		0001				1	700,00	USD
14.01.2006	RUN1	30.01.2006	13.01.2006		0001				1	900,00	USD
14.01.2006	RUN1	30.01.2006	13.01.2006		0001				2	1.400,00	USD
28.12.2005	RUN1	30.01.2006	28.12.2005		0001				1	1.400,00	USD

Abb. 4.3.4.11-40: Anzeige der Mahnhistorie über das Programm RFMAHN20 © SAP

Beurteilen Sie, ob die organisatorischen Vorgaben bzgl. der Durchführung von Mahnläufen eingehalten werden.

- Beurteilen Sie die richtige Pflege der Kundenstammdaten bzgl. der Teilnahme der Kunden an den eingerichteten Mahnverfahren, indem Sie sich die Tabelle KNB5 (Kundenstamm (Mahndaten)) über die Transaktion SE16 anzeigen lassen und die Felder MAHNA für das hinterlegte Mahnverfahren sowie das Feld MANSP für eine hinterlegte Mahnsperre auswerten. Das Feld KUNNR enthält die Debitorennummer und das Feld BUKRS den Buchungskreis, Angaben, die Sie für eine weitere Analyse des Kundenstamms über die Transaktion FD03 (Anzeigen Debitor (Buchhaltung)) nutzen können. Besprechen Sie alle Auffälligkeiten mit der verantwortlichen Stelle und beurteilen Sie die Auswirkungen auf den Bestand und die Werthaltigkeit der Forderungen.

- Analysieren Sie die Vergabe der Berechtigungen für die Pflege der Mahndaten in den Kundenstammdaten an die einzelnen Benutzer über das Programm RSUSR002.

  Für die Pflege der Mahndaten in den Kundenstammdaten werden folgende Berechtigungen benötigt:

Berechtigungsobjekte	**Felder**	**Feldausprägungen**
S_TCODE	TCD	FD02 oder XD02
F_KNA1_APP	ACTVT	02
F_KNA1_APP	APPKZ	F
F_KNA1_BUK	ACTVT	02

  Beurteilen Sie, ob die Berechtigungen ausschließlich an Benutzer-IDs von Mitarbeitern vergeben wurden, denen die Pflege der Mahndaten obliegt.

- Analysieren Sie Änderungsbelege der Debitoren in Hinblick auf Änderungen an den Mahndaten und auf die Benutzer-ID, welche die Änderungen vorgenommen haben. In diesem Zusammenhang steht die Transaktion S_ALR_87012182 zur Verfügung. Stellen Sie fest, ob nur autorisierte Personen Änderungen an den Stammdaten durchgeführt haben.

  Um eine direkte Auswertung der Änderungsbelege u.a. nach geänderten Feldern durchzuführen, ist es empfehlenswert, die Tabellen CDHDR und CDPOS auszuwerten, so wie es in Kapitel 2.3.10 beschrieben ist. Suchen Sie hierbei nach der Objektklasse DEBI und dem Tabellennamen KNB5.

- Kunden, die bereits eine hohe Mahnstufe des Mahnverfahrens erreicht haben, sollten keine neuen Aufträge erteilen können und keine Lieferungen erhalten. Um festzustellen, ob alle Kunden einer bestimmten Mahnstufe auch mit Auftrags- und Liefersperren versehen wurden, wählen Sie zunächst über die Transaktion SE16 in Tabelle KNB5 alle Debitoren aus, die eine Mahnstufe größer als 0 haben.

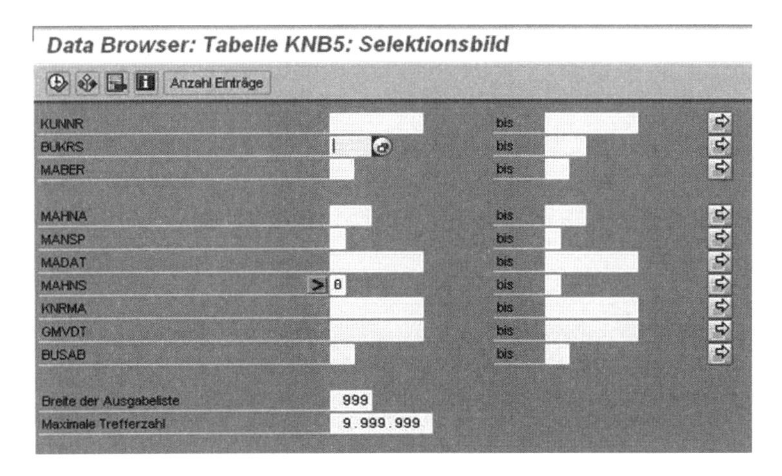

Abb. 4.3.4.11-50: Suche nach Kunden mit hoher Mahnstufe in Tabelle KNB5 © *SAP*

Beurteilen Sie für alle ermittelten Debitoren, ob sie mit aktiven Sperren in den Tabellen KNA1, KNVV, KNB1 bedacht worden sind (siehe auch Kapitel 4.3.4.6).

4.3.4.12 CpD–Kunden

SAP-Fakten:

Für Kunden, mit denen eine Gesellschaft keine langfristigen Geschäftbeziehungen pflegt, sondern nur einmalig Geschäfte abwickelt, stellt es einen vergleichsweise hohen Aufwand dar, jeweils einen eigenen Kundenstammsatz anzulegen. Für diese Kunden kann ein stellvertretender, sogenannter CpD-Kunde zum Einsatz kommen. CpD steht für Conto pro Diverse und zeigt an, dass ein einziges „anonymisiertes" Konto für die Erfassung der Forderungen bzw. Verbindlichkeiten genutzt wird, in dem alle anfallenden Buchungen dieser Einmalkunden gebucht werden.

Da für CpD-Kunden keine eigenständigen Kundenstammdaten existierten, ist ein systemgestütztes Kredit- und Forderungsmanagement für diese Kunden nach der bisher dargestellten Methode nicht möglich. Adress- und Bankverbindungsdaten der CpD-Kunden werden im SAP-System auf Positionsebene im erfassten Beleg gespeichert.

Grundsätzlich ist die Nachvollziehbarkeit der Geschäftsvorfälle im SAP-System bei der Verwendung von CpD-Kunden vor dem Hintergrund der nicht genutzten systemseitigen Kontrollen mit einem erhöhten Risiko verbunden.

Prüfungshandlungen:

- Nehmen Sie durch Befragung der zuständigen Stellen und durch Einsichtnahme in die Verfahrensdokumentation den Prozess der Verwendung von CpD-Kunden auf.
- Suchen Sie im SAP-System nach Kundenstammsätzen die nur zur Verwendung als CpD-Kunden markiert sind, indem Sie im Programm RFDKVZ00 (Debitorenverzeichnis) unter den weiteren Abgrenzungen Debitoren suchen, die mit „1" als „nur

CpD-Debitoren“ markiert wurden. Alternativ finden Sie diese Debitoren über die Transaktion SE16 in der Tabelle KNA1, indem Sie Debitoren ermitteln, die im Fels XCPDK den Wert „X“ enthalten. Beurteilen Sie, inwieweit diese „anonymen“ Kundenstämme dem Verfahren für Einmalkunden der Gesellschaft entsprechen.

- Analysieren Sie die über CpD abgewickelten Geschäfte. Hierzu dienen Auswertungen mit der Transaktion SE16 in Bezug auf die Tabelle BSEC (Belegsegment CPD-Daten).

Data Browser: Tabelle BSEC 248 Treffer

Prüftabelle...

Tabelle: BSEC
Angezeigte Felder: 10 von 10 Feststehende Führungsspalten: 5 Listbreite 0999

MANDT	BUKRS	BELNR	GJAHR	BUZEI	LAND1	STRAS	BANKN	BANKL
800	1000	1600000282	2000	003	DE	Lyoner Strasse 144	34510000	10020030
800	1000	1600000282	2000	005	DE	Lyoner Strasse 144	34510000	10020030
800	1000	1600000299	1998	001	DE	Lyoner Stern 231	34510000	10020030
800	1000	1600000299	1998	003	DE	Lyoner Stern 231	34510000	10020030
800	1000	1600000299	1998	005	DE	Lyoner Stern 231	34510000	10020030
800	1000	1600000303	2000	001	DE	Lyoner Strasse 144	34510000	10020030
800	1000	1600000303	2000	003	DE	Lyoner Strasse 144	34510000	10020030

Abb. 4.3.4.12-10: Anzeigen der Tabelle BSEC über die Transaktion SE16 *© SAP*

Die aufgeführten Geschäftsvorfälle sollten Sie anhand der Kontonummer in Feld BANKN und der Bankleitzahl in Feld BANKL gruppieren. Auf diese Weise können Sie Kunden identifizieren, mit denen regelmäßig Geschäfte abgewickelt werden. Die gefundenen Buchungsbelegnummern können Sie mit der Transaktion FB03 (Beleg anzeigen) im Detail auswerten. Stellen Sie durch Befragung der zuständigen Stellen und Durchsicht des Kundenstamms fest, ob eigenständige Kundenstammdaten für diese Kunden angelegt worden sind. Sollte dies der Fall sein, hinterfragen Sie die Gründe für die Verwendung des CpD-Kontos bei den gefundenen Belegen und beurteilen Sie, ob Kontrollen des Forderungs- und Kreditmanagements unterlaufen werden.

4.3.5 Checkliste

Nr.	Prüfungshandlung
1.	Prüfen Sie die Konsistenz des Customizings der Organisationsstrukturen im Vertrieb, indem Sie den in der Transaktion SPRO unter *Unternehmensstruktur - Konsistenzprüfung - Unternehmensstruktur Vertrieb prüfen* aufrufen bzw. das Programm RVOCHECK_ACC (Checkreport für Customizing Organisation Vertrieb) direkt starten.
2.	Analysieren Sie die Vergabe der Berechtigungen für die Pflege von Kundenstammdaten an die Benutzer über das Programm RSUSR002. Beurteilen Sie, ob Funktionstrennungsaspekte zwischen der Pflege von Vertriebsbereichsdaten und Buchungskreisdaten ausreichend berücksichtigt wurden.
3.	Suchen Sie nach Dubletten im Kundenstamm anhand der eingepflegten Adressdaten, indem Sie die Transaktion S_ALR_87012180 (Adressliste Debitoren) aufrufen.
4.	Beurteilen Sie durch die Auswertung von unvollständig erfassten Auftragsbelegen, inwiefern der Auftragserfassungsprozess gemäß den Verfahrenvorgaben durchgeführt wird. Eine Liste unvollständig gepflegter Belege erhalten Sie, indem Sie die Transaktion V.02 (Liste unvollständige Aufträge) aufrufen.
5.	Prüfen Sie den Inhalt des Fakturavorrats und beurteilen Sie die Vollständigkeit der Verarbeitung der zur Fakturierung anstehenden Auslieferungen, indem Sie die Transaktion VF04 aufrufen und sich den Fakturavorrat für einen Zeitraum der Vergangenheit anzeigen lassen.
6.	Analysieren Sie über die Transaktion S_ALR_87101070 (FI Doppelte Fakturanummern) ob Rechnungsbelegnummern doppelt in den Nebenbüchern bzw. im Hauptbuch verwendet wurden.
7.	Nutzen Sie das Programm SDFI_CONSISTENCY_CHECK (Konsistenzprüfung Faktura Buchhaltung) bzw. die Transaktion S_AL0_19000078 (Konsistenzprüfung Faktura Buchhaltung), um die an die Buchhaltung übermittelten Fakturadaten mit den tatsächlich auf den Konten gebuchten Beträgen zu vergleichen.
8.	Nehmen Sie das Verfahren der Kreditdatenpflege des Kundenstamms auf. Werten Sie anschließend die Kreditlimitänderungsbelege mit der Transaktion FD24 (Kreditlimitänderungen) oder die Änderungsbelege im Detail über die Transaktion S_ALR_87012215 (Änderungsanzeige Kreditmanagement) aus.
9.	Ermitteln Sie die Kunden, die ihre Kreditlimits bereits überschritten haben. Die Ermittlung erfolgt über das Programm RFDKLI40 (Kreditübersicht).
10.	Analysieren Sie die Historie der Mahnläufe, indem Sie die Mahnlaufhistorie über die Transaktion F150 oder das Programm RFMAHN20 (FI Mahnen – Mahnhistorie) aufrufen.

4.3.6 Transaktionen, Tabellen, Programme

Folgende Aufstellung fasst die Transaktionen, Tabellen und Programme zusammen, die für die Prüfung im Bereich Umsatzerlöse und Forderungen genutzt werden können.

Transaktionen	
F.32	Kreditmanagement - Fehlende Daten
F.33	Kreditmanagement - Kurzübersicht
F150	Mahnlauf
FB03	Beleg anzeigen
FBMP	Mahnverfahren pflegen
FD01	Debitor (Buchhaltung)
FD02	Ändern Debitor (Buchhaltung)
FD03	Anzeigen Debitor (Buchhaltung)
FD04	Debitoränderungen (Buchhaltung)
FD09	Bestätigen Debitor-Liste (Buchh.)
FD24	Kreditlimitänderungen
OVX3N	Zuordnung Buchungskreis->Verkaufsorganisation
OVX6N	Zuordnung Werke->Verk.Org/Vertriebsweg
OVXAN	Zuordnung Sparten->Verkaufsorganisation
OVXC	Zuordnung Versandstelle->Werk
OVXGN	Vertriebsbereiche definieren
OVXKN	Zuordnung Vertriebswege-> Verkaufsorganisation
OX09	Lagerorte einrichten
S_AL0_19000078	Konsistenzprüfung Faktura Buchhaltung
S_ALR_87012180	Adressliste Debitoren
S_ALR_87012182	Änderungsanzeige Debitoren
S_ALR_87012215	Änderungsanzeige Kreditmanagement
S_ALR_87012218	Kreditstammblatt
S_ALR_87101070	FI Doppelte Fakturanummern
SDD1	Doppelte Verkaufsbelege im Zeitraum
SE16	Tabellenanzeige
SPRO	Einführungsleitfaden – SAP Customizing
V.02	Liste unvollständige Aufträge
V.04	Liste unvollständige Angebote
V.15	Anzeigen rückständige Aufträge
V.21	Protokoll des Sammellaufes (Faktura)
V23	Zur Faktura gesp. Verkaufsbelege
VA03	Kundenauftrag anzeigen
VA14L	Zur Lieferung gesp. Verkaufsbelege
VA15N	Liste Anfragen
VA25N	Liste Angebote

Transaktionen	
VD01	Anlegen Debitor (Vertrieb)
VD02	Ändern Debitor (Vertrieb)
VD03	Anzeigen Debitor (Vertrieb)
VD04	Änderungen Debitor (Vertrieb)
VF04	Fakturavorrat bearbeiten
VF47	Erlösrealisierung: Konsistenzprüfung
VF48	Erlösrealisierung: Abstimmreport
VFX2	Anzeigen gesperrte Fakturen
VFX3	Liste gesperrte Fakturen
VKM1	Gesperrte Vertriebsbelege
VKM2	Freigegebene Vertriebsbelege
VL06O	Auslieferungsmonitor
XD01	Anlegen Debitor (Zentral)
XD02	Ändern Debitor (Zentral)
XD03	Anzeigen Debitor (Zentral)
XD05	Sperren Debitor (Zentral)

Tabellen	
BSEC	Belegsegment CPD-Daten
KNA1	Kundenstamm (allgemeiner Teil)
KNB1	Kundenstamm (Buchungskreis)
KNB5	Kundenstamm (Mahndaten)
KNKK	Kundenstamm Kreditmanagement: Kontrollbereichsdaten
KNVV	Kundenstamm Vertriebsdaten
T001L	Lagerorte
T047A	Mahnsteuerung Kontenebene
T055F	Sensible Felder Kundenstamm
TVAK	Verkaufsbelege: Arten (Angebot/Auftrag)
TVFK	Verkaufsbelege: Arten (Faktura)
TVKO	Org.-Einheit: Verkaufsorganisationen
TVKOS	Org.-Einheit: Sparten je Verkaufsorganisation
TVKOV	Org.-Einheit: Vertriebswege je Verkaufsorganisation
TVKWZ	Org.-Einheit: Erlaubte Werke je Verkaufsorganisation
TVSWZ	Versandstellen je Werk
TVTA	Org.-Einheit: Vertriebsbereiche

Programme	
RFDABL00	Änderungsanzeige Debitoren
RFDCON00	Kritische Debitorenänderungen anzeigen/bestätigen
RFDKAG00	Stammdatenabgleich Debitoren

Programme	
RFDKLI40	Kreditübersicht
RFDKLI42	Kreditmanagement: Frühwarnliste
RFDKVZ00	Debitorenverzeichnis
RFMAHN20	FI Mahnen – Mahnhistorie
RVEXKOK1	Außenhandel: Konsistenzprüfung Kundenstamm: Allgemeine Daten
RVEXKOK2	Außenhandel: Konsistenzprüfung Kundenstamm: Gesetzliche Kontrolle
RVEXKOK3	Außenhandel: Konsistenzprüfung Kundenstamm: Dokumentengeschäft
RVEXKOMA	Außenhandel: Konsistenzreport: Materialstamm
RVOCHECK	Checkreport für Customizing Organisation Vertrieb
SDFI_CONSISTENCY_CHECK	Konsistenzprüfung Faktura Buchhaltung

„Mensch, bezahle deine Schulden.
Lang ist ja die Lebensbahn,
Und du musst noch manchmal borgen,
Wie du es so oft getan."
Heinrich Heine

4.4 Verbindlichkeiten aus Lieferungen und Leistungen

Bei den Verbindlichkeiten aus Lieferungen und Leistungen handelt es sich um Verpflichtungen, die daraus entstehen, dass das Unternehmen Lieferungen oder Leistungen erhalten bzw. in Anspruch genommen hat, ohne dafür eine Gegenleistung erbracht zu haben. In der Regel ist die ausstehende Gegenleistung eine Zahlung. Verbindlichkeiten aus Lieferungen und Leistungen sind kurzfristige Verbindlichkeiten und stehen auf der Passiv-Seite der Bilanz.

Prüfungsziele bei der Prüfung dieses Bilanzpostens sind im Wesentlichen die vollständige Darstellung aller Verbindlichkeiten und die Richtigkeit dem Betrage nach, um Transparenz bezüglich aller gegen das Unternehmen bestehenden Forderungen zu erlangen. Aber auch der Bestand der Verbindlichkeiten in der Bilanz ist ein Prüfungsziel, um die Finanzlage des Unternehmens richtig darzustellen.

Verbindlichkeiten aus Lieferungen und Leistungen als Bilanzposten sind Ergebnis des Geschäftsprozesses Beschaffung, der in der folgenden Abbildung dargestellt ist.

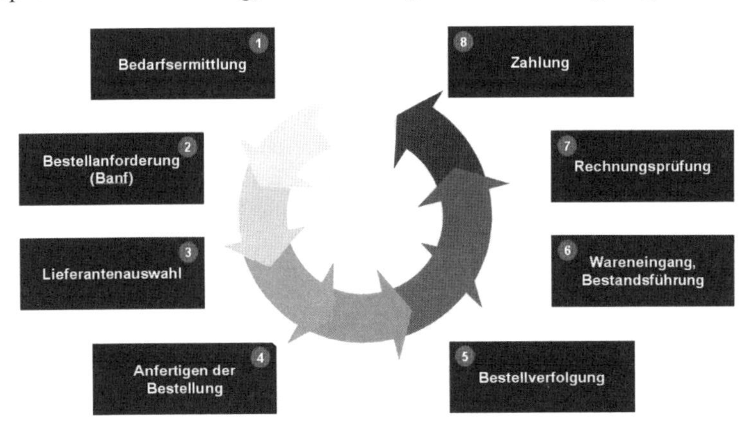

Abb. 4.4-10: Prozess Beschaffung

Die in Abb. 4.4-10 dargestellten Prozessschritte werden über Funktionalitäten in den SAP-Modulen MM (Materials Management) und FI (Financials) abgebildet. Es ist die Hauptaufgabe des SAP-Systems in diesem Bereich, die logistischen Abläufe im Unternehmen so zu optimieren, dass Güter und Leistungen in geeigneter Qualität, zur richtigen Zeit und am richtigen Ort zu optimalen Beschaffungskosten zur Verfügung stehen.

Es ist die Aufgabe eines wirksamen internen Kontrollsystems im Bereich des Einkaufs, die Integrität der Einkaufsfunktionen sowie die korrekte Abbildung der zugehörigen Daten im SAP-System sicherzustellen. Dies kann umgesetzt werden zum einen über organisatorische Vorgaben wie die Definition eines Verhaltenscodex, die Verwendung von Einkaufsvorschriften und die Nutzung von Arbeitsanweisungen, sowie zum anderen über die Implementierung von IT-gestützten Kontrollen, über welche die Abwicklung eines integeren Einkaufs gewährleistet wird.

Die Gesamtheit dieser Maßnahmen soll dazu führen, dass die Bilanzposition Verbindlichkeiten aus Lieferungen und Leistungen richtig dargestellt wird.

Wie wird nun das Prüfungsziel des Bestands, der Genauigkeit und der Vollständigkeit von Verbindlichkeiten aus Lieferungen und Leistungen erreicht? Zur Beantwortung dieser Frage werden zunächst die typischen Risiken im Bereich des Einkaufs dargestellt.

4.4.1 Typische Risiken und Kontrollziele

Der Bereich Einkauf ist naturgemäß mit einem hohen Risiko in Bezug auf dolose Handlungen verbunden, so dass neben dem Thema IKS das Thema Unterschlagung (Fraud) im Rahmen einer SAP-Prüfung betrachtet werden sollte. Ein zentrales Risiko im Bereich Einkauf ist Unterschlagung in der Form, dass freigegebene Zahlungsströme das Unternehmen verlassen und von dem rechtmäßig zu Begünstigenden auf unternehmensinterne und -externe Personen umgeleitet werden.

Ein zusätzliches Risiko besteht in einer mangelnden Unabhängigkeit der Einkäufer von Lieferanten. Es ist gegeben, wenn beispielsweise bei Ausschreibungen eingehende Angebote nicht zentral gesammelt und dann dem Einkauf vorgelegt werden, sondern möglicherweise dem Einkäufer einzelne Angebote bereits im Vorfeld zugehen und so die Entscheidung einseitig beeinflusst wird. Oder einzelne Anbieter erhalten die Möglichkeit, die Preise der Konkurrenten einzusehen. Wenn die Unabhängigkeit nicht über geeignete Maßnahmen wie unabhängige Marktanalyse oder neutraler Vergleich von Angeboten sichergestellt wird oder die zu einer Einkaufsentscheidung führenden Prozessschritte nicht nachvollziehbar dokumentiert werden, besteht die Möglichkeit einer nicht optimalen Einkaufsentscheidung.

Ein weiteres Risiko entsteht aus der Vergabe von Lieferantenboni. Wenn das Unternehmen seine Lieferanten über dieses Mittel an sich bindet oder versucht, niedrigere Einkaufspreise bei entsprechend hohen Mengen und gleichzeitiger Vergabe von Lieferantenboni durchzusetzen, können über Absprachen zwischen Einkäufer und Lieferant Verträge „entstehen“, die den Interessen des Unternehmens entgegenstehen oder sogar zu Unterschlagung führen.

In der technischen Umsetzung von dolosem Verhalten besteht ein Risiko, dass bei häufig und planbar auftretenden Auszahlungen mit der „Salami-Taktik“ unauffällig Geldbeträge abgezweigt werden. Dabei werden pro Auszahlung nur so geringe Geldbeträge umgeleitet, die aufgrund von Toleranzeinstellungen im System nicht auffallen und damit die Kontrollen passieren. Aufgrund der Häufigkeit derartiger Vorgänge kann daraus für das Unternehmen ein wesentlicher Schaden entstehen.

Eine andere Möglichkeit besteht in der „Zusammenarbeit“ mit einem Lieferanten. Dieser vereinbart mit dem dolosen Einkäufer höhere Preise. Bei Bezahlung teilen sich die Betrüger die Differenz aus eigentlichem (Markt-)Preis und vereinbartem erhöhten Preis.

Auch über das Anlegen real nicht existierender Lieferanten bzw. Kreditoren oder abweichender Zahlungsempfänger im SAP-System besteht das Risiko von unternehmensschädigenden Zahlungsmittelabflüssen. Die Auswirkungen dieses Risikos können signifikant sein, wenn Kontrollen im Bereich der Stammdatenpflege mangelhaft sind.

Auch ein geringer Automatisierungsgrad und die daraus entstehende Fehleranfälligkeit kann Ursache für fehlgeleitete Einkaufsentscheidungen sein. Ein hoher Automatisierungsgrad verringert die Risiken aus manuellen Tätigkeit nur dann, wenn er durch ein effektives internes Kontrollsystem gestützt wird.

Aus einem nicht ausreichend ausgeprägtem Berechtigungskonzept ergibt sich das Risiko, dass der gesamte Beschaffungsprozess von einzelnen oder wenigen Mitarbeitern systemseitig abgewickelt werden kann, so dass Funktionstrennungskontrollen, Vier-Augen-Prinzip oder Unterschriftenregelungen außer Kraft gesetzt werden und dolose Handlungen leichter möglich sind.

Weitere den einzelnen Prozessschritten zuzuortende Risiken sind in den folgenden Abschnitten dargestellt.

Übergreifende Kontrollziele im Bereich des Einkaufsprozesses sind daher

- Vermeidung von dolosen Handlungen
- Verhinderung, dass nicht autorisierte Bestellungen oder Zahlungsausgänge das Unternehmen verlassen
- Effizienzsteigerung im Einkaufsprozess über die Verwendung automatisierter Kontrollen

4.4.2 Quick Wins

Aus der praktischen Erfahrung von Systemprüfungen bestehen in vielen Fällen wesentliche Risiken in einer überschaubaren Anzahl von Prüfungsgebieten. Die Liste der 10 Quick Wins stellt solche Gebiete dar, bei denen der Prüfer vergleichsweise schnell zuverlässige Prüfungsfeststellungen erzielen bzw. durch seine Feststellungen und Empfehlungen zu einer signifikanten Verbesserung der Sicherheit des SAP-Systems und der darin enthaltenen rechnungslegungsrelevanten oder unter weiteren Compliance-Aspekten relevanten Daten beitragen kann.

1. Mangelnde Funktionstrennung: Ein Mitarbeiter ist allein in der Lage, Kreditorenstammdaten zu pflegen und Bestellungen auszulösen. Referenz: Kapitel 4.4.4.4 und 4.4.8.2, Seiten 350 und 364.
2. Weitreichende Vergabe der Berechtigung zur Anlage von Bestellungen: Viele Mitarbeiter können Bestellungen ausführen, darunter Mitarbeiter, die nicht im Einkauf arbeiten. Referenz: Kapitel 4.4.8.2, Seite 364.
3. Mangelndes Vier-Augen-Prinzip: Bestellungen verlassen das Unternehmen, ohne dass Vorgesetzte oder dazu befugte Mitarbeiter die Bestellungen kontrolliert haben. Referenz: Kapitel 4.4.8.3, Seite 365.

4. Hohe Anzahl von Kreditorenstammsätzen ohne gepflegte Einkaufssicht: Eine hohe Anzahl solcher Stammsätze kann ein Hinweis auf nicht real existierende Kreditoren sein. Referenz: Kapitel 4.4.4.9, Seite 354.
5. Häufige Änderung der Zahlungsverkehrsdaten: Dies kann ein Hinweis auf dolose Handlungen sein. Referenz: Kapitel 4.4.14.3, Seite 387.
6. Hohe Anzahl an CpD-Lieferanten: Die Verwendung von CpD-Lieferanten verringert die Nachvollziehbarkeit, da es beispielsweise nicht nachvollziehbar ist, über welche Kontoverbindung eine Zahlung geflossen ist. Referenz: Kapitel 4.4.4.11, Seite 355.
7. Keine Prüfung auf doppelte Rechnungen: Führt zu einer höheren Wahrscheinlichkeit zu hoher Auszahlungen. Referenz: Kapitel 4.4.4.12, Seite 356.
8. Unsachgemäß gepflegte Toleranzgrenzen: Zu eng oder zu weit gepflegte Toleranzgrenzen erhöhen die Verwaltungskosten oder das Risiko zu hoher Auszahlungen. Referenz: Kapitel 4.4.12.4, Seite 381.
9. Unsachgemäß gepflegte Einstellungen zur WE/RE-Kontenpflege: Bereits abgeschlossene reale Geschäftsvorfälle werden weiter im System als offene Posten geführt oder noch offene reale Geschäftsvorfälle werden aufgrund vorzeitiger Auflösung der WE/RE-Offenen Posten nicht mehr im System geführt. Referenz: Kapitel 4.4.10.2, Seite 372.
10. Weitreichende Vergabe der Berechtigung zur Freigabe gesperrter Rechnungen: Das Risiko steigt, dass Rechnungen irrtümlich oder aufgrund von dolosen Handlungen freigegeben werden. Referenz: Kapitel 4.4.4.8, Seite 354.

4.4.3 Stammdaten: SAP-Fakten

Stammdaten haben eine bedeutende Funktion bei der Abwicklung von automatisierten Prozessen: Nur dauerhaft und konsistent gepflegte Stammdaten gewährleisten die einfache und effiziente Abwicklung von Prozessen. Gut gepflegte Stammdaten verringern den Erfassungsaufwand und stellen ferner eine wesentliche Kontrolle für die vollständige und richtige Verarbeitung dar.

Die wichtigsten Stammdaten im Bereich des Einkaufs sind die Materialstammdaten und die Lieferantenstammdaten. Der Materialstamm enthält betriebswirtschaftliche Informationen zu allen Materialien, die in einem Unternehmen verwendet werden. Der Lieferantenstamm enthält neben den für den Einkauf relevanten Daten auch buchhalterische Daten, da der Lieferant kreditorischer Geschäftspartner des Unternehmens ist. Weitere Stammdaten sind der Einkaufsinfosatz, das Orderbuch, die Quotierung, die Konditionen und die Lieferantenbeurteilung.

4.4.3.1 Materialstammdaten

Die betriebswirtschaftlichen Informationen eines Materialstammsatzes werden von den meisten betrieblichen Funktionsbereichen verwendet und gepflegt, unter anderem vom Einkauf, dem Lager, der Produktion, dem Vertrieb und der Buchhaltung. Die Bereiche haben unterschiedliche Informationsbedürfnisse; daher ist ein Materialstammsatz in funktionsspezifische Sichten unterteilt.

Sichten und Organisationsebenen

Bevor ein Materialstammdatensatz angezeigt oder gepflegt werden kann, sind die benötigten Sichten auszuwählen. Nach Auswahl der Sichten (siehe Abb. 4.4.3.1-10) ist über die Angabe der Organisationsebenen anzugeben, welchem Unternehmensbereich das Material zuzuordnen ist. Erst dann wird das Material mit allen ausgewählten Sichten angezeigt (siehe Abb. 4.4.3.1-20). Allerdings kann ein Anwender längst nicht alle Sichten auswählen, sondern nur diejenigen, die er aufgrund seiner persönlichen Berechtigungen aufrufen darf. Um eine Funktionstrennung zwischen Einkauf und Buchhaltung zu gewährleisten macht es beispielsweise Sinn, dass Mitarbeiter der Buchhaltung zwar die Buchhaltungssicht, aber nicht die Einkaufssicht sehen bzw. pflegen können und umgekehrt.

Der Zugriff auf Materialstammdaten erfolgt über den Menüpfad: *Logistik – Materialwirtschaft – Materialstamm – Material – Anzeigen – Anzeigen akt. Stand* (Transaktion MM03).

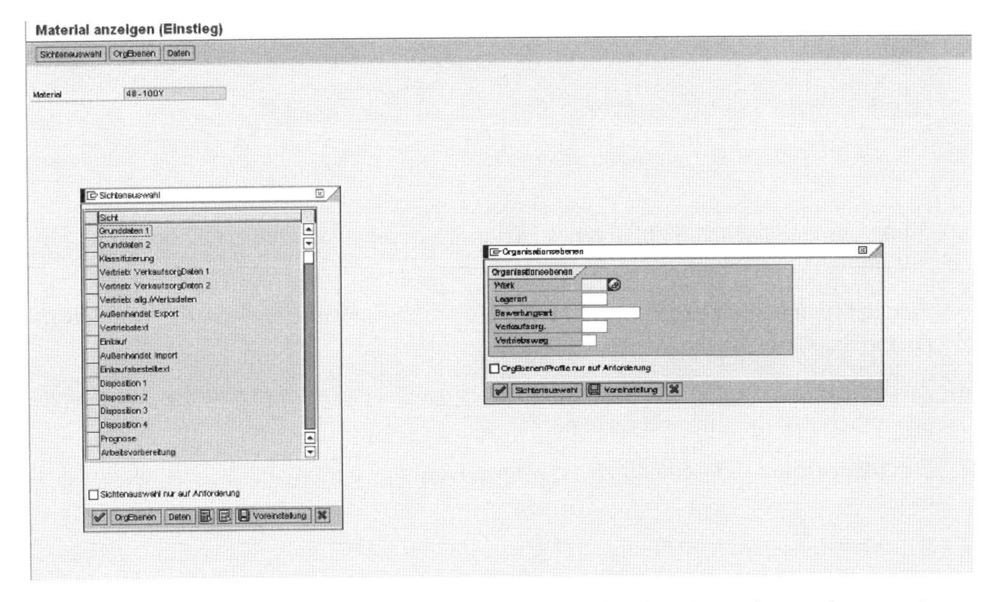

Abb. 4.4.3.1-10: Sichtenauswahl und Organisationsebenen bei der Materialstammdatenanzeige © SAP

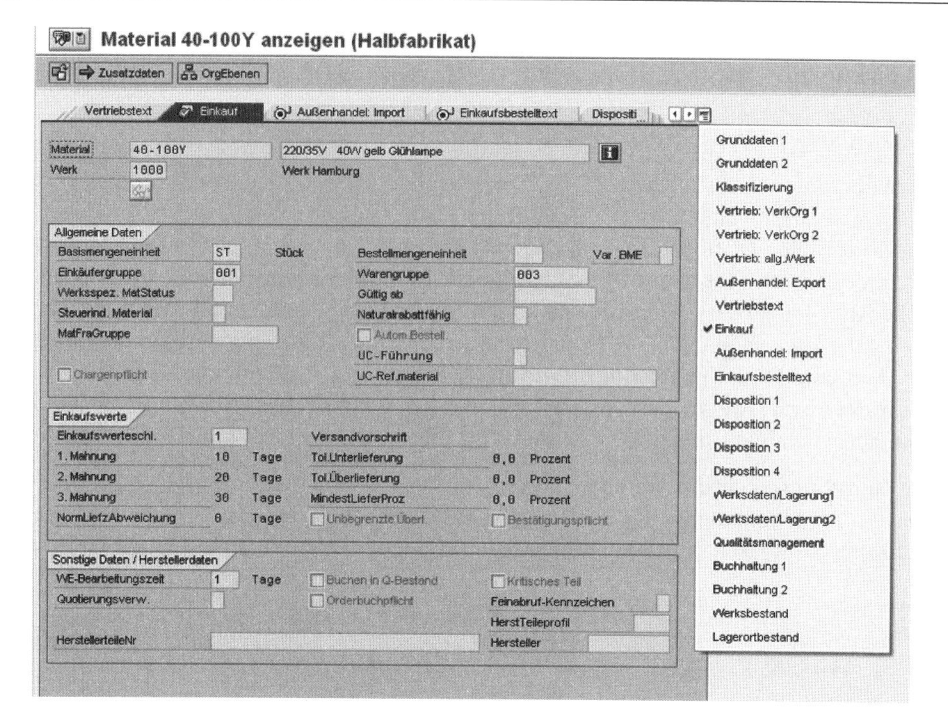

Abb. 4.4.3.1-20: Anzeige Materialstammdatensatz *© SAP*

Die funktionsspezifischen Sichten eines Materialstammdatensatzes enthalten die folgenden wesentlichen Informationen:

- Zu den **Grunddaten** gehören unter anderem die Basismengeneinheit, die Warengruppe und das Gewicht.
- Zu den **Einkaufsdaten** gehören die Wareneingangsbearbeitungszeit, die Bestellmengeneinheit und die Einkäufergruppe.
- Die **Dispositionssicht** enthält z.B. das Dispositionsmerkmal und die Dispositionslosgröße.
- Die **Vertriebssicht** enthält u.a. Informationen zur Verkaufsorganisation, Verkaufsmengeneinheiten und die Mindestauftragsmenge.
- Die **Buchhaltungssicht** enthält Daten wie das Preissteuerungsverfahren (gleitender Durchschnitt oder Standardpreis), den aktuellen Bewertungspreis sowie steuerrechtliche und handelsrechtliche Preise zur Niederstwertermittlung.

Materialart

Materialien mit denselben Grundeigenschaften werden zusammengefasst und einer Materialart zugeordnet. Die Materialart ermöglicht es, verschiedene Materialien gemäß ihrer Verwendung im Unternehmen zu klassifizieren und einheitlich zu verwalten. Die Materialart bestimmt unter anderem den Bildschirmaufbau und die Feldauswahl innerhalb eines

Materialstammsatzes. Typische Materialarten sind Rohstoffe, Halbfabrikate oder Fertigerzeugnisse.

Beim Anlegen eines neuen Materials muss die Materialart angegeben werden. Dabei legt die Materialart die folgenden Eigenschaften fest:

- ob das Material für einen bestimmten Zweck vorgesehen ist (z.B. als konfigurierbares Material oder als Prozessmaterial)
- ob die Materialnummer intern oder extern vergeben werden kann
- das Nummernkreisintervall, aus dem die Materialnummer vergeben wird
- die Art und Anzahl der Bildschirmbilder sowie deren Aufbau und die Reihenfolge
- detaillierte Auswahl an möglichen Fachbereichsdaten
- Beschaffungsart des Materials, d.h. ob das Material eigengefertigt und/oder fremdbezogen wird

Zusammen mit dem Werk bestimmt die Materialart die Bestandsführungspflicht eines Materials, d.h.

- ob Mengenveränderungen im Materialstammsatz fortgeschrieben werden
- ob Wertveränderungen auch auf den Bestandskonten der Finanzbuchhaltung fortgeschrieben werden

Darüber hinaus ist es von der Materialart abhängig, welche Konten bebucht werden, wenn ein Material ins Lager geht oder das Lager verlässt.

Die Pflege der Materialarten erreicht man im Customizing über die Transaktion SPRO mit dem Menüpfad: *Logistik Allgemein – Materialstamm – Grundeinstellungen – Materialarten – Eigenschaften der Materialarten festlegen*. Am Beispiel der Materialart Rohstoff ist in Abb. 4.4.3.1-30 und Abb. 4.4.3.1-40 die Pflege der Materialart und der entsprechenden Mengen- und Wertfortschreibung abgebildet (Zur Mengen- und Wertfortschreibung vgl. Kapitel 4.4.4.3).

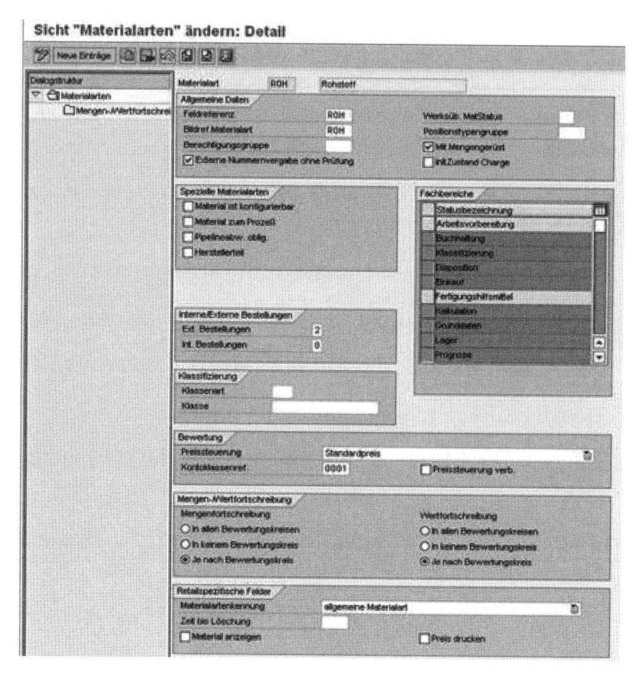

Abb. 4.4.3.1-30: Pflege der Materialarten © SAP

Sicht "Mengen-/Wertfortschreibung" ändern: Übersicht

Dialogstruktur
- Materialarten
  - Mengen-/Wertfortschrei

Mengen-/Wertfortschreibung

Be	Mat	Mengenforts	Wertfortschr	Pipel.obl.	Pipel.erl.
0001	ROH	☑	☑	☐	☐
0005	ROH	☑	☑	☐	☐
0006	ROH	☑	☑	☐	☐
0007	ROH	☑	☑	☐	☐
0008	ROH	☑	☑	☐	☐
0099	ROH	☑	☑	☐	☐
1000	ROH	☑	☑	☐	☐
1100	ROH	☑	☑	☐	☐
1200	ROH	☑	☑	☐	☐
1300	ROH	☑	☑	☐	☐
1400	ROH	☑	☑	☐	☐
2000	ROH	☑	☑	☐	☐
2010	ROH	☑	☑	☐	☐
2100	ROH	☑	☑	☐	☐
2200	ROH	☑	☑	☐	☐
2210	ROH	☑	☑	☐	☐
2220	ROH	☑	☑	☐	☐
2230	ROH	☑	☑	☐	☐
2240	ROH	☑	☑	☐	☐

Abb. 4.4.3.1-40: Pflege der Mengen- und Wertfortschreibung bei den Materialarten © SAP

4.4.3.2 Lieferantenstammdaten

Der Lieferantenstammsatz enthält beschreibende und steuernde Informationen über einen Lieferanten des Unternehmens. Er wird regelmäßig von mehr als einer Abteilung im Unternehmen genutzt, hauptsächlich vom Einkauf und von der Buchhaltung. Wie bei Materialstammdaten können erst dann lieferantenbezogenen Funktionen von der jeweiligen Abteilung ausgeführt werden, wenn die entsprechende Sicht im Stammsatz gepflegt ist. Ein Beschaffungsvorgang kann erst nach vollständiger Pflege der Einkaufssicht vorgenommen werden, eine Eingangsrechnung kann erst gebucht werden, wenn die Buchhaltungssicht gepflegt ist.

Sichten und Organisationsebenen

Die Sichten im Lieferantenstamm sind:

- Allgemeine Daten auf Mandantenebene: z.B. Anschrift, Steuernummer und Bankverbindung
- Buchungskreisdaten auf der Ebene des Buchungskreises: z.B. Abstimmkonto, Mahnverfahren und Zahlwege
- Einkaufsdaten: z.B. Mindestbestellwert, Zahlungsbedingungen und verschiedene Steuerungsdaten, wie beispielsweise die Einstellung, dass bei einem Mandanten automatisch bestellt werden soll

Über den *Menüpfad: SAP Menü – Logistik – Materialwirtschaft – Einkauf – Stammdaten – Lieferant – Einkauf – Anzeigen (aktuell)* kann ein Lieferant angezeigt werden. Gleichwertig ist der Aufruf mit der Transaktion MK03 (Kreditor anzeigen).

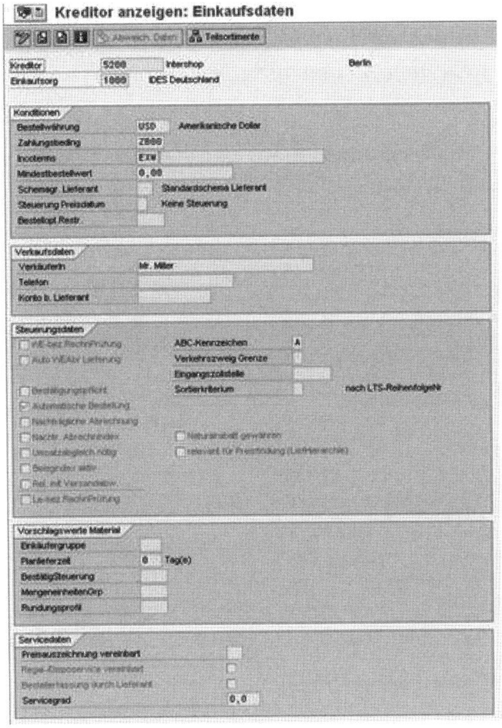

Abb. 4.4.3.2-10: Einkaufssicht Lieferantenstamm © SAP

Kontengruppe

Jeder Lieferantenstammsatz ist bei der Anlage einer Kontengruppe zuzuordnen. Über Kontengruppen werden die folgenden Eigenschaften von Stammsätzen zusammenfassend verwaltet:

- Nummernvergabe: Es wird bestimmt, ob die Nummernvergabe extern oder intern erfolgt und aus welchem Nummernbereich die Lieferantennummer genommen wird.
- Feldstatus: Hier wird festgelegt, welche Felder im Stammsatz Muss- oder Kannfelder sind, welche Felder ausgeblendet werden und welche Felder nur angezeigt werden und somit nicht pflegbar sind.
- Partnerschema: Innerhalb eines Partnerschemas werden Partnerrollen definiert, die Aussagen treffen über die Funktion, die ein Partner im Rahmen eines Geschäftsvorfalls übernimmt (z.B. Rechnungssteller oder Zahlungsempfänger).
- CpD-Lieferanten („Conto pro Diverse"): Auf CpD-Konten werden Verkehrszahlen für eine Gruppe von Lieferanten erfasst, bei denen nicht regelmäßig Beschaffungsvorgänge durchgeführt werden.

Die Kontengruppen lassen sich im Customizing pflegen über den *Menüpfad: SPRO – SAP Referenz-IMG – SAP Customizing Einführungsleitfaden – Logistik allgemein – Geschäftspartner – Lieferant – Steuerung – Kontengruppen und Feldauswahl Lieferanten*:

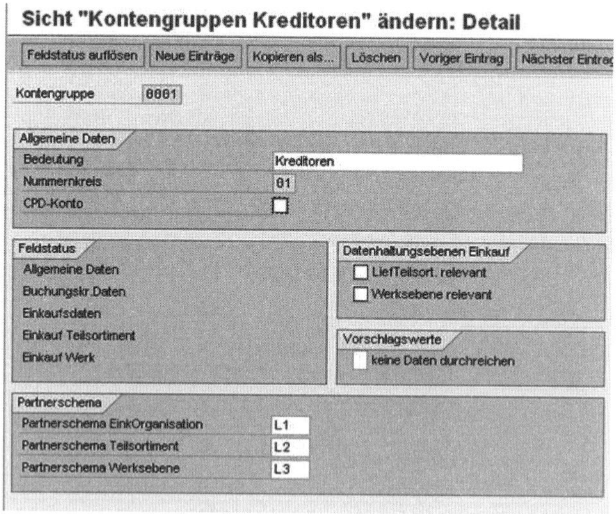

Abb. 4.4.3.2-20: Pflege Kontengruppen „Kreditoren" © SAP

Beispielsweise gelangt man per Klick auf Buchungskreisdaten in der Rubrik Feldstatus in eine weitere Unterauswahl, in der man die Feldstati für den Zahlungsverkehr auswählen kann:

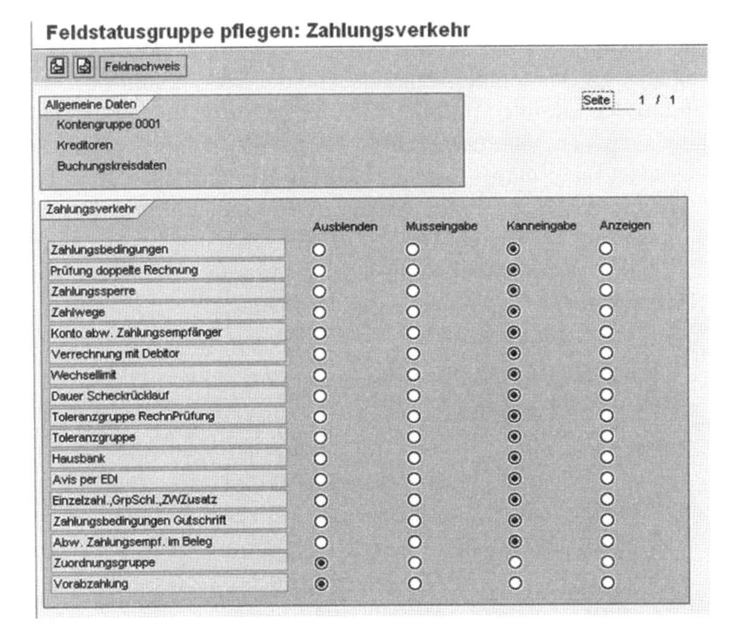

Abb. 4.4.3.2-30: Feldstati Lieferanten pflegen © SAP

Sperren von Lieferanten

Lieferanten können für verschiedene Aktivitäten gesperrt werden. Zu den möglichen Sperren zählen die Zahlungssperre, die Buchungssperre, die Einkaufssperre und die Sperre aus Qualitätsgründen. Außerdem kann ein Lieferant durch einen Orderbucheintrag auf Werksebene für einzelne Materialien gesperrt werden.

Die Zahlungssperre führt dazu, dass bei der Ausführung des Zahllaufs alle offenen Posten dieses Kreditors in der Ausnahmeliste erscheinen. Diese Sperre hat keine Auswirkung auf manuelle Zahlungsvorgänge. Die manuelle Regulierung offener Posten kann mit Hilfe von Zahlungssperrschlüsseln, die im Finanzwesen definiert werden, verhindert werden.

Die Buchungs- und die Einkaufssperre kann im Lieferantenstammsatz über den *Menüpfad: Zusätze – Sperrdaten* gepflegt werden.

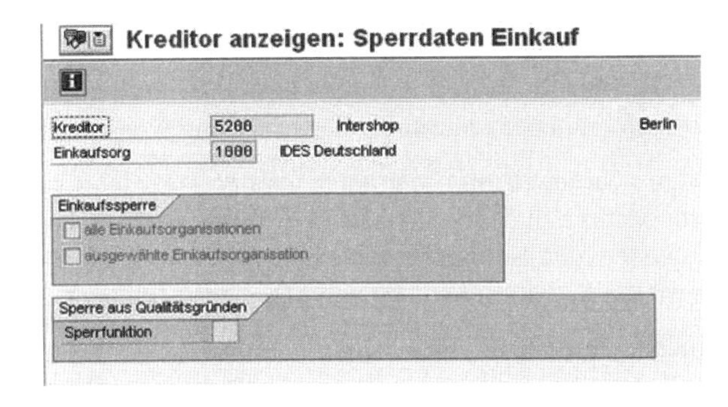

Abb. 4.4.3.2-40: Sperrdaten für Kreditor © SAP

4.4.3.3 Weitere Stammdaten

Weitere Stammdaten im Bereich des Einkaufs sind der Einkaufsinfosatz, das Orderbuch, die Quotierung, die Konditionen und die Lieferantenbeurteilung. Der Einkaufsinfosatz (auch Infosatz genannt) enthält zusammengefasste Informationen zu einem Lieferanten und einem Material und stellt eine Informationsquelle über die Beschaffung eines bestimmten Materials (oder einer Warengruppe) bei einem bestimmten Lieferanten dar. Der Infosatz gibt also Antwort auf die Fragen: Welche Konditionen sind bei einem Lieferanten für diesen Material gültig? Wann ist bei Nicht-Zahlung mit einer Mahnung zu rechnen? Zu welchen Zeiträumen kann der Lieferant das Material liefern?

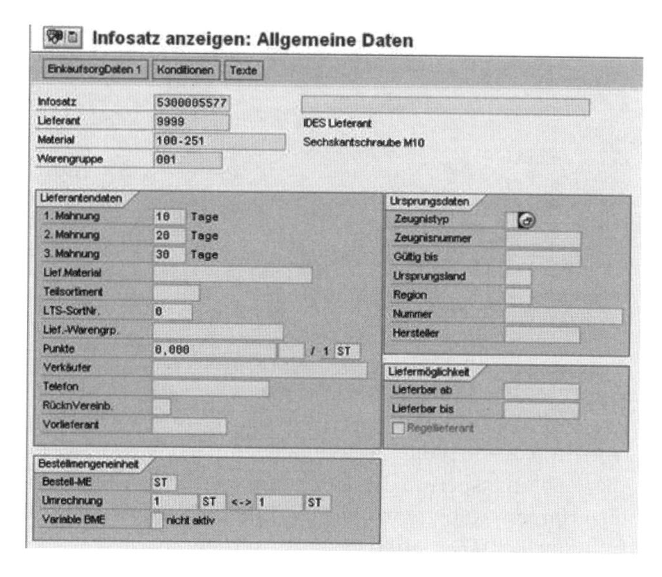

Abb. 4.4.3.3-10: Anzeige Einkaufsinfosatz *© SAP*

Das Orderbuch listet die für ein Material vorgesehenen Bezugsquellen (Lieferanten, die das Material liefern können bzw. sollen) und Zeiträume auf, in denen die Beschaffung über diese Bezugsquellen möglich ist.

Die Quotierung dient der Ermittlung der zu einem bestimmten Zeitpunkt geltenden Bezugsquellen für eine Bestellanforderung. Anfallende Bedarfe können mit Hilfe einer mathematischen Formel auf verschiedene mögliche Lieferanten verteilt werden. Dadurch wird erreicht, dass Bestellungen auf optimierte Weise auf verschiedene Lieferanten verteilt werden, die zusammen in der Lage sind, die Bestellung wunschgemäß auszuliefern.

Konditionen sind Vereinbarungen mit Lieferanten über Preise, Zu- und Abschläge, Rabatte, Skonti, Frachten, Steuern und Zölle. Basierend auf den einzelnen Konditionssätzen errechnet das SAP-System den Nettopreis bzw. den Effektivpreis (automatische Preisfindung) und übernimmt ihn in den Einkaufsbeleg (z.B. die Bestellung).

Über die Lieferantenbeurteilung können Lieferanten beispielsweise nach Liefertreue, Preis, Qualität oder Service benotet werden. Die Lieferantenbeurteilung ist eine Entscheidungsgrundlage für die Bezugsquellenfindung.

4.4.3.4 Risiken

Unvollständige, inkonsistente oder nicht aktuell gepflegte Stammdaten haben negative Auswirkungen auf alle SAP-Funktionalitäten und Programme, die diese Stammdaten verwenden. Bewertungen, Preise, offene Posten und Verfügbarkeiten von Materialien werden möglicherweise falsch ermittelt und können zu Fehlern im internen und externen Berichtswesen führen. Das Ergebnis können unnötige oder voreilige Bestellungen oder Zahlungen oder die falsche Darstellung des Lagerbestands inklusive seiner Bewertung sein. Ferner können nicht notwendige manuelle Arbeitsschritte oder Stammdatendubletten anfallen, was zu Ineffizienzen im betriebswirtschaftlichen Ablauf führt. Dubletten im Bereich der Kreditoren-Stammdaten stellen ferner ein Risiko für die Nachvollziehbarkeit dar, weil z.B. Rechnungen nicht eindeutig den Bestellungen zugeordnet werden können oder Umsätze mit einem Kreditor nicht vollständig ermittelbar sind. Schlussendlich werden möglicherweise Aufbewahrungsfristen nicht eingehalten oder personenbezogene Daten unbeabsichtigt veröffentlicht.

4.4.4 Stammdaten: Kontrollen und Prüfungshandlungen

4.4.4.1 Richtlinien und Standards zur Stammdatenpflege

Die Anlage, Änderung und Löschung von Stammdaten sollte in einen umfangreichen Anforderungs- und Genehmigungsprozess eingebunden sein. Der Umfang und die Tiefe der vor allem bei Materialstammdaten oft sehr komplexen Stammdatenpflege sollten über organisationsweite Richtlinien und Standards für das Datenqualitätsmanagement festgelegt sein. Die Ausprägung der Richtlinien und Standards kann für jede Materialkategorie unterschiedlich sein und ist gegebenenfalls vom jeweils zuständigen Einkaufsmanager inkl. der dazu erforderlichen Prozessschritte individuell auszuprägen. Teil einer solchen Richtlinie sollte die Definition von Rollen und die Zuordnung von Verantwortlichkeiten für die Stammdatenpflege sein. Hierzu gehört auch die organisatorische Trennung der Pflege der Buchhaltungs- und der Einkaufssicht der Materialstammdaten. Auch der Zugriff auf Stamm- und Bewegungsdaten sollte personell getrennt sein.

Nehmen Sie auf, wie der Prozess zur Pflege des Lieferanten- und Materialstamms ausgestaltet ist. Welche Richtlinien und Arbeitsanweisungen liegen vor, und werden diese gelebt? Stellen Sie fest, wie die organisatorische Trennung der Pflege der Sichten und des Zugriffs auf Stamm- und Bewegungsdaten sichergestellt ist. Zum letzten Punkt vergleichen Sie die Ausführungen zur Funktionstrennung in den folgenden Abschnitten.

4.4.4.2 Berechtigungsvergabe im Bereich der Materialstammdaten

Im Bereich der Materialstammdaten kommt es bezüglich der Berechtigungsvergabe vor allem darauf an, dass die Berechtigungen gemäß der organisatorischen Struktur des Unternehmens vergeben sind. Operationale Risiken sollen dadurch eingeschränkt werden. Auf folgenden Ebenen kann der Zugriff auf Materialstammdaten sinnvollerweise differenziert werden:

Differenzierungen	Berechtigungs-objekte	Beispiele für Ausprägungen
Materialarten	M_MATE_MAR	Roh-, Hilfs- und Betriebsstoffe, Fertigmaterial
Sichten („Pflegestatus“)	M_MATE_STA	Einkauf, Disposition, Lager, Vertrieb, Klassifizierung, Buchhaltung
Buchungskreise	M_MATE_BUK	[Buchungskreisnummer]
Werke/Lagerorte	M_MATE_WRK, M_MATE_LGN	[Nummer des Werks], [Nummer des Lagerorts]
Verkaufsorganisationen/Vertriebswege	M_MATE_VKO	[jeweilige Verkaufsorganisation/jeweiliger Vertriebsweg]
Warengruppen	M_MATE_WGR	[jeweilige Warengruppe]
Material anlegen	M_MATE_NEU	[ohne dieses Berechtigungsobjekt kann ein Benutzer keinen neuen Materialstammsatz anlegen]
Ändern/Anzeigen	[fast alle M_MATE_*-Berechtigungsobjekte]	Feld ACTVT mit Ausprägung 02/03

Prüfen Sie, welche Differenzierungen vom Unternehmen gewünscht sind und ob diese im Berechtigungskonzept realisiert sind.

4.4.4.3 Mengen- und Wertfortschreibung

Prüfungsziel dieser Kontrolle ist die korrekte Mengen- und Wertfortschreibung bei Bestandsveränderungen. Die Mengen- und Wertfortschreibung sowie weitere wesentliche Steuerungen werden über die Materialarten gesteuert. Daher ist zu prüfen, ob die Materialarten im Customizing richtig gepflegt sind. Die Pflege der Materialarten ist in Abschnitt *4.4.3.1 Materialstammdaten* beschrieben.

Prüfen Sie, ob die Einstellungen den Vorgaben des Unternehmens genügen.

4.4.4.4 Funktionstrennung und Berechtigungsvergabe bzgl. Lieferanten- und Kreditorenstammdaten

Im Bereich der Lieferantenstammdatenpflege ist es das Ziel einer Funktionstrennung, dass die Buchhaltungssicht ausschließlich von Mitarbeitern der Buchhaltung und die Einkaufssicht ausschließlich vom Einkauf pflegbar ist. Kein Mitarbeiter sollte beides gleichzeitig können. Lieferanten werden aus Sicht der Buchhaltung meistens Kreditoren, aus Sicht des Einkaufs Lieferanten genannt. Die Begriffe Lieferant und Kreditor werden im

Folgenden synonym verwendet, da es sich im SAP-System um einheitliche Stammdaten handelt.

Stellen Sie zunächst fest, welche organisatorische Aufteilung zur Kreditoren- und Lieferantenstammdatenpflege vorgesehen ist. Prüfen Sie dann, ob die Trennung zwischen Pflege der Einkaufs- auf der einen und der Buchhaltungssicht der Stammdaten auf der anderen Seite über entsprechende Berechtigungen sichergestellt ist.

Die Transaktionen und dazu benötigten Berechtigungsobjekte zur Pflege der Kreditoren und Lieferanten sind z.B. die folgenden:

Funktionen	Berechtigungs-objekte	Felder	Feldausprägungen
Lieferantenstammdaten anlegen/ändern/anzeigen	S_TCODE	TCD	MK01/MK02/MK03, XK01/XK02/XK03
	F_LFA1_APP	ACTVT	01/02/03
		APPKZ	M
	M_LFM1_EKO	ACTVT	01/02/03
		EKORG	[jeweilige Einkaufs-Organisation]
Kreditorenstammdaten anlegen/ändern/anzeigen	S_TCODE	TCD	FK01/FK02/FK03, XK01/XK02/XK03
	F_LFA1_APP	ACTVT	01/02/03
		APPKZ	F
	F_LFA1_BUK	ACTVT	01/02/03
		BUKRS	[jeweiliger Buchungskreis]
	F_LFA1_GEN	ACTVT	01/02/03
	F_LFA1_GRP	ACTVT	01/02/03
		KTOKK	[jeweilige Kontengruppe Kreditor]

4.4.4.5 Erweiterter Berechtigungsschutz für bestimmte Felder im Lieferantenstammsatz

Über die Definition sensibler Felder lassen sich einzelne Bereiche im Kreditorenstammsatz besonders schützen. Dies ist beispielsweise für Bankdaten sinnvoll. Der Schutz dieser Felder funktioniert im SAP-System über Feldgruppen. Die Felder im Stammsatz mit den Bankdaten werden einer Feldgruppe zugeordnet, die über Berechtigungen gesondert geschützt werden kann. Das Berechtigungsobjekt in Bezug auf diese Feldgruppen lautet F_LFA1_AEN.

Erfragen Sie zunächst, ob das Unternehmen sensible Felder über Feldgruppen besonders schützt. Ist dies der Fall, werten Sie aus, ob das Berechtigungsobjekt F_LFA1_AEN verwendet wird und welche Feldgruppen gepflegt sind. Die Pflege von Feldgruppen erfolgt im Customizing über den *Menüpfad: SPRO – Finanzwesen – Debitoren- und Kreditorenbuchhaltung – Kreditorenkonten – Stammdaten – Ändern der Kreditorenstammdaten vor-*

bereiten – Feldgruppen der Kreditorenstammdaten definieren. Relevant ist in diesem Fall diejenige Feldgruppe, die Bankdaten schützt.

Abb. 4.4.4.5-10: Pflege der Feldgruppe Bankdaten © *SAP*

Welche Felder genau in der Feldgruppe enthalten sind, können Sie über den Menüpfad *SPRO – Finanzwesen – Debitoren- und Kreditorenbuchhaltung – Kreditorenkonten – Stammdaten – Ändern der Kreditorenstammdaten vorbereiten – Felder der Kreditorenstammsätze gruppieren* prüfen.

Neue Einträge: Übersicht Hinzugefügte

Feldgruppe	Feldname	Feldbezeichnung
1	LFBK-BANKN	Bankkonto
1	LFBK-BANKL	Bankschlüssel
1	LFBK-KOINH	Kontoinhaber

Abb. 4.4.4.5-20: Über eine Feldgruppe geschützte sensible Bankdaten © *SAP*

Prüfen Sie dann, welche Mitarbeiter die Änderungsberechtigung für Bankdaten haben, in dem Sie prüfen, welche Mitarbeiter das Berechtigungsobjekt F_LFA1_AEN mit der Ausprägung der identifizierten Feldgruppe (hier: „1") haben.

Das Erfordernis, die Bankdaten des Lieferantenstammsatzes besonders zu schützen, ist immer vor dem Hintergrund der übrigen Kontrollen sowie des Unternehmensumfeldes zu bewerten. Ohnehin bestehende stark eingeschränkte Berechtigungen und ein effektives Vier-Augen-Prinzip bei der Pflege der Lieferantenstammdaten machen den besonderen Schutz der Bankdaten gegebenenfalls überflüssig.

4.4.4.6 Definition sensibler Felder für Vier-Augen-Prinzip im Lieferantenstammsatz

Wenn im Kreditorenstammsatz einzelne Felder im Customizing als sensibel gekennzeichnet wurden, wird bei einer Änderung des Feldeintrags der entsprechende Kreditor für den Zahllauf gesperrt. In diesem Fall muss ein zweiter Berechtigter die Änderung mit Hilfe der Transaktion FK08 (Bestätigen Kreditor-Einzeln (Buchh.)) kontrollieren und bestätigen oder ablehnen. Die entsprechende Einstellung lässt sich an folgender Stelle im Customizing prüfen: *SPRO – Finanzwesen – Debitoren- und Kreditorenbuchhaltung – Kreditorenkonten – Stammdaten – Anlegen der Kreditorenstammdaten vorbereiten – Sensible Felder für 4-Augen-Prinzip definieren (Kreditoren).*

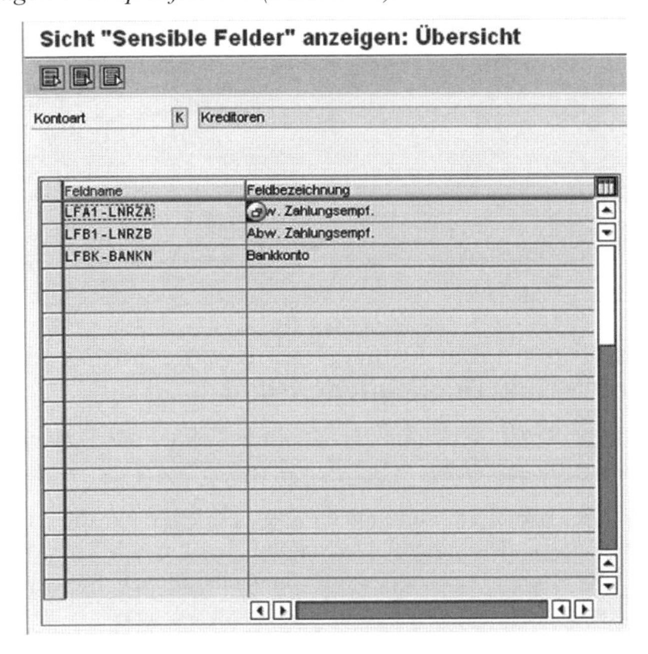

Abb. 4.4.4.6-10: Pflege sensibler Felder für Vier-Augen-Prinzip © *SAP*

Prüfen Sie, ob das Unternehmen von dieser Kontrolle Gebrauch macht.

4.4.4.7 Berechtigung zur Massenpflege von Materialstammdaten

Die Massenpflege von Stammdaten ist insbesondere im Bereich der Materialstammdaten riskant, da kleine Fehler bei der Pflege schwerwiegende, gegebenenfalls nicht rückgängig zu machende Auswirkungen auf die Konsistenz der Stammdaten haben. Daher sollte die Berechtigung zur Massenpflege von Materialstammdaten äußerst restriktiv vergeben werden. Die Massendatenpflege wird mit der Transaktion MM17 gestartet und benötigt das Berechtigungsobjekt B_MASSMAIN.

Stellen Sie zunächst fest, welche Vorgaben das Unternehmen zur Massendatenpflege im Bereich der Materialstammdaten macht. Werten Sie dann aus, welche Mitarbeiter im Besitz dieser Berechtigung sind.

Die Vergabe dieser Berechtigung ist immer als kritisch einzustufen.

4.4.4.8 Sperren von Lieferanten

Zur Vermeidung doloser Handlungen ist vor allem das Entsperren von Kreditoren (Buchhaltungssicht) berechtigungsmäßig auf einen engen Kreis von Mitarbeitern einzuschränken.

Prüfen Sie, wer für diese Aufgabe vorgesehen ist und ob die dazu erforderlichen Berechtigungen an keine weitere Person vergeben sind.

Funktionen	Berechtigungsobjekte	Felder	Feldausprägungen
Kreditorenstammsatz sperren	S_TCODE	TCD	FK05
	F_LFA1_APP	ACTVT	05
		APPKZ	F
	F_LFA1_BUK	ACTVT	05
		BUKRS	[jeweiliger Buchungskreis]
	F_LFA1_GEN	ACTVT	05
	F_LFA1_GRP	ACTVT	05
		KTOKK	[jeweilige Kontengruppe Kreditoren]

4.4.4.9 Konsistenzcheck: Abgleich Lieferantenstammdaten bzgl. Einkaufs- und Buchhaltungssicht

Vollständig gepflegte Kreditorenstammdaten sollten sowohl die Einkaufs- als auch die Buchhaltungssicht gepflegt haben.

Stellen Sie eine hohe Anzahl an Stammdaten fest, bei denen nur die eine Sicht gepflegt ist, deutet dies auf unvollständig gepflegte Stammdaten hin. Ein Grund kann aber auch sein, dass das Unternehmen Kreditoren mit unterschiedlichen Lieferadressen hat und hierfür jeweils verschiedene Stammdatensätze angelegt wurden.

Ein Abgleich im SAP-System kann über das Programm RFKKAG00 (Stammdatenabgleich Kreditoren) erfolgen.

4.4.4.10 Auswerten des Änderungsprotokolls

Prüfen Sie, ob das Unternehmen regelmäßige Auswertungen hinsichtlich Änderungen an Kreditorenstammdaten durchführt. Insbesondere häufig geänderte Zahlungsverkehrsdaten können ein Hinweis auf dolose Handlungen sein. Prüfen Sie daher, ob die Zahlungsverkehrsdaten in der Vergangenheit häufig geändert wurden.

Ein hierfür geeignetes SAP-Standardprogramm ist das Programm RFKABL00 (Änderungsanzeige Kreditoren). Besonderes Augenmerk sollte auf die Änderung von Bankdaten gelegt werden. Analysieren Sie sowohl die Zahlungsverkehrsdaten in den Allgemeinen Daten als auch in den Buchungskreisdaten.

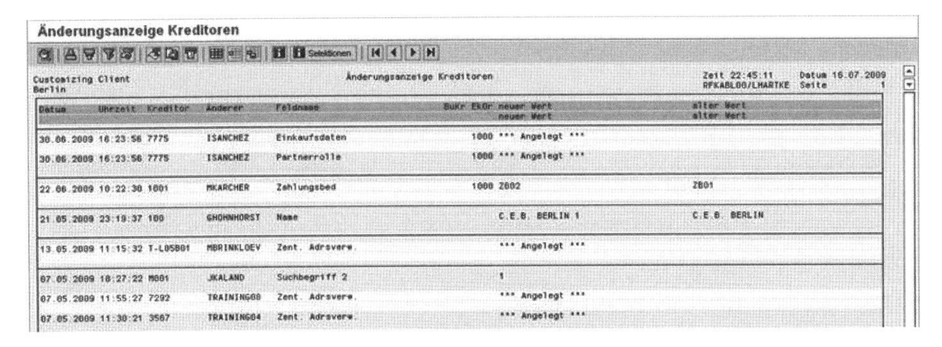

Datum	Uhrzeit	Kreditor	Änderer	Feldname	BuKr	EkOr	neuer Wert	alter Wert
30.06.2009	16:23:56	7775	ISANCHEZ	Einkaufsdaten	1000		*** Angelegt ***	
30.06.2009	16:23:56	7775	ISANCHEZ	Partnerrolle	1000		*** Angelegt ***	
22.06.2009	10:22:30	1001	MKARCHER	Zahlungsbed	1000		Z002	Z001
21.05.2009	23:19:37	100	GHOHNHORST	Name			C.E.B. BERLIN 1	C.E.B. BERLIN
13.05.2009	11:15:32	T-L05B01	MBRINKLOEV	Zent. Adrsvere.			*** Angelegt ***	
07.05.2009	18:27:22	M001	JKALAND	Suchbegriff 2			1	
07.05.2009	11:55:27	7292	TRAINING08	Zent. Adrsvere.			*** Angelegt ***	
07.05.2009	11:30:21	3567	TRAINING04	Zent. Adrsvere.			*** Angelegt ***	

Abb. 4.4.4.10-10: Ausgabe des Programms RFKABL00 *© SAP*

Fehlen Vorgaben zur Auswertung von Änderungen ganz, besteht ein Risiko für die Qualität der Stammdaten. Hinsichtlich der Bankdaten bzw. Zahlungsverkehrsdaten können über diese Kontrolle dolose Handlungen aufgedeckt werden.

4.4.4.11 CpD-Kreditoren

Da Fremdbeschaffung und Rechnungserfassung ohne einen Lieferantenstamm unmöglich sind, ist im SAP-System für einmalige oder sehr selten genutzte Lieferanten eine spezielle Kontengruppe CpD (CpD = Conto pro Diverse) vorgesehen. Ein Lieferantenstamm, der dieser Kontengruppe zugeordnet ist, hat folgende Merkmale:

- Er enthält keine lieferantenspezifischen Daten wie Adresse, Ansprechpartner, Bankverbindung und Zahlungsbedingungen.
- Er kann für Einkaufsvorgänge bei unterschiedlichen Lieferanten genutzt werden.
- Die Adresse und Bankverbindung werden in einem Zusatzbild bei der Erfassung von Einkaufsbelegen nacherfasst.

In einem SAP-System sollten nur wenige CpD-Lieferanten enthalten sein, und es sollten zusätzliche interne Kontrollen über die Vorgänge mit CpD-Lieferanten eingerichtet sein. Folgendes sollte im Rahmen eines wirksamen IKS festgelegt sein:

- Ein Einkaufshöchstbetrag, der über einen CpD-Lieferanten abgewickelt werden darf.
- Nachträgliche Kontrollen zur Rechnungserfassung bei CpD-Vorgängen.
- Verfahren, wie bei der Verwendung von CpD-Lieferanten nachträglich der Zahlungsstrom kontrolliert werden kann.

Der letztgenannte Punkt bezieht sich auf Analysen außerhalb des SAP-Systems, weil es über das SAP-System nicht möglich ist, im Nachhinein nachzuvollziehen, an welche Kontoverbindung die Zahlung geflossen ist.

Nutzen Sie das Programm RFKKVZ00 (Kreditorenverzeichnis) um CpD-Kreditoren auszuwerten, indem Sie den Parameter „1" in das Auswahlfeld für CpD-Kreditoren eingeben. Analysieren Sie dann für diese Liste von CpD-Kreditoren die Bewegungsdaten über die Belegeanzeige mit der Transaktion FBL1N (Einzelposten Kreditoren).

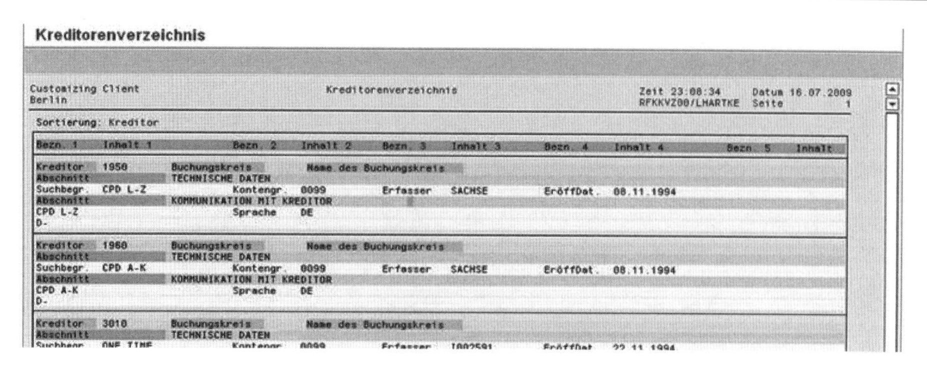

Kreditorenverzeichnis

Customizing Client — Kreditorenverzeichnis — Zeit 23:08:34 — Datum 16.07.2009
Berlin — RFKKVZ00/LHARTKE — Seite 1

Sortierung: Kreditor

Bezn. 1	Inhalt 1	Bezn. 2	Inhalt 2	Bezn. 3	Inhalt 3	Bezn. 4	Inhalt 4	Bezn. 5	Inhalt

Kreditor 1950 Buchungskreis Name des Buchungskreis
Abschnitt TECHNISCHE DATEN
Suchbegr. CPD L-Z Kontengr. 0099 Erfasser SACHSE EröffDat. 08.11.1994
Abschnitt KOMMUNIKATION MIT KREDITOR
CPD L-Z Sprache DE
D-

Kreditor 1960 Buchungskreis Name des Buchungskreis
Abschnitt TECHNISCHE DATEN
Suchbegr. CPD A-K Kontengr. 0099 Erfasser SACHSE EröffDat. 08.11.1994
Abschnitt KOMMUNIKATION MIT KREDITOR
CPD A-K Sprache DE
D-

Kreditor 3010 Buchungskreis Name des Buchungskreis
Abschnitt TECHNISCHE DATEN
Suchbegr. ONE TIME Kontengr. 0099 Erfasser 1002591 EröffDat. 22.11.1994

Abb. 4.4.4.11-10: Kreditorenverzeichnis CpD-Kreditoren © *SAP*

Kreditoren Einzelpostenliste

Kreditor 1960
Buchungskreis 1000

Name CPD A-K
Ort

St	Zuordnung	Belegnr	Belegart	Belegdatum	S	Fä	Betr. in HW	HWähr	Ausgl.bel.	Text
	Müller CaMAnnheim	1900000013	KR	25.02.2007			45.000,00-	EUR		Catering Betriebsfeier
*							45.000,00-	EUR		
	Blech AG Hamburg	1500000002	KZ	30.11.1994			2.556,46	EUR	1500000002	
	Blech AG Hamburg	1900000009	KR	30.11.1994			2.556,46-	EUR	1500000002	
*							0,00	EUR		
** Konto 1960							45.000,00-	EUR		

Abb. 4.4.4.11-20: Bewegungsdaten der CpD-Kreditoren © *SAP*

4.4.4.12 Doppelte Rechnungen / Doppelte Zahlungen

Insbesondere bei einer hohen Anzahl von Rechnungen und Zahlungen sollte über geeignete Kontrollen vermieden werden, dass Rechnungen versehentlich doppelt bearbeitet werden. Auch doppelt eingehende Rechnungen sollten aufgedeckt werden.

Nehmen Sie zunächst auf, welche organisatorischen Vorgaben und Arbeitsanweisungen für den Umgang mit Rechnungskopien und Mahnungen im Unternehmen vorgesehen sind. Klären Sie unter anderem, welche systemseitigen Plausibilitätsprüfungen vorgesehen sind. In den Kreditorenstammdaten lässt sich in der Rubrik *Zahlungsverkehr Buchhaltung* ein Haken bei *Prf.dopp.Rech.* setzen. Im Rahmen von Massendatenauswertungen sollte die Verwendung dieser automatischen Kontrolle überprüft werden.

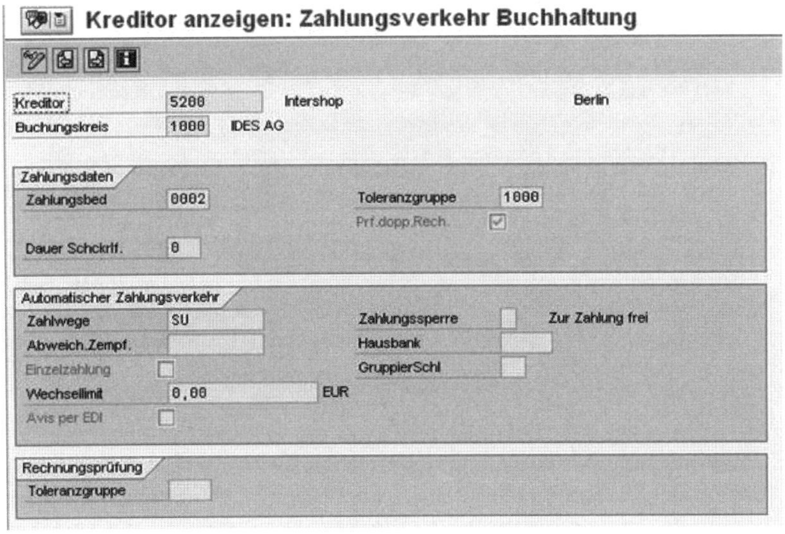

Abb. 4.4.4.12-10: Sicht Zahlungsverkehr Buchhaltung Anzeige Kreditoren © *SAP*

Zusätzlich kann das Feld *Prf.dopp.Rech.* im SAP-Customizing als Mussfeld bei der Pflege von Kreditoren gesetzt werden. Vgl. hierzu die Ausführungen zum Abschnitt *Kontengruppe* im Abschnitt 4.4.3.2 Lieferantenstammdaten. In Abb. 4.4.3.2-30 ist die Pflege von Kann- und Muss-Feldern dargestellt. Die Relevanz dieser Kontrolle ist immer vor dem Hintergrund des Internen Kontrollsystems insgesamt zu sehen.

4.4.5 Bestellanforderung: SAP-Fakten

4.4.5.1 Überblick

Aus den Kundenaufträgen oder dem Fertigungsprozess eines Unternehmens ergeben sich Bedarfe an Materialien. Hier beginnt der Beschaffungsprozess. Das Ergebnis der Bedarfsermittlung, in SAP Materialbedarfsplanung genannt, ist die Bestellanforderung, kurz Banf genannt. Die Banf ist zunächst ein rein unternehmensinternes Dokument. Im Gegensatz zur Bestellung gelangt sie nicht an Geschäftspartner außerhalb des Unternehmens. Sie kann zur internen Beschaffung von Materialien in einen internen Planauftrag oder zur externen Beschaffung in eine externe Bestellung umgesetzt werden und wird im letzteren Fall vom Einkauf weiterbearbeitet. Bestellanforderungen können manuell angelegt oder automatisch erzeugt werden.

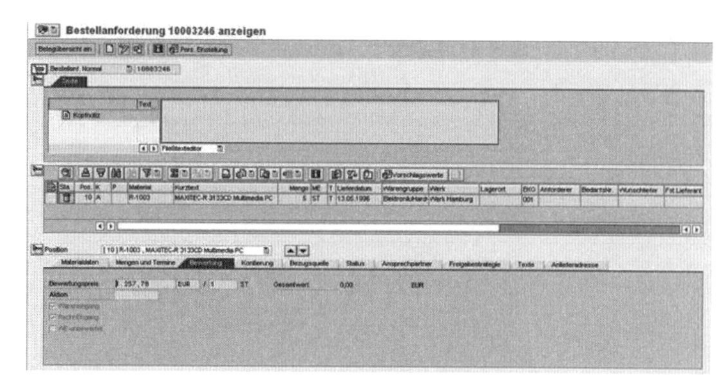

Abb. 4.4.5.1-10: Bestellanforderung: Positionsdetail Bewertung © *SAP*

Eine Bestellanforderung besteht aus drei Bereichen: Dem Kopf, der Positionsübersicht und den Positionsdetails. Der Kopf gibt die Art der Bestellanforderung, die Belegnummer und gegebenenfalls gepflegte Notizen an. Die Positionsübersicht listet verschiedene zu beschaffende Materialien auf. In diesem Beispiel handelt es sich nur um eine Position. Der dritte Bereich schließlich listet für eine ausgewählte Position alle Details auf, wie Detaildaten zum Material, benötigte Mengen und für die Beschaffungsplanung mögliche Liefertermine und Daten zur Bewertung.

Die verschiedenen Arten der Beschaffung werden in der Bestellanforderung über Beschaffungsarten festgelegt. Die Positionen einer Bestellanforderung können unterschiedliche Beschaffungsarten haben. Folgende Beschaffungsarten können beispielsweise verwendet werden:

- Normalbeschaffung
- Dienstleistungsbeschaffung
- Umlagerungsbeschaffung
- Lohnbearbeitungsbeschaffung
- Konsignationsbeschaffung

Wenn eine Bestellanforderung oder einzelne Positionen in eine Normal- oder Dienstleistungsbeschaffung umgesetzt werden, wird der externe Beschaffungsprozess initiiert.

In einer Bestellanforderung werden noch keine Einkaufspreise für Materialien oder Dienstleistungen erfasst. Um an dieser Stelle bereits wertbezogene Genehmigungsverfahren anwenden zu können, wird im SAP-Customizing häufig der aktuelle Bewertungspreis des jeweiligen Materials herangezogen.

Die erwähnten Genehmigungsverfahren verhindern, dass eine Bestellanforderung zwangsläufig zu einer Bestellung führt. Technisch werden hierfür i.d.R. eine oder mehrere Freigabestellen (eine Person oder Abteilung oder sonstige organisatorische Einheit) eingerichtet, die einzelne Positionen einer Bestellanforderung genehmigen muss, bevor bestellt werden kann. Durch mehrere Freigabestellen können sogenannte Freigabestrategien festgelegt werden, die z.B. mengen- oder wertmäßige Unterschriftenregelungen oder Funktionstrennungen adäquat abbilden.

4.4.5.2 Risiken

Die Erstellung einer Banf ist der erste Schritt zur Anlage einer externen Bestellung, so dass bereits an dieser Stelle entsprechende interne Kontrollen greifen sollten. Den Kontrollen im Bereich der Banfen kommt immer dann eine erhöhte Bedeutung zu, wenn im späteren Verlauf des Beschaffungsprozesses keine weiteren Kontrollen greifen, beispielsweise weil Bestellungen aus Banfen automatisch generiert werden. Grundsätzlich lassen sich im Bereich der Banfen die gleichen Risiken wie im Bereich der Bestellungen über Kontrollen wirksam reduzieren.

Zu beachten bei der Beurteilung der Risiken ist, dass Banfen schon bei ihrer Anlage automatisch freigegeben werden können, oder dass ein Unternehmen gar keine Banfen verwendet. In diesem Fall kommt den Kontrollen im Bereich der Bestellung eine erhöhte Bedeutung zu.

Ferner können durch eine nicht zügige Freigabe von Banfen Beschaffungsprozesse nicht rechtzeitig eingeleitet werden und Lieferengpässe die Folge sein, so dass automatische und präventive Kontrollen vorgezogen werden sollten.

4.4.6 Bestellanforderung: Kontrollen und Prüfungshandlungen

4.4.6.1 Kritische Berechtigungen

Die restriktive Vergabe von Berechtigungen stellt eine effektive Kontrolle zur Erstellung ordnungsgemäßer Banfen dar. Insbesondere bei nicht verwendeter Freigabestrategie kommt dieser Berechtigungsprüfung eine besondere Bedeutung zu. Die folgende Tabelle verdeutlicht Transaktionen, Berechtigungsobjekte und die entsprechenden Ausprägungen der Berechtigungsobjekte in diesem Zusammenhang:

Funktionen	Berechtigungs-objekte	Felder	Feldausprägungen
Banf anlegen/ pflegen	S_TCODE	TCD	Anlegen: ME51, ME51N, Ändern: ME52, ME52N
	M_BANF_BSA	ACTVT	01/02
		BSART	[entsprechende Bestellart]
	M_BANF_EKG	ACTVT	01/02
		EKGRP	[entsprechende Einkäufergruppe]
	M_BANF_EKO	ACTVT	01/02
		EKORG	[entsprechende Einkaufsorganisation]
	M_BANF_WRK	ACTVT	01/02
		WERKS	[entsprechendes Werk]
Banf freigeben	Alle o.a. Berechtigungsobjekte mit ACTVT = 02 und den entsprechenden Feldausprägungen außer S_TCODE		
	S_TCODE	TCD	ME54, ME55
	M_BANF_FRG	FRGCD	[Freigabecode aus Freigabestrategie]

Prüfen Sie, ob die Berechtigungen restriktiv gemäß den tatsächlichen Aufgaben der Mitarbeiter vergeben sind und ob ein Vier-Augen-Prinzip realisiert ist, indem die Berechtigung zur Freigabe von Banfen bei anderen Personen liegt als die Berechtigung zum Anlegen und Pflegen von Banfen.

4.4.6.2 Freigabestrategien und Unterschriftenregelungen

Über eine Freigabestrategie können mehrere mengen- oder wertmäßige Freigabestellen und damit eine entsprechende Unterschriftenregelung im System implementiert werden. Um für Bestellanforderungen eine Freigabestrategie anwenden zu können, ist es daher erforderlich, auf einen Preis zurückzugreifen. Da der externe Einkaufspreis zum Zeitpunkt des Entstehens einer Banf im Allgemeinen noch nicht feststeht, muss auf den internen Bewertungspreis zurückgegriffen werden. Damit dieser Preis verpflichtend eingegeben wird, ist im Customizing das entsprechende Feld als Pflichtfeld zu definieren, *Menüpfad: SPRO – SAP Referenz-IMG – SAP Customizing Einführungsleitfaden – Materialwirtschaft – Einkauf – Bestellanforderung – Bildaufbau auf Belegebene festlegen*, dann Feldauswahlschlüssel *NBB (Bestellanforderung)* und Feldauswahlgruppe *Menge und Preis* wählen.

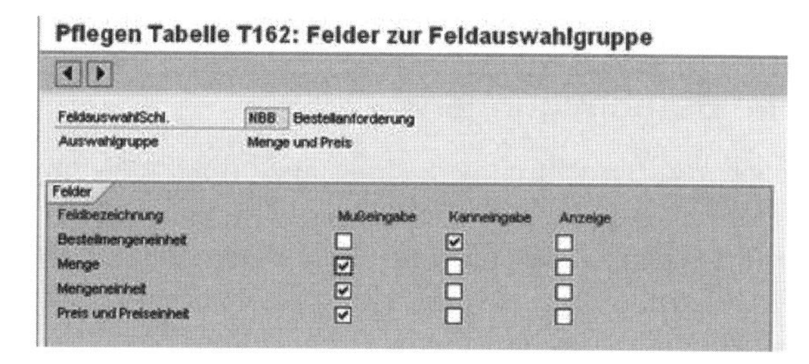

Abb. 4.4.6.2-10: Verpflichtende Felder bei der Pflege einer Banf *© SAP*

Der entsprechende Bewertungspreis wird bei bewerteten Materialien aus der Buchhaltungssicht des Materialstammsatzes in die Banf übernommen. Bei unbewerteten Materialien muss der Bewertungspreis manuell eingegeben werden.

Ob eine Banf (bzw. die entsprechende Position) einer Freigabestrategie unterliegt, erkennt man an den Daten im Reiter *Freigabestrategie* in der Positionsdetailanzeige (Transaktion ME51N, ME52N oder ME53N).

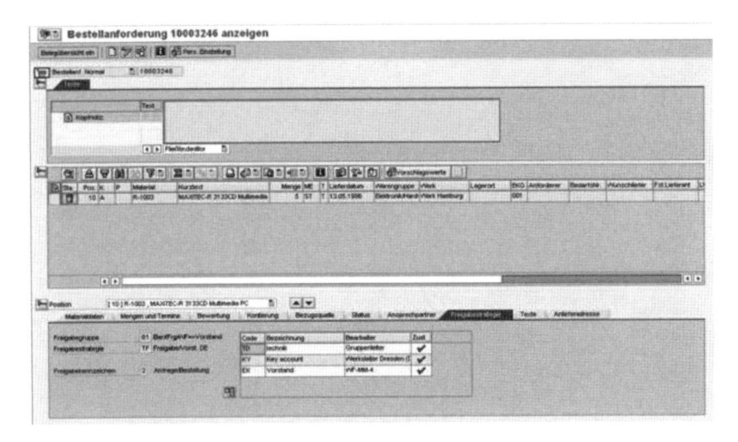

Abb. 4.4.6.2-20: Bestellanforderung: Positionsdetail Freigabestrategie © *SAP*

Im SAP-Customizing können die im System hinterlegten Freigabestrategien an folgender Stelle analysiert werden: *Menüpfad: SPRO – SAP Referenz-IMG – SAP Customizing Einführungsleitfaden – Materialwirtschaft – Einkauf – Bestellanforderung – Freigabeverfahren.*

Lassen Sie sich im Rahmen einer Prüfung das vom Unternehmen vorgesehene Verfahren erläutern und vollziehen Sie die Einstellungen im System nach. Vgl. zu Details zum Thema Freigabestrategie außerdem das folgende Kapitel.

4.4.7 Bestellung und Bestellverfolgung: SAP-Fakten

4.4.7.1 Überblick

Die Bestellung ist die Aufforderung an den Lieferanten oder an ein anderes Werk des Unternehmens, Materialien oder Dienstleistungen zu den vereinbarten Konditionen zur Verfügung zu stellen. Aus der Lieferung der bestellten Güter (konkludentes Handeln des Lieferanten) oder durch eine mit der Bestellung übereinstimmende Auftragsbestätigung seitens des Lieferanten entsteht ein verbindliches Rechtsgeschäft mit Rechten und Pflichten. Für den Besteller ergibt sich die Pflicht, den Bestellpreis wie vereinbart zu zahlen. Das sich daraus ergebende Bestellobligo muss in seiner Entwicklung nachvollziehbar sein, um Aussagen in Bezug auf zukünftige Liquiditätsbelastungen herleiten zu können.

Über die Verwendung von Vorlagen oder die Bezugnahme zu Vorgängerbelegen (z.B. Bestellanforderung) werden zahlreiche Daten automatisch in die Bestellung kopiert. Beispielsweise wird über den Positionstyp festgelegt, ob Materialien für den direkten Verbrauch (Verbrauchsmaterial) oder zur Auffüllung des Lagerbestands (Lagermaterial) benötigt werden. Die Bestellung selbst ist wiederum Grundlage für die Bearbeitung des Wareneingangs und des Rechnungseingangs und stellt somit für den externen Beschaffungsprozess ein wichtiges Kontrollinstrument dar.

Bestellungen werden über die Transaktionen ME21N (Bestellung anlegen), ME22N (Bestellung ändern) und ME23N (Bestellung anzeigen) (*Menüpfad: SAP Menü – Logistik – Materialwirtschaft – Einkauf – Bestellung – Anlegen – Lieferant/Lieferwerk bekannt*) bearbeitet. Über Einbildtransaktionen werden alle wesentlichen Datenbereiche angezeigt.

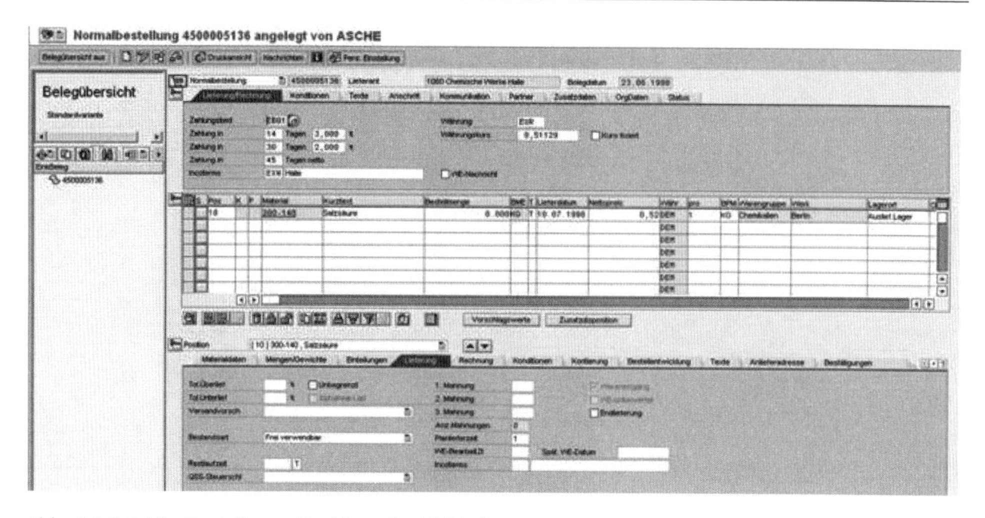

Abb. 4.4.7.1-10: Bestellung: Positionsdetail Lieferung © *SAP*

Im Kopfbereich sind alle für den gesamten Bestellbeleg relevanten Daten enthalten, wie z.B. Zahlungsbedingungen, Lieferantenanschrift und Organisationsdaten.

Die Positionsübersicht enthält die wichtigsten Materialdaten im Überblick wie beispielsweise Materialnummer, Bestellmenge und Werk.

In den Positionsdetaildaten sind für jede Bestellposition alle Angaben im Detail angegeben, wie z.B. materialspezifische Konditionen, Steuerkennzeichen und Gewicht. Weitere Beispiele für signifikante Positionsdetaildaten sind die Beschaffungsart („Normal", „Konsignation", „Dienstleistung", „Umlagerung" oder „Lohnbearbeitung"), die Bestellentwicklung (mit Angaben zu zugehörigen Waren- und Rechnungseingängen), Bestätigungen, Angaben zur wareneingangsbezogenen Rechnungsprüfung, Angaben zur Bewertung des zugehörigen Wareneingangs, Mahnstufen und vieles mehr.

In der Belegübersicht können verschiedene Belege, wie beispielsweise Bestellanforderungen, Anfragen und Bestellungen, komfortabel angezeigt werden.

4.4.7.2 Risiken

Das wesentliche Risiko im Bereich der Bestellungen liegt in Fehlbeschaffungen aufgrund von unautorisierten oder unbeabsichtigten Bestellungen. Über im SAP-System einstellbare Toleranzgrenzen sowie die Möglichkeiten zur Vornahme von Bestelländerungen oder -stornierungen kann die Sperrfunktion der SAP-Rechnungsprüfung unterlaufen werden. Nicht an Bestellanforderungen geknüpfte Bestellungen erhöhen ebenfalls das Risiko nicht betriebswirtschaftlich begründeter Bestellungen. Auch telefonische Bestellungen stellen ein Risiko aufgrund der rechtlich eingegangenen Verpflichtung dar.

Aus einer mangelnden Funktionstrennung ergibt sich das klassische Risiko, dass ein Mitarbeiter Bestellungen bei einem Lieferanten auslöst und die Bankdaten des zugehörigen Kreditorenstammsatzes ändert, so dass die spätere Zahlung auf ein Konto seiner Wahl fließt.

Unter Prüfungsgesichtspunkten kommt den Prüfungszielen Nachvollziehbarkeit, Vollständigkeit und Existenz besonderes Gewicht zu, da durch eine Bestellung weitere Geschäftsvorfälle wie Wareneingang und Entstehen einer Verbindlichkeit ausgelöst werden.

Daher sollte das Entstehen einer Bestellung in ein wirksames internes Kontrollsystem eingebunden sein.

Welche unternehmensindividuellen Risiken tatsächlich bestehen und welche Kontrollen damit sinnvoll sind, ist neben der Analyse der Einkaufsorganisation über einen Walk Through der wesentlichen Prozessschritte im Einkauf festzustellen.

4.4.8 Bestellung und Bestellverfolgung: Kontrollen und Prüfungshandlungen

4.4.8.1 Organisation der Einkaufsabteilung

Die Organisation der Einkaufsabteilung sollte adäquat im System abgebildet sein. Unterschiedliche Zuständigkeiten und Abläufe sollten über Organisationsstrukturen, Berechtigungen, Funktionstrennungen, Freigabestrategien und gegebenenfalls eingerichtete Workflows im SAP-System ihren Niederschlag finden. Auch Organisationshandbücher und Arbeitsanweisungen sollten in die Prüfung einbezogen werden.

Zunächst ist die Organisation der Einkaufsabteilung aufzunehmen und mit den im SAP-System abgebildeten Organisationsstrukturen zu vergleichen. Berücksichtigen Sie dabei Organigramme und Stellenbeschreibungen. Die wesentlichen Organisationsstrukturen im Bereich SAP MM sind das Werk, der Lagerort und die Einkaufsorganisation. Die Form der Beschaffung wird durch die Zuordnung von Einkaufsorganisationen zu Buchungskreisen und Werken festgelegt. Es gibt folgende Formen des Einkaufs:

- Konzernbezogen: Eine Einkaufsorganisation beschafft für mehrere Buchungskreise. In diesem Fall ist im SAP-Customizing eine Einkaufsorganisation mehreren Buchungskreisen zugeordnet.
- Firmenbezogen: Eine Einkaufsorganisation beschafft für genau einen Buchungskreis. Die Zuordnung im Customizing sollte entsprechend eingestellt sein.
- Werksbezogen: eine Einkaufsorganisation beschafft für ein Werk. In diesem Fall gibt es keine Zuordnung einer Einkaufsorganisation zu einem Buchungskreis, anstelle dessen aber zu einem Werk.

Zusätzlich können Einkaufsorganisationen mit einer oder anderen Einkaufsorganisationen verknüpft sein, um eine Referenzeinkaufsorganisation zu erhalten.

Die Prüfung der Organisationsstrukturen sowie der entsprechenden Zuordnungen erfolgt über das Customizing, *Menüpfad: SPRO – SAP Referenz-IMG – SAP Customizing Einführungsleitfaden – Unternehmensstruktur – Zuordnung – Logistik Allgemein*, alternativ über die Tabellen T001W (Werke), T001L (Lagerorte), T024E (Einkaufsorganisationen), T024W (Zulässige Einkaufsorganisationen zum Werk) und T320 (Zuordnung IM-Lagerort zu WM-Lagernummer).

Vergleichen Sie die im SAP-System vorgefundenen Einstellungen mit der tatsächlich im Unternehmen vorgefundenen Struktur.

4.4.8.2 Funktionstrennungsaspekte und kritische Berechtigungen

Die Berechtigungen zum Anlegen und Ändern von Bestellungen und zur Freigabe von Bestellungen sollten restriktiv ausschließlich an die mit dieser Aufgabe betrauten Mitarbeiter vergeben sein. Über entsprechende Funktionstrennungen sind Schranken im Prozessablauf zu setzen bzw. das Vier-Augen-Prinzip zu gewährleisten.

Zunächst ist zu prüfen, ob die Berechtigung zum Anlegen und Ändern einer Bestellung entsprechend der organisatorischen Gegebenheiten vergeben sind. Prüfen Sie, ob die in der folgenden Tabelle angegebenen Berechtigungen nur an tatsächlich mit dieser Aufgabe betrauten Mitarbeiter in den entsprechenden organisatorischen Einheiten des Unternehmens vergeben sind.

Eine Funktionstrennung zwischen dem Anlegen einer Bestellanforderung und dem Ausstellen und der Freigabe einer Bestellung sowie der Berechtigung zur Vornahme von Bestellkorrekturen unterbindet effektiv, dass Bestellungen das Unternehmen verlassen, die aufgrund von versehentlichen oder dolosen Handlungen entstanden sind. Zur Vornahme dieser Berechtigungsanalysen benötigen Sie die folgenden sowie die in Kapitel *4.4.6.1 Kritische Berechtigungen* angegebenen Berechtigungsobjekte.

Ein wesentlicher Funktionstrennungsaspekt ist auch die Trennung zwischen der Anlage bzw. Pflege von Bestellungen und der Kreditorenstammdatenpflege. Prüfen Sie, ob diese Berechtigungen nicht kumuliert an eine Person vergeben sind.

Funktionen	Berechtigungsobjekte	Felder	Feldausprägungen
Bestellung anlegen/ pflegen	S_TCODE	TCD	Anlegen: ME21, ME21N, ME25, ME58, ME59, Ändern: ME22, ME22N
	M_BEST_BSA	ACTVT	01/02
		BSART	[entsprechende Bestellart]
	M_BEST_EKG	ACTVT	01/02
		EKGRP	[entsprechende Einkäufergruppe]
	M_BEST_EKO	ACTVT	01/02
		EKORG	[entsprechende Einkaufsorganisation]
	M_BEST_WRK	ACTVT	01/02
		WERKS	[entsprechendes Werk]

Funktionen	Berechtigungs-objekte	Felder	Feldausprägungen
Bestellung freigeben	Alle o.a. Berechtigungsobjekte mit ACTVT = 02 und den entsprechenden Feldausprägungen außer S_TCODE		
	S_TCODE	TCD	ME28, ME28N
	M_EINK_FRG	FRGCO	[Freigabecode aus Freigabestrategie]
		FRGGR	[Freigabegruppe aus Freigabestrategie]
Kreditorenstamm-satz pflegen	S_TCODE	TCD	FK02, XK02
	F_LFA1_APP	ACTVT	02
		APPKZ	F
	F_LFA1_BUK	ACTVT	02
		BUKRS	[jeweiliger Buchungskreis]
	F_LFA1_GEN	ACTVT	02
	F_LFA1_GRP	ACTVT	02
		KTOKK	[jeweilige Kontengruppe Kreditor]

4.4.8.3 Nutzung der Freigabestrategie (Unterschriftenregelung)

Bestellungen können in ein Freigabeverfahren eingebunden werden, was einer digitalen Form einer Unterschriftenregelung entspricht. Bei Verwendung einer Freigabestrategie können die Positionen einer Bestellung oder der gesamte Bestellbeleg nur über Freigabecodes freigegeben werden, für die auch eine Reihenfolge festgelegt werden kann, so dass für unterschiedliche Bestellbeträge unterschiedliche Mitarbeiter des Unternehmens Freigaben erteilen können. Grundsätzlich können Freigabestrategien für alle Einkaufsbelege eingerichtet werden.

Die Freigabestrategien können über folgenden Pfad im SAP-Customizing analysiert werden: *Menüpfad: SPRO – SAP Referenz-IMG – SAP Customizing Einführungsleitfaden – Materialwirtschaft – Einkauf – Bestellung – Freigabeverfahren für Bestellungen – Freigabeverfahren für Bestellungen festlegen.*

Für das Verständnis der Einstellungen ist folgendes wichtig: Über die Freigabegruppen wird das freizugebende Einkaufsobjekt identifiziert, also ob es sich um eine Bestellung handelt, die freizugeben ist, oder eine Banf oder andere Einkaufsbelege. Im im Folgenden dargestellten Beispiel wird über die Freigabegruppe 02 eine normale Bestellung identifiziert.

Sicht "Freigabegruppen Einkaufsbeleg" ändern: Übersicht

Neue Einträge

FrgGruppe	FrgObjekt	Klasse	Bezeichnung
02	2	FRG_EKKO	Freigabe Bestellung
04	2	FRG_EKKO	Internetbestellungen
PI	2	FRG_EKKO	
Z6	2	FRG_EKKO	Freigabe Bestellung

Abb. 4.4.8.3-10: Freigabegruppen *© SAP*

Über die Freigabecodes wird festgelegt, welche Freigaben pro Einkaufsbeleg möglich sind. Über verschiedenen Freigabecodes kann eine Freigabestrategie gebildet werden. Im Beispiel sind die Freigabecodes PU für Gruppenleiter und Z3 für Training MM gepflegt.

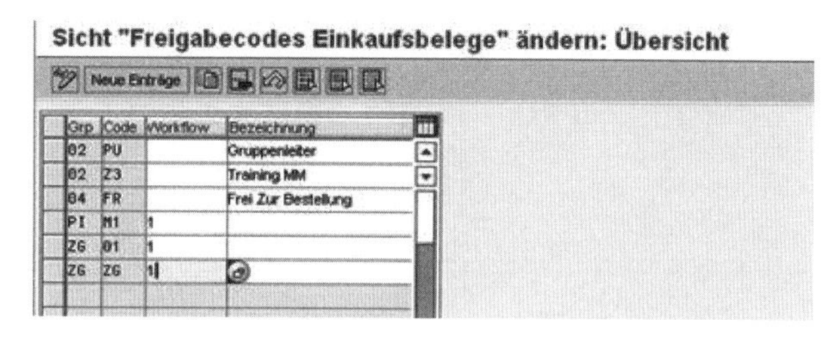
Sicht "Freigabecodes Einkaufsbelege" ändern: Übersicht

Neue Einträge

Grp	Code	Workflow	Bezeichnung
02	PU		Gruppenleiter
02	Z3		Training MM
04	FR		Frei Zur Bestellung
PI	M1	1	
Z6	01	1	
Z6	Z6	1	

Abb. 4.4.8.3-20: Freigabecodes *© SAP*

Mit Hilfe der Freigabekennzeichen kann der Freigabestatus der Bestellung, also ob sie beispielsweise gesperrt oder freigegeben ist, gepflegt werden. Im Beispiel bedeutet das Freigabekennzeichen B, dass der Einkaufsbeleg gesperrt, aber als Beleg änderbar ist. Das Kennzeichen R setzt ihn auf freigegeben ohne Änderungen.

Sicht "Freigabekennzeichen Einkaufsbeleg" ändern: Übersicht

Neue Einträge

Freigabekennz	Freigeg	Änderbar	Wertänder. in %	Bezeichnung
B	☐	4	10,0	Gesperrt, änderbar mit Wert
G	☑	2	40,0	
R	☑	1		Freigegeben, keine Änderungen

Abb. 4.4.8.3-30: Freigabekennzeichen *© SAP*

Die Freigabestrategie setzt sich aus der Verwendung einer oder mehrerer Freigabecodes zusammen.

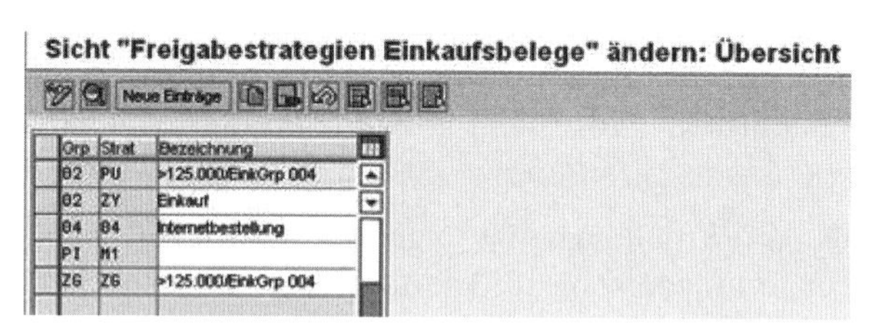
Sicht "Freigabestrategien Einkaufsbelege" ändern: Übersicht

Neue Einträge

Grp	Strat	Bezeichnung
02	PU	>125.000/EinkGrp 004
02	ZY	Einkauf
04	04	Internetbestellung
PI	M1	
Z6	Z6	>125.000/EinkGrp 004

Abb. 4.4.8.3-40: Übersicht Freigabestrategien *© SAP*

Im gewählten Beispiel legt Freigabestrategie ZY (Einkauf) fest, dass „Training MM" freigeben muss. Wenn mehrere Freigabecodes gepflegt sind, müssen auch mehrere Stellen freigeben.

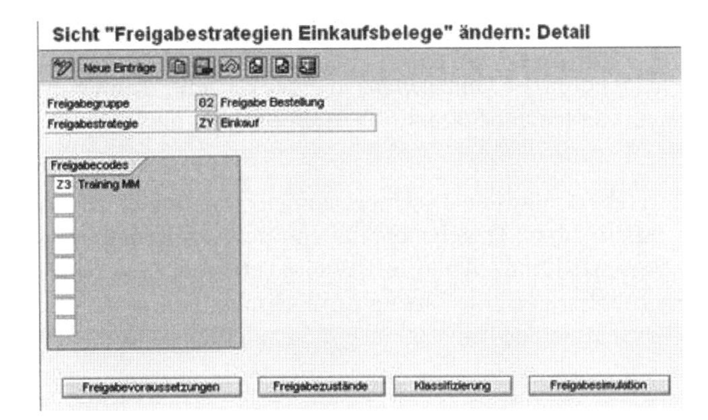

Abb. 4.4.8.3-50: Freigabestrategie ZY im Detail © *SAP*

Analysieren Sie die verwendeten Freigabestrategien und gleichen Sie sie mit den Unternehmensvorgaben ab.

4.4.8.4 Nachträgliche Änderungen von Bestellungen

Bestellpositionen können nur in eingeschränktem Maße verändert oder gesperrt werden. Abhängig vom Status der Bestellung kann eine bereits gelieferte Menge in der zugrundeliegenden Bestellposition nicht mehr geändert werden, so dass sichergestellt ist, dass diese Abweichung nachvollziehbar bleibt. Änderungen an den Preisen der Bestellpositionen sind mit Zugang der Rechnung bzw. nach Bezahlung der Ware ebenfalls nicht mehr möglich.

Das SAP-System stellt über diese Standardkontrollen die Nachvollziehbarkeit von Preis- und Mengenabweichungen sicher, so dass u.a. dem Fraud-Risiko begegnet wird.

Bei konkreten Verdachtsmomenten kann es dennoch Sinn machen, Änderungen und Sperrungen von Bestellpositionen über Massendaten-Analysetools zu prüfen, da nachträgliche Änderungen von Bestellungen ein Hinweis auf dolose Handlungen sind.

4.4.8.5 Nutzung des InfoUpdate-Kennzeichens

Über die Nutzung des InfoUpdate-Kennzeichens (Reiter Materialdaten im Positionsdetail) kann die automatische Fortschreibung der Bestellkonditionen im Einkaufsinfosatz gesteuert werden. (Die Konditionen im Einkaufsinfosatz haben direkte Auswirkung auf die automatische Preisfindung bei der Erstellung von Einkaufsbelegen.)

Sie können Bestellbelege über Massendatenauswertungen hinsichtlich des gesetzten InfoUpdate-Kennzeichens auswerten.

Die Bestellpreisentwicklung wird im Übrigen auch ohne das InfoUpdate-Kennzeichen fortgeschrieben. Die Bestellpreisentwicklung hat keine Auswirkungen auf die automatische Preisfindung.

4.4.8.6 Unbegrenzte Überlieferungen

Durch Setzen des Unbegrenzt-Kennzeichens in einer Bestellposition, im Materialstammsatz oder im Infosatz werden unbegrenzte Überlieferungen zugelassen. Es erscheint keine Fehlermeldung.

Nehmen Sie auf, welche Kontrollen das Unternehmen eingerichtet hat, damit unbegrenzte Überlieferungen unterbleiben. Gegebenenfalls empfiehlt sich eine Massendatenauswertung, ob das Unbegrenzt-Kennzeichen in Bestellpositionen, Materialstammsätzen oder Infosätzen gesetzt ist. Hierzu ist die Tabelle *EINE* (Einkaufsinfosatz – Einkaufsorganisationsdaten) mit der Analyse des Felds „Unbegrenzt" zielführend.

4.4.8.7 Toleranzgrenzen in Bestellungen

Über Toleranzgrenzen lässt sich die Reaktion des SAP-Systems bei abweichenden Preisen oder Mengen steuern. Toleranzen werden im Detail in Abschnitt *4.4.11 Rechnungsprüfung* behandelt.

Standard-Abweichungsarten für Preisabweichungen im Bereich der Bestellungen sind *PE – Preisabweichung Einkauf* und *SE – Maximaler Skontoabzug Einkauf*.

Vom System aufgrund der Toleranzeinstellungen akzeptierte Unterlieferungen werden als Teillieferungen interpretiert. Erhält das Unternehmen für eine bestimmte Warengruppe sehr häufig Teillieferungen, ist es sinnvoll für diese Warengruppe keine Untergrenze festzulegen.

Stellen Sie fest, welche Vorgaben es zu diesem Thema beim Unternehmen gibt und gleichen Sie dies mit den Einstellungen im System ab.

4.4.9 WE/RE-Verrechnungskonto: SAP-Fakten

Um Waren- und Rechnungseingänge getrennt voneinander verwalten zu können, werden die Gegenbuchungen zur Bestandsveränderung beim Wareneingang sowie Verbindlichkeitsveränderungen bei der Rechnungsbuchung auf ein gesondertes Wareneingangs-/Rechnungseingangs-Verrechnungskonto (WE/RE-Konto) gebucht. Dies ermöglicht die buchhalterische Abbildung des zeitlichen Unterschieds zwischen Waren- und Rechnungseingang über ein Zwischenkonto. Außerdem ist es Zweck des WE/RE-Kontos, zusammengehörige Waren- und Rechnungseingänge automatisiert abzugleichen.

4.4.9.1 Funktionsweise des WE/RE-Kontos

Buchungssystematik

Das WE/RE-Konto kann nur dann bebucht werden, wenn der Wareneingang mit Bezug zu einer Bestellung gebucht wurde. Die Bestellpositionen müssen damit folgende Voraussetzungen erfüllen: Sie müssen

- Bestandswirksam sein,
- Unkontiert sein und
- Einen Rechnungseingang erwarten.

Die Buchungssystematik des WE/RE-Kontos funktioniert grundsätzlich folgendermaßen:

Bei der Buchung eines Wareneingangs zur Bestellung (Bewegungsart 101) wird das Warenbestandskonto im Soll bebucht. Die zugehörige Gegenkontobuchung wäre in der klassischen Finanzbuchhaltung die Buchung einer Verbindlichkeit in der entsprechenden Höhe auf dem Kreditorenkonto. Bei Verwendung des WE/RE-Kontos wird die Gegenbuchung jedoch auf der Haben-Seite des WE/RE-Kontos vorgenommen. Der erste Buchungsvorgang ist jetzt abgeschlossen, und das WE/RE-Konto weist einen offenen Posten in Höhe des gebuchten Wareneingangs aus.

Bei der später erfolgenden Rechnungserfassung wird der offene Posten durch eine Soll-Buchung auf dem WE/RE-Konto und eine Haben-Buchung auf dem Kreditorenkonto ausgeglichen.

Durch die Aufteilung der Buchungsvorgänge in zwei in sich abgeschlossene Buchungen hat das WE/RE-Konto folgende Eigenschaften:

- Das WE/RE-Konto ist ein Gewinn- und Verlust-Konto und muss zum Jahresende ausgeglichen werden.
- Differenzen zwischen gebuchtem Warenbestandswert und gebuchtem Rechnungswert verbleiben auf dem WE/RE-Konto als Saldo und müssen gesondert ausgeglichen werden.
- Die Abteilungen Einkauf und Rechnungsprüfung eines Unternehmens können gemeinsam an einem Geschäftsvorfall arbeiten und das Ergebnis im System gegen das WE/RE-Konto prüfen.

Das oben dargestellte Beispiel stellt lediglich die grundsätzliche Buchungssystematik dar. Seinen Nutzen zeigt das WE/RE-Konto vor allem, wenn mengenmäßige Unterschiede zwischen Waren- und Rechnungseingang auftreten.

Es ist folgende Regel zu beachten: Nur mengenmäßige Unterschiede führen zu einem Saldo auf dem WE/RE-Konto. Preismäßige Unterschiede führen zu Buchungen auf dem Preisdifferenzenkonto. In diesem Fall entsteht nach Abschluss des Buchungsvorgangs kein Saldo auf dem WE/RE-Konto.

V-Preissteuerung und S-Preissteuerung

Die Preissteuerung bei einem Material wird im Materialstammsatz in der Sicht Buchhaltung 1 hinterlegt. Sie kann auf zwei unterschiedliche Arten erfolgen:

1. zum gleitenden Durchschnittspreis (auch V-Preis für Preissteuerung V genannt)
2. zum Standardpreis (auch S-Preis für Preissteuerung S genannt)

Der V-Preis ist kein feststehender Preis – er passt sich bei jedem Materialzugang an und wird fortlaufend nach folgender Formel berechnet:

V-Preis = Gesamtwert dividiert durch Gesamtbestandsmenge

Der Standardpreis ist hingegen feststehend. Sämtliche Bestandsbuchungen erfolgen zu diesem Preis. Abweichungen werden grundsätzlich auf ein Preisdifferenzenkonto gebucht.

Pflege des WE/RE-Kontos und Auswirkung auf den Preis

Wenn man die oben dargestellte Buchungssystematik nachvollzieht für den Fall, dass die Wareneingangsmenge größer als die Rechnungseingangsmenge ist (beispielsweise aufgrund eines eingeräumten Mengenrabatts), entsteht auf dem WE/RE-Konto ein Saldo im Soll in Höhe der Differenz zwischen dem Wert des Wareneingangs (berechnet aus Menge * Preis in der jeweiligen Bestellposition) und der berechneten Menge.

Dieser Saldo ist im Rahmen der (manuell auszulösenden) Pflege des WE/RE-Kontos auszugleichen. Der Ausgleich des Saldos hat in Abhängigkeit von der Preissteuerung des Materials unterschiedliche Auswirkungen auf den Preis.

Bei V-Preissteuerung kommt es aufgrund des geringeren Rechnungsbetrags zu einem geringeren Gesamtwert und damit zu einer Verringerung des gleitenden Durchschnittspreises. Also wird der WE/RE-Konten-Saldo mit einer Gegenbuchung auf dem Bestandskonto ausgeglichen. Es erfolgt also (in unserem Beispiel ist die Wareneingangsmenge größer als die Rechnungseingangsmenge) eine Soll-Buchung auf dem WE/RE-Konto und eine bestandsmindernde Habenbuchung auf dem Bestandskonto.

Möglicherweise hat es im Zeitraum zwischen Wareneingang und Rechnungseingang jedoch weitere Warenausgangsbuchungen gegeben, so dass die Haben-Buchung auf dem Bestandskonto nicht möglich ist, weil sie zu einem negativen Bestand führen würde; es liegt also keine Bestandsdeckung vor. In diesem Fall sowie im Fall von S-Preis geführtem Material erfolgt die Buchung nicht auf dem Bestandskonto sondern immer auf dem Preisdifferenzenkonto. Das WE/RE-Konto wird im Soll, das Preisdifferenzenkonto (Erfolgskonto) im Haben gebucht.

Das dargestellte Beispiel ist gemessen an der Realität immer noch sehr einfach. Das Beispiel geht von unveränderten Bestellpreisen (im Vergleich zum bisherigen V- oder S-Preis des Materials) und Bestandsdeckung aus. Weitere Beispiele sollen an dieser Stelle nicht differenziert betrachtet werden, es sind jedoch folgende Regeln zu beachten:

- Solange Wareneingangsmenge und Rechnungseingangsmenge gleich sind, wird das WE/RE-Konto stets komplett ausgeglichen.
- Betragsdifferenzen gegenüber dem Bestellwert führen bei V-Preissteuerung zu einem veränderten gleitenden Durchschnittspreis, solange Bestandsdeckung vorliegt.
- Betragsdifferenzen gegenüber dem Bestellwert führen bei V-Preissteuerung ohne Bestandsdeckung und bei S-Preissteuerung zu einer Buchung auf dem Preisdifferenzenkonto.
- Bei teilweise vorhandener Bestandsdeckung wird in Höhe des vorhandenen Bestands der V-Preis angepasst, für die ausstehende Differenz erfolgt eine Buchung auf dem Preisdifferenzenkonto.
- Betragsdifferenzen gegenüber dem Bestellwert zu kontierten Bestellungen werden gegen das Verbrauchskonto der Kontierung ausgeglichen.

Zum Bilanzstichtag ist das WE/RE-Konto wie folgt aufzulösen:

- Wareneingänge, für die ein Rechnungseingang noch nicht gebucht wurde: Bildung einer Rückstellung für ausstehende Rechnungen.
- Rechnungseingänge, für die ein Wareneingang noch nicht vorliegt: Ausweis der ausstehenden Wareneingänge unter "unterwegsbefindliche Ware" unter den Vorräten.

4.4.9.2 Risiken

Ein nicht zeitnah gepflegtes WE/RE-Konto führt dazu, dass systemseitig weiter auf ausstehende Rechnungen, Nachlieferungen, Gutschriften oder Rücklieferungen gewartet wird, obwohl in Realität der Geschäftsvorfall bereits abgeschlossen ist. Eine Realisierung eines entsprechenden Gewinns oder Verlusts bliebe aus und die Ertragslage des Unternehmens wird nicht richtig ausgewiesen.

Eine hohe Anzahl von Buchungen auf dem WE/RE-Konto steigert das Risiko, dass die offenen Posten nicht mehr auflösbar sind. Fälschlicherweise nicht aufgelöste offene Posten können zu einem unvollständigen Ausweis von Rückstellungen führen. Aus diesem Grund sollten direkte Buchungen auf dem WE/RE-Konto vermieden werden.

Das WE/RE-Konto kann außerdem Gegenstand doloser Handlungen sein, da Zahlungsausgänge über Buchungen auf dem WE/RE-Konto beeinflusst werden können.

4.4.10 WE/RE-Verrechnungskonto: Kontrollen und Prüfungshandlungen

4.4.10.1 Organisation und automatische Bebuchung des WE/RE-Kontos

Der Umgang mit dem WE/RE-Konto sollte über Arbeitsanweisungen geregelt sein. Hierzu zählen Regularien zur regelmäßigen Bebuchung des Kontos sowie zur Pflege des Kontos und zum Ausgleich der offenen Posten sowie zum Umgang mit nicht auflösbaren Differenzen.

Klären Sie zunächst im Gespräch mit dem Mandanten, welche Konten als WE/RE-Konten eingerichtet sind und damit über entsprechende Buchungsschlüssel automatisch bebucht werden und welche Arbeitsanweisungen bzgl. der WE/RE-Konten existieren.

Über das Programm SAPUFKB1 können Sie die automatische Kontenfindung für Geschäftsvorfälle, die WE/RE-Konten betreffen, analysieren. Wählen Sie hierzu nach Start dieses Programms die automatische Buchungsgruppe WRV (We/Re-Verrechnung) aus und analysieren Sie durch einen Klick auf Ausführen die entsprechenden Einstellungen.

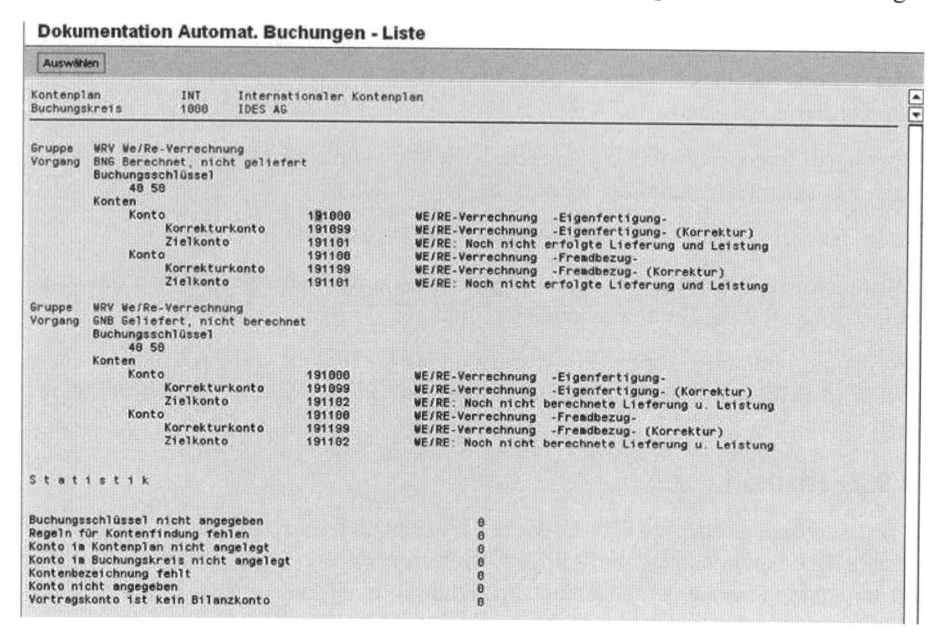

Abb. 4.4.10.1-10: Liste automatische Buchungen für WE/RE-Verrechnung *© SAP*

4.4.10.2 Regelmäßige manuelle Pflege des WE/RE-Kontos

Offene Posten auf dem WE/RE-Konto entstehen bei abweichenden Mengen zwischen Wareneingang und Rechnungseingang. Sofern nicht durch nachträgliche Waren- bzw. Rechnungseingänge der Saldo wieder ausgeglichen wird, sind die offenen Posten des WE/RE-Kontos über die Pflegetransaktion MR11 (WE/RE-Kontenpflege) manuell am Ende einer Buchungsperiode auszugleichen, da das WE/RE-Konto ein Gewinn- und Verlust-Konto ist. Sie müssen daher prüfen, ob und welche Verfahren zur regelmäßigen WE/RE-Kontenpflege eingerichtet sind und ob diese auch gelebt werden. Hier kommen nicht nur die Pflege über die SAP-Transaktion MR11 in Betracht, sondern gegebenenfalls auch eigene Lösungen des Mandanten.

Bei Nutzung der WE/RE-Kontenpflege über die SAP-Standardtransaktion MR11 zeigt das System offene Posten des WE/RE-Kontos an, die dann manuell einzeln gebucht werden können. Im dargestellten Beispiel hat jeweils der Wareneingang stattgefunden und die zugehörige Rechnung steht aus.

WE/RE-Verrechnungskonto pflegen

Buchen | Bestellung

Buchungskreis 1000 IDES AG
Währung EUR

EinkBeleg	Pos	BestDatum Name 1		Material	Werk Kurztext		BME	K
EinkBeleg	Pos	Kontoschlüsselbezeichnung	Eingegangen	Rechnungsmenge	Differenzmenge	Differenzwert		
4500017092	10	06.03.2008 Georg Weber		40-100C	1000 220/35V 40W klar Glühlampe		ST	
4500017092	10	WE/RE-Verrechnung	10		10	10,00		
4500017103	10	30.12.2008 De Bakker		60-100R	1000 Bulb 220/35V 60-watt red		ST	F
4500017103	10	WE/RE-Verrechnung	5		5	250,00		

Abb. 4.4.10.2-10: Ergebnis der WE/RE-Kontenpflege mit Transaktion MR11 © SAP

Über die Transaktion OMR3 oder die Tabelle T169K können Sie die eingestellten Vorschläge des Systems zur WE/RE-Kontenpflege analysieren. Hier ist einstellbar, welche Bedingungen zur Kontenpflege eintreten müssen und auf welche Weise das Konto anschließend gepflegt werden soll.

Sicht "Voreinstellung Kontenpflege" ändern: Detail

Neue Einträge

Buchungskreis 1000 IDES AG

Voreinstellung

Kriterien
- [x] Lieferüberschuß
- [x] Rechnungsüberschuß
- Älter als 6 Monate
- Mengenabw.kleiner 10,0 %

Bearbeitungsform
- ( ) Autom. ausgleichen
- (•) Liste aufbereiten

Abb. 4.4.10.2-20: Vorschläge zur WE/RE-Kontenpflege © SAP

Vor Ausgleich des Kontos ist für jeden offenen Posten zunächst zu prüfen, ob nicht durch nachträgliche Lieferungen, Gutschriften, weitere Rechnungen oder Rücklieferungen der Vorgang ausgeglichen wurde. Es ist zu beachten, dass bei regelmäßiger WE/RE-Kontenpflege nachträgliche Buchungen zu einem Vorgang nicht mehr mit Bezug zur jeweiligen Bestellung vorgenommen werden können, weil über die manuelle WE/RE-Kontenpflege der Vorgang bereits abgeschlossen wurde. In diesem Fall erhält die zugrundeliegende Bestellung das Endlieferkennzeichen bzw. das Endrechnungskennzeichen. Bei keiner Bestellung zuordbaren nachträglichen Rechnungen / Wareneingängen ist also zu prüfen, wie diese Geschäftsvorfälle abschließend behandelt wurden.

Stellen Sie im Zusammenhang mit der Bilanzerstellung zum Jahresabschluss fest, über welche Verfahren die WE/RE-Konten behandelt werden. Das Programm RFWERE00 kann beispielsweise zum Bilanzstichtag notwendige Verrechnungs- oder Korrekturbuchungen in einer Batch-Input-Mappe zusammenstellen.

4.4.10.3 Direkte Bebuchbarkeit des WE/RE-Kontos

Um eine konsistente Pflege des WE/RE-Kontos über die automatischen Mechanismen des SAP-Systems zu gewährleisten, darf das WE/RE-Konto unterjährig nicht direkt manuell bebuchbar sein (die Pflege des WE/RE-Kontos über die Transaktion MR11 ist keine direkte Buchung in diesem Sinne). Hierzu muss in den Kontostammdaten unter dem Reiter *Erfassung/Bank/Zins* das Häkchen bei *Nur automatisch bebuchbar gesetzt* sein. Die Sachkontenstammdatenanzeige erreicht man über den *Menüpfad: SAP Menü – Rechnungswesen – Finanzwesen – Hauptbuch – Stammdaten – Sachkonten – Einzelbearbeitung – Zentral* (Transaktion FS00 oder FS03). Prüfen Sie, ob direkte manuelle Buchungen ausgeschlossen sind.

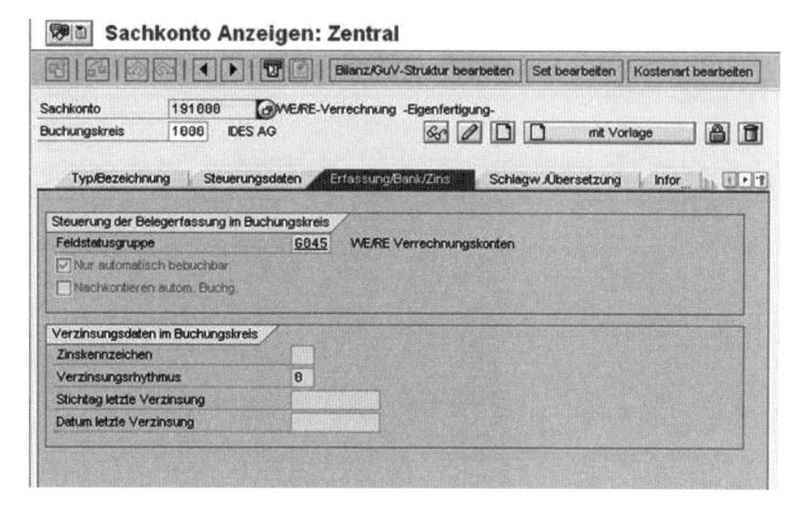

Abb. 4.4.10.3-10: Sachkontenstammdatenanzeige *© SAP*

Wenn dennoch manuelle direkte Buchungen auf dem WE/RE-Konto erforderlich sind, sind entsprechende erweiterte Kontroll- und Dokumentationsmechanismen einzurichten. Nehmen Sie in diesem Fall auf, welche Maßnahmen das Unternehmen getroffen hat.

4.4.10.4 Berechtigung zur WE/RE-Kontenpflege

Die Berechtigung zur WE/RE-Kontopflege ist ausschließlich an die mit dieser Aufgabe betrauten Mitarbeiter zu vergeben.

Prüfen Sie, ob die Berechtigungen zur WE/RE-Kontopflege ausschließlich an die mit dieser Aufgabe betrauten Mitarbeiter vergeben sind, um versehentliche oder dolose Fehlbuchungen zu vermeiden.

Berücksichtigen Sie bei Ihrer Prüfung folgende Berechtigungen.

Funktionen	Berechtigungs-objekte	Felder	Feldausprägungen
WE/RE-Konto-Pflege	S_TCODE	TCD	MR11
	F_BKPF_BUK	ACTVT	01
		BUKR	[entsprechender Buchungskreis]
	F_BKPF_GSB	ACTVT	01
		GSBER	[entsprechender Geschäftsbereich]

4.4.10.5 Analyse des WE/RE-Kontos über Massendatenanalyse

Um sich einen umfassenden Überblick über den Zustand des WE/RE-Kontos zu verschaffen, ist es sinnvoll, das Konto mit Hilfe von Massendatenanalysetools auszuwerten. Folgende Prüfungsziele sollten bei der Analyse von WE/RE-Konten verfolgt werden:

- Wird das WE/RE-Konto regelmäßig ausgeziffert (mit Hilfe maschineller Auszifferungsverfahren)?
- Wie alt sind existierende nicht ausgezifferte offene Posten und wie groß sind die zugehörigen Beträge? Ist der reale Geschäftsvorfall bereits abgeschlossen, so dass der offene Posten ergebniswirksam aufgelöst werden kann? Liegen andersherum Waren- bzw. Rechnungseingänge vor, die zu einem Vorgang gehören, der auf dem WE/RE-Konto bereits abgeschlossen wurde?
- Liegen weitere offene Vorgänge auf dem WE/RE-Konto vor, für die es andere Erklärungen gibt, wie beispielsweise Customizing-Fehler? Ein Beispiel für einen Customizing-Fehler wäre die Vornahme eines Skontoabzugs bei Rechnungseingangsbuchung trotz Brutto-WE-Belegart.
- Sind manuelle Buchungen (z.B. für Notrechnungen ohne Zuordnungs- und Auszifferungsmöglichkeit) vorgenommen worden? Wurden sie durch weitere manuelle Buchungen wieder ausgeglichen?
- Sind die Belegarten der offenen Posten plausibel?
- Beträgt der Saldo am Bilanzstichtag Null? Wurden zum Bilanzstichtag die WE/RE-Salden richtig ausgewiesen unter „unterwegsbefindliche Ware“ bzw. „Rückstellungen für noch ausstehende Eingangsrechnungen“?
- Besitzt die Toleranzgrenze noch den Charakter eines Schwellwertes (beispielsweise 10%) oder wurde sie durch das Customizing stark erhöht?

Möchte man zunächst SAP-Bordmittel zu Hilfe nehmen, können auch die Programme RM07MSAL (WE/RE-Saldenliste) und RMEWU001 (Abstimmung MM/FI: Bestellentwicklung mit WE/RE Verrechnungskonto) gestartet werden. Das Programm RM07MSAL liefert eine WE/RE-Saldenliste, mit der offene Posten analysiert werden können. Das Programm RMEWU001 vergleicht die Bestellentwicklung mit dem WE/RE-Konto. Das letztgenannte Programm führt während der Laufzeit zur Sperrung von Bestellungen. Daher sollten Sie klären, ob Sie dieses Programm ausführen sollten und entsprechende Vorsicht walten lassen.

4.4.11 Rechnungsprüfung: SAP-Fakten

4.4.11.1 Überblick

Die Rechnungsprüfung steht am Ende der Materialbeschaffung und hat die Aufgabe, Eingangsrechnungen auf sachliche, preisliche und rechnerische Richtigkeit zu prüfen.

Da kreditorische Vorgänge wie Waren- und Rechnungseingang sowie die Rechnungsprüfung letztlich mit einem Mittelabfluss enden, sollte jedes Unternehmen auf vermögenssichernde Maßnahmen setzen und in diesem Bereich ein wirkungsvolles Internes Kontrollsystem aufbauen.

Aus Ordnungsmäßigkeitsgründen ist der vollständige und richtige Ausweis der Verbindlichkeiten vorgeschrieben. Eingangsrechnungen sind daher zeitgerecht zu erfassen. Auch die Bezahlung sollte zeitgerecht unter Wahrung von Skontofristen erfolgen.

Mit der Verbuchung der Eingangsrechnungen erfolgen die Aktualisierung der Daten in der Materialwirtschaft und die Weitergabe von Daten an die angrenzenden SAP-Module Finanzbuchhaltung und Controlling.

Grundsätzlich wird zwischen der bestell- und der wareneingangsbezogenen Rechnungsprüfung unterschieden. Bei Rechnungen mit Bezug auf eine Bestellung werden über die Angabe der Bestellnummer dem Rechnungsprüfer systemseitig alle notwendigen Informationen (Preise, Kontierungen) und die Abwicklungshistorie zur Verfügung gestellt. Kreditorenstammdaten sind bei der Eingangsrechnungsbearbeitung im Normalfall nicht zu pflegen, weil über den Bestellbezug der Lieferant bekannt ist. Skontovereinbarungen können sowohl im Kreditorenstammsatz als auch in der Bestellung hinterlegt sein. Bei der Rechnungsprüfung wird dem Bearbeiter zunächst die Skontovereinbarung aus der Bestellung angezeigt, die überschreibbar ist, damit sie in Abhängigkeit von der Restfälligkeit bzw. abweichenden Angaben im Kreditorenstamm geändert werden kann.

Differenzen zwischen Bestellung, Wareneingang und Rechnung werden vom System erkannt. Sollten sie innerhalb festgelegter Toleranzgrenzen liegen, bucht das System die Rechnung zwar, die Rechnung wird aber zunächst zur Bezahlung gesperrt und muss gesondert freigegeben werden. Bei Abweichungen über die Toleranzgrenzen hinaus ist das Buchen der Rechnung nicht möglich.

Beim Buchen der Rechnung wird auf dem WE/RE-Konto die entsprechende (Gegen-)Buchung vorgenommen und bei entsprechender Mengenabweichung (sowohl in- als auch außerhalb der Toleranzgrenzen) sowie V-Preis-geführtem Material der gleitenden Durchschnittspreis des jeweiligen Materials angepasst. Bei nicht vorhandener Bestandsdeckung oder S-Preis-geführtem Material wird auf dem Preisdifferenzenkonto ein Ertrag oder Aufwand gebucht.[1] Ferner werden die Bestellentwicklung (Historie der Bestellung mit Waren- und Rechnungseingängen und Möglichkeit des Absprungs zur Anzeige entsprechender Belege) und die Daten der vorzunehmenden Zahlungen im System fortgeschrieben.

---

1 Zur S- und V-Preis-Steuerung vgl. Abschnitt *4.4.9.1 Funktionsweise des WE/RE-Kontos* in diesem Kapitel und Abschnitt *4.2.7. Bilanzbewertung* im Kapitel *4.2 Vorräte und Materialaufwand*.

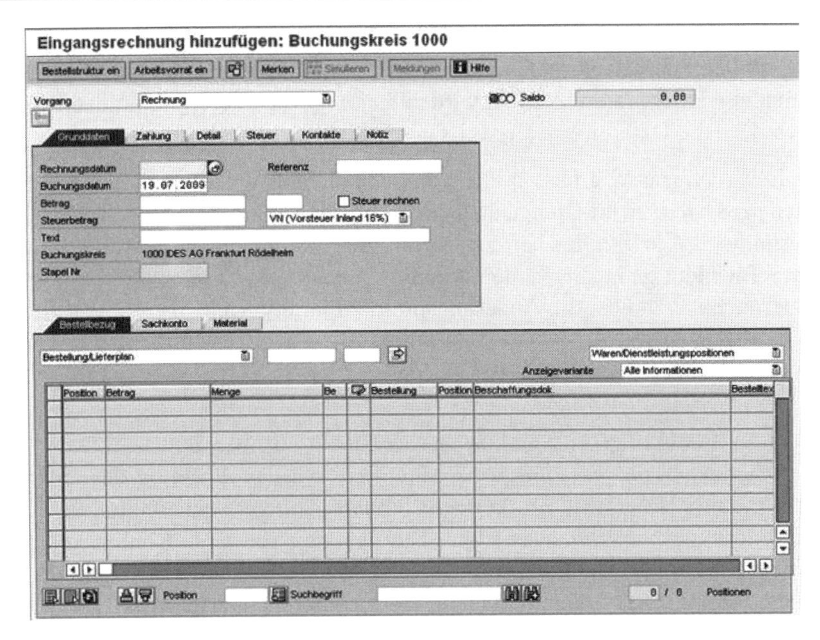

Abb. 4.4.11.1-10: Rechnungserfassung mit der Transaktion MIRO (Eingangsrechnung erfassen)
© SAP

In den folgenden Fällen wird die Rechnung gesperrt:

- Mengenabweichung (Sperrkennzeichen M): die Rechnungsmenge weicht von der gelieferten Menge ab (bzw. von der Differenz aus gelieferter und bereits berechneter Menge).
- Preisabweichung (Sperrkennzeichen P): Rechnungs- und Bestellpreis weichen ab. Der Rechnungspreis ist definiert als der Rechnungsbetrag dividiert durch die Rechnungsmenge.
- Abweichung bei Bestellpreismengen (Sperrkennzeichen G): der Rechnungspreis pro Bestellmengeneinheit weicht vom Bestellpreis ab.
- Terminabweichung (Sperrkennzeichen T): das Datum der Rechnungserfassung liegt vor dem in der Bestellung vereinbarten Lieferdatum.
- Qualitätsprüfung (Sperrkennzeichen I): ein Wareneingang wird in den Qualitätsprüfbestand gebucht: die zugehörige Rechnung bleibt bis zum erfolgreichen Abschluss des Prüfvorgangs gesperrt.

Umsatzsteuer, Skontoverrechnungen und Preisabweichungen werden bei der Rechnungsprüfung automatisch berechnet. Dabei entstehende Rundungsdifferenzen werden als Kleindifferenzen auf ein neutrales Aufwands- oder Ertragskonto gebucht, wenn in den Customizing-Einstellungen entsprechende Toleranzgrenzen[2] gepflegt sind.

2 Zu Toleranzgrenzen vgl. im Detail Abschnitt *4.4.12 Rechnungsprüfung: Kontrollen und Prüfungshandlungen*.

Hat die Rechnung keinen Bezug zu einer Bestellung, werden die Gegenbuchungen vom Rechnungsprüfer manuell vorgenommen. Die Rechnungen können auch auf ein CpD-Konto gebucht werden. In diesem Fall wird nicht auf gespeicherte Stammdaten zurückgegriffen, sondern die Daten werden jeweils gesondert manuell eingegeben.

Über die Belegvorerfassung besteht die Möglichkeit, mehrere Rechnungen zunächst mit allen Daten im System zu erfassen, jedoch noch keine Buchung zu erzeugen (ähnlich einem Rechnungseingangsbuch). Dies hat den Vorteil, dass Rechnungen im System gesammelt und bis zur Buchung geändert werden können. Das SAP-System bietet den Vorteil, dass diese Änderungen auch über die Änderungsprotokollierung nachvollziehbar sind.

4.4.11.2 Risiken

Im Bereich der Rechnungsprüfung besteht das Risiko von Vermögensschäden aufgrund von Arbeitsfehlern und/oder dolosen Handlungen. Aus unvollständig oder inkonsistent gepflegten Kreditorenstammsätzen können sich aufwändige Nacharbeiten und eine eingeschränkte Nachvollziehbarkeit ergeben. Die Nutzung von CpD-Konten im Zahlungsverkehr birgt Risiken aufgrund der offenen Eingabemöglichkeiten bei Zahlungsweg und Zahlungsempfänger nicht zuletzt aufgrund mangelnder Transparenz in diesem Bereich. Die Auswertungsmöglichkeiten hinsichtlich CpD-Konten sind sehr eingeschränkt (beispielsweise Lieferantenstatistiken).

Ein weiteres Risiko liegt in versehentlich ausgeführten doppelten Zahlungen, die aufgrund von doppelten Rechnungen, Rechnungskopien, Mahnungen oder aber auch aufgrund von Manipulation entstehen können.

4.4.12 Rechnungsprüfung: Kontrollen und Prüfungshandlungen

4.4.12.1 Organisatorische Vorgaben

Auch im Bereich der Rechnungsprüfung kommt der Aufbau- und Ablauforganisation des Unternehmens eine erhebliche Bedeutung zu.

Zunächst sollte über Interviews, Stellenbeschreibungen und Organigramme die Aufbauorganisation des Unternehmens im Bereich der Rechnungsprüfung aufgenommen werden. Die Abläufe des Unternehmens sollten dahingehend analysiert werden, ob über ein angemessenes Maß an Funktionstrennung und Vier-Augen-Prinzip ein wirkungsvolles Internes Kontrollsystem aufgebaut ist.

4.4.12.2 Funktionstrennung und kritische Berechtigungen

Eine sinnvolle Funktionstrennung sollte zwischen der Kreditorenstammdatenverwaltung auf der einen Seite und der Buchung von Kreditoren auf der anderen Seite bestehen. Ein weiteres Beispiel ist die Trennung zwischen Rechnungsprüfung und Einkauf. Diese Funktionstrennungen sollten nicht ausschließlich durch die Einrichtung entsprechender Berechtigungsgrenzen sichergestellt werden, sondern durch vor- und nachgelagerte Kontrollen flankiert werden. Hier sind als Beispiele die Auswertung entsprechender Belege oder Änderungsprotokolle zu nennen.

Eine jeweilige Funktionstrennung zwischen Rechnungsprüfung, Buchung von Rechnungen, Zahlungsfreigaben und Kreditorenstammdatenverwaltung ist eine wirksame Kontrolle, da die Abwicklung des Rechnungsprüfungs- und Zahlungsprozesses über eine oder wenige Personen unterbunden wird. Ein weiteres Beispiel ist die schon erwähnte Trennung der buchhalterischen Funktionen (Finanzbuchhaltung) zum Bereich Einkauf (Materialwirtschaft).

In der folgenden Tabelle ist dargestellt, auf welche Berechtigungsobjekte mit den entsprechenden Feldausprägungen Sie auswerten müssen.

Funktionen	Berechtigungs-objekte	Felder	Feldausprägungen
Kreditorenstammsatz pflegen	S_TCODE	TCD	FK02, XK02
	F_LFA1_APP	ACTVT	02
		APPKZ	F
	F_LFA1_BUK	ACTVT	02
		BUKRS	[jeweiliger Buchungskreis]
	F_LFA1_GEN	ACTVT	02
	F_LFA1_GRP	ACTVT	02
		KTOKK	[jeweilige Kontengruppe Kreditor]
Bestellung anlegen/pflegen	S_TCODE	TCD	Anlegen:ME21, ME21N, ME25, ME58, ME59, Ändern: ME22, ME22N
	M_BEST_BSA	ACTVT	01/02
		BSART	[entsprechende Bestellart]
	M_BEST_EKG	ACTVT	01/02
		EKGRP	[entsprechende Einkäufergruppe]
	M_BEST_EKO	ACTVT	01/02
		EKORG	[entsprechende Einkaufsorganisation]
	M_BEST_WRK	ACTVT	01/02
		WERKS	[entsprechendes Werk]
Bestellung freigeben	Alle bei der Funktionalität „Bestellung anlegen/pflegen“ angegebenen Berechtigungsobjekte mit den entsprechenden Feldausprägungen und ACTVT = 02 außer S_TCODE		
	S_TCODE	TCD	ME28, ME28N
	M_EINK_FRG	FRGCO	[Freigabecode aus Freigabestrategie]
		FRGGR	[Freigabegruppe aus Freigabestrategie]
Kreditoren Rechnung erfassen, Erfassung eingehender Rechnungen, Kreditorenanzahlung buchen, Beleg buchen, Rechnung hinzufügen	S_TCODE	TCD	F-43, FB60, F-48, FB01, MRHR
	F_BKPF_BUK	ACTVT	01
		BUKRS	[entsprechender Buchungskreis]
	F_BKPF_GSB	ACTVT	01
		GSBER	[entsprechender Geschäftsbereich]
	F_BKPF_KOA	ACTVT	01
		KOART	K

Funktionen	Berechtigungs-objekte	Felder	Feldausprägungen
Zahlungsausgang buchen	S_TCODE	TCD	F-53
	F_BKPF_BUK	ACTVT	01
		BUKRS	[entsprechender Buchungskreis]
	F_BKPF_GSB	ACTVT	ACTVT = 01
		GSBER	[entsprechender Geschäftsbereich]
	F_BKPF_KOA	ACTVT	01
		KOART	K

Untersuchen Sie folgende Funktionstrennungen im Detail:

- Welche Mitarbeiter können aufgrund ihrer Berechtigungen sowohl Kreditorenstammdaten anlegen/pflegen als auch Kreditorenrechnungen prüfen/buchen und/oder zur Zahlung freigeben?
- Welche Mitarbeiter können die o.a. Rechte an sich selbst vergeben?
- In manchen Unternehmen ist eine mangelnde Funktionstrennung beabsichtigt, weil die eigentlich zu trennenden Aufgabenbereiche aus organisatorischen bzw. Kostengründen von den gleichen Mitarbeitern ausgeführt werden sollen. In diesem Fall ist zu untersuchen, welche kompensierenden nachgelagerten Kontrollvorgänge diese Schwachstelle ausgleichen.
- Werden (insbesondere im Fall mangelnder Funktionstrennung) systemseitige Protokolle von Änderungen an Kreditorenstammdaten stichprobenweise kontrolliert?

4.4.12.3 Gesperrte Rechnungen

Vom System automatisch gesperrte Rechnungen, die manuell freigegeben wurden, können ein Hinweis auf dolose Handlungen sein. Die Bearbeitung bzgl. Freigabe von gesperrten Rechnungen ist explizit zu dokumentieren. Das System hält den ursprünglichen Sperrgrund einer freigegebenen Rechnung im Beleg fest, der über die Beleganzeige mit Hilfe der Transaktion MR03 angezeigt werden kann.

Hierhin gehört auch die Prüfung, ob sich Wareneingänge nach zugehörigem Rechnungseingang stornieren lassen. Über die Stornierung von Wareneingängen ist die nachträgliche Änderung von Bestellpreisen möglich, wodurch wiederum ein Sperren von Rechnungen umgangen wird, da die Preisabweichung jetzt klein genug oder bei Null ist. Daher sollten die Customizing-Einstellungen so sein, dass nach Rechnungseingang keine Stornierung von Wareneingängen mehr möglich ist. Dies ist im SAP-Standard auch der Fall.

Prüfen Sie ferner, wer die Berechtigung hat, gesperrte Rechnungen freizugeben. Ziel der Prüfung ist, ob ein Vier-Augen-Prinzip realisiert ist.

Funktionen	Berechtigungs-objekte	Felder	Feldausprägungen
Gesperrte Rechnungen freigeben	S_TCODE	TCD	MRBR, MR02
	M_RECH_BUK	ACTVT	02
		BUKRS	[jeweiliger Buchungskreis]
	M_RECH_EKG	ACTVT	02
		EKGRP	[jeweilige Einkäufergruppe]
	M_RECH_SPG	ACTVT	02
		SPEGR	[jeweiliger Sperrgrund]

4.4.12.4 Toleranzgrenzen

Bei der Bearbeitung einer Bestellung kontrolliert das SAP-System, ob der Effektivpreis einer Bestellposition gegenüber dem im Materialstamm hinterlegten Bewertungspreis Abweichungen aufweist. Des Weiteren wird geprüft, ob der angegebene Skontowert zulässig ist. Abweichungen sind im Rahmen jeweils gepflegter Toleranzgrenzen erlaubt. Wenn eine Abweichung eine Toleranzgrenze überschreitet, erfolgt eine Meldung durch das System. Im SAP-System sind die verschiedenen Abweichungsarten durch Toleranzschlüssel dargestellt. Zu jeder Abweichungsart können pro Buchungskreis prozentuale und wertabhängige Unter- und Obergrenzen eingestellt werden.

Im SAP-System sind alle Toleranzen über die Tabelle T169G auswertbar. Alternativ können Sie über das Customizing einsteigen und erhalten so Toleranzgrenzen nur für bestimmte Belege, beispielsweise für Preisabweichungen bei Bestellungen: *Menüpfad: SPRO – SAP Referenz-IMG – SAP Customizing Einführungsleitfaden – Materialwirtschaft – Einkauf – Bestellung – Toleranzgrenzen für Preisabweichung einstellen.*

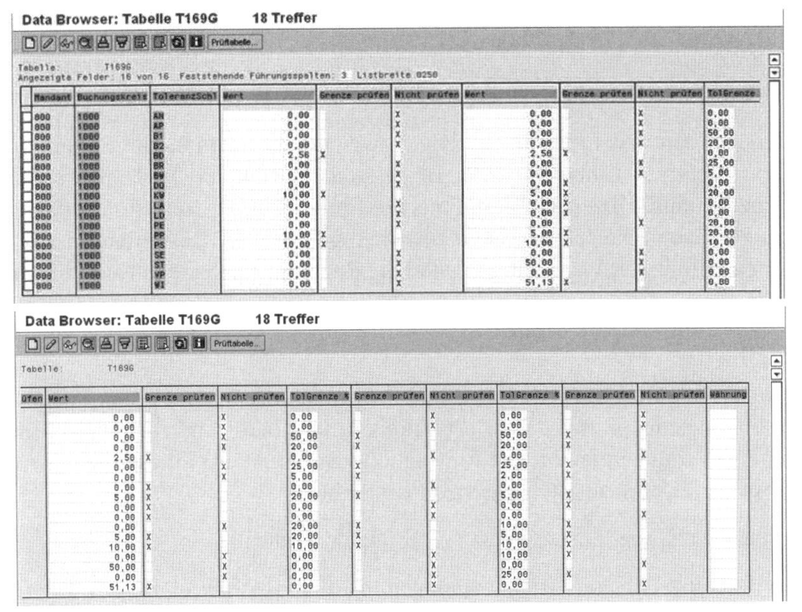

Data Browser: Tabelle T169G 18 Treffer

Tabelle: T169G
Angezeigte Felder: 16 von 16 Feststehende Führungsspalten: 3 Listbreite 0250

Mandant	Buchungskreis	ToleranzSchl	Wert	Grenze prüfen	Nicht prüfen	Wert	Grenze prüfen	Nicht prüfen	TolGrenze
800	1000	AN	0,00		X	0,00		X	0,00
800	1000	AP	0,00		X	0,00		X	0,00
800	1000	B1	0,00		X	0,00		X	50,00
800	1000	B2	0,00		X	0,00		X	20,00
800	1000	BD	2,56	X		2,50	X		0,00
800	1000	BR	0,00		X	0,00		X	25,00
800	1000	BW	0,00		X	0,00		X	5,00
800	1000	DQ	0,00		X	0,00	X		0,00
800	1000	KW	10,00	X		5,00	X		20,00
800	1000	LA	0,00		X	0,00	X		0,00
800	1000	LD	0,00		X	0,00	X		0,00
800	1000	PE	0,00		X	0,00		X	20,00
800	1000	PP	10,00	X		5,00	X		20,00
800	1000	PS	10,00	X		10,00	X		10,00
800	1000	SE	0,00		X	0,00		X	0,00
800	1000	ST	0,00		X	50,00		X	0,00
800	1000	VP	0,00		X	0,00		X	0,00
800	1000	WI	0,00		X	51,13	X		0,00

Data Browser: Tabelle T169G 18 Treffer

Tabelle: T169G

üfen	Wert	Grenze prüfen	Nicht prüfen	TolGrenze %	Grenze prüfen	Nicht prüfen	TolGrenze %	Grenze prüfen	Nicht prüfen	Währung
	0,00		X	0,00		X	0,00		X	
	0,00		X	0,00		X	0,00		X	
	0,00		X	50,00	X		50,00	X		
	0,00		X	20,00	X		20,00	X		
	2,50	X		0,00		X	0,00		X	
	0,00		X	25,00	X		25,00	X		
	0,00		X	5,00	X		2,00	X		
	0,00	X		0,00		X	0,00		X	
	5,00	X		20,00	X		5,00	X		
	0,00	X		0,00		X	0,00	X		
	0,00	X		0,00		X	0,00		X	
	0,00		X	20,00	X		10,00	X		
	5,00	X		20,00	X		5,00	X		
	10,00	X		10,00	X		10,00	X		
	0,00		X	0,00		X	10,00	X		
	50,00		X	0,00		X	0,00		X	
	0,00		X	0,00		X	25,00	X		
	51,13	X		0,00		X	0,00		X	

Abb. 4.4.12.4-10: Einstellungen zu Toleranzgrenzen © SAP

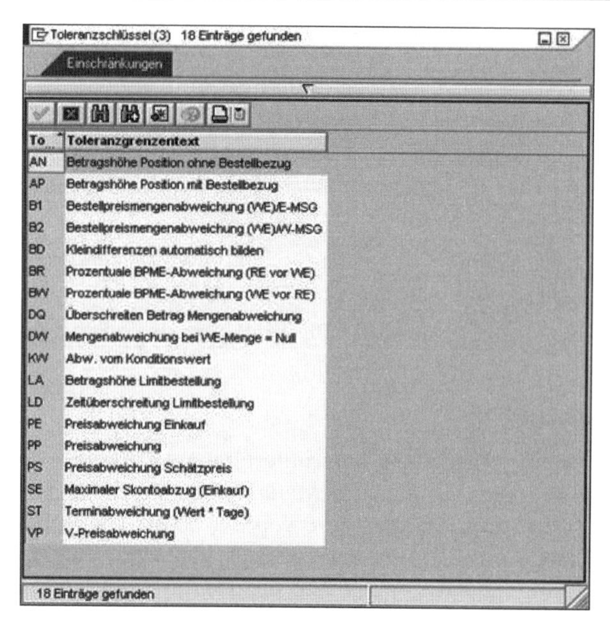

To	Toleranzgrenzentext
AN	Betragshöhe Position ohne Bestellbezug
AP	Betragshöhe Position mit Bestellbezug
B1	Bestellpreismengenabweichung (WE)/E-MSG
B2	Bestellpreismengenabweichung (WE)/W-MSG
BD	Kleindifferenzen automatisch bilden
BR	Prozentuale BPME-Abweichung (RE vor WE)
BW	Prozentuale BPME-Abweichung (WE vor RE)
DQ	Überschreiten Betrag Mengenabweichung
DW	Mengenabweichung bei WE-Menge = Null
KW	Abw. vom Konditionswert
LA	Betragshöhe Limitbestellung
LD	Zeitüberschreitung Limitbestellung
PE	Preisabweichung Einkauf
PP	Preisabweichung
PS	Preisabweichung Schätzpreis
SE	Maximaler Skontoabzug (Einkauf)
ST	Terminabweichung (Wert * Tage)
VP	V-Preisabweichung

Abb. 4.4.12.4-20: Toleranzschlüssel und ihre Bedeutung *© SAP*

Prüfen Sie für jeden gepflegten Toleranzschlüssel die relativen und absoluten Preisabweichungen, die ohne Meldung des Systems akzeptiert werden.

Die im System hinterlegten Toleranzgrenzen sind auf Übereinstimmung mit den Vorgaben des Unternehmens zu überprüfen. Über die Änderungshistorie sollten Sie auch Änderungen und deren Freigabe durch das Management nachvollziehen. Es sind absolute und relative Toleranzen pflegbar. Im Folgenden sind wichtige Toleranzschlüssel für den Bereich der Rechnungsprüfung aufgelistet:

- BW: Prozentuale Bestellpreismengenabweichung (RE nach WE)

  Das System berechnet die prozentuale Abweichung, indem es die Rechnungsmenge mit dem Preis pro Einheit aus der Bestellung multipliziert und mit der Wareneingangsmenge multipliziert mit dem Preis pro Einheit aus der Bestellung vergleicht. Die Toleranzgrenze ist beispielsweise dann wichtig, wenn die Bestellung in Kilogramm-Einheiten erfolgt, der Wareneingang und die Rechnung sich jedoch auf einen Preis pro Pfund beziehen.

- PP: Preisabweichung

  Das System ermittelt für jede Position die Abweichung, indem es als Rechnungswert die Rechnungsmenge mit dem Bestellpreis multipliziert und mit dem tatsächlichen Rechnungsbetrag vergleicht. Die Abweichung wird mit den eingestellten prozentualen und absoluten Unter- und Obergrenzen verglichen.

- PS: Preisabweichung Schätzpreis (vgl. folgende Kontrolle)

  Dieser Toleranzschlüssel arbeitet analog zum Toleranzschlüssel PP. Die Toleranzgrenze wird jedoch nur bei Bestellpositionen mit einem Schätzpreis getestet.

- VP: V-Preisabweichung

  Wird ein Artikel zum Gleitenden Durchschnittspreis („V-Preis") geführt, so wird der Sachbearbeiter mit diesem Toleranzwert darauf hingewiesen, dass durch die Buchung einer Rechnungsposition der neue Durchschnittspreis evtl. außerhalb der zulässigen prozentualen Abweichungen liegt.

- DQ: Überschreiten Betrag Mengenabweichung

  Ist für eine Bestellposition ein Wareneingang vorgesehen und bereits ein Wareneingang erfolgt, so bildet das System das Produkt aus Bestellnettopreis * (Rechnungsmenge - (gesamt gelieferte Menge - gesamt berechnete Menge)). Das System vergleicht jeweils dieses Produkt mit der eingestellten absoluten Unter- oder Obergrenze.

- DW: Mengenabweichung bei Wareneingangsmenge = Null

  Ist für eine Bestellposition ein Wareneingang vorgesehen, aber noch kein Wareneingang erfolgt, so bildet das System das Produkt aus Bestellnettopreis * (Rechnungsmenge + gesamt berechnete Menge). Das System vergleicht dieses Produkt mit der eingestellten absoluten Obergrenze.

- AN: Betragshöhe Position ohne Bestellbezug

  Wenn das Prüfen dieser Toleranzgrenze aktiviert ist, dann vergleicht das System bei einer Rechnung ohne Bestellbezug in jeder Rechnungsposition den Betrag mit der eingestellten absoluten Obergrenze.

- AP: Betragshöhe Position mit Bestellbezug

  Hier vergleicht das System bei einer Rechnung mit Bestellbezug in bestimmten Rechnungspositionen den Betrag mit der eingestellten absoluten Obergrenze. Welche Rechnungspositionen von der Prüfung betroffen sind, hängt von der Einstellung des Prüfens des Positionsbetrages ab.

Bei Über- oder Unterschreiten der jeweils eingetragenen Grenzen erzeugt das System eine Warnmeldung. Bei Überschreitung wird zusätzlich die zugehörige Rechnung automatisch gesperrt.

4.4.12.5 Verwendung von Schätzpreisen

Der Einkäufer kann bei unbekanntem Bestellnettopreis einen Schätzpreis eingeben. In diesem Fall akzeptiert die SAP-Rechnungsprüfung höhere Toleranzen als bei exaktem Preis, sofern entsprechend höhere Toleranzen im Customizing über den Toleranzschlüssel *PS - Preisabweichung Schätzpreis* gepflegt sind. Ein Preis ist als Schätzpreis gepflegt, wenn in den Positionsdetaildaten unter den Reiter Konditionssteuerung das Feld Schätzpreis markiert ist.

4.4.12.6 CpD-Konten

Im Bereich der CpD-Konten sind in Zusammenhang mit den Regelungen zur Anlage und Pflege von Kreditorenstammdaten die unternehmensinternen Regelungen zur Nutzung von CpD-Konten zu analysieren. Es ist festzustellen, inwieweit CpD-Konten gesondert kontrolliert werden und unter welchen Bedingungen zu Lasten von CpD-Konten gebucht wird.

4.4.12.7 Verbundene Unternehmen

Rechnungen an ein verbundenes Unternehmen müssen bei der Konzernkonsolidierung berücksichtig werden, um konzerninterne Umsätze eliminieren zu können. Hierzu ist im Feld *PartnGesellsch* eine konzernweit eindeutige Gesellschaftsnummer anzugeben. Die Gesellschaftsnummer ist sechsstellig alphanumerisch und frei definierbar. Innerhalb des eigenen Konzerns muss diese Nummer eindeutig sein. Das Konsolidierungssystem kann anhand dieser Nummer konzerninterne Umsätze eliminieren.

Ermitteln Sie die Vorgaben des Unternehmens und überprüfen Sie die Umsetzung im System.

4.4.13 Zahlung: SAP-Fakten

4.4.13.1 Zahlungsprogramm

Freigegebene Rechnungen stehen bereit zur Zahlung. Das SAP-Zahlungsprogramm ermittelt aus den offenen Posten diejenigen, die fällig sind zur Zahlung. Das Programm erzeugt die Zahlungsbelege, stellt die erforderlichen Daten für Zahlungsträgerprogramme bzw. Onlinebankingprogramme zusammen, druckt Zahlungslisten, Zahlungsformulare (z.B. Schecks) oder erstellt Datenträger. In der Grundeinstellung werden offene Posten so spät wie möglich ohne Skontoverlust bezahlt. Über die Konfiguration des Zahlungsprogramms kann hierauf Einfluss genommen werden. Folgende Parameter haben Einfluss auf den Zeitpunkt der Zahlung:

- Die Fälligkeit der Posten wird durch das Basisdatum und die Zahlungsbedingungen festgelegt, die in den offenen Posten stehen. Das Zahlungsprogramm ermittelt damit die Skontofristen und die Nettofälligkeit (das Datum, zu dem der offene Posten ohne Skontoabzug zu zahlen ist).
- Über die Konfiguration können buchungskreisspezifisch Toleranztage bei Verbindlichkeiten festgelegt werden. Die Toleranztage werden auf die ermittelten Zahlungsfristen addiert. Dies ermöglicht eine weitere Verzögerung der Zahlung.
- Buchungskreisspezifisch kann ein Mindestskontoprozentsatz festgelegt werden. Wird dieser Mindestprozentsatz nicht erreicht, wird erst bei Nettofälligkeit gezahlt. Der Mindestskontoprozentsatz kann verwendet werden, wenn die Zahlung zur Nettofälligkeit zu günstigeren Bedingungen führt als die Inanspruchnahme des Skontoabzugs. Ohne Angabe dieses Mindestsatzes zahlt das Programm unter Inanspruchnahme des jeweils höchstmöglichen Skontos.

- Es können bestimmte Sonderhauptbuchvorgänge als zu regulierende Vorgänge berücksichtigt werden. Beispiele sind Anzahlungsanforderungen oder Zahlungsanforderungen.
- Vor jedem Zahllauf ist das Datum des nächsten Zahllaufs anzugeben. Anhand dieser Angabe entscheidet das Programm, ob ein Posten im aktuellen oder im nächsten Zahllauf berücksichtigt werden muss.

Die für jede Zahlung erforderlichen Informationen werden u.a. aus den Kreditorenstammdaten übernommen. Hierzu zählen Name, Adresse, Bankverbindung, Zahlungsbedingungen, Zahlwege sowie Kontosteuerungsdaten. Mit den folgenden Informationen aus den Kreditorenstammsätzen lassen sich Besonderheiten steuern.

4.4.13.2 Abweichender Zahlungsempfänger

Die Zahlung soll an einen Zahlungsempfänger geleistet werden, der nicht mit dem Kreditor übereinstimmt, auf dessen Konto die Rechnung gebucht wurde. Der abweichende Zahlungsempfänger kann im allgemeinen oder im buchungskreisspezifischen Teil des Kreditorenstammsatzes angegeben werden. Bestehen beide Angaben, hat der buchungskreisspezifische Eintrag Vorrang. Das Zahlungsprogramm ruft dann die Daten des jeweils abweichenden Empfängers auf.

Es besteht auch die Möglichkeit, einen abweichenden Zahlungsempfänger pro Zahlungsbeleg anzugeben. In diesem Fall muss im Kreditorenstammsatz im Segment *Zahlungsverkehr* in der Rubrik *Abweichende Zahlungsempfänger* im Beleg das Häkchen bei *Angaben individuell* gesetzt sein. Es besteht ferner die Möglichkeit, eine bestimmte Menge von abweichenden Zahlungsempfängern im Kreditorenstammsatz zu hinterlegen, aus denen dann ausgewählt werden kann. Hierzu sind über den Button *Zulässige Zahlempfg.* (Referenzliste) die entsprechenden zugelassenen Kreditoren anzugeben.

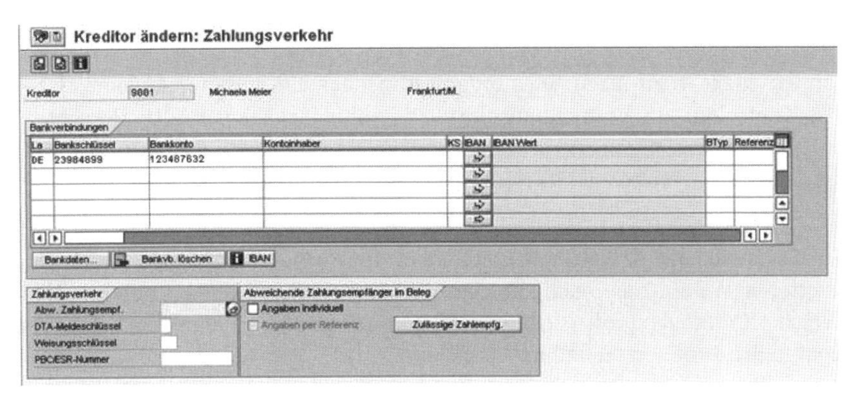

Abb. 4.4.13.1-10: Sicht Zahlungsverkehr Kreditorenstammsatz © SAP

Beim Erfassen eines Belegs besteht dann die Möglichkeit, einen abweichenden Zahlungsempfänger manuell oder durch Auswahl der Referenzliste anzugeben.

4.4.13.3 Verrechnung zwischen Kreditor und Debitor

Geschäftspartner können Kreditoren und Debitoren gleichzeitig sein, so dass offene Posten durch das Zahlungs- und das Mahnprogramm miteinander verrechnet werden können. Eine Verrechnung ist nur unter folgenden Bedingungen möglich:

- Es ist ein Debitoren- und ein Kreditorenstammsatz für den Geschäftspartner angelegt.
- Im Segment *Steuerung* des Kreditorenstammsatzes ist die Kontonummer des entsprechenden Debitors im Feld *Debitor* angegeben und umgekehrt im Debitorenstammsatz die Kontonummer des Kreditors im Feld *Kreditor*.
- In den Buchungskreisdaten des jeweiligen Debitoren- und Kreditorenstammsatzes muss das Feld *Verr.mit Debi* bzw. *Verr.mit Kred* markiert sein. Somit kann jeder Buchungskreis einzeln entschciden, ob für den Debitor eine Verrechnung mit dem Kreditor gewünscht ist.

Bei Kreditoren mit einmaliger oder seltener Rechnungsstellung können CpD-Konten verwendet werden.

4.4.13.4 Risiken

Nicht ausreichend kontrollierte Zahlungsausgänge stellen ein unmittelbares Risiko für den Vermögensschutz des Unternehmens dar. Neben maschinellen Kontrollen und Abstimmungen sollte ab einer festzulegenden Wesentlichkeitsgrenze keine Zahlung das Unternehmen ohne eine abschließende manuelle Kontrolle verlassen.

4.4.14. Zahlung: Kontrollen und Prüfungshandlungen

4.4.14.1 Organisation des Zahlwesens

Das Zahlwesen ist in ein geeignetes organisatorisches Umfeld einzubinden. Neben präventiven Kontrollen zur Vermeidung falscher Zahlungsausgänge (z.B. Berechtigungen, Vier-Augen-Prinzip) sollten ausreichende nachgelagerte detektive Kontrollen implementiert sein, über die Unregelmäßigkeiten im externen Zahlungsverkehr aufgedeckt werden können.

Nehmen Sie zunächst auf, welche Richtlinien im Bereich des Zahlwesens beim Unternehmen existieren. Welche regelmäßigen Aktivitäten schreibt das Unternehmen im einzelnen vor? Welche Zahlungspolitik verfolgt das Unternehmen? Werden offene Kreditorenposten regelmäßig ausgewertet und ausgeglichen?

Gleichen Sie Ihre Erkenntnisse mit den Daten, die das SAP-System zur Verfügung stellt, ab. Werten Sie hierzu die Programme RFKOFW00 (OP - Fälligkeits-Vorschau Kreditoren), RFKOPO00 (Kreditoren Offene Posten Liste) und RFKOPR00 (Kreditorenbeurteilung mit OP-Rasterung) aus und beurteilen Sie das Zahlungsverhalten. Die jeweilige Anzahl und Höhe der offenen Posten sollte in einem angemessenen Verhältnis zum Geschäftsvolumen des Unternehmens stehen.

4.4.14.2 Prüfung der Zahlungsvorschlags- und der Zahlungsliste sowie der Verwendung der Zahlungssperre

Folgende Prüfungshandlungen empfehlen sich in Zusammenhang mit der Zahlungsvorschlagsliste und der Zahlungsliste:

- Werden die Zahlungsvorschlagslisten vor jeder Zahlung geprüft? Wird dies dokumentiert?
- Werden identifizierte Fehler nachverfolgt? Ist dies anhand der Zahlungsvorschlagslisten und der tatsächlichen Zahlungen nachvollziehbar?
- Welche Regeln existieren zum Setzen oder Rücksetzen von Sperrkennzeichen?
- Welche Abstimmungen existieren zwischen der Vorschlagsbestandssumme und der Zahllaufsumme?
- Wie werden die Zahllaufdateien gesichert?
- Sind Eingriffe in die Dateien und Spoolsysteme möglich?

Stellen Sie fest, welche dieser Kontrollen beim Mandanten verwendet werden.

4.4.14.3 Zahlungssperre

Im Abschnitt *4.4.3.2 Lieferantenstammdaten* wird auf die Zahlungssperre eingegangen.

Prüfen Sie, welche Arbeitsanweisungen im Unternehmen hinsichtlich Zahlungssperren existieren. Beurteilen Sie, ob die Arbeitsanweisungen befolgt werden.

Stellen Sie fest, wer im Unternehmen die Berechtigung zur Aufhebung von Zahlungssperren hat. Zur Vorgehensweise vgl. die Ausführungen unter *4.4.4.8 Sperren von Lieferanten*.

Prüfen Sie ferner, welche Kreditoren zur Zeit zur Zahlung gesperrt sind. Analysieren Sie hierzu die Tabelle LFB1 auf das Feld ZAHLS (Zahlungssperre). Für einzelne Kreditoren können die Sperrdaten auch über *Menüpfad: Zusätze – Sperrdaten* angezeigt werden (vgl. Abb. 4.4.3.2-40).

Über das Programm RFKABL00 (Änderungsanzeige Kreditoren) können Sie auch analysieren, bei welchen Kreditoren die Zahlungssperre aufgehoben wurde, in dem Sie die entsprechenden Änderungsbelege analysieren.

4.4.14.4 Abweichender Zahlungsempfänger

Eine hohe Anzahl an Kreditoren mit abweichendem Zahlungsempfänger kann ein Hinweis auf dolose Handlungen sein.

Finden Sie heraus, welche Kreditoren einen abweichenden Zahlungsempfänger haben. Analysieren Sie dazu die Tabelle LFA1 (Lieferantenstamm (allgemeiner Teil)) auf das Feld LNRZA (Abw. Zahlungsempf.). Wenn es erlaubt ist, dass im aktuellen Beleg für einen Kreditor ein abweichender Zahlungsempfänger eingegeben werden kann, ist das Feld XZEMP (Zahlempfg.in Beleg) in der gleichen Tabelle entsprechend gepflegt. In der Tabelle LFB1 (Lieferantenstamm (Buchungskreis)) zeigt das Feld XLFZB (Konten für abw. Zempf) an, ob Konten für abweichende Zahlungsempfänger im Stammsatz gepflegt sind.

4.4.14.5 Funktionstrennung zwischen Kreditorenbuchhaltung und Zahlungsverkehr

Eine effektive Kontrolle stellt die Funktionstrennung zwischen der Kreditorenbuchhaltung und dem Zahlungsverkehr dar. Dadurch wird gewährleistet, dass nicht eine Person aufgrund ihrer im System vorhandenen Berechtigungen in der Lage ist, eine Eingangsrechnung zu generieren und dafür Sorge zu tragen, dass beispielsweise das Geld auf das eigene Konto fließt.

Die für die entsprechende Prüfungshandlung auszuwertenden Berechtigungen sind in der folgenden Tabelle angegeben.

Funktionen	Berechtigungs-objekte	Felder	Feldausprägungen
Rechnung erfassen in der Materialwirtschaft	S_TCODE	TCD	MIRO, MIRA
	F_BKPF_BUK	ACTVT	01
		BUKRS	[jeweiliger Buchungskreis]
	M_RECH_AKZ	ACTVT	02 (Rechnungsprüfungsdifferenzen manuell akzeptieren)
	M_RECH_WRK	ACTVT	01
		WERKS	[jeweiliges Werk]
Rechnung erfassen in der Finanzbuchhaltung	S_TCODE	TCD	F-43, FB60, F-48, FB01, MRHR
	F_BKPF_BUK	ACTVT	01
		BUKRS	[jeweiliger Buchungskreis]
	F_BKPF_GSB	ACTVT	01
		GSB	[jeweiliger Geschäftsbereich]
	F_BKPF_KOA	ACTVT	01
		KOART	K
Zahlungslauf freigeben/ausführen	S_TCODE	TCD	F110
	F_REGU_BUK	BUKRS	[jeweiliger Buchungskreis]
		FBTCH*[1]	21 (Zahllauf ausführen), 25 (Zahllauf Zahlungsträger erstellen) *[1] Aktion für automatische Abläufe in der Finanzwirtschaft
	F_REGU_KOA	KOART	* (Kreditoren und Debitoren)
		FBTCH*[2]	21 (Zahllauf ausführen), 25 (Zahllauf Zahlungsträger erstellen) *[2] Aktion für automatische Abläufe in der Finanzwirtschaft

Funktionen	Berechtigungs-objekte	Felder	Feldausprägungen
Zahlungsausgang buchen	S_TCODE	TCD	F-53
	F_BKPF_BUK	ACTVT	01
		BUKRS	[entsprechender Buchungskreis]
	F_BKPF_GSB	ACTVT	01
		GSBER	[entsprechender Geschäftsbereich]
	F_BKPF_KOA	ACTVT	01
		KOART	K

4.4.14.6 Weitere Kontrollen und Prüfungshandlungen

Beachten Sie ferner folgende Kontrollen und Prüfungshandlungen aus Abschnitt 4.4.4 (Kreditorenstammdaten):

- Erweiterter Berechtigungsschutz für bestimmte Felder im Lieferantenstammsatz
- Definition sensibler Felder für Vier-Augen-Prinzip im Lieferantenstammsatz
- Auswerten des Änderungsprotokolls (unter besonderer Beachtung der Zahlungsverkehrsdaten)
- CpD-Kreditoren
- Doppelte Rechnungen / Doppelte Zahlungen

4.4.15 Checkliste

Nr.	Prüfungshandlung
1.	Prüfen Sie, wer die Berechtigung zur Pflege von Kreditorenstammdaten (Transaktionen FK02 und XK02, Berechtigungsobjekte F_LFA1_APP, F_LFA1_BUK, F_LFA1_GEN und F_LFA1_GRP) und gleichzeitig zur Anlage oder Pflege von Bestellungen hat (Transaktionen ME21, ME21N, ME25, ME58, ME59, ME22, ME22N, Berechtigungsobjekte M_BEST_BSA, M_BEST_EKG, M_BEST_EKO und M_BEST_WRK).
2.	Prüfen Sie, wer die Berechtigung zur Anlage von Bestellungen hat (Transaktionen ME21, ME21N, ME25, ME58, ME59, ME22, ME22N, Berechtigungsobjekte M_BEST_BSA, M_BEST_EKG, M_BEST_EKO und M_BEST_WRK) und ob das Ergebnis mit den Vorgaben des Unternehmens übereinstimmt.
3.	Prüfen Sie die im Unternehmen verwendeten Freigabestrategien (Menüpfad: SPRO – SAP Referenz-IMG – SAP Customizing Einführungsleitfaden – Materialwirtschaft – Einkauf – Bestellung – Freigabeverfahren für Bestellungen – Freigabeverfahren für Bestellungen festlegen) und die Berechtigungen zur Freigabe von Bestellungen (Transaktionen ME28, ME28N, Berechtigungsobjekt M_EINK_FRG).
4.	Führen Sie einen Konsistenzcheck Lieferantenstammdaten bzgl. Einkaufs- und Buchhaltungssicht durch (Programm RFKKAG00).

Nr.	Prüfungshandlung
5.	Analysieren Sie die Kreditorenstammdaten hinsichtlich Änderungen an den Zahlungsverkehrsdaten (Programm RFKBL00).
6.	Werten Sie das SAP-System nach CpD-Lieferanten aus (Programm RFKKVZ00) und analysieren Sie die zugehörigen Bewegungsdaten (Transaktion FBL1N)
7.	Analysieren Sie alle Kreditoren hinsichtlich Prüfung auf doppelte Rechnungen (Feld Prf.dopp.Rechn. in Tabelle LFB1)
8.	Analysieren Sie die wesentlichen Toleranzeinstellungen (Tabelle T169G).
9.	Analysieren Sie die Einstellungen zur WE/RE-Kontenpflege (Transaktion OMR3) und gleichen Sie die Ergebnisse mit den Vorgaben des Unternehmens ab.
10.	Prüfen Sie, wer die Berechtigung zur Freigabe gesperrter Rechnungen hat (Transaktion FK05, Berechtigungsobjekte F_LFA1_APP, F_LFA1_BUK, F_LFA1_GEN und F_LFA1_GRP, jeweils mit Aktivität 05)

4.4.16 Transaktionen, Programme, Tabellen

Folgende Aufstellung fasst die Transaktionen, Tabellen und Programme zusammen, die für die Prüfung im Bereich der Verbindlichkeiten aus Lieferungen und Leistungen genutzt werden können.

Transaktionen	
F110	Parameter für maschinelle Zahlung
F-40	Wechselzahlung
F-41	Kreditoren Gutschr. erfassen
F-42	Umbuchung erfassen
F-43	Kreditoren Rechnung erfassen
F-44	Ausgleichen Kreditor
F-46	Refinanzierungsakzept zurück
F-47	Anzahlungsanforderung
F-48	Kreditorenanzahlung buchen
F-49	Debitorischer Merkposten
F-53	Zahlungsausgang buchen
FB01	Beleg buchen
FB60	Erfassung eingehender Rechnungen
FBL1N	Einzelposten Kreditoren
FK01	Anlegen Kreditor (Buchhaltung)
FK02	Ändern Kreditor (Buchhaltung)
FK03	Anzeigen Kreditor (Buchhaltung)
FK05	Sperren Kreditor (Buchhaltung)
FK08	Bestätigen Kreditor-Einzeln (Buchh.)
MB5S	WE/RE-Saldenliste anzeigen
ME11	Infosatz hinzufügen
ME12	Infosatz ändern

Transaktionen	
ME13	Infosatz anzeigen
ME14	Änderungen zum Infosatz
ME15	Löschvormerkung Infosatz
ME21	Bestellung hinzufügen Bestellung hinzufügen
ME21N	Bestellung anlegen
ME22	Bestellung ändern
ME22N	Bestellung ändern
ME23N	Bestellung anzeigen
ME28	Bestellung freigeben
ME35	Rahmenvertrag freigeben
ME51	Bestellanforderung hinzufügen
ME51N	Bestellanforderung anlegen
ME52	Bestellanforderung ändern
ME52N	Bestellanforderung ändern
ME53	Anzeigen Bestellanforderung
ME54	Bestellanforderung freigeben
ME54	Freigeben Bestellanforderung
ME55	Sammelfreigabe Bestellanforderungen
MIGO	Warenbewegung
MIRO	Eingangsrechnung erfassen
MK01	Anlegen Kreditor (Einkauf)
MK02	Ändern Kreditor (Einkauf)
MK03	Anzeigen Kreditor (Einkauf)
MR11	WE/RE-Kontenpflege
XK01	Anlegen Kreditor (Zentral)
XK02	Ändern Kreditor (Zentral)
XK03	Anzeigen Kreditor (Zentral)

Tabellen	
EINE	Einkaufsinfosatz - Einkaufsorganisationsdaten
LFA1	Lieferantenstamm (allgemeiner Teil)
LFB1	Lieferantenstamm (Buchungskreis)
LFM1	Lieferantenstamm Einkaufsorganisationsdaten
T001L	Lagerorte
T001W	Werke
T003	Belegarten
T003T	Belegartentexte
T024E	Einkaufsorganisationen
T024W	Zulässige Einkaufsorganisationen zum Werk
T169	Transaktionssteuerung Rechnungsprüfung / Bewertung

Tabellen	
T169E	Toleranzgrenzen-Schlüssel
T169F	Transaktionsabhängige Vorschlagswerte Rechnungsprüfung
T169G	Toleranzgrenzen Rechnungsprüfung
T169K	Vorschlagswerte Kontenpflege
T169P	Parameter Rechnungsprüfung
T169S	Toleranzgrenzen-Schlüssel
T169V	Vorschlagswerte Rechnungspruefung
T320	Zuordnung IM-Lagerort zu WM-Lagernummer

Programme	
RFKABL00	Änderungsanzeige Kreditoren
RFKKAG00	Stammdatenabgleich Kreditoren
RFKKVZ00	Kreditorenverzeichnis
RFWERE00	Analyse WE/RE-Verrechnungskonten und Ausweis der Erwerbsteuer
RM06BA00	Listanzeige Bestellanforderungen
RM06BL00	Listaufbereitung Bestellanforderung
RM06W001	Orderbuch zum Material
RM06W004	Orderbuch analysieren
RM07C030	Verwendungsnachweis Sachkonten in MM-Kontenfindung
RM07MGRU	Materialbelege mit Bewegungsgrund
RM07MSAL	WE/RE-Saldenliste
RMEWU001	Abstimmung MM/FI: Bestellentwicklung mit WE/RE Verrechnungskonto
RMKKVZ00	Lieferantenverzeichnis Einkauf
RMMR02ST	Gesperrte Rechnungen freigeben: Statusinformationen
RMMVRZ00	Materialverzeichnis
ROOLMB04	Manuelle Kontierung auf Warenbewegung
ROOLMB11	Belegarten / Nummernkreise Warenbewegungen
ROOLMB12	Belegarten / Nummernkreise Wareneingang
ROOLMB13	Belegarten / Nummernkreise Inventur
ROOLMB14	Manuelle Kontierung auf Warenbewegung
SAPUFKB1	Fehleranalyse/Dokumentation Automatische Buchungen
SDBANF01	Abgleich Verkauf-Einkauf (Selektion über Organisationsdaten)

„Es ist nicht der Unternehmer, der die Löhne zahlt –
er übergibt nur das Geld.
Es ist das Produkt, das die Löhne zahlt.“
Henry Ford

4.5 Personalaufwand

Der Personalaufwand ist das Ergebnis aus der Buchung von Löhnen und Gehältern im Personalbereich. Er wird in der Gewinn- und Verlustrechnung (GuV) als erfolgswirksame Größe der Rechnungslegungsperiode ausgewiesen. Bei Anwendung des Gesamtkostenverfahrens ist der Personalaufwand ein gesonderter GuV-Posten. Bei Anwendung des Umsatzkostenverfahrens, bei dem Kosten nach Funktionsbereichen gruppiert werden, wird der Personalaufwand nach § 275 Abs. 2 HGB vor allem in den Posten „Herstellungskosten der zur Erzielung der Umsatzerlöse erbrachten Leistungen“, „Vertriebskosten“ und „allgemeine Verwaltungskosten“ dargestellt.

4.5.1 Typische Risiken und Kontrollziele

Der Personalaufwand wird bei Einsatz von SAP-Systemen mit Hilfe eines automatisierten Verfahrens ermittelt. Bei Betrachtung eines typischen SAP-gestützten Prozesses werden dabei 3 Prozessschritte gemäß folgender Abbildung monatlich durchlaufen.

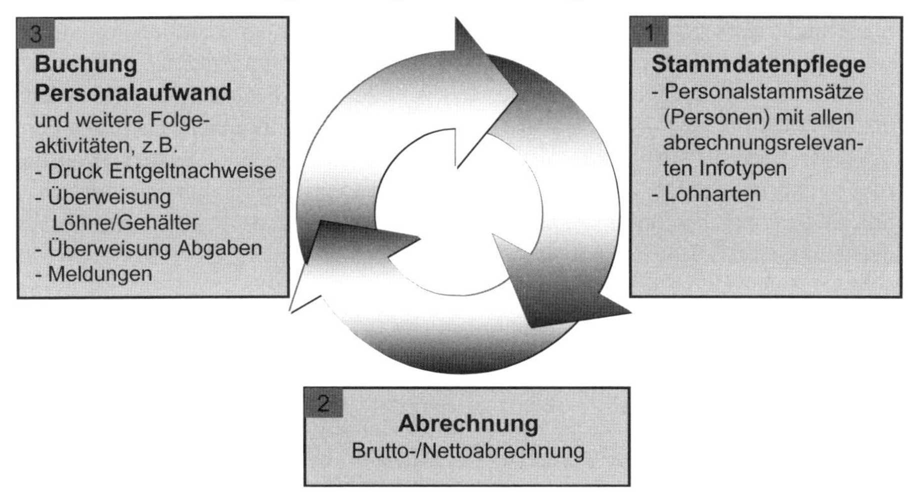

Abb. 4.5.1-10: Prozess der Personalabrechnung

Im SAP-System unterstützten folgende Anwendungsteile den Geschäftsprozess:

- Rechnungswesen mit den Funktionen zur Finanzbuchhaltung (FI für Financials)
- Personalwirtschaft, auch als HCM für Human Capital Management bezeichnet, vorrangig mit den Komponenten der Personaladministration (PA für Personell Administration) und Personalabrechnung (PY für Payroll)
- Basissystem (BC für Basic Components)

Der risikoorientierten Betrachtungsweise und den Prüfungshandlungen in diesem Kapitel liegt die Personalabrechnung für Deutschland zugrunde. Für andere Länder können die überwiegenden Prüfungshandlungen analog angewendet werden. Ferner bezieht sich das betrachtete Szenario auf Prüfungsziele in Hinblick auf den Personalaufwand, wie er mit SAP-gestützten Buchführungsverfahren durch Anwendung der zuvor genannten Anwendungsteile gebucht wird. In den Kapiteln 4.5.7 ab Seite 441 und 4.5.8 ab Seite 448 wird die Betrachtungsweise um weitere personalwirtschaftliche SAP-Komponenten der Zeitwirtschaft und des Reisemanagements erweitert.

Die Risiken bei der SAP-gestützten Personalabrechnung beziehen sich aus der Perspektive der handelsrechtlichen Abschlussprüfung auf folgende Bereiche:

- Fehlende Vollständigkeit, Richtigkeit und Zeitgerechtigkeit im Ausweis des Personalaufwands
- Fehlende Nachvollziehbarkeit für die personalwirtschaftlichen Buchungen
- Mängel in Bezug auf die Sicherheit und damit die Ordnungsmäßigkeit der Buchführung im Hinblick auf die rechnungslegungsrelevanten Daten

Aus der Perspektive weiterer gesetzlicher Normen bestehen Risiken der Nichteinhaltung von Vorgaben vor dem Hintergrund der folgenden regulatorischen Anforderungen:

- Datenschutzrecht: Hier sind vor allem die Anforderungen des Bundesdatenschutzgesetzes (BDSG) maßgebend.
- Steuerrecht: Wesentliche Anforderungen ergeben sich aus der Abgabenordnung (AO) sowie dem Einkommensteuergesetz (EStG) mit den entsprechenden Richtlinien und Durchführungsverordnungen. Erstere setzt vor allem den Rahmen für eine ordnungsmäßige Buchführung, vergleichbar mit den HGB-Anforderungen. Letzteres enthält Vorgaben für die Personaladministration. Diese sind unter SAP-Systemen umzusetzen, da andernfalls das Risiko besteht, dass notwendige Zuordnungen unmöglich sind und die Personalabrechnung zu inkorrekten Ergebnissen führt. In den Personalstammdaten müssen z.B. steuerrechtlich relevante Daten wie Steuerklassen, Freibeträge und geldwerte Vorteile korrekt abgebildet sein.
- Arbeitsrecht: Die Anforderungen insbesondere aus dem Tarifrecht, Vertragsrecht und der Sozialgesetzgebung implizieren vor allem das Risiko, dass die Struktur der Personalstammdaten im SAP-System nicht anforderungsgerecht ist.
  In diesem Bereich sind auch die Risiken in Bezug auf die Nichteinhaltung der Regelungen aus dem Betriebsverfassungsgesetz (BetrVG) zu betrachten. Das BetrVG regelt vor allem die Mitbestimmung, die über Betriebsvereinbarungen geregelt werden kann. Sie haben in der Regel eine vergleichbare Wirkung wie Tarifverträge, wenn in ihnen Vereinbarungen in Bezug auf das Entlohnungssystem, die Entlohnungsgruppen bzw. das Verfahren oder die Höhe von Zuschlagsentlohnungen getroffen sind. Schließlich bestehen Risiken in der Nichteinhaltung der Anforderungen aus dem Sozialgesetzbuch (SGB), das z.B. Vorgaben in Bezug auf die Speicherung und Verarbeitung von Daten zur Kranken- und Rentenversicherung oder zum Mutterschutz umfasst.

Ferner bestehen Risiken aus dem Personalabrechnungsprozess, die sich in folgenden Fragen widerspiegeln:

- Wie ist sichergestellt, dass alle Personen mit einem aktiven Beschäftigungsverhältnis periodengerecht ihre Löhne, Gehälter, Bezüge oder sonstigen Vergütungen in der korrekten Höhe erhalten?
- Wie ist sichergestellt, dass alle Personen mit einem passiven Beschäftigungsverhältnis, wie Rentner, ihre Geldleistungen zu den richtigen Zeitpunkten und in richtiger Höhe erhalten?
- Welches Verfahren wird angewendet, so dass alle abrechnungsrelevanten Informationen z.B. aus den Arbeitsverträgen oder gemäß Tarifrecht in den Personalstammdaten richtig erfasst und gespeichert sind?
- Wie ist sichergestellt, dass Änderungen an den abrechnungsrelevanten Daten – z.B. Lohn- oder Gehaltserhöhungen oder Pensionierungen – zum richtigen Zeitpunkt berücksichtigt werden?
- Wird bei den Zahlungsläufen ausschließlich an die Empfangsberechtigten geleistet? Werden dabei auch Gehaltspfändungen oder Leistungen im Rahmen der Vermögensbildung korrekt verarbeitet? Wie ist sichergestellt, dass nicht an fiktive Personen ungerechtfertigte Auszahlungen erfolgen? Wie wird das Risiko doloser Handlungen begrenzt?
- Wie wird gewährleistet, dass der Entgeltnachweis das richtige Ergebnis der periodischen Personalabrechnung ausweist? Wie wird vor allem sichergestellt, dass ausgewiesene Bruttobestandteile, kumulierte Werte, Überweisungsbeträge und Beiträge zur Sozialversicherung sowie Steuern korrekt sind?
- Wie wird sichergestellt, dass die steuerrechtlich relevanten Informationen korrekt ermittelt und an das Finanzamt bzw. die Finanzverwaltung übermittelt werden? Erfolgt z.B. die Lohnsteueranmeldung korrekt? Werden Lohnsteuerbescheinigungen korrekt an die Finanzverwaltung übermittelt und den Mitarbeitern ausgehändigt?
- Wie wird gewährleistet, dass die richtigen Zahlungen und Meldungen an die Sozialversicherungsträger erfolgen? Welche Verfahren werden bezüglich Zahlungen und Meldungen an Krankenkassen oder Rentenversicherungen verwendet?

4.5.2 Quick Wins

Aus der praktischen Erfahrung von Systemprüfungen bestehen wesentliche Risiken in den im Folgenden dargestellten Prüfungsgebieten. Die Liste der 10 Quick Wins stellt solche Gebiete dar, bei denen der Prüfer vergleichsweise schnell zuverlässige Prüfungsfeststellungen erzielen bzw. durch seine Feststellungen und Empfehlungen zu einer signifikanten Verbesserung von Prozessen und Kontrollen beitragen kann:

1. Mängel in Bezug auf die Lohnarten-Einstellungen: Das Customizing der Lohnarten ist maßgeblich für die Vollständigkeit, Richtigkeit und Kontrollwirksamkeit der Personalabrechnung. Referenz: Kapitel 4.5.6.2, Seite 431.
2. Unvollständig gebuchte Personalabrechnungsläufe. Referenz: Kapitel 4.5.6.2, Seite 431.
3. Fehler oder nicht genutzte SAP-systemseitige Kontrollen in Bezug auf den Ausweis des Personalaufwands in der GuV. Referenz: Kapitel 4.5.6.1, Seite 428.
4. Unsachgemäßes Customizing der so genannten symbolischen Konten: Sie sind entscheidend für die automatische Kontenfindung im Zusammenhang mit dem Prozess der Personalabrechnung. Referenz: Kapitel 4.5.6.1, Seite 428.
5. Mängel in Bezug auf den Zugriffsschutz bzw. das HCM-spezifische Berechtigungskonzept. Fehlervermeidende Kontrollen, die das SAP-System über das Berechtigungskonzept in Bezug auf Funktionstrennungen, Vier-Augen-Prinzip, Massendaten-Verarbeitungsprogramme oder Löschfunktionen bietet, können unterlaufen werden. Referenz: Kapitel 4.5.4.4, Seite 406.
6. Fehlende Nachvollziehbarkeit in Bezug auf das Abrechnungsverfahren. Referenz: Kapitel 4.5.4.7, Seite 416.
7. Mängel in Hinblick auf die Zeitnähe der Buchführung und der diesbezüglichen Kontrollen, welche über Abrechnungsverwaltungssätze und die tiefste rückrechenbare Periode begründet sind. Referenz: Kapitel 4.5.5.1, Seite 418.
8. Fehler in den eingesetzten HR-Abrechnungsprogrammen. Referenz: Kapitel 4.5.5.4, Seite 423.
9. Eingeschränkte Nachvollziehbarkeit des Buchführungsverfahrens bei der Personalabrechnung infolge fehlender Protokollierung von Tabellenänderungen, welche die Verarbeitung im SAP-System steuern. Referenz: Kapitel 4.5.5.4, Seite 423.
10. Unzureichende Kontrollen in Bezug auf so genannte „Aufrollungen". Bei unsachgemäßem Einsatz der Funktion Aufrollung können fehlerhafte Abrechnungen bei Einsatz des Reisemanagements entstehen, wie z.B. Mehrfachauszahlungen zu einer Reise. Referenz: Kapitel 4.5.8, Seite 448.

4.5.3 Überblick zu personalwirtschaftlichen Funktionen

SAP bietet zur Unterstützung personalwirtschaftlicher Funktionen eine Vielzahl von Komponenten an. Im Folgenden werden sowohl einzelne Komponenten erläutert als auch die Integration der Funktionen hervorgehoben. Im Rahmen einer SAP-Systemprüfung gilt es zunächst durch die Aufnahme des Prozesses einen Überblick der genutzten SAP-Funktionen zu erhalten. Je Funktion bzw. Komponente sind die bei SAP gebräuchlichen Abkürzungen aufgeführt.

Folgende HCM-Komponenten bilden die Grundlage aller personalwirtschaftlichen Prozesse:

- **Personaladministration** – PA (Personell Administration)
  Die Funktionen umfassen die Personalstammdatenadministration. Die Stammdaten sind die Basis für alle personalwirtschaftlichen Prozesse, vor allem die der Personalabrechnung. Sie sind im SAP-System unter den Menüeintrag *Personal - Personalmanagement - Administration* zu erreichen.
- **Organisationsmanagement** – OM (Organizational Management)
  Über diese Funktionen wird die Organisationsstruktur, insbesondere die Aufbauorganisation abgebildet. Die Personen können in die flexibel gestaltbare Organisationsstruktur eingebunden werden. Für die Personalabrechnung kann das Organisationsmanagement optional genutzt werden; der Einsatz ist keine zwingende Voraussetzung. Die Funktionen sind im SAP-System unter dem Menüeintrag *Personal - Organisationsmanagement* zu erreichen.

Auf diesen Funktionen bauen folgende HCM-Komponenten auf, die im SAP-Menü unter dem Eintrag *Personal* aufgeführt sind:

- **Personalmanagement**, dazu zählen folgende Funktionen:
  - Personalbeschaffung – PA-RC (Recruitment)
    Diese Komponente umfasst das Management von Personalvakanzen über den gesamten Prozess, beginnend von der Ausschreibung über die Bewerberauswahl und Bewerberkorrespondenz bis hin zur Einstellung. Eine unmittelbare Schnittstelle zur Personalabrechnung ist nicht gegeben. Die Funktionen bieten den Vorteil einer durchgehenden Verwendung einmal erfasster Informationen: Bei Einstellung eines Bewerbers können seine Personalstammdaten im Rahmen der SAP-Personaladministration weiter verwendet werden.
  - Personalentwicklung – PA-PD (Personnel Development)
    Die Funktionen dieser Komponente beziehen sich auf Mitarbeiterbeurteilungen, Karriere-, Entwicklungs- und Nachfolgeplanungen, das Skills Management sowie das Management von personalwirtschaftlichen Potenzialen und Zielen. Eine unmittelbare Schnittstelle zur Personalabrechnung und dem daraus resultierenden Personalaufwand ist nicht vorhanden.
  - Arbeitgeberleistungen – PA-BN (Benefits)
    Mit dieser Komponente können eine Vielzahl von Leistungen abgebildet werden. Sie basieren in der Regel auf länderspezifischen Modellen. Die Funktionen und die damit verbundenen Daten sind eng integriert in den Personalabrechnungsprozess.
  - Vergütungsmanagement – PCMP (Compensation Management)
    Die Funktionen dieser Komponente beziehen sich auf Vergütungsrichtlinien, monetäre Stellenbewertungen, Total-Compensation-Ansatz, Benchmarking, leistungs-

orientierte Vergütung, Aktienprogramme und Budgetierungen. Der Fokus dieser Komponente liegt auf unternehmensinternen Planungs-, Steuerungs- und Kontrollfunktionen der Vergütung. Eine Integration von Daten in den Personalabrechnungsprozess ist möglich.

- Personalkostenplanung – PA-CM (Personnel Cost Management)
  In diesem Bereich ist die Planung und Hochrechnung von Personalkosten angesiedelt. Die Planungen haben keinen unmittelbaren Einfluss auf die Personalabrechnung.

- Management globaler Mitarbeiter – HRMGE (Management of Global Employees)
  Die Funktionen bestehen vor allem in der Verwaltung von Beschäftigungsverträgen von Mitarbeitern bei Auslandseinsätzen. Die Integration in die Personalabrechnung ist ein primäres Ziel bei Einsatz dieser Komponente.

- Altersvorsorge – PA-PS (Pension Scheme)
  Über die Funktionen können die regelmäßig länderspezifischen Modelle für betriebliche Renten oder Pensionen im SAP-System abgebildet werden. Die Komponente ist unmittelbar mit dem Personalabrechnungsprozess und dem daraus resultierenden Personalaufwand verbunden.

- Personalzeitwirtschaft – PT (Time Management)
  Diese Komponente bietet Funktionen zur Erfassung und Bewertung von Zeitdaten, Verbindung mit Zeiterfassungsterminals, Schicht- bzw. Einsatzplanung, Führung von Zeitkonten, Ermittlung von zuschlagpflichtigen Zeiten sowie zum Leistungslohn. Die Komponente ist unmittelbar mit dem Personalabrechnungsprozess verbunden.

- **SAP Learning Solution** – LSO (Learning Solution)
  Die Lernplattform inklusive E-Learning hat keinen unmittelbaren Bezug zur Personalabrechnung.

- **Veranstaltungsmanagement** – PE (Training and Event Management)
  Die Funktionen in diesem Bereich beziehen sich auf die Verwaltung von Seminarkatalogen, die Organisation von Veranstaltungen, die Buchung und Verwaltung von Teilnehmern, die Korrespondenz mit Teilnehmern und Referenten, die Ressourcenverwaltung, die Kalkulation, den Internet-basierten Vertrieb, die Fakturierung und die Kostenverrechnung. Eine unmittelbare Schnittstelle zu dem Prozess der Personalabrechnung ist nicht gegeben.

- **Reisemanagement** – TV (Travel Management)
  Die Komponente unterstützt die Planung von Reisen, die Beschaffung von Reisemitteln, das Antrags- und Genehmigungsverfahren, die Erfassung von durchgeführten Reisen, die Abrechnung, Auszahlung und Buchung von Reisekosten. Im SAP-System kann das Reisemanagement mit der Personalabrechnung verbunden werden, so dass Reisen im Zusammenhang mit der Lohn- und Gehaltsabrechnung zur Auszahlung führen. Alternativ ist der Einsatz des Reisemanagements unabhängig von der SAP-Personalabrechnung möglich. In diesem Fall erfolgt die Abrechnung über FI-Funktionen.

- **Umweltmanagement** – EHS (Environment, Health and Safety)
  Die Funktionen in diesem Bereich beziehen sich auf die Administration bezüglich Arbeitsmedizin und Arbeitsschutz. Eine unmittelbare Integration zu dem Personalabrechnungsprozess und dem daraus resultierenden Personalaufwand ist im Regelfall nicht gegeben. Es werden aber in einigen Fällen Szenarien angewendet, bei denen die Erfassung von Daten zum Umweltmanagement vergütungsrelevant sind: Über EHS können z.B. betriebliche medizinische Untersuchungen bei Mitarbeitern geplant und deren Ergebnisse erfasst werden. Sind sie Voraussetzungen für bestimmte Arbeitseinsätze wie z.B. in Bezug auf gefahrgeneigte Arbeit, können die medizinischen Ergebnisse ursächlich für die tarifliche Vergütung der Arbeitseinsätze und somit für den Personalaufwand sein.

4.5.4 Personalstammdatenpflege

4.5.4.1 Organisationsstrukturen

SAP-Fakten:

Im SAP-System stehen verschiedene Organisationsstrukturen zur Verfügung, um die Stammdaten zu erfassen, die letztlich die Basis für die Buchung des Personalaufwands legen. Die Kenntnis der Organisationsstrukturen ist von entscheidender Bedeutung, um die Integration der einzelnen SAP-Anwendungsteile und –Komponenten sowie den Datenfluss innerhalb des SAP-Systems zu analysieren. Ein weiterer Grund ist die Abgrenzung des Prüfungsgegenstands. Sind in einem SAP-System für mehrere Gesellschaften Buchungskreise angelegt, von denen eine Teilmenge geprüft wird, so müssen die zu den Buchungskreisen korrespondierenden Personalbereiche ermittelt werden, um Prüfungshandlungen zielgerichtet durchzuführen. Die folgende Abbildung verdeutlicht die wesentlichen Organisationsstrukturen. Ferner sind die unmittelbaren und mittelbaren Verknüpfungen aufgeführt, die zwischen einer Person über ihre Personalnummer und den Organisationsstrukturen bestehen:

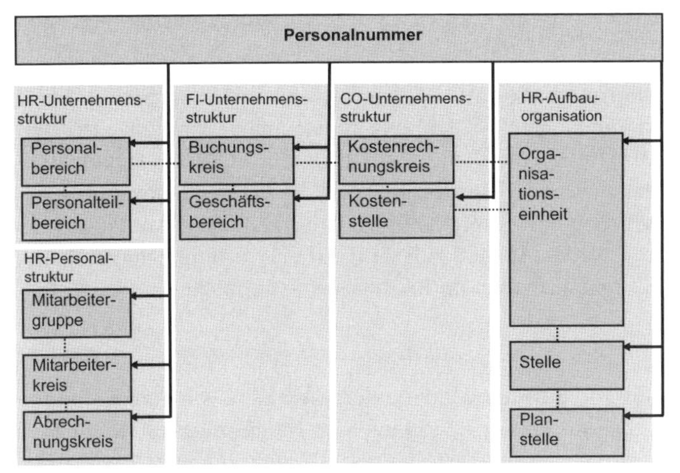

Abb. 4.5.4.1-10: Organisationsstrukturen für Personalstammdaten

Die **Personalnummer** ist aus Sicht des SAP-Systems das zentrale Ordnungskriterium für alle Personen. Jeder Mitarbeiter verfügt über eine eindeutige Personalnummer. Alle ihm zugeordneten Stammdaten, die über so genannte Informationstypen hinterlegt sind, haben in dem entsprechenden Datensatz die Personalnummer. Sie ist achtstellig und numerisch. In der überwiegenden Anzahl der SAP-Systeme wird die Personalnummer automatisch vom System vergeben. Damit wirkt eine Kontrolle, dass die Personalnummer zu einer Person niemals für eine andere Person verwendet werden kann. Die Kontrolle behält auch ihre Wirksamkeit, wenn alle Daten zu der Personalnummer im SAP-System gelöscht werden.

Eine manuelle, externe Personalnummernvergabe ist alternativ möglich und sinnvoll, wenn ein anderes IT-System als das SAP-System das führende HR-System ist.

Der **Personalbereich** stellt ein zentrales Strukturelement dar. Die wesentlichen Kriterien für die Bildung von Personalbereichen sind der **Buchungskreis** und die Länderversion der Entgeltabrechnung.

Der **Personalteilbereich**, der Name sagt es bereits, ist eine Unterteilung des Personalbereichs. Die wesentlichen Kriterien für die Bildung von Personalteilbereichen sind der Standort sowie die Betriebsnummer bzw. das zuständige Finanzamt im Rahmen der Entgeltabrechnung.

Unabhängig von der **HR-Unternehmensstruktur** lassen sich Mitarbeiter in **Mitarbeitergruppen** und **Mitarbeiterkreise** einordnen. Diese Organisationselemente beziehen sich auf die **HR-Personalstruktur**. Über die Kombination von Mitarbeitergruppe und Mitarbeiterkreis wirken systemseitige Kontrollen z.B. in Bezug auf

- die Zulässigkeit von Lohnarten,
- die Zulässigkeit und Abtragung von Zeitkontingenten wie Überstunden, Urlaub oder Lebensarbeitszeit und
- die Zulässigkeit und Bewertung von Zeitmodellen wie die Entlohnung bei Nacht- oder Wochenendarbeit.

Abrechnungskreise fassen Personen zusammen, die in einem Abrechnungslauf zusammen zu verarbeiten sind.

Die **HR-Aufbauorganisation** mit **Organisationseinheiten**, **Stellen** und **Planstellen** ist bei Einsatz des so genannten HR-Organisationsmanagements als gesonderte HCM-Komponente relevant. Die Verwendung des HR-Organisationsmanagements ist optional für die hier behandelten Geschäftsprozesse. Wird die Personalabrechnung ohne das HR-Organisationsmanagement eingesetzt, müssen keine Daten zur Aufbauorganisation im SAP-System hinterlegt werden. In dem Fall wird auf die Vorteile einer starken Integration von Prozessen und Datenhaushalten im SAP-System verzichtet.

Prüfungshandlungen:

- Stellen Sie fest, ob die interne oder externe Vergabe von Personalnummern eingerichtet ist. Über die Transaktion SPRO und den Menüweg *Personalmanagement – Personaladministration – Grundeinstellungen - Nummernkreisintervalle für Personalnummern pflegen* können die Nummernkreisintervalle angezeigt werden. Die externe Nummernvergabe ist nur aktiviert, wenn ein entsprechender Haken gesetzt ist. Welcher Nummernkreis für ein Land, einen Personalbereich und einen Mitarbeiterkreis gültig ist, ist im Customizing über die Transaktion SPRO unter dem Menüweg *Personalmanagement – Personaladministration – Grundeinstellungen – Vorschlag für Nummernkreise festlegen* prüfbar, wie folgende Abbildung zeigt.

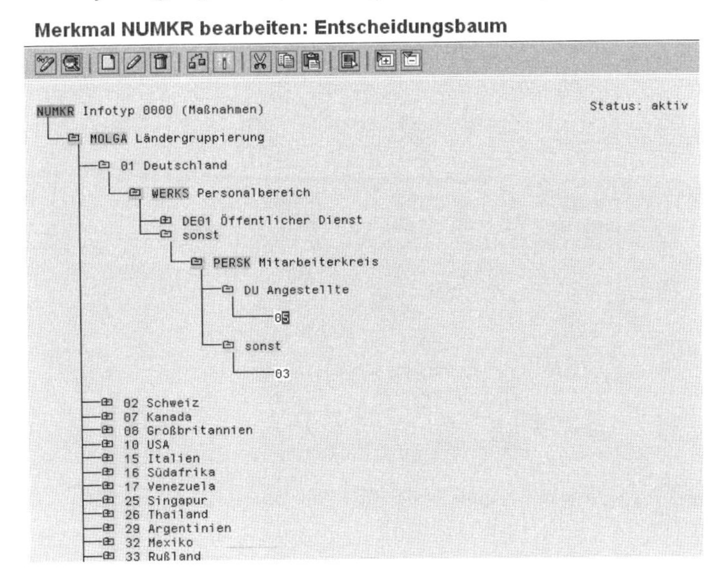

Abb. 4.5.4.1-20: Prüfung der Art der Nummernvergabe für Personalstammdaten © SAP

- Nehmen Sie die Organisationsstrukturen auf, welche für die Buchung des Personalaufwands bzw. für das Prüfungsgebiet relevant sind. Mit der Transaktion SE16 können die Organisationsstrukturen in folgenden Tabellen ermittelt werden:

Organisationsstrukturen	Tabellen
Personalbereich	T500P
Personalteilbereich	T001P
Mitarbeitergruppe	T501
Mitarbeiterkreis	T503T
Abrechnungskreis	T549A
Buchungskreis	T001
Organisationseinheit	T527X
Stelle	T513
Planstelle	T528B

- Prüfen Sie, ob die Personalstammdaten den richtigen Organisationsstrukturen zugeordnet sind. Überzeugen Sie sich somit davon, dass die Daten im System den realen Sachverhalten in Bezug auf Zuordnung zum Buchungskreis, Personalbereich, Personalteilbereich, Mitarbeitergruppe, Mitarbeiterkreis und Abrechnungskreis entsprechen. Im SAP-System steht die Transaktion PA20 (Personalstammdaten anzeigen) zur Verfügung. Über die Auswahl *Organisatorische Zuordnung* und *Anzeigen (F7)* werden z.B. folgende Verknüpfungen angezeigt:

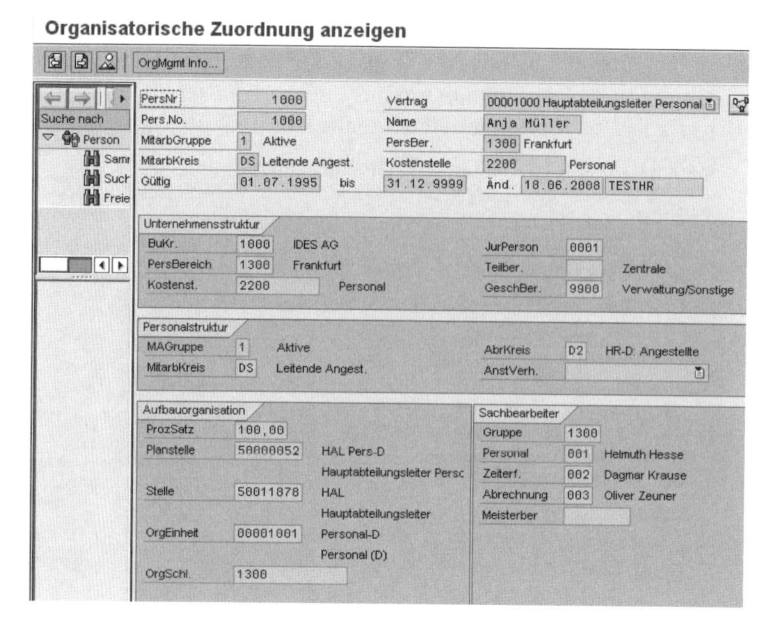

Abb. 4.5.4.1-30: Prüfung der organisatorischen Zuordnung von Personen *© SAP*

- Verwenden Sie für Prüfungshandlungen mit einer Vielzahl von Personalstammdaten die Transaktion SE16 und die Tabelle PA0001 (Personal-Stammsatz Infotyp 0001 (Org. Zuordnung)), um die korrekte Zuordnung in Bezug auf die Organisationsstrukturen zu beurteilen.

4.5.4.2 Konzept der Infotypen

SAP-Fakten:

Der Zugriff auf Stammdaten innerhalb von HCM ist über so genannte Informationstypen realisiert. Der weitläufig genutzte Begriff „**Infotyp**" wird im Folgenden synonym verwendet. Das Konzept der Infotypen besteht darin, logisch zusammengehörige Informationen in jeweils einem Infotyp zusammenzuführen. Im Infotyp 0002, Daten zur Person, werden beispielsweise verschiedene Informationen wie Anrede, Nachname, Vorname, Geburtsdatum und Geburtsort zusammengefasst.

Ein Infotyp ist durch einen vierstelligen Schlüssel eindeutig definiert. Es stehen im SAP-System folgende Intervalle zur Verfügung:

- 0000 – 0999 Stammdaten
- 1000 – 1999 Planung
- 2000 – 2999 Zeitwirtschaft
- 4000 – 4999 Bewerber
- 9000 – 9999 Namensraum für unternehmenseigene Infotypen

Zu jedem Infotyp der Personaladministration und Personalzeitwirtschaft wird grundsätzlich eine eigene Tabelle geführt, die mit PA beginnt, gefolgt vom vierstelligen Infotyp.

So genannte **Subtypen** bilden eine Differenzierungsmöglichkeit innerhalb eines Infotyps. Ein Subtyp enthält im Regelfall mehrer Felder, die in einer Bildschirmmaske gepflegt werden können. Als Beispiel dient der Infotyp 0009 (Bankverbindung) mit den Subtypen 0 (Hauptbankverbindung) und 1 (zusätzliche Bankverbindungen). In beiden Subtypen werden Informationen wie die Kontonummer, Bankleitzahl oder der Zahlungsweg gespeichert.

Die Infotypen können über die Transaktion PA20 angezeigt und über die Transaktion PA30 (Personalstammdaten pflegen) bearbeitet werden. Das Programm RPDINF01 (Infotypen und -Subtypen) gibt zu den Infotypen und Subtypen die Bezeichnungen sowie zentrale Einstellungen aus.

Infotypen unterliegen unterschiedlichen so genannten **Zeitbindungen**, d.h. zu einer Person können z.B. im Zeitablauf mehrere Hauptbankverbindungen bestehen, so dass nachvollzogen werden kann, zu welchem Zeitpunkt das Gehalt an welche Bankverbindung geleistet wurde. Über derartige Zeitbindungen wird die Datenqualität gesteigert. SAP unterscheidet vier Zeitbindungen:

- Zeitbindung 0: Über den gesamten Gültigkeitszeitraum des Personalstamms muss genau ein Datensatz bestehen. Beispiel: Infotyp 0003 (Abrechnungsstatus).
- Zeitbindung 1: Zu einem Zeitpunkt muss genau ein gültiger Datensatz bestehen. Überschneidungen sind unzulässig. Beispiel: Infotyp 0002 (Daten zur Person) mit dem Nachnamen der Person
- Zeitbindung 2: Zu einem Zeitpunkt kann höchstens ein gültiger Satz vorhanden sein. Lücken im Zeitablauf sind zulässig; Überschneidungen sind nicht zulässig. Beispiel: Infotyp 0004 (Behinderung)
- Zeitbindung 3: Zu einem Zeitpunkt können beliebig viele gültige Datensätze vorhanden sein. Beispiel: Infotyp 0030 (Vollmachten)

Prüfungshandlungen:

- Stellen Sie die die im SAP-System eingerichteten Infotypen und Subtypen fest, indem Sie das Programm RPDINF01 einsetzten. Ermitteln Sie, ob neben den Infotypen im SAP-Namensraum solche im Kundennamensraum angelegt sind. Klären Sie, welche Infotypen für die Buchung des Personalaufwands von Bedeutung sind. Mit Hilfe des Programms RPDINF01 sollte auch festgestellt werden, wie viele Datensätze zu einem Infotyp im SAP-System vorhanden sind. Ferner können die Einstellungen zur Zeitbindung, zur Möglichkeit der rückwirkenden Eingabe und zur Rückrechnungsrelevanz entnommen werden. Folgende Abbildung verdeutlicht einen Teil der Auswertung:

Infotypen und -Subtypen

Infotypen und -Subtypen mit Datenbankstatistik

Infotyp / Infosubtyp	Zeit-Bind.	rückw. Eingabe zul.	Rück-rechn. Relev.	Subt. Tab.	Anzahl Datensätze gesamt	Stichtag heute
Selektion der Personalnummern						
BT I 1 99999						
0000 Maßnahmen	1	X	R		1.813	1.331
0001 Organisatorische Zuordnung	1	X	T		2.293	1.317
0002 Daten zur Person	1				1.328	1.322
0003 Abrechnungsstatus	A				1.330	1.330
0004 Behinderung	2	X			1	1
0005 Urlaubsanspruch	2	X		JAHR	1.717	84
0006 Anschriften	T		T	591A	1.757	1.733
1 Ständiger Wohnsitz	1				1.370	1.348
2 Zweitwohnsitz	3				66	65
3 Heimatanschrift	2				79	79
4 Notadresse	2				91	90
5 Postalische Anschrift	2				126	126
6 Pflegeadresse	2					
90	2					
E1 Domicilio fiscal no residentes	2					
FPCB Addresse pendant le congé bonifié	2					
HKTX	2					
J1 Official(tax) address	2				24	24
J2 Guaranter	1					
J3 Address during leave of absence	2					
Q1	1					
R1	2					
R2	2					
US01	2				1	1
0007 Sollarbeitszeit	1	X	T		1.752	1.292
0008 Basisbezüge	T	X	R	591A	2.185	1.284
0 Basisvertrag	1				2.185	1.284
1 Basisvertrag Erhöhen	2					

Abb. 4.5.4.2-10: Prüfung von verwendeten Infotypen und Subtypen © SAP

- Prüfen Sie, ob gesperrte Datensätze zu ausgewählten Infotypen vorliegen. Infotypen können mit folgenden Aktivitäten angesprochen werden: Anlegen, Ändern, Kopieren, Abgrenzen, Anzeigen, Löschen und Sperren/Entsperren. Das Sperren eines Datensatzes ist sinnvoll, wenn bei der Datenerfassung noch Klärungsbedarf besteht. Ein gesperrter Datensatz bleibt bei der Entgeltabrechnung unberücksichtigt. Er kann manuell entsperrt werden. Ferner können Sperren automatisch im Rahmen eines Vier-Augen-Prinzips gesetzt werden, das vom Berechtigungskonzept unterstützt wird. In diesem Fall schreibt ein erster Erfasser automatisch einen gesperrten Datensatz, der von einem weiteren Sachbearbeiter entsperrt werden muss.
- Prüfen Sie z.B. die Historie und Sperren zu dem Infotyp 0008 (Basisbezüge) mit folgendem Vorgehen: Mit der Transaktion SE16 und der Tabelle PA0008 wird die historische Entwicklung der Stammdatenpflege analysiert. Folgende Abbildung zeigt ein Beispiel, bei dem der letzte Datensatz gesperrt ist.

Data Browser: Tabelle PA0008 3 Treffer

Prüftabelle...

Tabelle: PA0008
Angezeigte Felder: 7 von 7 Feststehende Führungsspalten: 6 Listbreite 0250

Mandant	Personalnr	Sperrknz	Gültig bis	Gültig ab	Geändert am	Betrag
800	00001000		30.06.1995	01.01.1995	04.12.1995	0,00
800	00001000		31.12.9999	01.07.1995	04.09.2008	8.890,00
800	00001000	X	31.12.9999	04.09.2008	20.07.2009	90.000,00

Abb. 4.5.4.2-20: Prüfung der Datenqualität am Beispiel der Historie der Basisbezüge © SAP

4.5.4.3 Ausgewählte Infotypen

SAP-Fakten:

In Bezug auf die Personalabrechnung und dem daraus resultierenden Personalaufwand sind folgende Infotypen von Bedeutung:

Infotyp	Bezeichnung
0001	Organisatorische Zuordnung
0002	Daten zur Person
0003	Abrechnungsstatus
0008	Basisbezüge
0014	Wiederkehrende Be-/Abzüge
0015	Ergänzende Zahlungen
0017	Reiseprivilegien

Bei Einsatz der Personalzeitwirtschaft wird die Abrechnung ferner maßgeblich durch die Stammdaten in folgenden Infotypen gesteuert. Sie sind im Nummernkreisintervall 2000 bis 2999:

Infotyp	Bezeichnung
2001	Abwesenheiten
2002	Anwesenheiten
2004	Bereitschaft
2005	Mehrarbeiten
2006	Abwesenheitskontingente
2007	Anwesenheitskontingente
2011	Zeitereignisse

Prüfungshandlungen:

- Beurteilen Sie, ob die in den Infotypen gepflegten Stammdaten den arbeitsvertraglichen und sonstigen Regelungen entsprechen und ob sie eine kontrollwirksame Verarbeitung in der Personalabrechnung unterstützen. Zur Einsichtnahme in die Stammdaten steht die Transaktion PA20 zur Verfügung. Mit der Parametrisierung gemäß folgender Abbildung und Mausklick auf *Anzeigen (F7)* können die aktuell gültigen Stammdaten zu dem Infotyp 0002 (Daten zur Person) angezeigt werden. Die Transaktion stellt zahlreiche Funktionen für die Auswahl von Personalnummern nach einer Vielzahl von Auswahlkriterien zur Verfügung. Und die Transaktion erlaubt, die zu unterschiedlichen Zeitpunkten bzw. Zeiträumen gültigen Stammdaten auszuwerten.

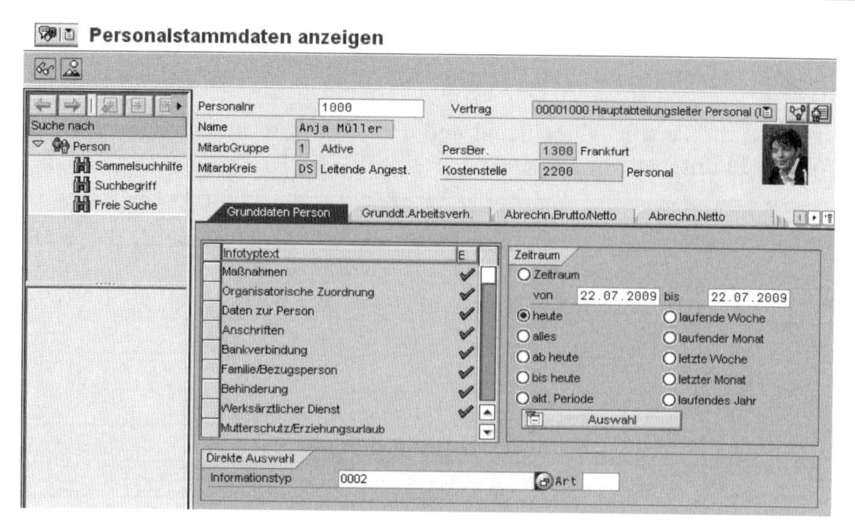

Abb. 4.5.4.3-10: Prüfung der Stammdaten mit der Anzeige von Infotypen © *SAP*

- Prüfen Sie die Stammdaten über Auswertungen zu den mit PA-beginnenden Tabellen. Mit der Transaktion SE16 und Angabe der Tabelle PA0003 können die Daten zu dem Infotyp 0003 (Abrechnungsstatus) geprüft werden. Somit sind Feststellungen möglich, ob die Personalabrechnung die relevanten Personen bis zu einer bestimmten Periode vollständig umfasste. In der Tabelle ist hierzu das Feld „Abgerechnet bis" (ABRDT) zu analysieren.

4.5.4.4 Zugriffsschutz über klassische Berechtigungen

SAP-Fakten:

Der Aufbau und die Pflege von Zugriffskontrollen zu HR-Daten ist eine besonders herausfordernde Aufgabe. Dies liegt einerseits daran, dass die Daten in der Regel als besonders sensibel eingestuft werden. Bereits Leserechte sind vor dem Hintergrund des BDSG sehr restriktiv zu vergeben. Andererseits stellt SAP ein ganzes Bündel von möglichen Methoden in Bezug auf den Zugriffsschutz zur Verfügung. Teilweise ergänzen sie sich, teilweise entstehen bei nicht sachgerechter Anwendung gravierende Risiken. Die Prüfung der Zugriffskontrollen für personenbezogene bzw. für die Personalabrechnung relevante Daten erfordert somit besondere Aufmerksamkeit.

Über die Konzeption, wie sie in Kapitel 3.1 ab Seite 43 dargestellt wird, ist im Hinblick auf den HCM-Anwendungsteil zu beachten, dass in vielen Fällen eine isolierte Betrachtung der einzelnen HR-Berechtigungsobjekte nicht ausreicht. So ist z.B. der Zugriff auf HR-Transaktionen nicht nur über das Basis-Berechtigungsobjekt S_TCODE (Prüfung auf den Transaktionscode bei Transaktionsstart), sondern auch über das HR-Berechtigungsobjekt P_TCODE (HR: Transaktionscode) gesteuert. Über die Ausprägungen zu diesem Objekt kann eine weitere Einschränkung der ausführbaren Transaktionen vorgenommen werden.

Nur wenn zu beiden Berechtigungsobjekten entsprechende Ausprägungen in der jeweiligen Benutzer-ID vorliegen, wird der Zugriff systemseitig zugelassen.

Der Zugriff auf Daten der Personalwirtschaft kann grundsätzlich auf mehrere Arten erfolgen, wobei festzuhalten ist, dass jeweils unterschiedliche Berechtigungsprüfungen durchlaufen werden. Zugriffsmöglichkeiten auf Daten der Personalwirtschaft sind dabei über die Standard-Menüwege aus dem HCM-Anwendungsteil (Anwendungsbezogener Zugriff) gegeben. Als weitere Möglichkeit dient der Zugriff über Tabellenpflegefunktionalitäten aus der SAP-Basis heraus. Ferner ist der Zugriff über Anwendungsprogramme möglich.

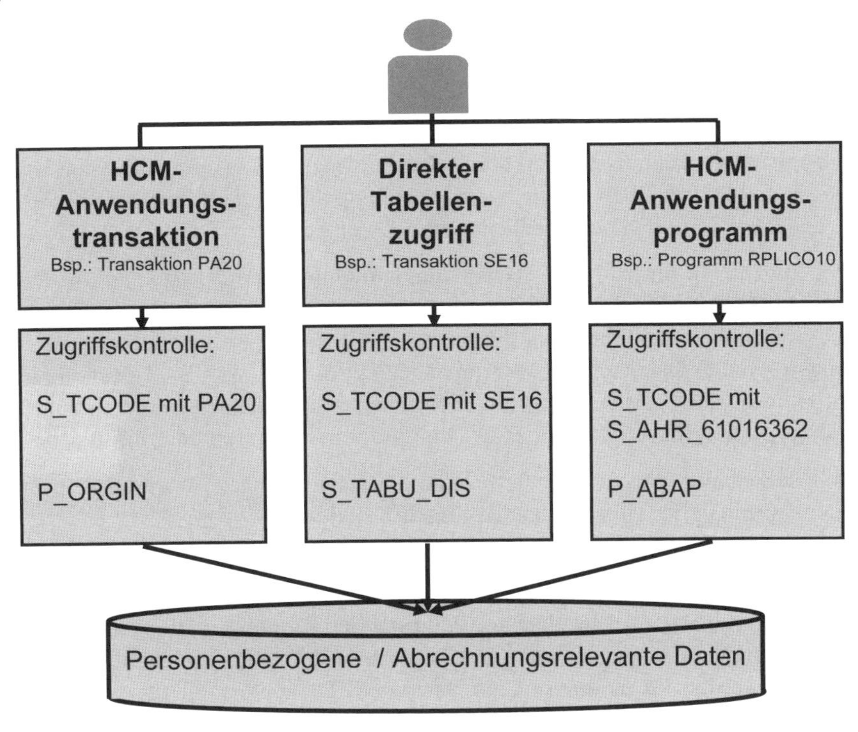

Abb. 4.5.4.4-10: Unterschiedliche Zugriffswege und Zugriffskontrollen für HCM-Daten

Bei dem Zugriff über Anwendungstransaktionen werden die Standard-Menüwege bzw. HCM-Transaktionen genutzt. Als Beispiel dient das Anzeigen des Personalstammsatzes über die Transaktion PA20. Bei dieser Zugriffsart werden erstens der Transaktionscode und zweitens das Berechtigungsobjekt P_ORGIN (HR: Stammdaten) verprobt, so dass die Rechte spezifisch für die einzelnen Infotypen kontrolliert werden.

Bei dem direkten Tabellenzugriff wird auf die Tabelle unmittelbar lesend und gegebenenfalls auch schreibend zugegriffen. Mögliche Transaktionen sind in diesem Zusammenhang u.a. folgende:

Transaktionen	Bezeichnungen
SE16	Data Browser
SE16N	Allgemeine Tabellenanzeige
SE17	Allgemeine Tabellenanzeige
SE84	Repository-Infosystem
SE85	ABAP/4 Dictionary Infosystem
SE87	Aufruf View-Pflege
SM30	Data Browser

Bei diesem Zugriffsweg werden nicht die gleichen Berechtigungsobjekte wie bei dem ersten Zugriffsweg verprobt, obwohl auf die gleichen Informationen zugegriffen wird. Vielmehr erfolgt die Zugriffssteuerung über die Berechtigungsobjekte S_TCODE und S_TABU_DIS (Tabellenpflege über Standardtools wie z.B. SM30). Eine systemseitige Kontrolle auf Organisationsstrukturen wie den Personalbereich oder Infotypen ist dabei nicht gegeben. Für den Tabellenzugriff wird vorrangig die Berechtigungsgruppe verprobt, welche die Tabelle mit den personenbezogenen Daten besitzt.

Bei dem Zugriff mit einem HCM-Anwendungsprogramm wird beispielsweise das Programm RPLICO10 (Flexible Mitarbeiterdaten) bzw. die gleichwertige Transaktion S_AHR_61016362 ausgeführt. Damit können eine Vielzahl personenbezogener bzw. abrechnungsrelevanter Daten zu einer Person angezeigt werden. Vom SAP-System wird das Berechtigungsobjekt P_ABAP verprobt. Bei einer entsprechenden Berechtigung erfolgt auch hier keine spezifische Kontrolle auf Organisationsstrukturen oder Infotypen.

Die dargestellten alternativen Zugriffswege mit unterschiedlichen systemseitigen Berechtigungsprüfungen gelten für schreibende Zugriffe analog.

Einige besonders kritische Programme erfordern ein „Paßwort". Ein Beispiel zeigt die Abbildung 4.5.8-70. Mit Hilfe der Programme ist es möglich, die Ergebnisse der Personalabrechnung zu löschen. Dies darf zur Wahrung der Ordnungsmäßigkeit nur erfolgen, wenn die rechnungslegungsrelevanten Daten vorab nach einem GoB-konformen Verfahren archiviert wurden. Es handelt sich um Daten in PCL-Tabellen, die für die Buchung im Hauptbauch, Erstellung des Entgeltnachweises für die Mitarbeiter und Meldungen an die Sozialversicherungsträger sowie das Finanzamt herangezogen werden. Als Beispiele dienen folgende Programme. Bei ihrer unsachgemäßen Ausführung sind schwerwiegende Dateninkonsistenzen die Folge.

Programme	Bezeichnungen
RPUP1D00	Anzeigen und Löschen einzelner Sätze von der Datei PCL1
RPUP1D10	Löschen einer Menge von Sätzen der Datei PCL1
RPUP2D00	Anzeigen und Löschen einzelner Sätze von der Datei PCL2
RPUP2D10	Löschen einer Menge von Sätzen der Datei PCL2
RPUP3D00	Anzeigen und Löschen einzelner Sätze von der Datei PCL3
RPUP3D10	Löschen einer Menge von Sätzen der Datei PCL3
RPUP4D00	Anzeigen und Löschen einzelner Sätze von der Datei PCL4
RPUP4D10	Löschen einer Menge von Sätzen der Datei PCL4

Über die F1-Hilfe ist bei den Programmen dokumentiert, welches „Paßwort“ für die Verarbeitung einzugeben ist. Das „Paßwort“ stellt somit keinen wirksamen Zugriffsschutz da. Entscheidend sind ausschließlich die Kontrollen über Berechtigungen zu dem Berechtigungsobjekt P_ABAP.

Prüfungshandlungen:

- Prüfen Sie, welche Berechtigungsobjekte in Bezug auf den Personalstamm systemseitig verprobt werden. Standardmäßig wird stets das Berechtigungsobjekt P_ORGIN (HR: Stammdaten) verwendet. Ob Kontrollen über dieses Objekt vorgenommen werden und ob weitere Berechtigungsobjekte den Zugriff auf den Personalstamm schützen, ist abhängig vom Customizing. Relevant ist der sogenannte Berechtigungshauptschalter. Er wird im Customizing über die Transaktion OOAC eingestellt. Prüfen Sie somit über die Transaktion OOAC, wie dieser Berechtigungshauptschalter eingestellt ist.

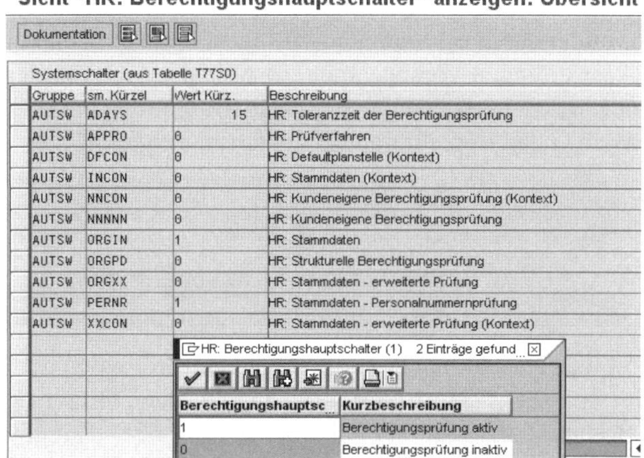
Sicht "HR: Berechtigungshauptschalter" anzeigen: Übersicht

Systemschalter (aus Tabelle T77S0)

Gruppe	sm. Kürzel	Wert Kürz.	Beschreibung
AUTSW	ADAYS	15	HR: Toleranzzeit der Berechtigungsprüfung
AUTSW	APPRO	0	HR: Prüfverfahren
AUTSW	DFCON	0	HR: Defaultplanstelle (Kontext)
AUTSW	INCON	0	HR: Stammdaten (Kontext)
AUTSW	NNCON	0	HR: Kundeneigene Berechtigungsprüfung (Kontext)
AUTSW	NNNNN	0	HR: Kundeneigene Berechtigungsprüfung
AUTSW	ORGIN	1	HR: Stammdaten
AUTSW	ORGPD	0	HR: Strukturelle Berechtigungsprüfung
AUTSW	ORGXX	0	HR: Stammdaten - erweiterte Prüfung
AUTSW	PERNR	1	HR: Stammdaten - Personalnummernprüfung
AUTSW	XXCON	0	HR: Stammdaten - erweiterte Prüfung (Kontext)

HR: Berechtigungshauptschalter (1) 2 Einträge gefund...

Berechtigungshauptsc...	Kurzbeschreibung
1	Berechtigungsprüfung aktiv
0	Berechtigungsprüfung inaktiv

Abb. 4.5.4.4-20: Prüfung der Einstellung des Berechtigungshauptschalters © *SAP*

In der oben stehenden Abbildung wird deutlich, dass neben der Kontrolle durch das Berechtigungsobjekt P_ORGIN (HR-Stammdaten) eine weitergehende Kontrolle durch das Berechtigungsobjekt P_PERNR (HR: Stammdaten-Personalnummernprüfung) aktiviert ist. Der Eintrag in der zweiten Spalte für das semantische Kürzel verweist auf das entsprechende Berechtigungsobjekt.

- Beurteilen Sie, ob die Einstellung des Berechtigungshauptschalters den unternehmensspezifischen Anforderungen genügt und über die getroffenen Einstellungen der geforderte Sicherheitsstandard hinreichend abgebildet ist.

- Prüfen Sie, welcher Benutzerkreis für das Customizing des Berechtigungshauptschalters zuständig ist. Ermitteln Sie ferner, ob nur zuständige Benutzer über die Pflegeberechtigung zu dieser sensiblen Customizingaktivität verfügen und ob die Customizingverfahren dokumentiert sind und eingehalten werden.

- Stellen Sie fest, ob kundenspezifische Berechtigungsprüfungen für HR-Daten im Customizing eingerichtet sind. Über das Customizing können die Standard-Berechtigungsprüfungen durch kundenspezifische Prüfungen ersetzt werden. Im Standard kann z.B. im System hinterlegt werden, dass ein Personalreferent seinen eigenen Personalstammsatz nicht pflegen darf. Der Ausschluss von zwei Personalnummern ist über eine kundenspezifische Berechtigungsprüfung möglich. Damit kann hinterlegt werden, dass der Personalreferent sowohl den eigenen als auch den Personalstammsatz seiner Frau nicht im Zugriff hat. Prüfen Sie daher im Customizing, ob ein sog. Business Add-In vorhanden ist. Die Prüfung erfolgt durch Einsichtnahme in das Customizing, Transaktion SPRO und den Menüweg *Personalmanagement – Personaladministration – Werkzeuge – Berechtigungsverwaltung – BAdI: Kundenindividuelle Berechtigungsprüfung einrichten.*

- Ermitteln Sie, welche Benutzer auf einzelne Infotypen Zugriff besitzen. Für die Prüfung eignet sich zunächst ein Überblick zu den relevanten Infotypen, der z.B. über das Programm RPDINF01 zu generieren ist. Daran anschließend kann das Infosystem Berechtigungen mit der Transaktion SUIM (Benutzerinformationssystem) herangezogen werden, um über das Programm RSUSR002 (Benutzer nach komplexen Selektionskriterien) Auswertungen vorzunehmen. In Abhängigkeit von der Einstellung des Berechtigungshauptschalters sind die Benutzer-IDs mit den entsprechenden Ausprägungen zu den folgenden Berechtigungsobjekten zu ermitteln:

Berechtigungsobjekt	**Bezeichnung**
P_ORGIN	HR: Stammdaten
P_ORGXX	HR: Stammdaten – erweiterte Prüfung
P_PERNR	HR: Stammdaten – Personalnummernprüfung

- Prüfen Sie, ob Funktionstrennungen im Hinblick auf Infotypen realisiert sind (vertikale Funktionstrennung). Eine Kontrolle bezüglich der Differenzierung nach Infotypen liegt z.B. dann vor, wenn ein Mitarbeiter über ESS (Employee Self Service) zwar seine Adresse, nicht aber seine Basisbezüge im SAP-System pflegen kann. Über die Transaktion SUIM können Auswertungen erstellt werden.

- Prüfen Sie, ob Funktionstrennungen im Hinblick auf die organisatorischen Zuordnungen realisiert sind (horizontale Funktionstrennung). Hier kann z.B. der Zugriff auf einzelne Personalbereiche, Mitarbeiterkreise oder Mitarbeitergruppen differenziert ausgeprägt werden. Die Steuerung bezieht sich auf die Zuordnung eines Mitarbeiters hinsichtlich der Unternehmensstruktur, der Personalstruktur, der Organisationsstruktur sowie der hinterlegten Sachbearbeiter. Über die Transaktion SUIM können Auswertungen erstellt werden.

- Prüfen Sie, ob Differenziezungen der Zugriffsrechte in Bezug auf die Aktivitäten realisiert sind (aktivitätsbezogene Funktionstrennung). Die Aktivitäten werden im Berechtigungskonzept für HCM als so genannte Berechtigungslevel hinterlegt. Der Berechtigungslevel R (Read) ermöglicht hiermit lesende Aktivitäten. Über die Transaktion SUIM können Auswertungen erstellt werden.

- Prüfen Sie, ob für die Pflege von Infotypen das Vier-Augen-Prinzip abgebildet ist. Die Berechtigungen können so vergeben werden, dass z.B. Basisbezüge von einem Personalsachbearbeiter erfasst werden, sie aber erst für die Personalabrechnung wirksam werden, wenn ein zweiter Sachbearbeiter die Erfassung bestätigt hat. Der zweite Erfasser kann so autorisiert werden, dass er keine Änderung durchführen kann, die unmittelbar wirksam wird. Die Kontrolle im SAP-System erfolgt mit Hilfe des Berechtigungsobjektes P_ABAP und Sperrkennzeichen, die unter der Transaktion SUIM zu dem Berechtigungsobjekt erläutert sind. Über die Transaktion SUIM können auch Auswertungen zu den vergebenen Berechtigungen vorgenommen werden.

- Stellen Sie fest, ob Zugriffskontrollen durch Berechtigungen für den unmittelbaren Tabellenzugriff unterlaufen werden können. Hierzu sind mit der Transaktion SUIM vorrangig die Benutzer zu ermitteln, die folgende Berechtigungen besitzen:

Berechtigungsobjekte	Felder	Feldausprägungen
S_TCODE	TCD	SE16 oder Gleichwertige
S_TABU_DIS	ACTVT	02 oder 03
S_TABU_DIS	DICBERCLS	PA

- Stellen Sie fest, ob Zugriffskontrollen durch Berechtigungen für Programme über das X unterlaufen werden können. Programme, mit denen rechnungslegungsrelevante Daten gelöscht werden können und sensible Programme, z.B. zu Aufrollungen, sind bei dieser Prüfungshandlung zu berücksichtigen. Hierzu sind vorrangig die Benutzer mit der Transaktion SUIM zu ermitteln, die folgende Berechtigungen besitzen:

Berechtigungsobjekte	Felder	Feldausprägungen
S_TCODE	TCD	SA38 oder Gleichwertige
P_ABAP	COARS	2
P_ABAP	REPID	Programmname wie RPUP1D00
S_PROGRAM	P_ACTION	SUBMIT oder BTCSUBMIT

- Prüfen Sie, ob eine zeitgenaue Kontrolle bei der Zugriffssteuerung zu den einzelnen Infotypen erfolgt. Je Infotyp kann die Einstellung über das Customizing mit der Transaktion SPRO und dem Menüweg *Personalmanagement – Personaladministration - Anpassung der Arbeitsabläufe – Informationstypen – Infotypen – Infotyp – Auswählen* eingesehen werden. Das Feld „ZugrBerecht" ist für die maschinelle Kontrolle ausschlaggebend. Folgende Abbildung zeigt die aktivierte systemseitige Kontrolle mit einer zeitgenauen Zugriffssteuerung bei dem Zugriff auf die Basisbezüge:

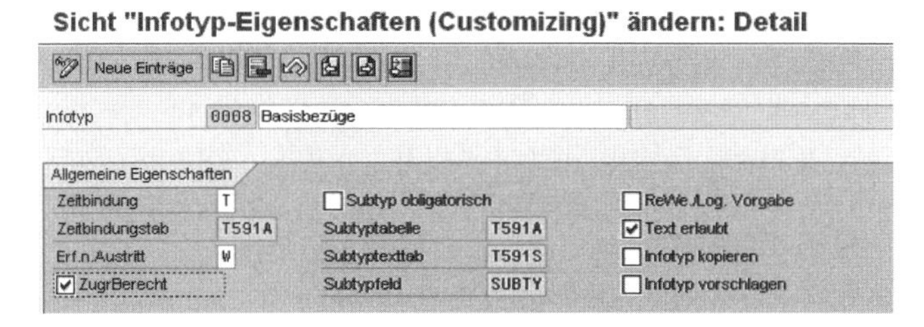

Abb. 4.5.4.4-30: Prüfung der Einstellung zur zeitgenauen Kontrolle bei der Zugriffssteuerung
© SAP

Die Einstellungen können auch mit der Transaktion SE16 und der Tabelle T582A geprüft werden. Es besteht folgender Zusammenhang:

Ist der Haken im Feld „ZugrBerecht" gesetzt, erfolgt eine zeitgenaue Kontrolle bei der Zugriffssteuerung, was bedeutet, dass ein Benutzer nur dann Zugriff auf den entsprechenden Infotyp hat, wenn die zu bearbeitende Person zu dem entsprechenden Zeitpunkt die organisatorische Zuordnung besitzt, für welche die Berechtigungen gelten. Berücksichtigen Sie, dass vor und nach dem Zeitpunkt gegebenenfalls auch Zugriffsrechte bestehen, die nach Maßgabe einer so genannten Toleranzzeit wirken. Die Toleranzzeit wird über den bereits beschriebenen Berechtigungshauptschalter festgelegt. Prüfen Sie somit die Einstellung im Berechtigungshauptschalter, wie in der Abbildung 4.5.4.4-20 verdeutlicht.

Ist der Haken im Feld „ZugrBerecht" nicht gesetzt, so besitzt ein Benutzer bereits dann Zugriff auf die entsprechenden Infotypdaten, wenn die Person zu einem beliebigen Zeitpunkt eine organisatorische Zuordnung hatte, hat oder haben wird, für die der Benutzer aufgrund seiner Berechtigungen autorisiert ist. Als plastisches Beispiel kann ein für Auszubildende zuständiger Sachbearbeiter die Vorstandsbezüge pflegen, wenn der Vorstand in der Vergangenheit Auszubildender war.

4.5.4.5 Zugriffsschutz über strukturelle Berechtigungen

SAP-Fakten:

Zum Schutz von HCM-Daten können neben den klassischen Zugriffschutzkontrollen über Berechtigungsobjekte so genannte strukturelle Berechtigungen und kontextabhängige Berechtigungen eingerichtet werden. Strukturelle Berechtigungen ergänzen die klassischen Berechtigungen. Sie ermöglichen eine hohe Flexibilität in der Wirksamkeit von Kontrollen.

Als Beispiel soll ein Personalsachbearbeiter ausschließlich die HR-Daten für Personen einer Division pflegen, die aus mehreren Abteilungen besteht. Würden ausschließlich klassische Berechtigungen verwendet, so bestünde ein hoher Pflegeaufwand im Berechtigungskonzept, wenn neue Abteilungen in die Division aufgenommen und bestehende Abteilungen umgehängt werden. Die Problematik entsteht dadurch, dass in den klassischen Berechtigungsobjekten regelmäßig kein geeignetes Feld – im Beispiel das für eine Division – zur Verfügung steht. Strukturelle Berechtigungen können das Problem lösen, da Zugriffskontrollen flexibel bei Änderungen in der Struktur automatisch angepasst werden. Hierzu verwenden strukturelle Berechtigungen Auswertungswege und Wurzelobjekte. Ausgehend von dem Wurzelobjekt, das mit einer achtstelligen Objekt-ID gespeichert wird, ermittelt der Auswertungsweg alle Objekte unterhalb des Wurzelobjektes. In dem Beispiel ist es die Division. Für alle untergeordneten Objekte – im Beispiel die HR-Daten der Personen in der betroffenen Division – werden die Zugriffsrechte für den Personalsachbearbeiter gewährt Über eine strukturelle Berechtigung ist somit nur das übergeordnete Objekt zu berechtigen.

Bei jedem Datenzugriff werden sowohl die klassischen als auch die strukturellen Berechtigungen nach Maßgabe des SAP-Customizings geprüft. Nur wenn beide systemseitigen Kontrollen positiv verlaufen, wird der Zugriff gestattet.

Prüfungshandlungen:

- Nehmen Sie das Verfahren zur Steuerung der Zugriffsrechte auf. Beurteilen Sie anhand der Verfahrensdokumentation ob, in welchem Umfang und zum Schutz welcher Daten strukturelle Berechtigungen vorgesehen sind.
- Untersuchen Sie, ob strukturelle Berechtigungen für die Steuerung der Zugriffsrechte sachgerecht verwendet werden. Prüfen Sie, ob über diese Berechtigungen Kontrollen bzw. Funktionstrennungen im SAP-System sachgerecht abgebildet sind. Ausgangspunkt für die SAP-systemseitigen Prüfungsaktivitäten bildet die Analyse des Berechtigungshauptschalters mit Hilfe der Transaktion OOCA. Über das semantische Kürzel „ORGPD“ wird hinterlegt, ob die strukturellen Berechtigungen überhaupt verwendet werden können.
- Prüfen Sie die strukturellen Berechtigungen, indem Sie die Transaktionen OOSP und OOSB einsetzten. Alternativ sind die Tabellen T77UA (Benutzerberechtigungen) und T77PQ (Berechtigungsprofile) heranzuziehen. Analysieren Sie damit die so genannten „strukturellen Profile“ und „strukturellen Berechtigungen“. Sie können über den Menüweg *Personal - Organisationsmanagement - Einstellungen -Laufende Einstellungen - Berechtigungsprofile definieren* (Transaktion OOSP) sowie *Personal - Organisationsmanagement - Einstellungen -Laufende Einstellungen - Berechtigungsprofile zuordnen* (Transaktion OOSB) geprüft werden. Hierbei ist der Unterschied zwischen strukturellen und klassischen Berechtigungen hervorzuheben. Die SAP-Namensgebung kann zu der fälschlichen Annahme verleiten, dass es sich um identische Elemente handelt. Strukturelle Berechtigungen können jedoch nicht wie klassische Berechtigungen und Profile über Transaktionen wie PFCG, SU02, SU03 oder SUIM administriert und ausgewertet werden.
- Prüfen Sie bei eingerichteten strukturellen Berechtigungen vor allem Berechtigungsprofile, die schreibende Zugriffsrechte gewähren. Sie sind in der Transaktion OOSP an dem Haken im Feld „Pflege“ gemäß nachstehender Abbildung erkennbar.

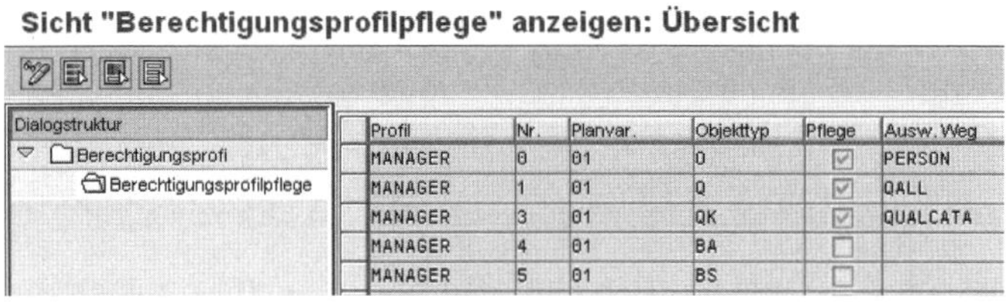

Sicht "Berechtigungsprofilpflege" anzeigen: Übersicht

Dialogstruktur
- Berechtigungsprofi
  - Berechtigungsprofilpflege

Profil	Nr.	Planvar.	Objekttyp	Pflege	Ausw.Weg
MANAGER	0	01	O	☑	PERSON
MANAGER	1	01	Q	☑	QALL
MANAGER	3	01	QK	☑	QUALCATA
MANAGER	4	01	BA	☐	
MANAGER	5	01	BS	☐	

Abb. 4.5.4.5-10: Prüfung von strukturellen Berechtigungen © *SAP*

4.5.4.6 Zugriffsschutz über kontextabhängige Berechtigungen

SAP-Fakten:

So genannte kontextabhängige Berechtigungen sind eine vergleichsweise neue Methode, um Zugriffskontrollen zu realisieren. Sie wurde mit dem Release SAP Enterprise (4.7) zur Verfügung gestellt und stellt eine besondere Form des Zusammenwirkens von klassischen und strukturellen Berechtigungen dar.

Das Szenario für diese Art der Zugriffssteuerung ist Folgendes: Wenn strukturelle Berechtigungen eingesetzt werden, müssen bei jedem Objekt, auf das ein Benutzer zugreift, sowohl eine klassische als auch eine strukturelle Berechtigung existieren. Innerhalb beider Berechtigungsprüfungen genügt es, wenn das geprüfte Objekt einmal zugelassen ist. Das kann zu Kontrolldefiziten führen, falls ein Benutzer mehrere Funktionen für unterschiedliche Zuständigkeitsbereiche ausführen soll, wie ein Beispiel zeigt: Ein Benutzer soll die Funktion eines Abteilungsleiters und die des Zeitbeauftragten für eine Division wahrnehmen. Als Abteilungsleiter solle er alle Gehaltsdaten für die Personen in seiner Abteilung lesen können. Als Zeitbeauftragter solle er die Zeitdaten für alle Personen in der Division pflegen können. Die Division besteht aus mehreren Abteilungen, darunter auch die, welche der Benutzer als Abteilungsleiter verantwortet. Leserechte für Gehaltsdaten sollen ausgeschlossen sein.

Über klassische und strukturelle Berechtigungen entsteht bei dem Versuch, diese Anforderung im SAP-Berechtigungskonzept abzubilden ein Konflikt, da der Benutzer entweder Leserechte für alle Gehaltsdaten in der Division oder keine Anzeigerechte für die Gehaltsdaten innerhalb der eigenen Abteilung erhält. Vor der Einführung der kontextabhängigen Berechtigungen wurde in der Praxis der Konflikt oft durch die Vergabe mehrerer Benutzer-IDs an einen Benutzer geregelt. Dies stellt aber unter Gesichtspunkten der IT-Sicherheit und Praktikabilität eine unbefriedigende Lösung dar.

Kontextabhängige Berechtigungen lösen derartige Konflikte. Sie differenzieren das Zusammenspiel von klassischen und strukturellen Berechtigungen. Dazu wird eine Verbindung zwischen klassischer Rolle und strukturellem Profil im SAP-System hinterlegt. Diese Definition erfolgt in gesonderten Berechtigungsobjekten. Sie treten an die Stelle der klassischen Berechtigungsobjekte gemäß folgender Tabelle:

Berechtigungsobjekt für klassische Berechtigungen	**Berechtigungsobjekt für kontextabhängige Berechtigungen**	**Bezeichnungen des Berechtigungsobjekts für kontextabhängige Berechtigungen**
P_ORGIN	P_ORGINCON	HR: Stammdaten mit Kontext
P_ORGXX	P_ORGXXCON	HR: Stammdaten - erweiterte Prüfung mit Kontext
PLOG	PLOG_CON	Personalplanung mit Kontext

Jedes dieser kontextabhängigen Berechtigungsobjekte enthält das Feld „Berechtigungsprofil“, im welchem das strukturelle Profil anzugeben ist, auf das sich die Berechtigung bezieht.

Prüfungshandlungen:

- Prüfen Sie, ob kontextabhängige Berechtigungen für die Steuerung der Zugriffsrechte sachgerecht verwendet werden.

  Die Prüfungshandlungen im SAP-System sollten bei dem Berechtigungshauptschalter beginnen. Nehmen Sie somit anhand der Transaktion OOAC Einsicht in die Einstellungen zum Berechtigungshauptschalter. Hier kann festgestellt werden, ob die kontextabhängigen Berechtigungsobjekte aktiviert sind, vgl. Abb. 4.5.4.4-20. Falls sie verwendet werden, sollten die korrespondierenden klassischen Berechtigungsobjekte nicht ausgeprägt sein.

- Prüfen Sie in einem nächsten Schritt, ob die kontextabhängigen Berechtigungen korrekt eingerichtet sind. Hierzu eignet sich die Transaktion SUIM. Folgende Abbildung zeigt eine Analyse zu dem kontextabhängigen Berechtigungsobjekt P_ORGINCON. In der kontextabhängigen Berechtigung ist die Verbindung zu dem strukturellen Profil „MANAGER" hinterlegt. Ferner sind vor allem Schreibrechte (über den Berechtigungslevel) für Basisbezüge (über den Infotyp) definiert, wie sie aus klassischen Berechtigungen bekannt sind.

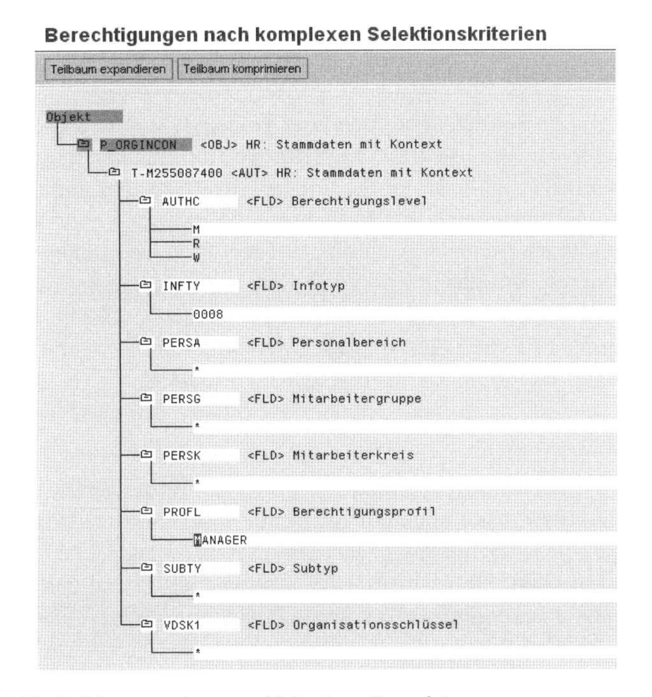

Abb. 4.5.4.6-10: Prüfung von kontextabhängigen Berechtigungen © *SAP*

- Prüfen Sie die zuvor ermittelten strukturellen Profile mit Hilfe der Transaktion OOSP. Schließen Sie die Prüfung der Verbindung von strukturellen Profilen zu Benutzer-IDs an. Hierzu stehen die Transaktionen OOSB bzw. SE16 in Verbindung mit der Tabelle T77UA zur Verfügung.

- Prüfen Sie abschließend, ob die kontextabhängigen Berechtigungen über Rollen sachgerecht den Benutzer-IDs zugewiesen sind. Für die Prüfung der aktuellen Zuweisungen und der Historie steht die Transaktion SUIM zur Verfügung. Dieser Prüfungsschritt ist bei kontextabhängigen und klassischen Berechtigungen analog. Beurteilen Sie somit in Bezug auf das zuvor dargestellte Beispiel, ob exemplarisch eine Benutzer-ID anforderungsgerecht über die Schreib- und Leserechte aufgrund ihrer Aufgaben als Abteilungsleiter und Zeitbeauftragter verfügt.

4.5.4.7 Protokollierung von Infotypen

SAP-Fakten:

Stammdaten, die für die Personalabrechnung und damit für den Personalaufwand relevant sind, werden im Wesentlichen in Infotypen gespeichert. Wie können Änderungen an diesen Stammdaten revisionssicher dokumentiert und im Rahmen einer Prüfung nachvollzogen werden?

Zunächst unterstützt das SAP-System den Anwender durch das Konzept der zeitlichen Abgrenzung von Infotypen. Damit wird z.B. bei einer Gehaltsänderung ein neuer Datensatz zu dem Infotyp 0008 angelegt. Der ursprüngliche Datensatz bleibt erhalten und erhält über die zeitliche Abgrenzung ein Datum bis zu dem er gültig ist. Das Gültigkeitsdatum im neuen Datensatz schließt an das zeitliche Intervall an.

Datensätze zu Infotypen können aber auch über Transaktionen wie PA30 ohne zeitliche Abgrenzung geändert werden, so dass die zeitliche Abgrenzungsmöglichkeit nicht als revisionssichere Kontrolle zu bewerten ist. Im Gegensatz zu Stammdatenänderungen in anderen SAP-Anwendungsteilen – z.B. in Bezug auf Kreditoren oder Material – erzeugt das SAP-System nicht automatisch Änderungsbelege. Im Customizing steht jedoch eine Funktion zur Verfügung, mit der je Infotyp festgelegt werden kann, ob und in welchem Umfang Änderungsbelege vom SAP-System zu generieren sind. Die Definition erfolgt über die Transaktion SPRO und den Menüweg *Personalmanagement – Personaladministration – Werkzeuge – Revision – Änderungsbeleg einrichten.*

Prüfungshandlungen:

- Prüfen Sie, zu welchen Infotypen die Erzeugung von Änderungsbelegen aktiviert ist. Zur Prüfung sind die Einstellungen in Bezug auf belegrelevante Infotypen, Feldgruppendefinitionen und Feldgruppeneigenschaften heranzuziehen. Die Prüfung der 3 Customizing-Einstellungen erfolgt über die Transaktion SPRO und den Menüweg *Personalmanagement – Personaladministration – Werkzeuge – Revision – Änderungsbeleg einrichten.* Beurteilen Sie die Einstellungen, die unter den Customizing-Aktionen „HR-Belege: Belegrelevante Infotypen“, „HR-Belege: Feldgruppendefinition“ und „HR-Belege: Feldgruppeneigenschaften“ getroffen sind.
- Beurteilen Sie, ob die jeweiligen Einstellungen zu der Erzeugung von Änderungsbelegen gemäß Unternehmensvorgaben bzw. regulatorischen Anforderungen richtig vorgenommen wurden. Berücksichtigen Sie dabei, dass bei den beiden Belegarten mit L für Langzeitbelege und S für Kurzzeitbelege die Belegart L für eine revisionssichere Änderungsprotokollierung vorgesehen ist. In der folgenden Abbildung werden Einstellungen deutlich, wie sie über die Transaktion SPRO und den Menüweg *Personalmanagement – Personaladministration – Werkzeuge – Revision – Änderungsbeleg einrichten - HR-Belege: Feldgruppeneigenschaften* prüfbar sind.

Sicht "HR-Belege: Feldgruppeneigenschaften" anzeigen: Übersicht

TrKlasse	Infotyp	Infotyptext	Ausl.FldGr	Belegart	Erg.FldGr.
A	0001	Organisatorische Zuordnung	01	L	00
A	0002	Daten zur Person	01	L	00
A	0003	Abrechnungsstatus	01	L	00
A	0005	Urlaubsanspruch	01	L	00
A	0006	Anschriften	01	L	00
A	0007	Sollarbeitszeit	01	L	00
A	0008	Basisbezüge	01	L	00
A	0009	Bankverbindung	01	S	00
A	0014	Wiederkehrende Be-/Abzüge	01	L	00
A	0015	Ergänzende Zahlung	01	L	00

Abb. 4.5.4.7-10: Prüfung der Änderungsprotokollierung in Bezug auf Infotypen © SAP

- Werten Sie die Änderungsbelege in Stichproben aus, um beurteilen zu können, ob die Pflege von Infotypen-Stammdaten durch die zuständigen Benutzer inhaltlich richtig und mit Wirkung zu dem korrekten Zeitpunkt erfolgte. Für die Prüfung steht das Programm RPUAUD00 (Protokollierte Änderungen in den Daten der Informationstypen) zur Verfügung. Das Programm bietet folgende Parametrisierungsmöglichkeiten:

Protokollierte Änderungen in den Daten der Informationstypen

Lesen aus Archiv

Belege von Datenbank lesen
- [ ] Langzeitbelege
- [ ] Kurzzeitbelege

Selektion

Transaktionsklasse
- (•) Pers.Stamm ( ) Bewerberdt. ( ) Alle

Personalnummer bis
Informationstyp bis
Änderungsdatum bis
Benutzername bis

Ausgabeoptionen
Default-Währung

- [ ] Direkte Ausgabe der Belege
- [ ] Programmabgrenzungen ausgeben
- [ ] Neue Seite pro Beleg
- [x] Ausgabe in ALV

Sortierung
- (•) Zeit ( ) Personalnummer ( ) Infotyp ( ) Benutzer

Abb. 4.5.4.7-20: Prüfung der Stammdatenpflege anhand von Infotyp-Änderungsprotokollen © SAP

4.5.5 Personalabrechnungslauf

4.5.5.1 Steuerung der Abrechnung durch den Verwaltungssatz

SAP-Fakten:

Der Verwaltungssatz wird bei SAP auch Abrechnungsverwaltungssatz genannt. Mit ihm erfolgt die systemseitige Kontrolle im Abrechnungsprozess. Je Abrechnungskreis, der die abzurechnenden Personen zusammenfasst, besteht ein Verwaltungssatz. Er kann mit den Transaktionen PA03 (Personalverwaltungssatz pflegen) und PU03 (Abrechnungsstatus ändern) gepflegt werden.

Die systemseitige Kontrolle besteht darin, dass während der Personalabrechnung durch den Verwaltungssatz ausgeschlossen wird, dass Personalstammdaten geändert werden. Der Verwaltungssatz hat dann den Status „freigegeben".

Befindet sich der Verwaltungssatz im Status „beendet", ist die Personalabrechnung der betreffenden Periode abgeschlossen. Die Abrechnungsergebnisse im Anwendungsteil HCM, welche die Grundlage für die FI-Buchungen bilden, können dann grundsätzlich nicht mehr geändert werden. Korrekturen sind danach nur über Rückrechnungen vorgesehen.

Folgende Tabelle verdeutlicht die systemseitigen Kontrollen und mögliche Status für den Abrechnungsverwaltungssatz:

Status	Kontrollen bezüglich der Personalstammdaten	Kontrollen bezüglich der Personalabrechnung
Freigegeben	Die Pflege der Stammdaten ist für die aktuelle Periode und vorherige Perioden gesperrt. Die Pflege für zukünftige Perioden ist möglich.	Die Abrechnung ist für die freigegebene Periode möglich.
Korrektur	Die Pflege ist im vollen Umfang möglich. Änderungen, die für die Personalabrechnung relevant sind, bewirken bei der abzurechnenden Person den sog. Matchcode „W" (wrong). Die Person ist damit für einen erneuten Abrechnungslauf markiert.	Die produktive Abrechnung ist gesperrt.
Prüfen	Die Pflege der Stammdaten ist für die aktuelle Periode und vorherige Perioden gesperrt. Die Pflege für zukünftige Perioden ist möglich.	Die produktive Abrechnung ist gesperrt.
Beendet	Die Pflege ist im vollen Umfang möglich.	Die produktive Abrechnung ist gesperrt.

Neben dem Status beinhaltet der Abrechnungsverwaltungssatz einen Periodenzähler, der die aktuelle Periode widergibt. Bei dem Wechsel des Status von „beendet" auf „freigegeben" wird der Periodenzähler automatisch um eine Periode erhöht. Der Periodenzähler unterliegt einer maschinellen Verarbeitung, so dass manuelle Eingriffe ausschließlich im Rahmen der dargestellten Statusänderung möglich sind.

In dem Verwaltungssatz wird die Periode gespeichert, auf welche die tiefste Rückrechnung erfolgen kann. Mit der tiefsten Rückrechnung wird festgelegt, wie weit eine Korrektur von Stammdaten in die Vergangenheit reichen kann. Ferner legt sie die Periode fest, bis zu der maximal von der Personalabrechnung zurückgerechnet werden kann. Aus diesem Grund darf sie nur verändert werden, wenn keine Personen mehr für Rückrechnungen vorgesehen sind. Dies ist nur für den Zeitraum sichergestellt, in dem der Verwaltungssatz den Status „beendet" hat. Somit besteht im SAP-System eine standardmäßige Kontrolle, dass die tiefste Rückrechnung nur änderbar ist, wenn der Verwaltungssatz den Status „beendet" hat. Die tiefste Rückrechnung wird über die Transaktion PA03 gepflegt.

Prüfungshandlungen:

- Nehmen Sie die Abrechnungskreise auf, die für die Personalabrechnung verwendet werden. Ein Abrechnungskreis fasst Personen zusammen, die gemeinsam in einem Abrechnungslauf zu verarbeiten sind. Im SAP-System sind die Abrechnungskreise in der Tabelle T549A (Abrechnungskreise) hinterlegt. Die Kenntnis der Abrechnungskreise ist notwendig, da bei weitergehenden Prüfungshandlungen Einstellungen betrachtet werden, die sich jeweils eindeutig auf einen Abrechnungskreis beziehen.
- Prüfen Sie, wie der aktuelle Status der Verwaltungssätze ist. Beurteilen Sie ferner, ob die Verwaltungssätze in der Vergangenheit sachgerecht gepflegt wurden. Prüfen Sie ebenfalls, ob die Pflege der Verwaltungssätze stets durch eine für die Aufgabe zuständige Person erfolgte. Im SAP-System können entsprechende Auswertungen einerseits über Anwendungstransaktionen und andererseits durch Tabellenauswertungen vorgenommen werden.

  Zur ersteren Alternative: Mit der Transaktion PA03 können Sie den aktuellen Status des Verwaltungssatzes einsehen. In der Transaktion erfolgt im Menü über *Springen – Protokoll Verw. Satz* die Anzeige der Historie. Bei dem Vorgehen ist zu berücksichtigen, dass jeweils nur der gesetzte Abrechnungskreis geprüft werden kann. Er wird über die Transaktion PC00_M99_ABKRS (Abrechnungskreis setzten) eingestellt. Diese Transaktion wird typischerweise von der die Personalabrechnung steuernden Stelle, nicht aber durch einen Revisor verwendet.

  Zur zweiten Alternative: Mit der Transaktion SE16 können Sie über die Tabellen T569V (Verwaltungssätze) und T569U (Protokolle Verwaltungssätze) die entsprechenden Informationen gewinnen. Bei der Tabellenanzeige ist zu berücksichtigen, dass die Feldwerte (z.B. Datum der Änderung oder Status der Abrechnung) nicht sprechend sind, sondern „übersetzt" werden müssen.
- Prüfen Sie, ob die Pflege der tiefsten rückrechenbaren Periode in den Abrechnungsverwaltungssätzen eine zeitnahe Buchführung unterstützt. Für Auswertungen eignen sich wiederum die Transaktion PA03 bzw. die Tabellen T569U und T569V.
- Überzeugen Sie sich davon, dass Abrechnungsverwaltungssätze nicht gelöscht wurden. Ein Löschen ist grundsätzlich über die Transaktion PA03 möglich. Mit dem Löschen ist der Nachweis der Verarbeitung und der systemseitigen Kontrollen jedoch nur unter erhöhtem Aufwand bzw. gar nicht mehr zu führen. Das Protokoll eines Verwaltungssatzes kann aus der Transaktion PA03 nicht mehr angezeigt werden, wenn der Verwaltungssatz nicht mehr existiert. Anhand der Tabelle T569U können gelöschte

Verwaltungssätze identifiziert werden; ihre Historie wird mit dem letzten Eintrag im Feld Status mit dem Wert 9 (=gelöscht) gespeichert.

- Prüfen Sie, ob systemseitige Zugriffsschutzkontrollen wirksam sind, die ein missbräuchliches Modifizieren bzw. Löschen von Abrechnungsbelegen verhindern. Über den Abrechnungsverwaltungssatz besteht eine Kontrolle, dass Abrechnungsbelege nach Abschluss der Personalabrechnung in der Regel nicht mehr veränderbar sind. Auf diesen Belegen bauen weitere Verarbeitungsschritte auf, wie die Buchung im Anwendungsteil FI oder der Ausweis im Lohnjournal, Lohnkonto oder Entgeltnachweis. Sie werden in so genannten Cluster-Tabellen (PCL*-Tabellen) gespeichert. Die Kontrolle zum Schutz der Abrechnungsbelege ist nur wirksam, wenn die Berechtigungen sachgerecht vergeben sind. Folgende Berechtigungen werden für das Modifizieren bzw. Löschen von Abrechnungsbelegen über Debugging-Werkzeuge außerhalb der normalen Anwendung benötigt:

Berechtigungsobjekte	Felder	Feldausprägungen
S_TCODE	TCD	SE16 oder Gleichwertige
S_DEVELOP	ACTVT	02 und 03
S_DEVELOP	OBJTYPE	DEBUG
S_TABU_DIS	ACTVT	02 und 03
S_TABU_DIS	DICBERCLS	PA

4.5.5.2 Programme zur Personalabrechnung

SAP-Fakten:

Die Programme im Rahmen des Personalabrechnungsprozesses stellen die Buchungssätze für die Buchungen in der Finanzbuchhaltung zur Verfügung. Die so genannten Buchungsläufe sorgen für den Datentransfer vom HCM- in den FI-Anwendungsteil. Sie können mit der Transaktion PCP0 (Buchungsläufe bearbeiten) verwaltet werden.

Prüfungshandlungen:

- Lassen Sie sich die Ergebnisse der Buchungsläufe anzeigen. Hierzu dient die Transaktion PCP0. Verwenden Sie die Transaktion im Rahmen der Prüfung ausschließlich zur Anzeige und nicht zum Buchen oder Löschen von Daten. Klären Sie, wie das organisatorische Vorgehen zur Kontrolle der vollständigen Buchung ist. Beachten Sie dabei, dass die mit der Transaktion PCP0 erzeugte Liste bearbeitet werden kann. Nicht gebuchte Abrechnungsläufe, die gelöscht wurden, werden nicht mehr in der Liste aufgeführt.

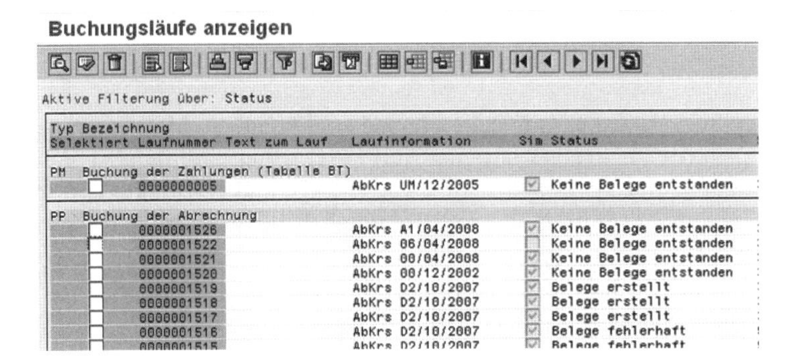

Abb. 4.5.5.2-10: Prüfung des Status von Buchungsläufen © *SAP*

- Prüfen Sie die Vollständigkeit der Personalabrechnungsläufe: Aus der zuvor dargestellten Anzeige mit der Transaktion PCP0 kann über das Menü mittels *Springen* in die Laufhistorie und die Laufattribute verzweigt werden. Über die Laufhistorie kann nachvollzogen werden, welcher Benutzer zu welchem Zeitpunkt welche Schritte bis zur Erzeugung der Belege der Personalabrechnung durchgeführt hat. Ferner wird ausgewiesen, ob systemseitig Fehler bei der Verarbeitung aufgetreten sind. Die Laufattribute weisen nach, ob alle Personen abgerechnet wurden und welches Programm für die Verarbeitung verwendet wurde:

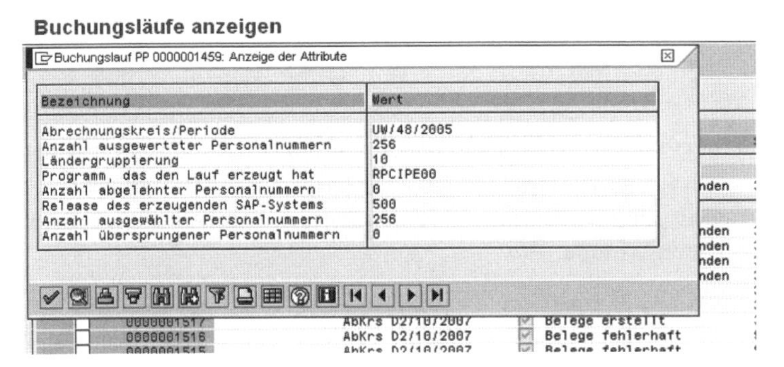

Abb. 4.5.5.2-20: Prüfung der Laufattribute eines Buchungslaufs © *SAP*

- Prüfen Sie, ob systemseitige Zugriffsschutzkontrollen wirksam sind, die ein missbräuchliches Löschen von zu buchenden Abrechnungsläufen verhindern. Verwenden Sie das Programm RSUSR002 um festzustellen, welche Benutzer-IDs über die Berechtigung verfügen, nicht gebuchte Abrechnungsläufe zu löschen. Folgende Berechtigungen werden für das Löschen benötigt:

Berechtigungsobjekte	Felder	Feldausprägungen
S_TCODE	TCD	PU01 oder PCP0
P_TCODE	TCD	PU01 oder PCP0
P_PCLX	AUTHC	R und U
P_PYEVRUN	ACTVT	03 und 06
P_PYEVRUN	P_EVTYP	PP oder PM

4.5.5.3 Prozessmanager für die Personalabrechnung

SAP-Fakten:

Die gesamten Prozesse der Personalabrechnung sind in hohem Maß von einander abhängig und laufen in der Regel stark automatisiert ab. Um zu gewährleisten, dass die einzelnen Verarbeitungsschritte in der korrekten Reihenfolge und vollständig erfolgen, steht im SAP-System die so genannte HR Prozess-Workbench zur Verfügung. Ein grafisches Tool unterstützt die Definition der Prozesse, das mit der Transaktion PEST (Bearbeitung eines Prozess-Modells) aufrufbar ist. Die Prozesse können über die Transaktion PUST (HR Prozess-Workbench) gestartet und kontrolliert werden.

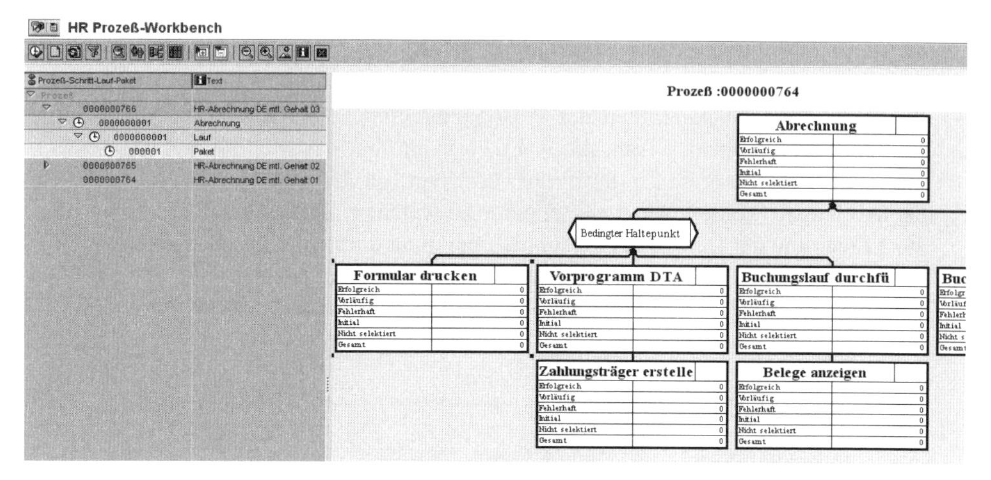

Abb. 4.5.5.3-10: Kontrolle der Personalabrechnung mit Hilfe der HR Prozess-Workbench © SAP

Unter dem Aspekt eines wirksamen Internen Kontrollsystems bietet die HR Prozess-Workbench folgende Vorteile:

- Die Abhängigkeit der einzelnen Programme kann im Voraus definiert werden, so dass bei der periodischen Personalabrechnung die Programme automatisch in der korrekten Reihenfolge und unter Beachtung der Abhängigkeiten ausgeführt werden.
- Die vollständige Verarbeitung durch die Programme kann einfach kontrolliert werden.
- Einzelne Prozessschritte können bei dem Auftreten von Fehlern oder der Notwendigkeit von Korrekturen wiederholt werden.
- Die Durchlaufzeit von Prozessen kann reduziert werden, da die Verarbeitung parallel erfolgen kann.
- Melde- bzw. Benachrichtigungsverfahren können im SAP-System hinterlegt werden, die z.B. eine eMail an den für Prozessverantwortlichen erzeugen, wenn ein definierter Haltepunkt im Prozess erreicht ist.
- Die Verarbeitung jeder Personalnummer kann über den gesamten Prozess kontrolliert werden.

Prüfungshandlungen:

- Stellen Sie fest, ob die HR Prozess-Workbench für die Personalabrechnung eingesetzt wird. Falls dieses Verfahren verwendet wird, verschaffen Sie sich einen Überblick über die definierten und genutzten Prozessmodelle. Nehmen Sie hierzu Einsicht mit Hilfe der Transaktion PEST und des Menüwegs *Modell – Anzeigen*.
- Prüfen Sie die in der HR Prozess-Workbench definierten Prozesse. Überzeugen Sie sich davon, dass je Prozess das korrekte Prozessmodell hinterlegt ist. Hierzu dient die Transaktion PUST.
- Untersuchen Sie die Verarbeitung von einzelnen Prozessen. Der aktuelle Status wird über die Transaktion PUST und den Menüweg *Prozessübersicht – Auffrischen* angezeigt. Nehmen Sie Einsicht in die Verarbeitungsprotokolle. Hierzu steht die Transaktion PUST mit dem Menüweg *Springen – Anwendungslog anzeigen* zur Verfügung.
- Nehmen Sie Auswertungen in der HR Prozess-Workbench vor. Mit der Transaktion PUST sind folgende Aktivitäten über die jeweiligen Menüwege möglich:
  - Verarbeitete Objekte anzeigen über *Bearbeiten – Verarbeitete Objekte – Anzeigen*
  - Container anzeigen über *Springen – Container anzeigen*
  - Spool-Liste anzeigen über *Springen – Spool-Liste anzeigen*
  - Job-Übersicht anzeigen über *Springen Job-Übersicht anzeigen*

  Die HR Prozess-Workbench ist ein Werkzeug zur Steuerung der Prozesse. Beachten Sie somit, dass Sie sich im Rahmen einer Prüfung ausschließlich Informationen anzeigen lassen.

4.5.5.4 Protokollierung von Programmstarts und HR-Tabellenänderungen

SAP-Fakten:

Die Verarbeitung der Personalabrechnung erfolgt, wie auch die Generierung von abrechnungsrelevanten Informationen aus der Zeitwirtschaft oder dem Reisemanagement, über Programme. Der Start von ausgewählten Programmen kann protokolliert werden. Hierzu sind die Programme und weitergehende Angaben in die Tabelle T599R (HR Reportattribute) einzutragen.

Prüfungshandlungen:

- Ermitteln Sie, ob das Aufrufen von Programmen für die Personalabrechnung und weiteren HCM-Reports protokolliert wird. Mit der Transaktion SE16 kann die Tabelle T599R bzw. korrespondierend V_T599R (HR Reportattribute) eingesehen werden. In der Tabelle sind die Programme hinterlegt und je Programm die Einstellung, ob die Aufzeichnung bei dem Dialog-Start oder Hintergrund-Start erfolgen soll. Bei Auslieferung des SAP-Systems besitzt die Tabelle keine Einträge. Unter Kontrollaspekten sollten in der Tabelle Programme aufgeführt sein, die für die Rechnungslegung monatlich im Regelbetrieb genutzt werden. Hierzu zählt z.B. das Abrechnungsprogramm.

Somit kann geprüft werden, ob das Programm zum richtigen Zeitpunkt und von einem dafür zuständigen Benutzer gestartet wurde. Ferner sollten Programme hinterlegt werden, die im Regelfall jährlich gestartet werden, z.B. zur Ermittlung von Urlaubsrückstellungen. Schließlich sollten Programme eingestellt sein, die im Regelbetrieb gar nicht ausgeführt werden. Ein Beispiel ist das Löschen von PCL*-Daten, da die Tabellen die Abrechnungsdaten speichern. Ein weiteres Beispiel ist das vollständige Löschen von Personalnummern. Derartige rechnungslegungsrelevante Informationen dürfen nur nach einer ordnungsgemäßen Archivierung aus dem SAP-System gelöscht werden. Folgende Tabelle zeigt diese und weitere Beispiele für Einträge in der Tabelle T599R:

Programme	Bezeichnungen
RPCALCD0	Abrechnungsprogramm Deutschland
RPCAOPD0	Datenzugriff Steuerprüfung: Export eines Jahres
RPCDPU01	Löschen des Abrechnungssatzes
RPCIPDEL	Löschen von Buchungsläufen
RPCIPE00	Buchung ins Rechnungswesen: Buchungslauf erzeugen
RPTLEAD0	Urlaubsrückstellung
RPUDEL20	Löschen von Abrechnungsergebnissen
RPUDELPN	Vollständiges Löschen von Personalnummern
RPUP1D00	Anzeigen und Löschen einzelner Sätze von der Datei PCL1
RPUP1D10	Löschen einer Menge von Sätzen der Datei PCL1
RPUP2D00	Anzeigen und Löschen einzelner Sätze von der Datei PCL2
RPUP2D10	Löschen einer Menge von Sätzen der Datei PCL2
RPUP3D00	Anzeigen und Löschen einzelner Sätze von der Datei PCL3
RPUP3D10	Löschen einer Menge von Sätzen der Datei PCL3
RPUP4D00	Anzeigen und Löschen einzelner Sätze von der Datei PCL4
RPUP4D10	Löschen einer Menge von Sätzen der Datei PCL4
RPUREROL	‚abgerechnete' Reisen auf ‚abzurechnen' setzen (Aufrollung)

- Werten Sie die protokollierten Programmstarts aus. Hierzu dient das Programm RPUPROTD (Protokoll der Reportstarts). Folgende Abbildung verdeutlicht den Eintrag, wenn das Abrechnungsprogramm gestartet wurde. Anhand der technischen Felder und aufgeführten Werte kann die Parametrisierung des Abrechnungsprogramms nachvollzogen werden. Ferner werden Datum und Uhrzeit des Programmstarts protokolliert.

Protokoll der Reportstarts

Auswählen | Sortierung Benutzer | Sortierung Datum

Pflegen Protokoll

Report	Titel		Benutzer
RPCIPE00	Buchung ins Rechnungswesen: Buchu		GHOHNHORST
Parameter/Select-Option	Werte	Option	
BONDT		00000000	
CALCSIM			
CALCVARI			
CHKDAT			
DOCDATE		00000000	
EVALNAME		Abrechnung 7/09	
EXPLDAT			
MCSEP			

Abb. 4.5.5.4-10: Prüfung der Protokolle zu Programmstarts *© SAP*

- Prüfen Sie, ob die eingesetzten Abrechnungsprogramme nicht missbräuchlich geändert wurden. In den SAP-Programmen sind zahlreiche maschinelle Kontrollen enthalten. Das SAP-System bietet im Bereich der Personalabrechnung eine hohe Flexibilität über Einstellungen im Customizing sowie Regeln bzw. Schemata. Im Regelfall sind somit der Quelltext und die damit verbundene Verarbeitungslogik, welche SAP ausliefert, nicht anzupassen. Prüfen Sie ausgewählte Programme, wie z.B. das in der zuvor dargestellten Tabelle aufgeführte Programm RPCALCD0 nach folgendem Vorgehen:
  - Starten Sie die Transaktion SE38 unter Angabe des Programms RPCALCD0 und wählen Sie *Eigenschaften – Anzeigen* aus.
  - Das Feld „Erstellt“ gibt Hinweise auf mögliche Änderungen, wenn der Eintrag nicht „SAP“ lautet.
  - Das Feld „Letzte Änderung“ gibt ebenso Hinweise auf mögliche Änderungen, wenn der Eintrag nicht „SAP“ lautet.
  - Das Feld „Status“ sollte darauf hin betrachtet werden, ob der Eintrag „Produktives SAP-Standardprogramm“ ist.
  - Anhand der Schaltfläche *Übersicht Modifikationen (Strg+Umsch+F2)* werden Modifikationen aufgeführt, sofern solche vorhanden sind.
- Prüfen Sie, ob Tabellen, welche ausgelagerte Programmbestandteile für die Buchung des Personalaufwands darstellen, nicht missbräuchlich geändert wurden. Die Prüfungshandlung bezieht sich auf die Tabellen als solche und nicht auf deren Inhalt. Folgendes Vorgehen beschreibt exemplarisch die Prüfungshandlung für die Tabelle T512W zur Lohnartenbewertung:
  - Starten Sie die Transaktion SE11 mit der Datenbanktabelle T512W und wählen Sie *Anzeigen – Eigenschaften* aus.
  - Das Feld „Letzte Änderung“ gibt Hinweise auf mögliche Änderungen, wenn der Eintrag nicht „SAP“ lautet.
- Beurteilen Sie, ob die Tabellenprotokollierung für ausgewählte HR-Tabellen aktiviert ist. Folgendes Vorgehen ist geeignet, um festzustellen, ob Änderungen am Dateninhalt der Tabelle grundsätzlich revisionssicher durch das SAP-System protokolliert werden:

- Transaktion SE11 – Datenbanktabelle T512W – *Anzeigen*
- Schaltfläche *Technische Einstellungen* (Strg+Umsch+F9)
- Ist zu dem Feld „Datenänderungen protokollieren" ein Haken gesetzt, sind Tabellenänderungen zur Aufzeichnung vorgesehen.

Typische zu prüfende Tabellen für die beiden zuletzt beschriebenen Prüfungshandlungen sind nachfolgend aufgeführt:

Tabellen	Bezeichnungen
T012	Hausbanken
T510	Tarifgruppen
T510_PSRCL	Tarifliche Umstufung
T510A	Tarifarten
T510B	Beurteilungskonstanten
T510C	Anpassung der Durchschnittsgrundlagen nach Tarif
T510D	Dynamische Tariferhöhung
T510E	Dynamische Tariferhöhung II
T510F	Zuordnung Tarif -> Währung
T510G	Tarifgebiete
T510H	Abrechnungskonstanten bezogen auf Zeiteinheit
T510I	Tarifliche Arbeitszeit
T510J	Konstante Bewertungen
T510K	Konstante Bewertungen
T510L	Stufentabelle
T511P	Abrechnungskonstanten (Intl)
T512T	Lohn-Gehaltsarten-Text
T512W	Lohnartenbewertung
T512Z	Zulässigkeit von Lohnarten per Infotyp
T549A	Abrechnungskreise
T549Q	Abrechnungsperioden
T549S	Personenübergreifende Datumsangaben pro Abrechnungsperiode
T555A	Zeitarten
T555Z	Zeitkennung - Zeitart und Verarbeitungstyp

4.5.5.5 Protokollierung der Ausführung von Queries

SAP-Fakten:

SAP Query steht für eine Methode der Datenauswertung, bei der Benutzer ohne Programmierkenntnisse Datenbankabfragen erstellen und ausführen können. Eine Query wird für ein so genanntes InfoSet angelegt. Die Ausführung einer Query bewirkt, dass eine Datenbankabfrage mittels ABAP-Programm generiert und ausgeführt wird. Über eine Query ist es möglich, auf den gesamten HR-Datenbestand lesend zuzugreifen und gegebenenfalls auch Daten zu ändern. Ein spezifisches Risiko bei Queries besteht darin, dass Programme dynamisch erzeugt werden. Die Verarbeitung bis hin zur Buchung des Personalaufwands kann somit bei unsachgemäßer Anwendung zu einer Umgehung von internen Kontrollen führen. Das Anlegen und Ändern von Queries über die Transaktion SQ01 (SAP Query: Queries pflegen) sollte daher in einem produktiven System grundsätzlich ausgeschlossen sein. In Bezug auf das Ausführen bestehender Queries mit der Transaktion SQ00 (SAP Query: Queries starten), die zuvor ein geordnetes Test- und Freigabeverfahren durchlaufen haben sollten, steht im SAP-System eine gesonderte Protokollierungsfunktion zur Verfügung. Sie wird über die Transaktion SPRO und den Menüweg *SAP NetWeaver – Application Server – SAP Query – Protokollierung – Infosets für Protokollierung festlegen* eingerichtet.

Prüfungshandlungen:

Stellen Sie fest, ob und in welchem Umfang Queries genutzt werden. Hierzu dienen folgende Fragestellungen und Transaktionen:

- Welche Infosets sind im SAP-System für Queries angelegt? Zur Analyse eignet sich die Transaktion SQ02 (SAP Query: InfoSet pflegen).
- Welche Benutzer können SAP Query verwenden? Mit Hilfe der Transaktion SQ02 können die einem Infoset zugeordneten Benutzergruppen angezeigt werden. Über die Transaktion SQ03 (SAP Query: Benutzergruppenpflege) sind die Benutzer feststellbar, welche in einer Benutzergruppe sind. Diese Benutzergruppe bezieht sich auf SAP Query und ist nicht mit dem Feld „Benutzergruppe" zu verwechseln, wie es bei der Benutzer-ID z.B. über die Transaktionen SU01D oder SUIM angezeigt wird. Mit der Transaktion SUIM und der Parametrisierung auf Benutzer mit Berechtigungen zu dem Berechtigungsobjekt S_QUERY können die Benutzer-IDs ermittelt werden, welche Rechte zum Anlegen bzw. Ändern von Queries haben. Zusätzlich sind mit der Transaktion SQ03 mögliche Ausnahmen zu dem Kreis dieser Benutzer-IDs zu analysieren.
- Wird das Risiko des Datenmissbrauchs bei einem Einsatz von SAP Query über Protokollierungen und deren zeitnahe Auswertungen begrenzt? Hierzu gilt es zu prüfen, für welche Infosets die Protokollierung aktiviert ist. Über die Transaktion SPRO und den Menüweg: *SAP NetWeaver – Application Server – SAP Query – Protokollierung – Infosets für Protokollierung festlegen* kann das Customizing eingesehen werden. Folgende Abbildung zeigt die Einstellung, bei der Queries zu dem Infoset in Bezug auf Personalstammdaten protokolliert werden.

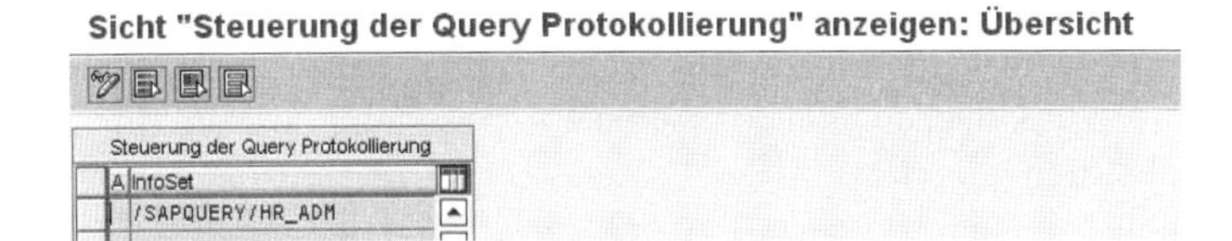

Abb. 4.5.5.5-10: Prüfung der Protokollierung von Infosets bzw. Queries © SAP

- Kann anhand der Protokolleinträge zu den Infosets die sachgerechte Verwendung von Queries nachvollzogen werden? Mit Hilfe der Transaktion SE16 und Auswertung der Tabelle AQPROT (Query Protokollierung) können die Protokolleinträge geprüft werden.

4.5.6 Buchung und Ausweis des Personalaufwands

4.5.6.1 Schnittstellenverarbeitung der Personaldaten

SAP-Fakten:

Buchungen erfolgen im Rahmen der Personalabrechnung über eine automatisierte Schnittstellenverarbeitung. Diese Buchungsschnittstelle hat SAP gegenüber älteren Releaseständen dahingehend grundlegend überarbeitet, dass die Buchungen unmittelbar auf Sachkonten der Finanzbuchhaltung erfolgen.

Das so genannte **symbolische Konto** ist der zentrale Begriff für die Kontenfindung. Über die Attribute des symbolischen Kontos wird gesteuert, wie das **Sachkonto** ermittelt wird. Ferner steuern die Attribute, welche Informationen aus der Personalabrechnung an den FI-Buchungsbeleg weitergegeben werden. Ein symbolisches Konto besitzt einen vierstelligen alphanumerischen Schlüssel, einen beschreibenden Text, eine Kontierungsart sowie ein Kennzeichen in Bezug auf die Mitarbeitergruppierung für die Kontenfindung. Die Kontierungsart legt fest, welche Arten von Buchung (Aufwandsbuchung, Verbindlichkeitsbuchung, etc.) für die Lohnarten gelten, die auf das symbolische Konto gebucht werden.

Die so genannte **Mitarbeitergruppierung** stellt eine zusätzliche Möglichkeit zur Sachkontenfindung dar. Zu jeder Person, die abgerechnet wird, werden Stammdaten in der Form der Infotypen gespeichert. Der **Infotyp** 0001 bezieht sich auf die **organisatorische Zuordnung**. Er gibt z.B. an, bei welcher Gesellschaft die Person angestellt ist, welcher Kostenstelle sie angehört und ob es sich um einen gewerblichen oder angestellten Beschäftigten handelt. Die Mitarbeitergruppierung wird mit Hilfe des Merkmals PPMOD aus den Feldern des Infotyps 0001 gebildet. Somit ist es möglich, eine Lohnart in Abhängigkeit von der Beschäftigungsstruktur (z.B. angestellt oder gewerblich) auf unterschiedliche Sachkonten zu buchen. Das symbolische Konto steuert über ein Kennzeichen, ob die Mitarbeiterkontierung zur Kontenfindung herangezogen wird.

Die **Lohnart** ist das nächste zentrale Objekt im Zusammenhang mit der Kontenfindung. In ihr werden manuell oder automatisch im Rahmen der Abrechnung Beträge bzw. Zeiteinheiten hinterlegt, die zur Entgeltberechnung dienen. Auf die Funktion der Lohnarten wird im Detail im nächsten Kapitel 4.5.6.2 ab Seite 431 eingegangen. Ist eine Lohnart buchungsrelevant, so werden ihr symbolische Konten zugeordnet. Die Verbindung von Lohnarten und symbolischen Konten ist eine 1:n-Beziehung. Der FI-Buchungsbeleg wird somit aus Lohnarten generiert.

Im SAP-Finanzwesen steuert die **Tabelle T030 (Fixkontentabelle)** den weiteren Ablauf der Kontenfindung. In der Fixkontentabelle ist jedem symbolischen Konto ein Sachkonto zugeordnet. Ferner definiert die Tabelle das Konto für die Gegenbuchung.

Die Buchungen aus der Abrechnung erfolgen unter Verwendung eines **Belegsplitkontos**. Dieses Konto ist ein technisches Konto, das für eine Buchung immer den Saldo von null besitzt. Im SAP-System ist dies somit eine automatische Kontrolle, da der maschinelle Buchungsbeleg nur bei Soll-Haben-Übereinstimmung erstellt wird. Mit Hilfe des Belegsplitkontos kann eine automatische Belegaufteilung in folgenden Fällen vorgenommen werden:

- Buchungssätze beziehen sich auf ein unterschiedliches Buchungsdatum bzw. unterschiedliche Buchungsperioden.
- Buchungssätze sind in verschiedene Buchungskreise zu buchen.
- Buchungssätze enthalten nicht nur Sachkontenbuchungen sondern auch Debitoren- bzw. Kreditorenbuchungen.
- Die Größe eines Buchungssatzes erfordert eine Aufteilung in mehrere Belege.

Zu der Buchung auf dem Sachkonten werden gesonderte **FI-Belege** erzeugt. Sofern das Sachkonto im Customizing einer Kostenart zugewiesen ist, werden für das Controlling automatisch CO-Belege erstellt.

Folgende Abbildung fasst die Objekte zur Kontenfindung zusammen:

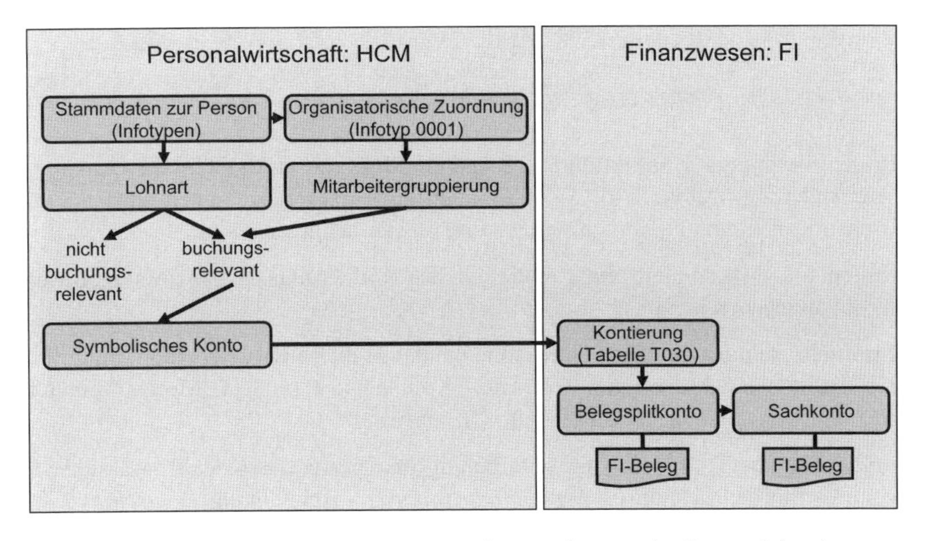

Abb. 4.5.6.1-10: Kontenfindung über die Schnittstellenverarbeitung der Personalabrechnung

Prüfungshandlungen:

- Prüfen Sie die Festlegungen zu den symbolischen Konten. Im Customizing, Transaktion SPRO, können die Einstellungen unter dem Menüweg *Personalabrechnung – Abrechnung Deutschland – Buchung ins Rechnungswesen – Aktivitäten im HR-System – Mitarbeitergruppierung und symbolische Konten – Symbolische Konten definieren* eingesehen werden, vgl. nachstehende Abbildung. Für die Prüfung kann auch die Tabelle T52EK (Symbolische Konten) herangezogen werden. SAP empfiehlt, die im

Standard ausgelieferten symbolischen Konten nicht zu ändern, sondern bei Bedarf neue symbolische Konten anzulegen.

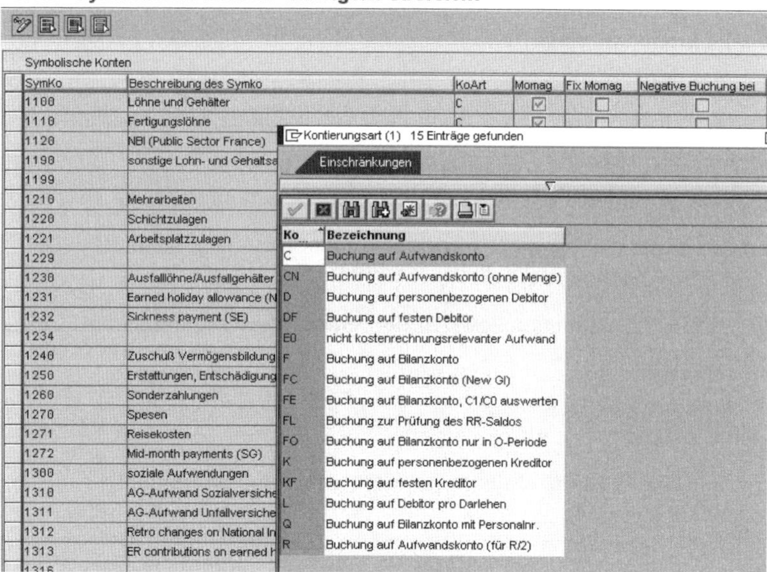

Abb. 4.5.6.1-20: Prüfung der symbolischen Konten © *SAP*

- Prüfen Sie mit der Transaktion SA38 und dem Programm RSVTPROT (Auswertung von Änderungsprotokollen), welche Änderungen bzw. Löschungen an den symbolischen Konten vorgenommen wurden und ob sie sachgerecht sind.
- Prüfen Sie insbesondere die Richtigkeit der Kontierungsart, die je symbolischem Konto angegeben ist.
- Ermitteln Sie die symbolischen Konten, bei denen die Mitarbeitergruppierung für die Kontenfindung herangezogen wird. Diese Konten haben im Feld „Momag“ einen Eintrag, vgl. vorstehende Abbildung zum Customizing.
- Prüfen Sie das Customizing der Mitarbeitergruppierung. Unter der Transaktion SPRO kann es mit dem Menüweg *Personalabrechnung – Abrechnung Deutschland – Buchung ins Rechnungswesen – Aktivitäten im HR-System – Mitarbeitergruppierung Kontenfindung festlegen* eingesehen werden. Im SAP-Standard werden die Mitarbeitergruppierungen „Arbeiter“ und „Angestellte“ ausgeliefert. Stellen Sie fest, ob Änderungen vorgenommen wurden und ob diese anforderungsgerecht sind.
- Prüfen Sie die Fixkontentabelle zur Kontenfindung im SAP-Finanzwesen. Unter der Transaktion SPRO kann die Fixkontentabelle mit dem Menüweg *Personalabrechnung – Abrechnung Deutschland – Buchung ins Rechnungswesen – Aktivitäten im RW-System – Zuordnung der Konten - Aufwandskonten zuordnen* eingesehen werden. Alternativ kann auch die Tabelle T030 (Fixkontentabelle) für die Prüfung herangezogen werden. Überzeugen Sie sich davon, dass die Sachkonten korrekt gepflegt sind.

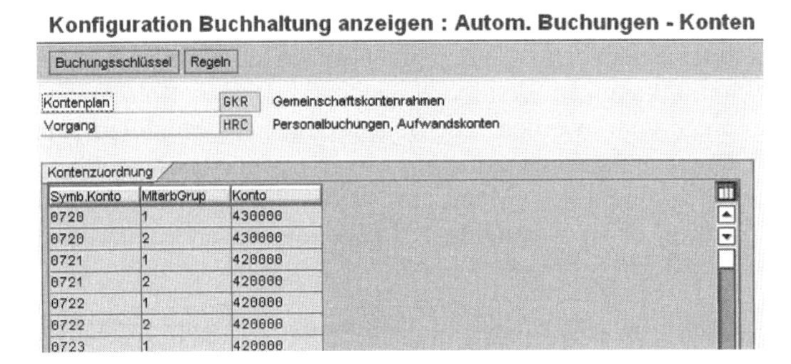

Abb. 4.5.6.1-30: Prüfung der automatischen Kontenfindung über die Fixkontentabelle © *SAP*

- Prüfen Sie die Einrichtung des Belegsplitkontos. Es wird im SAP-System auch als technisches Konto bezeichnet. Unter der Transaktion SPRO können die maschinell verwendeten Belegsplitkonten eingesehen werden mit dem Menüweg *Personalabrechnung – Abrechnung Deutschland – Buchung ins Rechnungswesen – Aktivitäten im RW-System – Zuordnung der Konten – Technische Konten zuordnen.* Prüfen Sie, ob der Saldo der im Customizing hinterlegten Konten null ist. Hierzu eignet sich die Transaktion FAGLB03 (Sachkontensaldenanzeige). Sie können somit prüfen, ob die systemseitige Kontrolle zur korrekten Buchung bei Belegaufteilungen wirksam war. Folgende Abbildung verdeutlicht das Customizing der Belegsplitkonten:

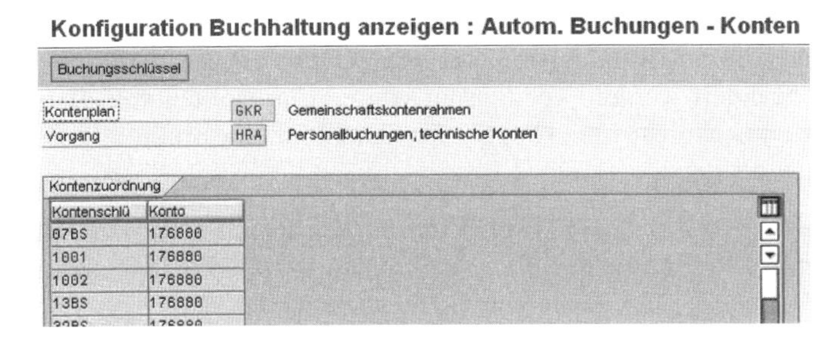

Abb. 4.5.6.1-40: Prüfung der Belegsplitkonten © *SAP*

4.5.6.2 Verarbeitung mittels Lohnarten

SAP-Fakten:

Lohnarten stellen ein zentrales Verarbeitungsinstrument bei der Personalabrechnung dar. In den Personalstammdaten werden über Lohnarten Informationen zu den abrechnungsrelevanten Infotypen erfasst, z.B. als Grundgehalt oder Mehrarbeit. Nach der Stammdatenpflege baut die weitere Verarbeitung der Personal- und Gehaltsdaten auf den Lohnarten auf. So werden zum Beispiel in der Nettoabrechnung separate Lohnarten gebildet, um die abzuführende Lohnsteuer oder Sozialversicherungsbeiträge zu berechnen. Das Lohnkonto als Ergebnis der Personalabrechnung enthält die in der Abrechnung zu einer Person verwendeten und berechneten Lohnarten.

Lohnarten sind länderbezogen, so dass eine Lohnart für die Abrechnung in unterschiedlichen Ländern unterschiedliche Bedeutungen besitzen kann. Ferner hat sie einen Gültigkeitszeitraum. Somit kann die Verarbeitungsfähigkeit einer Lohnarten-Definition auf einen Zeitraum eingegrenzt werden. Ein Beispiel einer maschinellen Kontrolle ist eine Lohnart für Jubiläumszuwendungen, die über einen entsprechend gepflegten Gültigkeitszeitraum ab einem bestimmten Zeitpunkt als steuerpflichtige Leistung verarbeitet wird. Eine Lohnart wird mit einem vierstelligen alphanumerischen Schlüssel identifiziert. Es gelten folgende SAP-Konventionen:

- Technische Lohnarten beginnen mit einem „/". Für die Personalabrechnung in Deutschland liefert SAP über 2.000 derartige Lohnarten aus. Mit ihnen erfolgt in der Regel ein Großteil der Abrechnung.
- Kundenlohnarten beginnen mit einer Ziffer. Diese Lohnarten liegen im Kundennamensraum.
- Allgemeine Musterlohnarten beginnen mit einem „M". Sie werden von SAP zur Verfügung gestellt und können als Kopiervorlagen für Kundenlohnarten verwendet werden.
- Musterlohnarten für den öffentlichen Dienst beginnen mit einem „O". Ihre Verwendungsmöglichkeit entspricht den allgemeinen Musterlohnarten, die mit „M" beginnen.

Lohnarten außerhalb des Kundennamensraums werden von SAP gepflegt. Im Rahmen von Änderungen über Support Packages (SP) oder Legal Change Packages (LCP) können Lohnarten außerhalb des Kundennamensraums aktualisiert und damit in ihrer Verarbeitungswirkung geändert werden. Vor diesem Hintergrund sollten vor allem Musterlohnarten – Lohnarten, die mit M bzw. O beginnen – nicht für eine produktive Personalabrechnung verwendet werden.

Die Eigenschaften von Lohnarten bestimmen sich durch ein Betrag-Feld, ein Anzahl-Feld und ein Betrag-pro-Einheit-Feld. Lohnarten können somit Werte speichern, z.B. die Angabe, dass ein Urlaubsgeld in Höhe von € 100 abzurechnen ist.

Eine Lohnart enthält folgende Steuerungsinformationen:

- Kontierung: In der Lohnart wird angegeben, ob die mit ihr ermittelten Werte zu buchen sind und wie die weitere Kontenfindung gesteuert ist.
- Bewertung: Wird zu einer Lohnart nicht unmittelbar ein Betrag angegeben, so kann er maschinell ermittelt werden. Die Bewertung enthält die hierzu notwendigen Angaben. Beispiel: Feiertagsarbeit wird in der entsprechenden Lohnart in Stunden erfasst. In der Lohnart ist gespeichert, dass der persönliche Stundensatz des Mitarbeiters zuzüglich 10% als Zuschlag die Betragsberechnung verwendet wird.
- Kumulation: Die Informationen geben an, in welchen Aggregationsbereich eine Lohnart fließt. Diese Aggregationsbereiche bilden die Schnittstelle von der Brutto- zur Nettoabrechnung. Beispiel: Eine steuerpflichtige Lohnart wird in den Aggregationsbereich „Steuerbrutto" kumuliert.

- Verarbeitungsklassen: Diese Klassen gruppieren Lohnarten nach Eigenschaften, welche die Abrechnung vereinfachen, da der Personalabrechnungsprozess nicht detaillierte Kenntnisse zu jeder einzelnen Lohnart haben muss, wenn die Verarbeitungsklasse bekannt ist. Beispiel: Die Verarbeitungsklasse 10 gibt an, dass der Betrag zu einer Lohnart bei unbezahlter Abwesenheit um 100% gekürzt wird.
- Auswertungsklassen: In den Auswertungsklassen werden die Eigenschaften der Lohnarten für den Ausdruck im Entgeltnachweis oder in Bescheinigungen definiert.

Lohnarten werden zu Lohnartengruppen zusammengefasst, damit sie einfacher zu bearbeiten sind. Sie können über den so genannten Lohnarten-Reporter, die Transaktion PC00_M99_CWTR_NO_OC (Lohnarten-Reporter), ausgewertet werden.

Prüfungshandlungen:

- Beurteilen Sie, ob eine Dokumentation in Form einer Lohnartenübersicht besteht, aus welcher hervorgeht, wie Buchungen zu den einzelnen Lohnarten verarbeitet werden sollen. Folgende Struktur verdeutlicht eine derartige Dokumentation:

Primärlohnarten	**Buchungssystematik**
Basisentgelt	Aufwand
Mehrarbeit	Aufwand
Zulage	Aufwand
Sekundärlohnarten	**Buchungssystematik**
Arbeitgeberanteil Sozialversicherung	Aufwand und Verbindlichkeit
Arbeitnehmeranteil Sozialversicherung	Verbindlichkeit
Überweisung	Verbindlichkeit
Steuer	Verbindlichkeit
Ausfall-Gehalt	Umbuchung Aufwand

- Prüfen Sie, ob die Dokumentation der Lohnartenübersicht der Abbildung im SAP-System entspricht. Lassen Sie sich hierzu das Customizing der Lohnarten unter der Transaktion SPRO über den Menüweg *Personalabrechnung – Abrechnung Deutschland – Buchung ins Rechnungswesen – Aktivitäten im HR-System – Pflege der Loharten - Buchungseigenschaften von Lohnarten festlegen* anzeigen. Prüfen Sie je verwendeter Lohnart, ob das hinterlegte symbolische Konto richtig ist.

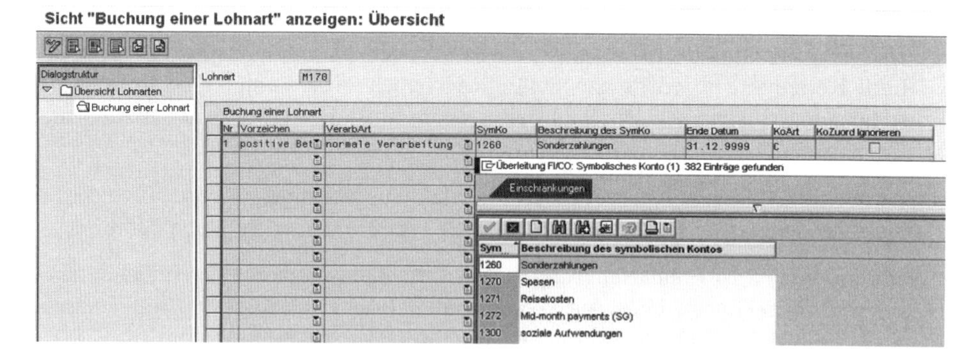

Abb. 4.5.6.2-10: Prüfung des Lohnarten-Customizings © *SAP*

- Führen Sie eine Vollständigkeitsprüfung in Bezug auf die Informationen durch, die im SAP-System zu den Lohnarten in unterschiedlichen Tabellen hinterlegt sind. Dazu dient folgendes Vorgehen: Ausführen der Transaktion PU30 (Lohnartenpflege), Option „Vollständigkeitsprüfung" wählen, Ländergruppierung z.B. mit „Deutschland" angeben, Verarbeitungsart „Testlauf" auswählen. Folgendes beispielhafte Ergebnis weist Inkonsistenzen in den Lohnarten-Tabellen auf. Berücksichtigen Sie, dass die Transaktion vorrangig zur Pflege und zum Löschen von Lohnarten vorgesehen ist. Im Rahmen einer Prüfung sollten keine Daten geändert werden.

Vollständigkeitsprüfung --- (Test)

Lohnarten löschen

06.07.2009 Lohnart(en) kopieren 1

Ländergruppierung: 01 Deutschland

Sie haben folgende Auswahl getroffen: Testlauf

Die folgenden Lohnarten sind nicht in T512W enthalten. Welche sollen gelöscht werden?

S	CLArt	Lohnartentext	Kurztext
☑	0001	Stundenlöhne	StdLöhne
☑	0002		
☑	0003		

Abb. 4.5.6.2-20: Vollständigkeitsprüfung zu Lohnarten © *SAP*

- Prüfen Sie die Customizingtabellen zu Lohnarten. Beurteilen Sie dabei, ob die Dokumentation der Lohnartenübersicht im SAP-System sachgerecht umgesetzt ist. Analysieren Sie auch mit den Tabellen, ob Lohnarten zeitlich richtig abgegrenzt sind. Folgende Tabellen können mit Hilfe der Transaktion SE16 zur Prüfung herangezogen werden:

Tabellen	Bezeichnungen
T511	Lohnarten
T512T	Lohn-Gehaltsarten Text
T512W	Lohnartenbewertung
T52EL	Buchung von Lohnarten in der Abrechnung
T591B	Zeitbindung von Lohnarten

- Stellen Sie fest, ob systemseitige Kontrollen wirksam sind, die unmittelbare Änderungen an den Lohnarten und der damit verbundenen Verarbeitung sowie Kontenfindung ausschließen. In einem produktiven SAP-System sollte über die Einstellung zur globalen Systemänderbarkeit sowie Mandantenänderbarkeit – Transaktion SE06 (Einrichten Transport Organizer) festgelegt sein, dass Änderungen am Customizing im Produktivsystem ausgeschlossen sind und somit Änderungen ausschließlich im Rahmen eines ordnungsgemäßen Change-Managements erfolgen. Es wird auf Kapitel 3.2.4.1 ab Seite 142 und 3.2.4.2 ab Seite 144 verwiesen. Selbst wenn die System- und Mandantenänderbarkeit korrekt eingestellt sind, ist die systemseitige Kontrolle nur wirksam, wenn Benutzer von der Verwendung bestimmter Berechtigungen ausgeschlossen sind.
- Ermitteln Sie vor diesem Hintergrund mit Hilfe des Programms RSUSR002, ob Benutzer-IDs über die Rechte zur Pflege des Lohnarten-Customizing besitzen, auch wenn das System den Status „nicht änderbar“ aufweist.

  Folgende Berechtigungen werden für das Ändern von Lohnarten über Debugging-Werkzeuge außerhalb des normalen Customizings benötigt:

Berechtigungsobjekte	**Felder**	**Feldausprägungen**
S_TCODE	TCD	SE16 oder Gleichwertige
S_DEVELOP	ACTVT	02 und 03
S_DEVELOP	OBJTYPE	DEBUG
S_TABU_DIS	ACTVT	02 und 03
S_TABU_DIS	DICBERCLS	PS oder PC

- Prüfen Sie, welche Lohnarten bei den Personalabrechnungen verwendet wurden. Ziehen Sie den Lohnarten-Reporter mit Hilfe der Transaktion PC00_M99_CWTR_NO_OC heran. Der ebenso mögliche Menüweg *Personal – Personalabrechnung – Europa – Deutschland – Infosystem – Lohnart – Lohnartenreporter* führt zu dem Einstieg in die Prüfungshandlungen. Der Lohnarten-Reporter wertet Lohnarten aus den Abrechnungsergebnissen für einen gewählten Zeitraum aus.
- Beurteilen Sie, ob – entgegen der SAP-Empfehlung – Musterlohnarten für die Personalabrechnung verwendet wurden.
- Prüfen Sie ferner für eine Auswahl von Lohnarten und den zur Verfügung stehenden Selektionen, ob die Lohnarten richtig verarbeitet wurden.

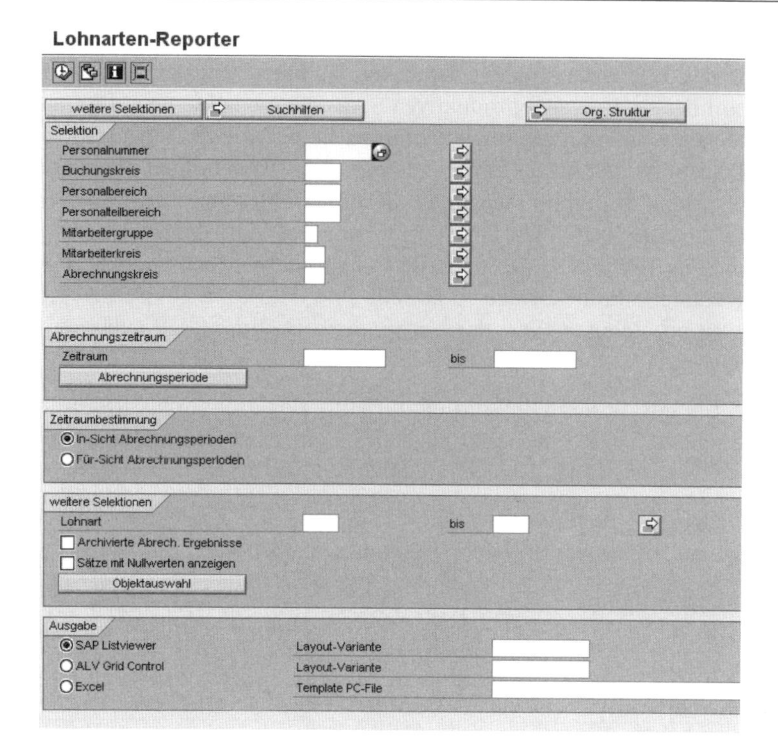

Abb. 4.5.6.2-30: Prüfung der verwendeten Lohnarten © *SAP*

- Prüfen Sie, ob Abrechnungsergebnisse vollständig im SAP-Finanzwesen gebucht wurden. Zur Analyse dient das Programm RPCIPC00 (Buchung ins Rechnungswesen: Ungebuchte Abrechnungsergebnisse suchen). Es ist auch über den Menüweg *Personal – Personalabrechnung – Europa – Deutschland – Folgeaktivitäten – Pro Abrechnungsperiode – Buchung ins Rechnungswesen – Vollständigkeitsprüfung* erreichbar. Folgendes Beispiel verdeutlicht das Ergebnis bei einer unvollständigen Verarbeitung über die Schnittstelle in das SAP-Finanzwesen.

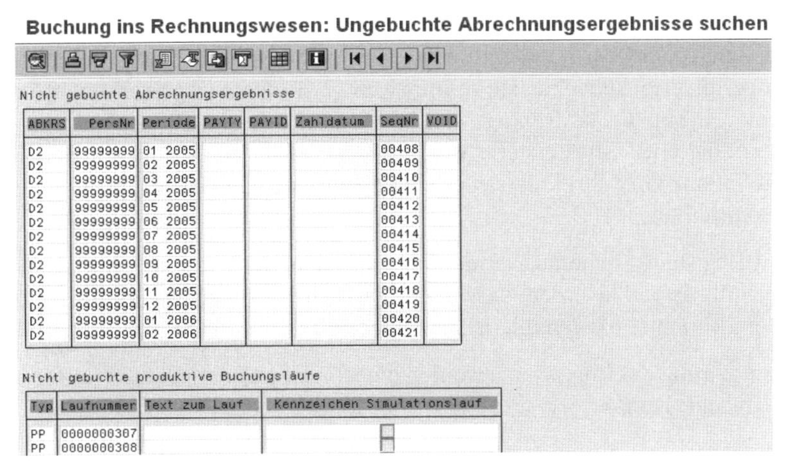

Buchung ins Rechnungswesen: Ungebuchte Abrechnungsergebnisse suchen

Nicht gebuchte Abrechnungsergebnisse

ABKRS	PersNr	Periode	PAYTY	PAYID	Zahldatum	SeqNr	VOID
D2	99999999	01 2005				00408	
D2	99999999	02 2005				00409	
D2	99999999	03 2005				00410	
D2	99999999	04 2005				00411	
D2	99999999	05 2005				00412	
D2	99999999	06 2005				00413	
D2	99999999	07 2005				00414	
D2	99999999	08 2005				00415	
D2	99999999	09 2005				00416	
D2	99999999	10 2005				00417	
D2	99999999	11 2005				00418	
D2	99999999	12 2005				00419	
D2	99999999	01 2006				00420	
D2	99999999	02 2006				00421	

Nicht gebuchte produktive Buchungsläufe

Typ	Laufnummer	Text zum Lauf	Kennzeichen Simulationslauf
PP	0000000307		
PP	0000000308		

Abb. 4.5.6.2-40: Prüfung auf nicht gebuchte Abrechnungsergebnisse © SAP

4.5.6.3 Ausweis in der Erfolgsrechnung

SAP-Fakten:

Der Personalaufwand wird in der GuV ausgewiesen. Im SAP-System kann die GuV mit Hilfe des Programms RFBILA00 (Bilanz/GuV) erzeugt werden. Folgende Abbildung verdeutlicht die Parametrisierungsmöglichkeiten zur Erzeugung der Bilanz sowie GuV:

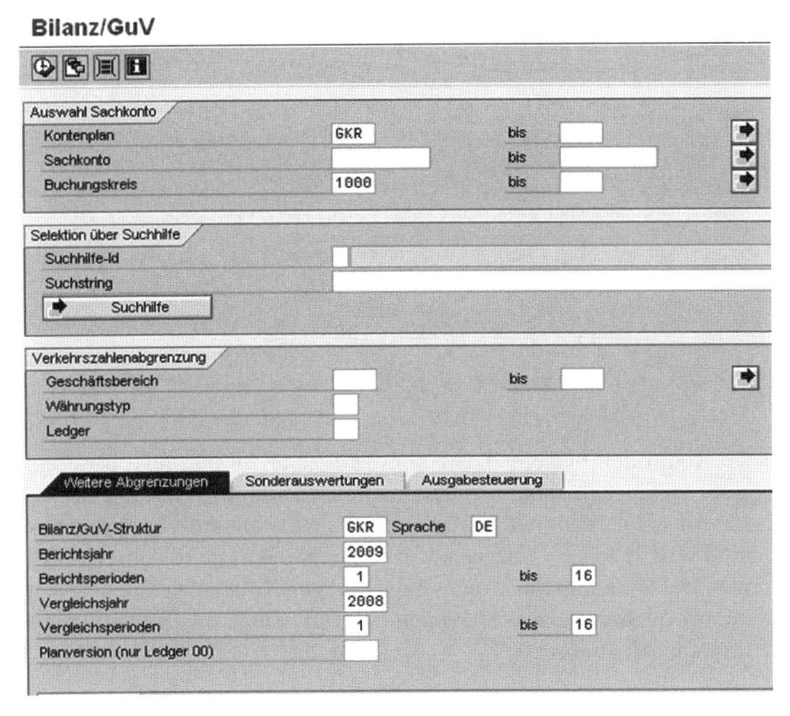

Abb. 4.5.6.3-10: Parametrisierung der Auswertung zur Bilanz und GuV © SAP

Bei der Personalabrechnung wird direkt auf Hauptbuchkonten gebucht. Die Verarbeitungslogik unterscheidet sich wesentlich von der Debitoren- oder Kreditorenbuchhaltung, bei denen gesonderte Nebenbücher geführt werden. Buchungskreis, Kontenplan und die so genannte „Bilanz/GuV-Struktur" sind die entscheidenden Parameter für den Programmaufruf der GuV. Mit Letzterer wird die Version der GuV-Version eindeutig identifiziert. Die Bilanz/GuV-Struktur steuert vor allem, welche Konten in welchem Posten ausgewiesen werden.

Unter dem Register „Sonderauswertungen" kann über Aktivierung der Option „Konten mit Saldo Null" erreicht werden, dass in der GuV auch Konten ausgewiesen werden, deren Saldo im Berichts- bzw. Vergleichszeitraum null ist.

Mit der Ausführung des Programms werden die Konten und deren Saldo in Bezug auf den Personalaufwand ermittelt:

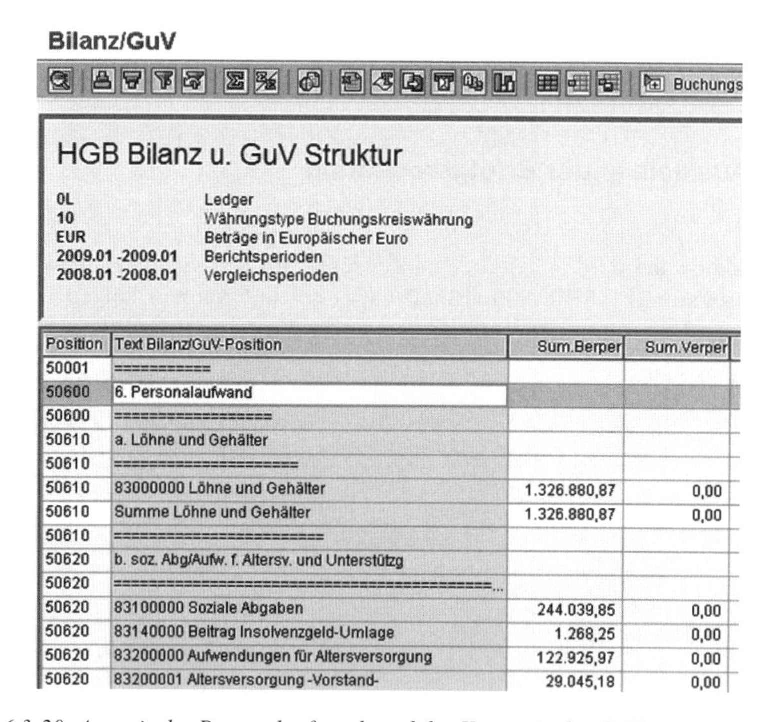

Bilanz/GuV

Buchungs

HGB Bilanz u. GuV Struktur

0L	Ledger
10	Währungstype Buchungskreiswährung
EUR	Beträge in Europäischer Euro
2009.01 -2009.01	Berichtsperioden
2008.01 -2008.01	Vergleichsperioden

Position	Text Bilanz/GuV-Position	Sum.Berper	Sum.Verper
50001	==========		
50600	6. Personalaufwand		
50600	=================		
50610	a. Löhne und Gehälter		
50610	====================		
50610	83000000 Löhne und Gehälter	1.326.880,87	0,00
50610	Summe Löhne und Gehälter	1.326.880,87	0,00
50610	======================		
50620	b. soz. Abg/Aufw. f. Altersv. und Unterstützg		
50620	======================================...		
50620	83100000 Soziale Abgaben	244.039,85	0,00
50620	83140000 Beitrag Insolvenzgeld-Umlage	1.268,25	0,00
50620	83200000 Aufwendungen für Altersversorgung	122.925,97	0,00
50620	83200001 Altersversorgung -Vorstand-	29.045,18	0,00

Abb. 4.5.6.3-20: Ausweis des Personalaufwands und der Konten in der GuV *© SAP*

Automatische Kontrollen bezüglich der richtigen Verarbeitung auf Ebene der Kontenfunktion werden im Customizing festgelegt. Dort wird vor allem festgelegt, wie die GuV-Posten zum Personalaufwand textlich bezeichnet sind, welche Konten den Posten zugeordnet sind und welche Regeln für die Ausgabe der Kontensalden vom SAP-System verwendet werden. Die Wirkungsweise und systemseitigen Kontrollen durch Festlegungen in der Bilanz- und GuV-Struktur sind unabhängig davon, wie das Customizing in Bezug auf das „Neue Hauptbuch" gewählt ist.

Prüfungshandlungen:

Der vollständige und richtige Ausweis des Personalaufwands in der GuV ist nur gegeben, wenn der Aufwand sachgerecht auf die korrekten Konten gebucht und deren Saldo in dem korrekten Posten dargestellt wird. Spezifisch für den Ausweis des Personalaufwands sind somit folgende Prüfungshandlungen:

- Stellen Sie fest, welche Konten für den Personalaufwand verwendet werden. Für die SAP-seitige Auswertung steht das Programm RFBILA00 zur Verfügung. Sie können aus der erzeugten GuV-Auswertung die Kontonummern entnehmen, welche den Personalaufwand enthalten.
- Prüfen Sie, ob allen Konten Bilanz- oder GuV-Posten zugewiesen sind, so dass gewährleistet ist, dass die RFBILA00-Auswertung die Konten vollständig heranzieht. Nicht zugeordnete Konten werden im unteren Bereich der erzeugten Auswertung dargestellt.
- Stellen Sie fest, ob die Bilanz- und GuV-Struktur sachgerecht im Customizing abgebildet ist. Das entsprechende Customizing wird über die Transaktion SPRO und den Menüweg *Finanzwesen - Hauptbuchhaltung - Geschäftsvorfälle - Abschluss - Dokumentieren - Bilanz-/GuV-Strukturen definieren* angezeigt. Falls das „neue Hauptbuch“ aktiviert wurde, ist alternativ folgender Menüweg möglich: *Finanzwesen (neu) - Hauptbuchhaltung (neu) - Stammdaten - Sachkonten - Bilanz-/GuV-Strukturen definieren.*

  Wählen Sie die relevante Bilanz- und GuV-Struktur aus. In dem Beispiel gemäß nachstehender Abbildung lautet sie THGB. Wählen Sie die Schaltfläche *Details* für die Anzeige der Struktur, dann die Schaltfläche *Bil./GuV-Positionen* und dann *Struktur* und *Anzeigen*. Folgende Abbildung verdeutlicht das Customizing. Durch die Anzeige der Konten ist zu prüfen, ob die Zuordnung von Konten und Positionen zum Personalaufwand korrekt ist. Ferner gilt es zu beurteilen, ob der Ausweis abhängig vom Soll- bzw. Habensaldo des Kontos korrekt erfolgt. In dem Beispiel gemäß Abbildung wird der Saldo des Kontos 430000 unter dem Posten „Gehaelter“ ausgewiesen unabhängig davon, ob das Konto einen Soll- oder Haben-Saldo aufweist (Haken in den Feldern „S“ und „H“).

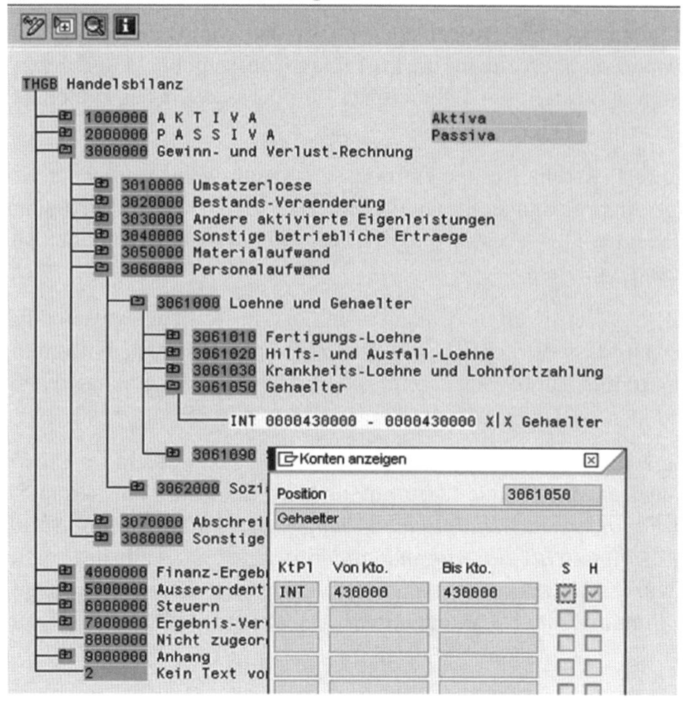

Abb. 4.5.6.3-30: Prüfung der Bilanz- und GuV-Struktur © *SAP*

- Prüfen Sie für jedes zuvor ermittelte Konto, welches den Personalaufwand bestimmt, ob die Einstellungen im Sachkontenstamm sachgerecht sind. Hierzu dient die Transaktion FS00 (Sachkontenstammdatenpflege). Lassen Sie sich die Steuerungsdaten je Konto anzeigen.
- Beurteilen Sie, ob in dem Register *Typ/Bezeichnung* die Option *Erfolgskonto* gewählt ist.
- Prüfen Sie ferner, ob die Steuerung so gewählt ist, dass ein automatischer Ergebnis-Vortrag aus dem Vorjahr erfolgt. Folgende Abbildung verdeutlicht Einstellungen im Sachkontenstamm:

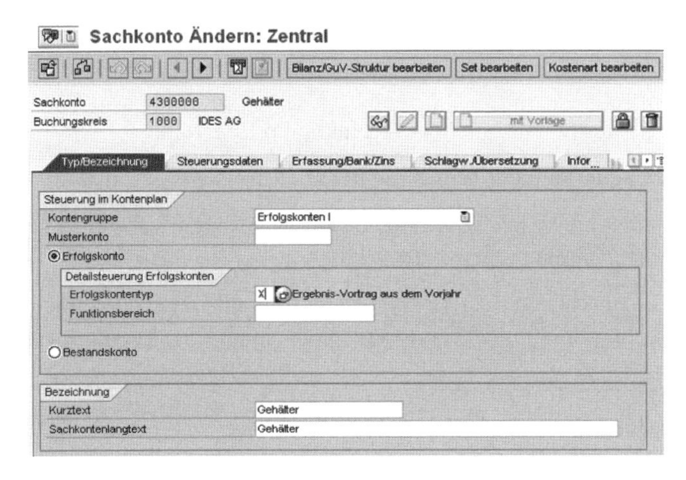

Abb. 4.5.6.3-40: Prüfung der Sachkonten im Hinblick auf die Steuerung im Kontenplan © SAP

- Beurteilen Sie, ob in dem Register *Erfassung/Bank/Zins* die Option *Nur automatisch bebuchbar* aktiviert ist. Trifft dies zu, wirken systemseitige Kontrollen, die sicherstellen, dass das Konto nur vom System über Kontenfindungstabellen bebucht werden kann. Folgende Abbildung zeigt typische Einstellungen:

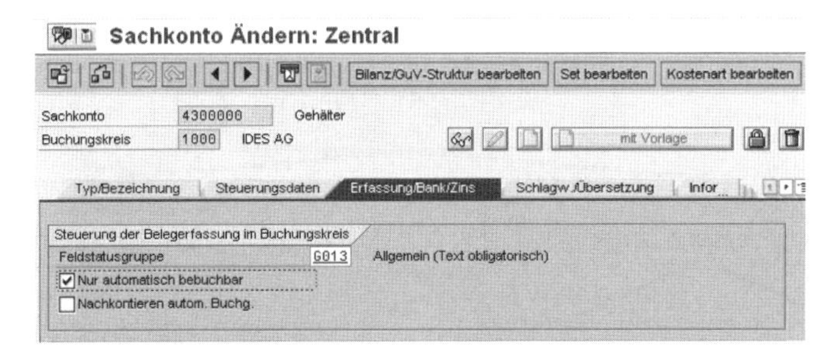

Abb. 4.5.6.3-50: Prüfung der Sachkonten im Hinblick auf die Steuerung der Belegerfassung © SAP

4.5.7 Integration der Zeitwirtschaft

SAP-Fakten:

Die Personalzeitwirtschaft ist innerhalb von HCM eine gesonderte Komponente. Im SAP-System stellt sie Funktionen zur Verfügung, um das Arbeitszeitverhalten der Mitarbeiter zu dokumentieren. Im Rahmen der Prüfung des Personalaufwands steht die SAP-gestützte Verarbeitung aus der Erfassung von Arbeitszeiten zum Zwecke der Vergütung der Mitarbeiter in Form von Geld bzw. Zeit im Vordergrund. Die Primärdaten zum Arbeitszeitverhalten sind z.B. Dauer und Verteilung von

- Anwesenheitszeiten
- Pausenzeiten
- Besonderer Abwesenheitszeiten wie Krankheit oder Urlaub
- Arbeitszeiten außerhalb der Firma wie bei Dienstreisen
- Zeiten und die Angabe von zusätzlichen Informationen wie gefertigte Stückzahlen, wenn ein Leistungslohn angewendet wird.

Aus den Primärdaten können im SAP-System maschinell Daten berechnet werden, die für die Personalabrechnung herangezogen werden. Beispiele sind zu vergütende:

- Reguläre Arbeitszeiten
- Mehrarbeitsstunden
- Zuschläge für Nachtarbeit, Sonn- oder Feiertagsarbeit und Bereitschaft
- Zulagen für besondere Tätigkeiten
- Bestände aus Urlaubs- / Gleitzeit- oder Langzeitarbeitskonten

Die Personalzeitwirtschaft zeichnet sich durch eine hohe Komplexität aus. Die Verarbeitung der Zeitdaten bis zur Personalabrechnung ist nach Maßgabe der unternehmensspezifischen Modelle und Prozesse über das Customizing konfigurierbar. Folgende Abbildung systematisiert die möglichen Verfahren:

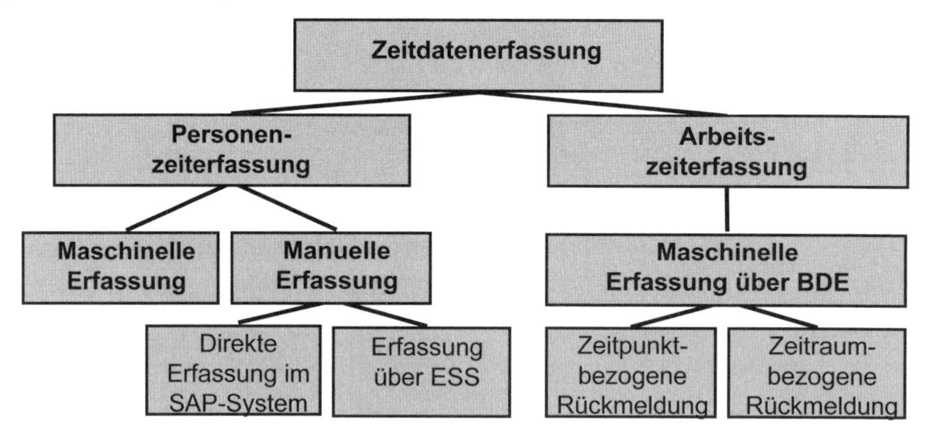

Abb. 4.5.7-10: Verfahren der Zeitdatenerfassung

Bei der Personenzeiterfassung werden ausschließlich Zeitereignisse zu Personen erfasst. Diese sind z.B. Ereignisse wie Kommen, Gehen, Pausenbeginn oder Pausenende. Die Ereignisse können maschinell in die Zeitwirtschaft übertragen werden. Das Verfahren wird üblicherweise anhand von Erfassungsterminals bzw. Nicht-SAP-Produkten realisiert. Ferner steht die manuelle Erfassung im SAP-System zur Verfügung. Sie kann direkt im SAP-System oder über ein vorgelagertes System im Rahmen von so genannten „Employee Self Services“ (ESS) erfolgen. SAP stellt in diesem Zusammenhang ein Arbeitszeitblatt zur Verfügung, das unter der Bezeichnung CATS (Cross Application Time Sheet) bekannt ist.

Bei der Arbeitszeiterfassung werden neben den Zeitereignissen zu Personen zusätzlich Informationen zu der Arbeitsleistung erfasst. Es handelt sich z.B. um Daten in Bezug auf das Einrüsten, das Abrüsten oder Probeläufe von Maschinen. Diese Daten werden maschinell im Rahmen der Betriebsdatenerfassung der SAP-Zeitwirtschaft zur Verfügung gestellt. Bei der zeitpunktbezogenen Rückmeldung werden Arbeitszeitereignisse, z.B. Beginn der Rüstzeit oder Ende der Rüstzeit, übergeben. Bei der zeitraumbezogenen Rückmeldung wird die Bearbeitungsdauer und somit beispielsweise die Anzahl der Stunden für das Rüsten übermittelt.

Neben den dargestellten Verfahren wird die so genannte Positiverfassung und die Negativerfassung unterschieden. Bei der Positiverfassung werden grundsätzlich alle geleisteten Zeiten erfasst. Die Negativerfassung basiert auf einem definierten Arbeitszeitmodell z.B. mit einer täglichen Arbeitszeit von 8 Stunden. Nur die Abweichungen von dem Arbeitszeitmodell wie Mehrarbeit, Krankheit oder Urlaub werden erfasst. Die beiden Formen der Erfassung sind auch als Mischformen kombinierbar.

Zeitdaten werden im SAP-System anhand von Infotypen kategorisiert. Zu dem Infotyp 2001, Abwesenheiten, gibt es verschiedene Abwesenheitsarten und so genannte Zeitbindungsklassen. Die Zeitbindungsklasse steuert die Reaktion des Systems, falls sich ein neu erfasster Satz des Infotyps 2001 mit anderen bereits im System befindlichen Zeitinfotypen überschneidet. Das Prinzip der Zeitbindung legt die Grundlage für maschinelle Kontrollen. Eine derartige Kontrolle verhindert beispielsweise, dass eine Person für einen Tag sowohl auf Grund von Urlaub als auch Krankheit als abwesend registriert wird. Die An- und Abwesenheitsarten und Zeitbindungsklassen sind in den Tabellen T554S (An- und Abwesenheitsarten) sowie T554T (Ab- und Anwesenheitstexte) gespeichert.

Prüfungshandlungen:

- Nehmen Sie das Verfahren zur Zeitwirtschaft auf. Klären Sie dabei, ob und in welchem Umfang das SAP-System auf die Daten vorgelagerter Systeme wie Zeitterminals, mobile Erfassungsgeräte oder BDE-Systeme zurückgreift. Stellen Sie fest, welche Informationen in dem eingesetzten Verfahren für den Personalaufwand relevant sind. Hierbei gilt es zu berücksichtigen, dass im Rahmen der Zeitwirtschaft auch eine Vielzahl von Informationen erhoben und verarbeitet werden, die in andere SAP-Anwendungsteile übergeleitet und nicht für die Personalabrechnung bedeutsam sind.
- Prüfen Sie, wie die Zeitabrechnung organisiert ist. Für sie steht im SAP-System das Programm RPTIME00 (HR-ZEIT - Zeitauswertung) zur Verfügung, das auch über die Transaktion PT60 (Zeitauswertung) und den Menüweg *Personal – Personalzeitwirtschaft – Administration – Zeitauswertung – Zeitabrechnung* aufrufbar ist.
- Nutzen Sie dieses Programm, um die Ablaufprotokolle einzusehen. In ihnen werden je Verarbeitungslauf die ausgewählten, erfolgreich abgerechneten und nicht erfolgreich abgerechneten Personalnummern dargestellt. Beurteilen Sie, ob alle abzurechnenden Personalnummern vollständig verarbeitet wurden. Sofern in einem Ablaufprotokoll Fehlermeldungen aufgeführt sind, klären Sie deren Behandlung und beurteilen Sie die Auswirkungen im Prozess der Personalabrechnung.
  Folgende Abbildung verdeutlicht die Parametrisierung des Programms RPTIME00:

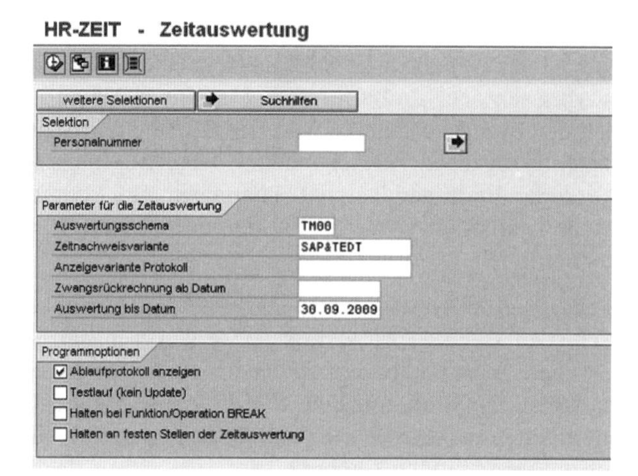

Abb. 4.5.7-20: Prüfung der Ablaufprotokolle zur Zeitabrechnung © *SAP*

- Beurteilen Sie, ob die Zeitabrechnung zeitnah erfolgt. In vielen Fällen erfolgt sie täglich über einen eingeplanten Job. Ob eine derartige periodische und automatische Verarbeitung eingeplant ist, kann mit Hilfe der Transaktion SM37 (Übersicht über Jobauswahl) und der Parametrisierung gemäß folgender Abbildung beurteilt werden. Für die Verarbeitung in der Vergangenheit gilt es zu prüfen, ob die Jobs vollständig durchgeführt wurden. Im Hinblick auf die zukünftige Zeitabrechnung ist zu prüfen, ob ein entsprechender Job sachgerecht eingeplant ist.

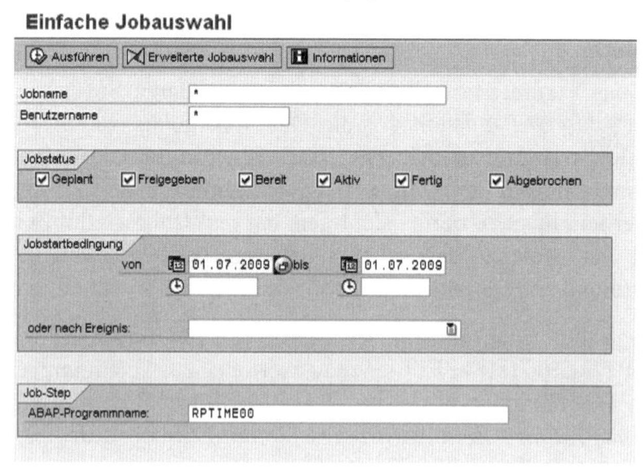

Abb. 4.5.7-30: Prüfung der Jobs zur Zeitabrechnung © *SAP*

- Prüfen Sie, ob die Integration der Zeitdaten in das SAP-Rechnungswesen im Customizing aktiviert ist. Mit der Integration werden Zeitdaten in Infotypen und von dort aus maschinell an die Schnittstelle zum Rechnungswesen übergeben. Im Zusammenhang mit der Zeitwirtschaft sind die Infotypen im Intervall 2000 bis 2999 reserviert. Der Infotyp 2001, „Abwesenheiten" fasst z.B. Informationen zu Feldern wie Abwesenheitsarten (Urlaub, Krankheit, Kur usw.), Abwesenheitsstunden und Kontingentverbräuche zusammen. Der Prüfung des Customizings dient die Transaktion SPRO mit dem Menüweg *Personalzeitwirtschaft - Integration der Zeitwirtschaft mit anderen Anwendungen - Integration für Infotypen zulassen*. Bei den Einstellungen gemäß folgender Abbildung ist die Integration in das Rechnungswesen aktiviert, so dass die Zeitdaten vom Anwendungsteil HCM an FI geleitet werden.

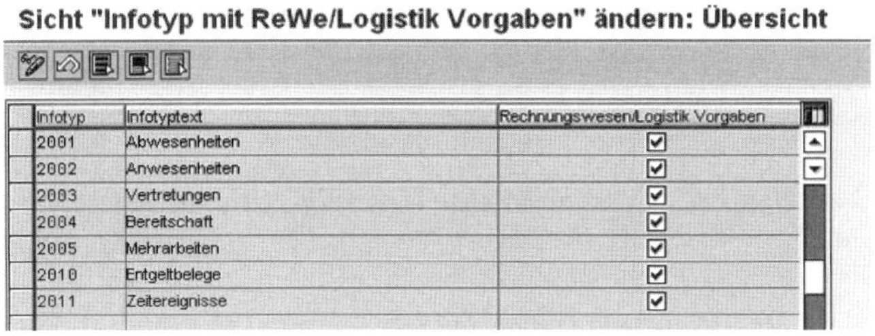

Sicht "Infotyp mit ReWe/Logistik Vorgaben" ändern: Übersicht

Infotyp	Infotyptext	Rechnungswesen/Logistik Vorgaben
2001	Abwesenheiten	☑
2002	Anwesenheiten	☑
2003	Vertretungen	☑
2004	Bereitschaft	☑
2005	Mehrarbeiten	☑
2010	Entgeltbelege	☑
2011	Zeitereignisse	☑

Abb. 4.5.7-40: Prüfung des Customizings zur Integration der Zeitdaten © *SAP*

- Prüfen Sie, ob maschinelle Kontrollen bei Überschneidungen von kollidierenden Zeitdaten eingerichtet sind. Nehmen Sie hierzu Einsicht in das Customizing nach Maßgabe des folgenden Beispiels:

  Anhand der Abwesenheiten Urlaub und Krankheit soll festgestellt werden, welche Kontrolle das SAP-System durchführt. Gemäß Auswertung mit der Transaktion SE16 und den Tabellen T554S und T554T besitzt „Urlaub" die Abwesenheitsart 0100 und die Zeitbindungsklasse 01. „Krankheit" hat die die Abwesenheitsart 0200 und die Zeitbindungsklasse 02. Über die Transaktion SPRO und den Menüweg *Personalzeitwirtschaft - Zeitdatenerfassung und –verwaltung - Reaktionen bei Überschneidung von Zeitinfotypen festlegen* wird das Customizing angezeigt. Es gilt festzustellen, wie das System reagiert, wenn Urlaubstage erfasst wurden und in dem Urlaubszeitraum ein Tag Krankheit registriert werden soll. Die Kollision tritt durch „Krankheit" auf, so dass die Details zur Zeitbindungsklasse 02 anzuzeigen sind. Folgende Abbildung zeigt, dass das Reaktionskennzeichen A zur Anwendung kommt, wenn der vorhandene Abwesenheits-Datensatz der Zeitbindungsklasse 01 angehört. A steht für Abgrenzung. Somit besteht die systemseitige Kontrolle darin, dass der Urlaubszeitraum zeitlich automatisch abgegrenzt, d.h. verkürzt wird, und der Tag Krankheit als Abwesenheit gebucht wird. Zeitliche Überschneidungen sind ausgeschlossen. Im umgekehrten Fall, dem Krank-Satz folgt der Erfassungsversuch bzgl. Urlaub, wird die Erfassung standardmäßig vom SAP-System abgewiesen. Die Bedeutung der Reaktionskennzeichen kann der F1-Hilfe direkt im SAP-System entnommen werden.

Sicht "Zeitbindungsreaktion bei Zeitwirtschaftsinfotypen" anzeigen:

Infotyp 2001
ZeitbindgKlasse 02

Reaktion bei Überschneidung mit vorhandenen Sätzen des Infotyps

Infotyp	Infotyptext	Zeitbindungsklasse	Reaktionskennzeichen
2001	Abwesenheiten	01	A
2001	Abwesenheiten	02	E
2001	Abwesenheiten	03	A
2001	Abwesenheiten	04	A
2001	Abwesenheiten	05	E
2001	Abwesenheiten	06	E
2001	Abwesenheiten	07	E
2002	Anwesenheiten	01	A

Abb. 4.5.7-50: Prüfung des Customizings zur Kontrolle bei zeitlichen Überschneidungen von Abwesenheiten © *SAP*

- Prüfen Sie, ob systemseitig ausgeschlossen ist, dass der Abbau von Urlaubskontingenten zu negativen Beständen führt. Die Steuerung, wie weit Kontingente abgebaut werden können, erfolgt über Kontrollen, die im Customizing hinterlegt sind. Werden negative Urlaubskontingente zugelassen und realisiert, wird die Berechnung von Urlaubsrückstellungen komplizierter. Betriebswirtschaftlich kann es sinnvoll sein, wenn in Zeiten geringer Auslastung auch dann Urlaub genommen wird, wenn das Urlaubskontingent bereits aufgebraucht ist. Die Auswertung der Einstellungen im SAP-System erfolgt über die Transaktion SPRO sowie den Menüweg *Personalzeitwirtschaft - Zeitdatenerfassung und -verwaltung - Verwaltung von Zeitkonten durch An-/Abwesenheitskontingente - Verwaltung von Urlaub über den Infotyp 0005 – Urlaubskontingent - Urlaubsabtragung steuern*. In der Aktion ist *Regeln für An-/Abwesenheitsauszählung und Urlaubsabtragung* auszuwählen. Zeilenweise können dann einzelne Gruppen geprüft werden. Folgendes Beispiel zeigt, dass über die Urlaubsart 17 das Urlaubskontingent negativ werden kann.

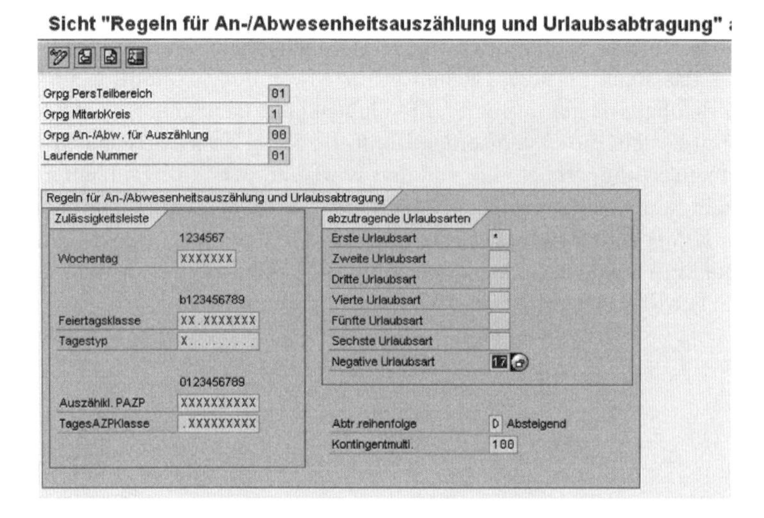

Abb. 4.5.7-60: Prüfung des Customizings zur Kontrolle bezüglich negativer Kontingente © *SAP*

- Prüfen Sie, ob die Regeln zur Verarbeitung der Zeitdaten bis hin zu den Lohnarten sachgerecht definiert sind. Hierbei sind regelmäßig eine Vielzahl von Einstellungen im Customizing und vor allem so genannte Schemata von Bedeutung. Ein Schema besteht aus Funktionen, Unterschemata und Rechenregeln. Es ist über die Transaktion PE01 (HR: Pflege von Personalrechenschemen) aufrufbar und prüfbar.

  Eine konkrete Prüfungshandlung bezieht sich auf die Kontrollen, die in den Rechenregeln eines Schemas festgelegt sind. Beurteilen Sie, ob die Rechenregeln im Customizing sachgerecht eingestellt sind. Prüfen Sie somit für ausgewählte Lohnarten, ob die Rechenregeln im SAP-System die Vereinbarungen mit den Arbeitnehmern richtig widergeben. Die Prüfungshandlung wird am Beispiel eines Nachtarbeitszuschlags erläutert:

  Die Einstellungen zu den Rechenregeln werden im Customizing über die Transaktion SPRO und den Menüweg *Personalzeitwirtschaft – Zeitauswertung - Zeitauswertung uhrzeitbasiert - Zeitlohnartenauswahl und Mehrarbeitsverrechnung - Generierungsvorschriften festlegen* eingesehen. In der Aktivität erfolgt über die Auswahl *Generierungsvorschriften festlegen* die Anzeige einer Tabelle mit verschiedenen Lohnarten. Gemäß nachstehender Abbildung wird deutlich, dass der Zuschlag nur berechnet wird, wenn die Anwesenheit nachts erfolgt, wobei Nacht mit 22:00 Uhr (vgl. Feld Beginn) bis 6:00 Uhr des Folgetages (vgl. Feld Ende, zu interpretieren als 6:00 + 24:00 = 30:00) angegeben ist. Der Zuschlag kommt bei allen Wochentagen zur Anwendung. Die Lohnart ist MQ30; über sie erfolgen die Personalabrechnung und die Aufwandsbuchung in der Finanzbuchhaltung.

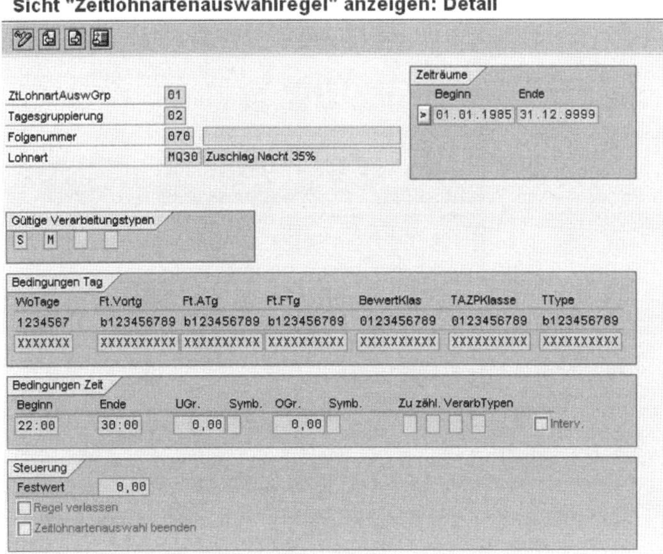

Abb. 4.5.7-70: Prüfung einer Rechenregel für Nachtarbeitszuschlag © SAP

4.5.8 Integration des Reisemanagements

SAP-Fakten:

Die Komponente des Reisemanagements (TV) stellt ebenso wie die Zeitwirtschaft Ergebnisse für die Personalabrechnung zur Verfügung, die den Personalaufwand bestimmen. Das Reisemanagement stellt umfassende Funktionen für den kompletten Prozess von der Beantragung, Genehmigung, Erfassung sowie Abrechnung von Reisen bis hin zur Buchung von Aufwand und Verbindlichkeiten im Rechnungswesen zur Verfügung. Die Reisekostenabrechnung übergibt der Personalabrechnung eine Tabelle von Lohnarten. Darin befinden sich so genannte Hinzurechnungsbeträge bzw. die komplett zu erstattenden Reisekosten. Hinzurechnungsbeträge entstehen, wenn das Unternehmen den Mitarbeitern Beträge erstattet, welche die steuerrechtlichen Höchstbeträge übersteigen. Unternimmt z.B. ein Mitarbeiter eine Dienstreise mit dem privaten PKW, kann das Unternehmen ihm bis zu € 0,30 je gefahrenem Kilometer erstatten, ohne dass hierfür Lohnsteuer oder Beiträge zur Sozialversicherung anfallen. Erstattet das Unternehmen € 0,50 je gefahrenem Kilometer, so sind € 0,20 davon als Arbeitsentgelt zu berechnen.

Die Auszahlung an Mitarbeiter kann mittels drei Arten erfolgen: Als erste Art ist die Zahlung der Reisekosten über die Personalabrechnung zu nennen. Die zweite Art besteht in der Erstellung eines Datenträgers mit den Überweisungsbeträgen an die Mitarbeiter. Als dritte Art können Reisekosten über das Zahlungsprogramm in der Finanzbuchhaltung ausgezahlt werden. Dabei ist für jeden Mitarbeiter ein Kreditor in der SAP-Finanzbuchhaltung zu führen. Die Buchung des Personalaufwands erfolgt bei allen Arten in analoger Weise und über die Lohnarten gesteuert. Der für die Rechnungslegung relevante Prozess im Reisemanagement stellt sich grundsätzlich wie folgt dar:

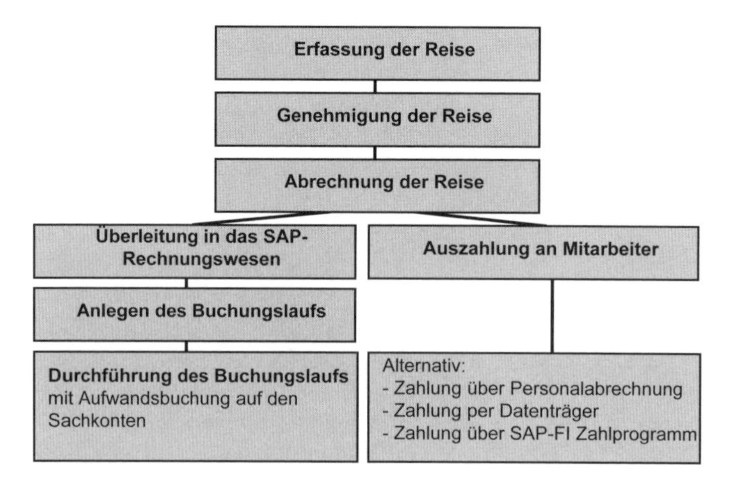

Abb. 4.5.8-10: Prozess des Reisemanagements

Für die Erfassung bzw. Genehmigung von Reisen stehen die Transaktionen TRIP (Reisemanager) und PR05 (Reisekostenmanager) zur Verfügung.

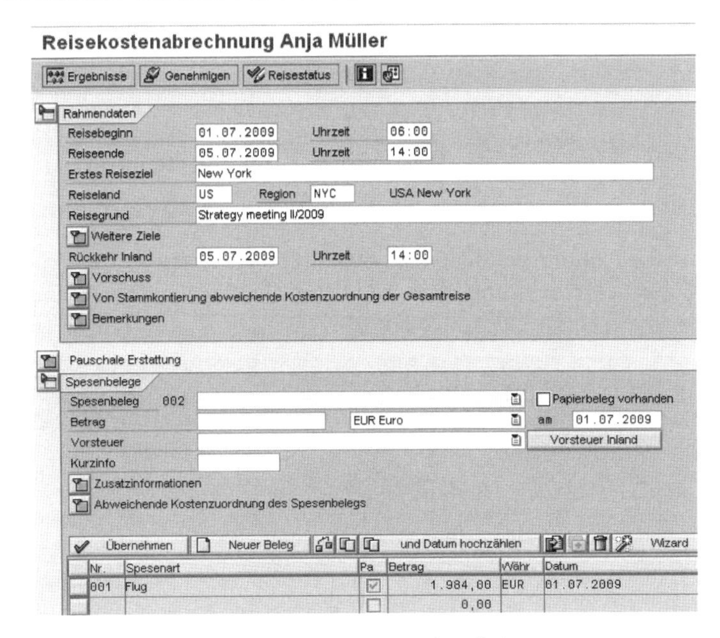

Abb. 4.5.8-20: Erfassen und Genehmigen von Reisen mit dem Reisemanager © *SAP*

Prüfungshandlungen:

- Beurteilen Sie, ob Funktionstrennungen in dem Prozess bis zur Reisekostenabrechnung im SAP-System implementiert sind. Eine wirksame Kontrolle besteht, wenn eine Funktionstrennung im Hinblick auf das Erfassen und Genehmigen von Reisedaten eingerichtet ist. Organisatorisch besteht sie oft darin, dass Mitarbeiter die Reisedaten selbst über Employee Self Services (ESS) erfassen und eine andere Person die Angaben kontrolliert und genehmigt. Die systemseitige Unterstützung der Funktionstrennung erfolgt über das Berechtigungskonzept. Führen Sie die Berechtigungsauswertung mit der Transaktion SA38 und dem Programm RSUSR002 durch. Folgende Berechtigungen werden in dem Prozess der Erfassung und Genehmigung von Reisen benötigt:

  Berechtigungen zum Erfassen von Reisen:

Berechtigungsobjekte	Felder	Feldausprägungen
P_TRAVL	AUTHF	R* und W
P_TRAVL	AUTHS	30 und 31
P_ORGIN	AUTHC	R

Berechtigungen zum Genehmigen von Reisen:

Berechtigungsobjekte	Felder	Feldausprägungen
P_TRAVL	AUTHF	R* und W31
P_TRAVL	AUTHS	40 und 41
P_ORGIN	AUTHC	R

Besondere Beachtung verdient das Berechtigungsobjekt P_TRAVL (Reiseabrechnung). Mögliche Feldausprägungen und deren Bedeutungen stellt die folgende Tabelle dar:

Felder	Bezeichnungen der Felder	Feldausprägungen	Bedeutungen
AUTHF	Operation und ‚Status alt‘	Die Ausprägungen sind dreistellig. Beispiele:	
		Erste Stelle: W	Schreiben im Sinne von Anlegen, Ändern und Kopieren
		Zweite Stelle: 3	Reise
		Dritte Stelle: [Leerzeichen]	neue Reise
AUTHS	‚Status neu‘	Die Ausprägungen sind zweistellig. Beispiele:	
		Erste Stelle: 3	Reise
		Zweite Stelle: 0	Status offen
		Zweite Stelle: 1	Status abzurechnen

- Prüfen Sie, ob über das Berechtigungskonzept Kontrollen implementiert sind, so dass Mitarbeiter über ESS nur für sich selbst Reisedaten erfassen können. Prüfen Sie ferner, ob Reisesachbearbeiter nicht für die eigene Personalnummer Reisen genehmigen können. Hierzu sind Auswertungen zu den Berechtigungen über das Programm RSUSR002, das Berechtigungsobjekt P_TRAVL und das Feld AUTHP – „Prüfung der Personalnummer“ vorzunehmen. Das Feld kann die Werte „O“ (own: nur eigene Personalnummer ist zulässig), „E“ (except: alle Personalnummern außer der eigenen sind zulässig) oder „*“ (alle Personalnummern sind zulässig) annehmen.
- Prüfen Sie, ob systemseitig Höchstgrenzen für die einzelnen Spesenarten hinterlegt sind. Beurteilen Sie ferner, ob Vorschlagswerte zu den Spesenarten sachgerecht sind. Die Prüfung ist über die Einsichtnahme des Customizings mit der Transaktion SPRO und den Menüweg *Finanzwesen (neu) – Reisemanagement – Reiseabrechnung – Stammdaten – Reisespesenarten – Höchstsätze und Vorschlagswerte für Spesenarten definieren* möglich. Folgende Abbildung verdeutlicht systemseitige Kontrollen: Bei Taxifahrten wird ein Betrag von€ 20 vorgeschlagen, bei einem Betrag von über € 100 wird eine Warnmeldung ausgegeben und Beträge über dem Höchstbetrag von € 200 können in einer Reise nicht erfasst werden.

  Prüfen Sie somit die Einstellungen zu Spesenarten wie beispielsweise „Taxifahrten“, „Abzug Frühstück“ oder „Sachbezug Frühstück“.

Sicht "Vorschlagswert/Höchstbetrag" anzeigen: Übersicht

Aufr. <-> Verb.

Vorschlagswert/Höchstbetrag : Deutsche Abrechnung

Reise	Bezeichnung SpA	Betragsart	Vorschlag/Höchst	Währung
TAXI	Taxi	Vorschlagswert	20,00	EUR
TAXI	Taxi	Warnmeldung bei Höchstsatzüberschreitung	100,00	EUR
TAXI	Taxi	Fehlermeldung bei Höchstsatzüberschreitung	200,00	EUR

Abb. 4.5.8-30: Prüfung der Höchstsätze und Vorschlagswerte für Spesenarten © SAP

- Prüfen Sie die Verbindungen zwischen Reisespesenarten und Lohnarten auf ihre Richtigkeit. Beurteilen Sie dabei, ob die Findung der Lohnarten nach steuerfreien und steuerpflichtigen Reisebestandteilen richtig vom SAP-System kontrolliert wird. Im Customizing eignen sich unter der Transaktion SPRO und dem Menüweg *Finanzwesen (neu) – Reisemanagement – Reiseabrechnung – Lohnarten für Schnittstellen* folgende Aktivitäten für die Prüfung:

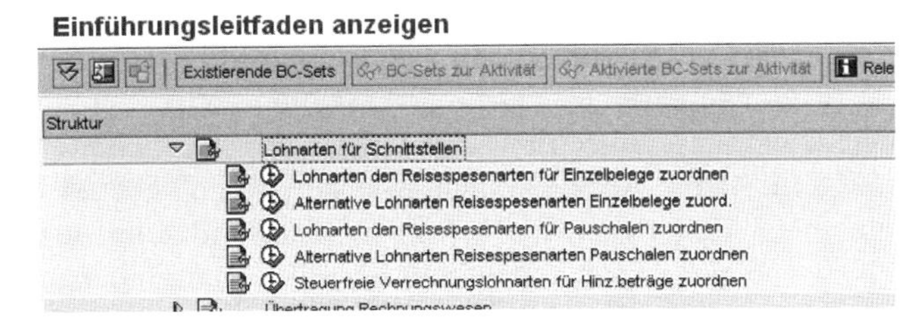

Abb. 4.5.8-40: Prüfung der Lohnarten-Definitionen © SAP

Das Beispiel der Spesenart für die Übernachtungspauschale zeigt die Verbindung mit den Lohnarten:

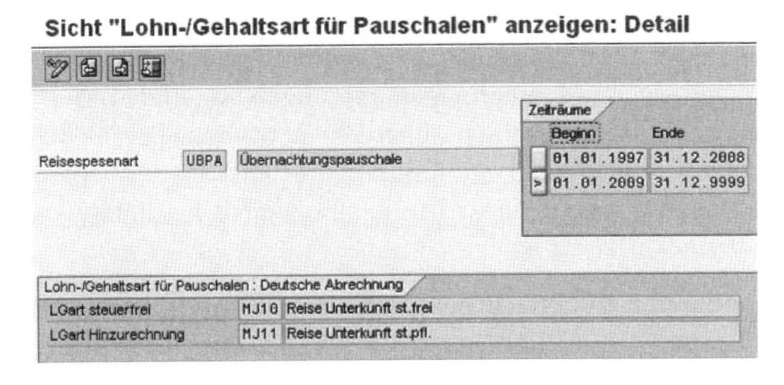

Abb. 4.5.8-50: Prüfung der Lohnarten-Definitionen für die Spesenart Übernachtungspauschale © SAP

- Stellen Sie fest, ob die erfassten, genehmigten und abgerechneten Reisedaten vollständig in das SAP-Rechnungswesen übergeleitet wurden. Für die Prüfung können die Protokolle zum Buchungslauf herangezogen werden. Die Transaktion PRRW (Buchung Abrechnungsdaten) steht hierzu zur Verfügung. Es ist zu berücksichtigen, dass mit dieser Transaktion auch Buchungsläufe gestartet oder gelöscht werden können. Im Rahmen einer Prüfung ist die Transaktion ausschließlich zur Anzeige zu verwenden. Folgendes Beispiel verdeutlicht mögliche Status:

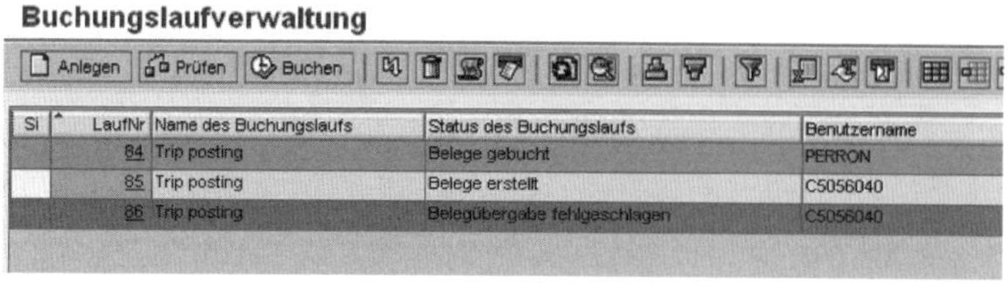

Buchungslaufverwaltung

Anlegen | Prüfen | Buchen

St	LaufNr	Name des Buchungslaufs	Status des Buchungslaufs	Benutzername
	84	Trip posting	Belege gebucht	PERRON
	85	Trip posting	Belege erstellt	C5056040
	86	Trip posting	Belegübergabe fehlgeschlagen	C5056040

Abb. 4.5.8-60: Prüfung der Buchungsläufe zur Buchung der Reisen in das SAP-Rechnungswesen © SAP

Mit einem Doppelklick auf die jeweilige „LaufNr" kann über die Schaltfläche *RW-Beleg* in den maschinell erzeugten Buchhaltungsbeleg verzweigt werden. Ein Verzweigen in die Reise ist ebenfalls möglich. Somit kann die SAP-seitige Verarbeitung von der Erfassung der Reise bis zur Buchung auf den Sachkonten in Bezug auf Vollständigkeit, Richtigkeit und Zeitnähe beurteilt werden.

- Prüfen Sie, ob Zugriffskontrollen für so genannte Aufrollungen sachgerecht eingerichtet sind. Aufrollungen können mit der Transaktion PRRL durchgeführt werden. Der Vorgang bedeutet, dass Reisen mit dem Status „Reise genehmigt und abgerechnet" zurück auf den Status „Reise genehmigt, abzurechnen" gesetzt werden und die Statusänderung in der Historie zur Reise dokumentiert wird. Folgendes Szenario verdeutlicht die Notwendigkeit einer Aufrollung: Bei einer nachträglichen Pauschalenänderung ab einem bestimmten Zeitpunkt müssen alle abgerechneten und eventuell gebuchten Reisen, die nach diesem Zeitpunkt erfolgten, nochmals und dann korrekt abgerechnet werden. Die nach einer erneuten Abrechnung entstehenden Differenzen werden automatisch berücksichtigt.

  Unter Aspekten eines Internen Kontrollsystems ist die Transaktion bzw. das hinterlegte Programm als kritisch anzusehen. Es besteht das Risiko, dass massenhaft bereits gebuchte Reisen nochmals nach neuen Regeln abgerechnet werden. Bei der nicht sachgerechten Anwendung können Genehmigungen von nicht dafür zuständigen Personen erteilt bzw. Reisen mehrfach abgerechnet werden. Ferner besteht das Risiko, dass die automatisch im SAP-System hinterlegte Historie - entsprechende Berechtigungen vorausgesetzt - modifiziert wird, so dass die Nachvollziehbarkeit der Reiseabrechnung nicht gewährleistet ist.

  Folgende Abbildung zeigt den Einstieg in die Transaktion PRRL bzw. das Programm RPUREROL ('abgerechnete' Reisen auf 'abzurechnen' setzen - Aufrollung):

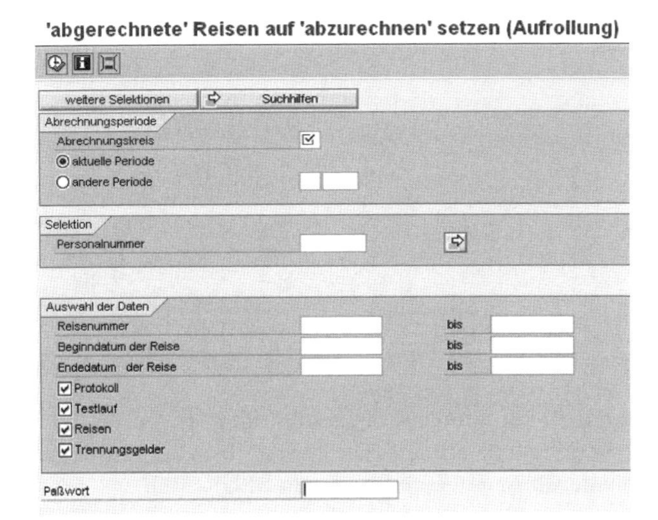

Abb. 4.5.8-70: Parametrisierung einer Aufrollung © *SAP*

Das Feld „Paßwort“ ist nicht als ein wirksamer Zugriffsschutz zu qualifizieren, da das Programm nicht die Eingabe eines Kennwortes sondern der angemeldeten Benutzer-ID verprobt. Auch ist zu berücksichtigen, dass das Programm ohne Berechtigungsprüfungen auf die üblichen Berechtigungsobjekte, insbesondere P_TRAVL, arbeitet. Vielmehr ist eine pauschale Berechtigung zu dem Berechtigungsobjekt P_ABAP (HR: Reporting) ausreichend.

Mit dem Programm RSUSR002 ist zu prüfen, welche Benutzer-IDs die Möglichkeiten haben, Aufrollungen vorzunehmen. Folgende Berechtigungen werden zur Aufrollung benötigt:

Berechtigungsobjekte	Felder	Feldausprägungen
P_ABAP	COARS	2
P_ABAP	REPID	RPUREROL
S_PROGRAM	P_ACTION	SUBMIT
S_PROGRAM	P_GROUP	RPUREROL

- Prüfen Sie, ob Aufrollungen vorgenommen wurden. Falls dies der Fall ist, prüfen Sie, ob die Aufrollungen sachgerecht und nachvollziehbar sind. Hierzu eignet sich die Transaktion PRTE mit folgendem Einstieg:

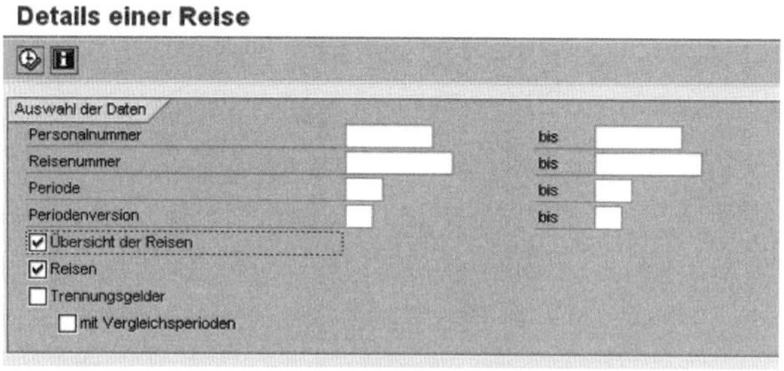

Details einer Reise

Auswahl der Daten
Personalnummer bis
Reisenummer bis
Periode bis
Periodenversion bis
☑ Übersicht der Reisen
☑ Reisen
☐ Trennungsgelder
☐ mit Vergleichsperioden

Abb. 4.5.8-80: Einstieg in die Prüfung der Informationen zu Reisen © *SAP*

In der erzeugten Liste sollte anhand der Spalte „Report" geprüft werden, mit welchem Programm die Verarbeitung erfolgte. Die erste Zeile in der folgenden Abbildung zeigt eine Aufrollung der Reise mit dem Programm RPUREROL:

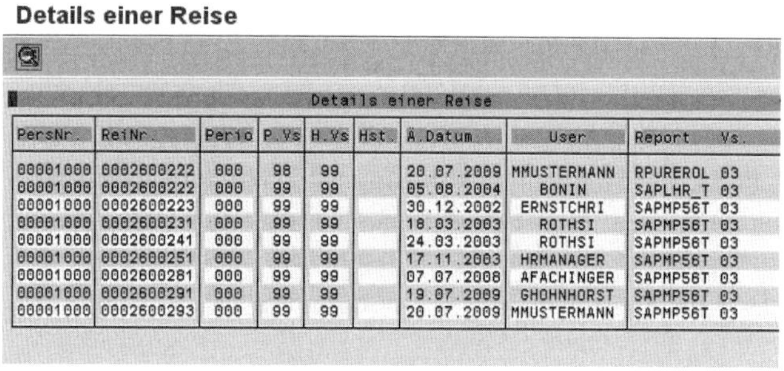

Details einer Reise

Details einer Reise

PersNr.	ReiNr.	Perio	P.Vs	H.Vs	Hst.	Ä.Datum	User	Report	Vs.
00001000	0002600222	000	98	99		20.07.2009	MMUSTERMANN	RPUREROL	03
00001000	0002600222	000	99	99		05.08.2004	BONIN	SAPLHR_T	03
00001000	0002600223	000	99	99		30.12.2002	ERNSTCHRI	SAPMP56T	03
00001000	0002600231	000	99	99		18.03.2003	ROTHSI	SAPMP56T	03
00001000	0002600241	000	99	99		24.03.2003	ROTHSI	SAPMP56T	03
00001000	0002600251	000	99	99		17.11.2003	HRMANAGER	SAPMP56T	03
00001000	0002600281	000	99	99		07.07.2008	AFACHINGER	SAPMP56T	03
00001000	0002600291	000	99	99		19.07.2009	GHOHNHORST	SAPMP56T	03
00001000	0002600293	000	99	99		20.07.2009	MMUSTERMANN	SAPMP56T	03

Abb. 4.5.8-90: Prüfung der Informationen zu Reisen in Bezug auf Aufrollungen © *SAP*

Über die Schaltfläche *Auswählen (F2)* werden beispielsweise die Details zu der ersten Reise wie folgt angezeigt, wenn die Informationen zur „Änderungen der Reise" ausgewählt werden. Der nachstehenden Abbildung ist zu entnehmen, dass nach der Abrechnung und Überleitung „L&G" (Personalabrechnung) und Überleitung FI (Finanzwesen) eine Aufrollung erfolgte. Die Reise hat somit den Status „genehmigt und abzurechnen".

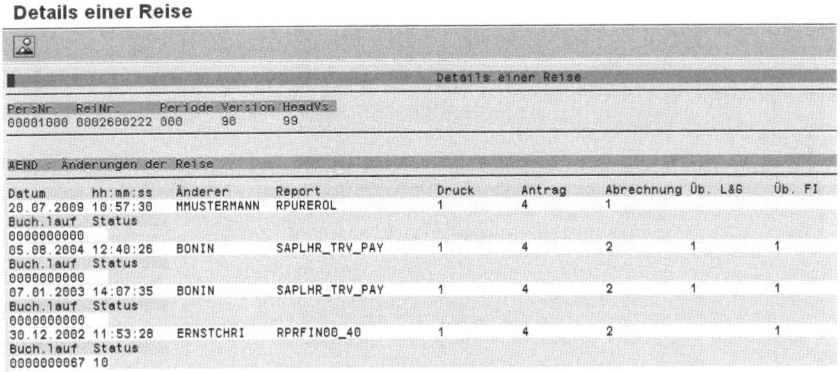

Details einer Reise

```
Details einer Reise

PersNr.  ReiNr.     Periode Version HeadVs.
00001000 0002600222 000     98      99

AEND : Änderungen der Reise

Datum      hh:mm:ss  Änderer       Report           Druck  Antrag  Abrechnung Üb. L&G  Üb. FI
20.07.2009 10:57:30  MMUSTERMANN   RPUREROL         1      4       1
Buch.lauf  Status
0000000000
05.08.2004 12:40:26  BONIN         SAPLHR_TRV_PAY   1      4       2          1        1
Buch.lauf  Status
0000000000
07.01.2003 14:07:35  BONIN         SAPLHR_TRV_PAY   1      4       2          1        1
Buch.lauf  Status
0000000000
30.12.2002 11:53:28  ERNSTCHRI     RPRFIN00_40      1      4       2                   1
Buch.lauf  Status
0000000067 10
```

Abb. 4.5.8-100: Prüfung der Informationen zu Reisen in Bezug auf den Status *© SAP*

- Prüfen Sie, ob systemseitige Zugriffsschutzkontrollen wirksam sind, die ein unbeabsichtigtes bzw. missbräuchliches Modifizieren der Buchungen von Reisekostenbelegen verhindern. So besteht bei zu weitreichenden Berechtigungsvergaben das Risiko, dass Informationen zu Buchungsläufen in der Tabelle PEVSH (Historie von Abrechnungsauswertungsläufen) gelöscht werden können. Die Nachvollziehbarkeit des eingesetzten Verfahrens ist dann nicht mehr gegeben. Folgende Berechtigungen werden für das Modifizieren bzw. Löschen von Buchungslaufdaten über Debugging-Werkzeuge außerhalb der normalen Anwendung benötigt:

Berechtigungsobjekte	Felder	Feldausprägungen
S_TCODE	TCD	SE16 oder Gleichwertige
S_DEVELOP	ACTVT	02 und 03
S_DEVELOP	OBJTYPE	DEBUG
S_TABU_DIS	ACTVT	02 und 03
S_TABU_DIS	DICBERCLS	PA

4.5.9 Checkliste

Nr.	Prüfungshandlung
1.	Prüfen Sie das Customizing der Lohnarten. Führen Sie auch eine Vollständigkeitsprüfung in Bezug auf die Informationen durch, welche im System zu Lohnarten hinterlegt sind. Die Transaktion PU30 sowie der Lohnarten-Reporter stehen im SAP-System in diesem Zusammenhang zur Verfügung.
2.	Stellen Sie fest, ob die Ergebnisse der Personalabrechnungsläufe vollständig und richtig in die SAP-Finanzbuchhaltung gebucht wurden. Die Transaktion PCP0 bietet einen Einstieg in die Prüfungshandlung.
3.	Beurteilen Sie, ob alle Konten, die den Personalaufwand betreffen, korrekt in der Bilanz- und GuV-Struktur im Customizing abgebildet sind.
4.	Prüfen Sie das Customizing der symbolischen Konten und in diesem Kontext auch die automatische Kontenfindung aus der Personalabrechnung über die Fixkontentabelle T030.
5.	Prüfen Sie das Berechtigungskonzept hinsichtlich der Zugriffskontrollen für HR-Daten. Analysieren Sie hierzu den Berechtigungshauptschalter sowie Konzept und systemseitige Umsetzung von klassischen Berechtigungen, strukturellen Berechtigungen und kontextabhängigen Berechtigungen. Nehmen Sie Auswertungen mit dem Programm RSUSR002 zu den Berechtigungsobjekten wie P_ORGIN, P_ORGINCON, P_ABAP, P_PCLX, P_PYEVRUN, P_TCODE, S_TABU_DIS und S_TCODE vor, um die Wirksamkeit von Zugriffskontrollen zu beurteilen.
6.	Prüfen Sie die Einstellungen im Customizing, um beurteilen zu können, ob zu der Personaladministration revisionssichere Änderungsbelege in Bezug auf Infotypen eingerichtet sind. Stellen Sie somit fest, ob die Voraussetzungen für eine nachvollziehbare Personalabrechnung gegeben sind.
7.	Beurteilen Sie, ob Abrechnungsverwaltungssätze sachgerecht gepflegt wurden. Beurteilen Sie vorrangig die Einstellungen zur tiefsten rückrechenbaren Periode über die Transaktion PA03 bzw. die Einstellungen in den Tabellen T569U und T569V.
8.	Prüfen Sie, ob die eingesetzten Abrechnungsprogramme nicht missbräuchlich geändert wurden. Nehmen Sie hierzu Einblick in die Programmeigenschaften mit Hilfe der Transaktion SE38.
9.	Prüfen Sie, ob die Tabellenprotokollierung für ausgewählte HR-Tabellen aktiv ist. Wählen Sie hierzu die Transaktion SE11. Prüfen Sie somit, ob Änderungen an Tabelleninhalten, welche als ausgelagerte Programmbestandteile des Personalabrechnungsverfahrens dienen, revisionssicher sind.
10.	Falls die Komponente des Reisemanagements eingesetzt wird, stellen Sie fest, ob hinreichende Kontrollen den unsachgemäßen Einsatz der Funktion „Aufrollung“ verhindern. Im SAP-System steht die Transaktion PRTE für Prüfungshandlungen zur Verfügung. Beurteilen Sie somit, ob alle Reisen richtig und zeitnah abgerechnet wurden und korrespondierende Buchungen erfolgten.

4.5.10 Transaktionen, Tabellen, Programme

Folgende Aufstellung fasst die Transaktionen, Tabellen und Programme zusammen, welche für Systemprüfungen im Zusammenhang mit dem Personalaufwand genutzt werden können.

Transaktionen	
FAGLB03	Saldenanzeige
FS00	Sachkontenstammdatenpflege
PA03	Personalverwaltungssatz pflegen
PA20	Personalstammdaten anzeigen
PC00_M99_ABKRS	Abrechnungskreis setzen
PC00_M99_CWTR_NO_OC	Lohnarten Reporter
PCP0	Buchungsläufe bearbeiten
PE01	HR: Pflege von Personalrechenschemen
PEST	Bearbeitung eines Prozess-Modells
PRRL	Reisen wieder auf abzurechnen setzen
PRRW	Buchung Abrechnungsdaten
PT60	Zeitauswertung
PU03	Abrechnungsstatus ändern
PU30	Lohnartenpflege
PUST	HR Prozess-Workbench
SE11	ABAP Dictionary Pflege
SM37	Übersicht über Jobauswahl
SQ02	SAP Query: InfoSet pflegen
SQ03	SAP Query: Benutzergruppenpflege
SU01D	Benutzeranzeige
SUIM	Benutzerinformationssystem

Tabellen	
AQPROT	Query Protokollierung
PEVSH	Historie von Abrechnungsauswertungsläufen
PA0001	Personal-Stammsatz Infotyp 0001 (Org. Zuordnung)
T001P	Personalbereich/-teilbereich
T030	Fixkontentabelle
T500P	Personalbereiche
T501	Mitarbeitergruppe
T503T	Mitarbeiterkreis-Bezeichnungen
T510	Tarifgruppen
T510A	Tarifarten
T511	Lohnarten
T512T	Lohn-Gehaltsarten-Text
T512W	Lohnartenbewertung

Tabellen	
T512Z	Zulässigkeit von Lohnarten per Infotyp
T513	Stellen
T527X	Organisationseinheiten
T528B	Planstellen
T52EK	Symbolische Konten
T52EL	Buchung von Lohnarten der Abrechnung
T549A	Abrechnungskreise
T549Q	Abrechnungsperioden
T555A	Zeitarten
T569U	Protokolle Verwaltungssätze
T569V	Verwaltungssätze
T582A	Infotypen - kundenspezifische Einstellungen
T591B	Zeitbindung von Lohnarten
T599R	HR Reportattribute
T77PQ	Berechtigungsprofile
T77UA	Benutzerberechtigungen
PEVSH	Historie von Abrechnungsauswertungsläufen
T001P	Personalbereich/-teilbereich
T030	Fixkontentabelle
T500P	Personalbereiche
T501	Mitarbeitergruppe
T503T	Mitarbeiterkreis-Bezeichnungen
T510	Tarifgruppen
T510A	Tarifarten
T511	Lohnarten

Programme	
RFBILA00	Bilanz/GuV
RPCIPC00	Buchung ins Rechnungswesen: Ungebuchte Abrechnungsergebnisse suchen
RPDINF01	Infotypen und -Subtypen
RPLICO10	Flexible Mitarbeiterdaten
RPTIME00	HR-ZEIT - Zeitauswertung
RPUAUD00	Protokollierte Änderungen in den Daten der Informationstypen
RPUPROTD	Protokoll der Reportstarts
RSUSR002	Benutzer nach komplexen Selektionskriterien
RSVTPROT	Auswertung von Änderungsprotokollen

Literaturverzeichnis

Abschlussprüfung beim Einsatz von Informationstechnologie, IDW-Prüfungsstandard, PS 330, in: Die Wirtschaftsprüfung, Hrsg.: Institut der Wirtschaftsprüfer in Deutschland e.V., Heft 21/2002

Anleger-Lexikon.de: Ihr Börsenlexikon, http://www.anleger-lexikon.de

Berechtigungen in SAP® ERP HCM, Martin Esch und Anja Junold, Galileo Press, 2008

Checkliste zur Abschlussprüfung bei Einsatz von Informationstechnologie, IDW Prüfungshinweis, PH 9.330.1, Hrsg.: Institut der Wirtschaftsprüfer in Deutschland e.V., IDW-Verlag, 2002

Das interne Kontrollsystem im Rahmen der Abschlussprüfung, IDW-Prüfungsstandard, PS 260, in: Die Wirtschaftsprüfung, Hrsg.: Institut der Wirtschaftsprüfer in Deutschland e.V., Heft 16/2001

Das neue Hauptbuch in SAP® ERP Financials, Eric Bauer und Jörg Siebert, Galileo Press, 2007

Einkauf mit SAP® MM, Torsten Hellberg, Galileo Press, 2009

Grundsätze ordnungsmäßiger Buchführung bei Einsatz von Informationstechnologie, IDW Stellungnahme zur Rechnungslegung, IDW RS FAIT 1, in: Die Wirtschaftsprüfung, Hrsg.: Institut der Wirtschaftsprüfer in Deutschland e.V., Heft 21/2002

Grundsätze ordnungsmäßiger DV-gestützter Buchführungssysteme (GoBS), BdF-Schreiben vom 07.11.1995, BStBl. I S. 738

Help Portal der SAP AG, http://help.sap.com

Internes Kontrollsystem und Risikomanagementsystem – Neue Anforderungen an die Wirtschaftsprüfer durch das BilMoG, Karl-Heinz Withus, in: Die Wirtschaftsprüfung, Hrsg.: Institut der Wirtschaftsprüfer in Deutschland e.V., Heft 17/2009

IT Governance, Performance & Compliance, Brigitte Beugelaar und Hans Donkers, Uitgeverij kleine Uil, 2008

IT-Grundschutzkatalog zu der Anwendung SAP, Bundesamt für Sicherheit in der Informationstechnik (BSI), http://www.bsi.de/gshb/deutsch/baust/b05013.htm

Leitfaden Datenschutz SAP ERP 6.0, DSAG e.V., Deutschsprachige SAP-Anwendergruppe, DSAG Arbeitsgruppe Datenschutz, 2008, http://www.dsag.de/dsaghome/arbeitskreise/uebersicht/details/arbeitskreis/ag-datenschutz-im-ak-revisionrisikomanagement.html

Master Guide SAP NetWeaver® 7.0, SAP AG, 2008

Personalwirtschaft mit SAP® ERP HCM, Jörg Erdinger, Christian Krämer, Christian Lübke und Sven Ringling, Galileo Press, 2008

Praxishandbuch SAP®-Finanzwesen, Heinz Forsthuber und Jörg Siebert, Galileo Press, 2009

Projektbegleitende Prüfung bei Einsatz von Informationstechnologie, IDW-Prüfungsstandard, PS 850, in: Die Wirtschaftsprüfung, Hrsg.: Institut der Wirtschaftsprüfer in Deutschland e.V., Heft 4/2008

Prüfleitfaden SAP ERP 6.0, DSAG e.V., Deutschsprachige SAP-Anwendergruppe, DSAG Arbeitsgruppe Audit Roadmap, 2009**,** http://www.dsag.de/dsaghome/arbeitskreise/uebersicht/details/arbeitskreis/ag-audit-roadmap.html

Prüfung von IT-gestützten Geschäftsprozessen im Rahmen der Abschlussprüfung, IDW Prüfungshinweis, PH 9.330.2, Hrsg.: Institut der Wirtschaftsprüfer in Deutschland e.V., in: Die Wirtschaftsprüfung, Heft 1/2009

Rechnungsprüfung mit SAP® MM, Stefan Bomann und Torsten Hellberg, Galileo Press, 2008

SAP Security Guides, SAP AG, Online Portal im SAP Service Marketplace, http://service.sap.com/securityguide

SAP R/3-Systemadministration - Basiswissen für das R/3-Systemmanagement, Sigrid Hagemann und Liane Will, Galileo Press, 2003

Implementing SAP ERP Sales & Distribution, Glynn C. Williams, McGraw-Hill, 2008

SAP R/3 Handbook 2nd Edition, Jose Antonio Hernandez, McGraw-Hill, 2000

Wirtschaftslexikon24.net, http://www.wirtschaftslexikon24.net

Stichwortverzeichnis

B

C

D

E

F

G

H

I

M

N

O

R

S

Z